Eugene O'Neill

A LIFE
IN
FOUR ACTS

O'Neill

Eugene

尤金·奥尼尔

四幕人生

A LIFE IN FOUR ACTS

〔美〕
罗伯特·M.道林 著
许诗焱 译

南京大学出版社

图书在版编目(CIP)数据

尤金·奥尼尔：四幕人生 / (美) 罗伯特·M. 道林
(Robert M. Dowling)著；许诗焱译. —南京：南京大学
出版社，2018.4
书名原文：Eugene O'Neill：A Life in Four Acts
ISBN 978-7-305-19999-8

Ⅰ.①尤… Ⅱ.①罗… ②许… Ⅲ.①奥尼尔
(O'Neill，Eugene 1888—1953)-传记 Ⅳ.①K837.125.6

中国版本图书馆 CIP 数据核字(2018)第 053559 号

江苏省版权局著作权合同登记 图字：10-2016-414 号

出版发行 南京大学出版社
社　　址 南京市汉口路 22 号　　　邮　编 210093
网　　址 http://www.NjupCo.com
出 版 人 金鑫荣

书　　名 尤金·奥尼尔：四幕人生
著　　者 [美] 罗伯特·M. 道林
译　　者 许诗焱
责任编辑 芮逸敏

照　　排 南京紫藤制版印务中心
印　　刷 江苏凤凰通达印刷有限公司
开　　本 880×1230 1/32 印张 20.75 字数 540 千
版　　次 2018 年 4 月第 1 版 2018 年 4 月第 1 次印刷
ISBN 978-7-305-19999-8
定　　价 99.00 元

网　　址 http://www.njupco.com
官方微博 http://weibo.com/njupco
官方微信 njupress
销售咨询 (025)83594756

献给麦丽爱德·道林和克里斯·弗朗西斯卡尼

对于剧作家而言,不存在象牙塔之类的东西。他一定是与他所处时代的剧院紧密相连,否则一切都无从谈起。

——尤金·奥尼尔,1926

目　录

第三幕　“百老汇秀场”

第四幕　五英寻深处

致 谢

当我写下这份致谢辞时，类似于暴风雪的恶劣天气席卷了我的家乡——康涅狄格州的新伦敦。新伦敦这座小城是这本书的主人公度过人生早年时光的地方，在1951年，真的有一场暴风雪发生在马萨诸塞州的马布尔黑德，奥尼尔的人生在精神层面上就此终结。我在下面的致谢辞中所列出的这些人中的绝大部分都可以证明，在过去的十年中，所有路径——字面意义上的和引申意义上的路径，传记的和文学的路径——都以某种方式，就像我办公室窗户外的这场风暴，将我的全部精力带回到尤金·格拉德斯通·奥尼尔身上。

在过去这些年中，唯一一个在我日常思维中占据比奥尼尔更高地位的人，是我的女儿麦丽爱德·道林，我将这本书献给她。麦丽爱德现在已经长成了一名少女。我敢说，在我写书的这段时间，她比阅历丰富的戏剧观众和戏剧评论家获得了更多的关于尤金·奥尼尔的生平、数据、轶事和评价。谢谢你的耐心和理解，我亲爱的女儿。

我还要感谢我的好友、“辛苦的书面文字建筑师”克里斯·弗朗西斯卡尼，这本书也献给他。克里斯自始至终一直在稳健地引导我如何去讲好一个故事，尽我所能，讲好如奥尼尔那般独一无二的故事。

我的母亲简妮特·B.凯洛克和我的朋友、同事兼合作编辑杰克逊·R.布莱尔也阅读了这部传记的完整书稿，他们都提出了有见地的批评和编辑建议。我非常感谢我优秀的经纪人杰里·托马(也感谢杰恩·帕瑞尼介绍我俩认识)、我以前和现在的编辑艾琳·史密斯、艾瑞克·布朗特以及斯蒂夫·瓦瑟曼,还有耶鲁大学出版社的编辑助理艾瑞卡·汉森,感谢他们一直以来的工作热情和全力支持。我的文字编辑罗宾·杜布朗和项目经理劳拉·杜里承担了书稿最后阶段的繁重工作,他们的毅力和技巧具有非常宝贵的价值。我也要向中康涅狄格州立大学(CCSU)的管理层表达我的谢意,他们对我在奥尼尔研究方面的工作一直表现出极大的兴趣,并且提供了完成这本书所急需的各种资源。

在这个项目的各个阶段,我都依赖于诸多家庭成员、朋友和同事的投入和帮助,特别是我的姐姐苏珊娜·马吉依和艾丽莎·欧兹,我的朋友迈克尔·J.皮瑞、汤姆·赛拉苏洛、黄义兵和拉维·山卡尔,我的侄女简娜·梅·马吉依和她先生亨特利·布朗内尔,我的侄子纳奥伊思·马吉依和戴伊赛·马吉依,布尔勒·巴尔,还有巴里·H.利兹、艾琳·赫尔曼、威廉·戴维斯·金、科特·艾森,已经去世的亲爱的黛博拉·马汀森,格文诺拉·勒巴斯塔尔、亚当·克罗沙斯、卡马尔·约翰·伊斯坎德尔、梅根·拜尔那、马克·辛默尔、阿尔特·韦林斯基、乔·海勒和劳拉·海勒夫妇、詹姆斯·斯卡尔斯,他们都读了这本书的一些章节,并提供了非常重要的反馈。

还有太多的人为我提供了帮助,无法一一列出,但我必须要提及以下几位:玛丽·哈提格,感谢她辛苦地帮我排版并为文稿加上脚注;约翰·比亚勒(感谢他帮我编写索引[①],这项工作也特别了不起);乔治·蒙泰罗和布兰达·墨菲,感谢他们具有开创性的研究为这本书提供了生动的事例(我十分期待他们著作的出版);奥尼尔以前的护士凯瑟琳·阿尔伯托尼,感谢她在2010年接受我的采访,她已经去世了,希望她安息;我的研究生艾瑞·莎莉文(她帮我做了很多事,特别感谢她帮我将阿尔伯托尼长达好几个小时的采访录音转写成文字稿);迈尔斯·沃伦,感谢他用专业的法律知识帮我解读奥尼尔第一次离婚文

① 原著中文译本(即本书)改为"中英文译名对照"。(本书所有脚注,皆为译注。)

件中的谜团;彼得·奎因、杰恩·帕瑞尼和盖瑞·格林伯格,没有他们每个人对这个项目所投入的激情,这本书就不可能出版;感谢我在尤金·奥尼尔学会的朋友们,作为学会的理事,我备感荣幸;感谢《尤金·奥尼尔评论》的编委会,我也非常荣幸在编委会任职;感谢那些带着无限的激情管理运营康涅狄格州沃特福德尤金·奥尼尔剧场(该剧场曾获托尼奖)和新伦敦弗洛克剧场的人们;感谢跟我一起参加黛博拉·马汀森主持的"诺曼·梅勒学者项目"的学者们。

还要感谢诸多图书管理员、图书馆馆长和档案馆工作人员(我在尾注中对他们中的一些人表达了感谢),特别感谢康涅狄格学院琳达·李尔中心特藏图书馆的本·潘西拉和诺瓦·希尔斯、纽约公共图书馆的雷蒙德·潘恩和杰洛米·米格洛、弗吉尼亚大学特藏图书馆的爱德华·盖伊诺、耶鲁大学拜内克珍本手稿图书馆的路易斯·伯纳德、梅丽莎·巴顿、安妮·玛丽·曼塔和英格里·列侬-普里赛,尤金·奥尼尔基金会的温迪·库珀和玛丽·卡梅森,中康涅狄格州立大学艾利胡·巴里特图书馆的黛博拉·赫尔曼和莎拉·马瑞克。深深地感谢大家。

序幕：爱尔兰幸运儿，1916

当年我身强力壮，粗鲁莽撞，
我摇晃支撑时间的柱子
将生命拉向自己；满身污泥，
我站在岁月土堆的灰尘中——
损毁的青春在土堆下动弹不得。
我的岁月土崩瓦解，
灰飞烟灭，如同日出崩裂在溪流之上。

——弗朗西斯·汤普森《天猎》，1893 年

如果悲剧都有序幕，
他写的所有序幕
都无法作为这一出悲剧的开场。

——休·赫兰德《献给威廉·莎士比亚的挽歌》，1623 年

1916 年春，纽约

尤金·奥尼尔，27 岁，阴郁消沉。他被大学开除，之后当过海员，现在每天泡在格林威治村的一个小酒吧，靠威士忌浑浑噩噩地打发日子。这个酒吧名叫“金天鹅咖啡馆”，某天有个过路人朝酒吧里张望了一眼，惊叹：“这是个地狱般的大窟窿啊。”从此，酒吧的老主顾们就为

它起了个名字——“地狱窟”。奥尼尔在这里感到很自在。[1]

“地狱窟”位于第6大道与第4街交汇处的东南角，格林威治村的中心，光顾这里的人都是骗子、扒手、妓女、流浪汉和“哈德逊帮”（一群常年靠毒品度日并在附近为非作歹的爱尔兰人）。如果你因为喝醉了酒而晕晕乎乎的——其实这里几乎每个人都晕晕乎乎的，酒吧门前的第六大道轨道电车会让你暂时清醒，它每次开过的时候，这座三层楼的房子就咔咔作响，噪音震耳欲聋。酒吧的店主汤姆·华莱士在店堂的墙上挂了两根巨大的橡木棒，交错成一个不太正规的十字架，橡木棒上方是坦幕尼协会“老板”理查德·克罗柯①的照片。[2]在酒吧后厅，啤酒5美分一杯，奥尼尔总是一个人坐在煤气灯照不到的黑暗角落里喝得烂醉。老主顾们在门上拍三下，酒吧招待“老左”路易透过门缝辨认之后才让他们进来。曼哈顿的大部分地方都不允许女人抽烟，但在这里，女人们被鼓动着点上一支。[3]

奥尼尔近来开始管自己叫“爱尔兰幸运儿”，但以当时的情况看来，这个搞笑绰号的讽刺意义十分明显。一直生活在无望的希望中，一败涂地；进入普林斯顿大学第一年就因为成绩太差以及喝酒被开除；结婚，离婚，有了个儿子，但从没跟儿子见过一面；为了逃离婚姻生活前往洪都拉斯茂密的丛林，没能淘到金子，却染上了凶险的疟疾；在布宜诺斯艾利斯码头忍饥挨饿九个月，打零工，就着残羹剩饭大口灌杜松子酒；染上肺结核，尽管病情不重但还是不得不在疗养院待了五个月；在哈佛大学学习戏剧创作，但“老头儿”（奥尼尔管他父亲叫“老头儿”）两学期之后就拒绝继续出学费。他的确出版了一本书《“渴”和其他独幕剧集》，但出版费用是他父亲支付的，并且一分钱版税也没挣到。最让他痛苦的是，他眼下刚刚在《哈罗德论坛报》发表了一首写给

---

① 坦幕尼协会（Tammany Hall）成立于1789年5月12日，是美国民主党的政治机构，帮助纽约城和纽约州的移民（主要是爱尔兰移民）在选举中获得胜利。理查德·克罗柯（Richard Croker）1886年至1902年期间担任该协会领导人。坦幕尼协会于20世纪60年代中期逐渐解体。

女朋友比娅特里奇·艾希的诗,他在诗中将她与但丁的比娅特里奇相提并论。她与奥尼尔一样,在康涅狄格州的新伦敦长大,奥尼尔当时觉得她会离他而去。(他想的一点儿都没错。)

奥尼尔反社会、酗酒,烟瘾也很重。他的父亲成就卓著,专横跋扈,而他的哥哥一事无成,嗜酒如命。他的母亲埃拉从他出生之日起就离不开吗啡,奥尼尔出生时有 11 磅重,母亲因为使用过量吗啡镇痛而染上毒瘾。

他曾经试图自杀;他曾经试图继续写作。但这两件事都没做成。

奥尼尔和一个名叫特里·卡林的人合住一套简陋的公寓,卡林当时 61 岁,是个无政府主义者。公寓位于第四街的另外一头,离"地狱窟"不远,公寓脏得不堪入目,他们管它叫"垃圾房"。格林威治村的所有人都认识卡林,他是个彻头彻尾的醉汉,每天都在"地狱窟"的后厅喝酒。奥尼尔每个月会从父亲那儿得到一点生活费,卡林也厚脸皮地靠着奥尼尔的这点钱生活,活一天算一天。(卡林就这样醉生梦死地又活了差不多 20 年。)卡林出生于 1855 年,原名叫特伦斯·奥卡罗兰,他幼年时就从爱尔兰移民到美国,在芝加哥长大。他看上去痞气十足,蓬乱的银发别在耳后,松松垮垮的灰西装,歪戴着的软呢帽,活像个爱尔兰传说中的妖怪。他语速很快,声调高得让人紧张,天生就具有超越常人的机智;他有一双会干活的手,但他很久以前就发誓,绝不通过劳动挣钱。对于那些吹嘘自己一辈子从不休息的清教徒式苦行僧,比如奥尼尔的父亲,卡林认为他们都是傻瓜。

"地狱窟"里没人拿卡林当回事。但是在奥尼尔看来,他很聪明,而且他是自己见过的人当中读书最多的。和奥尼尔一样,他也是个自成一格的"哲学无政府主义者",坚持以非暴力的方式对抗所有形式的机构权力,基本无视这些权力的存在。("我是个哲学无政府主义者,"奥尼尔直到 1946 年还坚持这样认为,"意思就是,'你们去吧,别让我掺和'。")[4] 奥尼尔讨厌父亲对他的教诲,但他愿意听卡林的。卡林也在回报这位年轻朋友对他的尊重，尽管他最擅长反驳奥尼尔的那些自怨自艾。当奥尼尔悲叹："每一个灵魂都是孤单的。这世上没人理解我最细微的冲动。"卡林会这样回应："那么你也不理解其他人最细微的冲动。"[5]

卡林的无政府主义朋友哈钦斯·哈普古德在马萨诸塞州的普罗温斯敦租了个夏天度假的房子。房子位于考德角的最边缘处，他和朋友们一起在那儿消夏，同时释放他们创作的能量。哈普古德的妻子尼丝·博伊斯是个作家，他们前一年夏天在普罗温斯敦成立了一个业余剧团，正在积极寻找新生力量。奥尼尔渴望在戏剧方面有所突破，卡林跟纽约的无政府组织之间有了点政治上的麻烦，炎热的夏天又即将到来，这三方面的因素结合到一起，是时候离开纽约了。

1916 年夏，马萨诸塞州，普罗温斯敦

普罗温斯敦距离陆地有五十英里，位于一个地势起伏的海岬上，只有沙丘、松林和几座斑驳的房屋。这个被叫作"大地尽头"的半岛，像蝎子的尾巴一样蜿蜒——向东，向北，向西，向南，再向东。以前，岛上的码头经常吸引各路探险者；现在，这个北大西洋边的小村子成为波西米亚式生活的温室。那年夏天，有 600 多名艺术家来到岛上；到了 8 月，《波士顿环球报》将刊发一篇文章，名为《普罗温斯敦：世界最大的艺术殖民地》。[6] 奥尼尔和卡林，两个"被冲上岸的"爱尔兰人，于 6 月下旬到达这里。

他们注视着海岸蜿蜒的曲线，完全迷失了方向——他们也不在乎方向了。"沙滩，太阳，海水，海风，"奥尼尔后来这样描写围绕小镇的连绵沙丘和海景，"你融入其中，和它们一样变得无意义，但同时又充满意义。耳畔总是海浪拍打的单调声音——沉默的背景——你知道你是孤单的——如此孤单，你可以去做任何事情。你可以沿着海岸走或者游上好几英里，一路上只会遇上沙丘——仿佛穿着黄袍的斯芬克

斯,一言不发,爪子深深地埋在海里。”[7]

但奥尼尔和卡林心中的烦恼让他们无心欣赏这如画的风景——他们没钱了——卡林建议他们开口跟哈钦斯·哈普古德借10美元。哈普古德的房子在商业大街上,这条满是沙土的街是普罗温斯敦的主干道,有一排灰色的房屋,哈普古德的房子位于颇有点艺术气息的东街区。哈普古德把钱借给他们,但他当时就怀疑这钱多半是有去无回,后来的情况也的确如此。[8]奥尼尔和卡林暂时搬进了拜亚德·波伊森的单间公寓,波伊森是一个公开的无政府主义者,是他们在格林威治村的老相识。

在卡林的帮助下,奥尼尔和一个实验剧团谈定了一次剧本试读,这个剧团就是后来著名的普罗温斯敦剧团。剧本试读是在约翰·里德的家里进行的,里德是个政治态度激进的记者。剧团里的大部分人在格林威治村就认识卡林,但他们对奥尼尔感到很好奇,“尽管后来他名气那么大,但当时大家对他几乎一无所知,”剧团中的一名成员这样回忆。[9]他们称他是“詹姆斯·奥尼尔的儿子”,詹姆斯就是那个为了挣钱而出卖艺术才华去演传奇情节剧的著名演员。[10]“杰克”·里德在奥尼尔的心目中地位颇高,尽管他对后来成为里德妻子的路易斯·布莱恩特很有好感。里德三年前因为报道墨西哥革命而出名,他在平民将军潘昭·维拉的叛军部队卧底4个月。奥尼尔希望能从这个方面打动里德,因此着手修改他的独幕剧《拍电影的人》。这出热闹的讽刺剧是根据真实事件创作的,1914年好莱坞制片商曾赴墨西哥,他们付钱给维拉,让他允许他们拍摄战争情况。

奥尼尔试读剧本的那个晚上,沿着海滩从他的住处走到里德家的这段路显得特别漫长。已经等候在里德家的那群人中,有里德和布莱恩特、哈普古德和博伊斯、记者玛丽·希登·沃斯、剧作家苏珊·格拉斯佩尔和导演“吉格”(乔治·克莱姆·库克,格拉斯佩尔的丈夫)、舞美设计师罗伯特·埃德蒙德·琼斯和迷人的红发女演员玛丽·佩恩

（坎普的妻子）。普罗温斯敦剧团的成员们早就坐立不安了，他们渴望颠覆美国戏剧的陈旧传统。他们对于这位新人期望值很高，期待美国传奇情节剧明星的儿子能带来新的突破。

那个晚上糟糕透顶。在差不多一个小时的时间里，剧团成员们看着奥尼尔索然无味地把《拍电影的人》的剧本从头读到尾。他读完以后，大家都说这部作品“差到吓人，无趣，而且全是荒谬的废话”。哈里·坎普对剧本混乱的情节嗤之以鼻：“一个美国电影人赞助墨西哥革命，就为了拍摄其中的战争场面。其中一个场景描写了主人公胁迫交战双方的将领——两人都被他雇佣了——把一场战役再打一遍，因为刚才交战的方式不是他所喜欢的！”[11]不仅故事离奇，剧本也涉嫌种族主义。[12]里德肯定比其他人更加失望。他了解墨西哥和在墨西哥战斗的人们，曾赴实地采访报道。这出戏表明，奥尼尔对墨西哥这个国家几乎一无所知，他的信息都来自酒吧的传闻、报纸的报道和电影院播放的纪录片。

奥尼尔当时对于批评特别敏感。他四年前在《新伦敦报》担任见习记者，当时的主编回忆，这个小伙子是个性情中人，“只要你对他稍微有些不满，他立刻就垂头丧气”。[13]尽管奥尼尔这次深受打击，但他没被打垮。

到了七月中旬，他为第二次剧本试读做好了准备，这次是在苏珊·格拉斯佩尔和库克家。他去的时候，紧紧攥着《东航卡迪夫》的剧本，这出独幕剧是根据他自己在海上的生活经历创作的。等候他的还是上次那一群人，奥尼尔一定感觉到了他们深深的怀疑。他非常紧张，一动不动地坐在藤椅上，慢慢地开始朗读，剧团的一位成员回忆，“声音低沉，稍微有些单调，但是非常有感染力”。[14]普罗温斯敦剧团的成员们静静地听着——这次完全沉醉其中。

“那天晚上，所有人都听出了这部作品的水平，”很多年以后，玛丽·希登·沃斯这样写道，“有全新的东西，一种真正的大海的感觉。”[15]奥尼尔的对话完全是海员们的插科打诨，外国口音夹杂其中，他的舞台提示异常细致,把大家带进了海员们令人窒息的居住空间。对于普罗温斯敦剧团来说,《东航卡迪夫》标志着一次彻底的决裂:在这出戏中,奥尼尔通过对劳动阶层的深切同情,传递出海洋的巨大力量。在以往的美国舞台上,劳动阶层一直没有机会发出声音——其实他们在社会上也同样没有机会发声。"我们听到了海员们真实的对话,"哈里·坎普激动不已。"我们分享了他们的生活现实;我们感觉轮船在风浪中行进。他是个真正的剧作家,这一次,没人怀疑。"[16]

在接下来的四十年中,奥尼尔四次摘取普利策戏剧奖,并荣获诺贝尔文学奖——他是唯一获此殊荣的美国剧作家。他之后的成功都可以追溯到这个仲夏的夜晚,新英格兰一个拥挤的海边小屋见证了美国戏剧最富传奇的发现。

引言:“人生是个悲剧——太棒了!”

我是个奥尼尔迷……如果你是个剧作家,你就去奥尼尔那儿寻根。在他之前,几乎就没有严肃的美国戏剧。他证明美国可以有严肃的戏剧。他是我们美国戏剧之父,第一次让美国戏剧文学在美国和世界获得一席之地。

——托尼·库什纳,2011

叫我悲观的乐观主义者。我相信自己所怀疑的一切,同时怀疑自己所相信的一切。最能打动我的一句箴言是那句老话:“服从命令,不论后果!”

——尤金·奥尼尔,1925

悲剧。苦涩。悲观。宿命。阴郁。你可以从这一连串的词语中间选择一个来形容尤金·格拉德斯通·奥尼尔,爱尔兰裔美国人,“不幸人之大师”,“家庭问题剧之王”,“黑色魔术师”,“悲伤之王”,“忧郁桂冠诗人”。[1]奥尼尔的戏剧作品表达了深沉的苦难;对此没人否认。如果你想寻求振奋,那他不适合你。但奥尼尔自己并不认同戏剧批评家和传记作家用如此病态的词来描述他。他1923年曾写信给玛丽·克拉克,玛丽是疗养院的护士,他十年前曾在那里治疗肺结核。我们从中可以发现奥尼尔个性中完全不同的另外一面,与人们所熟知的形象构成鲜明的对比:“我知道你不相信别人说我‘悲观’——我是说,你可以透过我作品的表象,看到真实的情况。我绝对不是一个悲观主义者。在我看来,人生一片混乱,讽刺而绝伦、冷漠而美丽、苦痛而精彩,人生的悲剧赋予人伟大的意义。如果他没有与命运进行一场终将失败的斗争,他就仅仅是一只愚蠢的动物。我所说的‘终将失败的斗争’只是象征意义上的,因为勇敢的人总是会赢的。命运永远无法征服他/她的精神。你看,我不是悲观主义者。相反,尽管我伤痕累累,我会与生活抗争到底!我不会‘出走’,绝对不会错过人生这出戏!”[2]

与大家普遍接受的形象相比,这番直白的自我评价更为真实地代表了奥尼尔的世界观。不论是在艺术上还是生活中,奥尼尔都将苦难看作提升的通道,他拒绝“悲观主义者”的标签,而为自己打造了一个新词“悲观的乐观主义者”。就在奥尼尔1920年凭借《天边外》获得他的第一个普利策戏剧奖之前,出现了一篇关于这颗冉冉升起的戏剧新星的专题报道,非常有见地。报道中有很多他早年的经历,对于他相貌的描写特别强调他黑色的双眸:“这双眼睛中,既有阳光,也有苦难——它们仿佛在说‘人生是个悲剧——太棒了!’”[3]

不论是在台上还是台下,奥尼尔一生都与悲剧为伍。这位剧作家常常惊恐、愤怒、孤独。但是他几乎总是能看到逃脱的可能性,超越自身,走向更大的、更有意义的归属。奥尼尔说,“我所信奉的哲学是,总还有一个梦想,最后的梦想,不管你跌落到何处,哪怕跌落到瓶底。我知道,因为我见到过”。[4]奥尼尔坚信,他会抵达天空中的那一片蓝,他一直紧握着这个救赎之梦。苦难,对于爱尔兰人而言,几乎就是一种艺术,心灵与身体的痛苦生发出它们最伟大的对立面——希望和精神。这种被奥尼尔称之为“白日梦”,或者“怯懦的幻觉”,或者“无望的希望”的东西,是忍受生活磨难的前提。

Per aspera ad astra——这句拉丁语的意思是:循此苦旅,以达天际。詹姆斯・乔伊斯在他的自传性小说《一个青年艺术家的画像》(1916年)中所引用的这句拉丁语,可以很好地概括奥尼尔的人生和作品。这句话虽然没有什么新意,但奥尼尔创作中循环出现的每一个主题——他对于现行道德和社会规则的抗拒,他对于百老汇“浮华戏剧”的蔑视,他对于社会底层人物的深切同情,他的爱尔兰式骄傲,他对于“过去预知现在和将来”的感知——所有这一切都可以归到这个中心概念之下。循此苦旅,以达天际。“关键是,生活本身毫无意义,”他曾经这样说,“是理想让我们坚持奋斗,意志坚强地活下去!当成就被狭隘地理解为占有时,它就变得陈腐不堪。可以被完全实现的理想根本就不值得被作为理想……追求实现不了的理想,失败早就在他的意料之中。但他的奋斗,就是他的胜利!……这样的人物必然是悲剧性的。但是对于我来说,他并不让人沮丧,而是令人振奋!”奥尼尔《天边外》中自传式的人物罗伯特·梅约临死之前的那段话,非常清楚地证明了这一点:“只有接触了苦难……你才会——觉醒。”[5]在奥尼尔的一生中,这种苦难与觉醒的融合,被有力地呈现在舞台的聚光灯下。苦难与觉醒的融合是一个起点,从这个起点出发,才能真正理解奥尼尔经久不衰的魅力。

有相当一部分文学评论家,一直在不遗余力地贬损奥尼尔,奥尼尔在文学上的成就因此在写作界受到了一些影响。与菲兹杰拉德、海明威、福克纳等其他一些现代主义作家相比,奥尼尔受到的批评特别多。这些评论家说,奥尼尔没有发挥出自己的潜力,因为他太沉醉于自我,太受自己家庭和婚姻关系的折磨,或者就是因为他酒喝得太多。《尤金·奥尼尔:四幕人生》旨在反驳这些观点。实际上,我认真查阅了他几乎所有的首演评论,可以说,奥尼尔所受到的恶评可能比任何一个其他的美国著名作家都要多。但是,即使是那些公认的失败之作——《最初的人》、《难舍难分》、《发电机》、《进入黑夜的漫长旅程》,在很多人看来,仍然实现了戏剧主题和形式上的突破,堪称美国戏剧舞台上的先锋。

只要大致浏览一下奥尼尔作品的剧名(他是最擅长起名字的作

家)，就可以清楚地看出剧作家广博的视野：《"安娜·克里斯蒂"》、《琼斯皇》、《毛猿》、《榆树下的欲望》、《奇异的插曲》、《悲悼》、《啊，荒野！》、《诗人的气质》、《送冰的人来了》、《进入黑夜的漫长旅程》和《月照不幸人》。这些戏剧作品可读性强，适合于教学，如果以合适的方式上演，在舞台上也令人着迷。但是，任何一名演员都会告诉你，"合适地"去表演这些作品，并非易事。布莱恩·德尼希出演过很多奥尼尔的作品，已经成为奥尼尔作品最伟大的诠释者，他对此最为了解。德尼希2009年的时候曾说：奥尼尔"被认为不是个好作家，因为他不写诗，这简直就是胡说。他是个特别棒的作家，写得特别棒……就像是莎士比亚。我们之中没有人熟悉他那种类型的写作。但我们都知道他写得很棒，作为演员，就是要将其在舞台上呈现出来……你要有情感上的反应，合适的反应，合适的知性反应，这通常要经过巨大的努力才能做到。奥尼尔自己也是通过巨大的努力才做到的"。[6]

2012年，《送冰的人来了》在芝加哥古德曼剧院上演，在剧中扮演主角"希基"(西奥多·希克曼)的内森·雷恩也表达了相似的观点。他写信给女演员罗瑞·麦特卡尔夫，她当时在伦敦，扮演奥尼尔自传性代表作《进入黑夜的漫长旅程》中的女主角玛丽·蒂隆。雷恩说，"奥尼尔身上最了不起的地方，是他敢于让你和他一起走到最远处，和他一起跳下悬崖，跌入最深、最黑暗之处。如果你不把自己完全交给他，如果你不时企图开小差，那你演出来的效果就像是过时的情节剧"。[7]2003年在英国国家剧院上演的奥尼尔内战三部曲《悲悼》中扮演克莉斯丁·孟南的英国女演员海伦·米瑞恩认为，这个角色是"英语文学中为女性所创造的真正伟大的角色之一"。[8]

不仅是戏剧界的人士被奥尼尔不可抗拒的魅力所吸引。2003年，在奥尼尔逝世五十周年之际，著名非洲裔美国文学理论家和哲学家科奈尔·韦斯特将奥尼尔称作"美国舞台上伟大的布鲁斯乐手"。韦斯特接着将奥尼尔与其他三位杰出人物进行比较：首先是小马丁·路德·金，因为奥尼尔的作品和小马丁·路德·金的演讲一样，都是要去"唤醒美国的灵魂"；第二位是查理·帕克，因为这位爵士乐大师也用"血、汗和泪"进行艺术创作；第三位是《黑客帝国》系列的制片人沃查斯基兄弟，韦斯特认为，奥尼尔和他们一样，都是"关注黑人人性的"白人艺术家。《琼斯皇》大胆地呈现了一名黑人主人公，非常有力地用戏剧展现了韦斯特所称为的"文明去伪化过程"。韦斯特认为，奥尼尔认清了事实，"种族是美国文明中最根本的问题。它不是添加物，也不是附属品。它是美国人生活中一个不可或缺的组成部分。尤金·奥尼尔证明了这一点，他证明的方式与福克纳、托尼·莫里森、托马斯·品钦相一致"。小说家T.克拉海森·波伊勒在大学期间就迷上了奥尼尔的作品，他也展示了这位剧作家的作品是如何超越艺术门类的："我在课后阅读奥尼尔的作品，完全被其中所蕴含的力量和愉悦所打动……和我们中的很多人一样，我会永远感激他对我的影响，不论我们是诗人、小说家还是剧作家。"[9]

早在1930年，小说家辛克莱尔·刘易斯成为美国第一位诺贝尔文学奖得主时(奥尼尔1936年成为第二位得主)，刘易斯在他的获奖感言中告诉瑞典诺贝尔奖委员会，"尤金·奥尼尔对于美国戏剧的贡献在于，他用了十年或者十二年的时间，完全改变了美国戏剧，将其从一个充满各种精巧手段的虚假世界，变成了一个充满精彩、敬畏和伟大的世界。如果你们选择了尤金·奥尼尔，我会告诉你们，他所做的事情远远不止是嘲讽——他认为生活无法在学者的书房里被整洁地加以安排，生活令人恐惧、无比精彩，又经常如同龙卷风、地震和大火一般可怕"。[10]

时至今日，奥尼尔的戏剧作品仍然需要观众的自我反思。它们不是被动的娱乐。对于当代观众而言，他的作品逼迫我们直面我们时代所争论不休的难题：贫穷、流产、战争、移民、性交易、毒品、进化论、西方拜物主义和帝国主义、工资奴役、跨种族婚姻和种族主义。尽管如此，仍然一直存在着一种具有误导性的观点：奥尼尔是荒野中的一名流浪诗人,一个与世隔绝的落魄者,一心只想着那些“普世”主题,而从不关心当代的政治世界。(后面我们会看到,奥尼尔自己的确致力于“普世”主题,特别欣赏古希腊人的做法。)但是,这种观点受到了来自法律机关和政府机构的质疑,尤其是联邦调查局。

在上世纪20年代前后红色恐慌最为严重的时期,奥尼尔公开宣称美国是“世界上最反动的国家”,一位联邦调查局(当时叫调查局)的特工上报了一份调查奥尼尔的备忘录,备忘录上标注的日期是1924年4月22日。这份备忘录被接收后的一个月,埃德加·胡佛就接管了调查局,它被存档在第61类:叛国。调查局严密掌控奥尼尔的活动日程,尤其留意他对于种族不平等的关注,他们认为这是“奥尼尔最喜欢的主题之一”。[11]

奥尼尔很早就决定避免公开的宣传鼓动;但他的那些有关种族的作品,如《琼斯皇》、《上帝的儿女都有翅膀》,还是引起了调查局的注意,尤其是他创作的《毛猿》,“其中所包含的激进理论的推论基础”甚至超过了充满革命意识的欧洲人,比如捷克作家卡雷尔·恰佩克。调查局认为,恰佩克的戏剧作品《罗塞姆的万能机器人》(1920)“最近就被他激进的兄弟采纳了”。[12]但是,奥尼尔对于宣传鼓动的抵制却又激怒了三四十年代那批公开的共产主义剧作家,比如迈克·戈尔德、克利福德·奥德茨、莉莲·海尔曼和阿瑟·米勒。然而,如果我们将政治仅仅看作奥尼尔戏剧的附属成分,就会得出错误的结论,就像阿瑟·米勒后来所承认的那样。在他的自传《转折时代》中,米勒对像奥尼尔那样的非政治作家表达了失望,他们似乎“为有钱人、地位高的人以及……逃避主义‘文化’”写作。米勒1946年观看了《送冰的人来了》的首演之后,改变了这一观点:“我被奥尼尔对资产阶级文明的完全敌视打动了,他所表达的敌意要比奥德茨强大得多……奥尼尔描写劳动者、妓女、社会弃儿,甚至是在白人世界中的黑人,但是由于作者本人与马克思主义没有关联,所以他的作品从来没有被资本主义批评家们客观公正地加以对待。”[13]

奥尼尔一生都敢于发表自己的政治观点,他总是同弱势群体站在一起。“我只关心人性,”他说。“我希望唤起同情,为那些不幸的人、遭受痛苦的人、被压迫的人……如果人们看完我的一出戏,离开剧院时能对那些比自己不幸的人产生同情,我就满足了。我在创作中所投入的努力就没有白费。”[14]他始终坚信,那些激进戏剧的鼓动宣传不仅无济于事,反而会削弱戏剧的冲击力。“我与戏剧宣传派的分歧在于,”他在1926年写给麦克·戈尔德的信中说,“那种宣传实在是难以令人信服——如果你不那么强调宣传的目的,而选择刻画生活,让生活以本来的面目存在而不加任何评论,你的目的就达到了。我建议把这种方式叫作有血有肉的宣传!”[15]

奥尼尔公开地支持无政府主义者和社会主义者,反对种族不平等。他在请愿书上签名,呼吁释放那些因为反对第一次世界大战而被关押在莱文沃斯监狱的世界产业工人联合会成员。当纳粹在欧洲横行时,他支持犹太难民逃离欧洲。当位于华盛顿特区的国家剧院试图禁止非洲裔美国人进场观看《送冰的人来了》时,他写信给天主教跨种族委员会:“我始终反对任何形式的种族歧视。我向你们保证,将来签订任何合同,我都会坚持加上反种族歧视的条款。我以往担任编剧和制作人的经历可以证明我在这件事情上的立场。”[16]但是,奥尼尔拒绝加参加“二战”期间呼吁爱尔兰退出中立的请愿。“如果他们参战的话,死于德军炸弹的将是他们,”他说。“如果我们承诺,美国将作为爱尔兰的同盟参战并捍卫爱尔兰的独立,我们才有权进行请愿。但根据现在的情况,我认为我们没有权力这样做。”[17]

奥尼尔的悲剧在于否认美国人民一直以来最为珍视的梦想,它们所表现的总是令人沮丧的事实:美国梦很少能实现。奥尼尔作品中所展现的美国梦,与大部分人所相信的美国式“成功故事”大相径庭。他认为美国梦从一开始就是虚幻的。

1946年,奥尼尔参加了为宣传《送冰的人来了》而举行的记者招待会,那是他时隔十年的首次公开露面。他在记者招待会上发表了几乎叛国的反美言论，这也是他创作生涯中的惊人之举。当时，美国正处于战后爱国主义热情高涨的状态，而奥尼尔却在严厉抨击美国梦的概念，即使在今天，也不难想象奥尼尔的这番话在当时所产生的冲击力："总有一天，这个国家会遭到报应——真正的报应。我们曾经拥有一切？——所有的一切——但是一定会遭到应有的惩罚。我们与所有其他国家一样，走了一条自私、贪婪的道路。我们总在说美国梦，想要把美国梦告诉全世界，但美国梦究竟是什么呢？在大多数情况下，它只是个关于物质的梦而已。我有时在想，美国因此是世界上最大的失败。在这个国家，我们可以为我们的灵魂换个好价钱——有史以来所付出的最大的代价。"[18]

奥尼尔创作生涯的很多其他方面过去都被遮蔽了，但人们倒是常常出于好意才去遮蔽。我们当然应该赞扬他的伟大成就，但如果因此而忽略他所遭遇的困难，那就是自欺欺人。这其中最重要的一点也许就是，奥尼尔其实并不是一个天生的戏剧天才。那些经常被欢快地用在伟大的科学家、艺术家、音乐家和作家身上的"天才"、"天赋"之类的词语，认定他们身上具有非凡的创造基因，他们的成功源于与生俱来的能力，而不是通过长时间的辛苦工作才能获得的技巧。在福克纳出版自己的小说之前，他曾写过一篇文章赞扬奥尼尔对美国文学的巨大贡献，他认为，绝不应该用"天才"这个词来形容奥尼尔："这个词实在很糟糕。"[19]著名表演教育家斯黛拉·阿德勒曾经问自己的学生："你们理解技巧和技巧的结果之间的差别吗？把技巧发挥到极致，技巧的结果就是天才。在没有学习钢琴之前，没人会说，'我想去卡耐基音乐厅演奏钢琴'。你能想象那琴声会有多难听。"[20]

奥尼尔的创作道路并非天才式的一帆风顺。比如，我发现了一些新的材料，证明他在自己20年代的创作高峰阶段，曾经打算放弃写剧本而去写小说。他曾经向朋友抱怨，"把戏剧的内容塞进一出戏的形式之中，简直就如同让一头大象在浴缸里跳舞"。[21]尽管奥尼尔对于舞台的局限性感到十分沮丧,他最终还是没有放弃戏剧创作,而是推动戏剧突破常规,改变规则。如果说田纳西·威廉斯是美国剧坛的诗人,那么奥尼尔就是美国剧坛的小说家,并且带有作曲家的印记。因此,与大部分的戏剧作品不同,奥尼尔的戏剧,尤其是他后期的戏剧作品,不仅适合于在坐满观众的剧院中观看,也适合于一个人阅读。

与那些神秘的天才论相反,奥尼尔的戏剧创作过程充满坎坷,时有踯躅彷徨,他是在心力交瘁的过程中才达到了戏剧创作的最高峰。几十年的艰苦创作和自我怀疑才造就了他后期的杰作:《送冰的人来了》、《进入黑夜的漫长旅程》、《诗人的气质》和《月照不幸人》。但是他早期的剧作经常被忽视。奥尼尔研究专家杰克森·布莱尔告诉我,他曾为里克·伯恩斯2003年制作的奥尼尔纪录片担任顾问,让他非常失望的是,那些奥尼尔最后创作的“伟大戏剧”又一次占据了纪录片的大部分叙事,而奥尼尔早期的作品在很大程度上都被忽略了。“在写这些后期作品之前,奥尼尔就获得过三次普利策奖和一次诺贝尔奖,”他向伯恩斯指出,“他之前肯定也有过好的作品!”

2004年,托尼·库什纳承认,“美国剧作家需要去了解的很多东西,都可以通过研究尤金·格拉德斯通·奥尼尔的人生和作品获得。”[22]实际上,最值得我们关注的,正是奥尼尔从新手到大师的整个过程。作为所有奋斗中的艺术家的榜样,奥尼尔早在1914年就曾发誓:“要么成为艺术家,要么什么也不是。”[23]他在创作中也一直坚持这一原则。

“为什么要写奥尼尔的传记?”我经常问这个令自己抓狂的问题——因为它不仅复杂,而且总是在我脑海中反复出现。我的答案是:“因为我是个爱尔兰裔美国人,在康涅狄格和纽约长大,而且喜欢泡酒吧。我也喜欢戏剧。如果戏剧的场景是个酒吧,那就更好了。”在所有的传记中都有自传,虽然纯粹主义者们并不这么认为。但是对我而言更深层的问题是,我在与这位剧作家为伴的时候,为什么感觉如此安心?一个如此与世隔绝的人竟然能带来温暖和同情,让无数人有归属感,这实在是有点不符合常理。但也许这就是为什么当我们这些奥尼尔迷们进入他的想象中,我们会感到无法抗拒的安慰,我们也不觉得他的作品像其他人所说的那样阴郁。

我母亲50年代初在康涅狄格女子学院上学的时候,就在詹姆斯·拜尔德教授的课上发现了她对奥尼尔的热爱。(当时剧作家还活着,正因为神经性疾病在马萨诸塞州备受煎熬,距离康涅狄格州也就几个小时的路程。)我小的时候,母亲的书柜里塞满了奥尼尔的戏剧作品集,其中很多都是初版。我二十岁出头的时候,她带我去看了我人生中第一场奥尼尔戏剧:伍斯特剧团上演的经典剧目《毛猿》,威勒姆·达夫扮演"扬克"(罗伯特·史密斯)。我当时就沉醉其中,从此迷上奥尼尔。

跟奥尼尔一样,我也在爱尔兰天主教的氛围中长大。每逢周日和假期,我都要去做弥撒。我受过洗礼,也参加过圣餐仪式。教士、修女和牧师都是我们的亲戚和朋友,是餐桌上最受欢迎的客人。但我从来不曾记得自己相信上帝,真的是一点都不记得了。(耶稣我是信的,跟奥尼尔一样,不是把他看作圣人,而是看作怜悯不幸者的人。)为了不去参加弥撒,我甚至试图说服父亲,我对宗教仪式中的焚香过敏。我父亲已经过世了,我非常爱他,但在宗教问题上我跟他的看法不一致。"太可笑了,"我到今天都仿佛仍然听到他在说,"穿上外套,我们马上出发。"我现在能感受到奥尼尔当时内心深处的空虚,渴求一种更高层次的力量——"我感到没有过去,也没有将来,只觉得在大自然的怀抱中平安、协调,欣喜若狂,"如同他剧中的人物埃德蒙·蒂龙在《进入黑夜的漫长旅程》中所说的那样,"超越了自己渺小的生命……如果你愿意,也可以说是达到了上帝的境界"。(*CP*3, 812)[①]——这种空虚让

① 引自欧阳基翻译的《进入黑夜的漫长旅程》,郭继德编:《奥尼尔文集》(5),人民文学出版社,2006年,第436—437页。

原本相信宗教的人放弃了信仰。这种精神上的空虚始终缠绕着奥尼尔,导致他一生都无法摆脱的对酒精的依赖。但它同时也在很大程度上解释了他之所以成为作家的原因。奥尼尔特别需要用一些东西来填补这种空虚——任何东西都可以。戏剧创作给了他一个机会去探索,究竟什么才能够最终为他的存在保留一些意义。

我父亲那边的亲戚们经常在我祖父母家的起居室里想象爱尔兰的浪漫,就像奥尼尔小的时候他们一家经常做的那样。我的一位长辈迈克尔·奥拉西里在爱尔兰算是个名人,他是1916年复活节起义时在都柏林的邮政总局去世的唯一一位官员。我们家因为与他之间的亲缘关系而十分骄傲,就像奥尼尔一家因为他们是蒂龙郡族长的亲戚而骄傲。直到1943年,一种神秘的神经性疾病让奥尼尔没法再写字,他当时最喜欢读的新书之一就是肖恩·奥法奥莱恩的《了不起的奥尼尔》(1942年),这本书是关于16世纪盖尔人首领、蒂龙伯爵休·奥尼尔的传记;剧作家曾在爱尔兰裔美国小说家詹姆斯·法莱尔面前将他这位祖先描述为“强壮、骄傲、高贵同时又卑鄙、无耻、低贱,忠诚而又背叛,狡猾的政治家,勇气十足的战士,鼓动人心的领导人——但有时又很脆弱,以至在众人面前痛哭(甚至是在清醒的状态下!),可怜地埋怨没人理解他”。[24]我自己最喜欢的传记之一是奥多甘·奥拉西里的《上紧发条:奥拉西里与1916年起义》(1991年)。奥拉西里的叛乱被证明是徒劳的,他自己也知道;但是,在复活节起义震惊世界仅仅两个月之后,27岁的奥尼尔就到达了马萨诸塞州的普罗温斯敦,他在那儿被选为另一种革命的领导人。两个人最终都大获全胜,他们之间的区别仅仅在于,奥尼尔活着讲述了其中的故事。

奥尼尔对于自己爱尔兰裔身份的骄傲,在他的日记、信件、公开演讲和平日闲聊中都能找到证明,这显示了他的爱尔兰印记对他的戏剧,乃至美国戏剧的深刻影响,同时也显示了像他的父母以及我的父母这样的移民,是如何去改善和融合我们国家的文化肌理,而不是将其瓦解。我花了很多时间在爱尔兰拜访亲友(我姐姐和她丈夫在克莱尔郡经营一艘观赏海豚的船),并且曾在斯莱戈教爱尔兰文学。正是在爱尔兰期间,我接纳了平等主义思想、不信任权威、嘲笑虚假、专注于讲故事——这些爱尔兰特质越过大西洋,来到美国,对于我的影响不比奥尼尔小。

奥尼尔从未到过他父母的故乡,尽管他一直很渴望。但是,在美国舞台上向那些一无所有的人致敬,成为剧作家一生的追求。他在舞台上塑造了《"安娜·克里斯蒂"》中执迷不悟的妓女、《琼斯皇》中的黑人搬运工、《毛猿》中蒸汽船上的司炉工,最终在《送冰的人来了》中的酒吧达到艺术的巅峰。在这些剧作以及其他剧作中,奥尼尔将笔触伸向美国社会的各个阶层——海员、妓女、皮条客、赌徒、骗子、无政府主义者、社会主义者、旅馆前台伙计、流浪汉、黑人歹徒、佃农、波西米亚艺术家、盗贼、泡酒吧的醉汉、百老汇"浪荡子"——几乎将美国土地上所有被抛弃的不幸者都送上了世界舞台。

爱尔兰裔剧作家约翰·米灵顿·辛奇曾说,他所发现的祖国爱尔兰就是她原来的样子,而不是她希望自己所变成的样子。奥尼尔和辛奇一样,他笔下的祖国美国,也是她本来的面目,而不是理想的状态。他还激励了后来的无数人,包括我自己。

《尤金·奥尼尔:四幕人生》不是一部包罗一切的奥尼尔人生和作品研究,它也并不需要如此。但是对于它的读者来说——运气好的话,他们当中会有不少人因为这本传记而对奥尼尔产生兴趣——我将强调那些在我看来是最能说明问题的事件,通过他自己的媒介和戏剧作品来勾勒艺术家的一生。每个事件都显示了这位剧作家对于美国戏剧和文化所产生的深远影响,以及他在舞台上所讲述的故事与他自己的人生故事如何交织在一起,这其中有很多内容在他 1953 年去世之后卷帙浩繁的研究中未曾涉及,或者隐藏在档案馆里尚未被发现。

奥尼尔所写的每一个单词——从他还是个业余诗人到成为戏剧大师——都是故事的一部分,几十年的煎熬才造就了那些最伟大的杰作。为了避免叙述被太多的历史枝蔓打断（作为一个专业的文学历史学家，同时又生来就对历史特别感兴趣的人，我经常有这样的倾向），我在每一"幕"的开头都用"＊＊＊"内的简介加以说明；这些简介都概要性地描述了奥尼尔人生事件发生时美国戏剧的历史背景。我希望通过这种方式显示，奥尼尔的个人经历是与时代的戏剧变革紧密联系在一起的，而这些戏剧变革由他所造就并毫不妥协地加以推动。

我在写作这部传记的过程中利用了学术界的最新成果，同时这本书也为奥尼尔研究贡献了很多全新的内容。首先，这本书曝光了很多以前被忽视的材料——包括信件、回忆录和文学作品，比如他的小说《战争新闻》，这篇小说包含了他带到普罗温斯敦的那出戏的最初情节构想。同时，这本书还展示了奥尼尔的剧作和他的"哲学无政府主义"世界观之间的联系；他在非洲裔美国文化历史中的作用；那些长期以来未被学者发现的照片，包括奥尼尔与他的情人路易斯・布莱恩特的照片以及作为《送冰的人来了》场景原型的三家酒吧（吉米神父酒吧、花园旅馆和地狱窟）的照片，这些照片以前从未被公开；奥尼尔戏剧首演之夜剧评的最完全记录；奥尼尔决定放弃写剧本转而写小说的证据；他做出这个决定的原因；他对于小说家的羡慕对他整体创作的影响；在后记中，还会谈到奥尼尔的遗孀卡洛塔・蒙特雷为什么会违背丈夫的意愿，准许《进入黑夜的漫长旅程》于 1956 年上演——奥尼尔生前曾要求，这部作品在他去世之后 25 年才可以出版，并且永远不许以任何形式上演，不论是戏剧、电影、广播还是电视。

值得一提的是，《尤金・奥尼尔：四幕人生》还是第一本谈及奥尼尔遗失的剧本《驱魔》的传记作品。这个独幕剧 2011 年才被发现，可以被看作《进入黑夜的漫长旅程》的前传，讲述了他 1911 年的自杀经历。收藏奥尼尔资料的耶鲁大学拜内克图书馆获得《驱魔》的唯一版本时，我还在为这本书的写作进行前期研究。奥尼尔以为自己在这出戏 1920 年的演出之后已经销毁了所有剧本，但 90 多年之后，《驱魔》终于重见天日；与传记作家和学者们长期以来的推测相一致，这部自传性的剧作不仅为理解奥尼尔年轻时最悲惨的经历提供了有价值的新思路,同时也深化了我们对于《送冰的人来了》和《进入黑夜的漫长旅程》的理解。奥尼尔在《驱魔》中塑造了自己的化身内德·马洛伊这个人物,他在后来的《进入黑夜的漫长旅程》中以经过美化的埃德蒙·蒂龙的形象再次出现,这两个人物同样痛苦,同样自恋。对于朋友和家人,他在感情上伤害他们,完全无视他们对他健康的深切关心。私下里,奥尼尔经常对自己以及生活本身感到厌恶,因此他有时候会狠心地拿那些最关心他的人撒气。在《驱魔》中,这一点表露无遗。但是,我们越了解内德·马洛伊性格上的这些极其常见的缺陷,其作者的人生历程就越是显得人性化。

我在大学开设的关于奥尼尔的研讨课程总是以两个简单的问题作为结尾:你最喜欢奥尼尔的哪部作品?最不喜欢哪部作品?几年以前,曾有一位学生立即举手回答,奥尼尔的人生就是他最好的戏剧作品。班上的同学都点头表示同意。经过仔细的考虑,我意识到,当我们把奥尼尔人生的戏剧结构与他作品的叙述轨迹紧密结合,他的人生就愈发清晰。我们中的很多人都试图在生活的过程之中完整地叙述自己的人生;传记作家的难处在于,他要去理解其他人的人生轨迹。

奥尼尔本人曾经向他的第一位传记作者巴内特·克拉克指出,为他写作完整的传记是非常困难的。他在1926年阅读了克拉克的手稿之后说:“任何人,哪怕仅仅为我写个很粗略的描述,都很困难,因为我不相信会有人真正了解我人生中的所有阶段,我人生中的每一个阶段都包含完全不同的时间、环境和人物联系。我自己可能也写不好,因为每当我回忆过去的某个情境、某个时间,我总是无法把其中的那个人认为是我自己,无法理解他的举动(尽管我可以客观地看待),但我的理智告诉我,那个人就是我。”[25]

在我看来,奥尼尔的人生经历了四幕,就像他在上文中所提到的那样,每一幕都有各自不同的事件、人物和背景。(“四”这个数字也是奥尼尔本人为他的很多作品所选定的幕数,比如《进入黑夜的漫长旅程》、《送冰的人来了》、《诗人的气质》、《月照不幸人》,等等)在这四幕中,奥尼尔的人生也在神秘地遵守着经典的戏剧结构:“开场”是他的童年和跟随剧团的成长经历;“发展”是他成为剧作家;“高潮”是他达到了戏剧大师的巅峰,却逃到国外躲避关于他第二次离婚的流言;明显的“危机”发生在他 1933 年的“上帝戏剧”《无穷的岁月》灾难性的失败;“转折”是他从公众视线中消失整整 12 年之后的回归;“结局”是神经性疾病迫使他在心智的高峰期停止写作,导致他最终的死亡。后记中包括 1956 年奥尼尔遗作《进入黑夜的漫长旅程》的成功上演——引发一轮“奥尼尔复兴”,这是美国文学史上最惊人的复兴之一。

*　*　*

1905年12月，当时美国最有名的剧作家克莱德·威廉·费奇敲响了帕克大街884号的大门，这里是小说家伊迪丝·华顿在纽约的住所。华顿的第一本畅销书《欢乐之家》当时刚刚面世，而高产剧作家费奇正春风得意，据说他跟奥斯卡·王尔德"关系"不错。费奇前来咨询她，是否愿意与自己合作，将她的小说改编成戏剧上演。尽管有些犹豫，但华顿还是同意了。

华顿之前曾经试图创作戏剧以赢得戏剧观众。但她一直无法把自己降格到普通观众的欣赏水准，她的朋友建议她考虑用古装和"社会恶作剧"写一出高票房的热门剧，她断然拒绝。很多著名的小说家都和她一样，在19世纪80年代到20世纪初都曾尝试戏剧创作，比如亨利·詹姆斯、威廉·迪安·豪威尔斯、马克·吐温、布雷特·哈特、汉姆林·加兰德、玛丽·奥斯汀、杰克·伦敦，等等，但没有一个人成功。"别忘了，"亨利·詹姆斯提醒未来的剧作家们，"你是在为傻瓜写作。"

1906年10月22日，《欢乐之家》纽约首演之后，华顿离开位于哈罗德广场的萨华伊剧院时，对同行的威廉·迪安·豪威尔斯说，"美国观众所需要的，是以大团圆作为结局的悲剧"。在这出戏遭到负面评论之后，她承认，"我现在怀疑，那种'结局悲惨'、主人公是反面人物的戏剧根本没办法在美国观众中引起任何反响"。三十年之后，华顿同意与剧作家佐伊·阿金斯进行合作，这次是把她的中篇小说《老处女》(1924)搬上舞台。这出戏获得了巨大的成功，击败莉莲·海尔曼的《孩童时光》和克利福德·奥德茨的《醒来歌唱!》，摘取1935年度普利策戏剧奖。此时，即使是华顿的作品也被很多人看作创新性和实验性不够而没有资格获得普利策奖，反对她获奖的人还因此创立了纽约剧评人奖。

在接下来的1936年，20年代曾三次获得普利策戏剧奖的尤金·奥尼尔荣获诺贝尔文学奖；迄今为止，他是美国唯一一位获得诺贝尔文学奖的剧作家。他告诉颁发该奖的瑞典学院，这个荣誉属于美国戏剧的整体发展："我非常感谢这份至高的荣誉，因为我觉得，它不仅是对我本人作品的肯定，也是对我所有美国同仁的作品的肯定——诺贝尔奖是一个象征，象征欧洲对不断成熟的美国戏剧的肯定……美国戏剧终于可以与欧洲戏剧比肩，这是我们最初的愿望。"

不论人们对诺贝尔奖或者普利策奖有什么样的偏见，也不论人们对奥尼尔的剧作有什么样的偏见，到了20世纪30年代，所有人都达成共识：奥尼尔的那种美国戏剧，"那种结局悲惨、主人公是反面人物的戏剧"，尽管面临来自好莱坞电影和商业戏剧等其他艺术形式的激烈竞争，终于在世界剧坛拥有了自己的一席之地。

* * *

第一幕

舞台入口的幽灵

除非我们回头看看由奥尼尔所引领的美国戏剧的开端，否则就不可能在美国舞台上进行表演。但是为了了解奥尼尔，你又必须了解在他之前的美国戏剧状况……在奥尼尔之前，美国戏剧是为了赚钱、为了出名、为了捧红明星获取利润、为了让观众可以附庸风雅。剧院不过是娱乐场所，没人拿它当回事。

——斯黛拉·阿德勒，2010年(在她去世以后出版)

尤金·奥尼尔之前……只有荒原……两个世纪的垃圾。

——戈尔·维达尔，1959年

基督山的宝藏

1888年10月16日,“埃拉”(玛丽·艾伦·昆兰·奥尼尔)在位于曼哈顿的巴内特之家旅馆生下了第三个(也是最后一个)儿子尤金。旅馆坐落在百老汇大道与第43街交汇处的东北角,这个地方后来成为时代广场的核心地段,全世界的戏剧中心。埃拉所住的房间能看到一小片周围的街景,这个新生儿的名字将来会闪耀在剧院门口的霓虹灯箱上,对前来看戏的人产生巨大的吸引力。尤金出生两天之后,就随着他的家人踏上了父亲的第一次全国巡演之旅,他的父亲是当时的戏剧偶像詹姆斯·奥尼尔,这样的巡演以后还有很多很多次。

詹姆斯是当时最有名的演员之一,被看作伟大的莎剧演员埃德文·布思的继承人。詹姆斯出生于1845年,是爱德华·奥尼尔和玛丽·奥尼尔之子,奥尼尔夫妇是来自凯尔科尼郡的爱尔兰移民,两人原来都是农民。为了躲避爱尔兰大饥荒,爱德华于1850年带着妻子和8个孩子移民到纽约州的布法罗。(詹姆斯排行第七,1951年他的妹妹玛格丽特出生,家里孩子的数量增加到9个。)跨越大西洋的旅程太悲惨了,詹姆斯成年以后很少提及。几年之后,大约在19世纪50年代中期,爱德华·奥尼尔的长子理查德去世,爱德华从此丢下家人回到爱尔兰。他六年之后在爱尔兰死于砒霜中毒,很有可能是自杀。[1]

詹姆斯·奥尼尔从10岁开始就不得不挣钱养家,在一家机器工厂里造锉刀,每天工作12个小时。“工厂在牲口棚一样的地方,又脏

奥尼尔的出生地，巴内特之家旅馆，位于百老汇大道与第 43 街交汇处，后来成为时代广场的一部分。奥尼尔对送给他这张照片的朋友说，那个靠着灯柱站立的人显然是喝醉了。（图片来自"谢弗尔-奥尼尔藏品系列"，琳达·李尔特藏档案中心，康涅狄格学院，新伦敦）

又破，”在儿子的自传性剧作《进入黑夜的漫长旅程》中，詹姆斯·蒂龙(奥尼尔)回忆起当年工作的地方，“下起雨来屋顶上漏水，夏天像是在火里烤一样，冬天又没有炉子，手都冻僵了，光线只是从两个又小又脏的窗户透射进来，所以在天阴的时候我得把腰弯下来，让眼睛几乎碰到锉刀才看得见！……你想想我拿多少工钱？一星期五角钱！这是真的！一星期五角钱！”(*CP*3,807)①到了1858年，奥尼尔一家迁到俄亥俄州的辛辛那提，一家人的生活基本都由詹姆斯的姐姐约瑟芬负担，她碰巧嫁给了一个有钱的俄亥俄酒馆老板。正是在辛辛那提，20岁的詹姆斯发现了自己的表演天赋，1865年内战结束前夕，他在辛辛那提国家剧院首次登台便一举成名。

英国女演员阿德莱德·内尔森是当时的头号女明星，她所扮演的朱丽叶被认为是史上最为出色的。她有一次被问及，和她演过对手戏的男演员中，谁扮演的罗密欧是最好的。内尔森立刻回答，“一个年轻的爱尔兰人，叫奥尼尔”。[2]1872年，詹姆斯与埃德文·布思同台演出，詹姆斯·蒂龙在《进入黑夜的漫长旅程》中自豪地称赞布思是“当代也是任何时代最伟大的演员”(*CP*3, 809)。布思和詹姆斯在芝加哥的麦克维科剧院演出《奥赛罗》，每晚交替出演伊阿古和奥赛罗的角色。在一场演出中，当布思在舞台侧翼候场的时候说，“那个年轻人演奥赛罗比我演得好啊！”[3]就在这个晚上，詹姆斯知道了布思对他的称赞，这标志着他演艺生涯的巅峰，或许也是他整个一生的巅峰。詹姆斯从此再也没能体会这种由演艺职业所带来的真正的满足感。

1883年2月12日，詹姆斯接受了纽约布思剧院的一个角色，这个角色将让他在全国家喻户晓，但他也将因此为声名所累：查尔斯·费彻1870年将大仲马的小说《基督山伯爵》改编成舞台剧，并将剧名改为更为直白的《基督山》，詹姆斯在剧中扮演爱德蒙·唐泰斯一角。

---

① 引自欧阳基翻译的《进入黑夜的漫长旅程》，郭继德编：《奥尼尔文集》(5)，人民文学出版社，2006年，第431页(译者略有修改)。

詹姆斯·奥尼尔,1869 年(图片来自哈佛学院图书馆“戏剧藏品系列”,剑桥,马萨诸塞)

詹姆斯曾于1875年4月21日在胡雷剧院出演过爱德蒙·唐泰斯这个角色,他当时还只是剧院的替补演员,评论界对他的表演评价很高。但是,《时代精神报》预测,布思剧院新上演的“《基督山》演不了多长时间”。因为下大雪,大部分的彩排詹姆斯都没能参加,他只有几天时间来熟悉角色。波士顿环球剧院的老板约翰·斯特森不顾外界的质疑,坚持让演出照常进行。费彻的遗孀被请来担任顾问,她奇迹般的让这场演出大受欢迎。[4]

传奇人物爱德蒙·唐泰斯是个正直的水手,却被诬陷叛国,投入马赛海岸边的伊夫堡监狱地牢。他的被捕为反面人物费尔南夺取爱德蒙深爱的梅尔塞苔丝扫清了障碍(詹姆斯会说一点法语,他在念爱人的名字时,喜欢用充满爱意的颤音“r”来结尾)。[5]在狱中熬过18年之后,埃德蒙在即将去世的狱友法里亚神甫的帮助下逃了出去。最终,他夺回了梅尔塞苔丝和儿子阿尔伯特,这个孩子是梅尔塞苔丝在唐泰斯入狱前就悄悄怀上的私生子。唐泰斯这个角色的台词并不多;大部分对话都在反面人物之间展开,他们不停地策划阴谋。但是,从狱中逃脱的那个精彩场景是詹姆斯演艺生涯中最令人难忘的一幕:“月亮出来了,照亮了一块突出的岩石,”舞台提示中这样写道。“爱德蒙从大海中上岸,他身上滴着水,手上握着刀,刀上还粘着麻袋的碎片。”他站在岩石上,对着天空大声呼喊,“世界是我的!”詹姆斯当时是对着大约六千名观众表演这一高潮桥段,他立刻就名声大噪。[6]

但是,对于詹姆斯的实际生活而言,影响最大的却是这句庄严台词之前的那几句。“都是我的啦,基督山的宝藏!世界是我的!”[7]“基督山的宝藏”指的是一座荒岛上埋藏的财富,法里亚在狱中去世之前将其赠与了唐泰斯。在他大胆越狱之后,唐泰斯有好几个月的时间都奢侈地花着法里亚的钱周游世界,之后才回到梅尔塞苔丝身边。《基督山》不仅是一出关于爱情的戏,它也关于金钱。詹姆斯很快就决定获取他自己的“基督山宝藏”:他花2000美元买断了费彻剧本的演出权。从1885至1886年演出季开始,詹姆斯·奥尼尔在接下来的30多

《基督山》的演出海报（图片来自“谢弗尔-奥尼尔藏品系列”，琳达•李尔特藏档案中心，康涅狄格学院，新伦敦）

年中一直出演这个角色，每年差不多都能获得4万美元的利润。和唐泰斯一样，詹姆斯也从自己的监狱中逃脱了——贫穷的监狱。两个人都因为自己的天赋、诚实和魅力而摆脱了可怕的命运。[8]

查尔斯·费彻的《基督山》充满了坏人的吹胡子瞪眼与好人虚张声势的道德姿态之间的鲜明对比。爱德蒙·唐泰斯的一句台词就差不多可以概括全剧的立意："相信我，好人终会得好报，坏人必将被惩罚。"[9]那些花了整整一个下午的时间去看费彻这出烂戏的观众在心潮澎湃之后，一定会思考这样一个问题：观众为什么会日复一日、年复一年地去剧院看这出庸俗的情节剧？即使是用当时的标准来评价，剧本也很糟糕，估计当时的观众也有和现在的观众一样的疑问。"很显然，答案是我的父亲，"奥尼尔晚年时曾这样解释，"他拥有真正浪漫的爱尔兰气质——不论是相貌、声音，还是舞台表现——他热爱这个角色……观众去看的是詹姆斯·奥尼尔出演的《基督山》，而不是《基督山》。"[10]

奥尼尔很早就开始对父亲的戏剧不屑一顾，很多年以后，他的这种不屑在他的历史讽刺剧《马可百万》(1928年)中通过直率的马可·波罗之口得以表述。在该剧中，马可把"好"这个单词重复说了六遍，以强调他的资产阶级品位："好好地做了一天的工作，知道自己取得了一些成就，好好美餐一顿，挑一个好位子看一出好戏，好好享受一番有益身心的刺激，或者好好地开怀大笑一场，去除心中的烦恼，然后上床睡觉，实在是没有比这更妙的啦。"(*CP*2,431)。莎士比亚也曾在《仲夏夜之梦》中取笑过那些"用来消磨时间、缓解痛苦"的戏剧。在奥尼尔最早的讽刺作品《我且问你》中，剧中人物露西·阿什利附庸风雅地崇拜易卜生剧中的海达·高布乐，她说自己不会去看综艺表演，因为"那些演出是专门用来安抚那些疲惫的生意人的"(*CP*1,451)。

在奥尼尔的记忆中，他父亲最早说过的话是"戏剧即将死亡"。实际上，詹姆斯自己也将这笔财富看作"诅咒"，让他无法实现自己真正的戏剧成就。尽管奥尼尔认为只有他自己被告知了这个家庭诅咒，但其实詹姆斯也曾经公开地对媒体说过。比如在1901年,一位记者在百老汇遇到他,问他将来的打算。“我的私人助理告诉我,我演唐泰斯这个角色已经4000次了,”詹姆斯说,“我也曾尽力去争取新的角色,但要是一个人最大的成功在于他一直在演的这个老角色,他还能怎么办呢?你知道,当巨大的利润随着枯燥的工作源源不断地到来,你就很难舍弃它。”[11]

实际上,早在1885年,《基督山》的诅咒就开始折磨詹姆斯,当时他还没有买断剧本的演出权。次子埃德蒙夭折的那段时间,詹姆斯情绪特别低落,他在芝加哥的一个酒吧喝酒的时候,有个记者上前搭讪,他忍不住向记者吐露了心声。这位记者所写的报道详细分析了像詹姆斯这样的演员是如何的“目光短浅”,他们的“巨大潜力没有被发挥出来”。报道中还记述了詹姆斯喝酒时对自己“早年时光”的哀叹,那时的“吉米·奥尼尔扮演伊阿古,与布思扮演的奥赛罗同台,舞台风采甚至超过了布思这位大明星”。“但是,尽管他在这些‘正统’角色上获得了成功,”记者接着写道,“他却放弃了对更高形式戏剧的追求,转而扮演传奇情节剧中的角色,与他本来前途无量的真正艺术相比,这些角色如同昙花一现。”[12]在他的余生中,詹姆斯一直后悔自己选择了金钱而放弃了更高的舞台追求。“这就让我下定决心,绝不为金钱所动,”奥尼尔在得知此事后这样说,“我当时就决定,绝不出卖自己。”[13]

与丈夫詹姆斯一样,埃拉·奥尼尔也出生于一个爱尔兰第一代移民家庭。她的父母托马斯·昆兰和布里吉特·昆兰也是当年逃避爱尔兰饥荒的难民,他们来自爱尔兰的提伯拉里郡。但托马斯在美国发了财,他在俄亥俄州的克利夫兰经营烟酒。1872年,埃拉通过父亲托马斯认识了异常英俊的詹姆斯,詹姆斯经常到托马斯的烟酒店来玩,烟酒店离克利夫兰音乐学院不远,很多演员都是店里的常客。埃拉和詹姆斯相识五年之后结婚,一共生了三个儿子——小詹姆斯出生于1878年,埃德蒙·波尔克出生于1883年,尤金·格拉德斯通出生于1888年。(查尔斯·费彻将大仲马小说主人公的名字由法语“Edmond”

改为英语“Edmund”，也许并非偶然。詹姆斯的哥哥随父亲名为埃德蒙，他在内战中阵亡，他的抚恤金曾是母亲生活的主要来源。但是詹姆斯并非是用自己的名字和哥哥的名字来为长子和次子命名。他给他们起的名字其实暗合了他自己台下和台上的双重身份：台下他是詹姆斯，台上他演埃德蒙。)[14]

1885 年 3 月 4 日凌晨 4 点，仅仅 18 个月大的埃德蒙离开了人世。[15]孩子的夭折对于任何父母来说都是难以想象的灾难，但埃德蒙的死因特别让人痛苦。因为詹姆斯当时在科罗拉多州演出，奥尼尔夫妇将埃德蒙和长子吉米留在纽约，由埃拉的母亲布利吉特照看。吉米感染了麻疹，外婆因此严格禁止这个六岁的淘气包和弟弟有任何接触。但他走进了弟弟的房间，几天之后埃德蒙就因染上麻疹而夭折。得知埃德蒙去世的消息，埃拉乘火车赶回纽约，詹姆斯留下来继续演出。埃拉离开的当晚，《丹佛共和论坛报》报道，“观众们对于詹姆斯内心的痛楚一无所知。他们不知道詹姆斯演出时他的儿子在遥远的纽约夭折了，悲痛欲绝的母亲刚刚泪流满面地告别丈夫，赶回去参加幼子的葬礼。观众在笑，在鼓掌，完全沉醉在演员的精彩表演中，他们做梦也不会想到这位演员内心深处在哭泣。”[16]

奥尼尔后来发现，他的母亲一辈子都不肯原谅哥哥吉姆(他总是这样称呼哥哥)，因为哥哥把麻疹传染给了埃德蒙；奥尼尔本人则一直在两种情绪的纠结中煎熬，一方面是作为幸存者的内疚，另一方面是对死亡的渴望。在他后来创作的《进入黑夜的漫长旅程》中，他把以自己为原型的人物命名为“埃德蒙”，而把那个夭折的孩子命名为“尤金”。剧中这两个名字的互换在母亲玛丽·卡文·蒂龙看来，似乎具有更加深层的象征意味。她在剧中说，自己生第三个儿子是为了替代夭折的尤金，这是在她丈夫詹姆斯的一再坚持下才做出的决定。(*CP*3,766)。奥尼尔因此认定，他的出生只是父母在绝望之中的一个错误，在母亲的眼中，他的存在只会让她不断想起对于埃德蒙的愧疚。难怪奥尼尔后来曾经写道，他是在“一系列人工流产”之后出生的，尽

玛丽·艾伦·“埃拉”·昆兰·奥尼尔(图片来自“谢弗尔-奥尼尔藏品系列”,琳达·李尔特藏档案中心,康涅狄格学院,新伦敦)

管他母亲是个天主教徒。[17]“我知道像我那样丢下尤金不管，我是不配再生孩子的，”玛丽·蒂龙在吗啡的作用下对詹姆斯说，“而且要是我生了，老天爷也要惩罚我的。我是决不该生埃德蒙的。”(*CP*3,766)①

更糟糕的是，来旅馆接生的医生为埃拉开了吗啡，以缓解分娩的剧痛，尤金出生时重达11磅。埃拉从此染上毒瘾，其后的20多年一直戒不掉，这也成为她自己和丈夫、儿子至死都无法摆脱的噩梦。这一充满愧疚又互相埋怨的家庭结构，后来被奥尼尔几乎原封不动地搬进了《进入黑夜的漫长旅程》，正如他在剧本扉页上写下的文字：“这部用血和泪写成的、揭示过去的伤心事的剧本……以深深的怜悯、谅解和宽恕的心情来写蒂龙一家的四个困惑的人。”(*CP*3,714)②

奥尼尔人生最初的七年，一直跟随着父母在美国各地巡演。“通常孩子都有一个固定的家，”他几十年以后说道，“但可以说，我从小就是剧团的一员。我只知道演员和舞台。我母亲是在舞台边上或者更衣室里给我喂奶的。”[18]但是与普通的美国孩子一样，他最早的记忆中也有一些其他的东西——牛仔和印第安人。美国东北部的小男孩们都对“狂野的西部”特别着迷，他们多半是受到那些情节曲折的庸俗小说和杂志的影响。而奥尼尔的父亲则让他亲身感受西部。

负责为詹姆斯·奥尼尔的演出进行宣传的乔治·泰勒经常炫耀，他的老板在西部到处都有朋友，全是些传奇人物。每天晚上，泰勒都会看到詹姆斯在某个酒吧聊天，身边坐的是“美国最棒的扑克手，或者

① 引自欧阳基翻译的《进入黑夜的漫长旅程》，郭继德编：《奥尼尔文集》(5)，人民文学出版社，2006年，第382页。

② 引自欧阳基翻译的《进入黑夜的漫长旅程》，郭继德编：《奥尼尔文集》(5)，人民文学出版社，2006年，第321页。

是'野牛比尔'①,或者其他名人——各行各业最大牌的人物他都很熟。"[19]印第安苏族大战(1876—1877)之后,蒙大拿州印第安人居住地境内的暴乱有所平息,有钱的演员詹姆斯·奥尼尔、内战老兵内特·萨尔斯伯里、"野牛比尔"威廉·考迪上校三人都在一个名为"米尔纳奶牛公司"的蒙大拿州牧场持有利润丰厚的股份。因此他们三人如果碰巧都在某个西部小镇演出,就会找个机会一起在酒吧喝一杯。

奥尼尔成年以后回忆,他大约两岁半的时候得了伤寒,差点在芝加哥的一家旅馆里死去,当时达科他印第安人居住地的苏族"叛乱分子",包括苏族首领坐牛②、疯马③等人,都围在他的病床边。他记得他们长头发上的羽毛装饰和被毯子裹住的"高大的棕色"身体。詹姆斯·奥尼尔的一个熟人确实召集了威廉·考迪"狂野西部"剧团中的一些西诺族表演者,来安慰这个遭受由伤寒引起的胃痉挛、头痛、高烧等症状折磨的孩子。奥尼尔已经想不起当时他们都对他说了些什么,但他记得他们前后共来了一个月左右。不论他们当时都说了些什么,这份记忆——也许是他一生中最早的记忆——"让他得以了解印第安人的实际状况,"他 1946 年告诉一位朋友,"还有对印第安人深切的同情。"[20]

这个故事听着挺不错,但坐牛和疯马当时并不在奥尼尔芝加哥的病床边。坐牛只为威廉·考迪演出了一季,而那是在奥尼尔出生前的四年。疯马作为考迪剧团的演员,也不大可能做出这番讨好的举动;

---

① "野牛比尔"原名 William Frederick Cody,他曾制作了一部名为"野牛比尔的蛮荒西部及世界级驯马师大会"(Buffalo Bill's Wild West and Congress of Rough Riders of the World)的精彩演出,这场演出享誉全球并为美国西部创造了一个永恒的神话。

② "坐牛"的英文名为 Sitting Bull,美国印第安人苏族亨克帕帕部落首领,身兼酋长、巫医、先知等职,曾多次率领本部落征讨世仇克劳部落。

③ "疯马"原名 Tashunca-Uitco,后改称 Crazy Horse,美国印第安人苏族奥格拉拉部落首领。他在美国西部地区抵抗白人的入侵,以作战勇敢而著称。在著名的小比格洪恩战役中,他所率领的印第安人军队歼灭了美国白人卡斯特的军队并杀死卡斯特。他于 1877 年被美国狱警杀害。

而且不管怎么说，他也绝对不可能这样做——在小比格洪恩之战中艰难获胜之后，疯马就被一名狱警杀害了。奥尼尔一家 1891 年春末到达芝加哥时，奥尼尔两岁半，当时“野牛比尔”的狂野西部剧团正在欧洲巡演。1893 年，芝加哥举办世界博览会以纪念哥伦布发现美洲 400 周年，考迪在世界博览会期间才再次回到芝加哥。[21]考虑到这些因素，奥尼尔的这段记忆应该是有些偏差的。

詹姆斯的浪漫剧《枫丹那勒》在芝加哥的演出于 1893 年 3 月 12 日开始，这给了他三十周的时间，可以暂时从《基督山》中脱身。奥尼尔一家那年 3 月的最后一周在第二城剧院“休整”，1893 年 4 月 2 日的那个复活节，一家人又向东面出发。[22]“野牛比尔”的狂野西部剧团的演员整个 3 月都在准备为期 6 个月的演出，首演定在奥尼尔一家离开后的那天，4 月 3 日。（考迪的演出阵容在这样的官方活动中被认为太不正规，因此只能在世界博览会场外靠近市场的地方表演。最终考迪完美地报复了主办方的轻视：芝加哥世界博览会入不敷出，而他的演出却赚了一百多万。）当时尤金四岁半，如果他只有两三岁的话，也不大可能对印第安人记得那么清楚。这样看来，奥尼尔在世界博览会开幕前一天就离开了芝加哥，没能遇上前来观看世界博览会的马克·吐温、海伦·凯勒、弗雷德里克·道格拉斯、杰克·伦敦、托马斯·爱迪生以及很多其他的名人。这些大人物都目睹了当时的盛况，但奥尼尔却因为提前一天离开而恰好错过了。

这样看来，奥尼尔病床边的印第安人应该是一群被称为“魔鬼舞者”的苏族勇士。1890 年 12 月 29 日，150 多名印第安人在伤膝溪大屠杀中被杀害，其中包括妇女和儿童。这群人在大屠杀后因为要求开战而被捕。三个月之后，威廉·考迪与内政部秘书约翰·诺伯达成了一笔交易，释放关押在附近谢里丹监狱的 100 名“魔鬼舞者”，他从中挑选纯种印第安人参加下一站的欧洲巡演。“谢里丹监狱的印第安人特别麻烦，”媒体报道，“所以，诺伯先生巴不得能够有个机会解决掉他们……而印第安人当然也想出狱，为了出狱，叫他们干什么都成。”[23]

在那批被关押的人当中，有拉科塔部落的医师“踢熊”、参加过小比格洪恩战役的老兵，还有另外一个叫“矮公牛”的拉科塔人——他们都是“魔鬼之舞”抵抗运动的领导者。他们中的每个人都听考迪的，而且可以肯定，他们都能让奥尼尔了解印第安人的实际状况。

大约二十多名苏族勇士被编入威廉·考迪的剧团，在演出中扮演“野人”，演出中的种种怪诞场景让奥尼尔终身难忘。在他1920年的作品《与众不同》中，一个一事无成的男人取笑一个女人，说她“浓妆艳抹，简直可以到野牛比尔的剧团去演印第安人了”(*CP*2,36)。不仅如此，奥尼尔还曾在他的作品中谈论过美国印第安人的悲惨命运。《泉》讲述了16世纪探险家胡安·庞塞·德·莱昂的冒险经历，他参加了哥伦布的第二次新大陆探险之旅。这是奥尼尔创作的第一部历史剧，遭遇票房惨败。胡安差一点就在佛罗里达被塞米诺勒族土著杀害。和100年前的小说家詹姆斯·库柏一样，奥尼尔也将印第安原住民刻画成骄傲、叛逆的民族，注定会灭亡。

五十多年之后，奥尼尔为《送冰的人来了》首演做准备期间，在纽约一家旅馆的豪华套房里又一次谈到了他幼年时苏族人来访的记忆，证明这次经历对他的创作想象和政治观点都产生了影响。他强烈抨击美国政府对于原住民部落的不公正入侵。他的话震惊了在场的一位记者。这位记者完全没有料到，奥尼尔会为小比格洪恩之战的结果感到高兴：“美国历史上最伟大的战役是小比格洪恩之战。印第安人打败了白人，剥下了他们的头皮。那是美国历史必须铭记的一次胜利。它应该被看作美国历史上最伟大的胜利，应该被写进所有学校的教科书。”[24]

奥尼尔朋友、记者伊丽莎白·沙普雷·瑟尔金特曾经写到，这个故事激发了剧作家愤世嫉俗的观点，他认为美国梦就是个阴险的神话。“在奥尼尔到目前为止所描写的美国生活中，”瑟尔金特在一篇未出版的笔记中写着，“他写的都是反成功的故事，展现美国梦的无情破碎。”[25]另外一位采访者则注意到旅馆豪华套间的墙壁上有两幅画，一幅是一艘帆船，另一幅是正在上演戏剧的百老汇大街。“这就是美国衰落的完整故事，”奥尼尔告诉他，“从美国制造的最美的东西——帆船，到世界上最无聊的一条街。”[26]

美国人当中，没人能比威廉·考迪更加大肆地宣扬来自欧洲的美国人在北美洲的扩张，他的传奇在他 1917 年去世之后很久都有增无减，其顶点就是“二战”胜利后的群情激昂。没有一个作家比奥尼尔更为努力地去驱散这种神话，当年这个孩子睁大双眼，盯着芝加哥旅馆病床边冒出的那些“高大的棕色”身体。

叛教者在学校的日子

1885年，埃拉和詹姆斯在康涅狄格州的新伦敦定居下来。这个由捕鲸小镇演变而来的夏日度假区位于纽约和波士顿两大戏剧中心之间，交通便利，对他们一家来说是个明智的选择。埃拉的表兄谢里丹和布瑞南都住在新伦敦，詹姆斯也有不少戏剧界的朋友在新伦敦有夏季度假的房子。新伦敦位于泰姆士河河口，连接长岛海峡和大西洋，在鲸油贸易鼎盛时期，新伦敦的地位仅次于马萨诸塞州的新贝德福德。在美国独立战争中，英国军官本尼迪克特·阿诺德[①]，下令放火烧毁了整座城市，这是这位臭名昭著的叛徒对革命军最为恶毒的背叛。但是人们后来慢慢又把城市重建起来，并将其从一个河边小镇变成一座港口城市，用木板、红砖、花岗岩等各种材质建成的商店和住宅鳞次栉比，让新英格兰如画的风景更添魅力。

随着鲸油被石油和天然气所取代，新伦敦的经济在内战后逐渐衰退；从那时起，这个"比较大的小镇"——奥尼尔曾在《啊，荒野!》中这样称呼新伦敦(*CP*3，5)——的居民就想当然地陷入了城市"复兴"的幻想之中。在19世纪晚期，新伦敦的房地产被认为具有很大的升值潜力。在爱尔兰人的观念中，房产可以抵御贫困，詹姆斯·奥尼尔也一直对此深信不疑，因此他想投资房产，试试自己的运气。在尝试了几次房产交易和租赁之后，1900年夏天，一家人搬进了佩考特街325

---

① 本尼迪克特·阿诺德原来为美国革命军作战，后来叛变而成为英国军队的军官。

尤金•奥尼尔在新伦敦。送给“卡洛塔•蒙特雷•奥尼尔”的签名照（图片来自“耶鲁美国文学藏品系列”，拜内克珍本手稿图书馆，纽黑文）

号的一座维多利亚式建筑,当时奥尼尔 11 岁。马车沿着泰姆士河西岸来回运送行李,将其从名人聚集的佩考特旅馆和度假区搬到几英里以北的市中心广场。詹姆斯将这座房子重新装修并利用废弃的学校和商店对其进行扩建,很快大家就把它叫作"基督山屋"。在其后的 20 年间,奥尼尔一家每年夏天都会在这里度过,从 6 月一直住到 9 月。对于他们一家人来说,"基督山屋"差不多就算是一个真正意义上的家了。

奥尼尔快四十岁的时候,他曾通过画一张图来重述自己的童年经历,美国精神病学的奠基者阿道夫·迈耶将其称之为"人生图解"。[27](今天所采用的一种类似方法被称为家谱图。)奥尼尔的心理医生吉尔伯特·V.汉密尔顿博士认为,这种方法也许可以帮助患者最终理解自童年以来长期所受的痛苦和愤恨,由此帮助他戒除 20 多年的严重酒瘾。奥尼尔在这幅图中透露,他幼年时,是他的英国保姆莎拉·桑迪给了他"母爱",而他的母亲埃拉则一直对他很疏远。桑迪也会带他去新奇的博物馆,看那里展出的"造型奇怪的蜡制玩偶",每次看到小奥尼尔害怕得向后躲,她就很开心。保姆还固执地向他灌输对于黑暗的恐惧,她总是喜欢在晚上给他讲那些可怕的"谋杀故事",然后就把灯关了。当小奥尼尔吓得大声哭喊,她再用她"母亲般的爱"去哄他。"父亲会用威士忌加水来喂孩子,帮他在怕黑的噩梦后平静下来,"奥尼尔在图中回忆。"威士忌与妈妈的保护有关——那是英雄爸爸的饮品。"[28]

萨拉·桑迪在 1895 年秋天就不在奥尼尔家干了,并不是因为她那些另类的育儿观念,而是因为尤金被送到了布朗克斯的圣阿洛修斯学校,他当时还不到 7 岁,他在那儿上了四年学,由修女照看。奥尼尔在图上这样写道,"因为父亲的讨厌和憎恨而被送到学校(离开母亲)……发现真相并在恐惧中逃离——幻想的生活+学校的宗教——无法在现实中找到归属"。[29]奥尼尔回忆这段离家的经历时,将其看作父母的狠心抛弃。他哥哥吉姆的情况要好得多:他也是不到七岁就被

1900年，基督山屋的门廊，尤金·奥尼尔，小詹姆斯·奥尼尔，詹姆斯·奥尼尔（从左至右）（图片来自“耶鲁美国文学藏品系列”，拜内克珍本手稿图书馆，纽黑文）

送到印第安纳州南班德的圣母预备学校,但他在社交和学业两方面都很出色。吉姆成年之后,他的这段成功经历让他非常痛苦,每次回忆起来都会觉得自己是在荒废潜力。

1900 年,奥尼尔进入曼哈顿中央公园南面的德·拉·萨勒学校,当时他们一家租住在西 68 街的一个公寓,离学校不远。一天下午,奥尼尔比平时放学早,当他走进家门的时候,发现母亲正拿着一个皮下注射器。埃拉对儿子大发脾气,责怪他突然闯进来监视自己。家人没有给他更多解释,但他秋季学期就不再走读了,成为德·拉·萨勒学校的住宿生。[30]一年以后,奥尼尔转学到了康涅狄格州斯坦姆福特的贝兹预科学校。

1903 年夏天的一个夜晚,14 岁的尤金刚刚念完中学一年级,他和哥哥吉姆、父亲一起,惊恐地目睹了母亲疯狂地试图自杀。因为吗啡用完了,她就穿着睡衣,像个疯女人一样尖叫着穿过佩考特街,想要径直冲进泰姆士河中。三个男人跟在她身后狂奔,在她跳下码头之前拦住了她。詹姆斯和吉姆几年前就知道了埃拉的"问题";但他们之前一直瞒着尤金。"詹米把实情告诉了我,"埃德蒙在《进入黑夜的漫长旅程》中痛苦地回忆,"我说他撒谎!我还要揍他。但是我明白他并没有撒谎。(他的声音发抖,眼泪汪汪)我的天,当时我感到生活中的一切好像都腐烂发臭了!"(*CP*3,787)①

在奥尼尔的人生图解中,他清楚地标注,这个痛苦的真相立刻让他"发现母亲的缺陷",从这里开始,"母爱"这条线就从图上被划去了。奥尼尔被埃拉的毒瘾吓坏了,在他心目中,只有妓女和无业游民才吸毒(其实当时也有不少富有的女人吸食吗啡)。他还担心母亲可能已经疯了。恐惧和担心导致了这个年轻人对酒精的依赖。他 15 岁开始

---

① 引自欧阳基翻译的《进入黑夜的漫长旅程》,郭继德编:《奥尼尔文集》(5),人民文学出版社,2006 年,第 407 页。

酗酒，他一事无成的哥哥吉米暗中推波助澜。[31]（只有他的父母和家里的亲戚叫他“吉米”；奥尼尔成年以后都管他叫“吉姆”。）吉姆还安排自己的弟弟在曼哈顿简陋的妓院发生了第一次性关系。“尤金比其他人更容易学坏，”吉姆之后很多年仍然这么吹嘘：“跟着我，学坏很容易。”这件事给当时还不到20岁的弟弟造成很大的心理伤害。[32]“那些女孩子特别坏，她们往他嘴里灌威士忌，”奥尼尔的第三任妻子卡洛塔·蒙特雷几十年后这样说道：“杰米帮着她们一起灌，她们扒下了他的衣服——他拼命挣扎。他根本不想这样。他那时候还醉心于诗歌。但后来他慢慢让自己习惯了那些妓女，习惯了妓院。”[33]

酒精和随后的性交成为奥尼尔内心痛苦的麻醉剂，在那些年，比起那些表面上爱着他的家人，醉酒和流浪让他感觉更有依靠。在20多年的时间中，奥尼尔经常从早喝到晚，直到烂醉如泥，然后在接下来的几周中都处于极度的孤单和绝望之中。

在他目睹了母亲的那次毒瘾发作之后，他也公开地拒绝了父母所笃信的天主教——实际上是拒绝了所有的宗教——成为一个坚定的无神论者。“他拒绝了上帝，”奥尼尔曾经的女朋友、激进分子多萝西·戴伊在他去世后写道，“他转过身，背对上帝。”在母亲自杀事件之后的第一个周日早晨，奥尼尔就拒绝和父母一起去参加弥撒。尤金和詹姆斯在客厅的楼梯上发生争执，身强力壮的詹姆斯本来可以把儿子揍一顿，但他突然停住手，整了整衣领，对儿子说，“好吧，就这样吧”。[34]尽管埃拉在修女们的帮助下于1914年首次戒掉了吗啡，并于1918年最终战胜了对吗啡的依赖，她的儿子却再也没有恢复对上帝的信仰。

奥尼尔抛弃信仰对他而言绝对是个损失——他感到深深的空虚，在精神上留下了巨大的缺口。在《进入黑夜的漫长旅程》的一场戏中，他再现了母亲放弃做弥撒的经历。玛丽·蒂龙这个角色渴望回到过去在教会学校完全信仰天主教的那段时光。“要是我能追回我那失去了的信念该多好，”她哀叹，“我也能再次向圣母祷告！”(*CP*3,779)①。在最后一场中，因为吸食了吗啡而神情恍惚的玛丽无助地在起居室四处寻找，想要找到她放错了地方的东西，“我非常需要这样东西，我记得我有这样东西的时候，我从来就不觉得孤单，从来也不害怕。总不会永远失掉这样东西吧，要是我那样想，那只好死去。因为要是那样就完全没有希望了。”(*CP*3, 826)②奥尼尔自己也曾经拼命寻找希望和信仰。如果他能够重新信仰天主教，重新获得母爱，或者找到有意义的东西去替代，他就会有更多的安全感，不会一生孤立无助——但是他在艺术上的成就很有可能就不会如此之高。

公元前3世纪，希腊哲学家、愤世嫉俗的第欧根尼曾下定决心抛弃一切世俗的财产，在一个澡盆中度过余生。在奥尼尔看来，他少年时期在新伦敦“基督山屋”生活，要比在澡盆中生活更加无趣。奥尼尔通常上午看书，下午到泰姆士河游泳，晚上还是看书，连续好几周天天如此。尽管他跟随剧团四处巡演的童年让他特别渴望拥有一个真正意义上的家，但同时也让他感到康涅狄格的文化生活狭隘得令人难以忍受。他十六岁的时候曾经轻蔑地说，在新伦敦过一个小时“相当于在别处的十个小时”。“无聊得要死，”皮考克街上尽是些有钱人家的孩子在胡闹，奥尼尔抱怨，“就算是在墓地，至少还能从阅读墓碑上的文字中找到点乐趣。”[35]

1905年夏天，一位名叫玛丽恩·威尔士的女孩的到来终于在这一潭死水般的生活中激起了一点波澜。这个女孩来自康涅狄格州首府哈特福德，读过不少书，到新伦敦来拜访一位朋友。她比尤金年长几

---

① 引自欧阳基翻译的《进入黑夜的漫长旅程》，郭继德编：《奥尼尔文集》(5)，人民文学出版社，2006年，第397页。

② 引自欧阳基翻译的《进入黑夜的漫长旅程》，郭继德编：《奥尼尔文集》(5)，人民文学出版社，2006年，第455页。

岁,体格健美,最重要的是,具有求知的兴趣。奥尼尔一直认为,他们一起在泰姆士河上泛舟的日子是他人生中最幸福的时光之一。现存的几封写给玛丽恩的情书,一看就知道是出自陷入相思之苦的16岁男孩之手——各种讽刺和吹嘘,是汤姆·索亚的风格,而不是波德莱尔的风格(他后来的情书会是波德莱尔的风格)。他写这些情书主要是为了给女孩留下深刻印象,而不是为了求爱。他在情书中大谈自己跟随不着调的哥哥吉姆去赌马,玩老虎机,在纽约州北部的坎菲尔德·萨拉托加俱乐部喝酒,这个俱乐部"有个很文雅的名字,但却是世界上最流行(也是最臭名昭著)的赌博中心"。他将威尔士看作在智力上与他旗鼓相当的人,他们短暂的交往过程中,很多通信都是关于他们正在看什么书,计划看什么书,以及什么书根本不值得去读。他们也互相交流应该去看哪些戏。"这么说你去看那出老掉牙的《基督山》了,"他在一封信中这样回复玛丽恩,"如果你以前从来没看过的话,去看看倒也不错。"[36]

1906年春天从贝茨预科学校毕业之后,奥尼尔进入了普林斯顿大学,他决心在那儿弥补自己在新伦敦和斯坦姆福德虚度的光阴。在他同学的记忆中,他是一个"孤独的人",但他言辞犀利、出言不逊。那时候的大学男生一般喝啤酒或葡萄酒,但奥尼尔不仅已经是个老烟枪,还喝烈性酒,在他的那些从小循规蹈矩的同学看来,终日鬼混的人才会这样。奥尼尔亵渎上帝的言辞让他们感到恐惧,他甚至说学校规定的周日布道"特别讨厌,特别愚蠢,让我早上没法睡懒觉"。十八岁的奥尼尔身高已经差不多有5呎11寸了,有一次他站在一张椅子上,伸出双臂对着天花板大喊:"如果真有上帝的话,让他一拳把我打死啊!"(目睹这一幕的同学回忆,但是他对于自己爱尔兰裔身份的骄傲又经常超越无神论,"要是谁说了天主教的坏话,他立刻就愤怒地加以反驳"。)[37]

在第一学期的大部分时间,奥尼尔都很低调。他当时住在学校的宿舍,学校里很少有人了解他(但他有个外号叫 EGO①,因为他总是毫无幽默感地使用自己的全名 Eugene Gladstone O'Neill)。他的书房装饰着渔夫的网,上面挂着软木渔浮和各类纪念品,根据他的舍友回忆,包括“女演员的拖鞋、长筒袜、胸罩、节目单、海报、穿紧身衣的合唱队女孩的照片……还有一手牌,是一副同花顺。但最让我吃惊的是,他在这些东西当中竟然还挂了几个避孕套——看上去像是用过的。挺吓人的”。房间里还有一张简单的圆桌,几把椅子,卧室很狭小,里面有铁床、洗脸池、水瓶和一个带抽屉的小柜子。他仍然保持着大量阅读的习惯,他还写诗,但不是很“高雅”的那种。下面这首诗是他在常青藤名校短暂的学习生涯中所写的打油诗中比较典型的一首:

没有绯红的脸颊,
没有醉饮的嘴唇,
我怎么爱你?
跟我一起喝酒,
来一次长久的畅饮,
我就会爱上你。[38]

当同学问他,为什么他会更喜欢“臭气熏天的垃圾桶”而不是芬芳的玫瑰,奥尼尔的回答颇为神秘:“两者皆自然,”这句话让人不禁想起奥尼尔最崇拜的文学家之一,法国记者、自然主义作家埃米尔·左拉。被誉为“现代现实主义之父”的挪威剧作家亨利克·易卜生曾说,“我进入下水道的话,会把它清理干净。而左拉进入下水道的话,他会在里面冲个澡”。左拉经常引用生理学家克劳德·贝尔纳的话来回击这种批评,贝尔纳在被问及“关于生命科学的忧郁”时曾经这样回答,“这是一间绝美的客厅,灯火通明,但你必须穿过一间狭长的、令人作呕的

① “ego”(自我)是弗洛伊德的精神分析学派所常用的术语。

肮脏厨房才能进入”。[39]

从广义上说，“现实主义”指的是19世纪对于情节剧和浪漫剧的反叛，让戏剧的结尾不再那么一目了然，反映出平凡人物的当下生活，他们与自然主义戏剧中的人物有所不同，他们会展现出自由意志。（这场由易卜生领导的戏剧运动加速了戏剧独白的结束。）就戏剧而言，“自然主义”通常暗示一种更为坚定、更为执拗的现实主义。但是，我们一旦排除那些与自然主义戏剧一样制造“第四堵墙”幻觉的现实主义“生活片段”剧，自然主义的特征就更为清晰地显现出来：自然主义戏剧都以悲剧结尾，暴露存在于表层现实之下的伟大真相，所表现的哲学思想是个人的命运由个人所不能主宰的生物、历史、环境和心理因素决定。奥尼尔后来的戏剧作品会糅合自然主义手法和其他手法，但自然主义传统几乎总是占主导地位。[40]

周末的时候，奥尼尔会去附近的博伊斯“博士”酒吧或者亚历山大街的一家酒吧喝酒，亚历山大街酒吧那种重口味的氛围，只有他能受得了，他的同学们都受不了。但是，他还保持着在贝茨学校时的习惯，只要一有机会就去纽约。那年春天，他连续十个晚上都去纽约的珠宝剧院观看易卜生的《海达·高布乐》（1890）。尽管作为剧作家，奥尼尔走的是左拉的那条路，但易卜生对于维多利亚式戏剧传统的反抗让奥尼尔觉得耳目一新：“观看易卜生的经历让我发现了一个全新的戏剧世界，我第一次有了现代戏剧的概念，真理可能存在其中。”[41]

“路”（路易斯·豪勒迪）是奥尼尔在一次纽约之行中遇到的纽约当地人，豪勒迪有个周末来到普林斯顿校园，带了一把手枪和一夸脱苦艾酒，一种从苦艾毒素中提炼出来的烈性酒。这种酒会引起幻觉，后来很快就被认定为非法饮品，奥尼尔却对它非常着迷。他以前在英国小说家玛丽·科雷利的《苦艾：一出巴黎的戏剧》（1890）中读到过它，他请豪勒迪从纽约带一瓶过来。在房间里喝了大量这种绿色的液体之后，奥尼尔陷入“狂躁”——他把屋里的家具都砸烂了，把椅子从窗户里扔出去,还用豪勒迪的手枪对着他的朋友并扣动扳机。枪里没装子弹。三个同学一起把他摁倒在地,用绳子捆上,扔到床上。[42]但是,他却一点也没有从这次经历中吸取教训,那年的冬季和春季,他酗酒和撒酒疯的恶习愈演愈烈。

在他的同学看来,奥尼尔的那些愤世嫉俗的举动都是跟他"狂野"、"世俗"的哥哥吉姆学的。"从14岁开始,就没有处女这回事了,"奥尼尔告诉他们,完全是他哥哥的口气。但是当他与一个来自特雷敦(离普林斯顿校园最近的市区)的姑娘约会时,如果有人敢说一句姑娘的坏话,他就"勃然大怒"。有一次,他带着几个普林斯顿的同学去逛纽约的红灯区,那儿有臭名昭著的黑马科特酒吧,还有好几家妓院,最早是吉姆带他来这里的。("当时,那里的姑娘们一起嘲笑我,我以前从来没被那样嘲笑过,我戏剧中的很多场景都得益于此,"奥尼尔后来这样回忆。)和他一起来的同伴们都被吓坏了,逃回了学校。[43]

1907年春季学期快要结束的时候,奥尼尔和一帮同学在特雷敦喝醉了,他们没能赶上回普林斯顿的最后一班有轨电车。他们就上了一列开往纽约的火车,然后在普林斯顿枢纽站下了车;但是吊桥升起来了,他们只好游过卡内基湖。上岸的时候,岸上的一只狗对着他们大叫。奥尼尔趁着酒胆,开始朝那只狗扔石块。狗却越叫越欢,奥尼尔火了,他扔出的一个石块高高越过那只狗,砸破了一座房子的窗户。他一点也没觉得害怕,接着又把院子里的家具也扔进了窗户,惊醒了房子的主人,房子的主人是宾夕法尼亚铁路的一名部门负责人。这群男孩子被拘留了三周。[44]

在这之前,奥尼尔的学习成绩早就一落千丈,这件事正好给了普林斯顿大学一个很好的理由将他开除,奥尼尔与这所久负盛名的常青藤大学的缘分就此终结。(但这并不是永远的终结,几十年以后,奥尼尔将自己大量的手稿和信件赠予普林斯顿大学图书馆)。"我在普林斯顿光玩了,什么也没学,"奥尼尔说,"因此系主任认为,我把四年的玩乐拼命压缩在一年之内完成,他就在一年之后让我毕业了,还给我颁发了一张‘玩乐大师’的证书。”奥尼尔平静地离开了普林斯顿大学，被大学开除这种事对于奥尼尔一家来说其实也并不新鲜：十年前，吉姆曾经上过福德汉姆大学，这是一所教会学校，他也被学校开除了，因为他召妓到学校，还向同学们和至少一位牧师介绍说，这是他妹妹。在普林斯顿，奥尼尔被开除的原因是“行为举止不像个学生”。很多年以后，有记者问他为什么被开除，奥尼尔笑了笑，说，“捣乱呗”。[45]

无政府主义者在热带

那年夏天，詹姆斯·奥尼尔帮毫无悔改之心的儿子在曼哈顿找了一份周薪为25美元的差事：纽约-芝加哥物资公司邮购部的秘书。奥尼尔干了差不多有一年，但是他说自己"从来没有上过心"。[46]他的朋友路·豪勒迪的姐姐宝拉在格林威治村的麦克杜戈大街经营一家咖啡馆，人们都叫她波丽。咖啡馆的氛围与村里涌动的前卫艺术和波西米亚风格一脉相承，奥尼尔很快就成为这里的常客。奥尼尔曾经很随性地把这段时光称为自己的"自作聪明期"。[47]

除了经常光顾波丽的酒吧之外，奥尼尔和豪勒迪还逛遍了红灯区所有的酒吧和妓院，每天沉浸在那个年代的音乐之中，奥尼尔由此开始了他一生对于拉格泰姆钢琴曲和早期爵士乐的迷恋。他们两人也与本杰明·R.塔克尔交上了朋友，塔克尔特立独行，是无政府主义期刊《自由》的出版者和编辑。塔克尔经营的"独一无二书店"位于第六大道502号，靠近第30街。这里是一群"衣着讲究、看起来受过良好教育的年轻人"经常光顾的地方，有位记者曾经这样定义这群年轻人，"他们的心态让他们进入非主流或者非常规的通道"。[48]塔克尔一生都致力于提升知识自由，倡导非暴力的社会和政治抵抗，在这一点上，他与艾玛·戈德曼和亚历山大·伯克曼的"共产主义无政府主义"正好相反。奥尼尔由此获得了他一生不曾改变的世界观："哲学无政府主义"，也被称为"个人无政府主义"或者"自我中心主义"。

哲学无政府主义者坚持三条基本原则：无条件的非暴力，一对一的指导而非大规模的宣传，对一切社会和政治机器（包括媒体、宗教、政府、法律和军事）的完全无视，将其看作蛊惑人心的“幽灵”和“鬼魂”。这最后的一条成为贯穿奥尼尔几乎所有剧作的主题。比如，奥尼尔早期剧作《人为误差》（1915 年）中的无政府主义者哈特曼就将美国式的“祖国”概念称为“多愁善感的幽灵”，他还说：“人的灵魂是一座空房子，过时的理想幽灵般的将其占据。被幽灵所控制的人竟然毫无察觉！”（*CP*1，321）。十几年之后，奥尼尔剧作《奇异的插曲》中的尼娜·利兹对她循规蹈矩的朋友查尔斯·马斯登大喊，她特别渴望“不惜任何代价信仰任何一个上帝——一堆石头、一尊泥像、墙上的一幅画、一只鸟、一条鱼、一条蛇、一只狒狒——甚至一个好人，这个好人宣讲那些老掉牙的简单真理，那些福音书中的词语，我们很喜欢它们的声音，但却把它们的意义作为生活准则转交给鬼怪！”（*CP*2，669）①到了 20 世纪 30 年代，在他的道德剧《无穷的岁月》（1933）中，主人公戴着面具的另一个自我蔑视他渴望宗教“古老幽灵一般的安慰”（*CP*3，161）。[49]

塔克尔的书店有五千多本书，书店的主人说，这些书涵盖了“世界上所能找到的最完整的先进文学系列”，奥尼尔承认，他这一时期对这些书籍的阅读塑造了他“内在的自我”。塔克尔将这些反叛书籍中的很多首诗译成了英文，并通过自己的独立出版社在美国首次出版。但他同时也很看重美国哲学：托马斯·杰斐逊对政府力量的怀疑，亨利·戴维·梭罗对世俗的不服从，以及伟大诗人沃尔特·惠特曼的高度个人主义和在诗歌中对完全民主的呼吁。老年的惠特曼曾作出回应：“塔克尔勇敢地支持《草叶集》，当时很少有人这么勇敢。我不会忘记他……我热爱他：他在希望渺茫时依然坚定不移。”[50]

但塔克尔哲学最重要的来源是德国哲学家麦克斯·施蒂纳的激进宣言《唯一者及其所有物》（1844），这本书后来出现在《进入黑夜的

---

① 引自邹惠玲、郭继德翻译的《奇异的插曲》，郭继德编：《奥尼尔文集》（3），人民文学出版社，2006 年，第 317—318 页。

漫长旅程》中埃德蒙·蒂龙的书架上。奥尼尔1907年经常光顾书店的那段时间，塔克尔特别痴迷这本书，他也在那一年出版了这本书的第一个英文版本。塞克斯·卡明斯是艾玛·戈德曼的侄子，后来成为奥尼尔"最老的和最好的"朋友之一，他将施蒂纳的这本书描述为"格言式、纲领性的无政府主义爆炸，充满叛逆，藐视陈规"。[51]施蒂纳炮轰"陈规陋习"就如同拉尔夫·沃尔多·爱默生谴责"渺小心灵愚蠢的固执"。"独一无二书店"也有蒲鲁东、穆勒、梭罗、托尔斯泰、左拉、高尔基、克鲁泡特金、叔本华、尼采和萧伯纳的书，但是当奥尼尔带着他的新伦敦朋友艾德·吉夫去塔克尔书店时，他径直走过好几个满满当当的书架，叫吉夫买下了那本《唯一者及其所有物》。[52]

曼哈顿的咖啡馆、酒吧和大街小巷处处回荡的"自我"之声让奥尼尔大胆地辞去了那份枯燥乏味的工作。1908年夏天，靠着父亲每周7美元的资助，他和艾德·吉夫、画家乔治·贝罗斯，还有插图画家艾德·埃尔兰德一起在第65街和百老汇大街交汇处的林肯·阿卡德大楼租了一个单室套。1909年初，这个波西米亚三人组还一起前往奥尼尔的父亲在新泽西州锡安的农舍生活了一个月。他们自己做饭、取暖，贝罗斯和吉夫画画，奥尼尔则在写"一些十四行诗"，用他自己的话来说，无非就是"对但丁·加百利·罗塞蒂的拙劣模仿"。[53]

贝罗斯经常给激进的《民众》杂志投稿，他也是"烟灰缸画派"画家罗伯特·亨莱（很多人会错误地念成"亨利"）的学生。[54]根据他的另外一个学生回忆，亨莱被认为是一个很神秘的人，他讲课的时候"自带催眠效果"。亨莱和其他哲学无政府主义者教会奥尼尔和他的同伴，通过他们"把握"自己生活的事例，维多利亚式的道德家有可能会乖乖地停止干涉其他人的生活。著名的"烟灰缸画派"是亨莱的发明，他教出了好几位一流的艺术家，包括贝罗斯和一个名叫爱德华·胡博的小伙子。奥尼尔发现自己身边的人都坚信他的自然主义"臭垃圾桶"美学——亨莱告诉他的学生们，画作必须"和百老汇大街上冬日冻结的泥土、马粪和白雪一样真实"。那一年，贝罗斯完成了他一生中最著名的画作《沙基的雄鹿》，画的是汤姆·沙基运动俱乐部的一场非法拳击赛。这是一幅残酷的现实主义作品，贝罗斯言简意赅地解释，他就是要画下“两个想杀死对方的人”。[55]

奥尼尔在他的第一部多幕剧《面包与黄油》(1914 年)中记录了这段每天与画家为伍的经历，这出悲剧是关于一位艺术家对于资产阶级品位的疯狂反抗。(在这个意义上，《面包与黄油》与乔治·杜·莫里耶的《软帽子》[1894]以及这出戏的美国翻版、斯蒂芬·克莱恩的《第三朵紫罗兰》[1897]一脉相承。)这出戏中的绘画大师尤金·戈拉蒙特(亨莱)将哲学无政府主义的信条大声传递给约翰·布朗——奥尼尔大体上是以自己为原型来塑造这个角色的：“忠实于你自己……记住！为了这个目的，可以舍弃一切！”(*CP*1,148)

1909 年夏天，奥尼尔认识了凯瑟琳·简金斯，她是个端庄的姑娘，母亲是个受人尊敬的新教徒。(她的父亲是个酒鬼，很早就抛弃了她们母女。)乔治·贝罗斯鼓励奥尼尔和凯瑟琳交往，他认为奥尼尔需要一个像她这样的“好姑娘”才能稳定下来。起初，简金斯是想和知识分子谈恋爱，就像奥尼尔这样的人，哪怕他没有工作也没有未来。她曾说，“男孩子通常会送你鲜花、糖果，或者带你去看戏，但是”因为奥尼尔一直很穷，“我们大部分时间都在聊天和散步，一般都是在公园里，沿着河畔大道……尽管他不遵循传统，但总是穿戴得干净整洁；他过着波西米亚式的生活……他读过的那些书‘摞起来高出我一大截’”。[56]简金斯挺稳重的，但并不是个“好姑娘”，至少根据当时的标准来说并不那么“好”。她很快就怀孕了，因此他们于 1909 年 10 月 2 日在霍博肯的新教圣公会教堂秘密结婚了。[57]

几天之后，凯瑟琳的母亲凯特·简金斯来到詹姆斯和埃拉居住的东 28 街乔治王子宾馆，告诉他们两个孩子已经悄悄地结婚了，问他们打算怎么办。一开始，詹姆斯对简金斯的无礼行为感到震惊，随后他就大发雷霆。他的解决方案是，赶紧让儿子收拾行李，跟他的朋友俄尔·斯蒂温斯到洪都拉斯去淘金。詹姆斯和凯瑟琳把奥尼尔送到中央车站,目送他登上一列开往旧金山的火车。10 月 16 日,奥尼尔 21 岁生日那天,奥尼尔心满意足地乘上了一条小船,沿着墨西哥海岸,一路向南。[58]

下船后,他们一行人又骑着骡子在人迹罕至的丛林和深山小道中走了差不多 100 英里,这才从阿玛尔法到达了洪都拉斯的首都特古西加尔巴。这段旅程中的见闻让他大开眼界,但他告诉自己的父母,他被数不清的跳蚤、虱子所困扰,“它们将毒针刺入你的皮肤,身上到处都是疤痕”。尽管他之前说过自己喜欢“臭垃圾堆”,但是这里的脏乱程度还是令他十分震惊:“猪、秃鹰、鸡、小孩儿,全都住在一间屋子里,那些简陋棚子的卫生状况糟糕得让人难以置信。”[59]但从另一方面来说,热带气候倒是让他很舒服。这里白天最高气温不超过 85 华氏度,晚上的最低气温不低于 70 华氏度。他喜欢在城里的广场上听当地乐队演奏,一边观察“周围人走路的有趣方式,他们后腰都挂着一把能装六发子弹的手枪和长长的一串子弹,一直拖到屁股上——跟那些关于西部的庸俗情节剧一模一样”。(奥尼尔后来也写过这类庸俗情节剧:1913 年的《热爱生活的妻子》(这是他写的第一部戏),1914 年的《拍电影的人》,以及 1916 年的《拍电影的人》一剧的短篇小说版《战争新闻》。)他也非常欣赏中美洲慵懒的生活节奏:“如果今天不做,那就明天做——这似乎就是他们的生活态度。”为了更好地适应这里,奥尼尔也穿上了当地的服装,“活像个弹药库,里面既有枪械,也有刀,还有火器”。他还留起了小胡子,这也成为他后来的标志性特征。他当时留胡子是为了伪装自己,让自己在集市四处闲逛的时候“看起来跟当地人一样懒,一样脏”。[60]

然而,奥尼尔高昂的探险精神很快就偃旗息鼓,他几个月之后写信给他父母,“坦率地说,我坚信,上帝造出了洪都拉斯之后,才有了制造地狱的灵感”。同时,他模棱两可的婚姻责任仍然在困扰他。“你们一定想不到,也许我是为了爱才来到这里忍受这一切,”他在给父母的

尤金·奥尼尔与俄尔·斯蒂温斯，在去洪都拉斯的船上，1909年10月16日，那天是奥尼尔21岁的生日（图片来自“耶鲁美国文学藏品系列”，拜内克珍本手稿图书馆，纽黑文）

信中说，“最好帮我看看，我这样做是否值得。”到了圣诞节，在瓜基尼克尔的奥尼尔更加自怨自艾。他讨厌当地的食物——肉是腐烂的，什么东西都用油炸，然后用玉米饼包上，“对于软煎饼的糟糕模仿，全是用玉米做的，连鸵鸟的胃都受不了”——他不可避免地染上了食物中毒；跳蚤、虱子、蚊子也越来越多，以前还只是有点讨厌，现在成了可怕的瘟疫；他最初对于洪都拉斯轻松生活方式的羡慕，也变成了蔑视：“当地人是最低等、最懒惰、最无知的一群无脑两足动物，他们只会玷污土地，拖累未来。直到某个正直的命运之神看烦了这些人蛆在黑暗中的胡乱摸索，让他们灭亡，直到宇宙之神把这些人虱从身上抖落，洪都拉斯才有希望，才有希望改变目前的状况——热带的西伯利亚。”[61]

奥尼尔在那儿的时候，洪都拉斯爆发了革命，但他安慰父母说，叛乱分子“就是闹着玩儿，跟演喜剧差不多，美国人所受到的影响只是邮件会被耽搁”。他恳求父母寄三磅布尔・杜兰的烟草和一些杂志给他，信的末尾加上了对家的思念：“我以前从未意识到家、父亲、母亲意味着什么，直到我远离这一切。”奥尼尔在特古西加尔巴的最后三周因为疟疾而卧床不起。因为所有的旅馆都被订满了，美国领事馆为他提供了一个床位。他在高烧引起的寒颤中煎熬，负责照料他的人看他颤抖得厉害，又实在找不出更多的毯子，只好用旧的美国国旗给他盖上。他后来说，“我看起来就像乔治・M.科恩”，那位因为演出《胜利之歌》和《你是一面伟大的旗帜》而著名的美国歌舞演员。很多年以后，奥尼尔简明扼要地总结了这次倒霉之旅：“很多磨难，很少浪漫，没有金子。”[62]

1910年5月的一个天气很好的下午，埃拉・奥尼尔和一位朋友正在第五大道上闲逛，她们看见一个保姆推着一辆婴儿车，车里有个可爱的孩子。埃拉的朋友立刻认出，这是奥尼尔岳母凯特・简金斯雇的保姆。等他们走远了，她对埃拉说，“你刚才看见那个小男孩了吗？他是你的孙子！”实际上，奥尼尔1910年5月5日从“热带西伯利亚”回来

凯瑟琳·简金斯和小尤金·奥尼尔（图片来自“谢弗尔–奥尼尔藏品系列”，琳达·李尔特藏档案中心，康涅狄格学院，新伦敦）

时,正好尴尬地赶上他第一个孩子小尤金出生。两天之后,《纽约世界报》刊登了一篇报道,大标题相当煽情:“一个男孩的出生/透露‘金’·奥尼尔的婚姻/在洪都拉斯的年轻人,/不知道自己当了父亲/可能几周之后才会得到消息/在金矿干活/为挣钱养家。”而5月11日的另外一篇报道,却刊登了凯瑟琳·简金斯的照片和她对奥尼尔的指责:“‘金’回家了,/却没和妻子在一起。”凯特·简金斯显然是这篇报道的幕后策划者。“这简直是不可思议,”文中引用奥尼尔岳母的话,“‘金’回来了,却不去看自己的妻子和儿子。这其中一定有问题,如果没问题的话,奥尼尔的态度就让人无法原谅。他知道自从他和我女儿结婚以来,我们是怎么对他的,他随时都可以回来住。根本就不存在‘岳母’一说,这他也知道的,我一直拿他当自己的亲儿子。”简金斯随后暗示,是詹姆斯·奥尼尔让这个小家庭四分五裂,这种说法并不是完全没有根据。[63]

因为在纽约实在是没有出路,奥尼尔只好跟父亲一起去了密苏里州的圣路易斯,帮父亲《空门遗恨》一剧的巡演打杂。这出戏是多年以来在《基督山》演出间隙期上演的众多剧目之一,和其他大部分剧目一样,早已被人遗忘。奥尼尔在剧组担任助理,同时兼任售票处保安;但是,当剧团巡演至波士顿时,他又一次逃离了美国——这一次是作为乘客,登上了挪威轮船“查尔斯·拉辛号”。这艘船由精明能干的格斯塔夫·瓦尔戈船长掌舵,开往阿根廷的布宜诺斯艾利斯。这趟旅行花了詹姆斯·奥尼尔75美元,这是笔不小的开销,因为船上的水手每周也就只能挣到13至14美元。[64]启航之后,“查尔斯·拉辛号”一连好几周都在海上航行,根本看不到一丁点儿陆地的影子。[65]在这期间,奥尼尔写了一首题为《自由》的诗,这首诗是他最早的文学作品。(这首诗1912年发表在《昴星团俱乐部年鉴》上。昴星团俱乐部由一群关系融洽的波西米亚赞助人和艺术鉴赏家组成,几年之后,他向俱乐部成员承认,这首诗“实际上写于深海帆船,写于真正浪漫的日子”。)[66]在诗中,奥尼尔承认自己对于抛弃凯瑟琳和小尤金的深深悔恨,但同时也表达了精神上的彻底解脱：

我与愚笨跳过舞，可我不逃避责骂；
饮过所谓生命酒，为羞耻付出代价；
可知道我将永生，找出精神栖息地，
浪花翻飞彩虹戏，狂吻波涛美味里。[67]①

与“查尔斯·拉辛号”上的水手一起度过的时光——“最终自由地在大海上，头发在信风中飘拂”②——开启了他对精神超越的终身迷恋，这种自由他以后再也无法体会；这次旅行的影响在《进入黑夜的漫长旅程》中埃德蒙的独白中得以最为诗意的体现：

记得有一次，我乘着一只“北欧人”号方头帆船前往布宜诺斯艾利斯。天空一轮明月，迎面吹来一阵阵的风。那只又老又破的船倒也乘风破浪，每小时航行十四海里。我躺在船头斜桅上，面对着船尾，船底的海水泛起满是白沫的浪花，头顶上每根桅杆都扬着帆，在月光里飘扬着一片片的白色。眼前的美景和船身像歌声一般有节奏地摆动，我完全陶醉了，一时忘记了自我——的的确确好像丧失了生命。我像是突破了人生的牢笼，获得了自身的自由！我和海洋融为一体，化为白帆，变成飞溅的浪花，又变成美景和节奏，变成月光、船和星光隐约的天空！我感到没有过去，也没有将来，只觉得在大自然的怀抱中平安、协调，欣喜若狂，超越了自己渺小的生命，或者说人类的生命，达到了永生的境界！如

① 引自张子清、高黎平翻译的《自由》，郭继德编：《奥尼尔文集》(6)，人民文学出版社，2006年，第19页。

② 引自张子清、高黎平翻译的《自由》，郭继德编：《奥尼尔文集》(6)，人民文学出版社，2006年，第19页。

果你愿意,也可以说是达到了上帝的境界。(CP3, 811—812)①

“查尔斯·拉辛号”的甲板下装载着一百万立方英尺的木材,还有不少超载的木材堆在甲板上,用铁链和绳索捆着。这次旅程持续了65天,在从波士顿到布宜诺斯艾利斯这条繁忙的木材运输通道上,算是相当的漫长;虽然这次漫长的旅程让船员们觉得难以忍受,却让奥尼尔受益匪浅。他不仅听到了船员们靠岸时的奇闻逸事,学会了古老的海上船歌,同时还经历了海上的各种险情:因为没有引擎所提供的持续动力,没有风的时候,船就停滞不前,狂风大作时,船又随时可能倾覆。[68]

奥尼尔非常尊重他在船上遇到的水手们,后来他还把这种尊重拓展到对所有劳动阶层的尊重:“他们更加坦率。不论是行动还是言语都是如此,因此也更加具有戏剧性。他们的人生、他们的遭遇、他们的性格都更容易被戏剧化。他们还没有被肤浅的社交和人际关系所侵扰。他们所显露出的就是真正的自我。他们粗糙但诚实。他们没有被各种禁忌所拖累。”[69]查尔斯·拉辛号上的一位水手说,“奥尼尔在船上人缘不错。我们都觉得他与众不同,挺有趣的,大家都喜欢跟他聊天。”多年以后,奥尼尔在弥留之际,他还回忆起这段海上生活:“真的很奇怪,我乘着一艘帆船在海上漂流的时光,却是我一生中唯一感到稳定的时光。”[70]

1910年7月24日下午,一场严重的飓风来袭。瓦尔戈船长从急剧下降的气压计上看出了即将到来的危险,他在航海日志上写道:“狂风巨浪……甲板上的一些货物——木板——被冲走了。”奥尼尔从相对安全的前甲板水手舱看着水手们一个接一个地爬上桅杆查看险情,眼前的一幕幕让他非常惊讶。当一个巨浪扑向甲板时,他们就暂停一

---

① 引自欧阳基翻译的《进入黑夜的漫长旅程》,郭继德编:《奥尼尔文集》(5),人民文学出版社,2006年,第436—437页(译者略有修改)。

“查尔斯·拉辛号”上的水手们（图片来自“谢弗尔-奥尼尔藏品系列”，琳达·李尔特藏档案中心，康涅狄格学院，新伦敦）

会儿,巨浪一退,他们又立刻从湿漉漉的甲板上跳起来,爬上桅杆去接替正在桅杆上查看的同伴,而从桅杆上下来的人则准备待会儿再爬上去。大风一直到第二天早上才逐渐平息,却又在布宜诺斯艾利斯城外的拉普拉塔河河口演变为"强飓风",这个巨大的河口是乌拉圭和阿根廷两国的分界线。这场飓风过后,一个名叫奥斯蒙德·克里斯托弗森的水手问奥尼尔有何感想。他回答,"非常有趣,但我希望这样的天气还是少一点为好。"[71]

8月初,"查尔斯·拉辛号"刚刚安全抵达布宜诺斯艾利斯,当地酒吧和妓院的人就一股脑儿涌上了船,分发广告,吸引这些在海上辛苦劳作了好几周的水手们前来消费:"到我们店里来吧,可以找乐子,可以泡漂亮姑娘,可以跳舞,可以打架,昨晚三个男的被打死了。"奥尼尔在豪华的洲际酒店办好入住手续之后,就跟着一群饥渴的海员来到罗克·萨恩斯·佩尼亚大道,一路纵情声色。没过多久,奥尼尔就把钱给花光了,不得不从洲际酒店柔软的床上挪到路边坚硬的长椅上。阿根廷作家马努埃尔·加尔维斯对于七月大街的描写一定就是奥尼尔当时的感受:"他那艺术家的灵魂在一瞬间忘却了生活的窘迫。因为他发现街道令他陶醉,高耸的拱廊,廉价肮脏的商店,万花筒一般出现在他眼前的各种打斗和各色人等,把肮脏的床铺租给情侣的阴暗旅馆,浑身酒气的水手在散发恶臭气味的地窖中唱歌,社会底层的妓女,睡在拱门下的流浪汉,贩卖淫秽图片的商贩,人身上散发出的令人作呕的气味。"[72]

整整9个月的时间,奥尼尔靠打零工维持生计,把城里的妓院都逛了个遍,还去巴拉卡斯市郊看色情片。他几乎不怎么吃饭,就是整天喝酒;如果有钱,就喝一大罐杜松子酒配上少许苦艾酒和苏打水。如果没钱,就喝啤酒。"我想成为一个大男人,"奥尼尔说,"一拳把他们打倒,一口活吞了他们。"他的大部分时间都泡在岸边的"水手歌剧院"酒吧。"这里绝对是个疯人院,"他回忆道。"烂醉如泥的水手,信誓旦旦的赌马情报员，穿着白衬衣喝酒的英国破落贵族，底层的外交官，小男孩在酒桌间穿梭，帮妓院分发粉色和黄色的广告卡，与喧闹声交织在一起的是一些老旧的舞曲，由一位没有喝醉的钢琴师弹奏出来。"[73]

在码头混了大约一个月，奥尼尔很不情愿地开始寻找一份相对稳定的工作。他在一艘叫"泰曼特拉号"的船上当了一段时间的搬运工。这也是一艘大帆船，"大副太粗野，爱欺负人，"奥尼尔回忆，"就是那种会从桁杆把大鱼叉扔到你头盖骨上的人。"(这艘船后来出现在奥尼尔1917年的独幕剧《归途迢迢》中，叫"阿明德娜号"，该剧描写的是一个受伤船员的弥留之际。)他还干过其他几份短期的工作，包括威斯汀豪斯电气公司和拉普拉塔的"羊毛和羊肉加工厂"，还在歌手缝纫机公司当过修理工。在拉普拉塔的工作是其中最糟糕的，也是他一辈子所干过的最糟糕的工作。奥尼尔的任务是把生牛皮分类，刺鼻的臭味充斥他的头发、衣服、鼻孔、眼睛和嘴巴。他本来打算辞掉这份工作，库房的一场大火正好为他省去了辞职的麻烦，整座散发着恶臭的房子都被烧光了。("火不是我放的，"他说，"但这倒真是个不错的主意。")[74]在歌手缝纫机公司的工作也好不到哪儿去。"你知道我们公司制作多少种不同的模特吗?"他去面试的时候，老板这样问他。"五十种?""五十种！五百五十种！你必须学会将每一种拆散，再重新组装起来。"奥尼尔无法长时间忍受辛苦的重复劳动，于是就辞职了。"然后我就彻底没工作了，"他回忆道，"天天躺在海滩上混日子——身上虽然还有一点点钱，但情绪非常低落。"[75]

一天，一个与奥尼尔志趣相投的人走进海员们经常光顾的咖啡馆，也许就是水手歌剧院咖啡馆。这个人叫查尔斯·阿什雷，社会主义者，《布宜诺斯艾利斯论坛报》的自由撰稿人。他看到咖啡馆里没有空桌子，"就在一张只有一位顾客的桌前坐下，这位顾客是个阴郁的、皮肤黝黑的美国小伙子"。阿什雷点了一大杯啤酒，静静地坐在那儿听黑白混血的钢琴师"用力弹奏出流行的曲调"。但是，在点了第二杯啤酒之后，他丢掉了对陌生人的戒备，开口说道，“上帝啊，我受不了啦。我一整天都没和一个人说过话”。“我也没有，”奥尼尔回答。“再喝一杯？”那天晚上，他们一起待了好几个小时“聊啊，聊啊，聊啊”，阿什雷说，“聊帆船和轮船，聊康拉德和叶芝，聊高山和南美的港口，聊政治和戏剧”。他们还互相交换诗歌草稿，“就在简陋的餐桌上，朗读、讨论、评论”。[76]

几十年以来，学者们一直认为，奥尼尔在阿根廷所创作的作品没有一部被保留下来。但是，1917年春，在格林威治村的一个酒吧，奥尼尔交给罗伯特·卡尔顿·布朗一首诗，布朗是一位作家，在《民众》杂志担任编辑。这首诗叫“兰之灰烬”，奥尼尔说是他在布宜诺斯艾利斯写的。[77]这首诗从未发表过，其最初的版本如下。奥尼尔于1917年夏对其进行修改，并将标题改为“新郎哭了！”：

有太多的泪水
在我眼中
灼热，未拭去：
有太多的灰烬
在我口中
兰之灰烬：
有太多的尸体
在我脑中
支离破碎的梦境——

科伦拜兰花，
也破碎了！[78]

《新郎哭了！》是奥尼尔继《自由》之后的第二次文学尝试。毫无疑问，这首诗与《自由》一样，在一定程度上是因凯瑟琳·简金斯而写，但这一次，除了他对凯瑟琳和小尤金的内疚，还有他在阿根廷令人绝望的贫困。在后来的戏剧创作中，奥尼尔经常套用类似的句式，他后来的一些剧名也受到《新郎哭了!》这个标题的启发，比如他的宗教面具作品《拉撒路笑了》(1936 年)，以及他后期的杰作《送冰的人来了》(1939 年)。

来自布宜诺斯艾利斯的文学影响更为具体地体现于“水手歌剧院”酒吧的一个年轻的英国人身上，剧作家后来根据他塑造了史密蒂这个角色，这个角色在 1917 年的两部独幕剧《加勒比群岛之月》和《在交战区》中都是反面人物。根据奥尼尔的观察，这个人总是“一看到酒就喝个精光，在两次醉酒的间隙还要喝上一杯，让自己清醒。他几乎让布宜诺斯艾利斯闹了酒荒”。[79]史密蒂二十五六岁，金发，“特别英俊，可以说是过于俊美了……很像奥斯卡·王尔德笔下的道连·格雷。连他的名字都很华丽”。奥尼尔在《加勒比群岛之月》中将他描述为“留着浅黄色小胡子的英国年轻人”，跟其他水手说话时很“傲慢”，显示出一种与生俱来的派头(*CP*1,528,538)；而实际生活中的史密蒂也同样是个贵族，上过大学，曾是“一流英国军团”中的一员，奥尼尔觉得，这个人“突然就把人生搞砸了——显然如此”。[80]

为了摆脱在家乡的坏名声，史密蒂逃到布宜诺斯艾利斯。尽管他离开英国的时候，带了几封英国大人物为他写的信，让阿根廷大人物关照他，但他非常担心这些人会给他一份工作，因此并没有把信拿出来。[81]一位戏剧评论家曾经调侃，奥尼尔塑造的人物是个“无趣的年轻人”，但这其实正是奥尼尔的本意。[82]《加勒比群岛之月》，作为“格伦凯恩号”系列中的第一部，剧中真正的主人公并不是史密蒂，而是奥尼尔所说的，“大海的精神——很宏大的东西”。史密蒂出海做水手是为了忘却自己的过去，他还想通过喝酒来忘却。但是大海在剧中所提供的一切——酒、音乐、月光——搅和在一起，却总是不经意间让他想起自己的过往。史密蒂对于大海的美丽视而不见，也不理会其他船员情不自禁的欢快，他“自怨自艾的孤独姿态其实无足轻重”。在奥尼尔看来,他是个空洞的“昆虫”,在大自然“永恒的悲伤”中徒劳地“嗡嗡作响”。“与他同伴的那种真诚的粗俗相比”,史密蒂的生活“与真理更加脱节,与美好更不合拍”。[83] 史密蒂在奥尼尔的航海剧中是个非常明显的例外,他的航海剧所表达的基本都是对他当时所接触的海员的崇拜。“我讨厌被社会习俗和传统所束缚的社会,”奥尼尔说。“帆船上的纪律并非是由权威强加给船员的。它在本质上是自愿的。其后的动机是对船的忠诚!”[84]

与此同时,奥尼尔也厌倦了在海滩身无分文的流浪生活,不想再“睡在公园的长椅上,在岸边的酒吧鬼混,总是孤身一人”。曾经有一次,一个失业的铁路工人打算和他一起持枪抢劫货币兑换点。奥尼尔认真地考虑了这个提议,但最终拒绝了这个倒霉的强盗。“他进了监狱,”奥尼尔说,“后来我听说,他死在了监狱里。”这个差一点成为他同伙的人的被捕,时时提醒奥尼尔,在险恶的环境中,生活实在是不堪一击:“现在回想起来,我经常觉得,无论发生什么,我终究会成为一名作家;但是当我回忆起布宜诺斯艾利斯,回忆起那个想让我跟他一起抢劫的家伙,我对此就不是那么确定了。”[85]

纽约驱魔

奥尼尔1911年3月乘坐“伊卡拉号”离开了布宜诺斯艾利斯，但这次是作为一名船员，而不是乘客。在特立尼达的西班牙港（这里后来成为《加勒比群岛之月》一剧的发生地）短暂停留之后，“伊卡拉号”于4月15日到达纽约。正如《自由》和《新郎哭了！》两首诗所显示的那样，奥尼尔对凯瑟琳·简金斯和小尤金的愧疚之情仍然挥之不去，他打电话给简金斯，约她带小尤金出来见面。他们夫妻之间的重逢相敬如宾，但略显尴尬；奥尼尔没说几句话，他们俩谁也没谈到奥尼尔之前的不辞而别是否正确。两人只待了一会儿，奥尼尔就不声不响地离开了。他一直到十几年之后才再次见到小尤金，简金斯则是一辈子再也没见过一面。[86]

经历了在布宜诺斯艾利斯的生活之后，奥尼尔更喜欢住在曼哈顿下西区的海岸边，而不喜欢他父母和哥哥居住的纽约上城高端住宅区。因此，他在靠近码头的富尔顿街252号旅馆兼酒馆租了一个房间，离他以前工作过的公司不远。住在这里的其他人都把这个酒吧叫作“吉米神父”（几年之后，又叫它“吉米的地盘”），其实它正式的名字是“吉米旅馆兼咖啡店”。[87]给这样一家简陋的酒馆起这么一个名字，显然是为了让城市管理机构相信，这家酒馆符合《雷恩斯法案》的规定。在纽约实行的《雷恩斯法案》要求，开在住宅楼一楼的酒吧在工作时间之外及礼拜天可以卖酒，但酒吧必须在楼上提供客房餐饮服务。《雷恩斯法案》于1896年签署，本来是为了控制劳动阶层的酗酒和酒后违法,但在很大程度上,它所起的作用恰恰相反。通过要求酒馆提供房间给客人睡觉醒酒,这项原本旨在改善道德的法规却让喝酒和嫖娼搅和到了一块儿。

店主詹姆斯・J.康顿是个保守却强硬的爱尔兰人,酒吧就用他的昵称吉米命名。一个在他隔壁开店的船用杂货商回忆:"吉米什么都不怕。在大部分的酒馆里,如果一个顾客撒酒疯,酒保会尽力让他先安静下来,但吉米不是这样。他一旦觉察某个人状况不对,就一把抓起他,不管这个人块头有多大——吉米自己挺高的,但是很瘦——然后一下子把他扔出店门。整套动作一气呵成,连最难搞的家伙都不是他的对手。店门入口处有两层高高的石头台阶,有时被扔出去的人会在台阶上磕一下,然后四脚朝天地摔在马路上,但吉米从来都不朝门外望一眼,根本不管那个人是否被摔伤了。他只是回到酒吧柜台后面,像什么事都没发生过一样——他一贯面无表情。我从来没有听到他提高过声调,但当他的爱尔兰倔脾气上来的时候,你能感觉得到。"奥尼尔把吉米・康顿写进了《"安娜・克里斯蒂"》中,剧中的一个人物跟他非常相似,"他有一张苍白、瘦削、刮得光光的面孔,淡蓝色的眼睛,满头白发,似乎穿上牧师的黑色长袍比现在系着的围裙对他更为合适……但是,在他温和的表面之下,人们却可以觉察出他是个戴着面具的人——他实际上玩世不恭、冷漠无情、铁石心肠。"(*CP*1,959)①

奥尼尔把吉米神父酒吧描述为"最低档次的酒馆,卖的酒里都掺着水"。他一个月花三美元,在那儿租了一张床,用父亲给他的一天一美元的生活费支付租金,一楼的酒馆为房客提供免费的汤,小杯的威士忌和大杯的啤酒都是一毛钱一杯。[88]吉米・康顿家的招牌是画在窗户上的一杯黄色啤酒,旁边写着"一大杯——五分钱"。"我在那儿住过一段时间,"奥尼尔告诉一位记者。记者问他,"你住在那儿是为了

① 引自欧阳基翻译的《"安娜・克里斯蒂"》,郭继德编:《奥尼尔文集》(2),人民文学出版社,2006年,第81页(译者略有修改)。

搜集素材吗?”奥尼尔回答,“不是,我没钱住别的地方。”[89]

但是,吉米·康顿和他的酒馆的确为这位未来的剧作家提供了大量的素材。奥尼尔整天泡在这个颓废的酒吧,就像杰克·伦敦早年泡在旧金山码头的酒馆里,杰克·伦敦在《约翰·巴利科恩:酒鬼回忆录》(1913年)一书中详细记述了那种沉湎于酒精中的绝望,这本书是奥尼尔最喜欢的作品之一。奥尼尔的自传式人物,《进入黑夜的漫长旅程》中的埃德蒙·蒂龙,曾经提到过吉米神父酒吧,这个酒吧是奥尼尔的短篇小说《明天》(1916年)、戏剧作品《克里斯·克里斯托弗森》(1919年)、《驱魔》(1919年)、《“安娜·克里斯蒂”》(1920年)的背景,这个酒吧连同纽约的其他两个酒吧,也共同构成了《送冰的人来了》的背景。在一首早期的诗歌《人生的阴暗面》(1912年)中,奥尼尔狂热地记述了吉米神父酒吧以及周围的酒馆和舞厅中无拘无束的生活状态:

你讴歌的人生的魅力哪里寻找?
　让我们瞧一瞧人生的阴暗面……
我想起在海岸边的俯冲潜水
和酩酊大醉的流氓身穿布衣;
我想起恶妇人在舞池将猎物追
　和酒后伤感的海员大手大脚地
挥霍一空航海挣来的数月工资,
　或许他死于酒吧里的为非作歹;
这一连串的事为我做出解释——
　“他们是人生游戏的一部分,我全爱”。[90]①

从总体上说,吉米神父酒吧和码头附近闲逛和工作的都是“苦命

① 引自张子清、高黎平翻译的《人生的阴暗面》,郭继德编:《奥尼尔文集》(6),人民文学出版社,2006年,第75—76页。

人”,奥尼尔回忆。“各种类型都有;临时靠岸或者整天在岸上混的水手,码头搬运工,码头上的乌合之众,匪徒,社会底层,来自世界各地的流浪者。”但是奥尼尔对他们非常尊重:“他们都很真诚,忠实,而且慷慨大方。他们在以一种奇怪的方式生活着。我在吉米神父酒吧所学到的是,不要去评判别人。”

在不到一年的时间里,吉米神父酒吧中有至少两个人救了他的命。[91]

那年春天,奥尼尔一回到“独一无二”书店就得知,无政府主义者艾玛·戈德曼的期刊《大地母亲》同意发表他的《美国主权》,这是奥尼尔最早发表的作品,戈德曼和期刊主编拜亚德·博伊森都觉得这首诗不错。那年五月,美国最高法院裁决,约翰·洛克菲勒的标准石油公司违反了《反垄断法案》,奥尼尔这首诗的题目来自林肯·斯德芬斯的演讲,斯德芬斯被称为“爆料记者”,他是二十世纪初最早站出来谴责美国富人阶层和腐败政客的勇敢记者之一。前一年的12月,在康涅狄格州的格林威治,斯德芬斯强调,“美国主权已经从我们的政治机构转交到掌管金钱、信贷和垄断经营的国家组织”。具有讽刺意义的是,康涅狄格州的格林威治正是美国最为富裕的地方之一。在《美国主权》中,奥尼尔谈到了一个让人困惑的问题,为什么美国劳动阶层会把选票投给那些一心只想着上层利益的政客:“这就是整个劳动阶层所得到的——他们的努力帮助他们的领导人获得了好处。”[92]

1911年7月22日,奥尼尔又一次放下文学抱负,签约登上了一艘名为“纽约号”的美国客轮。但这次在“纽约号”上跨越大西洋的旅行以及之前在“伊卡拉号”上的经历并未给奥尼尔带来“查尔斯·拉辛号”上的那种浪漫感受,他后来这样描述在“纽约号”上的职位,“丑陋的、累人的工作,完全不适合一个想要找寻自己灵魂的人……在客轮上工作时所感受到的‘大海魅力’,跟在一家夏日旅馆打工差不多。我整天擦洗船板,擦洗的面积加起来能有一个小镇那么大了”。[93]“纽约号”到

吉米神父酒吧，纽约富尔顿街252号，奥尼尔曾于1911年在这里试图自杀。它正式的名字是“吉米旅馆兼咖啡店”（图片来自“谢弗尔-奥尼尔藏品系列”，琳达•李尔特藏档案中心，康涅狄格学院，新伦敦）

达英国南安普敦时,码头工人和运输工人都去参加全国罢工了。奥尼尔早期的剧作《人为误差》(1915年)描写了无政府主义者所参与的这次罢工,罢工的支持者是美国"世界产业工人联合会",又称"产联"。司炉工和水手前所未有地团结在一起,共同支持这些工人,虽然罢工持续的时间不长,但在世界范围内引起了震动,后来被称为"1911年大罢工"。

司炉工和水手通常并不这么团结;实际上,他们在船上是对立的两个阶层,关系非常紧张。他们之间的个性冲突以及工作地位的差异,让奥尼尔深刻意识到现代工业化的异化陷阱。例如,奥尼尔曾在他的《毛猿》(1921年)中探讨了现代水手之间的矛盾。一个名叫派迪的爱尔兰人,将以前在帆船上的水手生活与后来在蒸汽轮船上的奴役进行对比:

> 噢,真想又一次向南飞奔,顺着信风,连天带夜,继续南进!船上的帆扯得满满地!……只有在那些日子里,一条船才算得上海洋的一部分,一个人才算得上船的一部分,大海把一切都联结起来,结成一体。(嘲讽地)这就是你所要求的那种一体,扬克——烟囱里喷出的黑烟污染了海,污染了甲板——该死的机器敲打呀、跳动呀、摇晃呀——看不见一道阳光,呼吸不到一口新鲜空气——煤灰塞满了我们的肺——这个地狱一般的炉膛口里,我们的脊梁断了,我们的心碎了——喂这个该死的炉子——随着煤一道,把我们的性命也喂进去了,我是在想——就像关在铁笼子里、不见天日的动物园里那些该死的人猿!(*CP*2,127)①

当工程师引入了三倍效能的引擎,运输的成本就降低了,蒸汽船的速

---

① 引自荒芜翻译的《毛猿》,郭继德编:《奥尼尔文集》(2),人民文学出版社,2006年,第417—418页(译者略有修改)。

蒸汽船“伊卡拉号”（图片来自皮博迪·埃塞克斯图书馆，萨勒姆，马萨诸塞）

度也比帆船快了三倍。和派迪一样,奥尼尔也认为,在帆船时代——相对于蒸汽船"伊卡拉号"、"纽约号"和他回纽约时乘坐的客轮"费城号"而言——水手们更加看重"工匠精神,将心灵和双手一起投入工作,因为实现了自己的理想而感受到内心的满足,而不仅仅是服从命令。在我看来,从帆船到蒸汽船的变化,弊大于利"。[94]

奥尼尔8月26日启程回纽约时,他已经获得了一等水手的职位(able seaman,简称AB)。尽管他做水手的时间一共也就6周多一点,但他一生都为此感到骄傲。"你想看看我自己最看重的荣誉吗?"奥尼尔几年之后问一位朋友。"等一下,我来拿给你看。"他推开两个普利策戏剧奖的金质奖牌,拿出一张陈旧的一等水手证书。"就是这个。"[95]他还珍藏了一件以前穿过的蓝色美式海魂衫,用来纪念自己在海上度过的那段快乐而自由的时光,他在其后的很多年都为此感到骄傲。

回到吉米神父酒家,奥尼尔一头扎进了他自己所描述的"大低迷"阶段。他在酒吧楼上租了另外一间房,这次的室友是个强硬的爱尔兰水手,叫德里斯科尔。德里斯科尔是一艘美国轮船上的"司炉工",就是把煤块送进蒸汽船炉膛的人,他曾经和奥尼尔一起在"纽约号"上干活,在奥尼尔的"格伦凯恩号"系列剧中,他作为爱尔兰人德里斯科尔出场,在短篇小说《明天》中,他作为莱恩斯出现,最为著名的是在《毛猿》中,他化身美籍爱尔兰裔反英雄式人物"扬克"(罗伯特·史密斯)。"要是我没有在吉米神父酒吧遇上一位认识我们锅炉房司炉工的熟人,我就不会了解司炉工,"奥尼尔说,"他的名字叫德里斯科尔,是个生活在利物浦的爱尔兰人。好多年以前,一些爱尔兰家庭好像到了利物浦定居。他们中的大多数人都做水手,生活很艰辛。对于全世界的海员来说,'利物浦的爱尔兰人'就是'不好对付'的同义词。"[96]

德里斯科尔在奥尼尔的想象中占有非常重要的地位:他是个"大块头,强壮得吓人。他总是考虑自己,是个坚定的个人主义者。他对自己的力气和吃苦耐劳的能力感到无比骄傲。这种骄傲似乎给了他一种精神上的气场，他主宰着锅炉房，比任何一个同伴都干得更多”。[97]关于德里斯科尔的过去，没有什么记载；甚至连他的名字都是个谜。但还是发现了一些新的线索：德里斯科尔名字的首字母是J，他的身高是5呎7寸。他1878年出生在爱尔兰，而非利物浦，后来移居纽约，并在那儿取得美国国籍。[98]唯一一位从爱尔兰来到美国并符合以上描述的是约翰·德里斯科尔，他于1899年从爱尔兰北部的克罗莫村来到纽约。从政治上来看，扬克·史密斯把蒸汽船上信仰新教的北爱尔兰工程师看作“天主教杀人犯杂种”(*CP*2，137)，也就不难理解了。约翰·德里斯科尔有个姐姐，住在奥尼尔的故乡新伦敦布劳德街44号，这正好为两个人在酒吧的闲聊提供了一个话题。[99]

几年之后，奥尼尔在吉米神父酒吧听说，37岁的德里斯科尔于1915年8月12日投海自杀，他感到非常震惊。德里斯科尔当时正在“圣路易斯号”上担任司炉工领班，这艘船沿着利物浦到纽约的常规航线航行(这条航线也许可以解释前文中提到的关于德里斯科尔是“利物浦爱尔兰人”的误解)，当船开到北大西洋中部时，德里斯科尔从甲板上跳入海中。德里斯科尔的自杀让奥尼尔深有感触，于1917年写了一部名为《毛猿》的短篇小说，但手稿已经遗失；1921年，他把这篇小说的内容重新写成一部同名剧作，这次把我们在“格伦凯恩号”系列剧中所听到的德里斯科尔的爱尔兰土话改成了纽约布鲁克林码头工人的口音。[100]

德里斯科尔上船工作之后，奥尼尔在吉米神父酒吧旅馆的下一个重要室友是曾经负责詹姆斯·奥尼尔媒体宣传的詹姆斯·方德雷特·比斯。这个44岁的记者和奥尼尔1907年在花园旅馆一起喝酒时结下了深厚的友情，那一年詹姆斯刚刚雇佣比斯，比斯当时在纽约担任康尼岛游乐园主管。比斯在奥尼尔的作品中反复出现，比如《明天》中的“吉米”(詹姆斯·安德森)，《驱魔》中总是醉醺醺的室友吉米，最出名的则是《送冰的人来了》中绰号“吉米·明天”的詹姆斯·卡梅伦(奥尼尔为这出戏最初拟定的题目也叫《明天》)。

在《明天》中,比斯式的人物活在"明日之梦"中,而《送冰的人来了》中的"贼学家"[①]拉里·斯莱德(以爱尔兰裔无政府主义者特里·卡林为原型)称吉米为"明日运动的领导人"(*CP*3,584)。在《送冰的人来了》的舞台提示中,奥尼尔这样描写比斯:"他有一张像温驯的良种老猎狗的脸……眼睛里充满智慧,看得出他曾经是个颇有才干的人,说话很有教养,略带苏格兰口音。谈吐举止有绅士风度。他的特点是一方面拘泥古板,像维多利亚时代的老小姐;另一方面亲热可爱,又像一个永远长不大的男孩。"(*CP*3,567)[②]比斯是个替人代笔的落魄作家,兼任媒体宣传员,他和奥尼尔一样嗜酒,但没有奥尼尔那样的文学抱负,尽管他也曾出版一本名为《塞西尔·罗德》的回忆录,讲述他在南非布尔战争期间(1899—1902)担任记者的经历。

那些只想在酒吧安安静静地喝一杯的人,如果正好坐在了比斯旁边的凳子上,一定会被他灌输一大堆故事,都是他作为战地记者潜伏在布尔人(荷兰殖民者)中的冒险经历。实际上,比斯在交战双方的军队中都有朋友,他与他们在《伟大的布尔战争》演出中密切合作。这场演出于1904年在圣路易斯世界博览会上首次亮相,比斯担任演出的副总经理和娱乐部经理,第二年该剧又在康尼岛上演。《伟大的布尔战争》场面宏大、制作精良,再现了战争情景,和"野牛比尔"的《狂野西部》启用真正的牛仔和印第安人演出一样,《伟大的布尔战争》的演员中也包含曾在南非激烈交战的老兵。这场演出在纽约的媒体发布稿是比斯写的:布尔演出公司在演出中启用了"1000个人,包括200名卡菲尔人、族鲁人、马塔贝列人和其他南非部族的代表,还有600匹马",

---

① 原文为"foolosopher",与"philosopher"(哲学家)一词谐音,译法参照龙文佩、王德明翻译的《送冰的人来了》,郭继德编:《奥尼尔文集》(5),人民文学出版社,2006年,第154页。

② 引自龙文佩、王德明翻译的《送冰的人来了》,郭继德编:《奥尼尔文集》(5),人民文学出版社,2006年,第151页。

这些马都受过特殊训练，会“装死”。因为与比斯之间的亲密友谊，奥尼尔对南非“拥有强烈的渴望，因为很久以前，我就和那里的很多人交上了朋友，既有在非洲的英国人，也有布尔人。对于一个从没去过南非的人来说，我真的是非常了解那个国家”。比斯在这场演出中的两个熟人，布尔人将军皮耶特·克罗杰和这场演出的总经理、英国上尉A.W.刘易斯，在《送冰的人来了》中以皮特·韦乔恩和塞西尔·刘易斯的形象出现。[101]

1912年春，奥尼尔的《自由》和比斯的《塞西尔·罗德》都在昴星团俱乐部的年刊上发表，他们的稿件并没有被排在一起，中间隔着《昴星团饮酒歌》的曲谱和歌词，这样的排版倒也挺合适。年刊中的两首诗似乎影响了奥尼尔后期所创作的《送冰的人来了》。第一首是威廉·约翰逊创作的《今日正当时》，它提醒人们警惕慵懒的拖延：

昨天一旦离去，它的威力
立即散尽，
而明天还离我们很远。
因此，不论你想做什么，
最好就在今天执行。[102]

另外一首诗是麦迪逊·卡文所写的《在路边》，这首诗紧接在比斯的回忆录之后，它的结尾是：

希望，它的光辉照亮道路，
美化孤单的时间，
将我们心中的悲伤
化为思想，如同闪亮之花。[103]

由此可见，奥尼尔从这本年刊、比斯关于布尔战争的故事以及演出中获得了非常丰富的主题素材,这些素材被用于他日后创作的《送冰的人来了》,同时也成为他戏剧生涯中最为显著的戏剧动机:对于更加美好明天的无望的希望。[104]

比斯和奥尼尔在吉米神父酒吧的房间里到处都堆着书,“脏乱不堪”,正如奥尼尔在《驱魔》中的舞台提示:“那些很久前被刷白过的地方,可以看到被手掌和手指抓过的油腻腻的印迹。灰泥剥落的地方露出了下面的木板。地板上到处是旧报纸、烟头、烟灰和燃过的火柴等。”[105]①他们俩的隔壁住着一位退休的电报员,绰号“老肺”,这是对肺结核患者的嘲讽;“老肺”曾经出现在奥尼尔的短篇小说《明天》、独幕剧《警报》以及中篇小说《S.O.S.》中。这家伙后来死于肺结核,但死之前曾经试图教奥尼尔无线电交流的国际通用码。但是,奥尼尔上课的时候总是醉醺醺的,并且一觉睡醒之后,就把学到的东西全都忘了。[106]

然而,“大低迷”阶段的奥尼尔在吉米神父酒吧也并不总在虚度光阴。他当时有个情人,叫茉迪·威廉姆斯,但两人之间的关系没什么记载。关于她的大部分信息都来自凯瑟琳·简金斯,她于1913年在法庭上作证,说威廉姆斯住在西47街123号,并且她有“消息”称奥尼尔“在1911年6月、7月、8月和9月期间多次与威廉姆斯通奸”。[107]威廉姆斯很有可能是个参演音乐剧的不知名的女演员,她的名字曾经出现在1911年4月的综艺演出《白日骑士》和1911年夏天的音乐娱乐剧《卖弄风骚的女伯爵》的“美女合唱团”中。[108]

1911年12月下旬,奥尼尔观看了爱尔兰著名的艾贝剧团在纽约的演出,这次历史性的演出是由他父亲以前的演出宣传员乔治·C.泰勒出品的。剧团上演了约翰·米灵顿·辛格、威廉·巴特勒·叶芝、T.C.默瑞、格雷戈里夫人、勒诺克斯·罗宾逊和萧伯纳的作品。对于

① 引自康建兵翻译的《驱魔》,《戏剧文学》,2012年第5期,第64页。

奥尼尔来说,这些作品让他感觉耳目一新:“[艾贝剧团]让我大开眼界,第一次看到了真正意义上的戏剧,”他说,“与我父亲那种虚假的——并且在当时的我看来——让人厌恶的戏剧完全相反,我是在那种虚假的戏剧氛围中长大的。”“当我还是个小男孩的时候,我看了太多的那种陈旧、嘶吼、做作、浪漫的舞台演出,我因此一直鄙视戏剧。正是因为观看了爱尔兰演员的演出,才让我稍稍觉察出了自己的机会。”[109]

奥尼尔也参加由前卫的费雷尔学校主办的政治讲座和喧闹的啤酒派对,费雷尔学校是“一战”前的“现代学校”之一,用西班牙教育家弗朗西斯科·费雷尔的名字命名。该学校成立于1911年,但1915年就因为公开反对美国参加“一战”而被取缔。在其短短四年的历史中,学校顾问委员会的组成人员包括一些最为知名的政治叛乱煽动者——杰克·伦敦、哈钦斯·海普古德、厄普顿·辛克莱和艾玛·戈德曼,等等。费雷尔学校的校址最初位于曼哈顿东村的圣马克广场6号,学校为15到20岁的学生开设晚间及周日课程。学费为每周15美分;如果交不起,就免费。学校主管拜亚德·博伊森说,学校的理念是“不同天性,不同发展”。尽管他们被看作危险的社会主义者和无政府主义者,学校的老师们却拒绝将任何“主义”强加给学生。相反的,他们鼓励学生根据自己的情况,利用自己的时间,进行知识上的自我发现。“我们的激进主义表现在我们的教学模式上,而不是给孩子们强加任何教条,”博伊森告诉《纽约时报》的记者。“但是,我必须承认,如果一个孩子面对着呈现在他面前的事实,却不去反抗美国及所有国家政府制度的不公,我会感到失望的。”[110]

和奥尼尔一样,博伊森也是个哲学无政府主义者。他原先是哥伦比亚大学的教授,后来因为激进主义思想而被开除,他也因此而小有名气。1912年春,他在费雷尔学校的一次演讲中特别提到那些被学术机构开除的名人:被牛津大学开除的珀西·比希·雪莱,被弗吉尼亚大学开除的埃德加·爱伦·坡,被哈佛大学开除的詹姆斯·拉塞尔·

洛威尔,被耶鲁大学开除的詹姆斯·费尼莫尔·库珀,等等。(他以后可以再加上一位——被普林斯顿大学开除的奥尼尔。)博伊森宣称,“艺术首先不值得被尊重,也不会去尊重”。他在演讲的最后,对美国的艺术现状做出了悲观的评价,宣告了奥尼尔的作品将来遭到禁演的命运:“就纯粹的原创艺术而言,美国对世界几乎没有任何贡献,如果一位艺术家想要有所贡献,他很有可能会冒犯安东尼·科姆斯托克[一个特别强有力的道德改造者],将他和他所有的苦心都称为恶魔的独特创造。”[111]

奥尼尔与费雷尔学校的很多人结下了长久的友谊,包括他后来的编辑曼努埃尔·科姆洛夫和普罗温斯敦剧团的克里斯汀·艾尔,奥尼尔经常带着啤酒到学校,活跃一下聚会的气氛。聚会的参与者之一,艾尔,曾在丹佛做妓女,她有一次吹嘘,自己在来聚会的路上差点被出租车司机强奸。[112]她说的有可能是事实。艾尔后来和奥尼尔的哥哥吉姆约会,她成为《月照不幸人》中大块头女主角乔茜·霍根的原型。奥尼尔将乔茜描写成“不穿鞋时身高五呎十一寸,体重一百八十磅左右”,“作为一个女人,块头可大得出奇,近乎畸形”。(*CP*3,857)①

为了能在纽约州合法离婚,需要一份由目击证人提供的通奸证明。奥尼尔按照要求去做了。他的离婚诉讼于 1912 年 6 月 10 日开庭,他并没有被要求出庭,也的确没有出庭。开庭地点是在纽约的怀特普莱斯,凯瑟琳搬家后就居住在那里,出庭的还有几位证人,证明对奥尼尔通奸的指控。以下就是目击证人对奥尼尔出轨行为的简要陈述:1911 年 12 月 29 日晚,奥尼尔与凯瑟琳母亲的律师詹姆斯·C.沃伦、沃伦的合伙人爱德华·穆伦和弗兰克·阿奇博德、阿奇博德的朋友里尔先生、奥尼尔的朋友画家爱德华·埃尔兰德见了面。这群共谋

① 引自梅绍武、屠珍翻译的《月照不幸人》,郭继德编:《奥尼尔文集》(5),人民文学出版社,2006 年,第 485 页。

者在西 104 街 126 号埃尔兰德的公寓一起吃了顿饭，然后在同一街区的校园酒吧消磨时间。埃尔兰德回家去了，其他人又到城中的好几个酒吧喝酒。大约凌晨 3 点左右，他们到了西 45 街上的一家妓院，妓院就在兰心剧院对面，离奥尼尔出生的地方只有几个街区，里尔先生先离开了。根据穆伦的证词，他们在妓院大堂逗留了“一小会儿”之后，奥尼尔挑了“某个对他有点吸引力的姑娘”，然后就跟着她上了楼。[113] 穆伦、沃伦和阿奇博德在大堂等了两个小时，直到奥尼尔派一个女服务员叫他们上来，他们发现奥尼尔光着身子和妓女睡在一起。他们喝了一两杯，完成了任务，大约在早上六七点钟离开。[114] 证词到此为止。婚姻到此为止。

但是第二天晚上，12 月 30 日，在跟证词有关的事情都解决了之后，或者也许是 1911 年的元旦前夜，詹姆斯·比斯和吉米神父酒吧的另外一个房客，亚当斯少校，发现奥尼尔躺在房间里奄奄一息。他试图服用过量的巴比妥酸盐片自杀。1919 年 10 月，奥尼尔在他的独幕剧《驱魔》中记录了这段充满创伤的经历。从某种意义上说，《驱魔》可以被看作《进入黑夜的漫长旅程》的前传，该剧在市中心的出租屋（吉米神父酒吧）开场，主人公是奥尼尔的自传式人物内德·马洛伊，他在做了一件坏事之后被魔鬼附身。内德从妓院回来之后，向室友吉米（詹姆斯·比斯）讲述了自己与妓女之间的糟糕经历，他去找妓女只是为离婚提供通奸证据。“你知道纽约的法律，”内德嘟囔着，“要离婚，只能这么做。”[115]

“我们是凌晨到的，我醉得一塌糊涂，”内德说。“我一定是睡过去了——几乎一下就睡过去了。当我醒来时，我发现是在一个陌生的房间。不是清晨，而是中午，但看起来像清晨，一道道微暗的光从绿色窗帘的边上透进来，整个房间有一种死气沉沉的昏暗……整个事情并不稀奇——但我就是害怕！”①这段关于与妓女一起度过昏暗清晨的描

① 引自康建兵翻译的《驱魔》，《戏剧文学》，2012 年第 5 期，第 69 页。

写,让人想到奥尼尔的哥哥吉姆说过的类似故事,尤其是在以吉姆·蒂龙为主角的《月照不幸人》中那些生动的描述。内德和吉姆都将妓女形容为“猪”,内德醒来时灰蒙蒙的光从窗口照射进来,和吉姆的经历一模一样。[116]在《月照不幸人》中,吉姆对乔茜说:“真不知道有多少次我见到那灰蒙蒙的曙光悄悄越进那些肮脏的窗户。”(*CP*3,919)①

趁着房间里只有他一个人的时候,内德吞下了一大把药片,倒在地上,嘴里念叨着,“好了,一切都结束了”。几个小时之后,吉米和马乔·安德鲁斯(亚当斯少校)发现他已经神志不清,赶紧叫来了医生。医生为他洗胃,然后命令他到外面去走走,让自己清醒过来。内德的父亲来了(尽管在现实生活中詹姆斯·奥尼尔当时正在外巡演),父亲恳求他去疗养院休养。令人惊讶的是,内德同意了,并且决定休养一段时间之后搬到明尼苏达州去。“我的罪孽饶恕了我!”内德宣布。“上帝是以我们的意图来裁判的,我昨晚的意图是最合适的。他显然是想让我在尘世继续为他效劳——我不知道是什么,但我会去寻找——并且我已经感到起效果了!”②这样,内德摆脱耻辱,重获新生,附在他身上的魔被“驱走”了。[117]

2011年所发现的《驱魔》剧本显示了《进入黑夜的漫长旅程》中所暗藏的东西——埃德蒙·蒂龙身上所缺失的东西,即罪责,在内德·马洛伊身上清楚地显现出来。内德是埃德蒙的昵称,这个人物与埃德蒙一样,都是以奥尼尔自己为原型的自传式人物,但是两者之间有明显不同:内德尖刻、充满仇恨、以自我为中心,总是在情感上伤害朋友和家人,毫不在乎他们对自己的关心。在这方面,他让人想到奥尼尔的另外一个戏剧化身,《大神布朗》(1925年)中的迪昂·安东尼。(内德的妻子叫玛格丽特,奥尼尔后来把迪昂盲目献身爱情的妻子也命名

---

① 引自梅绍武、屠珍翻译的《月照不幸人》,郭继德编:《奥尼尔文集》(5),人民文学出版社,2006年,第557页。

② 引自康建兵翻译的《驱魔》,《戏剧文学》,2012年第5期,第73页。

为玛格丽特，这应该不是巧合。）内德和吉姆·蒂龙一样，都用“坏透了”这个词来表达深深的自我厌恶：“我一下子觉得我做过的所有的事——我的整个生活——变得坏透了！我的头被推了下去，我溺水了，浓稠的黏液一下涌到我的喉咙——使我喘不过气来！”[118]①内德、埃德蒙、迪昂、《进入黑夜的漫长旅程》中的吉米和《月照不幸人》中的吉姆都是奥尼尔式原型的缩影：受伤的灵魂，对自己和生活都感到完全失望，以至于他们总是伤害那些最爱他们的人——内德和埃德蒙是通过吞药，迪昂、吉米和吉姆则是通过酗酒，给那些爱着他们的人留下最大程度的痛苦。[119]总之，通过《驱魔》，我们可以窥探埃德蒙·蒂龙身上真正的人性“弱点”，这也正是奥尼尔自己的弱点。

在这个剧本从丢失到重新发现的几十年间，关于奥尼尔自杀企图的记录只出现在他的朋友乔治·金恩·内森和他的第二任妻子阿格尼斯·伯顿的作品中。他们俩对此都没有详细的描写。他们的故事中大多是闹哄哄的喝酒场景，最后奥尼尔被一群酒吧的醉汉送到曼哈顿的贝勒维医院。但是根据《驱魔》的剧情，伯顿的叙述似乎更符合事实。她引用了奥尼尔自己告诉她的话：12月30日早晨，他从妓院回到吉米神父酒吧，本来指望能收到他父亲寄来的支票。但支票没来，这让他无法支付房租（和酒钱），同时也标志着父母对他的彻底放弃——“现在他对此深信不疑”。伯顿说，奥尼尔感到痛苦还有其他原因，因为没有吉姆“跟他说话，为他解忧”，因为“他无法再忍受自己的思想”，因为他厌恶自己和妓女一起度过的夜晚，因为他对自己和简金斯的纠纷感到后悔，“她似乎与自己一样，只是命运的另外一颗棋子”。[120]对于一个有自杀倾向的人，这些困扰中的任何一个都足以将其推向死亡的边缘。当这些困扰都搅和到了一起，他只能一死了之。

奥尼尔告诉伯顿，他花光了自己身上所有的钱（够买两杯酒的钱），从吉米神父酒吧附近的几家药店买来了巴比妥酸盐片。然后，他

---

① 引自康建兵翻译的《驱魔》，《戏剧文学》，2012年第5期，第69页。

用一个不太牢固的钩子把房门拴上，就着“一杯脏水”吞下了药片，昏了过去。“我肯定躺了24个小时，也许更长的时间，”他说。“我模糊地记得自己似乎苏醒过来，听到有人敲门，然后又没了声音……这种声响重复了好几次，但我没在意。我没觉得自己还活着——我已经把那么多药片全都吞下去了！一开始，我觉得自己正在死亡的路上，还没死，但很快就会死去。也许我根本什么都没想，只是恨那些药片，怎么还没让我死掉，我怎么还能听到敲门声……这时，一个可怕的想法突然袭来——*我已经死了，这毫无疑问，死亡不过是生命的延续，生活还是死之前的样子！*就像一个轮子，无止无尽地转来转去，又转回到原来的境地！”[121]

在《驱魔》中，内德·马洛伊告诉吉米，他从妓院出来后直接去了巴特利公园，在那儿待了6个小时。这可以证明他企图自杀的日期是1911年12月30日或者31日(尽管这出戏的情节发生在三月，进入春天的那个月，象征着重生)。当奥尼尔处于昏迷状态时，詹姆斯·奥尼尔的支票到了，在扣去房租之后，“房间里又有酒了……哇！多么好的庆祝方式”。[122]伯顿和内森的故事都以奥尼尔和他朋友的喝酒庆祝结尾，这样欢乐的反高潮也是《驱魔》(这出戏1920年上演时的副标题就叫“一出反高潮剧”)和《送冰的人来了》的结尾。

离婚后，凯瑟琳·简金斯从来没有过一句抱怨。奥尼尔对自己的第三任妻子卡洛塔·蒙特雷说，“我给这个女人惹了最多的麻烦，她却给我最少的麻烦”。[123]但是没有任何一份档案比《驱魔》更能证明这种(相当直截了当的)评价。“我不会饶恕或忘记我鄙视她的事实，”内德说。吉米问他，“但你——你一点儿也不在乎她吗?”“一点也不!”内德立刻回答。“完全地，彻底地，毫不在乎！我从来没有在乎过！身体——那是我想从她那儿得到的，也是她想从我这儿得到的，我跟她结婚只因为一个过时的理由——一个绅士的理由，你可以这么说……这就是全部，我发誓——一份姿态愚蠢的荣耀和一个危险的举动!”吉米随后问，他妻子玛格丽特是否真的想要离婚。“当然，”内德尖刻地回答,“她有钱。她一年内将会再婚。[在三年之后,简金斯就将再婚。]她那脑袋甚至记不住两年前发生的事。”对于他为了“面子”而娶她的“姿态愚蠢”——因为她怀孕了——他酸溜溜地承认,他结婚只是因为“一个顽固的魔鬼在我耳朵里嘀咕,说结婚是为数不多的我从没干过的事之一”。① 内德后来得知,玛格丽特感到“无比伤心”,认为是她的离婚诉讼让他产生了自杀的企图。“啊哈!”内德甚至在“重生”之后还是这样说,“那就是她所想的!真见鬼!”[124]内德在整出戏中对玛格丽特的诋毁性描写,即奥尼尔对简金斯的描写,肯定是奥尼尔决定毁掉这份手稿的原因之一(也许是最为重要的原因)。在很多年以后,他将小心翼翼地,同时也是自私地,将简金斯和他的儿子从《进入黑夜的漫长旅程》中略去。[125]

---

① 引自康建兵翻译的《驱魔》,《戏剧文学》,2012年第5期,第68页。

回到基督山

1912 年 1 月 20 日,奥尼尔从简金斯的律师那里得到了离婚传票。之后,他跳上了一列开往南方的火车。在新奥尔良站,他跌跌撞撞地下了车,用他自己的话说,“在火车上一直醉着,到了这一站就醒了”。[126]奥尼尔回忆,他之前打牌赢了点钱,和吉米神父酒吧的几个朋友一起狂欢作乐,醉倒昏睡,等他一觉醒来,惊讶地发现自己在一列开往南方的火车上。在他父亲剧团演员们的记忆中,却完全是另外一个故事:詹姆斯给纽约的尤金汇钱,因为尤金给父亲发了一封电报,“吃还是不吃,这是个问题”。[127]不管实情到底如何,奥尼尔在新奥尔良的第一站是码头,他想在船上找个差事,顺便随船回纽约。他有证书证明自己是个合格的一等水手,但是开往纽约的轮船没有空缺职位。他这才联系了自己的父亲。[128]

詹姆斯、埃拉和吉姆都在新奥尔良巡演,这次巡演从前一年的秋天就开始了。詹姆斯担心自己年老时身无分文,所以放下身段,整合了一出删减版的《基督山》,演出时间只有 41 分钟(这出戏通常要演三个小时,他砍掉了很多内容)。巡演团里还有一个名叫瑞伊·萨缪尔的拉格泰姆歌手,人们都叫他“拉格泰姆蓝霹雳”,一个蹦床杂技团和耍“印第安棒槌”的双人组合。但是,詹姆斯·奥尼尔的《基督山》当然是最能吸引观众的节目。在演出海报上,当时 33 岁的吉姆被称为“年轻一代主角中的佼佼者”,这有点夸大其词,其实他只是 1909 年在《旅行的推销员》中有过成功的表演。(尤金后来把吉姆靠演戏谋生的选择描述为“最不费劲的路径”。在这之前的十几年间，吉姆一直在舞台上表演，参加了他父亲的好几次巡演。在这次的巡演中，他扮演《基督山》中的好几个角色，其中的一个角色特别具有讽刺意义，他竟然扮演爱德蒙·唐泰斯的资助人法利亚神甫。)[129]

当巡演团到达田纳西州的孟菲斯时，詹姆斯得知了尤金企图自杀的消息。当时，演员中间有人“悄悄议论”，说老奥尼尔的儿子“出了点事”。詹姆斯拒绝为尤金支付从新奥尔良回纽约的车票，而是给了他一份工作，每周的报酬 25 美元。“要么演出，要么步行回纽约，”奥尼尔回忆，“所以我就参加了俄尔甫院线巡演接下来的演出。”分配给奥尼尔的角色是监狱看守和宪兵。为了区分两个不同的角色，他演宪兵时在鼻孔下方挂上小胡子。“那个删减版精彩极了，”奥尼尔几年之后跟记者开玩笑。“出场的人物似乎根本不属于那出戏，他们在舞台上的行动毫无意义，说的话也不正常。老头好久没演《基督山》了，他都忘得差不多了，所以经常即兴发挥，而且从不给其他演员一点提示。他不说话了，就轮到你说了。”[130]

一位来自盐湖城的戏剧评论家这样总结这出戏的反响，“总体说来，《基督山》的删减版挺糟糕的，尤其是和它以前的演出相比”。(瑞伊·萨缪尔每晚都能收获爆笑和掌声。1920 年 10 月，阿格尼斯·伯顿去看萨缪尔演出的音乐喜剧《且醉且欢聊》，她写信给奥尼尔，说她是为了看看“那双曾经对着你疯狂的青春微笑的眼睛!”)[131]结束在新奥尔良的演出之后，巡演团乘坐火车北上，去犹他州的奥格登，然后又向西北进发——前往盐湖城、丹佛和明尼苏达州的圣保罗(在《驱魔》中，内德·马洛伊最后动身去明尼苏达州，看来并非偶然)。[132]奥尼尔一家和巡演团的成员关系不错，但仍然保持一定的距离，每次乘坐火车时都待在他们自己的车厢。一到目的地，吉姆就和其他演员一起喝酒，但如果他们太闹腾，他就摆出一副高冷的架势。参演的一位演员查理·韦伯斯特回忆，吉姆喝醉以后，“脸上就像戴上了一副酒精面具，红红的，表情僵化，或者说根本就没有表情。”吉姆在舞台上总是敷衍了事。“你能想象吗?一个男演员竟然不会击剑!”詹姆斯在排练时抱怨;没有演出的下午,他尽力帮助儿子练习击剑术,但最终还是放弃了。詹姆斯将最后的舞台动作加以简化,吉姆只需对着詹姆斯举起的剑敲打一下就行了。[133]

目前还有一张在这场演出中拍摄的模糊不清的剧照。照片(因为时间太久而太过模糊,无法在这里展示)拍摄于奥格登的俄尔甫剧院,刊登于《盐湖城晚报》。当时是 2 月 2 日,周五,奥尼尔首次在职业舞台上演出。[134]照片上的詹姆斯低头怒视恶棍维尔福——这个维尔福长着跟他一样的鹰钩鼻子和突出的下巴,肯定是吉姆——他倒在杜加桥客店的地上,已经死了。尤金也能被辨认出来,他挂着假胡子,躲在舞台右上方的宪兵身后,这个宪兵显然要比尤金表情丰富。(演出广告上说,共有 11 人参演,但台上只有 10 个人,那个没有出现在舞台上的应该是扮演唐格拉尔的演员。)韦伯斯特的描述与詹姆斯在照片上的形象完全一致:“他非常优雅,每个手势都非常有表现力。扮演基督山伯爵时,他穿着黑色缎子马裤,戴着白色假发。他的身材有些发福了,但依然优雅……演出服装很好,都是以前正规演出时的服装。”[135]

尽管综艺演出团的名声不佳,它对演员行为的约束却非常严格。不能在公共场合骂人(哪怕说个脏字也不行),禁止喝酒和违规行为。吉姆还比较尊重这些规定,基本能遵守,但他还是经常开些过火的玩笑,让他父亲非常恼火。查理·韦伯斯特扮演爱德蒙·唐泰斯的儿子阿尔贝,他有一句台词,挑动一个恶棍进行决斗,说这是他“压制 calumny(诬蔑)的责任”。一天晚上,在演出之前,吉姆提醒韦伯斯特不要把“calumny”(诬蔑)念成“calomel”(一种流行的通便药)。这么一来,韦伯斯特在台上果然把“calumny”念成了“calomel”。詹姆斯正跟韦伯斯特演对手戏,他当时嘟哝了一声,每次舞台上出差错之后他通常都这么做,但观众似乎并没有注意到。还有一次,吉姆在演出之后穿过舞台边门走进走廊,边走边大声唱歌,他浑厚的男中音到处回荡;这时,一桶水劈头盖脸地浇下来,他的歌声戛然而止。[136]

韦伯斯特很崇拜詹姆斯，他说詹姆斯在剧团中非常有凝聚力：他像“一个神父，安安静静的；他说话时从来不提高声调；他有着神一般的品质”。尽管詹姆斯对两个儿子很失望，但他偶尔也会显露出对他们的父爱。有一次，几个记者采访詹姆斯和其他几位演员，尤金从前门走进来，跳上舞台加入采访。“真是个帅小伙子，”一个记者说，“像他爸爸。”詹姆斯开心地摇摇手，“我可从来没像他那么帅过。”在私下里，他却很少对儿子表达慈爱。他曾把尤金叫到一边，冷冷地批评他：“我对你的表演不满意，先生。”尤金冷冷地回答：“我对你的戏不满意，先生。”[137]

威廉·李是圣路易斯奥林匹克剧院的电工，剧团二月下旬曾在这里演出。据他回忆，奥尼尔的表演显然毁了这场本来“挺好的”演出。“我不明白，”奥林匹克剧院的一个舞台工作人员帕特·肖特曾经不无讽刺地评价，“詹姆斯·奥尼尔演技那么出众，人又那么聪明，他怎么会有那么笨的儿子呢？”李曾经听到詹姆斯和尤金在后台的争吵：“你从来不会演戏，”詹姆斯大发雷霆，“你不会演戏。你将来永远也演不了戏。”“那又怎么样？”儿子耸耸肩说。[138]

尤金每次到剧院的时候，最多跟看门人打个招呼，他在候场的时候也不和其他演员聊天。“他跟谁都不说话，”威廉·李回忆。他还严重怯场（他一辈子都没能克服这种恐惧），韦伯斯特和很多曾与奥尼尔合作过的人都发现，奥尼尔对舞台的恐惧会传染。比如有一次，在伊夫堡监狱那场戏中，就在詹姆斯高声呼喊世界是他的那场高潮戏之前，扮演狱卒的奥尼尔低头看着法里亚神甫的尸体，磕磕巴巴地说出一句他至少已经排练过十几遍的台词：“这里发生了什么事？”受到他的影响，韦伯斯特说话也不利索了：“是的，他死了。”[140] 观众哄堂大笑。奥尼尔和韦伯斯特听见詹姆斯在舞台侧翼大发脾气，“发生了什么事？他们俩做了什么？观众为什么会笑？……这两个人到哪儿去了？我要杀了他们。”他俩赶紧下场，躲到舞台上方的架子上。[141] 即便如此，詹姆斯还是很少在发火的时候提高嗓门，哪怕是被两个儿子的醉酒行为惹恼了,他依然保持他那著名的大提琴似的醇厚音色;只是会忍不住冒出几句爱尔兰土话。[142]

“我只演一个小角色,”奥尼尔后来说,“但是,即使让我去演哈姆雷特,我会演得一样糟糕。”他后来得意地说,整个巡演过程中,他和吉姆每天都喝得醉醺醺的,“从没清醒过”。他们兄弟俩当时已经是十足的酒鬼了,每场演出之前都要喝光几瓶威士忌。“关于那些表演,还是不提为好,”奥尼尔说。“酒精含量高,表演水平低。我从俄尔甫院线巡演团毕业时获得了‘糟糕荣誉学位’。如果巡演再持续一个月,我还能拿到‘撒酒疯荣誉学位’。现在想来,让我感到有点愧疚的是……我没有事先提醒观众们,让他们喝醉了之后再来看我的演出。在清醒的状态下看我的演出,真是挺可怕的。”但是,奥尼尔回忆他在巡演团这段短暂的时光时,总是充满感情:“我哥哥和我在那里过得很愉快,我觉得那是我人生中最快乐的阶段之一。”[143]但是,这段经历让他从此失去了去剧院看戏的乐趣,因为他对演员们完全不信任:“我的遗传基因、成长过程和个人经历,都让我不得不紧盯着演员,提防他们要的那些花招。”[144]

詹姆斯·奥尼尔在几个月的巡演中一直闷闷不乐,他也的确有理由不高兴:尤金试图自杀;吉姆是个意志薄弱的醉汉,詹姆斯觉得只有演戏这份工作才能让吉姆自食其力,但他做得也很糟糕;而且,越来越多的媒体评价詹姆斯的表演生涯江河日下,这让詹姆斯觉得无法忍受。甚至是他家乡辛辛那提的报纸也在几年前承认,尽管辛辛那提人都以詹姆斯为荣,但“《基督山》毁了詹姆斯·奥尼尔……他出演这个角色所取得的巨大成功,让他再也不能完全摆脱这个角色,也没法让观众同意换人出演”。儿子不成器,事业上遭遇瓶颈,经济上也受重创,詹姆斯投资的两家公司倒闭了,他因此损失了4万美元。[145]

埃拉·奥尼尔也不让他省心——她再次对“毒品”上瘾。剧团的人很少见到埃拉,偶尔只能看见她悄悄地出入她丈夫的化妆间。韦伯斯特只从远处观察过她,但他的印象与《进入黑夜的漫长旅程》中埃拉的形象极其相似:“一个总在远处的人……虚弱,不稳定……非常敏感安静,出生高贵,飘忽不定,穿着打扮非常淑女……在火车上总是躲着其他人,像个幽灵。”韦伯斯特说,奥尼尔家的三个男人对她精心呵护、言听计从,仿佛在保护某种纯洁无瑕的物质,防止她被陌生人触碰而遭到“玷污”。在奥尼尔参加巡演之后不久,埃拉就开始行为反常。其中最为严重的一次,她悄悄走到舞台边缘,当时詹姆斯正在气势如虹地念出那句台词,“这是我的复仇,费尔南——我把你的心握在手里!”他扫视四周,发现埃拉正在靠近舞台,他差点就示意拉幕了,幸好一个工作人员及时把她拦住,没让观众看到她。埃拉后来又有好几次跑到舞台边上,这使得詹姆斯每次演这场戏之前都要小心地检查一下,以防她再次跑上舞台。[146]只有奥尼尔家的三个男人知道,埃拉在吸食吗啡,她反常的举动是毒瘾所致,而并非性情使然。

《进入黑夜的漫长旅程》让奥尼尔最终能够心平气和地面对母亲吸毒这件事,而这出戏所发生的背景正是那年的夏天。但是,奥尼尔在该剧中只是提供了一些迹象,也许让埃拉再次陷入毒品的原因是他先前的自杀企图和在巡演中的表现,而并非剧中人物所认为的相对无辜的肺结核病。

1912 年三月初,奥尼尔一家回到纽约,尽管没人知道奥尼尔在这之后的行踪,但至少有一个地方他肯定没去:他的离婚诉讼。法律上并没有要求他必须要出席 6 月 10 日在怀特普莱斯的庭审,奥尼尔也就不用当庭承认自己和妓女过夜,也不用聆听主审法官约瑟夫·莫斯乔瑟与凯瑟琳之间的如下对话:“(被告)与他人通奸,你还愿意和(被告)一起生活吗?”他问。“不愿意。”“你原谅他吗?”“不原谅。”[147]凯瑟琳获得了小尤金的“完全监护权”,奥尼尔被免除了所有的责任,不需要抚养孩子,也不需要出生活费,也许这是为了保证让他完全脱离她和小尤金。中间判决于 7 月 8 日签发,因为奥尼尔没有提出任何异议,最终判决于 10 月 11 日下达。奥尼尔到底有没有读到这份最终判决尚不清楚，但是签署判决的法官艾萨克·N.米尔斯在判决书中明确写道，他认为奥尼尔不宜结婚："在原告有生之年，被告如果与原告之外的任何人结婚，都是不合法的行为。"[148]

那年夏天，奥尼尔回到新伦敦，每天都坐着小船在泰姆士河里漫无目的地飘荡，还经常从斯科特家的小码头游到对面。奥尼尔有时也在泰姆士河里游上一英里；《新伦敦日报》记载，他"过得很开心"。到了晚上，他就去布莱德利街的妓院，和阿特·麦克金雷、艾德·吉夫、哈奇·柯林斯、"艾斯"·卡瑟等几个朋友一起喝酒。"尤金·奥尼尔和我想把美国喝干，"麦克金雷喜欢这样说，"我们差一点就做到了。"他们晚上还经常在约瑟夫·卡尼医生的"二楼俱乐部"一起打牌、一起读诗。"二楼俱乐部"是约瑟夫·卡尼医生的公寓，很多志趣相投的文化人经常聚集于此，公寓位于曼恩大街（这条街后来被命名为尤金·奥尼尔大街）。[149]

父亲一直要他找份工作，自食其力，奥尼尔不胜其烦，终于在《新伦敦电讯报》找了一份周薪为10美元的工作，这份报纸思想比较自由，当时的发行状况并不理想。本地新闻编辑马尔科姆·莫兰读了奥尼尔所采写的第一篇关于警察局的报道，立刻就把他叫到办公室。"房间里的味道倒是描写得令人信服，"莫兰的开场白难掩讽刺，"地板上的鲜血也经过仔细测算；你很好地描绘了那个家庭悲惨、愚蠢、破败的景象。"然后，他话锋一转："但是，能不能请你找出杀害了这位女士的那位先生的名字，写清楚这位女士到底是他的妻子，还是他的女儿，还是什么其他人？再打个电话到医院，核实一下这位女士是死了，还是出院了，还是怎么了？然后，把这些事实用150个字写出来——把这些花花绿绿的文字拿到画匠那里去。"还有一次，奥尼尔被安排去报道哈佛大学和耶鲁大学之间的划船比赛，他写出来的文章里全是刻意构思的双声结构——"伏在船桨上的古铜色、骨肉健壮的脊背"，等等。编辑们读了几行，就提出质疑，这位记者究竟会在哪里屈尊告诉读者，最后到底是哪个队获胜。他还经常喝得醉醺醺地来报社上班，莫兰警告他,他要是再这样的话,报社就解雇他;但是报社的商务主管查尔斯·汤普森把莫兰拉到一边,告诉他:“你不能解雇他,他在这里的工资是他爸爸出的。”[150]

《新伦敦电讯报》的主编弗雷德里克·P.拉蒂摩尔以前是个法官,和詹姆斯是老朋友。他给了奥尼尔一些自由的空间,允许他在报纸上的“短诗”专栏发表诗歌,尽管拉蒂摩尔一直认为,根据奥尼尔在新闻报道中所体现出来的华丽文风,他“最终将放弃诗歌,成为小说家”。(一直到了20世纪20年代中期,拉蒂摩尔还是坚信奥尼尔会成为小说家,奥尼尔自己当时也这么认为[151]。)

相对于撰写新闻报道,奥尼尔的才华显然更加适合于创作诗歌;尽管如此,他写的诗也不比他写的新闻报道好多少。他写的那些一知半解的宣传诗主要是在挖苦讽刺标准石油公司和其他的商业巨头,也抨击政治家,比如总统候选人泰迪·罗斯福:

咱泰迪张大嘴巴,
　成天吼着喉咙,
把一些人臭骂,
　说出不该说的话。
当他无其他事情可做,
　他气鼓鼓好像要爆破,
恶狠狠挥舞着拳头,
　告诉我们一些缺德的事儿。
我常想为何会这样——
　我猜想这是塔夫脱
　从来不干的事情。[152]①

① 引自张子清、高黎平翻译的《人生的阴暗面》,郭继德编:《奥尼尔文集》(6),人民文学出版社,2006年,第30页。

奥尼尔在《新伦敦电讯报》上发表的大部分诗歌都包含一些诗句,戏仿当时流行吉卜林、罗伯特·彭斯和罗伯特·W.塞维斯等人,主题指涉本地事件、政治人物和巨商大贾。拉蒂摩尔写道,奥尼尔的诗"会让我们对他疯狂的想法愤怒到无语,他的诗和其他人的诗完全不同,很难理解"。他和奥尼尔一起在泰姆士河上划船或在报社休息室一起抽烟时,会经常争论,尽管争论不太愉快,但他仍然相信这个年轻人身上"隐隐约约有那么一点点"诗人的气质。奥尼尔成名后,对自己当年所写的那些充满宣传意味的诗歌评价很低:他在1923年时承认,尽管这些诗歌标志着他写作事业的真正开端,它们却是"很低级的垃圾"。"我当时只是想为一份小城市的报纸写一点流行的、幽默的新闻诗,"他于1929年表示,"这些诗——其中差不多每一首——都应该根据这个目的来进行评判。"到了1936年,有出版商想把他早期的诗歌结集出版,对此奥尼尔表示不满:"坦白地说,我反对出版诗集。出版这些胡言乱语是在浪费这么好的排版和印刷,那可真是太丢脸了。如果这些反映我在小城虚度青春的韵律简单的歪诗很有趣的话,我不会反对出版,因为重新出版这些诗也许至少会博人一笑。但是这些诗没有意思,非常呆板。所以我的意见是,必须让这些诗自然消亡。"①即便如此,奥尼尔在《新伦敦电讯报》办公室里反复说的那些话,在当时看来肯定自负到可笑——他总说,有一天詹姆斯·奥尼尔会因为自己是尤金·奥尼尔的父亲而名垂青史。[153]

在《新伦敦电讯报》工作了几个月之后,奥尼尔基本安下心来,准备就在小城的报社当个小记者。至少这份工作能提供一份稳定的收入,让他可以娶18岁的女朋友梅贝尔·斯科特。斯科特和姐姐阿尔琳及姐夫住在一起,他们所居住的品客屋是奥尼尔父亲的房产。奥尼

① 引自张子清、高黎平翻译的《尤金·奥尼尔诗篇:1912—1944》导言,郭继德编:《奥尼尔文集》(6),人民文学出版社,2006年,第11页(译者略有修改)。

尔一家迁入基督山屋之前就住在这里，品客屋离基督山屋只隔两道门。梅贝尔和阿尔琳是约翰·斯科特的女儿，约翰是个杂货商，住在附近的另一个街区，尤金很多年以前就认识这家人。但是，为了以一种更加浪漫的方式重新结识梅贝尔，他特意去梅贝尔所参加的一个婚礼上进行采访。他穿上了父亲的黑色斗篷，在梅贝尔面前鞠了一躬，带着笨拙的殷勤激动地说"我们终于见面了！"那天晚上 11 点钟，斯科特家的宁静被一阵电话铃声打破。是尤金·奥尼尔打来的，他要跟梅贝尔说话，问是否可以约她出来。[154]

梅贝尔·斯科特后来成为奥尼尔 1933 年所创作的《啊！荒野》中 15 岁的穆里尔·麦科姆伯的原型(尽管这出戏的背景是 1906 年，而并非 1912 年)。理查德·米勒大体上是以奥尼尔本人为原型，他在剧中给穆里尔写情书和情诗的情节，与剧作家本人追求梅贝尔的经历如出一辙。奥尼尔把《自由》这首诗的手稿送给她，还给她写了 200 多封情书。但几年之后，梅贝尔与别人订婚后，就把它们全烧了。这真的很可惜，对于研究奥尼尔的学者而言，这些情书是反映奥尼尔在那一阶段生活的独特素材。[155]

奥尼尔和斯科特在那年秋天一直悄悄地约会，因为他俩的母亲都不同意他们交往。一天晚上，奥尼尔和梅贝尔一起在兰心剧院看完《波西米亚女孩》之后，奥尼尔将梅贝尔送回家，梅贝尔的母亲警告奥尼尔，如果她再看到他这张脸，就"一枪打死他"。在奥尼尔家这边，埃拉·奥尼尔在电话中警告一个当地姑娘(她以为这个姑娘是梅贝尔)："你最好离他远一点。你或者其他任何一个姑娘，都会被他带坏的。"埃拉在舞台上的化身玛丽·蒂龙也曾这样教训自己的儿子："没有哪个体面的父母会让自己的女儿跟你在一起。"(*CP*3，739)但是，埃拉在对自己儿子不满的同时，也认为梅贝尔配不上自己的儿子——她根本不想让她英俊的儿子跟一个杂货商的女儿结婚。[156]

在新伦敦，尤金的名声不大好，大家都觉得他是个不体面的甲板水手，但梅贝尔·斯科特对此感到很不解。"他跟我在一起的时候，总是那么绅士,从来不喝酒,也不惹事,"她回忆,"我不明白大家为什么都说他不好,甚至他自己的父母都说他坏话。我觉得他是被大家误解了。"但她又惊讶地发现,他在聚会和其他公众场合都很不自在,总是表现出"忧伤的特质,觉得这一切都毫无意义"。她后来承认,正是由于奥尼尔的这种阴郁气质,她一直没有真正爱过他。"当我遇到自己丈夫的时候,我的感觉完全不同。我当时就明白了,我从来没有爱过尤金,我只是被他所吸引。"[157]

除了罗密欧与朱丽叶式的浪漫爱情之外,奥尼尔与《啊!荒野》中的理查德之间还有一个共同之处,他们都持有左派观点,而这种观点不适合于年轻淑女。与剧作家一样,理查德把7月4日的独立日看作一出"愚蠢的闹剧"。"我要庆祝人民再次搬出断头台以及我亲眼看见皮尔庞特·摩根被关在死囚车里推走这一天!""孩子,"他宽容的父亲纳特·米勒说,在新伦敦居民看来,父亲这个形象身上有《新伦敦电讯报》主编弗雷德里克·拉蒂摩尔的影子,"要不是我知道是你在说话,我会以为我们是在和艾玛·戈德曼在一起呢。"(*CP*3,13)①

尽管自己的父亲挺有钱也挺有名,奥尼尔在新伦敦时却亲身体会到了针对爱尔兰裔的偏见,他剧中的爱尔兰裔角色非常清楚地表明了剧作家在情感上和政治上支持生活在底层的爱尔兰裔,而反对"伪中产阶级"爱尔兰裔的虚伪,他们属于资产阶级,宣扬清教道德,一心只想向上爬。"最能解释我所作所为的是,我是爱尔兰裔,"奥尼尔后来曾表示。"非常奇怪,所有试图分析我和我的作品的人们都忽视了这一点。"[158]在新伦敦乃至整个新英格兰,骄傲叛逆的爱尔兰天主教徒和当权的美国新教徒之间的族裔矛盾让奥尼尔对美国的弱势群体更加深切的同情。在总统大选时,奥尼尔把自己人生中的第一张选票投给了在监狱中参加竞选的社会主义者尤金·V.德布思,尽管奥尼尔一

---

① 引自汪义群翻译的《啊,荒野!》,郭继德编:《奥尼尔文集》(4),人民文学出版社,2006年,第272—273页。

直认为美国政党政治“无用至极”。他嘲讽道,“我把票投给了德布思,因为我不喜欢约翰·洛克菲勒的秃头”。[159]

奥尼尔多次公开表示对那些代表新伦敦权贵的美国家族的厌恶。比如查佩尔一家,也就是后来在《进入黑夜的漫长旅程》中所提及的查特菲尔德一家。他在剧中描写了玛丽·蒂龙对这个家族一直非常嫉妒,认为他们一家的生活比她自己家的生活更有意义。在剧中,玛丽从窗口看到,当查特菲尔德家的车驶过时,正在修剪栅栏树丛的大儿子吉姆·蒂龙赶紧躲在了树丛后面。吉米怕他们看到自己正在干这么低贱的活,而身着便装的詹姆斯·蒂龙则毕恭毕敬地朝汽车鞠躬。这一幕引发了埃德蒙和玛丽之间关于小城的一番对话。埃德蒙喜欢这个小城,“也许是因为这是我们唯一有过的一个家……吉米真傻,还躲着查特菲尔德那一家人,”他轻蔑地说,“要不是住在这个乡下小地方,谁还认识他们呢?”玛丽对此表示同意:“小池塘里的大蛤蟆……话虽这样说,可是查特菲尔德那样的人家在社会上还是有些名望地位的。……我不是说要跟这些人有什么来往。我一向就厌恶这个城,厌恶这里的人。”(*CP*3,738)①

作为爱尔兰裔,奥尼尔更加厌恶当地权贵爱德华·C.哈蒙德和爱德华·S.哈克尼斯,哈克尼斯的父亲曾是约翰·洛克菲勒的标准石油公司商业帝国的合伙人。这些人并非小池塘里的大蛤蟆,而是大鳄鱼。在《月照不幸人》中,奥尼尔把哈克尼斯讽刺性地刻画成死气沉沉的百万富翁特·斯台特曼·哈德:“不难相处……他只是不成熟,天生的冷漠,还有点笨拙……说起话来字斟句酌,而且领会得也慢,毫无幽默感。”(*CP*3,884)②哈克这个人物在《进入黑夜的漫长旅程》中也被台

① 引自欧阳基翻译的《进入黑夜的漫长旅程》,郭继德编:《奥尼尔文集》(5),人民文学出版社,2006年,第348页。

② 引自梅绍武、屠珍翻译的《月照不幸人》,郭继德编:《奥尼尔文集》(5),人民文学出版社,2006年,第517页(译者略有修改)。

上的角色提及。但奥尼尔所塑造的人物可能更像是哈蒙德,而不是哈克尼斯。哈克尼斯一生热衷慈善,为很多大学和博物馆捐赠了数亿美元,包括为耶鲁大学捐款100万美元设立戏剧系。(非常有意思的是,正是通过戏剧系的引荐,耶鲁大学于1926年授予奥尼尔名誉博士学位。1964年,爱德华·C.哈蒙德以前的宅邸也成为另外一个著名戏剧组织目前的所在地——尤金·奥尼尔戏剧中心,该中心曾获得托尼奖。)从另一个角度来看,奥尼尔也让哈克尼斯在作品中得以永生,从他早年的记者生涯,到他所完成的最后一出戏《月照不幸人》,那些生活富有却死气沉沉的新教徒压迫者形象,都以他为原型。[160]

哈克尼斯和哈蒙德家的豪宅是相邻的,都位于新伦敦西面的长岛海峡。在两座巨大的宅邸之间,有一块窄窄的地是属于詹姆斯·奥尼尔的,由一位名叫约翰·杜兰的爱尔兰裔农民租种。早在1912年,杜兰就在尤金心中留下了非常深刻的印象,他多年以来一直是奥尼尔家的佃户,日子过得很艰难。杜兰的外号叫"老脏"(因为他的脚总是脏乎乎的),他后来在《进入黑夜的漫长旅程》中化身为未出场的人物肖内西,在《月照不幸人》中则作为费尔·霍根出场。在奥尼尔的笔下,杜兰55岁,又矮又壮,"嗓门又高又尖,一副爱尔兰土腔"。(*CP*3,862)①实际上,奥尼尔最初构思《月照不幸人》时,曾想把它写成一出"杜兰的戏",后来才将主人公换成他哥哥吉姆。费尔·霍根的机智幽默——对生活中的困难付之一笑、对别人的话巧妙反驳、利用词语歧义制造笑料——这些都是爱尔兰人的特点。然而,当《月照不幸人》于1947年首次上演时,他身上所体现的其他爱尔兰特性(比如好斗、酗酒、喜欢搞阴谋)却惹恼了那些"伪中产阶级"爱尔兰裔观众。

在《进入黑夜的漫长旅程》开场时,埃德蒙·蒂龙与家人分享了一个故事,这个故事是他们家佃户肖内西(杜兰)前一天晚上在酒吧告诉

---

① 引自梅绍武、屠珍翻译的《月照不幸人》,郭继德编:《奥尼尔文集》(5),人民文学出版社,2006年,第491页。

他的。肖内西与标准石油公司巨头斗智斗勇的故事逗乐了埃德蒙，这个故事其实是说明爱尔兰裔与美国人之间紧张关系的寓言：哈克指责肖内西拆毁了两家之间的篱笆，让他家养的猪跑到哈克家的冰池中翻滚乘凉。爱尔兰佬肖内西反驳，是哈克故意弄坏了篱笆，让这些毫无防备的猪染上了肺炎和霍乱。"如果公道还在的话，他早就是爱尔兰的王族了，"埃德蒙笑道，"在他看来，下贱的人总是下贱的人，不管他从穷人身上搜刮了多少钱财。"肖内西命令哈克离开这里，还威胁要去法院告他蓄意破坏。詹姆斯听了这个针对新教绅士显贵的笑话之后哈哈大笑，但突然就停住了，用愤怒的地主的口吻骂肖内西是个"下流的恶棍！"詹姆斯担心这件事惹恼了城里的大人物，会连累到他自己，因此批评埃德蒙不该用"社会主义无政府主义"来对付标准石油公司；但全家人都明白，詹姆斯其实十分开心，就像埃德蒙在剧中说的："爱尔兰人打了大胜仗，您一定高兴死了。"(*CP*3，726)[161]①

① 引自欧阳基翻译的《进入黑夜的漫长旅程》，郭继德编：《奥尼尔文集》(5)，人民文学出版社，2006年，第333—334页(译者略有修改)。

病（爱）中学习

1912年10月，奥尼尔最初只是感觉自己得了重感冒，因为冒着大雨骑车去《新伦敦电讯报》上班，又加重了病情。家庭医生哈罗德·黑尔大夫认为他染上了胸膜炎；但到了11月，黑尔大夫诊断他得了肺结核。[162]这种肺部疾病当时被称为“白色瘟疫”，更多地被看作道德疾病，而非身体疾病，因为这种病是从城市贫民区开始蔓延的。（奥尼尔觉得自己是在吉米神父酒吧染上肺结核的，他曾和“老肺”合住。）埃拉在那年秋天也再次陷入了饱受道德谴责的疾患，因为吸食太多吗啡而不得不进行治疗。因为这两个原因，黑尔大夫安排一位年轻的实习护士梅波·雷诺兹到奥尼尔家照料，这也为我们了解奥尼尔一家在基督山屋的生活提供了一个非常宝贵的机会。

雷诺兹一走到奥尼尔家门口，就听到屋里有几个男人在大声争吵。她之前就挺害怕吉姆，新伦敦人都说他是个“问题青年，总是穷困潦倒”。后来总算有人听到她的敲门声，开门让她进来。奥尼尔家的三个男人都围坐在起居室的一张圆桌边，桌上有一瓶威士忌和几个酒杯。没有人站起来招呼她；他们只是示意她上楼去。她在楼上所看到的景象让她惊恐不已：“[埃拉·奥尼尔]躺在床上，看上去很糟糕，”雷诺兹回忆道。“她看起来像个女巫——这么说很可怕，但她的确给人这种感觉——真的像个女巫，白色的头发和大大的黑眼睛。她坐在摇椅上来回摇晃，不停地拧着双手。‘我的儿子，我的儿子，’她反复地说着，眼泪顺着脸庞滑落。”[163]

楼下可怕的争吵声一直没有停歇,雷诺兹听到埃拉呜咽着说了好几百遍"我的儿子,我的儿子",她也不清楚她到底是在说尤金,还是早年夭折的埃德蒙。让梅波惊讶的是,这样一位在公共场合举止得体的夫人,在家里竟然是这么一副样子。梅波花了好几个小时才让埃拉安静下来,为了让她感觉好一点,帮她用酒精擦拭皮肤,这才发现了她胳膊上注射吗啡的针孔。奥尼尔家的三个男人没有一个人上楼来,第二天早上梅波离开时,他们早已不见踪影。她的印象是,"他们对于[埃拉]又开始吸毒这件事感到非常难过"。梅波又告诉采访者,"我后来再也没有去过他们家"。[164]

之后,黑尔大夫又安排奥莉弗·埃温斯去奥尼尔家照料病人,她的经历要比雷诺兹的稍微好一点。她也经常听到埃拉一边在摇椅上晃荡,一边哭泣。"是低低的抽泣,像小猫的哀鸣。有一次,我对尤金说,'我是不是应该去看看你母亲?'他让我不要去;他坚持说,除非她叫我去,我再去。但埃拉从来也不叫我去。"埃拉倒是吩咐过埃温斯,让她去打探尤金和梅贝尔·斯科特之间的情况:"我知道他俩在谈恋爱。我们不让他俩继续交往,是有很多原因的,主要是宗教信仰不同。"埃温斯还回忆,奥尼尔跟他父亲关系很糟,总是管他叫"爱尔兰农民"。"尤金,请别这么称呼你父亲,"埃温斯恳求他,但奥尼尔根本不听。有一次,詹姆斯把头伸进奥尼尔的房间,问他身体感觉怎么样,奥尼尔躺在床上,看都没看他一眼。[165]

1912年12月9日,奥尼尔经历了一次非常痛苦的胸腔积液抽除术。[166]当时,奥莉弗·埃温斯陪他一起去纽黑文,詹姆斯在那儿与他们会合,詹姆斯刚从纽约回来,他在纽黑文处理《基督山》电影版的合同事宜。(詹姆斯的电影于第二年发行,但在发行之前,一家与他们竞争的公司就发布了他们自己的电影改编版,让观众对詹姆斯的电影失去了兴趣。)[167]詹姆斯将儿子送进了费尔菲尔德疗养院,这家由政府开办的疗养院位于康涅狄格州的谢尔顿,收费很低,每周只要4美元。

新伦敦佩考特街325号的基督山屋。左边附加的小屋子是起居室，《进入黑夜的漫长旅程》全部剧情发生的场景（图片来自“谢弗尔-奥尼尔藏品系列”，琳达·李尔特藏档案中心，康涅狄格学院，新伦敦）

尽管名字听起来不错,但其实只是一座农舍,加上两间简陋的小屋子作为临时医务室。(在《进入黑夜的漫长旅程》中,剧中人物对这家疗养院嗤之以鼻。)

与抗生素面世之前的大部分爱尔兰人一样,詹姆斯·奥尼尔也将肺结核看作不治之症。“要是埃德蒙是一块蹩脚的地皮,你想要买,那么天大的价钱你也都舍得出!”吉米在《进入黑夜的漫长旅程》中讥讽他的父亲。“我所担心的是,凭你那种穷爱尔兰佬的心理,会认为痨病是无可救药的,犯不着白花钱,敷衍了事就算了。”詹姆斯随即反驳,“我非常相信埃德蒙的病是会治好的……请闭上你那张脏嘴,不许辱骂爱尔兰!你还配说这种挖苦话,自己长得一脸的爱尔兰相!”(*CP*3,730,761)①

尤金只在这个疗养院住了两天,就自己办理了出院手续,坐火车回到纽约,让父亲多出点钱,帮他安排一个好一点的疗养院。詹姆斯咨询了纽约的几位专家,詹姆斯·亚历山大·密勒大夫建议他把尤金送到位于康涅狄格州沃林福德的盖洛德农场疗养院。这家疗养院是条件比较好的治疗中心,尽管收费仅仅是每周 7 美元,但在当时享有盛誉(时至今日,仍然如此)。

盖洛德农场疗养院刚刚有了一个空床位,奥尼尔就入院了:那天是 1912 年的圣诞节前夜。他后来说,疗养院的医护人员认为“他的病例根本没什么意思,因为症状很轻”,奥尼尔觉得,在自己这段悲惨经历中唯一值得一提的是,他于圣诞节前夜入院——“至少有人觉得这很了不起,但他们并不知道,对于一个演员的儿子来说,圣诞节根本不算什么,因为他爸爸几乎每年冬天都在外巡演”。实际上,奥尼尔几乎从来没有像其他孩子那样,在发现自己深爱的圣诞老人不过是个节日神话之后备感失落,他从一开始就不相信有圣诞老人这回事。[168]

盖洛德农场疗养院生活舒适、气氛舒心,为奥尼尔提供了一次静

① 引自欧阳基翻译的《进入黑夜的漫长旅程》,郭继德编:《奥尼尔文集》(5),人民文学出版社,2006 年,第 338、375—376 页。

心休养的机会,让他脱离了原来那种混乱的生活。奥尼尔和几位病人以及护士关系不错;他还在他的主治大夫、疗养院院长戴维·拉塞尔·莱曼身上找到了一个可以替代自己父亲的形象。奥尼尔在《救命草》中饱含深情地描写了史塔通大夫,这个人物就是以莱曼大夫为原型的:他说话时带有一点南方口音,"四十五岁左右,风度翩翩,他总是面带慈祥而又幽默的微笑,使他那张本来棱角分明、略显严肃的脸变得很有光彩。他灰色的双眼,因为目睹了那么多的痛苦而显得忧郁,透露出充满理解的同情心"。(*CP*1,747)①奥尼尔病愈出院之后,他和莱曼还保持了好几年的通信联系。他们的通信中所流露出的相互尊重和亲密,让人联想到感情深厚的父子,而不是医生和病人。在奥尼尔出院一年之后,他在给莱曼的信中写道,"如果就像人们所说的那样,回到自己出生的地方会让人愉快,那么对我来说,回到自己重生的地方也一定会让我感到愉快——因为我的这次出生才是我自己完全认可的"。[169]

多亏了莱曼大夫和护士长玛丽·克拉克所精心营造的温暖氛围,奥尼尔在盖洛德疗养院真的经历了心智上和心理上的一次重生。10年之后,当一位记者说奥尼尔是在这里疗养期间才决定成为一名作家,奥尼尔很温和地纠正他,自己在《新伦敦电讯报》当记者时就已经做出了这个决定。但他又补充说:"在盖洛德疗养院,我的心灵得到了一次重建的机会,在这之前的很多年,那么多的经历接踵而至,我从来没有哪怕是一秒钟的时间进行反思。在盖洛德疗养院,我第一次真正去思考我的人生,思考过去和未来。我这个人生来就容易紧张,神经一直绷得紧紧的。毫无疑问,生活逼着我在疗养院待一段时间,什么都不用做,而正是这段时光促使我进行思考。"[170]

奥尼尔的康复主要并不在身体方面,因为他肺结核症状本来就比

① 引自陈迈平翻译的《救命草》(廖可兑校),郭继德编:《奥尼尔文集》(1),人民文学出版社,2006年,第492页(译者略有修改)。

较轻，而更多的是在精神和艺术方面。疗养院为作家提供了一个静心思考的场所，就如纽约的雅度艺术营，或是新罕布什尔州的麦克道威尔艺术营。正是在盖洛德疗养院，奥尼尔选择戏剧作为自己的创作方向，他承认自己从小随父亲四处巡演的经历对于戏剧创作将是无价的财富。奥尼尔开始阅读很多作家的作品，这其中的不少人日后都对他的创作产生了巨大影响——爱尔兰剧作家辛格、叶芝、格雷戈里夫人和萧伯纳，易卜生、伊丽莎白时期的作家、古希腊作家，还有也许是最最重要的一位，瑞典剧作家斯特林堡。他读莪默·伽亚谟的《鲁拜集》、陀思妥耶夫斯基的《白痴》和弗朗西斯·汤普森的《天猎》。这首史诗是一个爱尔兰裔天主教护士送给他的，希望重新唤起这个叛教青年的信仰。[171]奥尼尔被这首诗中所呈现的持续不断的逃离所吸引——逃离社会、逃离上帝、逃离自我——他把整首诗都背了下来，回到格林威治之后，当他喝醉酒或者陷入沉思，会不时背诵给朋友和情人听。

奥尼尔 1919 年的剧作《救命草》就是根据他在盖洛德疗养院期间与病人及医护人员的友谊创作的。该剧也描写了一段他和爱尔兰裔病友“吉蒂”(凯瑟琳·麦克凯)之间短暂的爱情。与剧中的女主人公艾琳·卡莫狄一样，麦克凯也来自一个爱尔兰裔大家庭(她的父母一共养育了 10 个孩子)，住在康涅狄格州的沃特伯里；她的父亲和剧中艾琳的父亲比尔·卡莫狄一样，冷酷、卑鄙、自怨自艾；艾琳爱上了黝黑而英俊的病友斯蒂芬·莫雷，他跟该剧的作者一样，总是吹嘘自己的文学抱负，并为自己愤世嫉俗的人生观感到骄傲。奥尼尔在舞台提示中对艾琳的描写忠实地表现了麦克凯真实的相貌：“满头卷曲的黑发，从中间分开，低垂在前额上，遮住了耳朵，然后又在脑后系了个结。她的爱尔兰式下颚又长又大，与她纤巧的相貌特征形成对比，破坏了那张鹅蛋脸的完美……身材瘦小，尚未完全发育。”(*CP*1,729)①奥尼

① 引自陈迈平翻译的《救命草》(廖可兑校)，郭继德编：《奥尼尔文集》(1)，人民文学出版社，2006 年，第 472—473 页(译者略有修改)。

尔离开盖洛德疗养院时,亲吻了麦克凯并向她承诺,有一天一定会让她出演自己所创作的戏剧。[172] 她没能出演:麦克凯1915年死于肺结核,而《救命草》一直到6年之后才首演。

奥尼尔和麦克凯的关系在这个刚刚起步的剧作家心中引发了一种根深蒂固的模式:没有受过教育的工人阶级女性与受过教育的富家男性之间的结合会导致毁灭性的结果。在每一段这样的关系中,女性所需要的是衣食无忧和艺术家的浪漫理想——而她们所得到的却是——饔飧不继、烂醉如泥和存在主义的焦虑——梦想与现实截然不同。在作品中,奥尼尔所塑造的工人阶级女性形象在道德上比男性形象更为坚定,就像他回到新伦敦之后写给麦克凯的十四行诗中所说的那样:

我带着微笑热切地乞求,
　弯下膝盖请求你
无疑我的道德十分败坏,
　你的机会难得。
为什么不来改造我的人生呢?彻底地改造,
　狠狠洗刷我肮脏的灵魂,
(基督教徒们通常会这么做)
　哦,到我心中的欲望之地来吧。

奥尼尔还在这首情诗中称肺结核为"完全的、极端的惩罚……惩罚我们之前犯下的错"。[173] 他后来又认为,与这种疾病的斗争其实就等同于对抗生活的挑战。"病人的抗争越困难,"他说,"就越是如此。我认为,经过长期的艰苦抗争而终于战胜肺结核,让我在与生活中的其他困难斗争时信心增加了十倍。"[174]

到那个阶段为止,奥尼尔的每一种所谓的生理和心理缺陷,也就是他父亲总是不断提及的那些缺陷——害羞、忧郁、结巴、酗酒、被新伦敦体面居民看作放荡的爱尔兰人(给他深爱的祖国爱尔兰抹了黑)、认为自己被家人抛弃、有自杀倾向、丧失天主教信仰——都在奥尼尔的想象中融合成了肺结核这一意象。他下定决心要有出色表现,他自然就有了一种冲动,他要加倍补偿。“总有一天,我不会被大家认为是他的儿子。他会被别人认为是我的父亲,”他在《新伦敦电讯报》时曾夸下海口。[175]当时可能只是吹嘘;但现在看来,他真的做到了。

美国作家威廉·萨洛扬 1939 年写道,当时正是特别需要美国英雄的时代,“只有软弱和不自信的人,才会表现出英雄气概。他们不得不这样做”。[176]一年之后,奥尼尔的心理医生路易斯·E.比奇将奥尼尔的身上所公认的“缺陷”与其他著名人物“加倍补偿”的经历联系在一起,比如作家康拉德到了 20 岁才开始接触英语、作曲家贝多芬耳聋、钢琴家帕德雷夫斯基手指无力,等等,都是因加倍补偿而激发了灵感:“害羞、自卑、忸怩以及身体残疾,仿佛是一块块跳板,激发个人取得更大的成就——在很多情况下都是如此——如果没有这些缺陷的话,他们可能还不会这么成功。”“加倍补偿起到了决定性的作用,”比奇说。“尤金·奥尼尔一开始并不想成为剧作家。作为演员的儿子,他生来就抵触跟舞台相关的一切。”但是后来他得了肺结核,这种疾病在美国社会中被认为是与他其余的“缺陷”密切相关的,“因此他才走上了通往诺贝尔文学奖的道路”。[177]奥尼尔的文学偶像弗里德里希·尼采在作品中的论述将这种观点推向更为广阔的空间:“从毒液中酿造出自己的芬芳……对于一切作品,我只爱那作者以他的心血写出来的。以心血写作,你将发现心血便是精神……创作——脱离苦难的唯一救赎,是生命的提升。但创作者的出现,需要苦难本身和对苦难的转化。”[178]

奥尼尔生来就属于“加倍补偿”的民族。就在当时那个历史阶段,艾贝剧团作为爱尔兰复兴的先锋已经显示,800 年以来关于爱尔兰的负面想象,仅仅通过一代人的努力就发展成为无可否认的事实:报复。这个报复计划主要是靠詹姆斯·乔伊斯凭借超人的才华得以实施,一方面是一直以来所期望的脱离英国获得独立，一方面是文学方面的反击，最有威力的武器就是爱尔兰人当初被迫使用的英语。爱尔兰人将他们所痛恨的英国殖民者强迫他们使用的语言，完全转变成一种全新的、美丽无比的语言。在盖洛德疗养院期间，奥尼尔无意中构建了相似的情节。他也用自己所痛恨的语言进行反击：他父亲的那种华而不实、令人厌恶的流行戏剧语言，这种强大的戏剧传统让他憎恨自己的家庭。但他需要一个推动力，就像比奇所定义的那样。奥尼尔在经历了折磨他很多年的不安全感之后写道："是肺结核让我得以脱身。"(*CP*1,742)

1913 年 6 月 3 日，奥尼尔从盖洛德疗养院出院，没过几天，他就得知詹姆斯·比斯去世的消息。比斯于 6 月 5 日从他居住的吉米神父酒吧三楼房间的窗口跳下，摔在一楼后院坚硬的地面上。刚开始还没死，但神志不清、双腿骨折、头骨挫伤；比斯被送到医院以后一直昏迷，于第二天去世。纽约市卫生局将比斯的死因定为自杀，奥尼尔对此坚信不疑。[179] 比斯和之前的德里斯科尔一样，都在奥尼尔一生的想象中占有重要位置："他一直是我的朋友——至少在喝了几杯酒以后一直是——他总想着明天就会有所改变。明天他就会振作起来，回去工作。他以前曾经有过工作，但被解雇了。他意识到明天永远不会来。通过从吉米神父酒吧窗口的纵身一跳，他解决了所有的问题。"[180] 在这之后，这位英国记者成为奥尼尔探究自我错觉方面最为重要的案例。在他的小说《明天》的最后一幕，吉米被自己作为丈夫和开普敦战地记者的失败所困扰；在"吉米神父"酒吧，奥尼尔笔下的人物阿尔特听到"嗖的一声，然后像是一块沉重的石头砰然砸进硬邦邦的泥巴里"。一群人冲出来，发现吉米的尸体摔在路面上，周围都是黑乎乎的血。"黎明的光照射下来，天空灰白，"故事就此结束，"明天到来了"。(*CP*3,966—967)

奥尼尔在新伦敦居民眼中的"酗酒厌世者"的坏名声在那年夏天

更加不堪,在他父亲看来更是如此。詹姆斯请他在新伦敦的朋友,当时最知名的戏剧评论家之一,“汉姆”(克莱顿·汉密尔顿)和他不成器的儿子好好谈谈,想想未来该怎么办。汉密尔顿与奥尼尔的首次会面非常尴尬。汉密尔顿觉得这个年轻人“生性沉默,害羞到病态的程度”。他回忆,奥尼尔相貌英俊,非常养眼,尤其是他的那双眼睛,“深邃而梦幻”,但跟他聊天却不是那么容易:“他说起话来犹犹豫豫的,而且说得很少。”詹姆斯从汉密尔顿那儿没得到什么有用的反馈,又把儿子送到位于皮考特街 416 号的帕卡德寄宿公寓,公寓与基督山屋就在同一条街上。汉密尔顿与开公寓的瑞品一家很熟,据他回忆,气急败坏的父亲把儿子送到寄宿公寓,命令他“好自为之”,然后就离开了。[181]

1914 年春末,当汉密尔顿回到新伦敦的时候,他惊讶地发现奥尼尔整个冬季一直在以惊人的速度进行创作,已经写了五部剧作——《热爱生活的妻子》、《网》、《渴》、《无所顾忌》和《警报》——这一组稍显笨拙却颇有潜力的独幕剧,后来被奥尼尔称为“攀登帕纳塞斯山艰难之旅中最初的五个关口”。[182]这五部剧作的后四部,连同《雾》一起,于第二年作为“美国戏剧家系列”丛书由波士顿高尔汉姆出版社出版,这是奥尼尔出的第一本书,题目叫《〈渴〉和其他独幕剧》(这本书的出版费用为 450 美元,是他父亲支付的)。奥尼尔对于自己全心投入的戏剧创作工作仍然很困惑,于是向这位资深戏剧评论家咨询:“这些戏写得怎么样?”“不要管这些戏写得怎么样,”汉密尔顿给出了干脆利落的答案。“把你所了解的大海写下来,把在桅杆前开船的人写下来。这些内容在长篇小说中被写过;在短篇小说中也被写过;但在戏剧中从来没有被写过。关注生活——关注你亲眼所见的生活;其他的都别管!”[183]

汉密尔顿指出,约翰·梅斯菲尔德、杰克·伦敦和约瑟夫·康拉德等诗人和小说家都因为写了大海的故事而大受欢迎。这些作家的作品奥尼尔都认真地读过。但是当时,还没有任何一个美国剧作家将大海作为作品的主题。奥尼尔在“查尔斯·拉辛号”、“伊卡拉号”、“纽约号”和“费城号”上度过的时光，以及他跟随父亲的剧团四处巡演所积累的戏剧知识，让这位志向远大的剧作家成为填补美国文学空缺的理想人选。

奥尼尔其实在这之前就已经涉足大海的主题：《渴》、《警报》和《雾》都发生在某次海难期间或者就发生在这次海难之后，当时读过这个剧本的人尽管不多，但他们都会情不自禁地联想到1912年在大西洋上沉没的巨轮“泰坦尼克号”。“泰坦尼克号”悲剧中有一个颇具讽刺意味的细节，在这艘巨轮沉没之前，“加利福尼亚号”距离它只有不到20英里；但是，“加利福尼亚号”没有听到它的求助信号，因为那会儿没有无线电报员值班。“泰坦尼克号”事故造成1503人死亡，此后，美国通过法案，要求大型轮船必须始终有一名无线电报员在岗。《警报》借鉴了约瑟夫·康拉德的《走投无路》的一部分情节，讲述了一名无线电报员因为耳聋错过了一个警报信号，导致轮船失事，他也因愧疚而自杀。《渴》的背景是一艘救生筏，上面有三名幸存者：一名舞蹈演员、一名商人和一名来自西印度群岛的黑白混血水手。舞蹈演员和商人都是种族主义者，他们认为混血水手私自把水藏了起来。舞蹈演员最终渴死，但死之前已经疯了。水手坚持要吃她的肉，以求活命，但商人不同意，将她的尸体扔进了大海。水手扑向商人，在争斗中，两人都跌入大海，被鲨鱼吞噬。《雾》发生在一艘漂流在纽芬兰大浅滩附近的救生艇上，“泰坦尼克号”正是在这里撞上了冰山，而剧作家本人在返回纽约的“费城号”上担任水手时也曾在此守望。[184]

那年春天奥尼尔在帕科德寄宿公寓创作了两部剧作：一部是关于大海的作品，《大海的孩子们》，内容基于他在“伊卡拉号”上的经历，该剧后来改名为《东航卡迪夫》；另一部是独幕剧《拍电影的人》，是关于墨西哥革命的讽刺剧。他还完成了两部多幕剧：一部是《面包与黄油》，对比新伦敦的小城生活与1901年他在曼哈顿艺术工作室的经历；另一部是《苦役》，关于奉献主题的性别主义喜剧，认为女性的奉献是婚姻成功的首要保证。那年春天，在他父亲回到新伦敦之后，奥尼尔也离开帕科德寄宿公寓，回到基督山屋。他对年轻的杰西卡·瑞品说，自己“特别孤独，所以不得不用年轻时的错误来安慰自己”。[185]他于3月17日在新伦敦的社会主义报纸《纽约召唤》发表了一首政治诗《手足相残》，还写了一出独幕剧《流产》，关于一个大学风云人物让一个当地女孩怀孕的故事，故事发生在一所类似于普林斯顿大学的学校(不禁让人想起他当时与那个特雷敦女孩的风流韵事)。男孩出钱让女孩去流产，但女孩在流产时去世，男孩闻讯后自杀。詹姆斯读了这些剧本之后，彻底感到绝望。“我的上帝啊！你的这些想法到底是从哪儿来的啊？”[186]

克莱顿·汉密尔顿却因此劝说詹姆斯，让他儿子到哈佛大学参加乔治·皮尔斯·贝克教授主持的著名的“英语47戏剧创作班”。

那年6月在新伦敦，奥尼尔展开了对19岁的比娅特里奇·艾希的疯狂追求。如果说梅贝尔·斯科特是奥尼尔第一次真正意义上的罗曼史(他与凯瑟琳的短暂婚姻绝对不是罗曼史)，“比”·艾希——他管她叫“我的嗡嗡小蜜蜂”——才是他的第一次真爱。他炽热的激情被保存在写给她的80多封情书和献给她的十几首情诗之中，情诗的题目都充满爱意：《小小的爱，小小的吻》、《只有我和你》、《我们俩的叙事曲》，等等。其中的一首《对着但丁的阴影，说起比娅特里奇》，于1915年7月发表于《纽约论坛报》。这首诗最早的题目是“我的比娅特里奇(是但丁那个家伙写了一大堆关于他的比娅特里奇的废话中的几句话)”，这个题目显示出奥尼尔恣意的竞争，竞争的对象是意大利诗人对他的比娅特里奇的爱：

但丁，你的女友身材高挑苗条
却显得伤感——她的面容
在许多出名的客厅墙上都能见到——

比娅特里奇与尤金·奥尼尔 1914 年在新伦敦欧绅海滩(图片来自“谢弗尔-奥尼尔藏品系列”,琳达·李尔特藏档案中心,康涅狄格学院,新伦敦)

我想她并非如此卓越神通。
她跟我的女友根本没法比。[187]①

奥尼尔送给比娅特里奇一个甲虫图案的手镯作为爱情信物，并告诉她，他希望为她买一件长及脚踝的紫貂大衣和一件丝质浴袍。(梅贝尔·斯科特回忆，艾希“穿上那件浴袍简直美得惊人”。)艾希一直没有答应嫁给奥尼尔，尽管他多次向她求婚，她说“奥尼尔在两年的时间里一直随身带着婚戒，随时等着我嫁给他”。和之前的梅贝尔·斯科特一样，艾希挺喜欢奥尼尔的，但很快就意识到两人之间无法调和的性格冲突。比如，他跟孩子们在一起的时候总是感觉不自在：“他脸上带着甜蜜、温和的微笑，”她说，“那种微笑给孩子最合适，但他不喜欢孩子。”尽管奥尼尔总是一本正经地反复标榜自己坚持哲学无政府主义传统中“忠于自我”的观念，但她觉得，他只有在写作中才希望她是真实的。艾希是泰姆士教堂唱诗班的女高音独唱，但奥尼尔从来不尊重她想成为职业歌唱家的梦想。后来，他终于意识到艾希对自己大男子主义的失望，于是结合易卜生名剧《玩偶之家》(1879年)中女性屈服于男权的剧情向她表明：“你不是玩偶，我们家也不是玩偶之家。”[188]与斯科特不同的是，艾希保留了奥尼尔写给她的情书和情诗，希望它们能够提供一个窗口，进入这个热恋中的年轻人的内心世界，“有一天，有人会认出那个敏感、善良、耐心、善解人意的人，他对上帝要求甚少……我了解的、我爱着的尤金·奥尼尔——但是了解得不够，爱得也不够”。[189]

《〈渴〉和其他独幕剧》的销售惨淡，克莱顿·汉密尔顿发表了这本剧集所收到的唯一重要评论(其他评论包括刊登在《巴尔的摩太阳报》

① 引自张子清、高黎平翻译的《对着但丁的阴影，说起比娅特里奇》，郭继德编：《奥尼尔文集》(6)，人民文学出版社，2006年，第120—121页(译者略有修改)。

上的一篇短评和刊登在新伦敦几家报纸上的推介性短文）。汉密尔顿的评论读起来很像奥尼尔后来的作品所收到的大量评论：“作者最喜欢的情绪是恐惧。他描写那些悲伤、可怕的局面，如果从情节突变的独幕剧延展成多幕剧，局面就变得无法忍受……他展现人物在暴力情绪重压之下的激烈反应；他的对话有力到近乎粗暴。”多年之后，奥尼尔声名鹊起，他的《渴》等早期创作也身价倍增。对此，奥尼尔充满讽刺意味地指出，《渴》“作为我作品全集的一部分，竟然卖到了150美元一本……当年出版商把所有剩下的书（几乎就是所有的书，因为根本没卖掉几本）卖给我的时候，才30美分一本！就作者在财务方面的常识而言，我认为这实在是在花大价钱买我的烂戏！”[190]

奥尼尔对汉密尔顿的评论长久以来一直心怀感激：“不知你是否知道你的这篇文章是我那本破集子得到的唯一的一篇评论？文章虽短，但它肯定了我的作品！而且文章出自你，就更有意义了。这是在我最无望的时刻得到的希望，它确实使我惊喜若狂，使我相信自己初战成功。那时候，我特别需要一个我所信赖的权威来承认，我的努力取得了一定成功。”[191]①他认为，这是在1913到1914年他开始严肃写作的关键时期，与汉密尔顿的交往过程中所发生两件“意义深远的小事”之一。另外一件“意义深远的小事”是他们在新伦敦联合车站偶遇时，汉密尔顿直白地向他透露了“残酷的现实”。[192]

那年夏末的一个早晨，奥尼尔离开基督山屋去火车站，邮寄两份手稿给乔治·泰勒，这位他父亲以前的演出宣传员现在已是最知名的戏剧制作人。为了确保他的包裹能够被第一批投递，奥尼尔一大早就到达了车站，正好碰上了克莱顿·汉密尔顿，于是轻松地告诉汉密尔顿自己接下来的打算。[193]奥尼尔天真地指望泰勒会在“一周之内读完剧本并给我答复，最好能答复我剧本已经被接受了”。他向汉密尔顿

① 引自刘海平翻译的《两件影响深远的小事》，郭继德编：《奥尼尔文集》(6)，人民文学出版社，2006年，第214—215页。

咨询,一般多长时间会收到回复。汉密尔顿的回答道出了真实的状况:"当你把剧本寄出之后,请你记住,它被读到的几率不到千分之一;它被接受的几率则不到百万分之一——(如果它被接受了,它也有可能永远不会上演);但是,如果它被接受了也上演了,一定要对自己说,这是个奇迹,永远不会再次发生。"[194]事实情况与汉密尔顿所说的完全一致,乔治·泰勒在他的回忆录中提到过奥尼尔那天早上寄给他的那两个剧本,他"把它们拿进来,一转眼就忘了——也许读过几句,但我不敢说自己经常去读那些剧本,我的确一点也不记得它们写的是什么了"。[195]实际上,泰勒的莱布雷演出公司破产时,奥尼尔要求拿回自己的手稿,他随后收到的手稿还是装在原来的信封里,根本没有被打开过。[196]

奥尼尔后来回忆,他在遇到汉密尔顿之前非常自信,满怀希望,被汉密尔顿这么一说,顿时感到灰心丧气,"颇为惆怅地离开了"。但是,他多年之后却将汉密尔顿的这次提醒看作他形成剧作家理念的一个重要时刻——从那一刻起,他开始直面剧作家不可避免的失败,并发誓"毫不犹豫地与商业演出一刀两断"。"是的,在那些年你对我的所有帮助中,"他写信给汉密尔顿,"这件事让我记忆犹新。当时我觉得它像一剂苦药,难以下咽,但从长远来看,它是一剂非常重要的良药。它教会我'接受它'——这是大部分初出茅庐的剧作家需要学会的,否则它们就会转而哀叹命运的不公,或者在转机来临之前就打了退堂鼓。"在汉密尔顿去世之前,他将自己最后的几部戏剧评论著作"献给尤金·奥尼尔,他最初是我的一个学生,现在成就卓著,成为一位大师"。[197]

在格林威治村成长

考虑到奥尼尔在普林斯顿大学那一年的糟糕表现，詹姆斯·奥尼尔对自己的儿子到底能否在哈佛大学的乔治·贝克戏剧创作班好好学习深表怀疑。但他非常尊重贝克教授在发掘戏剧天分方面的卓越成就。奥尼尔本人对此非常兴奋，而且去哈佛大学也可以帮助他走出新伦敦，他因此对比娅特里奇满怀歉意。[198]汉密尔顿给贝克写了一封推荐信，但他也让 25 岁的奥尼尔自己写一封正式的申请信，请求贝克教授允许他参加课程的学习，奥尼尔照办了。“差不多在一年以前，”奥尼尔在写给贝克教授的信中说，“我下定决心要成为一名剧作家。就我目前所受的训练而言，我最多只能成为一名到处巡演的二流剧作家。我不希望成为这样的二流剧作家，我只想成为真正的艺术家，因此我给您写信。”[199]

他还寄给贝克两出独幕剧，很有可能是《大海的孩子们》(《东航卡迪夫》)和《流产》，奥尼尔说，“从这两出戏中，您可以判断我是否适合参加您的课程”。[200]贝克收下了他。10 月份，奥尼尔在新伦敦短暂停留以宣传自己的作品，之后就坐火车来到波士顿的剑桥，在一户说德语的门诺派教徒家租了一间屋子，安顿下来。[201]这家人每天早饭后都要朗读圣经，还问他是否愿意加入，这让奥尼尔觉得挺烦的。奥尼尔抱怨，“你能想象这有多烦人吗！我恳求他们不要叫我加入”。他们一家还邀请他一起去里维尔海滩，他也拒绝了：“我发现孩子们也跟着一起去，就退出了，”他在写给艾希的信中说。“跟好几个调皮的孩子一起长时间地乘坐有轨电车，这在我看来简直就是折磨，但丁在地狱的种种酷刑中忘了提及这种折磨。”[202]

1914 年秋季学期，奥尼尔写了两出喜剧：《亲爱的大夫》和《有人敲门》，还和班上的同学科林·福特合作，共同创作了一出多幕剧《伯沙撒》，关于巴比伦的灭亡。（这三部作品都没有保留下来。）之后，他又开始写第二部关于流产的剧本，这次是多幕剧。贝克教授坚持认为，体面的演出公司不会上演这种题材有争议性的作品，他劝说奥尼尔选择一个不是那么具有煽动性的主题。[203]奥尼尔温和地做出了让步——从某种意义上来说是这样，如果暴力无政府主义革命者对抗工资奴役算是争议性小一点的话。

那年 11 月，奥尼尔“构思好了大致的剧情概要”，他骄傲地说，“如果这出戏能上演的话——其实它在这个国家是永远没法上演的——当局会把我投进监狱最深处的地牢，并把钥匙扔了”。事实上，在哈佛大学时，奥尼尔激进的政治观点达到顶峰。跟他一起参加贝克教授戏剧创作班的一位同学将他描述为“知识上的哲学无政府主义者；政治上的哲学社会主义者”。[204]（当然，后者将来会逐渐消退，因为哲学无政府主义者更加注重内心的完善，而哲学社会主义者崇尚外部所引发的变化。）

奥尼尔的《人为误差》（最初的剧名叫《第二个工程师》）是在那年春天完成的。这出戏包含很多奥尼尔早期的社会主义哲学思想——对于物质主义的绝望，对于维多利亚式陈规陋习毁灭性影响的深信，以及对于工人阶级的同情。《人为误差》与 20 世纪 30 年代直来直去的社会主义剧作家麦克·戈尔德和克利福德·奥德茨等人的风格很像，读起来差不多就是直白的宣传鼓动，而这种类型的戏剧正是奥尼尔后来所憎恶的。（这出戏后来没有被普罗温斯敦剧团接受，在他有生之年一直未曾上演。）他在哈佛大学期间创作的最好作品是《狙击手》，这部作品在贝克教授组织的独幕剧比赛中被点名表扬。比赛中获奖的三部剧作都由哈佛大学戏剧俱乐部上演，奥尼尔写信给比娅特里奇说，输了比赛其实也挺好："戏剧俱乐部的那些业余演员会毁了《狙击手》。"另外，三位获奖者都是女性，奥尼尔有些嫉妒地讥讽，"哈佛的精神和品位竟然倾向于女人们所写的那种小聪明的戏。（牢骚满腹！）"[205]

《狙击手》的剧情发生在比利时乡间，1914 年 8 月，根据施里芬计划，德军要求通过比利时和卢森堡进攻法国。比利时拒绝了这一要求，因此德国不顾国际舆论的谴责，强行进入了比利时乡村。很少有人知道这场"大战"究竟是为何而战，但是德军入侵比利时让美国人非常愤怒，当时被称为"强奸比利时"，大部分美国人在此之前对欧洲的战事几乎一无所知。剧名中的"狙击手"指的是一个枪法精准的比利时村民，名叫卢岗，他的妻子、儿子以及儿子的未婚妻都被德军杀害了。卢岗质问当地的牧师，上帝怎么能够允许这种滥杀无辜的事情发生。牧师回答："上帝知道，我们可怜的国家就是狼群中的一只羊。"（*CP*1，298）但牧师让卢岗发誓不去还击，并答应第二天晚上主持他儿子的葬礼。葬礼上，他们两人跪在男孩的遗体前祷告，但祷告词中那些毫无意义的字眼——"全能的主"、"仁慈"、"无限公正"——激怒了卢岗，他在极度悲痛中爆发了。当德军靠近他的房子时，他开枪打死了两个德国兵。他最终被捕，德国上尉下令处死他。处死卢岗之前，德国人问他是否想祈祷，他放弃了对上帝的信仰，在牧师为他祈祷之前就死去了。

贝克认为《狙击手》这个剧本相当不错，结构非常巧妙，主题紧扣时事，具有戏剧感染力。事实上，他觉得这是所有参赛剧本中最好的一部作品；但他认为，哈佛大学在战争期间"上演一出战争戏不是明智之举"。[206]奥尼尔于是把《狙击手》的剧本给父亲看，詹姆斯在 1915 年 3 月巡演期间一直在向大家推介这出戏。奥尼尔骄傲地写信给比娅特里奇，说这出戏"给所有读过它的人都留下了深刻印象"，但是詹姆斯被告知，戏剧审查会让这出戏遭到禁演，除非奥尼尔"删去所有涉及普鲁士人、法国人、比利时人的内容"。著名的综艺节目演员霍尔布鲁

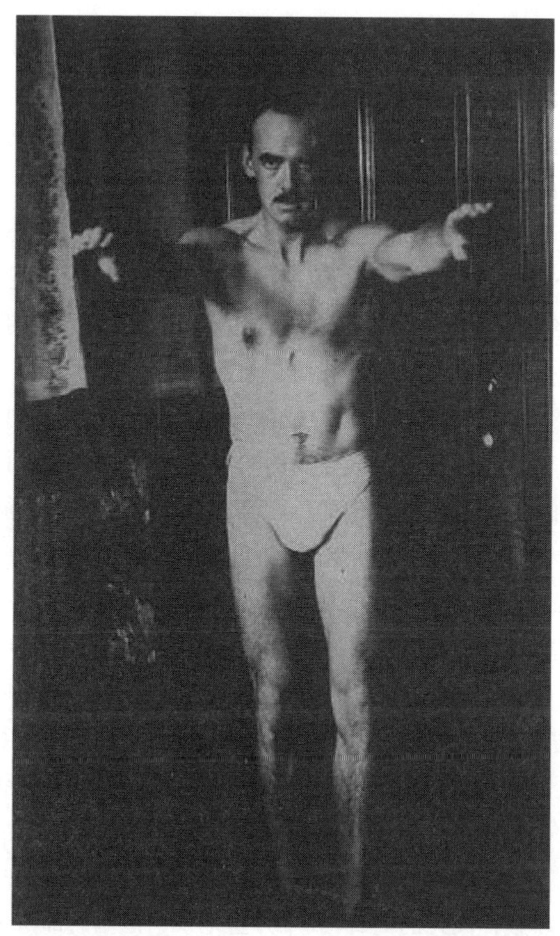

1914年，在哈佛大学，尤金·奥尼尔摆出造型让艺术专业的学生帮他拍照。他将这张照片作为一份非同寻常的礼物送给了女友比娅特里奇·艾希(图片来自“耶鲁美国文学藏品系列”，拜内克珍本手稿图书馆，纽黑文)

克·布林"认真地考虑过"上演这出戏,但还是提出,必须要等到战争结束之后再演。[207]

在哈佛的那一年,奥尼尔班上的男同学们都对他心怀嫉妒,因为女生们都变着法儿地想吸引奥尼尔的注意。一个同学酸溜溜地说,"他身上显然有一种无法抵挡的神秘魅力,来自他言语间的残酷、眼睛中的智慧和声音里的温柔……从年轻女店员到社交皇后,都对他有好感"。[208]奥尼尔对这种好感毫不动心,坚定地要和"自己的小妻子"比娅特里奇·艾希在一起。尽管他每逢周末和节假日都回新伦敦,但他还是经常给她寄情书,柔情万状("啊,我亲爱的,我亲爱的,我是多么爱你,你不在我身边时,时间都仿佛被绑上了沉重的铅块,度日如年!"),很多情书中还有献给她的情诗。他甚至寄给她一张只穿着内裤的照片,照片是一位专攻人体画的艺术家帮他拍的,他就此取笑她一直不肯跟他上床。他说,他的雄性荷尔蒙让他在梦中仍能与她相遇:"大自然创造了你,让你控制这个'爱尔兰幸运儿'的情欲。但这根本不可能做到!我实在没法把你的影子从我脑海中除去。"[209]

在课堂研讨中,奥尼尔的表现总体来说不太好。一个同学回忆,"他坐在椅子上,扭来扭去,局促不安,总是皱眉怒视,小声嘟囔着可怕的诅咒和抗议"。一开始,他总是让大家觉得害怕,"不太愿意搭理别人"。在政治上,他的"极端激进主义"让他卓尔不群,他的评论经常很简短,但又出人意料。有一次,他发现课上正在讲授剧情构架图,就愤然离开了。他讨厌周日,当其他同学都去教堂做礼拜时,他总是待在屋里,百无聊赖:"该死的周日,我千万遍地说。"但他们都认为奥尼尔是他们中间最有才华的一位,大家经常颇为嫉妒地议论,"他什么时候会成为这个国家最伟大的剧作家?"[210]

"他很少参加讨论,"一个同学谈到奥尼尔在课堂上的表现,"但只要他一说话,就一定让人印象深刻。我们觉得尤金有很多东西可写,因为他生活经历特别丰富——格林威治村、大海、南美洲——而我们其他人的生活则相对封闭"。[211]奥尼尔定期与贝克见面,谈论戏剧创作方面的进展，有一天晚上他们甚至在贝克家的书房聊到深夜，还一起抽贝克的金色过滤嘴香烟（“把整整一个晚上的时间花在一个学生身上，这是前所未有的，”奥尼尔向艾希吹嘘。）贝克问他，“他对于悲伤和忧郁主题的偏爱是否是刻意为之”，奥尼尔予以否认，对他来说，在经历了海员的生活以及在布宜诺斯艾利斯和纽约的波折起伏之后，“生活就是悲伤和忧郁的”。奥尼尔告诉艾希，贝克也跟他讲了很多“佛罗里达沿岸的冒险经历”，奥尼尔认为，“即便如此，他还是不得不承认，我的阅历的确丰富”。[212]

最终，贝克得出结论，他的学生已经表现出巨大的潜力，但他“驾驭篇幅较长的戏剧”的技巧还需要磨练。奥尼尔的问题不在于塑造出彩的人物，但他总是会把这些人物置于情节剧式的各种纠结之中。[213]参加过删减版《基督山》巡演的演员查尔斯·韦伯斯特在纽约遇见奥尼尔时，问他有没有从贝克那儿学到什么，奥尼尔明确地回答“没有”。但是到了 20 世纪 30 年代，奥尼尔说，贝克的戏剧创作班“开设在那个黑暗的年代，对于剧作家而言，当时美国剧坛一片死寂，只有封闭行规、明星体系、娱乐喧嚣”。他说，只有贝克的学生们“知道贝克的深远影响，他促进了现代美国戏剧的诞生。当时真的很艰难，在那个黑暗的年代，任何一出具有想象力、原创性或真实度的作品都会被禁演，根本没有机会出现在美国舞台上……对于我们来说，同时也对于未来的艺术家和创造者来说，当时最最重要的是（上帝啊！在任何时候、任何地方都要记住这一点），相信我们的作品，一直相信。而且要满怀希望。他帮助我们满怀希望”。[214]

奥尼尔暑假回到新伦敦，比娅特里奇·艾希病倒了，她 1915 年夏天几乎一直在发烧。在体温升高的同时，她对奥尼尔的爱情却在不断冷却。除了提交了几个电影剧本（但运气不佳），他的写作没有什么进展，他也没有再去哈佛大学。贝克听说，奥尼尔“没钱继续在哈佛学习”，因为詹姆斯·奥尼尔失业了，尽管新伦敦报界的宣传让大家觉得,他家每天都有大批的戏剧制作人造访。他在克罗克之家和泰姆士俱乐部的每次露面都大受欢迎,一些当地政客还想劝说他去竞选市长。詹姆斯表示反对,他在回答时带着他标志性的爱尔兰魅力:“每个想从政的人都渴望成为美国总统。如果我进入政界的话,我也希望将此作为我的目标,但我没法成为总统,因为我是在爱尔兰出生的,上帝保佑(幸好如此)!”[210]①

那年秋天,詹姆斯和埃拉搬进了位于第28街的豪华的乔治王子旅馆,吉姆和尤金却更喜欢位于麦迪逊大道63号的便宜的花园旅馆,花园旅馆离乔治王子旅馆不远,就在第27街拐角处。[216]花园旅馆弥漫着诱人的诡异气息;这里曾经发生过轰动一时的凶案。1916年,美国著名建筑师斯坦福·怀特(街对面的老麦迪逊广场花园就是他设计的)与伊芙琳·桑在花园酒店同居。伊芙琳的丈夫哈里·桑是个百万富翁,他发现妻子出轨后,在街对面朝着正在屋顶参加派对的怀特非常镇定地连开三枪,该事件成为美国历史上最耸人听闻的“激情犯罪”案例。[217]

花园旅馆的酒吧间出售5美分一杯的啤酒,兄弟俩经常在那儿喝酒,因此认识了各色人等,其中有几位在奥尼尔后来的剧作中粉墨登场,比如詹姆斯·比斯和他之前在南非的同事。“花园旅馆的食物不错,是个好地方,”奥尼尔说。“住在那儿的马戏团演员跟我很熟。不仅是马戏团演员,贩卖家禽的、喂马的和那帮在老麦迪逊广场花园卖艺的人也都跟我很熟。我以前总在酒吧碰上他们。其中的一个老朋友叫‘飞人’沃勒,他是个骑自行车的,能径直冲下陡坡,再在空中转个圈。沃勒现在百老汇观光巴士上当解说员。他真名叫比利·克拉克。另一个老朋友叫杰克·克劳科。他后来在威乐秀的票车上工作。”[218]奥尼尔迷上了在麦迪逊广场花园室内赛道举行的“六日自行车赛”,这个比赛对身体和精神的耐力都是巨大的挑战。奥尼尔对自

① 美国宪法规定,美国总统必须出生在美国。

花园旅馆(位于图片中间的建筑)和老麦迪逊广场花园(弗兰克·M. 英格尔斯摄影作品系列,大约摄于 1901 至 1930 年之间。图片来自纽约历史学会)

行车的爱好一直持续到晚年，自行车、棒球、橄榄球、拳击等运动成为他一生挚爱的休闲活动。

奥尼尔也在第六大道与第8街交汇处的奥康纳酒吧喝酒，格林威治村的老主顾们都管这个酒吧叫“工作女孩之家”，这个酒吧因为其中的一个老主顾而出名——后来成为英国桂冠诗人的约翰·梅斯菲尔德。奥尼尔和他的老朋友路易斯·豪勒迪也联系上了，他当时经营一个叫“60俱乐部”的酒吧，因为酒吧的地址是华盛顿广场60号。60俱乐部与他姐姐波莉·豪勒迪开的饭店抢生意，两家都想成为格林威治村各类活动的中心；但是到了12月29日，60俱乐部被关闭了，豪勒迪因为无照卖酒而被拘留了几个月。在执法人员取缔了俱乐部并拘留了豪勒迪之后，《纽约论坛报》上刊登了一篇报道，题为《“60”完蛋了；波莉永远在！》。（豪勒迪正是在那天被判刑，但根据《纽约论坛报》的报道，这并没有阻碍他的姐姐波莉和朋友们筹划即将在韦伯斯特大厅举办的欢庆除夕的化装舞会。）[219]

格林威治村紧邻高楼林立的曼哈顿，位于第14街以南，哈德逊河以北，这里大多是红色和棕色的楼房，街巷都很漂亮，路边聚集着不少各具特色的咖啡馆、饭店和酒吧。曼哈顿地区这种网格化的结构得益于启蒙运动时期的城市规划，于1811年设计完成。但是过了华盛顿广场，这种结构就不复存在，一条条街道都乱了，仿佛回到了新阿姆斯特丹时期牲口随意踩出的小径。格林威治村的波西米亚文化在来自德国、意大利和爱尔兰的移民中非常盛行，格林威治村也因此成为传奇，到了1915年，波西米亚文化的浪漫吸引力达到了顶点。1905年前后，先锋作家杜娜·巴恩斯回忆，“有人说，当时最接近原罪的方法，就是在第14街以南的任何地方去租一间房”。[220]

从现在的角度看，奥尼尔那年秋天没有回哈佛也是不错的安排。他在格林威治村的时光并没有被用来写作（尽管他也的确将《渴》和《东航卡迪夫》交给了华盛顿广场剧团，但这个雄心勃勃的新剧团一下子把两出戏都拒绝了）——他在这个阶段更多的是抛弃那个占据他太久的儿童自我。在前一年的三月，比娅特里奇·艾希说自己爱上了别人而向他提出分手，奥尼尔给她写了一封信，恳求她留下。在信中，他称自己为“你的泪流满面的小男孩”。几周之后，她向他表达了母性之爱而非浪漫之情，对此奥尼尔说，“为什么不呢？……我保证一直做你的孩子。只要有你在，我就像彼得·潘一样，永远不会长大”。[221]但是，那年冬天，格林威治村教会了彼得·潘一个道理，在他能够学会飞翔之前，他必须要相信自己。

奥尼尔很快就成为金天鹅咖啡馆的常客，金天鹅咖啡馆位于第4街与第六大道交汇处的西南角，这个廉价酒吧被经常光顾这里的人称为“地狱窟”。在酒吧后厅，煤气灯“昏黄不定，让人心惊又有些寒碜”，前厅的玻璃柜子里有一只破旧的天鹅标本，放在印着百合花的衬垫上，天鹅的身上落满灰尘。点了菜之后，食物会从墙上的一个窟窿中递送过来——三明治、意大利面或者是炖西红柿，考虑到后厨的简陋条件，这些东西味道还算不错。吃剩的食物都被拿去喂猪，这里的爱尔兰裔房东汤姆·华莱士在地下室养了一头猪，专门用来处理残羹剩饭。如果想点一杯啤酒，必须按铃五到六次，直到听见有客人大声喊华莱士，才能确定所点的东西会来。[222]女人们被要求从第4街上秘密的“家庭入口”进入酒吧，但华莱士的两个保镖，老左路易斯和约翰·布尔还是觉得不满意，因为他们不喜欢女人泡酒吧；认为她们“只会带来麻烦、招来警察”。路易斯和布尔在奥尼尔的后期代表作《送冰的人来了》中作为查克·莫雷罗和罗基·皮奥吉出场，而华莱士则被塑造成酒吧店主和坦慕尼政客哈里·霍普，他因此得以永生。奥尼尔的悲剧史诗就发生于此。[223]

“奥尼尔的很多杰出作品都来源于他在这里晃荡的时光，”奥尼尔的朋友、劳动新闻记者玛丽·希登·沃斯这样写道，她后来成为奥尼尔的合作者。“那段时间，他与水手们待在一起，与一帮无所事事的人一起坐在地狱窟喝酒……他喜欢这些来自底层的人们。”“这里乌烟瘴

金天鹅咖啡馆，也被称为“地狱窟”，位于第六大道和第4街交汇处，摄于1900年。“地狱窟”于1928年被拆除，现在是金天鹅花园（由罗伯特·L.布拉克洛拍摄。图片来自纽约历史学会）

气的,”她这样评价地狱窟的氛围,“既鲜活又死寂”。在酒吧里,卡车司机们经常向奥尼尔吹嘘他们“搞到的”一箱箱走私货,他和乔·史密斯交上了朋友,乔是个职业赌徒,同时也是柯尼利亚街附近黑帮“可卡因小道”的黑人头领。玛丽·沃斯在回忆史密斯时充满崇拜,认为他是“一位领导者,尽管又矮小又邋遢。他从来也不在意自己的形象,但却具有真正的王者气场”。阿格尼斯·伯顿很快就会在地狱窟与奥尼尔相遇并成为他的第二任妻子,她将史密斯描述为“格林威治村附近黑人地下世界的老板……他的故事总是让人目瞪口呆”。史密斯的白人妻子总是坐在他身边,这对夫妇在外人看来十分优雅。史密斯就出生在格林威治村,他先是经营一家赌场,然后又在怀斯拍卖公司担任拍卖师。[224]但是,他之所以为人熟知,主要还是因为他和奥尼尔之间的亲密关系以及他对奥尼尔所产生的影响,在后来的《送冰的人来了》中,他被塑造成好心肠的赌徒乔·莫特。

那年冬天,也是在地狱窟,奥尼尔与“哈德逊帮”交上了朋友,“哈德逊帮”由爱尔兰移民组成,在西区一带“名气”很大,他们把吉米神父酒吧当作帮会总部。“哈德逊帮”的成员包括“一拳制胜的”保兰、“大块头”肯尼迪,还有“兔子”克洛斯比,一群带枪的暴民和“沉迷可卡因的年轻人”,一位记者曾这样描述,他们的一举一动都受到警方的严密监控,纽约媒体也经常用惊悚的文字来对他们加以报道。阿格尼斯·伯顿说,“哈德逊帮”很尊重奥尼尔,认为他“喝酒厉害,是自己人”,玛丽·沃斯回忆,哈德逊帮的成员“都接受他,从不盘问他”。[225]奥尼尔在地狱窟给“哈德逊帮”背诵诗歌,通常是《天猎》,他们对这位有抱负的作家非常崇拜,天气转凉的时候,他们提出要为他去偷一件外套。下手之前,他们询问他外套的尺寸。奥尼尔礼貌地拒绝了。

纽约作家哈里·戈登在一篇记录这个组织兴衰的讽刺性随笔中这样写道,“在人们的记忆中,‘哈德逊帮’是一群厉害的坏家伙,整天在格林威治村附近转悠。他们恐吓布朗克斯区的居民。他们是当地灾难的根源。他们一出现,警察就得紧盯着他们。后来,波西米亚人开始迁入格林威治村。这些诗人、艺术家和作家却认为他们是有魅力的家伙。波希米亚人在'哈德逊帮'的集会上大声背诵诗歌，也不管这帮人想不想听。尤金·奥尼尔觉得他们的谈话有启发意义……当'哈德逊帮'意识到，这些画家、作家和诗人中没有一个人害怕他们，他们就闷闷不乐地解散了，帮里的成员都找到了可以挣钱的工作"。尽管在睿智的戈登看来，黑帮、匪徒与波西米亚艺术家之间的这种关系一定显得有些滑稽，但它其实仍然是一种公共威胁。"虽然华莱士和他的朋友们具有拉伯雷式的特质，"沃斯说，"地狱窟就是邪恶。仿佛是纽约之魂流入地下，地狱窟就是它的排气孔。"[226]

为了和地狱窟的那帮朋友离得更近一点，奥尼尔搬到了华盛顿广场西 38 号的出租屋。但是，他很快就因为付不起房租而被赶了出来，房东太太扣留了他的衣服和书，等他付清了欠下的 46 美元之后才还给他。那年春天，他只能趴在地狱窟后厅的桌子上过夜，这样将就了好长时间之后，他才和一位新朋友，年纪稍长一些的爱尔兰裔特里·卡林，一起在地狱窟附近找到了一间公寓，同住的还有记者杰克·德鲁拉德，他们给公寓取了个可爱的昵称"垃圾公寓"。（奥尼尔说，德鲁拉德"当时身上竟然还有钱，这真的是非常神奇"。因此他支付了第一个月的房租。）几十年之后，奥尼尔回忆起"垃圾公寓"时，仍然觉得"记忆犹新……它没有任何装修，地上堆了一些粗麻布当床，报纸当床单，盒子摞起来当桌椅……到了租期快要结束的时候，地上满是烟头，形成了一层平整的地毯，让人想起老式情节剧中的雪景"。[227]

特里·卡林并不是个作家（那太费神了），但他是个世界级的说客，说话极富哲理。杰克·伦敦还是个加州激进主义分子的时候就认识卡林，他认为卡林很神秘，和美国当时很多其他的无政府主义者一样，尽管很多人认为他是个可笑的怪人。奥尼尔和卡林整天在一起喝酒、抽烟，阅读尼采以及东方哲学书籍，这些都是卡林推荐给他的，比如梅贝尔·科林斯的《道路之光》（1885 年）。但是，奥尼尔总是喝得太多，根本没法写作。"我喝了一夸脱半的波旁威士忌之后，"他 1946 年告诉一位记者，“我走路和说话都还能保持正常；但是我的脑子全木了。如果有人叫我爬上伍尔沃斯大厦，我一定会兴冲冲地爬上去。”相反的，他利用这将近一年的写作停滞期来训练自己的思维，让自己像剧作家那样思考，从对话，到场景变化，再到大幕的开启和闭合，一切都基于他当时所读过的剧本——斯特林堡的作品、易卜生的作品、古希腊戏剧，甚至是浪漫剧和情节剧。[228]

奥尼尔也的确筹到了足够的生活费，可以义务为《反叛》工作，这是一份无政府主义周报，由地狱窟的另外一个合伙人希波利特·哈维尔担任主编。周报的办公室设在费雷尔学校的地下室；但它三个月之后就和费雷尔学校一起被关闭了。奥尼尔在政治反叛的浪漫中陶醉不已，向艾希吹嘘他在《反叛》的短暂职位，他“负责发行，每周将报纸推广到各处。我们差一点就要被抓进联邦监狱了”。[229]同时，特里·卡林也惹上了麻烦——来自无政府主义者内部的麻烦。卡林被诬陷与联邦政府勾结，将1910年轰炸洛杉矶时代大厦的无政府组织的行踪告诉政府特工，导致25人被捕。实际上，真正的叛徒是卡林的朋友唐纳德·沃斯·米瑟夫，在米瑟夫的公寓里发现了他与政府特工联系的证据。[230]

来自国内激进分子对卡林的愤怒指控让作家兼记者“哈奇”（哈钦斯·哈普古德）坐不住了，他在《反叛》上发表了一篇充满激情的请愿书，题为《特里之案》。哈普古德在这方面是颇受尊敬的专家：在之前的二十年中，他写了很多随笔和大篇幅的研究，关于无政府主义者、社会主义者、劳动工会成员、移民、波西米亚人、性爱自由论者、妓女和盗贼。他早在1909年就出版了一本书，记录特里和前女友玛丽·拉特尔一起度过的流浪生活，书名叫《一个无政府主义女人》，这本书几乎成为波西米亚宣言，也确立了卡林作为无政府主义民间英雄的传奇。他的朋友包括哲学家威廉·詹姆斯、乔治·桑塔耶拿；画家巴勃罗·毕加索和亨利·马蒂斯；小说家西奥多·德莱塞、约翰·多斯·帕索斯、格特鲁德·斯泰因和欧内斯特·海明威；政治活动家约翰·里德、

“大个子比尔”·海沃德和艾玛·戈德曼；当然，还有奥尼尔。哈普古德就像一条变色龙，几乎见证了现代所有重要思想成就的发端。(1920年，在几年的动荡之后，哈普古德和奥尼尔在一趟夜行的列车上相遇；奥尼尔说，两个人“坐在客舱里，聊到半夜，将宇宙完全理论化。我爱上了哈普古德。他棒极了！”)[231]

尽管哈普古德做了很多努力，但卡林仍然因为他与米瑟夫的关系而受到困扰。“当唐纳德·米瑟夫被怀疑的时候，”哈普古德写道，“在他的行为还没有被证人指证之前，特里一直认为这孩子是无辜的。这对他来说，是巨大的打击。他忠诚的灵魂不会怀疑，直到确切的证据出现，他才不得不接受现实。”卡林与联邦特工勾结的谣言一直困扰着他，让他名誉受损，一直到他去世都没能洗白；正如哈普古德对于指控的论述，“一旦有人提出怀疑，怀疑就会在人们的心中留存下来。这就是怀疑的可怕之处”。[232](关于卡林与米瑟夫的争议，后来成为《送冰的人来了》中拉里·斯莱德和唐纳德·帕里特之间纠葛的原型。)

就奥尼尔而言，他在纽约已经山穷水尽，根本没有剧团愿意上演他的戏；而且生活拮据，总是在地狱窟喝得醉醺醺的，也根本不可能写作。是时候改变一下了。

哈普古德在马萨诸塞州的普罗温斯敦租了个夏日别墅，他和家人五月份就住过去了。除了哈普古德以及他的妻子、作家尼斯·博伊斯，记者杰克·里德和希波利特·哈维尔也打算夏天一同前往。那年冬天，里德在“工作女孩之家”酒吧约见了几位曾经是华盛顿广场剧团成员的艺术家，其中包括“吉格”(乔治·库克)。里德和库克打算联手推进他们前一年夏天在普罗温斯敦成立的实验剧团。[233]奥尼尔和卡林正要去往那里。

* * *

“现在回头看我以前的经历，”奥尼尔在1923年这样思考，“我意识到，生活的安排是最好的，如果我刻意规划我的生活，对于剧作家来说反而不是那么理想。”实际上，奥尼尔在纽约、在新伦敦、在海上、在巡演剧团的丰富经历，都成为他将来戏剧思路、情节和人物的素材来源，再加上他与商业戏剧“划清界限”的决心，让他有能力创造现代美国戏剧。不论是被大学开除的学生、妓女、老兵、流浪水手、曾经的革命者，还是奥尼尔自己的家庭成员，这些即将登台的鬼魅一般的人物为美国舞台所带来的哲学思考和心理探究，其深度连最开放的观众都无法想象。

在奥尼尔之前，制作人非常不愿意让这些人物登上戏剧舞台，他们仍然持有非常老套的观点，认为剧院是用来赚钱的，就像奥尼尔充满厌恶的描述：“封闭行规、明星体系、娱乐喧嚣。”当时很少有美国戏剧能够超越维多利亚式的品位——历史罗曼史和情节剧。当时最厉害的商业势力是戏剧辛迪加和舒波尔特兄弟公司，他们两家几乎垄断了戏剧合同和戏票订购。

戏剧辛迪加由查尔斯·弗罗曼管理，它反映了对于标准化戏剧不断增长的行业需求，这种戏剧仅仅建立在营利性的标准之上，偏爱那些好人和坏人之间冲突的情节剧，并且最终一定要以好人的胜利来结尾。一场演出如果想要获得弗罗曼的认可，那就一定要有大团圆的结局，这是众所周知的行规。戏剧辛迪加也被称为“戏剧信托”，建立于1896年，在此后的20年中，它一直在阻碍克莱德·费奇、詹姆斯·A.赫恩、珀西·麦凯伊、瑞秋·克罗瑟斯等剧作家的目标，其中甚至也包括戴维·贝拉斯科等戏剧巨匠。根据一位观察家的观点,舒波尔特兄弟"就是要控制美国剧坛,他们也基本做到了这一点,通过胁迫威压、贿赂评论家、抵制报界、排挤演员、控制剧院经理和老板"。戏剧从业人员发现自己在全国各地不时地被"排挤",他们"最终一个个都屈服了,剧作家听从他们的商业导演,小剧院的经理成了他们的评判人"。这样,在内战和"一战"之间的大部分美国戏剧,在创作和上演时所考虑的都是能赚钱的明星,剧作家被看作雇来的写手而非艺术家,正如不久之后,在好莱坞影视制作体系中,编剧也被看作写手,而不被看作艺术家。

到了1910年间,后来被称为"小剧场运动"的浪潮勇敢地回应了创造具有鲜明特色的美国戏剧的现代召唤,这种戏剧直面社区和国家层面的文化和政治争议。巴尔的摩的流浪者剧院、曼哈顿的邻里剧院和喜剧剧院、芝加哥小剧场和波士顿玩偶剧院很快就在全美引发连锁反应,很多类似的剧院在相对偏远的俄亥俄、印第安纳,甚至是北达科他地区建立起来,堪称外外外百老汇。

到了1916年秋天,在马萨诸塞州的普罗温斯敦演出了两个夏季之后,这个被称为"普罗温斯敦剧团"的实验剧团向格林威治村,也向全世界,推出了两个他们最伟大的发现:尤金·奥尼尔和苏珊·格拉斯佩尔。剧团大胆的愿景是要"建立一个舞台,在这里,真诚的、诗意的、有文学和戏剧目标的剧作家可以看到自己的作品被搬上舞台,可以指导自己作品的演出,而不必把剧本交给商业经理,根据大众的品位来进行诠释"。

* * *

第二幕

“要么成为艺术家，要么什么也不是”

目前，我们剧院的愚蠢而低劣的状况令人触目惊心，它肯定能够重新唤醒大家对剧院尘封已久的兴趣。因为它惊人的体量，肯定能将那些往昔的反叛者重新吸引到剧院，他们被平庸的戏剧和平庸的对话所激怒，到目前为止他们一直在剧院之外。

——乔治·金恩·内森，1916 年

未来的巨大希望在于，通过小剧场来丰富大剧场，通过普罗温斯敦剧团来丰富百老汇……在华盛顿广场和格林威治村——或者追根溯源到科德角的沙丘——我们必须寻找美国新戏剧的真正发源地。

——威廉·阿切尔，1923 年

大地尽头，随波上岸

1916年6月下旬，奥尼尔和特里·卡林从“多萝西·布拉德福特号”的甲板上走下来，走进普罗温斯敦的铁路码头。这个铁路码头地面滑腻，尽是海鸥的粪便和鳕鱼的内脏，还有打了结的渔网，基本用于运鱼的火车出入，延伸进港口至少有100米。捕鱼业是小镇唯一的收入来源，每天的渔获散发出的咸腥气息，在港口的50多个码头蒸腾。

这艘船的名字“多萝西·布拉德福特”来自“五月花号”上的一名乘客，她于1620年冬天坠入普罗温斯敦港口附近的黑色海域中淹死了。“多萝西·布拉德福特号”是一艘四层的铁船，每天运送1650名乘客从波士顿的罗威码头到铁路码头。[1]与轮船同名乘客的悲惨故事在很大程度上反映了奥尼尔的主题范畴：对于最终死亡的恐惧、清教新英格兰的神话、海上生活的变幻莫测，以及从旧时帆船所使用的自然动力到摩登时代的大型机器引擎这一毁灭灵魂的转变。“五月花号”的船员们在启航去普利茅斯岩之前推测，在普罗温斯敦港口海域，“可以供1000艘帆船安全驶过”。而1875年更为精确的估算是3000艘。[2]

两个“被冲上岸的”爱尔兰人从哈钦斯·哈普古德那儿借到了10美元，搬进一户造船匠家的阁楼，阁楼俯瞰贯穿小镇的主干道商业大街东头的港口。这里原来是费雷尔学校的拜亚德·博伊森居住的。哈普古德是博伊森的朋友，博伊森跟所有无政府主义者都是朋友，奥尼尔和卡林是在费雷尔学校认识他的。（他也曾在艾玛·戈登的《大地母亲》杂志担任编辑，1911 年 5 月，奥尼尔在这本杂志上发表了他的第一首诗《美国主权》。)[3]阁楼的主人约翰·弗朗西斯是个码头工人，他的母亲是爱尔兰裔，父亲是葡萄牙裔渔民，"耳朵上戴着耳环"。[4]弗朗西斯自己不抽烟也不喝酒，但他对奥尼尔和卡林这样穷困潦倒的波西米亚房客非常宽容、慷慨。"25 美元可以一直住到下雪，"弗朗西斯在商业大街 377 号(当地人都管这里叫"弗朗西斯公寓")告诉这两位房客，"阁楼冬天可不暖和。"[5]

约翰·弗朗西斯在他公寓的一楼开了家杂货店，店里放了个牌子，引导顾客"到后面的房间来！"[6]随着牌子的指引，可以找到一个烧柴火的炉子，客人游泳或散步之后，可以坐在炉边取暖、聊天。一位客人这样形容这家小店，"很棒的逗留之处，老式乡村商店里常见的各种东西堆得高高的，从糖果到煤油，什么东西都有的卖"。弗朗西斯所营造的温馨氛围让他的房客们终身难忘，弗朗西斯去世时，普罗温斯敦的"沙丘诗人"哈里·坎普为他写了挽歌，怀念他的友善：

轻言慢语却有求必应，
笑容可掬而心怀善念，
他会给我们一个惊喜，站起身来
问候我们，带着温暖的友谊！[7]

奥尼尔也对这位和蔼的房东心怀感激。得知弗朗西斯 1937 年去世的消息，当时刚刚获得诺贝尔文学奖的剧作家为之动容："我觉得很悲伤。他是个好人——独一无二的好人。讣告中特别提到他和我之间的友谊，对此我十分认同。他的确是我的朋友，我知道，他明白我对他的感激之情，我当时经常向他表达谢意。"[8]

哈钦斯·哈普古德和妻子尼斯·博伊斯、导演"吉格"(乔治·库克)和他的剧作家妻子苏珊·格拉斯佩尔前一年夏天在普罗温斯敦组建了一个业余剧团，成员还包括其他二十位作家和艺术家。[9]他们的目标是要超越华盛顿广场剧团，华盛顿广场剧团于1914年建立，他们自己也曾参与创建，尽管剧团发展势头不错，但在他们看来，其戏剧品位还是过于谨慎。普罗温斯敦剧团的作品最初在博伊斯家演出，她家位于商业大街621号。第一天晚上，他们朗读了博伊斯的独幕剧《不屈不挠》，这是一出闹剧，原型是杰克·里德和格林威治村头号美女梅波·道奇之间的炽热爱情。该剧的舞台设计师罗伯特·埃德蒙德·琼斯是里德以前在哈佛大学的同学，琼斯也曾是乔治·皮尔斯·贝克的学生。空间太小，只能在屋子的前厅搭一个临时舞台，观众通过起居室的窗口观看。他们那天晚上上演的第二出戏是《被压抑的欲望》，是库克和格拉斯佩尔合作的作品，关于风行一时的波西米亚式生活。演出时，演员在屋里表演，观众坐在外面看。但是，随着他们的创作欲望不断膨胀，剧团需要更大的空间。

那年8月，作家玛丽·希登·沃斯花了2200美元在刘易斯码头买了一个渔屋。1911年，哈普古德夫妇就是跟着沃斯一起来到普罗温斯敦的。渔屋位于一个废弃的捕鱼码头，离沃斯和丈夫乔·奥布莱恩的住所不远。大家把这里称为码头剧院，正式的名字叫"普罗温斯敦码头剧院"。这个木结构的屋子大约24至26英尺高，34至36英尺长，24至26英尺宽；他们把屋里废弃的渔网、生锈的铁锚、腐烂的船桨和小船都清理干净之后，这里就成了理想的临时剧院。木工安装了一个10×12英尺的舞台，舞台后面是巨大的推拉门，如果剧情需要港口作为背景，直接把门拉开就可以了。舞台前安装了很多木板，可以为大约100名观众提供座位。在没有接通电路之前，演出时由几位演员点亮油灯，再用锡板反射，把飘忽不定的火光作为舞台的脚灯。屋子的墙壁斑驳发黑，地板开裂，而且总有穿堂风掠过，因此很容易着火；为了预防火灾，演员们在演出过程中备好铁铲和沙子，随时准备灭火。就剧团的经济支出而言，在沃斯付了房款之后，这地方就供大家免费使用。1915年和1916年夏天的每场演出，费用都不超过13美元。[10]

"特里，"苏珊·格拉斯佩尔1916年6月在散步时问卡林，"你难

普罗温斯敦码头剧院，1916年夏天，奥尼尔在这里作为剧作家首次亮相（图片来自“谢弗尔–奥尼尔藏品系列”，琳达•李尔特藏档案中心，康涅狄格学院，新伦敦）

道没有戏让我们来朗读吗？”“没有，”他回答。“我不写作。我只是思考。偶尔聊天。但是奥尼尔先生有整整一箱子的戏。”[11]特里用的是夸张的手法；奥尼尔的确带了一份《渴》的剧本和一个木盒，差不多够装五六个剧本。木盒顶部印着“魔幻酵母”。[12]

7月1日，哈钦斯·哈普古德告诉当时还在纽约的梅波·道奇（她几周之后也会去普罗温斯敦度假）：“特里·卡林和奥尼尔（詹姆斯·奥尼尔的儿子）在拜亚德的工作室引起了轰动。”“他作品的狂热反响还在继续，”他宣称，奥尼尔是“我们圈子里最有激情的人之一”。[13]当然，他们都听说过他父亲詹姆斯，那个著名的“基督山伯爵”，但是很少有人了解他年轻的儿子尤金。道奇显然也不了解，作为杰克·里德最信任的人和以前的情人，她认为自己有责任及时知晓格林威治村的各种最新动向。

哈普古德当天就宣布尤金·奥尼尔成为普罗温斯敦剧团的成员，也就是在7月1日那一天，普罗温斯敦剧团的榜样，爱尔兰都柏林艾贝剧团却遭遇失败。演员威胁要解散剧团，因为对剧院经理、剧作家圣约翰·厄尔文的高压态度非常不满，厄尔文的思路更加倾向于职业化。“反叛的气氛在爱尔兰弥漫，”《纽约评论》戏剧版的报道中谈到前一年4月的复活节起义，艾贝剧团的演员西恩·康诺利是在复活节起义中死去的第一人，“因此，爱尔兰演员们深受影响也就不足为奇了”。《纽约评论》还写道，艾贝剧团的赞助人、剧作家格雷戈里夫人对于剧团的解体非常伤心。[14]

这一时期，在大西洋的对岸，普罗温斯敦剧团的成员们刚刚走到一起，共同创造，相互交流。他们一起在海滩日光浴，在海中游泳，在某位成员家中聚会，一起吃饭喝酒，一起泡当地的酒吧，比如大西洋之家酒吧——与此同时，苏珊·格拉斯佩尔回忆，“谈论戏剧——每个人都参与其中，写剧本，表演，或者当制作人。生活成为一个整体，工作与戏剧不分离”。画家马斯登·哈特利把这个时期称为“伟大的普罗温斯敦之夏”,奥尼尔在这个时期写戏剧、小说和诗歌,喝很多威士忌,长距离地游泳,在写剧本的同时操练各种形式的舞台技艺,包括他最不喜欢的——表演。他赞同吉格·库克的观点,“戏剧艺术不可能是纯粹的,实际上,除非它的各种因素——编剧、表演、布景、服装、照明……有机地融为一体,否则戏剧不可能成为艺术”。对于剧团成员来说,“业余”这个词并不具有贬义;相反,它标志着与“职业”戏剧的决裂,“职业”戏剧意味着笨拙地固守早已过时的戏剧规则,阻碍自我表达和艺术创新。30年之后,奥尼尔对有志成为剧作家的人所提出的建议,与他自己创作初期在普罗温斯敦所学到的东西如出一辙:“找一些木头、帆布、铁钉和其他东西,先给你自己造个剧院,造个舞台,配上灯光,仔细研究一番。这样做了之后,也许你就明白该怎么样写剧本了……如果你确实能写作的话。”[15]①

在码头排练期间,他们会跳进海里凉快一下,奥尼尔总是领头跳进去的那一个。玛丽·沃斯把他的泳姿与“南海岛民”相提并论。里德为了向未婚妻、艳丽的政治记者路易斯·布莱恩特显摆,从渔屋的最高处跳下去,潜入水中40英尺。(这种惊险的绝技只有在涨潮的时候才能安全地完成,访问这里的《民众》杂志编辑马克斯·伊斯曼却不知情,他在那天下午稍晚一点进行了尝试,被摔惨了。)[16]

马斯登·哈特利描述杰克·里德的用词非常准确,他“被哈佛虐过,却‘活着’出来了,这种人实在是凤毛麟角”。[17]路易斯·布莱恩特那年1月刚刚离开自己的丈夫,俄勒冈州波特兰的牙医鲍尔·图灵格,与激进的记者私奔。里德也是波特兰人,他在假期回波特兰探亲访友,然后就和布莱恩特好上了,把她带回格林威治村,之后又把她带到普罗温斯敦。布莱恩特是个黑发美人,眼神忧郁,微笑迷人,她立刻就爱上了内向的爱尔兰人尤金·奥尼尔。他比她小几岁,但是谁能逃

① 引自刘海平翻译的《“先给自己造个剧院”》,郭继德编:《奥尼尔文集》(6),人民文学出版社,2006年,第204页。

过奥尼尔那双炽热得仿佛能穿透灵魂的黑眼睛呢？她也和奥尼尔一样，为自己是放弃宗教信仰的爱尔兰裔美国人而感到骄傲。

里德和布莱恩特住在商业大街592号，与博伊斯夫妇的家在同一个街区，他们雇了《反叛》杂志的编辑希波利特·哈维尔作为“主厨和洗碗工”。住在街对面的马克斯·伊斯曼回忆，哈维尔“长发、双目炯炯、才华横溢，是个不负责任的无政府主义者”，特里·卡林“带着印第安纳瓦霍族英雄式的坚定决心”整日闲逛，而哈维尔“对待工作只用智力，从不实干”。因为里德和布莱恩特都不爱做家务，他们的家“看起来就像个谷仓”，没什么家具或其他设施。但是，里德、布莱恩特和哈维尔总是备有足够的食物和床铺，供客人们晚上喝醉之后留宿。奥尼尔和卡林第一次来访的时候，喝得烂醉，哈维尔看到他俩时说，“千万别理那两个家伙，如果你搭理了他们，你会后悔的”。[18]布莱恩特没有听从哈维尔的意见，让他给奥尼尔和卡林拿两杯咖啡，但是，奥尼尔的手抖得太厉害，没法把杯子拿稳。布莱恩特帮他扶着杯子，送到嘴边，问他准备住在哪儿。[19]“他说他想找个可以简单生活的地方”，布莱恩特后来回忆，因为他和卡林的唯一生活来源只能依靠他父亲给的每月20美元。布莱恩特建议，他们从博伊森的房子里搬出来，在她和里德家对面海滩上的渔夫棚屋搭帐篷免费居住。[20]

马斯登·哈特利刚刚从巴黎到访，住在里德和布莱恩特家，他记得奥尼尔和卡林住在渔网编成的渔夫棚屋里，“就像海员一样，睡在吊床上，大部分时间都生活在户外，棚屋的门就面向大海”。哈特利永远无法忘记，头发花白的卡林站在简陋门廊上的样子，他一站就是好几个小时。“我到现在都清晰地记得，他扭曲的身影被起伏的大海映衬着，”他写道，“他在思考无法形容的过去，用预言家的温情触碰生活的表面，总是被饥渴所折磨，这饥渴中充满情感、思想和了解事物的睿智方法，而这一切都是花费了巨大代价才得到的。”奥尼尔和卡林的大门上方有个牌子，用来迎接宾客，上面写着：“下地狱吧。”[21]

特里·卡林在普罗温斯敦(图片来自“谢弗尔-奥尼尔藏品系列”,琳达·李尔特藏档案中心,康涅狄格学院,新伦敦)

奥尼尔后来常常回忆自己与这位和蔼可亲的老无政府主义者共度的时光，“特里很理解我。他一直是那样。如果我觉得无聊，我的情绪一点也不会影响到他，他不会也觉得无聊或者不高兴。如果我想喝几杯，他也想喝几杯”。卡林最能对付奥尼尔的爱尔兰式忧郁沉闷。“开心点儿，尤金，”他会大喊，“更糟糕的事情还在后面呢！”苏珊·格拉斯佩尔被他们之间的友谊深深感动，并以此为原型构思了一出戏，题目叫《不合时宜者》：“奥尼尔认为，‘每个灵魂都是孤独的。世上没有一个人理解我最细微的冲动’。对此，特里回答，‘那你也不理解任何其他人的最细微的冲动’。”[22]

奥尼尔选择独幕剧《拍电影的人》作为在杰克·里德和路易斯·布莱恩特家首次剧本朗读的作品，这个决定绝对是判断失误，他在接下来的很多年中都希望能够将这一幕从历史中彻底抹去。[23]《拍电影的人》写的是一个好莱坞电影制作人想借墨西哥革命大捞一笔。奥尼尔选择这出戏，显然是为了引起里德的共鸣。1913 年秋，里德曾作为战地记者报道墨西哥战争，他的连续报道刊登在《大都会》杂志上，大受欢迎。奥尼尔《拍电影的人》中的主人公亨利·罗杰斯的原型来自克里斯蒂·卡巴恩和拉奥尔·维鲁士这两位演员兼导演，在互助电影公司制片人哈里·E.艾特肯和弗兰克·N.泰尔的资助下，他们于 1914 年春天前往墨西哥，拍摄潘昭·维拉在墨西哥奇瓦瓦州的战斗。摄影棚为潘昭·维拉将军开出了利润丰厚的交易条件：如果将军同意让摄像师潜伏在他的军队，参与叛军对政府军的进攻，那么他就可以获得电影收入的 20%作为回报。[24]潘昭·维拉同意了，两天之后，《纽约时报》报道，“为了确保这次交易的成功，[哈里·E.]艾特肯先生上周六向维拉将军的营地派遣了一支由四个摄像师组成的小组，他们带着专门的设备去拍摄战场的情况”。[25]但是，这次拍摄在媒体的报道和奥尼尔的作品中简直就成了荒诞小说，为了让摄像机能正常工作，维拉的军队同意只在白天打仗，为了让摄制组取得更理想的拍摄效果，他甚至愿意把一些战役重打一遍。艾肯特的默片《维拉将军的一生》——半电影半纪实作品——于1914年5月9日发行,一个月之后,奥尼尔完成了《拍电影的人》的第一稿,也是存留下来的唯一一稿。

《拍电影的人》被普罗温斯敦剧团完全否定了,这也可以理解,奥尼尔很可能就此撕毁了修改稿。但是,这次碰壁,连同之后也被普罗温斯敦剧团拒绝上演的《人为误差》,对奥尼尔产生了深远的影响,他由此意识到,公开的宣传不应该出现在他的戏剧中。杰克·里德是个激进分子,对于宣传鼓动驾轻就熟。而奥尼尔是个艺术家,他逐渐明白,像《拍电影的人》中那种反干涉主义的政治宣言,不管其讽刺意图有多强烈,观众仍然在情感上无动于衷,在观点上也没有任何改变。他在接下来的几年中逐渐意识到,政治的矛头只有保留在箭匣中才最为锋利。

但是,在《拍电影的人》黯然退场仅仅几天之后的7月16日或17日,在库克和格拉斯佩尔家,奥尼尔朗读了《东航卡迪夫》。[26]这个独幕剧发生在一艘往返于码头和大海之间的蒸汽船上,水手们微薄的收入都花在了妓女和威士忌上。大部分的对话都是关于一个名叫扬克的海员,他正躺在自己的床铺上奄奄一息。他把人生最后的想法向自己在船上多年的伙伴和最好的朋友、爱尔兰人德里斯科尔倾诉。扬克说,他心底里一直有个愿望,他和德里斯科尔能一起在加拿大或阿根廷拥有一个农场,但是他从来没对德里斯科尔说起过,因为怕被取笑。“我会笑你,是吗?我自己也常常有这样的想法,难道还会笑你!”(*CP*1,196)①两人之间的关系传递了强烈的同性情感暗示,德里斯科尔深情地回忆起他们一起在国外港口的各种经历:布宜诺斯艾利斯、新加坡、塞得港、悉尼、开普敦。奥尼尔将剧名从《大海的孩子们》改成了《东航卡迪夫》,不仅仅想强调他们穿越大西洋前往威尔士的航行路线,同时也在暗示,水手们被束缚在大海上,永远没有逃离的机会。这个剧本

---

① 引自龙文佩翻译的《东航卡迪夫》(王德明校),郭继德编:《奥尼尔文集》(6),人民文学出版社,2006年,第204页。

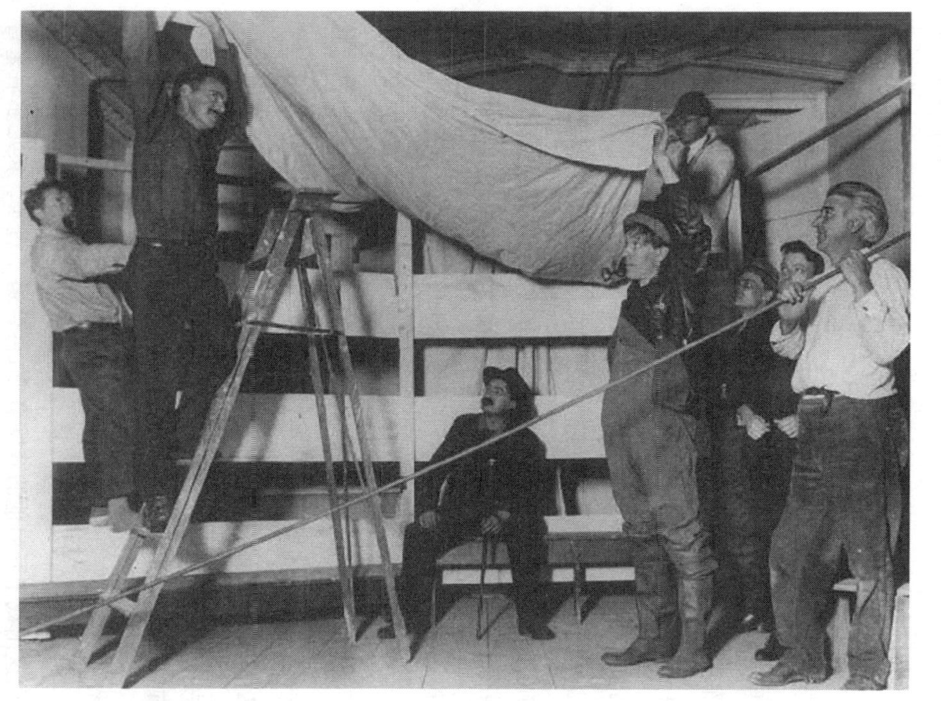

1916年7月普罗温斯敦剧团为《东航卡迪夫》布景。站在梯子上的是奥尼尔，坐在中间的是希波利特·哈维尔，右边握着杆子的是“吉格”（乔治·克莱姆·库克）（图片来自“谢弗尔-奥尼尔藏品系列”，琳达·李尔特藏档案中心，康涅狄格学院，新伦敦）

被普罗温斯敦剧团的成员们一致接受。

1916年7月28日,《东航卡迪夫》与路易斯·布莱恩特的道德剧《游戏》一起上演。《游戏》差点就被剧团拒绝,但舞美设计师威廉和玛格丽特·佐拉奇夫妇帮布莱恩特平淡无奇的作品设计了一个埃及式的背景,为作品增色不少。奥尼尔担任《东航卡迪夫》的导演,尽管他非常怯场,但还是在剧中出演了仅有一句台词的二副角色,二副走进船舱询问:"不是该你在甲板上值班了吗,德里斯科尔?"(*CP*1,194),吉格·库克扮演垂死的水手扬克。作为台下全神贯注的观众中的一员,苏珊·格拉斯佩尔对那个夜晚记忆犹新:"那天晚上有雾,就是剧本里所要求的那种状态,浓雾笼罩港口。涨潮了,潮水在我们的脚下,在我们的周围,波浪透过地板上的缝隙喷射进来,带给我们大海的节奏和气息。在这样的节奏和气息中,奄奄一息的水手对他的朋友德里斯科尔说,他一直想要的生活是住在内陆,永远看不见一艘船,永远闻不到大海的味道……全场掌声雷动,不夸张地说,破旧的码头在掌声中震颤。"[27]

巴尔的摩小剧场演出团体流浪汉剧团的阿黛尔·内森(她曾于前一年冬天拒绝了《东航卡迪夫》)那天也参加了该剧在普罗温斯敦的首演。她向奥尼尔要这出戏的剧本,但她发现"整个排练期间只用一个剧本,这个剧本早已被翻看得破烂不堪"。奥尼尔提出为她打印一份新的,但很抱歉地告诉她,他打字技术很差,可能要花很长时间才能完成。内森给了奥尼尔15美元作为打字的报酬。那年12月,该剧在巴尔的摩上演;奥尼尔从《〈渴〉和其他独幕剧》那本书里没有获得任何版税收入,因此这区区15美元应该算是他作为剧作家所获得的第一笔收入。用这出戏来开启他的戏剧事业,再合适不过了。奥尼尔后来曾说,《东航卡迪夫》"在我看来非常重要,从中可以看到或感觉到,它蕴含着我以后所有比较重要的作品中的精神和人生观的萌芽。"①[28]

① 引自刘海平翻译的《"奥尼尔论〈东航卡迪夫〉"》,郭继德编:《奥尼尔文集》(6),人民文学出版社,2006年,第311页。

然后就轮到苏珊·格拉斯佩尔了。她只用了 10 天的时间就完成了《琐事》，这出戏现在已经成为现代戏剧的里程碑，普罗温斯敦剧团于 8 月 8 日上演了这出独幕剧。后来，玛丽·沃斯将他们在那年夏天所取得的成就与那个年代最重要的革新相提并论：弗兰克·劳埃德·赖特的建筑和亚历山大·格雷汉姆·贝尔的发明；怀特兄弟的首次飞行和亨利·福特制造的 T 型轿车；西格蒙德·弗洛伊德在心理分析方面所取得的突破；崭露头角的好莱坞影业大亨的成就。[29]一千年以前，古罗马剧作家塞内加曾将"运气"归结为充分的准备遇上合适的机会。普罗温斯敦剧团中最出色的两位，尤金·奥尼尔和苏珊·格拉斯佩尔，现在既做好了准备，又拥有了机会。

吉姆·库克和苏珊·格拉斯佩尔在商业大街 564 号有一座简朴的白色房子，就在码头剧院的对面。他们家养了一只猫，猫的名字叫"好色的交配"，简称"交配猫"。库克每天都在前院忙碌，制作演出道具或者修补屋子，苏珊则坐在屋里，用打字机写作剧本。马克斯·伊斯曼觉得这两口子的生活是居家美国夫妇的那种老派方式，带着"基督教的保守气息和安安静静的虔诚"，库克是"嗓音嘶哑、皮肤黝黑的农夫"，而格拉斯佩尔是"过度操劳却尽职尽责的贤妻"。[30]

库克和格拉斯佩尔都心直口快、勤奋刻苦，在性格上具有典型的美国中西部人的特征，但在思想上却带有美国东部知识分子的气质。在普罗温斯敦剧团的成员中，库克是个不同凡响的人物，他是现代主义思想家，但同时又对古希腊极其推崇。（他翻译过 6 世纪希腊女诗人萨福的作品，并且经常用希腊语进行思考。）但是他非常明白，写作并非他的强项。倒不是因为他能力不够，而是因为缺乏自律。库克对于"社会创造力"的兴趣以及倾注在奥尼尔和格拉斯佩尔作品上的巨大热情，在伊斯曼看来是出于两个方面的原因，"一方面是他想成为天才的抽象愿望，而另一方面他又无法坐在安静的角落投入具体的工作"。[31]

与库克以及普罗温斯敦剧团的大部分成员相反,奥尼尔能够将自己关在屋子里废寝忘食地写作。"奥尼尔非常渴望找到独处的空间,为此不惜一切代价,"哈里·坎普说,坎普也和库克一样偏爱集体活动,而不大愿意一个人写作。"早期的基督殉道者上到山顶以求远离人群,与自己的上帝在一起,而奥尼尔渴望独自一人进行写作的热情,要比这些基督徒更为强烈。"[32]

库克激情澎湃的演说总是能成为全场的焦点,就像是在西塞罗的时代,演说家用雄辩的口才打动众人。他说话的时候,嘴里叼着烟斗,咬紧下巴,所有人都在听他说。如果他要求肃静,大家立刻就安静下来。如果他想要节日般的活跃气氛呢?他也能掌控。当奥尼尔说话的时候——其实他很少说话,他的声音只在他嘴边嘟哝。坎普回忆,奥尼尔避免目光的交流,而是"把目光径直穿过在场的人"。如果他不想和你说话——通常情况都是如此,他就转过身,走开,一言不发。[33]一天,平日里一贯开朗的坎普一反常态,遇到奥尼尔的时候,简单地打了个招呼就走过去了,他这么做是想试试奥尼尔的沉默到底能够保持多久。果然不出所料,尽管奥尼尔讨厌别人主动跟他闲聊,坎普对他不闻不问的态度却让他感觉更不舒服。坎普走过去之后,听到"身后传来脚步声,就像一只大圣伯纳德犬跟着跑上来"。奥尼尔说,"你知道吗?我想当个拳击手……但我曾经挨过一拳,我的牙都被打松了"。[34]

没有人嫉妒库克,至少没有人公开地表现出嫉妒,他的管理和领导才能是剧团走向成功不可或缺的因素。在哈普古德看来,库克的头脑中拥有"大学的所有资源",但他并不是一个只看重学术的人,也不是个游手好闲的有钱人。[35]在爱荷华的时候,他经营一个农场,同时在爱荷华大学英文系任教;他之前就在爱荷华大学获得学士学位,然后又去斯坦福大学继续深造。(1922 年,因为觉得普罗温斯敦剧团变得太过商业化,库克彻底退出戏剧界,迁到希腊居住。但他留下了非常骄人的成就:他培养了 50 多名作家,并将 100 多部戏剧搬上舞台。)

库克是普罗温斯敦剧团中无可争议的“领袖”，奥尼尔后来说，“他总是充满激情、精力充沛，不容忍一切虚假和妥协，他代表反叛的精神，反叛陈规陋习、商业戏剧和舞台的华丽做作”。[36]在哈钦斯·哈普古德的自传中，他简明扼要地总结了库克在奥尼尔事业中所起到的重要作用：“如果没有乔治·克莱姆·库克的努力，尤金·奥尼尔有可能永远无法在戏剧界脱颖而出，至少不可能在这[1916年夏天]之后那么快就脱颖而出。每一位作家都需要适合他发展的土壤；当时的百老汇完全不适合他，而且，就奥尼尔自己的个性而言，哪里都不适合他。只有乔治·克莱姆·库克能够真切感受奥尼尔的个性，不仅为其创造社会影响，更将其具体地展现出来。”[37]

库克与他的门徒奥尼尔一样，也是嗜酒如命。在普罗温斯敦的那些晚间聚会上，他为每个酒桶都起了名字——酒神巴克斯、埃斯库罗斯、索福克勒斯，等等，他还总是喝他自己调制的“渔屋鸡尾酒”：把四份三星轩尼诗白兰地、两份朗姆酒、两份桃子白兰地、两份柠檬汁和满满一勺糖一起倒在碗里的大冰块上。[38]在库克家的聚会上，奥尼尔总是一个人坐在地板上，一言不发，直到他完全喝醉了才会开口和别人说话。阿格尼斯·伯顿后来解释，对于奥尼尔来说，尤其是当他身处在一群喧闹的演员中时，喝威士忌“似乎是让他迎接热闹场面的必要准备，而不是为了从中逃离……更重要的是，酒精让他能够去做他想做的事——而不是你期望他去做的事或者那些常规的事”。哈里·坎普也这样回忆，“在聚会时，他总是给人一种若即若离的感觉。他说话时犹犹豫豫、断断续续。只有在喝酒的时候，他才能流畅地表达自己的想法。那个时候，他的话倒是值得一听”。[39]

梅波·道奇在7月的晚些时候来到普罗温斯敦，她发现剧团的人总是醉醺醺的，尽管她认为这并不应该受到谴责：“每个人都喝很多酒，但喝多了倒是件好事，让大家关系融洽，心情愉快。尤金年轻阴郁的脸上，有一双绝望的黑眼睛，喝酒可以让他放松。特里当然一直是醉醺醺的。我觉得他喝醉的样子很帅。吉格·库克总是与和蔼的哈钦斯一起喝烈性酒。女人们总在干活儿,干活儿的时候也喝酒;我嫉妒她们的那种轻松,就逃离了。”[40]

哈钦斯·哈普古德在他的回忆录《醉汉的记忆;或是,喝酒四十年》中记录了他对酒精的无悔热爱;这本回忆录根本没人愿意出版。书名可能会让编辑产生误解,以为这又是一本戒酒回忆录,旨在警告读者远离“魔鬼朗姆酒”。但事实情况完全不是这样。“要是没有酒,库克就不会拥有这样的才华,”哈普古德写道,他还提到了酒对奥尼尔的重要作用,进而得出结论:“可以这么说,没有库克,就不会有普罗温斯敦剧团。他并不是最早提出组建剧团的人,但通过他的复杂工作,剧团才成为可能……没有他,奥尼尔的才华可能在很长一段时间都无法找到展示的机会。”[41]哈普古德 1932 年写这本书的时候,他就认为奥尼尔是“唯一一位重要的美国剧作家”,他说如果普罗温斯敦剧团在那年夏天没喝那么多酒,其后的美国戏剧就不会达到那样一种理想的状态。[42]

喝完威士忌之后会有不那么令人愉快的后果:宿醉,没办法,这是自然的规律。奥尼尔的宿醉却如史诗一般辉煌。“在宿醉之后,尤金走进无边的黑暗,”玛丽·沃斯回忆。“他沉默地坐在黑暗中,承受痛苦。他呼出的气息可以被雕刻成一尊绝望的塑像。”[43]奥尼尔在新伦敦时的朋友阿特·麦克金利到普罗温斯敦来看望奥尼尔,他这样描述这位反复无常的朋友的喝酒习惯:“尤金喝酒是一阵一阵的,一旦开始喝就不停地喝——我猜他是停不下来——一直喝到再也喝不下去为止。他是那种从早上就开始喝酒的人,拼命地喝。喝完会很忧伤,一句话也不说,或者只说自杀之类的话,他非常厌恶自己。但是他不喝酒的时候,就会一刻不停地工作。我认识的人当中,没有人比他更自律。”[44]

尽管时常经历宿醉,奥尼尔在那年夏天还是写了很多作品。除了修改《拍电影的人》,他还完成了独幕剧《早餐之前》、短篇小说《明天》和多幕喜剧《我且问你》。《我且问你》是关于做作的波西米亚主义的,旨在讽刺中上层阶级的年轻女性刻意模仿格林威治村的激进主义。《我且问你》呼应了普罗温斯敦剧团的鲜明观点:那些假意崇尚革命政治和自由爱情的有钱人,无非只是想借此摆脱资产阶级的厌倦无聊。库克和格拉斯佩尔合作的剧本《被压抑的欲望》、尼斯·博伊斯的《不屈不挠》和杰克·里德的《永恒的四边形》都是关于这一主题的讽刺剧。《波士顿邮报》的一位记者写道:"普罗温斯敦剧团的成员非常现代,他们不仅写关于现代的东西,还对这些东西进行讽刺。"[45]

那年7月,奥尼尔与坚决滴酒不沾的路易斯·布莱恩特之间传出了绯闻。布莱恩特的父亲严重酗酒,因此她在很长一段时间都讨厌喝酒无度的人。(但她自己后来也开始酗酒,以至于她的第二任丈夫威廉·C.普利特因此获得了女儿安妮的监护权,普利特认为布莱恩特整天喝酒,没法履行做母亲的责任。普利特是一位富有的外交官,同时他也是里德在哈佛时的好友。[46])奥尼尔在那个夏天成果那么丰富,在一定程度上要归功于布莱恩特,因为她帮助奥尼尔控制喝威士忌的量,让他既能从中获得灵感,又不因此而影响写作。里德当然知道布莱恩特与奥尼尔之间的绯闻,但他的独幕剧《永恒的四边形》暗示,他根本不在乎婚外情,他自己就和梅波·道奇有一段长期的公开恋情。[47]

这张奥尼尔和布莱恩特的照片非常珍贵,是目前保存下来的唯一一张两人在舞台之外的合影,两个相爱的人坐在屋前的台阶上悠闲地晒太阳。这张照片是第一次被公开展示,照片中的布莱恩特调整好姿势让摄影师拍照,笑容迷人,但略微有些紧张。奥尼尔抱着一只不怎么愿意合作的猫,他看上去并非忧郁,倒更像是因为宿醉而感到不舒服。里德其实是坐在镜头之外,紧挨着奥尼尔的左肩;而那张广为流传的照片则是奥尼尔和里德的合影,这次是布莱恩特坐在镜头之外,在奥尼尔的右侧。这张照片明确地显示,三个人在一起时很放松,很愉快。[48]

这两张照片如果被放在一起,几乎就成了电影的情节。我们可以想象,里德刚说了个机智的笑话,把他闷闷不乐的朋友逗乐了。奥尼尔也正好将这一对分开。一个不知内情的人很可能会认为,是奥尼尔即将迎娶坐在他身边的这位腼腆的年轻女子,而不是里德。[49](这段三角恋 1981 年被拍成电影《红》,戴安娜·齐顿扮演布莱恩特,杰克·尼克尔森扮演奥尼尔,沃伦·比蒂扮演里德。)布莱恩特在普罗温斯敦的时候,整天跟着奥尼尔,她在 7 月 4 日那天用一首情诗开始了她与这位剧作家之间的罗曼史:

黑色的眼睛
你触动我的灵魂
妙不可言。
你搅乱我的宁静。
黑色的眼睛,
我该怎么办?

这种感觉是相互的。"当那个姑娘纤细的指尖碰到我的时候,"奥尼尔告诉卡林,"感觉像火苗掠过。"[50]两天之后,他给她写了这封充满激情的回信(这封信直到最近才被发现):

蓝色的眼睛。

你触动我的灵魂
妙不可言。
你搅乱我的宁静。
蓝色的眼睛,
我该怎么办?……

我梦想
在一个更大的空间
地平线交汇于此
遥不可及的东西被我拥有

蓝色的眼睛。
天空是蓝色的，
我不敢看
因为我的灵魂孤单。

你知道
那是为什么吗，
蓝色的眼睛？[51]

一天，特里·卡林回到他和奥尼尔住的棚屋时，带来了一张布莱恩特写给奥尼尔的字条："我必须和你单独见面。我要向你解释一些事情，关于我也关于杰克。你必须知道这些事情。"在随后的约会中，布莱恩特告诉奥尼尔，她和里德几乎没有性生活，他俩像兄妹一样相处，因为里德肾脏有毛病，医生说他需要手术。布莱恩特的话中，至少关于肾脏这部分是真的（里德将在那年秋天接受手术），奥尼尔和布莱恩特的绯闻就此热烈地开始了；这段关系断断续续地维持了差不多两年。理论上说，奥尼尔仍与比娅特里奇·艾希保持着恋爱关系。在他7月25日寄给艾希的信中（这封信也是他写给她的最后几封信之一），他请求她到科德角来看他，因为他没钱买票去新伦敦；但他知道，那个时候艾希已经在思考自己的未来，他在她的未来中并没有一席之地。

普罗温斯敦剧团的成员们都不喜欢布莱恩特，也没人尊重她。大部分男人都觉得她是"坏女人"、"女色情狂"和"妓女"；女人们也讨厌她，因为她通过和里德以及奥尼尔的关系在剧团中获取特别的优

（左）路易斯·布莱恩特和尤金·奥尼尔1916年夏天在普罗温斯敦（图片来自纽约公共图书馆“亨利·W. 和阿尔伯特·A.博格英美文学藏品系列”）

（右）尤金·奥尼尔和约翰·里德1916年夏天在普罗温斯敦（图片来自“谢弗尔-奥尼尔藏品系列”，琳达·李尔特藏档案中心，康涅狄格学院，新伦敦）

待。[52]当布莱恩特的《游戏》和《东航卡迪夫》一起上演时，一位女演员轻蔑地说，“就因为某人跟某人上过床，我们不应该因为这个原因就去排她的戏”。[53]“布莱恩特并不是个剧作家，”另一位女演员调侃，“她只是和剧作家睡过觉。”[54]她与奥尼尔之间的绯闻很快传到了纽约，梅波·道奇闻讯来到普罗温斯敦，她想看看，在这种情况下自己是否有可能赢回里德：“我本来以为里德见到我会很高兴，如果奥尼尔和路易斯之间的事情真是如同传闻那样——但他见到我时并不高兴。”[55]

在一本没有出版的回忆录中，布莱恩特讲述了一个小插曲，足以说明里德对于她和奥尼尔之间性爱关系的反应。里德有个朋友叫弗雷德·博伊德，他 1913 年在帕特森丝绸罢工中被捕，是里德将他从狱中解救出来。自此，博伊德就对里德忠心耿耿。据布莱恩特说，博伊德发现奥尼尔和布莱恩特好上了，他凌晨四点跑到里德和布莱恩特家门口，满身酒气地跟他们要 40 美元。里德问他要钱干什么，博伊德说他要去买枪，打死奥尼尔。里德非常温柔地亲吻了自己的未婚妻，让博伊德回家睡觉醒酒。第二天上午，他来到奥尼尔的棚屋，提醒奥尼尔：“博伊德昨晚喝多了，到处胡说八道。如果你听到什么，千万别在意。我希望你和特里·卡林还是每天来我们家吃饭。”[56]对于他们大部分的朋友来说，《被压抑的欲望》和《我且问你》中所表现的对性爱自由的崇尚，在很大程度上都是假装的，只是为了显得很“波西米亚”。但在这件事上，路易斯·布莱恩特和杰克·里德是玩真格的。

夏天快要结束的时候，普罗温斯敦剧团倾尽全力地准备最后一场演出，终于在 9 月 1 日首演了奥尼尔的第二出戏《渴》，演出中还包含库克和格拉斯佩尔的《被压抑的欲望》的复排。与《东航卡迪夫》的首演传奇不同，这场演出并不十分成功。因为经常在海里游泳，奥尼尔又黑又瘦，正好去扮演黑白混血的水手，这是奥尼尔短暂的表演生涯中所出演的最主要的角色。库克扮演绅士，布莱恩特扮演欲望强烈的舞女。在排练中，佐拉奇夫妇最初想为《渴》设计一个非常具有象征性的背景,与布莱恩特的《游戏》相类似,但奥尼尔拒绝了,他希望演出尽可能体现现实主义的特征;因此,他们放弃了象征性的大海,而改用长长的幕布,“人在幕布下翻滚”,制造出波浪的效果。[57]布莱恩特想要在最后一场中把胸部袒露出来,因为奥尼尔在舞台提示中要求舞女在已经渴疯的情况下扯掉自己的紧身胸衣,但普罗温斯敦剧团对此的处理比较谨慎。(布莱恩特的确对裸露身体这种事不是太在意。威廉·卡洛斯·威廉斯说他那年秋天在纽约第一次见到她时,她穿着“一件重磅白色丝裙,裙子紧贴臀部的曲线,像流光溢彩的瀑布倾泻而下……她在裙子底下应该是什么都没穿,因为裙子在股沟处所形成的褶皱清晰可见”。)[58]

尽管关于《渴》的首演找不到正式的评论,但《波士顿周日邮报》在9月刊登了一篇题为《普罗温斯敦剧团星光熠熠》的文章,当时剧团刚刚正式成立还不到一周,文中说“普罗温斯敦剧团跟爱尔兰的剧团一样,正在努力摆脱舞台传统的束缚,要求表演自然质朴,台上和台下一样……现在看来,美国戏剧似乎因为普罗温斯敦剧团在这个夏天所呈现的作品而变得更加丰富。他们上演了尤金·奥尼尔的两出戏,这是一位年轻的剧作家,之前他的作品从没上演过,他们相信,他将超越普罗温斯敦,被更多的人知晓”。[59]

吉格·库克对此早已心知肚明,不需要记者来告诉他。库克的朋友艾德娜·坎顿9月初前来拜访他,她是女权主义组织“异端”的创建者之一。库克立刻将她带到码头剧院。坎顿回忆,潮水在沾满沙子的宽大木板下翻滚,周围是“挂着渔网、挂着贝壳、满是海藻的墙”。吉格猛地拉开背景墙,让“大海闪亮登场”。“你还不认识尤金吧,”他对她说。“你不了解他写的戏。不过你将来会了解的。有一天全世界都会知道尤金的戏……尤金的戏不属于百老汇;他必须拥有的那种舞台,我们即将在纽约建立。”[60]

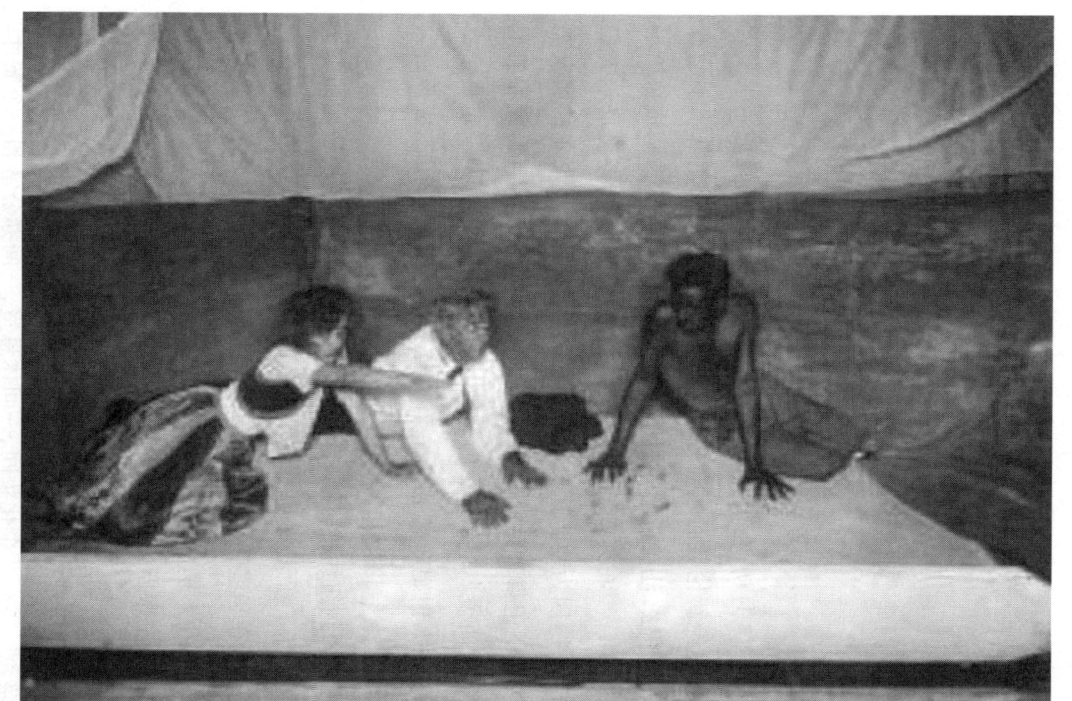

1916年8月在码头剧院上演的《渴》。左起，路易斯•布莱恩特扮演的舞女，“吉格”（乔治•克莱姆•库克）扮演的绅士和尤金•奥尼尔扮演的混血水手（图片来自“耶鲁美国文学藏品系列”，拜内克珍本手稿图书馆，纽黑文）

华盛顿广场以南

1916年10月初，在普罗温斯敦首演大获成功之后，奥尼尔乘坐火车回纽约，途经新伦敦时短暂停留，去看望父母。奥尼尔从来不会放弃任何一个想法，他在新伦敦的那一周将《拍电影的人》改写成短篇小说《战争新闻》。[61]布莱恩特也跟着奥尼尔去了新伦敦，老奥尼尔夫妇同意他们交往，因为她能让奥尼尔别喝那么多酒。[62]奥尼尔的朋友杰西卡·瑞品还记得布莱恩特在新伦敦闲逛的样子，赤着脚，穿着奥尼尔的裤子。“听说奥尼尔那么迷恋她，”瑞品说，“我以为她一定是个卓尔不群的人物，但她好邋遢啊，一看就是从格林威治村来的，应该赶紧去洗个澡。”[63]

奥尼尔回到纽约的时候，吉格·库克已经为普罗温斯敦剧团下一步的发展找到了新址：麦克杜戈大街139号，一座建于1840年的棕色石头房子，就在华盛顿广场南面，每月租金50美元。奥尼尔建议将剧院命名为“剧作家剧院”，剧团成员一致同意，这个名字可以彰显剧作家的新身份，主宰剧院的应该是剧作家，而不是百老汇的听差。狭窄的演出场地在一楼，舞台后只剩下几英尺的空间用于更换场景。因为消防法的限制，剧院不能设票房，因此剧院的收入只能依靠演出季的预定套票。二楼有几个化妆间、一间休息室、一间办公室和一个餐厅，由克里斯汀·埃尔经营。[64]

奥尼尔与刑满释放的路易斯·豪勒迪、自由撰稿人，餐厅服务员以及未来的地下酒吧老板巴尼·加兰特合租了一个公寓，在华盛顿广场38号，租金为每月3美元。公寓的附近有个马厩，因此总有一股马粪味儿。[65]和很多人的感觉一样，加兰德和奥尼尔待在一起的时候总是觉得紧张不安，但时间长了他就明白了：每次奥尼尔向别人讲述以前的故事，“他其实已经是在构思他的作品；他就像个画家，在心中勾勒一个场景。他会盯着我们，观察他的故事对我们能产生多大的冲击——也可以说，我们就是他的观众”。[66]

在六个演出季期间，普罗温斯敦剧团惊人地上演了当代和未来“文学之星”的一系列戏剧作品：除了奥尼尔和格拉斯佩尔，还有西奥多·德莱塞、杜娜·巴恩斯、麦克·戈尔登、弗罗伊德·得尔、埃德娜·圣文森特·默蕾，以及其他决意要反抗传统的作家。受到严格的戏剧审查制度和戏剧辛迪加及舒波尔特兄弟将百老汇全面商业化的双重控制，美国传统戏剧标榜温和而明确的道德准则，缺乏生机和活力。普罗温斯敦剧团因此不希望剧评家来看他们的演出，一举抛弃了好莱坞为剧评家提供赠票的传统。

“人们纷纷来到麦克杜戈大街，因为这很刺激，”克莱顿·汉密尔顿于1924年在哥伦比亚大学讲学时告诉在场的300名听众；这个临时的演出场所“为去贫民窟寻欢作乐提供了一个比较有文化的替代物”。“去新阿姆斯特丹剧院看《蠢货们》基本上是一种消费，”他说，“而去麦克杜戈大街看普罗温斯敦剧团的演出不是消费，而是冒险。”[67]比如，在一场演出中，一帮意大利小孩儿拉开舞台侧门，大喊“去你妈的！”喊完就跑了。演员查尔斯·埃利斯在舞台边上发现有些观众被吓懵了，纷纷站起身来。他不愿意让演出如此轻易地被打断，于是将铁锹高高举起——这是当时他所扮演的角色手里的道具，冲破“第四堵墙”，大声吼道：“如果有人敢乱动，有人敢不听我讲话，我就活埋了你们！”[68]

普罗温斯敦剧团将南尼·贝里的茶壶咖啡馆作为剧团开会或者演出后聚会的地方，这是格林威治村一家挺有名的咖啡馆，在第四大街西148号一家杂货店的二楼，以前是个艺术工作室。他们把桌椅漆成各种颜色,把破旧的砖墙和巨大的横梁漆成玫瑰一般的红色。餐厅中央有一个巨型的茶壶,从中可以倒出一杯杯的茶,用来搭配这儿出名的香薄荷三明治。[69]令人失望的是,奥尼尔经常缺席这里的会议。“我们得派个人去地狱窟,把奥尼尔揪回来!”普罗温斯敦剧团的某位成员这样叫道。“但通常的情况是,”玛丽·沃斯回忆,“不管是谁去地狱窟‘把奥尼尔揪回来’,他自己也待在那儿不走了,还得别人去把他也揪回来。”剧团成员于是一个接一个地去隔壁的地狱窟,最后整个剧团都移师地狱窟。[70]

吉格·库克在与他的门徒奥尼尔长期交往的过程中,时常感到紧张,甚至是在有大量酒精作为润滑剂的情况下也是如此。他们会在一起喝渔夫之家宾治酒或者是老泰勒波旁酒,奥尼尔喜欢喝混酒。奥尼尔一贯的紧张不适感在清醒的时候尤为严重,让库克觉得很煎熬。在库克 10 月份写给格拉斯佩尔的信中,他抱怨奥尼尔的性格具有可怕的传染性:“我每次一见到奥尼尔,就立刻感觉到他的紧张。我是说我立刻就被他传染了——我自己也感觉到紧张。差不多就是一种焦虑情结。他喜欢和我在一起,因为他发现我可以体会他的焦虑。但这对我来说却不太好。”[71]

库克还将奥尼尔痛苦的自我意识解读为一种自恋。当他发现奥尼尔又在盯着自己在镜子中的映像,就对奥尼尔说:“你是我认识的最自负的人。”奥尼尔说:“不,我只是想确认自己在这里。”[72]

实际上,奥尼尔作为剧作家的独特技巧很大程度上在于他有一种能力,驱使人们进入他内心备受折磨的阴影之中,不论是在台上还是台下,这一特点在他的下一部作品《早餐之前》中被用到极致。《早餐之前》可以被看作奥古斯特·斯特林堡《强者》的美国版,剧情涉及酗酒、自杀、婚外恋、两次婚外怀孕、一次流产和一位整天唠叨直至逼死丈夫的家庭主妇。“奥尼尔并不在意这出戏是否成功,”普罗温斯敦剧团成员艾德娜·坎顿说。“他只关心观众对其中的戏剧独白、戏剧震惊、戏剧解脱的反应。这是一次刻意的试验,他想以此获得确切的结果——观众的承受力到底有多大。”在该剧于 12 月 1 日首演之前，奥尼尔就在思考：“观众在多大程度上能够承受这种类型的作品？他们在什么地方会崩溃？”奥尼尔自己饰演从幕布后伸出的那只手。阿尔弗雷德·罗兰是个波西米亚艺术家，出生在一个富有的家庭，他从浴室里伸手去拿剃须膏，然后割喉自杀。哈里·坎普曾经看过奥尼尔所扮演的大角色——《渴》中的黑白混血水手，他调侃，这位剧作家“更喜欢他在《早餐之前》中的角色”。“观众只看到那只手，根据剧本中的描写，这只手修长、敏感、纤细。随后传出一声低吟。扮演这个角色需要微妙、克制和精准。手和呻吟要协调好……奥尼尔伸出手，发出呻吟，他演得非常好。”[73]（这是奥尼尔最后一次上舞台表演，此后他身体的任何一部分再也没有上过舞台。）

“孩子啊，”奥尼尔的父亲詹姆斯问他，“你为什么就不能写点开心的戏呢？”[74]詹姆斯已经开始密切关注小儿子刚刚萌芽的戏剧事业，他去看过一两次《早餐之前》的排练。与身穿灰白色羊毛或棉布衣服的普罗温斯敦剧团成员们形成鲜明对比，詹姆斯穿着皮领的外套，拄着镶嵌黄金的手杖，还戴着一枚硕大的钻石戒指。根据当时在场的威廉·卡洛斯·威廉斯回忆，尤金对父亲挺尊重的，“在戏剧本身或舞台呈现出现问题的时候”，奥尼尔会向父亲咨询。[75]当爱尔兰美女玛丽·佩恩独自在舞台上表演时，詹姆斯让她停下来，用老派的表演方法亲自指导她，“带着《基督山》的声音和手势”。那天晚上，当演员们离开剧院时，有人夸他儿子“有天赋，有前途”。詹姆斯回答：“是的，是的，我觉得这孩子是挺有两下子的。”[76]

布莱恩特离开了奥尼尔，和里德一起去了因尼斯弗里，这座房子在纽约北面，是里德在纽约哈德逊-克罗敦医院做手术之前租下的。她离开之后，奥尼尔每天喝很多酒，就连吉姆·奥尼尔都开始担心弟弟喝得太多，他和布莱恩特联系，请她劝说奥尼尔少喝一点。布莱恩特在地狱窟找到了奥尼尔，奥尼尔衣冠不整、烂醉如泥，她哄他上了公交车,回父母家醒酒。老奥尼尔夫妇当时住在布鲁克林高地的圣乔治旅馆,而不是他们平时住的曼哈顿乔治王子旅馆。他们很有可能是在寻求附近修道院修女的安慰和引导,这里的修女1914年曾帮助埃拉戒除了吗啡。(1918年冬天,埃拉接受了乳房切除术,这次手术让她暂时性地再次使用吗啡。)[77]

那年秋天接受肾脏手术之前,里德和布莱恩特在纽约的皮克斯基尔悄悄结婚,11月12日,里德独自前往巴尔的摩的约翰斯·霍普金斯大学医院接受手术,摘除了一个肾。在里德术后休养期间,奥尼尔和布莱恩特一起住在位于华盛顿广场的里德的公寓。那年11月,布莱恩特大病一场,格林威治村传闻,她的病是在打掉奥尼尔的孩子时留下的后遗症。她在哈里·洛波尔医生那儿接受治疗,洛波尔医生在格林威治村挺出名的,最擅长处理流产、性病和药物滥用。[78]几周之后,布莱恩特和里德的身体都恢复了,但她仍然与奥尼尔打得火热。

1917年1月5日,普罗温斯敦剧团上演了奥尼尔的下一部作品,独幕剧《雾》。这出戏创作于1913年,"泰坦尼克号"事故的一年之后,故事发生在大浅滩附近漂流的救生艇上。主要角色是一位诗人和一位商人。诗人说,那些不幸的灵魂只有被幸运的人所关照,才能获得成功(物质上和所有其他方面的成功)、得以幸存、拥有幸福,他们因此而争论不休。相对于那么小的舞台而言,奥尼尔的舞台提示实在是野心不小,这出戏需要雾、初升的太阳、滚落的浮冰、翻滚的波浪和两艘船,还有一些其他的特效。奥尼尔关于"一战"的剧作《狙击手》于2月16日上演,两周之前美国刚刚与德国断绝外交关系。普罗温斯敦剧团上演《狙击手》的原因,正是贝克教授以及詹姆斯的朋友们两年前拒绝上演这出戏的原因,因为主题涉及当前的时事,普罗温斯敦剧团将《狙击手》和另外两出反战剧为他们的"战时剧目"。[79]

普罗温斯敦剧院新来的导演尼娜·莫伊斯自信而干练,她第一次见到奥尼尔的时候,奥尼尔正在茶壶咖啡馆跟几个人谈他的《狙击手》。莫伊斯当时并没有被他所打动:“他是如此的不善言辞,我感到非常疑惑,他怎么会觉得自己能写戏呢?”她事后回忆,“后来我读到了《狙击手》的剧本,这不是一出非常好的戏,但即使如此,我仍然记得自己在阅读时的兴奋——它太有生命力了。”尽管奥尼尔当时觉得自己几乎没有办法将想法传达给演员和导演,但莫伊斯说:“他的剧本谁来排演都没问题。导演可以遵循他的舞台提示,绝不会出差错。”[80](1917—1918 演出季,莫伊斯在秋季执导了他的独幕剧《归途迢迢》、《鲸油》,又在春季执导了《绳索》。)

1917 年春,奥尼尔逃离了格林威治村的各种纷扰,回到普罗温斯敦静心写作。他在那儿遇上了豪饮的通俗小说作家哈罗德·德·波罗,两人一起在大西洋大楼租了一个房间,房东约翰·弗朗西斯在这座公寓楼里为他们整修了几个房间。奥尼尔以前在路易斯·豪勒迪的 60 酒吧见过德·波罗一面,当时酒吧还没被封,豪勒迪也还没入狱。德·波罗和其他几个人在酒吧里嘲笑格林威治村的波西米亚人是一群装腔作势的乡巴佬,他们的话被奥尼尔听见了。奥尼尔打断他们,义正词言地加以反驳,说自己出生在百老汇,然后就跟他们聊起来。这一聊就开启了他和德·波罗之间延续十余年的友谊。(他们很快就成了无话不谈的好朋友,奥尼尔甚至向德·波罗承认,他母亲离群索居是因为吸食吗啡上瘾,奥尼尔很少对别人说这件事。)[81]

大西洋大楼的阳台上挂着一条标语:“狗和艺术家禁止入内!”奥尼尔住在大西洋大楼的这段时间,完成了第一部受到更多观众欢迎的戏剧作品——《在交战区》。当时对于德军入侵的恐惧正四处蔓延,这出独幕剧发生在一艘英国蒸汽船“格伦凯恩号”上,与《东航卡迪夫》发生的场景一样,但这次船上满载着炸药和军火,正要穿过德军的潜艇区。船员们惊恐地发现,史密蒂在宿舍藏了一个黑色的盒子,他们怀疑盒子里装的是炸弹,进而怀疑他是德国间谍,准备要炸毁这艘船。

而在现实生活中,奥尼尔和德·波罗两人也于 3 月 27 日因为间谍指控被捕,这实在是神秘的巧合。普罗温斯敦本地居民当时的警惕性与奥尼尔在剧中所虚构的船员们不相上下,他们发现奥尼尔和德·波罗经常在海滩和大街小巷漫无目的地闲逛,于是就产生了怀疑。一些居民向当局报案,说这两个陌生人一定是在为德军寻找可能的着陆地点,其中一个人还带着个神秘的黑盒子(有可能是奥尼尔用来装剧本的"魔幻酵母"木箱或者就只是个装打字机的盒子)。鲁本·R.凯里警官很快就持枪逮捕了他们,当时他们正在新中央旅馆吃饭。"为什么要逮捕我们?"德·波罗问。"你们知道为什么!"凯里大声回答。他说有人看见他们在附近的北特鲁罗市广播电台周围"徘徊",尽管最初的指控是非法游荡,但他们被怀疑在从事间谍活动。两人被关押在市政厅,司法部的秘密警察弗瑞德·维扬德被从波士顿派来调查他们。他们被关押了24个小时,不许请律师,但奥尼尔是詹姆斯·奥尼尔儿子的身份很快被证实了,两人因此获释。(当地居民的过激反应并非空穴来风;1918年夏天,一艘德国潜艇真的侵入了普罗温斯敦海岸,居民发现后向其开枪。)[82]

奥尼尔从未经历如此屈辱的审讯,他获释时感到又生气又害怕。当局还指派了两名侦探守在大西洋大楼,他们的任务是监视奥尼尔的邮件。他们会在早餐时调侃奥尼尔:"你妈妈给你写了封信,尤金,但你女朋友今天把你忘了,不过有人给你寄了条针织领带。"[83]这一事件将在1924年重现,那一次是联邦调查局对奥尼尔的叛国性政治活动进行调查。

这件事与《在交战区》的情节如此一致,让人难以相信奥尼尔是在经历这件糟心事之前就完成了剧作;但是,奥尼尔和德·波罗坚持说,这出戏是在他们被捕之前写的。奥尼尔创作这出戏的素材有可能是《新伦敦电讯报》1912年9月9日所刊登的一篇文章,他当时在报社工作。文章的题目是《神秘盒子吓坏众人,结果却是虚惊一场》,说的是新伦敦的一个意大利裔店员对别人托他看管的一个黑盒子产生了怀疑。他觉得这个盒子有可能属于黑手党控制的恐怖组织,因此就报了警。经过调查,这个盒子里装的只是一些男性的衣物,后来被主人取回了。[84]很多年之后，奥尼尔在他1940年的工作笔记中记下了一出名为《马拉泰斯塔来访》的喜剧的构思，主要情节来自意大利无政府主义者恩里科·马拉泰斯塔的一生。在剧中，马拉泰斯塔拜访了一个可以被看作新伦敦虚构版的地方。尽管剧中的意大利裔美国人认为他是个激进分子，策划了1900年刺杀翁贝尔托一世的行动（翁贝尔托一世其实是被另一名无政府主义者盖塔诺·布雷西刺杀的），但奥尼尔写道：这个人物“否认与暗杀事件有任何关联——那都是恐怖组织的疯狂行动——真正的无政府主义者从来不认可流血事件”。[85]

尽管战时纷扰不断，奥尼尔住在大西洋大楼的这段时间有可能是他一生戏剧事业中最为勤奋的阶段之一。在一楼低矮的酒吧，他写了《鲸油》、《在交战区》、《归途迢迢》和《加勒比群岛之月》。除了《鲸油》，他还完成了另外两部“格伦凯恩号”系列剧《归途迢迢》和《加勒比群岛之月》。《鲸油》讲述了一位捕鲸船长的妻子被丈夫追求鲸油的一意孤行逼得发了疯。剧情是根据1903年约翰·A.库克船长和妻子维奥拉·费西·库克1913年极地远征的真实故事创作的，《鲸油》中虚构的戴维和安妮·肯尼夫妇显然也代表詹姆斯和埃拉·奥尼尔。但是，《加勒比群岛之月》才是奥尼尔的最爱。这出戏最初的名字是《特立尼达之月》，剧情发生在特立尼达海岸附近，“格伦凯恩号”在去布宜诺斯艾利斯的途中在那里临时停靠。《加勒比群岛之月》在前甲板上展开，融合了一个个性格鲜明的人物，整出戏几乎没有任何情节。“世界上没有任何其他人能写这么一出戏，”奥尼尔后来对尼娜·莫伊斯说。[86]

用路易斯·布莱恩特的话说，她在五月中旬的突然到来让奥尼尔“大吃一惊”。杰克·里德在华盛顿特区指挥反战抗议活动——同时偶尔也搞点婚外情。尽管布莱恩特自己也公然出轨并且声称是自由性爱运动的坚定拥护者，她还是怒火中烧，决定利用这个机会报复丈夫，但她只和奥尼尔待了一周的时间。回到纽约之后，她在里德的帮助下获得了记者的资质证书，当时美国决定加入脆弱的英、法、俄同盟，共同对抗德国战争机器。作为一名有资质证书但从未经受实际考验的战地记者，布莱恩特在潜艇袭击的频繁威胁之下乘船前往法国。[87]

奥尼尔不像布莱恩特那样热衷于去亲身体验世界大战，尽管当时很多美国作家都很热衷，比如里德、约翰·多斯·帕索斯、欧内斯特·海明威、e.e.卡明斯和伊迪斯·华顿等。征兵令刚刚颁布的时候，他曾想加入海军，但因为“一些小问题不符合规定”而被拒绝入伍。之后他给盖洛德疗养院的莱曼大夫写了一封信，问他要一个可以避免参加征兵的医学借口，比如“营房和前线的条件会对曾患肺结核的人造成严重伤害，是这样的吧?”他说，“我想要为国家服务，但为它去送死就显得有点傻了”。[88]

那年夏天，奥尼尔将《归途迢迢》和《加勒比群岛之月》投给了《潮人》杂志，这份杂志宣称致力于“进步怀疑主义”，主办者是美国学术界著名的离经叛道者 H.L.门肯。奥尼尔在给门肯的信中写道，“我希望这些对我来说是非常真实的戏剧，能够通过你严苛的审查，因为我知道你的严苛是‘一剂良药’”。门肯于 1917 年 10 月在杂志上发表了《归途迢迢》；那年冬天又接受了《鲸油》并于次年 5 月发表。另一份知名的文学期刊《七艺》在 6 月发表了奥尼尔的短篇小说《明天》，激发了奥尼尔在小说和戏剧两方面同步发展的兴趣。期刊编辑瓦尔多·弗兰克并不喜欢这篇小说，但碍于路易斯·布莱恩特的情面，还是将其发表了（他同样也不喜欢奥尼尔的《我是社会身上的一只虱子》，这首诗也是布莱恩特交给他的，后来遗失了）。弗兰克坚持认为，小说必须进行大幅的改动，包括删去那个情节剧式的尾声。奥尼尔将《明天》看作基于他在吉米神父酒吧生活的系列短篇小说中的第一部，“故事中讲述者大部分时间独占聚光灯——差不多就是康拉德的马洛”。但是他当时无法找到一个可延续的情节线索，因此就放弃了整个创作计划。[89]（他将在几十年之后重新回到这一主题，以戏剧的形式来加以表现，这就是《送冰的人来了》。）

特里·卡林那年春天也来到普罗温斯敦，他和奥尼尔一起搬进了另一个“垃圾公寓”，他们给公寓起的名字和上次一模一样，这次的公寓是在约翰·弗朗西斯的出租屋里。[90]奥尼尔在门上挂了一条横幅，让来来往往的人都能看到：“如果你打搅我的话，公驴会玷污你奶奶的墓地。”在屋顶横梁上，他和卡林一起刻上了这么几句话，改编自梅波·科林斯那本关于神秘思想的《路上的灯》中的核心信条：

在双眼能够看见之前，它们的泪一定已经流干！
在耳朵能够听到之前，它一定早已不再敏锐！
在声音能够发出之前，它一定已经失去伤害的能力！
在灵魂能够飞起之前，它的翅膀一定在心血之中洗过！[91]

奥尼尔刚刚在“垃圾公寓”安顿下来，就开始以惊人的速度进行创作，完成了独幕喜剧《G.A.N.》(指涉亨利·詹姆斯对日渐式微的“伟大的美国小说”[Great American Novel])的滑稽指代，这部喜剧后来被他销毁了)、短篇小说《毛猿》和中篇小说《S.O.S》(根据他1913年的独幕剧《警报》改写)。他在9月写信给一位朋友：“我周一把长一点的小说[《毛猿》]寄给了《周六晚报》。他们有可能接受它，如果这样的话，就意味着我能拿到现钱。我很确信，这篇小说将来某个时候一定能卖出去。”他在此之前就已经在普罗温斯敦写出了非常成熟的戏剧作品，但仍然希望通过流行小说比较快地获取现金。“希望就在这里！”他在寄出《S.O.S》之前说：“我应该可以有一点钱花了，但愿如此！”[92]

那年夏天，奥尼尔显然与艾琳·弗里曼擦出了点小小的火花，她是个画家，与自由派前卫艺术家有很多交往，包括曼·雷、马塞尔·杜尚、约翰·斯隆和海伦娜·恩格里奇，恩格里奇是弗里曼在普罗温斯敦时的室友。“在大城市靠着作家微薄的收入生活，从老爹那里再要一点钱，”他向弗里曼抱怨自己将如何在纽约度过又一个严冬，“这不是我梦想中的完美生活。在如此堕落的日子滋养真正艺术家的本能，真是太糟糕了。我想去海边,朝着我想象中的南海进发”。奥尼尔送给弗里曼一份签了名的手稿,是他在布宜诺斯艾利斯时写的《新郎哭了!》。在她9月离开之后,奥尼尔又给她写过几封信。在这些没有发表过的信件中,他详细介绍了自己的健康状况(强壮)、经济状况(贫穷)以及创作进展(不错,但小说很糟糕)。路易斯·豪勒迪之前邀请他去俄勒冈州的苹果园,果园是豪勒迪的未婚妻路易斯·诺顿的。诺顿说,如果豪勒迪想娶她,就可以去苹果园干干活、醒醒酒。德·波罗也想在新英格兰乡村找个地方跟大家“合住”。奥尼尔告诉弗里曼,这两个提议都“挺有吸引力”,“德·波罗和我对彼此的罪恶都很宽容——我和豪勒迪也一样——我们相处得很好,是真朋友”。奥尼尔也梦想着搬到南海去,终其余生“在精神的小提琴上演奏,让现代文明被火焰摧毁”。[93]然而,他最终还是回到格林威治村恼人的混乱之中。

8月13日,路易斯·布莱恩特从欧洲归来,杰克·里德到纽约的码头去接她。为了抵御当时的酷暑和烈日,里德穿着白色的绸缎套装,戴着巴拿马草帽。他告诉她,他们只有四天的时间收拾行李,然后就将乘船再次穿越大西洋。有很多迹象表明,俄国马上就要发生一场社会主义革命,他们要去报道这场革命。布莱恩特在法国逗留期间并没什么收获,因此她非常热切地同意返回欧洲。

奥尼尔深受打击,但布莱恩特安慰他说,尽管自己远在俄国,但她仍然会一直爱他。他也发誓会一直爱他,但他只坚持到了11月。而布莱恩特直到第二年3月才会回来。奥尼尔一次又一次地给她发电报,表达对她的思念,但她很少回复;就算回复,她的语气在奥尼尔看来也是“冰冷的,不明确的”。他又开始大量地喝酒,他告诉她,“喝酒是我唯一能做的,我拒绝忍受痛苦,喝酒可以让我麻木”。他经常跟不同的女人过夜,他说,“我的心碎了,我在报复,报复你,报复所有女人,报复自己,也是在报复生活”。[94]

没过多久,奥尼尔对布莱恩特的思念就得以缓解,因为他爱上了多萝西·戴伊，这个20岁的姑娘非常漂亮，思想成熟，是个政治行动派。[95]戴伊刚从大学退学，之后开始为《民众》杂志和社会主义报纸《纽约召唤》撰写劳动争议方面的文章。奥尼尔非常欣赏她，因为她敢和酒量最大的男人喝酒，唱着《弗兰基和约翰尼》，并且还在"人群中乱抛玫瑰"——这是她自己所引用的十九世纪英国诗人欧内斯特·道生的诗句。(作家马尔科姆·考利说她的酒量胜过码头装卸工，但是她否认了这种说法。考利把这看作赞赏，而戴伊却认为这是困扰她整个职业生涯的恶意诽谤。)戴伊与左翼小说家兼剧作家迈克·戈尔德有过一段不长的情史，是戈尔德将戴伊介绍给奥尼尔，但戈尔德立刻就后悔了。戈尔德认为，戴伊对这位崭露头角的剧作家的爱慕，其实就类似于少女对叛逆少年的迷恋。她特别想成为一名作家，而奥尼尔是格林威治村最耀眼的文学新星。而且，他对布莱恩特的爱情让他在身边的女性群体中更加具有吸引力。但是，尽管戴伊被奥尼尔的思想所俘获，她却觉得他"在身体上并不那么令人兴奋"。她说他们从来没有上过床，他甚至都没吻过她。有时他会问："你难道不想丢掉处女身份吗?"她拒绝的时候，他倒显得挺开心的。[96]

剧作家剧院在那一季的排练和演出结束的时候，所有的演职人员都跑到街角的地狱窟去了。"没有人想上床睡觉，"戴伊后来写道，"也没有人愿意一个人待着。"[97]那个时候，地狱窟后厅的人都在谈陀思妥耶夫斯基、波德莱尔、斯特林堡、尼采和弗朗西斯·汤普森，空气里全是烟草和变质啤酒的酸臭味。奥尼尔会背诵汤普森的史诗《天猎》，整整182行都能背诵：

我逃离他，穿过夜晚和白天；
我逃离他，穿过岁月的拱门；
我逃离他，穿过心灵的迷宫；
泪眼迷茫。

戴伊以前从来没有听说过这首诗,她痴迷地盯着奥尼尔,看着他“胳膊肘撑在桌上,双手托腮,眼睛只看着自己的内心,根本不看我们这些听众”。[98]她注意到,他对于诗中的一句话特别强调,这句话似乎是在诉说他对布莱恩特注定失败的爱情:“现在我的心是破损的喷泉,泪滴在其中停滞。”[99]奥尼尔朗诵诗歌时,“嗓音低沉单调,嘴唇冷酷,眼神忧郁,”她在自传中写道。在她未出版的回忆录《语境诉说》中,她又加上了这样的描述:奥尼尔的朗诵“在我内心激起了强烈的宗教感”。[100]带着随之而来的精神顿悟,戴伊开始参加格林威治村圣约瑟夫教堂的活动。[101](她后来成为天主教工人运动的著名领袖,她的名字出现在梵蒂冈,被追封为圣徒。)

戴伊回忆,奥尼尔当时就已经“被崇拜者包围了”。她说,“他开始感觉到自己的力量,并为此狂喜不已”。“尤金最大的优点之一,是他待人特别真诚,比我们其他人都要真诚,”戴伊回忆。“他尊重特里·卡林,也尊重希波利特·哈维尔,几乎没有其他人尊重这两个人……希波利特一喝酒就在屋子中间站起身来,兴高采烈地四处转圈……我们都笑他,但尤金不笑。”哈维尔和一个名叫里克·霍恩斯比的女同性恋混在一起,经常傻乎乎地尖声大叫:“我是她的小狗狗。”有人瞧不起哈维尔的怪异举动时,奥尼尔会斥责他们:“这个人在欧洲坐过好几次牢,他吃了不少苦。”戴伊说,“我们是革命者,应该同情不幸的人,我们要团结在一起。尤金非常关心不幸的人”。[102]

麦克斯韦尔·博登海姆是“格林威治村波西米亚之王”,那个演出季也为普罗温斯敦剧团写剧本,他引用奥尼尔那年秋天在地狱窟大声宣布的政治信条,当时奥尼尔身边坐着两个哈德逊帮的成员:“如果无产阶级、知识分子和艺术家能够团结起来,他们就可以统治世界。我指的是真正的无产阶级、知识分子和艺术家——不是那些冒牌的懒汉。匪徒、枪手、司炉工,与艺术家、作家中为数不多的叛逆分子团结起来,一定能弄出绝妙的提案……他们都是另类的贵族;他们都是被上流社会抛弃的人;如果他们睁开眼睛看到彼此之间的共同之处,那么政府和中产阶级就完了……这个世界总要有人统治，唯一的麻烦在于，最敏锐的心灵和最有力的拳头从来没有被结合起来，去把这项工作干好。”[103]

“让宇宙倒转”

“格伦凯恩号”系列中的第二部作品《在交战区》在纽约市郊上演之后，获得一致好评，但剧作家本人并不满意。剧作家剧院获得了来自主流戏剧界的热捧，这出戏也被华盛顿广场剧团接受，1917 年 10 月 31 日在喜剧剧院首演，好评如潮。尽管普罗温斯敦剧院特别不喜欢剧评家来看演出，但华盛顿广场剧团总是积极邀请剧评家们前来观看。艾德娜·坎顿说，《在交战区》“让[奥尼尔]一跃进入百老汇的聚光灯”。很多媒体都关注了此次演出，《纽约时报》上还刊登了一篇特写，题目特别夺人眼球——“奥尼尔是谁?”[104]

《纽约时报》的特写对奥尼尔评价很高，正如奥尼尔早期的导师克莱顿·汉密尔顿几年前所预测的那样，将其比作美国剧坛的杰克·伦敦和约瑟夫·康拉德：“他了解海员们上岸后经常光顾的地方，他和他们聊旅途轶事，不是作为旁观者，而是作为他们中的一员。”尽管有四出短剧在喜剧剧院连续上演，但《在交战区》占据了《纽约时报》评论版面的四分之三，《环球商业广告人报》对这位勇于创新的戏剧新秀赞赏有加：“我不知道这个年轻人是从哪儿获取所有这一切的——对话、角色、海员的特征，这是他描写海员生活的第二出戏，力度非凡，极富穿透力。他让穿越潜艇区的海员们在你面前变得鲜活，鲜活的程度令人惊叹。不仅如此，该剧在不同的阶段展现出激动、兴奋、同情、讽刺等强烈情绪……一个年轻人能写出这样的作品，实在是太有天赋了。”[105]

出于艺术完整性的考虑，奥尼尔一开始拒绝加入综艺巡演，但后来他还是觉得难以放弃200美元的定金和每周70美元的版税（版税要分一部分给华盛顿广场剧团）。这是他职业生涯中第一次获得版税，之前他的生活来源还一直依靠父亲每周寄给他的15美元，这笔版税正好可以贴补一下。巡演持续了34周，最终停演主要有两个原因：随着战争的平息，市场对战争剧逐渐失去了兴趣；1918年又爆发了大规模的流感。[106]（死于这场流感的人数是死于战争人数的三倍，共造成五千万人死亡。普罗温斯敦剧团也未能幸免；在因流感而死亡的657000美国人中，包括1918年病逝的哈里，他是哈普古德和博伊斯的儿子，还有1919年病逝的哈奇·柯林斯，柯林斯是奥尼尔在新伦敦时的好友，同时也是普罗温斯敦剧团的主要演员。）《七艺》也曾出价50美元购买奥尼尔的剧本《在交战区》。尽管这份期刊还没等到剧本完成就散伙了，奥尼尔还是拿到了这笔钱，足够他和卡林每天在地狱窟喝酒的费用，还可以支付定金，在约翰·弗朗西斯那儿预订夏天度假的公寓。[107]

1917年秋天，来了一位俄亥俄州立大学的毕业生。他叫“吉米”（詹姆斯·莱特），22岁，是个英俊的小伙子，金发，留着张扬的小胡子，帽子总是歪戴着。他已经获得哥伦比亚大学的奖学金，攻读英语专业硕士学位。他与查尔斯·艾里斯一起搬进了麦克杜戈大街139号，就在剧院的楼上。莱特刚开始整理行李，就听到楼下传来锤子敲击的声音，于是下了楼。他看见三个男人在闲聊，另外一个人在敲打一堆粗制滥造的木头凳子。其中一个人就是奥尼尔，他的黑眼睛紧盯着在地上翻滚的骰子。莱特批评凳子的工艺太差，一把锯子唐突地被塞到他的手里。他说，“我立刻就开始锯”。后来，他捧着一摞书上楼的时候，演员们说服他客串苏珊·格拉斯佩尔最新作品《把书合上》中的英语老师。莱特由此一发不可收；到1925年为止，他一共在普罗温斯敦剧团出演过34部作品，还导演了奥尼尔的很多作品，根据《纽约时报》的统计，“由他所执导的奥尼尔作品比美国任何其他人都要多”。[108]

《把书合上》与奥尼尔的《归途迢迢》出现在同一份演出单上(在《在交战区》之后三天上演)。《归途迢迢》是一出独幕剧,发生在伦敦码头的下等酒吧,刻画海员在上岸期间的危险命运。(詹姆斯·奥本海默的《夜晚》在那天晚上结束演出。)《纽约论坛报》的剧评人在首演的那天到得太晚了,被拒绝入场。他站在剧场外的麦克杜戈大街上,听到剧场里面的喧闹,"主要是桌子被砸坏的声音,中间又夹杂着低沉的男性声音,还有女人刺耳的尖叫"。《波士顿晚报》的剧评人在剧场里观看了演出,他断言,《归途迢迢》的"素材就是通俗的恐怖故事,要不是因为对现实的刻画比较逼真,这出戏就是出庸俗情节剧,该被扔进垃圾堆"。"即使是最有经验的记者,"他写道,"也不可能知道像这出戏中所表现的那么多种不同的醉法。"这种负面的评价不可避免地产生了如下的效果:普罗温斯敦剧团的演出票预定量大幅增加,以至于他们不得不开始每天晚上都演出,一周七天。接下来首演的是奥尼尔的《鲸油》,时间是 11 月 30 日,这出戏又一次让戏剧评论家们将奥尼尔奉为能与康拉德比肩的美国剧作家;和杰克·伦敦一样,奥尼尔也能够在文学界发出令人耳目一新的雄性声音,但他是专为舞台创作,而舞台这种媒体之前主要是用来迎合女性观众:"这位作家是著名演员詹姆斯·奥尼尔的儿子,他能够写'关于男人'的作品,尽管基调灰暗,却扣人心弦。"[109]

奥尼尔一开始对此感到很兴奋,但很快就厌倦了。"我想它和其他东西也没什么不同,"《救命草》中的斯蒂芬·莫雷这样评价自己刚刚在文学上获得的成功:"当你得到它,你就发现自己根本不需要它。"(*CP*1,783)与此相似,几年之后,麦克斯韦尔·博登海姆写信祝贺他所取得的成功,奥尼尔在给他的回信中说自己想避免博登海姆所期待的格林威治村场景:"你所提到的'欢迎'中最让我难过的部分,并不是我自己拿它当回事,而是其他人拿它当回事了,或多或少都是如此。有人因此恨我,或者嫉妒我,或者喜欢我,或者利用我,或者恭维我——大家都乐此不疲——但他们似乎完全没办法再像以前那样看待我了。但我确信,我仍然是原来的那个‘我’,我很孤独,正是这些愚蠢的家伙,用他们的怀疑,把我变成了一个心怀疑问的人。并不是我没有意识到这一切都是不可避免的——但它令我很沮丧,为了我敏感的皮肤,我学会了回避和躲闪。”奥尼尔接下来告诉博登海姆,随着他名气的增加,他觉得自己因此受到了惩罚,总是“充满歉意,并有意识地畏缩不前,似乎在说:原谅我吧,好人们,因为我的名字在《晚报》上出现了五次”。[110]

与格林威治村不断发酵的嫉妒相比,更糟的是那些“恶毒的”含沙射影。他向路易斯·布莱恩特抱怨,把这些嚼舌头的人称为“‘杰克怎么样啦’一族”:“杰克怎么样啦?”“你有没有路易斯的消息?”“他们结婚了吗?”“他们是不是在离开这儿之前就结婚啦?”他告诉布莱恩特,他可以假意和他们周旋,在必要的情况下他周旋得相当专业,但他讨厌那些“村里的狼蛛”。但是,传到布莱恩特耳中的那些关于奥尼尔的风流韵事,绝大部分都确有其事。他承认,“我偶尔会去找姑娘,只是为了显示我还有能力,同时也为了让她们单薄的灵魂增加一些浪漫——我由此得到了随性做爱的坏名声。爱? 上帝啊,你给它一个什么样的名字啊! 你提醒我,我们俩都是爱尔兰人,但你不能听那些爱尔兰式的胡言乱语!”[111]

吉姆·奥尼尔坚持认为,弟弟尤金不和百老汇合作,简直就是在浪费他的天赋;他自己倒是在充分享受纽约闹市区的乐趣,身边总有克里斯汀·艾尔的陪伴。艾尔身材高大,一头红发,哈钦斯·哈普古德觉得她是从陀思妥耶夫斯基作品里走出来的人物(陀思妥耶夫斯基是普罗温斯敦剧团无可争议的文学偶像),将她描述为“完美的母狮”。艾尔嫁给了路易斯·艾尔,他是舞台技师,也是业余演员。1917 年 11 月的一个晚上,路易斯·艾尔冲进地狱窟。在地狱窟没找到克里斯汀,他大叫着要和她离婚,然后气呼呼地摔门而出。等到艾尔终于来到酒吧的时候,她宣布是来见自己的新情人——吉姆·奥尼尔。

那天晚上 10 点 30 分左右，一位 25 岁的漂亮姑娘走进了地狱窟，她叫阿格尼斯·伯顿，来找艾尔喝一杯。伯顿当时已经出版过不少小说，她刚刚从康涅狄格州的柯恩沃桥搬到格林威治村，之前她在康涅狄格州和父母一起经营奶牛农场，生活挺艰难的，还带着个两岁的女儿"曲奇"(芭芭拉·伯顿)。这个孩子应该是她和第一任丈夫詹姆斯·伯顿生的，她说詹姆斯·伯顿在欧洲去世了，去世原因一直是个谜。前夫去世之后，芭芭拉就由阿格尼斯的父母照料。伯顿与哈里·坎普及玛丽·佩恩是好朋友，他们曾于前一年夏天拜访了她家的农场，肯定也告诉了她格林威治村里最近所发生的事情。[112]她一到纽约就住进了布里沃特旅馆，想在工厂找一份工作，尽快挣点钱，同时也可以收集一些素材以描写工厂女工的内心世界。

那天晚上在地狱窟的剧团成员们看到阿格尼斯·伯顿时，都惊讶得说不出话来，她长得实在太像路易斯·布莱恩特了。布莱恩特要比伯顿更具古典美，但除此之外真的几乎是一模一样。奥尼尔也惊呆了，坐在黑暗的角落里一直盯着她。彼时为止，他所喜欢的"类型"非常明确：身材苗条(伯顿身高五尺四寸，体重才刚刚超过一百磅)、脖子细长、黑头发、高颧骨。伯顿记得奥尼尔当时盯着自己，仿佛"他以前就认识我"。[113]

吉姆·奥尼尔随后也来了，得意扬扬的，打扮得像个百老汇的公子哥，黑白格礼服，礼帽，精心修剪过的指甲——甚至在上衣口袋里插上一枝康乃馨，这些都是他的标志性装束。他和往常一样，喝得醉醺醺的。"嗨!"他对着地狱窟黑洞洞的后厅大叫。"我来晚啦? 是的! 我在地铁迷路了，为了寻找一个气味难闻的大块头金发女郎!"(他瞥了一眼伯顿，立刻就认为，"高颧骨——她一定能拿下他"。)[114]用伯顿自己的话说，尤金·奥尼尔最打动她的有两点，"他是爱尔兰裔"，"他是个革命者"。她也隐隐有些担忧：这个人有一种让人不安的、会传染的脆弱，很多人之前也都有这种感觉。"一种自我意识——强加在别人身上的持久而强烈的意识，让别人感受到他的自我关注……这种意识可以解释他的害羞以及其他个性特点——其实就是这样一种强烈的自我意识。”那天晚上，奥尼尔送她回布里沃特旅馆，临别时对她说：“从现在起，我希望生命中的每一个夜晚都和你一起度过。我是认真的，我生命中的每一个夜晚。”[115]

奥尼尔和伯顿之后很快又见面了，这次是在克里斯汀·艾尔家的公寓派对上。派对开始很久了，却没人知道奥尼尔到底会不会来。“他这会儿在哪儿呢？”艾尔大声说。“在地狱窟，肯定是喝醉了。跟一群流氓混在一起！”奥尼尔最后还是来了，但他不理伯顿。她认为这是个挑战，而不是拒绝，因此假装“安安静静的，也对他不感兴趣”。过了一会儿，她再也忍不住了。“你好！”她直视着他的眼睛，“还记得我吗？”他的回答很礼貌，但挺疏远的；过了几分钟，他走进旁边的一个房间，从外套的口袋里拿出一瓶粉红色的威士忌，一口气喝完，又摇摇晃晃地走回到宾客当中。“充满嘲讽地大声狂笑着，”伯顿回忆，他拉出一把椅子，爬上壁炉台，那儿有个大钟在滴滴答答地转个不停。他站在高处，仿佛回到了在普林斯顿大学读书的日子，高声唱起来：

> 让宇宙倒转，
> 让我回到昨日。
> 倒转——

奥尼尔接着打开了壁钟的玻璃罩，把时针往回拨，他的眼睛盯着分针，看着它也跟着时针一起朝着相反的方向转动。在这古怪的举动之后，他径直走向尼娜·莫伊斯。了解他的人都认为，他在艾尔家派对上的奇怪行为无疑是在期盼布莱恩特的归来；但他后来向伯顿坦白，他是在尽力隐藏自己对她难以抑制的渴望。不管他这样做到底是为什么，在这之后，奥尼尔和多萝西·戴伊开始和德·波罗及伯顿一起约会。德·波罗已经结婚了,所以很快就退出了,剩下来的三个人,用伯顿的话说,形成了一个"三角家庭"①。[116]

"我比多萝西漂亮,尽管我不像她那么会唱歌!"伯顿在心里乞求奥尼尔。"请看看我,好吗?"[117]她埋怨戴伊嫉妒自己对奥尼尔的吸引力,戴伊后来对此予以否认。实际情况其实正好相反。在戴伊看来,伯顿"比路易斯漂亮得多……但她没有路易斯的聪慧和成熟"。伯顿对于戴伊应该没有什么可担心的,因为奥尼尔对伯顿的爱意与日俱增,而戴伊作为朋友,只是喜欢奥尼尔并崇拜他的写作才华,她说自己对伯顿更多的是担忧,而不是嫉妒。她认为奥尼尔当时爱上布莱恩特是因为里德爱着布莱恩特,而不是出于对布莱恩特本身的爱。"尤金需要无望的爱情,"戴伊说。"杰克要比尤金更爱路易斯,奥尼尔从没那样爱过她,也永远不可能那样爱她。尤金也只是用她来代替布莱恩特而已。因此我观察着阿格尼斯和尤金之间的交往,希望她不会被伤得太深。"[118]

戴伊的担忧是有理由的,后来的情况的确和她所预料的一致,但已经太晚了。奥尼尔让伯顿相信——就算他还没让自己相信——他已经爱上了她。尽管在他们交往的最初几周,他仍然因为自己对布莱恩特的"痛苦激情"和"苦涩思念"而饱受折磨,他在伯顿面前并不隐藏自己的情感。但他也告诉她,他并不确定布莱恩特在经历了俄国战乱的兴奋刺激之后是否依然爱着他。[119]

伯顿很快就对奥尼尔感到不安,他的行为古怪无常:他的情绪总是大起大落,喝醉了酒就大声表达爱恨,极度自怜,同时又极度自恋,两种矛盾的倾向相互交织。她听说他在背后"对朋友冷嘲热讽,不留情面——见面时却又挺好的"。她还意识到,他不喜欢小孩儿,这一点比娅特里奇·艾希也有所觉察。"我搞不懂小孩儿,"他告诉她,"他们让我紧张,我不知道拿他们怎么办。"最后,他对性别的看法也有问

① 原文中用的是法语 ménage à trois(三角家庭),指夫妇双方与一方的情人共居的家庭。

题——"有问题"还算是比较委婉的说法。有一次奥尼尔对她说,"也许他是在开玩笑":他理想中的女人应该是四种身份的结合——"情人、妻子、母亲和仆人"。[120]

对于伯顿来说,比这些缺点更让她担心的是他作为爱尔兰裔革命者的立场。比如,有一天晚上在谢里丹广场,奥尼尔说他自己与两年前复活节起义中的爱尔兰伟大烈士是同一种类型的人——帕特里克·皮尔斯、詹姆斯·康诺利、奥拉西里——他告诉她,当革命最终在美国发生的时候,他会不顾自己的非暴力无政府主义立场,和同志们一起拿起枪,摧毁现行的武装。他指着广场上的一座三角形的建筑物,许下誓言,这个建筑物将作为美国自由的纪念而流芳百世,就像爱尔兰的都柏林邮政总局一样。[121]

1918年1月,格林威治村里传言,说路易斯·豪勒迪已经成功戒酒,正在从俄勒冈回纽约的途中。他到纽约的那天是1918年1月22日,大家在克里斯汀·艾尔的饭店聚会,庆祝他的回归。他的朋友们都保证尊重他戒酒的成果,不让他喝酒,因此奥尼尔先去地狱窟喝了个够,再去见豪勒迪。伯顿也来了,她身后跟着画家查尔斯·德穆斯和爱德华·菲斯特,他们一起走着来的,路上还遇到了多萝西·戴伊和其他几个朋友。当豪勒迪进来的时候,所有人都夸赞他的身体状态。"我从没见过状态这么好的人,"伯顿说,"充满自信,兴高采烈。他成功地戒了酒。他熬过来了——今晚他将再次见到自己的爱人,这周他们俩即将结婚。"[122]

豪勒迪的未婚妻路易斯·诺顿很晚才到地狱窟和大家见面。兴奋的人们开始有些不安,因为他们看到诺顿和豪勒迪拘谨地交谈了几句,然后就突然离开了。豪勒迪不在格林威治村的这段时间,她爱上了另一个人。而豪勒迪正是为了和她结婚才去俄勒冈戒酒的,她的背叛因此更加伤人。

奥尼尔把伯顿送回她在韦弗利街新租的公寓,然后回到地狱窟去安慰他痛苦的朋友。但是奥尼尔很快就回来了,让伯顿觉得很吃惊。他一句话也没说,衣服也没脱就上了床,蜷缩在她身旁,像个孩子那样抓着她的手。多萝西·戴伊很快也来了,脸色苍白,面无表情。"路易斯死了,"她嘴里念叨着。"我知道他会死的。"她请求奥尼尔跟他一起回华盛顿广场 133 号的罗曼尼·玛茜饭店,豪勒迪的遗体还在那儿的一张桌上躺着。戴伊告诉他们,验尸官来了,警察正在询问当时的情况。伯顿回忆,戴伊从外套口袋里拿出一包白色粉末,这包海洛因正是引起豪勒迪心脏病发作的原因。在此期间,奥尼尔一直"挣扎在恐惧的边缘,拒绝接受这一事实"。[123]

在他们返回饭店的路上,奥尼尔在街角突然停了下来,语气紧张地说,"我要回地狱窟。待会儿见"。警察在罗曼尼·玛茜饭店的入口处碰上了伯顿和戴伊,但并没有理会她们。两个女人看到豪勒迪僵硬的遗体,伯顿回忆,"一阵风从敞开的窗子吹进来,吹起了他的头发,他空洞的双眼看着天空——就在下午,这双眼睛还那么自信,那么欢乐"。[124]

天刚破晓,戴伊去敲地狱窟的门,却没人回应,因此她们俩就去了一家附近的咖啡馆。在那儿她们有可能遇见了罗伯特·阿勒顿·帕克,他是豪勒迪和奥尼尔的朋友,他向他们讲述了凌晨发生的事情。路易斯·诺顿离开之后,豪勒迪开始为酒吧里所有的人买酒,买酒的钱是他省下来准备结婚用的。前一天晚上,他弄到了一到两小瓶海洛因,但没人知道他到底是从谁的手上拿的货。是地狱窟里某个"鬼鬼祟祟的人"?是王子街上的饭店侍者?还是特里·卡林?[125]豪勒迪、罗伯特·阿勒顿·帕克和查尔斯·德穆斯把海洛因倒在手背上,吸得很嗨。(奥尼尔对吸食毒品后的状态变化一点都不陌生,他一直是拒绝毒品的,这无疑与他自己母亲对毒品的依赖有关。)地狱窟打烊之后,他们一行人又去了罗曼尼·玛茜饭店,在那儿遇上了戴伊。他们刚一落座,豪勒迪就"似笑非笑地"看着奥尼尔,又看了看戴伊,似乎他认为他们应该懂他的意图,然后就从瓶中吞下了一大口海洛因。他倚在戴伊的肩膀上，静静地死去了。德穆斯、罗曼尼·玛茜饭店的店主（玛茜·马尚德）和所有人都吓坏了，奥尼尔也吓坏了。[126]

豪勒迪是企图自杀？还是不小心吞下了过多的剂量？这个问题至今仍没有定论（尽管奥尼尔在 1944 年告诉自己的第三任妻子卡洛塔·蒙特雷，他认为豪勒迪肯定是自杀）。[127]不管怎样，他服用海洛因的同时又喝了酒——这是致命的组合。早上地狱窟开门之后，伯顿和戴伊发现奥尼尔坐在桌前，醉得说不出话来，面前还放着一杯刚喝了一半的老泰勒波旁酒。酒吧里的人开始多起来，大家都在悄悄议论豪勒迪的死。这时，路易斯的姐姐波莉突然出现在门口，“表情险恶、冷漠，”伯顿回忆，“她站在那儿，环视四周，似乎在找什么东西，但没找到。然后她又走了出去，一句话也没说，看都没看尤金一眼，”奥尼尔是豪勒迪的老朋友，他还是目睹豪勒迪死去的几个人之一。[128]

跟吉姆在花园旅馆躲了几天之后，奥尼尔回到伯顿那儿，求她嫁给他。她告诉他，他们应该再等等，但奥尼尔已经决定戒酒并与伯顿建立稳定的关系，他还买了两张去普罗温斯敦的船票。因为担心自己的情敌路易斯·布莱恩特即将回到纽约，伯顿同意和奥尼尔一起去普罗温斯敦。当船驶离码头时，奥尼尔掏出口袋里藏着的一瓶老泰勒酒，喝了一大口，他的双手抖得厉害。[129]豪勒迪的自杀可能是他人生中第一次目睹自己所深爱的人死去，但不久以后，这样的经历将再次重演。

路易斯·布莱恩特 1918 年 3 月初回到纽约，给身在普罗温斯敦的奥尼尔写了一封言辞激烈的信，指责阿格尼斯·伯顿纵容他酗酒，“格林威治村的人都这么说”。她还想知道，他是否依然爱着他。奥尼尔回答，伯顿接受他“最糟糕的状态——[她]爱我，并不是让我变成她想要的样子”。“我是否深爱她，”他接着说，“我自己也不知道。在过去的这半年中，‘爱’似乎成了陌生语言中的一个词，我不理解它的意思。它让我头晕目眩。”布莱恩特还指责奥尼尔与尼娜·莫伊斯、艾琳·弗里曼之间传出的“绯闻”。对此他予以否认,并指出她的虚伪:“在一年半的时间里,我一直爱着你。但大多数时候,你都和另外一个男人住在一起。这是没法否认的。就算你在身体上忠实于我,那又有什么意义呢——尤其是在那种情况之下。”[130]奥尼尔认为自己对她的情感与爱尔兰神话中梅芙女王的故事非常相似:“艾莱尔①对她说:‘我的欲望岁月般绵长;但它就如同向着回声说爱,在波浪上悲戚,与阴影孤独共舞,这就是爱和欲望于我的感受。’”[131]“非常有可能,”他在写给布莱恩特的最后一封信中告诉她,“你在我灵魂中留下了如此深刻的烙印,伤口永远无法愈合,我注定永远爱你——同时痛恨你在我人生中所留下的痕迹。”[132]

约翰·弗朗西斯在普罗温斯敦火车站迎接奥尼尔和伯顿,并安排他们住进了一个临时的单间,单间的阁楼是个小书房。天气转暖,弗朗西斯也完成了房屋修缮工作,他们又搬进了奥尼尔和卡林前一年夏天所居住的公寓。“尤金是个很棒的家伙——真正的天才,”弗朗西斯在带着伯顿参观公寓时对她说。“我从来没有见过有谁像他那样工作——他一干起活来,简直无人能比。”[133]

奥尼尔充分利用了在弗朗西斯公寓的这个闲适的冬天,完成了两部独幕剧《弹震症》和《绳索》。《弹震症》又名《枪托》、《烟》和《耶稣脚下》,这是奥尼尔第三次尝试用戏剧的方式表现第一次世界大战的恐惧。他的第一次尝试《狙击手》发生在比利时,主要人物是比利时人和普鲁士人,第二次尝试《在交战区》发生在一艘穿越德国占领区的蒸汽船上,而《弹震症》则发生在战争后方,哈佛大学的一个学生餐厅。(与其他两出戏不同,《弹震症》在奥尼尔有生之年并未上演。)

《绳索》是对圣经中关于浪子或者说是“不成器”儿子的故事(Luke 15:11—32)的讽刺性反转。一个名叫“鲁克”·本特利的年轻人,在父

① 艾莱尔(Ailell)是爱尔兰神话中梅芙女王(Queen Maeve)的情人。

亲临死之前拿到了遗产并挥霍一空。他是个十足的恶棍，显然是以吉姆·奥尼尔为原型，“他脸上挂着好心的、有点傻气的微笑，有时尽情大笑。他长着乌黑的鬈发，他的声调和举止里还带着些满不在乎和不负责任的青年人味道”。(*CP*1,556)①(1909 年，吉姆曾经在当时流行的戏剧《浪子》中扮演主角。)[134]鲁克也是奥尼尔本人的化身：“你们乡下人应当睁开眼，看看外边儿变成什么样了，”鲁克告诉自己的姐夫，“你瞧我的吧！我离开这儿的时候，什么也不懂，可是四处闯荡闯荡，又进城看了看，遇到过各式各样的人物，两只眼睁着点——这么着你才能学到一两手诀窍。”(*CP*2,561—562)②尽管奥尼尔曾经有过放荡不羁的生活，他在戏剧领域更算得上一个“浪子”。实际上，如果说他父亲詹姆斯所演的那些戏旨在通过救赎与和解来让人振奋，奥尼尔笔下恶毒的鲁克则从来没有弥补自身的过错。完全没有。鲁克在国外的经历只是进一步确认了他对家庭和小镇狭隘眼界的蔑视。[135]

普罗温斯敦剧团准备在四月份上演《绳索》，但奥尼尔和尼娜·莫伊斯围绕剧本争论不休。奥尼尔尊重莫伊斯的导演工作；但是，她想要去掉第一场中大部分的说明性台词，而奥尼尔坚持，“如果表演得很自然的话，所有那些说明的部分会从人物自身流露出来。关键是让他们去表演！”[136]莫伊斯让步了，该剧于 4 月 26 日在剧作家剧院上演，尽管莫伊斯对演出效果很担忧，但该剧的评论还不错。

在写给莫伊斯的信中，奥尼尔在信的末尾很突然地告诉她，他在两天之前——4 月 12 日——结婚了，婚礼在当地教区“最好的大厅”。主持婚礼的威廉·L.约翰逊牧师“讨人喜爱，善良虔诚，口齿不清，似乎是在用鼻子祈祷”。“我真的不想不恭，”他又写道，“这个可敬的圣徒是个可爱的老傻瓜，因为他孩童般的甜美真诚，婚礼拥有了一种奇怪而独特的简洁感。我发现自己暗暗希望和他一样，去信仰那个他如

① 引自蒋虹丁翻译的《绳索》，郭继德编：《奥尼尔文集》(1)，人民文学出版社，2006 年，第 315 页。
② 引自蒋虹丁翻译的《绳索》，郭继德编：《奥尼尔文集》(1)，人民文学出版社，2006 年，第 321 页。

此深信不疑的温柔上帝。这听起来像是多愁善感,但其实不是。”[137]

在伯顿答应嫁给他之后,他们决定将婚礼推迟到4月举行。他们这样做是出于好几方面的原因:她不相信奥尼尔已经忘了布莱恩特(他们婚礼的唯一见证人爱丽丝·伍兹·乌尔曼听到伯顿生气地指责奥尼尔,“你还是像以前一样爱路易斯”。),而且他也担心“婚礼会让他不得不暴露个人的隐私”。[138]关于奥尼尔与伯顿婚姻的一个非常重要的细节,逃过了很多人的眼睛,包括学者、朋友和家人:他们的婚姻是不合法的,或者说,至少奥尼尔藐视法庭的裁决。负责奥尼尔与凯瑟琳·简金斯离婚案的法官在判决书中裁定,“没有怀特普莱斯法庭的允许”,奥尼尔不能再婚,而对于这一裁定,奥尼尔并没有上诉。1912年10月11日生效的最终判决在一百年零一天之后才得以公开,这份判决赋予简金斯再婚的权利,“就当被告[奥尼尔]已经死了”。但是对于奥尼尔,另外一位法官签署了判决书,明确规定,“如果被告在原告还活着的情况下与除原告之外的任何其他人结婚,均为非法”。[139]

奥尼尔当时收到了这份最终判决,但很显然,他身上的哲学无政府主义倾向让他选择无视这份判决。[140]他甚至一直拖到八月才告诉伯顿,他以前结过婚,还有过一个孩子。他说出这些经历时声称“任何后果,比如离婚、金钱或其他——我都从来没有考虑过。我想……我从来没觉得自己是个结过婚的人。我把一切都交给爸爸去处理了。他嘴巴挺紧的,什么也没说”。一方面是奥尼尔对于法官的判决置之不理,从另外一方面来看,凯瑟琳·简金斯虽然承认曾经“深爱”奥尼尔,也不会有什么理由去反对她前夫的婚姻。她已于1915年嫁给了乔治·皮特-史密斯,两人住在长岛的里托奈克,共同抚养当时已经八岁的小尤金。他们甚至将孩子的名字都改成了理查德·皮特-史密斯。简金斯回忆,“不,[自从奥尼尔从布宜诺斯艾利斯回来之后],我们后来再也没见过面。为什么要见面呢?我们一直无视对方的存在”。[141]

1917 年夏天在普罗温斯敦期间,奥尼尔偶然获得了他的第一部相对成熟的剧作的题目。一天晚上,他在码头等一艘当地的渔船归来,一个名叫霍华德·斯雷德的小男孩在他身边坐了下来,这孩子脑子有点慢。[142]"海的那边是什么?"斯雷德问。"欧洲。""欧洲的那边是什么?"小男孩追问。"天边,"奥尼尔说。"那天边外又是什么呢?"[143]

奥尼尔于 1918 年春天在他和伯顿的住所完成了《天边外》,他将这出悲剧献给伯顿。该剧的主人公罗伯特·梅约以他自己为原型,与父母及哥哥一起生活在新英格兰的一个农场。但罗伯特一直梦想着体验"天边外"的生活,他在剧中反复提及这个隐喻。他的这个梦想被另一个更为强烈的欲望所击溃——与本地姑娘露丝·艾特金的恋情。所有人都以为露丝会嫁给老实本分的安德鲁,他是罗伯特的哥哥,干农活是一把好手。这样,罗伯特就接受了命运的讽刺,准备去过本该属于哥哥的农场生活。罗伯特与露丝结婚并留在农场的决定,让安德鲁选择了出海远航。安德鲁的命运也很悲哀——他走了弟弟原本该走的路,落入了物质的陷阱,丧失了他在农场所具有的精神内涵。性的吸引和嫉妒的威力迫使兄弟俩都选择了与自己本来意愿相反的道路,最终的结果注定是个悲剧:露丝失去了爱情(她发现自己爱的其实还是安德鲁),罗伯特与露丝的孩子玛丽夭折,安德鲁破产,罗伯特死去。

奥尼尔的情节构思来源于他在"查尔斯·拉辛号"上结识的一名挪威水手,这名水手思念家里的农场,诅咒自己签合同上船的那一天(《归途迢迢》中奥尔森这个人物也是以他为原型的)。奥尼尔感觉到,挪威水手的抱怨并非真诚,因为他在海上航行了 20 年,从没回过挪威。奥尼尔问自己,"如果他按照自己本来的意愿留在农场,情况会如何?会发生些什么?"[144]"但我立刻意识到,他绝不可能留在农场……从那一刻起,我开始考虑一种更具深度的人物类型……一个人,具有挪威水手与生俱来的那种对大海风浪的渴望,只是这种渴望在他身上被有意识地幻化为一种难以名状又不可捉摸的浪漫的流浪渴望。他心理和生理上的阻力,有可能也会相应瓦解。他会抛弃原本的梦想,接受农场生活的束缚,因为——也许是任何小小的诗意美好——比如,异性的吸引”。[145]

奥尼尔将剧本寄给自己熟悉的《潮人》编辑 H.L.门肯和乔治·金恩·内森。内森被誉为“美国戏剧评论之父”,他把剧本转交给百老汇著名制作人约翰·D.威廉姆斯。威廉姆斯非常喜欢这个剧本。这正是他一直在寻找的那种剧本——一出真正意义上的美国悲剧。他给奥尼尔开了一张支票,购买 6 个月的版权。“我曾经约[约瑟夫·]康拉德帮我写一出戏,”威廉姆斯说。“他写的航海故事非常棒,但他不会写剧本。我想要的东西,要有大海的感觉,但不要有大海的场景……在《天边外》中,农场与大海形成对立,前者引发后者的冒险精神。这是我看过的最真挚的悲剧……完全没有那种‘舞台腔’,在我看过的美国剧作家创作的作品中,这出戏独一无二。”[146]

奥尼尔和伯顿非常兴奋,决定用这笔意外的收入去纽约度个非正式的蜜月。在纽约,他们和吉姆一起在花园旅馆时,伯顿第一次目睹了丈夫酗酒的严重程度。

奥尼尔看了《绳索》的排练,但其他时候都在避免与格林威治村的“狼蛛”见面。(有人在地狱窟看见路易斯·布莱恩特,穿着俄罗斯式的闪亮刺绣红外套和高筒黑色皮靴,跟人打听奥尼尔在哪儿。)奥尼尔也决心滴酒不沾:“我喝酒的时候,就写不出任何好的作品,”他告诉伯顿,“哪怕是醒酒之后,也写不出来。”他开始“恐惧”酒精对大脑造成的伤害。一位医生告诉他,大脑组织类似于蛋清,而酒精会让大脑组织“固化”,就像蛋清被煮熟了一样。[147]然而,如果奥尼尔没在写作,他就在喝酒,尤其是和吉姆在一块儿的时候。

伯顿从纽约乘火车去新泽西,她的家人已经从康涅狄格州的农场搬到新泽西州居住。她父亲需要她帮忙修整老宅,老宅在西坡因特南面大约 70 英里,她在这儿长大。当她回到纽约时,丈夫已经和普罗温斯敦剧团的成员们完成了《绳索》的排练,让她高兴的是,他没有喝酒。

因为担心接下来有可能再次发作的酒瘾，他们计划第二天就动身去普罗温斯敦。但是到了第二天，他又答应去和吉姆喝酒，就是一瓶老泰勒酒的诱惑，让他又身陷其中。两个人待在旅馆的房间里，整整喝了一个多礼拜。“当时我还不知道，”伯顿说，“喝了第一瓶，就必须一直喝到最后。”[148]

兄弟俩一瓶接一瓶地喝，从晌午醒来开始喝，直到第二天凌晨醉得不省人事。吉姆还到附近的饭馆吃点东西，但奥尼尔从来不出门，仅靠楼下酒吧的汤和添加了白兰地的奶昔果腹。几天之后，就只喝奶昔。伯顿每天去中央车站购买返回马萨诸塞州的车票；奥尼尔却在每天醒来之后，一口喝掉昨晚剩在酒瓶里的酒，他管这个叫“酒引子”，由此开始一整天的痛饮。伯顿求他赶紧动身，他却固执地不理不睬，但她最终还是设法把他弄上了火车，这次是带着吉姆一起走的。在波士顿转车时，吉姆四处溜达，带回来一只浑身跳蚤的土狗，他给它取名为鲍瑟，为了把狗带上车，还跟列车员吵了一架，列车员最终同意让狗待在行李舱。整个旅途中，吉姆在列车走廊里晃来晃去，想找个“气味难闻的大块头金发美女”陪陪自己。[149]

他们一回到普罗温斯敦，奥尼尔和伯顿就搬进了奥尼尔和卡林以前在弗朗西斯那儿的公寓，房梁上还有他们当年从《路上的灯》中摘录的诗句，吉姆则住进大厅尽头的一个房间。[150]普罗温斯敦的艺术爱好者们现在对这位剧团新星非常仰慕。在不到两年的时间里，他写了二十多部作品；其中八部作品都在纽约上演，包括 4 月份刚刚首演的《绳索》。奥尼尔很少在鸡尾酒会上露面，也不参加任何社交俱乐部，这更增加了他的神秘感；他还被公认为是这个波西米亚海滩社区中最勤奋的艺术家之一，这里大多数人基本都在闲逛消夏。他一般会在每天的写作结束之后，穿过商业大街，去和苏珊·格拉斯佩尔长谈，交换关于戏剧创作的想法，这经常让伯顿心生嫉妒。[151]格拉斯佩尔后来曾展示了她和奥尼尔长谈时手写的字条，虽然简单，但非常清晰地显示了奥尼尔在后来的创作中独特的风格:“把他自己的一切都作为素材——大海——命运——上帝——谋杀——自杀——乱伦——疯狂。总是在寻找新的形式。因为这对于他想要表达的主题是必要的。”[152]

奥尼尔与哥哥那年春天在花园旅馆的豪饮经历让他在普罗温斯敦的前几周挺难熬的,他必须控制自己对酒精的依赖。但是,一旦他成功地“逐渐停止”并摆脱酒精的“不良影响”,就开始以惊人的速度进行创作。他先是写了一出大胆的独幕剧《梦孩子》,关于早年黑人移民的故事,使用黑人区的方言,是他描写非洲裔美国人生活的几部作品中较早的一部。在他和伯顿离开曼哈顿之前,奥尼尔在花园旅馆又遇上了以前在地狱窟的酒友乔·史密斯,他还没被格林威治村乌烟瘴气的谣言所影响。乔·史密斯随口提到一个纽约黑人匪徒,绰号叫“梦想”。奥尼尔反复念着这个名字。“梦想,”他笑着说,“一个黑人匪徒,叫‘梦想’……为什么叫‘梦想’?”[153](普罗温斯敦剧团在秋季演出季并没有上演这部作品,而是在第二年上演,一个白人剧团却启用了全黑人阵容,这又是一次激进的创举。)

奥尼尔在那年春天还决定“脱离父亲的帮助”,也就是父亲每周汇给他的15美元,用他自己的话说,“不是出于愤怒,而是相信自己能够独立,但这一决定被证明是不成熟的”。[154]这个决定的确不成熟:哈罗德·德·波罗和妻子海伦五月到达普罗温斯敦的时候,发现奥尼尔夫妇已经去纽约了。(德·波罗后来说,他们来普罗温斯敦是为了找伯顿帮海伦流产。)[155]德·波罗很快就收到了一份来自马萨诸塞州福尔里弗的电报,跟他要25美元,购买回普罗温斯敦的车票,因为奥尼尔把他们用来购买转乘车票的钱都拿去买酒了。德·波罗把钱汇给他们之后,又收到了伯顿发来的吓人电报:尤金“快要死了”。德·波罗没把这当真;他知道伯顿还不大了解奥尼尔喝酒时的习惯。但他承认,奥尼尔“可能虚弱不堪,因为他喝酒的时候总是拒绝吃东西”。[156]

当德·波罗乘火车去营救奥尼尔时,一个孤独的陌生人在他旁边的座位坐下,尽管那节车厢几乎是空的,陌生人抱歉地说,他“只是必须找个人聊聊”。这个人是作家辛克莱尔·刘易斯，当时正在创作后来让他声名鹊起的长篇小说《大街》。在福尔里弗站下车后，刘易斯和德·波罗在迈伦旅馆找到了奥尼尔和伯顿。跟德·波罗所预料的一样，奥尼尔“醉得很厉害，也很开心”。他们一起出去，又喝了三品脱“美国原装的波旁酒”，边喝边聊，直到第二天早上五点，德·波罗说，“特别愉快，大家聊得非常好”。[157]之后，刘易斯开车把他们带到普罗温斯敦，省了他们买车票的钱。

“我当时喝多了，目空一切，”奥尼尔几年之后告诉剧作家西德尼·霍华德，“要是我跟穷人们一起乘坐脏兮兮的列车，我就死定了。”他接着说，“刘易斯把我从福尔里弗一周的狂饮中解救出来……还自告奋勇地把烂醉如泥的我送到普罗温斯敦。”奥尼尔是在自己获得诺贝尔奖之前写下这段话的，他是第二个获得诺贝尔文学奖的美国人，而刘易斯是第一个。霍华德开玩笑地威胁说，要把他的信公之于众，奥尼尔回答，“要是你想通过发表这封信来毁掉诺贝尔奖的庄严，那我求之不得！获得诺贝尔奖会出名，但哪怕名气只能维持很短一段时间，我也坚决不愿意出名”。[158]

安全返回普罗温斯敦之后，奥尼尔和伯顿仍然苦于资金短缺。他俩都认为小说是最容易挣钱的，因此德·波罗帮着推销奥尼尔的小说《战争新闻》，这篇小说是奥尼尔 1916 年在新伦敦时写的，德·波罗想把它发表在“印刷精美的杂志”上。“但是没推销出去，”德·波罗承认，“我也不知道为什么。”奥尼尔在收到第二封退稿通知时，咧嘴笑了，告诉德·波罗：“让它见鬼去吧。你扔了它也行。”（德·波罗不赞同奥尼尔的观点，他认为，不论文学作品的质量如何，都不应该被扔掉；因此，《战争新闻》才得以在 2007 年重见天日。）[159]

伯顿当时已经是个小有成就的小说家了，那年夏天，她也在努力创作几篇小说，其中包括一个短篇《船长的小路》：“老船长柯蒂斯……不愿放手，尽管他早已老态龙钟。大海的景象和声音唤醒他体内的激情，一种难以名状的渴望。那艘承载他的思绪的失事轮船，成了这一切的象征……在寂静的屋里来回走了一会儿,他最终还会来到那条小路上,守望那条永远不会归来的轮船。"奥尼尔饶有兴致地读了这篇小说,但非常直白地告诉她,它不够戏剧化。伯顿解释说,她本来就是在写"一个重在气氛和感觉的故事",就像《加勒比群岛之月》那样,但奥尼尔借用了这个故事,将其改名为《画十字的地方》。作为交换,他把自己写的多幕喜剧《我且问你》给了伯顿,供她改写。"这不是我的风格,"他说,"但对于流行小说来说,倒是绝佳的题材。"他建议她将其改写成一部长篇小说,或者把剧本再润色一下,但伯顿并没有接受他的建议,转而创作另外一篇小说《信》。[160]

写作了一上午之后,奥尼尔和伯顿会出来放松一下,他们时常步行穿过松林和沙丘,一直走到"山顶吧",这里位于半岛的北岸,原来是个救生站。当地人管这里叫"外边",格拉斯佩尔曾在一出叫《外边》的戏里这样记录,"像是一只胳膊弯起来,形成一个港湾——男人们在这里躲避风浪……[这里]沙丘连着树林,树林托着沙丘,附近的小镇就在港湾的岸上"。这个救生站被美国救生机构出售给萨姆·刘伊森,他是个金融家,同时从事艺术收藏。在梅波·道奇的指导下,救生站被改建成一个风景如画的夏日度假屋。"这就是你和我应该拥有的房子!"奥尼尔对他的新婚妻子说,"我们将像海鸥那样生活,两只海鸥每天晚上飞回我们的家。"[161]

1918至1919年纽约演出季,普罗温斯敦剧团搬到了麦克杜戈大街133号,面积有所扩大。这里原来是个马厩,与剧作家剧院只隔三道门。他们又一次面临资金短缺的困境;但这时出现了一位戏剧"天使",阿尔伯特·库姆斯·巴恩斯医生(因推广使用弱蛋白银治疗淋病而著名),他给了剧团1000美元供他们进行装修,条件是他们能够自行募集到等额的资金。他们做到了,这多亏了剧团的新任秘书玛丽·艾莉诺·菲兹杰拉德,大家都叫她"菲姿",她是个政治活动家,特别擅长在紧急情况下快速募集资金。剧团在地下室修建了售票处和化妆室，座位数也从原来的150增加到将近200。克里斯汀·艾尔的饭馆也跟着一起搬了过来，但二楼烹饪的气味与马厩中“若隐若现的马和粪便的刺鼻气味”相互混杂，经常引起观众们的抱怨。[162]

杰克·里德在报道俄国革命期间，对于反叛戏剧的热情从未减弱。他刚一回来，就在哈佛俱乐部跟朋友们讲述自己在俄国看过的政治戏剧：“你们看，就在俄国革命进行的同时，他们上演了《哈姆雷特》——你们都应该去看看，那是我看过的最棒的《哈姆雷特》。演出的名字叫《哈姆雷特：丹麦帝国主义研究》！”[163]里德坚持让剧团在剧场的右面墙上钉一个旧的十字环。他说，这样可以提醒他们不要忘记自己来自平民大众。在十字环四周，剧院的舞美设计师唐纳德·科尔雷用醒目的字体写上了新剧院振奋人心的座右铭：“这里拴着带双翼的飞马”。[164]

这段话的意义和出处很多年以来都是个谜。但插图画家兼代笔作家W.列温斯通·拉恩德曾写过一篇轻松的随笔，刊登在1916年11月的《纽约评论》上，当时普罗温斯敦剧团刚刚迁到格林威治村。在这篇题为《华盛顿广场以南》的诙谐记叙中，拉恩德取笑在格林威治村的波西米亚艺术家中蔓延的慵懒：

聊着诗歌之类的话题，
喝着一大杯酒无所事事；
一个天才，却讨厌拴住
带双翼的飞马——慵懒的灵魂。
再来一罐酒；
今晚的大蒜不错。
“嗨……来读读我写的小诗；
嗯……你能给我买点吃的吗？”

（拉恩德说这几句引自《威尼斯商人》第四幕第三场。但莎士比亚的这出戏中并没有第四幕第三场。)"看看他们,"拉恩德这样评论村里的游荡者们,"这些年轻的家伙,迟早都会醒悟,波西米亚式的享乐是在荒废时间,他们最终会脱离那里,回到安全地带。但是,当他们在糟粕中跋涉的时候,倒是挺有趣的。"[165]

剧团在麦克杜戈大街 33 号拴住了带双翼的飞马,通过无限的创造力和个人的奉献来驳斥这样的形象。团员们在吉格·库克(他每天工作结束后就睡在舞台上过夜)的带领下,从房屋租赁和建设部获得了许可,建造了阶梯式的看台,将观众的视野最大化,同时还在座椅上安装了软垫,让其更加舒适。他们将墙壁漆成"饱满的褐橙色",天花板漆成"深蓝色",舞台漆成"深烟灰色"。剧院里还装了灯和控制板,崭新的幕布开合自如。因为舞台上方没有挑高的空间,舞美设计师们通过地板上的开口,将地下室里做好的布景搬上舞台,他们不用滑轮,全靠人工操作。[166]库克开始启动"普罗温斯敦基金",他们还挂上了剧院的招牌"普罗温斯敦剧团",尽管这个名字几年之后才正式启用。

“这里是你的天下”

奥尼尔回到纽约时，剧团为他开了个派对，欢迎他的回归，也接纳伯顿作为他们之中的一员。派对之后，奥尼尔和伯顿跟演员泰德·巴伦泰恩以及他的妻子斯黛拉一起去了一家饭馆，斯黛拉是奥尼尔朋友塞克斯·卡明斯的妹妹。奥尼尔当时对酒精的渴望特别强烈。那年秋天他母亲刚刚被查出乳腺癌并切除了乳房，手术尽管很成功，但还是很令人恐惧（她也因此在一段时间内再次依赖毒品）。奥尼尔知道，如果想喝但又不想喝得“太多”，他就应该在威士忌里加很多水。他一直在往酒里加水，并且开开心心地接受大家的调侃；但是，一瓶威士忌还是被传到了他的手上，奥尼尔直接从瓶里喝了一大口。伯顿一看到他喝酒，就悄悄对他说，也许他们该离开了。他一把将她推开，然后“扬起嘲讽的笑容，笑得嘴巴都变形了”，扇了她一个耳光。伯顿惊呆了，斯黛拉·巴伦泰恩赶紧带着她离开了。“没事的，亲爱的，不必当真！”斯黛拉尽力安慰她，“尤金就是那样的，亲爱的！尤金必须要找个发泄口！”伯顿说，那天晚上很晚的时候，奥尼尔满怀愧疚地回到妻子身边，“像是大病了一场”。[167]

在《画十字的地方》中扮演船长儿子的吉米·莱特，几天之后来到了奥尼尔住的旅馆。在奥尼尔糟糕的耳光事件之后，他一直回避麦克杜戈大街，但是带妆彩排时他又必须到场。艾德娜·坎顿说，演员们对这出戏进行了“长时间的争论，争论算是比较委婉的说法。”[168]扮演发疯船长的哈奇·柯林斯和女主角兼导演艾达·罗欧都试图说服奥尼尔,他在最后一场中所要求的一群鬼应该出现在演员的想象中,而不该由真人扮演。他们认为,鬼不可能把脚踩在舞台的地板上,观众只会觉得很滑稽,而不会感到恐惧。演员们不愿去冒险,尤其不愿意在演出季的首场演出中冒这样的险。

他们没有挑明,其实他们是在担心他们的新对手——剧评人。尽管剧团仍然坚持让剧评人自己买票观看演出,全新剧场的首场演出一定会吸引一些想要挖点猛料换钱的人。“我们恳求尤金,让他把那些鬼都去掉,”坎顿回忆。[169]“不,”他在看完排练之后说,“它们的确糟糕,但明天晚上就不会这么糟糕了,至少从第 20 排之后看起来不会这么糟糕。这出戏假定所有人都疯了,除了那个女孩。这就意味着,剧场里的所有人都疯了,除了那个女孩。我想看看,是否有可能让观众都发疯。”[170]

奥尼尔是对的:当灯光变成绿色,鬼出现的时候,《纽约论坛报》剧评人海伍德·布劳恩(他是自愿掏钱买票的剧评人之一)坐得靠舞台太近,因而无法欣赏那种“视觉幻象”,他说,“但是故事的发展以及幻觉这一幕出色的写作技法,让我们对悄无声息走过舞台的那些已经死去的人充满恐惧。”[171]尽管演出还算成功,奥尼尔从来没有拿这出戏当回事。“写这出戏很有意思,”他说,“就戏剧性而言,它非常刺激,把观众当作疯子,这是个有趣的实验——这出戏对我的意义仅限于此。”[172]

12 月 20 日,剧团上演了奥尼尔自己非常重视的一出戏:《加勒比群岛之月》。这出独幕剧发生在停靠在特立尼达西班牙港的“格伦凯恩号”前甲板,共有 20 多个水手出场,喝朗姆酒、争吵、卖淫;男人们调戏划着“小贩船”的西印度女人,“轮机手”(发动机维修工)老汤姆宽容而饶有兴致地看着眼前的一切,同时耐心地听史密蒂(这个人物的原型是奥尼尔在布宜诺斯艾利斯认识的一个熟人)念叨着早已离他而去的家乡恋人。船舷上空灵地飘荡着的西印度挽歌由诗人埃德娜·文森特·默雷、她的两个姐妹以及她的母亲演唱。[173]“这是一出表现情绪的作品，默雷一家提供背景音乐，定下情绪的基调，”吉米·莱特的妻子苏珊·简金斯·布朗回忆，“全是流畅的和声——仿佛从天而降，……犹如仙乐般虚无缥缈。”[174]

奥尼尔公开表示，《加勒比群岛之月》标志着他最有意识的一次反叛，反叛“舞台的传统构成”。实际上，有两位神秘剧评人到场观看了这出戏，其中一人认为这出“情绪剧”就是“戏剧的一个插曲，序幕和其他各幕都留给观众去想象”。奥尼尔一点儿也不在乎这种负面的评论，后来他很满意地认为，《加勒比群岛之月》“是我第一次真正摆脱舞台传统。我迈出这第一步，其他作品就跟着来了”。[175]

在《画十字的地方》首演之前的那个晚上，奥尼尔和伯顿悄悄地回到了伯顿家在新泽西州西坡因特的老宅。那里的乡村生活非常平静，这正是奥尼尔所希望的；他基本上也不再喝酒了，除了去纽约指导《加勒比群岛之月》排练时才偶尔喝一点。当时城里有传言，说奥尼尔是个瘾君子，奥尼尔和伯顿都觉得很好笑。“你丈夫吸毒的吧？”一位警觉的当地女人问伯顿。“他每天走那么长的路——那么长的路！这不正常，一个人像那样走路……他从我身边经过的时候，很平静，显然没有喝酒，所以我猜他肯定是吸了毒。”[176]

伯顿的家人之前已经从康涅狄格州搬到了西坡因特，但老宅里只有奥尼尔和伯顿两个人居住。在他们来之前，伯顿的父亲泰德非常乐意地带着家人搬了出来，以便让女婿可以安心写作，泰德本人也是个有成就的艺术家。冬天最冷的那几个月，奥尼尔在这里完成了两部作品：一部是《救命草》，关于他在盖洛德疗养院康复的经历，另一部是《克里斯·克里斯托弗森》，他前一年夏天在普罗温斯敦时就开始构思，这出戏是关于他在吉米神父酒吧的一位朋友，他的名字就叫克里斯·克里斯托弗森。他每天都急切地查看邮件，但依然没有收到约翰·威廉姆斯关于《天边外》演出安排的回信，约翰·威廉姆斯的冷漠态度让奥尼尔很沮丧，他因此雇了美国演出公司的理查德·J.麦登做他的经纪人,这是他雇的第一位(也是终身的)经纪人。

伯顿到家人在附近的临时住所看望女儿,但她回忆,"只待了几分钟"。她女儿芭芭拉的小名叫"曲奇",当伯顿拥抱"曲奇"的时候,她"显得惊讶和疏远",但是收到礼物时"还比较开心",那是一个玻璃天使玩具,上面装饰着花束。[177]伯顿没有告诉奥尼尔自己去看女儿这件事,甚至没告诉他自己的家人就住在附近;但奥尼尔还是从邻居嘴里听说了。"你为什么不告诉我,你的家人就在这儿?"他问。[178]但她非常了解奥尼尔——她的妹妹玛格丽带着芭芭拉第一次到老宅看望他们时,奥尼尔一直躲在小屋里。但是,他后来发现伯顿一家人很好相处,特别是思想自由的祖母和岳父泰德。泰德与阿尔杰农·查尔斯·史文朋是好朋友,而史文朋是奥尼尔最喜爱的诗人之一。[179]伯顿一家也很喜欢奥尼尔,这种相互的融洽让大家都很开心,伯顿在那年冬天得知,自己怀孕了。

他们于 1919 年 5 月回到普罗温斯敦,这次没有像往常那样搬回弗朗西斯的公寓,而是搬进了奥尼尔和伯顿自己的家——山顶吧,就是那个经过改建的救生站,坐落在北岸无人居住的沙丘之中。埃拉·奥尼尔尽管对儿子娶这个"爱尔兰仆人家的姑娘"不太满意,但还是说服詹姆斯为他们买下了这个位于普罗温斯敦"外围"的大手笔却姗姗来迟的结婚礼物。[180]

"山顶吧"这个名字本身就让人想起大海的浪漫、危险以及奥尼尔所感觉到的孤独。"大西洋是屋前草坪,延绵的沙丘是后院,"他这样畅想。"不需要穿衣服——不需要用来遮蔽的粗糙的文明遗迹。"木制的横梁用粗绳固定,防止大风把屋顶吹进海里,梅波·道奇在厨房里安装了当时最先进的厨具;在艺术家莫里斯·斯特恩和罗伯特·埃德蒙德·琼斯的专业指导之下,她还在屋内的墙壁上刷了一层又一层白色和蓝色的油漆,让原本光线暗淡的房间具有了天空一般的通透。从海滩走进屋里,会感觉自己还是在室外,房间早已与沙滩、天空和海洋融为一体。[181]

奥尼尔特别擅长在舞台提示中为舞美设计师详细规定布景的要求，还经常自己画出草图；在1921年的一次采访中，他描述了自己新居令人惊叹的室内效果，仿佛在创作一部新的剧作：“房子的内部……仍然保留着先前大海的味道。楼梯像轮船的升降扶梯/到处是带锁的存物柜。巨大的、敞开式的壁炉。宽敞的船屋，现在是我们的起居室，天花板上仍然有铁质的装置，上面悬挂着一艘船。屋顶上的瞭望台还和以前一样，海岸警卫曾在那里值班，度过那无比漫长的两个小时。房子的外部饱经风霜，像是一艘弃船的舷墙。窗户上的玻璃因为冬日风暴的扬沙而斑驳……这个地方对我来说十分重要。我在这里感到自己与生活之间的真正亲近与和谐。”[182]

奥尼尔写作的地方位于二楼，透过被风沙磨损的窗户，可以俯瞰北大西洋。房间里有一张船长椅和一张木制书桌，木头是从海上漂来的；他在墙壁上装饰了渔网和渔浮，就像当年在普林斯顿大学的宿舍一样(但这里没有挂女士的内衣和用过的避孕套)。奥尼尔写对话遇到困难时，就走上瞭望平台，一个人看着无垠的大海。除了几艘样子奇特的渔船或救生船之外，视线所及之处，没有任何文明的痕迹干扰这片开阔的海景。

在这里的第一个夏天，奥尼尔大部分的时间都用来修改《克里斯·克里斯托弗森》，同时等待他和伯顿的第一个孩子降生。吉米酒吧中真实的克里斯托弗森和剧中虚构的人物一样，反复咒骂“大海那个老魔鬼”。[183]奥尼尔告诉一位记者，“我认识他的时候，他就在海滩上，落魄不堪。他不愿意出海，尽管这是他唯一能做的工作，他把所有时间都用来喝酒、诅咒大海。他管大海叫‘那个老魔鬼’。最终他找了份工作，在一艘煤船上担任船长”。奥尼尔是在1917年说起这件事的，克里斯托弗森“在吉米神父喝得烂醉……大约凌晨两点出发上船。圣诞节的早晨，人们在河里发现了他的尸体，是冻死的”。[184]实际上，1917年10月5日，一艘驳船的老船长不慎跌入纽约港，他的遗体一周之后才被发现，已经漂到了自由女神岛附近。[185]

普罗温斯敦的山顶吧（图片来自“谢弗尔-奥尼尔藏品系列”，琳达•李尔特藏档案中心，康涅狄格学院，新伦敦）

奥尼尔每天早餐之后开始写作，一直写到大约下午一点，吃个三明治，再小睡一会儿。下午，他会在海里游很长时间，裸着身子在沙丘间晒日光浴，或者和伯顿一起沿着海岸散步。他们一起把聚集在水边的海鸟赶走，捉马蹄蟹玩儿。奥尼尔还在后面的房间里装了一个沙袋，他经常去击打沙袋作为锻炼，尤其是在下雨的时候。晚上，他大多坐在白色的安乐椅上读书，一直读到 11 点左右，然后差不多 12 点睡觉。“尤金那年夏天特别帅，”伯顿回忆，“身材瘦高，皮肤晒成古铜色，温柔，微笑，整个早上都在写作，下午在阳光下躺好几个小时，吸收大海的生命力、勇气和希望。”[186]

但是，时间一长，山顶吧的与世隔绝就不仅仅是福祉，也成了诅咒。奥尼尔和伯顿两人的性格都不大稳定，他们之间的摩擦日益显现。如果想到城里去一趟，需要辛苦地走过整片沙丘和松林，社交活动只能依靠夏季客人来访，来客要走整整三英里才能到他们家。没有现成的路通到山顶吧，邮件和生活物资都必须通过马车运进来。他们一周最多去城里一次，拜访苏珊・格拉斯佩尔和吉格・库克、玛丽・沃斯、哈钦斯・哈普古德和尼丝・博伊斯、泰德和斯黛拉・巴伦泰恩夫妇，以及其他的朋友。

那年 9 月，他们在商业大街租了一个名叫“欢乐之家”的小房子，就在库克和格拉斯佩尔家后面，这样伯顿就可以离医生近一点，也便于采购孩子需要的物品，她的预产期就在 10 月。随着预产期的临近，伯顿的母亲和 19 岁的妹妹玛格丽也搬来和她同住。9 月 10 日，伯顿和家人在巴伦泰恩家借宿，“欢乐之家”则在进行装修和消毒。奥尼尔在山顶吧写作，但经常到城里来。他惊讶地发现，尽管自己一直不喜欢孩子，现在却在期待孩子的到来。随着预产期越来越近，他在“欢乐之家”对面租了另外一间屋子，这间屋子叫“大海船长”。他就在这里写了独幕剧《驱魔》，讲述了自己的自杀企图，该剧以重生的欢乐基调结束，而在实际生活中，他自己的儿子也即将在离他一步之遥的地方出生。[187]他把经过修改的打印稿交给伯顿，也许是让她打印一份清样给剧团,也许是作为一份礼物——可能两者都是他的目的。(奥尼尔在这出戏中将自己的第一任妻子凯瑟琳·简金斯写得很糟糕,也许在一定程度上是为了避免伯顿嫉妒。)"[上帝]显然是想让我在尘世继续为他效劳,"内德/奥尼尔在被救之后说,"我不知道是为什么,但我会去寻找——并且我已经感到起效果了!"①[188]

沙恩·奥尼尔10月30日出生时,奥尼尔就站在伯顿的床边。这孩子的名字取自一位16世纪的爱尔兰酋长肖恩·迪奥迈·欧·尼尔,后人称其为"骄傲的沙恩"。奥尼尔看着大声啼哭的新生儿,笑称,这孩子是"大嗓门的沙恩"!"从现在起,就是我们三个人在一起了……神圣的三位一体,是不是啊,沙恩?"刚刚晋级为奶奶的埃拉·奥尼尔也很兴奋,她给儿子写了一封热情洋溢的贺信(有些假惺惺的,其实带有一点讽刺的意味):"得知我孙子出生,今晚我是纽约最开心的老妇人。这孩子很棒,但没有你出生时那么棒,你出生时有11磅重,那时候你可不像现在这么拘谨。我随信寄来一张你三个月时的照片。希望你的儿子和你一样英俊。"[189]

沙恩出生后的第二天,《梦孩子》在麦克杜戈大街首演。吉格·库克当时在普罗温斯敦写他的多幕剧《春天》,因此吉米·莱特暂时掌管剧作家剧院。在他的指导之下,剧团在革命性方面又进一步,他们放弃了白人剧团将白人化装成黑人的一贯传统,而全部启用黑人演员。后来成为奥尼尔合作者和好友的肯尼斯·麦克戈文,尽管当时与奥尼尔还不认识,认为《梦孩子》"简洁、尖锐、深刻。人物鲜活,故事动人,充满张力"。[190]

奥尼尔返回纽约之前,他在普罗温斯敦的最后一个月非常繁忙。在照看新生儿的同时,他努力将《救命草》推荐给华盛顿广场剧团(该剧团刚刚更名为同仁剧团),或者推荐给乔治·C.泰勒。泰勒曾经是

① 引自康建兵翻译的《驱魔》,《戏剧文学》,2012年第5期,第73页。

他父亲出演《基督山》时的演出宣传员，现在已经是百老汇的著名制作人。泰勒最终买下了《救命草》的剧本，奥尼尔向他承认，“我着急得要死……因为这出戏是我的最爱，我急切地想确认它将来能够上演，好让自己放心”。[191]

奥尼尔一家以每周6美元的价钱为沙恩雇了一位保姆，她叫菲费恩·克拉克(很快她就有了一个昵称“嘎嘎”)，出生于法国，是海轮船长的遗孀，负责照看沙恩并操持家务。[192]这样伯顿就算安顿好了，卡林也被留下来，以“帮忙照料”为由继续住在这里。奥尼尔和吉格·库克、哈钦斯·哈普古德一起登上了去纽约的列车。他们此行共有三个任务:为《救命草》找到制作人，当面向乔治·泰勒询问关于《克里斯·克里斯托弗森》的答复，最终与约翰·威廉姆斯敲定《天边外》的演出计划。

奥尼尔决定在纽约期间避开麦克杜戈大街的那群熟人，因此住进了乔治王子旅馆，他父母也住在那儿，他的房间离父母的套间不远。但这次团聚并不怎么令人愉快:父亲被诊断出了肠癌，“病情很严重，妈妈都准备请神父为他办后事了，也准备把吉姆和我都叫回来”。[193]但他们没请神父，而是请来了肿瘤专家约翰·阿斯佩尔大夫，他1917年曾为埃拉做过乳房切除手术。阿斯佩尔大夫暂时控制住了詹姆斯的病情，但治疗前景不好。

但奥尼尔还是一头扎进了工作;现在他有了经纪人理查德·麦登，觉得自己在事业方面又向前迈进了一步，所以需要添置一些新衣服，让自己看起来稍微庄重一点。他和母亲一起去罗德泰勒百货公司，购买了一些名牌的衣服，为自己与泰勒和威廉姆斯的见面做准备。泰勒买下了《克里斯·克里斯托弗森》，将其删减为《克里斯》，威廉姆斯跟奥尼尔确认，《天边外》将于2月上演。前一年春天，他还结识了《潮人》的编辑、戏剧评论家乔治·金恩·内森，内森日后成为奥尼尔最亲密的朋友和其戏剧事业最坚定的支持者。奥尼尔和内森是绝佳的组合,不论是在事业上还是个性上都很投缘,他们俩第二次见面是在罗伊尔顿旅馆,内森"非常高兴地"发现,奥尼尔"喝鸡尾酒和他写作戏剧一样在行"。[194]

然而,到了1919年深秋,第18号修正案和沃尔斯特法案(禁酒法案)让酒在纽约成为一种非常稀缺的商品。奥尼尔向伯顿抱怨,"我敢肯定,禁止喝酒很快就要成为现实了"。就连花园酒店都"滴酒不剩"。[195]在吉米神父酒吧,詹姆斯·J.康顿因为无限度地纵容醉酒而倒了霉:1919年12月27日,就在禁酒令1920年1月正式颁布的几周之前,55岁的康顿被勒令关闭了酒吧,因为有四个人在酒吧醉酒身亡。其中一个死在酒吧后厅,一个死在楼上客房的床上;另外两个先是醉倒在酒吧外的大街上,被送到贝尔维尤医院之后不治身亡。这两个人中有一个在死前稍微恢复了神智,他承认是在吉米神父酒吧喝的酒。康顿和酒保威廉·诺兰随后因为杀人罪而被捕。他们被指控向客人提供"验尸官鸡尾酒",这种非法酿造的威士忌酒已经在东海岸引起了好几十人的死亡(在整个禁酒令期间,这种酒一直是特里·卡林的最爱)。[196]康顿和诺兰被关进了臭名昭著的曼哈顿"坟墓"监狱;尽管几天之后他们每人缴纳了1000美元的保释金而获准假释,但吉米神父酒吧就此关门。(1966年,为了修建世界贸易中心,这一带整个都被拆除了。)

与此同时,普罗温斯敦剧团开始举办"大麦约翰①派对",奥尼尔参加这个派对多半是为了喝酒,而不是为了交朋友。伯顿写信给他,不赞成他和剧团的人一起喝酒:"那群人或多或少都在嫉妒你,巴不得把你拉下水……你我都清楚,你喝多了之后会是个什么样!……你应该有勇气说不去,尤其是在这个非常关键的时期。""请别教训我啦!"奥尼尔反驳。"你以前从来就不是个道德家,我一生中从来也忍受不了这一套,连我妈妈也没这么教训过我。"[197]

---

① 大麦约翰(John Barleycorn)是制酒的麦芽或含酒精饮料的拟人化名称。

更让奥尼尔愉快的是在地狱窟度过的一个夜晚，汤姆·华莱士、老左路易、乔·史密斯和几个在附近揽客的妓女跟奥尼尔一起喝雪利酒；虽然没有烈性酒，但那个晚上仍然很开心，完全摆脱了格林威治村令人窒息的那群人。路易很高兴，因为他很久之前为一个“南欧人夜总会歌舞表演”写的歌《我的约瑟芬》将被用作《克里斯》一剧的主题曲。“这首歌让我很感动，”奥尼尔写信给伯顿，告诉她自己与老友相聚的这个夜晚，“我觉得自己在地狱窟的那段时间看似是在虚度光阴，但因为这首歌，那些时光也算是没有白费。”[198]（奥尼尔 1920 年将《克里斯》改编成《“安娜·克里斯蒂”》，路易的歌又被用在《“安娜·克里斯蒂”》中并因此广为人知。）

奥尼尔在“没酒的纽约”的坏运气很快因为遇上了理查德·贝内特而出现转折，贝内特后来成为《天边外》的主演和编外导演。他俩在约翰·威廉姆斯的办公室初次见面，之后又一起到了贝内特在格林威治村的公寓。贝内特的妻子为他们煎了几个鸡蛋作为晚餐，就去卧室睡觉了。这时，贝内特问奥尼尔，“你喜欢苦艾酒吗？”“喜欢，”奥尼尔回答，全然不顾他自己在普林斯顿时曾与路易斯·豪勒迪一起经历的“撒酒疯”事件，“但喜欢又有什么用呢？”贝内特说他有整整五十瓶这种能引起幻觉的酒。“我一见到你，就知道我们是一路人，”奥尼尔说，然后两个人就一起喝苦艾酒，一直喝到第二天早上 7 点半，一边喝一边逐行朗读剧本。

奥尼尔回到旅馆房间时，“苦艾酒的奇怪毒素还在他体内如焰火般微妙绽放”，他写下一首散文诗《当整个世界被白色逻辑射穿时》。[199]（“白色逻辑”是杰克·伦敦用过的一个词，指醉酒之后所产生的存在主义焦虑，而这种焦虑却又恰恰因为醉酒而能够被忍受。）奥尼尔的散文诗描述了苦艾酒对内心所产生的影响：“金色的橙子在守护金苹果的仙女露台上的梦中。地球是一个被太阳击中的蜜蜂，翅膀上满是金色的花粉，被阳光中的灰尘筛过……绿色的胡萝卜在橙树的绿色中像聋子一样八卦——锯齿在沉默锐利的蓝色刀刃上发出的刺耳声音，"等等。但这首诗的结尾是深情的誓言，表达自己对伯顿一生一世的挚爱。[200]

与此同时，1919 到 1920 年假日演出季期间，世界范围内的流感疫情夺去了上千人的生命，并且纽约居民也因为百年一遇的严重暴风雪而很少外出。在《天边外》的排练过程中，也是摩擦不断。有一次，贝内特和奥尼尔"激烈地辩论"，因为两人对该剧高潮部分罗伯特骂露丝"下贱女人"的那句台词意见不合。当罗伯特发现露丝爱着自己的哥哥，他非常生气，奥尼尔得知布莱恩特甩了自己而选择里德时，应该也是相似的反应："上帝！并不是我没猜出你是多么卑鄙和渺小，可是我一直对自己说，我一定是猜错了——我真是个傻瓜！真是个该死的笨蛋！……你——你这个下贱女人！"(*CP*1,616)①约翰·威廉姆斯也不喜欢"下贱女人"这个词。但奥尼尔拒绝妥协，哪怕是面对着如此咄咄逼人的专业人士。(他在麦克杜戈大街参加排练时，经常喝得醉醺醺的，但这次并没有喝酒。)"如果我们按你的台词演，把这一幕弄砸了，你能负责吗?"贝内特问奥尼尔。剧作家给予了肯定的答复。贝内特演完这场之后，大叫，"上帝啊，你是对的！让我们再打几架吧，这样这出戏的上座率能达到 100%"。[201]

工作中的焦虑、来自妻子的抱怨邮件、父亲每况愈下的健康状况让奥尼尔严重失眠，几乎没办法参加排练。有一次他不得不使用安眠药，就是他当年自杀时服用的那种药。最让他担心还是《天边外》的上座率，他坚持让库克和格拉斯佩尔透露订票名单以便赠送出余票，让剧院上座率看起来更高一点。格拉斯佩尔对这个要求感到很生气，她生气地告诉伯顿，这个名单是"神圣的——也是保密的"。"吉格的感觉和我一样，"她说。"尤金可以看订票名单，但不能利用它来人为地增加上座率。"[202]

---

①　引自荒芜翻译的《天边外》，郭继德编：《奥尼尔文集》(1)，人民文学出版社，2006 年，第 378 页。

但是，尽管这个演出季奥尼尔一直被矛盾、宿醉、他父亲的癌症、暴风雪、失眠、疾病等问题所困扰，与百老汇合作的经历还是让这位正处于起步阶段的剧作家受益匪浅。“我学到了很多东西，非常有价值，”他告诉伯顿，“这些知识在将来会是非常重要的……整个这次经历对我来说是无价之宝，作为艺术家，应该充分了解他所在的行当，从最高端的到最底层的，都要了解。”[203]

1920 年 2 月 2 日，《天边外》的世界首演在纽约州扬克斯的沃尔波顿剧院举行，这也是奥尼尔在商业演出界的首次亮相，剧院就坐落在布朗克斯区北面。这是一次试演，沃尔波顿剧院是个小剧院，却因为“常有惊喜”而自成一格，尤金·奥尼尔的第一部多幕剧在这里上演，也很符合剧院的一贯定位。首场演出的票价非常便宜，只要 50 美分一张。前几天排练的糟糕状态让奥尼尔非常沮丧，他借口自己有了流感的症状而没有来观看演出。尽管奥尼尔自己对演出持怀疑态度，当地的《扬克斯政治家报》却对这场演出评价颇高，说“观众尽管不多，但很有代表性，演出收获很多掌声”。[204]

奥尼尔的百老汇首秀是在第二天的下午，也就是 2 月 3 日，莫罗斯科剧院。詹姆斯和埃拉预订了包厢的座位，而奥尼尔则非常懊恼地发现自己的座位就在约翰·威廉姆斯旁边。他在整个三场期间都局促不安，对这出戏以及观众的冷漠反应（但这只是他自己的想法，后来证明他的想法并不正确）失望至极。“我备受折磨，”他写信告诉伯顿。“我走出剧院的时候，觉得《天边外》在艺术上以及其他所有方面都是彻底的失败。”他父亲在演出过程中感动落泪，尽管如此，他还是在演出结束后比较委婉地表达了自己的观点。“如果这就是你想要的，倒也可以，”他在剧院门口的大街上告诉儿子，“但是，人们去剧院是想要忘记自己的烦恼，而不是增加烦恼。你想怎么样——让他们回去自杀吗？”[205]

那天晚上，奥尼尔在剧院收到了伯顿的祝贺电报：“热烈祝贺，为你,为《天边外》,为爱情。阿格尼斯。"但实际情况却并非如此,她独自待在海边小屋,根本没心情去安慰心情失落的奥尼尔。那天早些时候,她给他写信,"说实话——你不介意我说实话,是吧? ——我感觉很糟糕,因为你不回来——因为你不在我身边"。在当天的另外一封信中,她说她无法控制自己的愤怒:"我在你楼上的书房里,傻乎乎地盯着愚蠢的墙纸,而在 200 英里之外,《天边外》正在首演。好吧——如果一年以前,我们在西坡因特的时候,有人告诉我,我会待在这个屋子里——在普罗温斯敦——一个人——而你和《天边外》在纽约——我想我是会反抗的! 当然,我当时也不会相信——我会说——我一定会跟他一起在纽约!""出了什么问题?"她埋怨他对她之前的信件反应冷淡。"难道路易斯[布莱恩特]给你写贺信了吗?"[206]尽管那个冬天她很伤心,奥尼尔不在身边,每天只能跟沙恩、保姆、特里·卡林待在一起,她还是完成了《我且问你》的修改,还有两个短篇《讨厌平庸》和《势利者》,这两个短篇都被《潮人》杂志录用了。

首演结束之后,奥尼尔回到乔治王子旅馆,他沮丧地躺在床上,根本没心情给伯顿写信。第二天早上,报纸来了。"看啊,尽管首演挺糟糕的,但《天边外》成功了,"他写信给她。"它受到的关注前所未有!"《纽约时报》认为它是"一出感人的、重要的、难忘的悲剧,血肉丰满,相比之下,在纽约上演的其他剧作家的作品就不值一提了"。那些留在普罗温斯敦的团员们收到了吉米·莱特的电报,他的兴奋之情溢于言表:"刚刚看了尤金的戏,非常非常了不起的一出戏。现在是新一天的黎明时分,我激动极了。表演很精彩,观众反响热烈,太棒了……"关于该剧唯一的批评是针对从内景到外景的转换,在那些百老汇剧院的常客看来,场景转换显得很业余,会分散观众的注意力。他们认为,剧作家"忽视传统、日常的戏剧手法",对此奥尼尔很恼火,他向巴内特·克拉克抱怨,"忽视传统、日常的戏剧手法——我曾经参加过贝克 47 戏剧创作班啊!"(他说,贝克其实读过《天边外》的剧本,"非常喜欢并为之骄傲"。)[207]除了这很少的批评之外,几乎所有的评论家都看到了这位年轻剧作家的巨大潜力。

“当我看到首演时观众脸上漠然的表情，我觉得这出戏一定是彻头彻尾的失败，”奥尼尔告诉一位记者，“但第二天我读早报时，简直惊讶极了，观众表情悲伤是因为他们被我写的悲剧打动了。”1920 年 7 月，乔治·金恩·内森在《潮人》上的一篇题为《美国剧作家》的文章中，认为奥尼尔是“为美国舞台而生的作家，有潜力让自己在剧坛获得成功”。奥尼尔向内森的肯定表达了由衷的感谢，他赞同内森的说法，觉得自己还有待成熟：“我坚信，我还年轻，我要成长！我坚信：如果我有‘勇气’无视那些大人物以及他们的想法，去追随自己的梦想并以此为人生的唯一目标，那么，我所认识到的最为重要的真理以及表达真理的能力，终将被我征服——不在明天，也不在目所能及的未来，而是必须经过长期的、艰苦的奋斗，才能获得胜利。”[208]

丈夫在纽约获得巨大成功，自己却没能与他一起庆祝，伯顿心里很不痛快。她觉得自己被抛弃了。“尤金——你的猫咪①小姐每天哀鸣、吼叫，像个十足的魔鬼，”她说。（奥尼尔和伯顿管他的阴茎叫“夜莺”，是借用薄伽丘《十日谈》中的说法。）首演之后的一周里，他们之间的通信火药味儿十足，两人在二月所积聚的矛盾进一步激化。她的情绪越发低落，而他则更加固执，不愿妥协。“你的信真烦人，搞得我只想喝酒，”他告诉她，如果再不停止抱怨，“我只有希望流感或者其他什么原因，赶快把我拯救出来，让我不必纠结于那个不可避免的决定。如果你我之间只是空梦一场，那我唯有希望这场瘟疫能够让我解脱。”[209]

约翰·威廉姆斯最初只将《天边外》作为“白天场特别剧目”，因为暴风雪和流感疫情，观众数量大大减少，即使是最铁杆的戏迷也不免担心剧场的封闭环境会加剧病毒的传播。但该剧广受好评之后，威廉

① 原文中是“Pussy”一词，具有“猫咪”和“阴道”的双重含义。

姆斯很快就将该剧变成剧院日常演出剧目,并筹备与小剧场签订正式演出的合同。威廉姆斯还曾试图说服杰克·舒波尔特或是李·舒波尔特,让该剧进入戏剧辛迪加,但这两位重量级的演出经纪人中的一位,嘴里叼着雪茄,断然拒绝,“这一点用也没有!这出戏是引起了大家的关注,但没人会对悲剧感兴趣,除非你能让我们看到票房上的回报”。在演出了 111 场之后,这出戏最终获得了一笔小小的收益:117071 美元。“我知道你会对此感到高兴的,”奥尼尔写信给尼娜·莫伊斯,“我没有妥协,而是与其‘划清界限’,尽管我没有刻意去赚大钱,这你是知道的,但近来我的作品并不缺少卖座的机会。”[210]

1920 年春,年仅 31 岁的奥尼尔已经非常出名,从波士顿到费城,所有重要的报纸上都刊登了关于他的报道。保守的爱尔兰剧作家兼评论家圣约翰·厄尔文写信给奥尼尔,说《天边外》是他在美国看的第一出戏,“这么优美的作品是由一位爱尔兰血统的人写的,我感觉非常骄傲”。[211]《戏剧杂志》在那年四月刊发了一篇介绍奥尼尔的人物专稿,认为他看上去就具有“文学天才”的潜质。记者奥塔·M.科曼在采访结束之后承认,她曾经担心,观看了那么多精彩的作品之后,会对作者本人感到失望。“但是我没有失望!”她说,“一切都在——在你的眼睛里。”“所以你要做好准备,去读那篇关于我的‘忧郁眼睛’的文章,”在科曼结束采访之后,奥尼尔写信给伯顿。[212]她真的该去读读这篇文章:“尽管他貌不惊人,”科曼写道,“尤金·奥尼尔却与众不同。因为不够健壮,他原本 5 呎 10 寸的个头显得更高;他骨架匀称,衣服松松垮垮地搭在身上,既不过于精致,也不是艺术家的那种刻意的随便。双手的指甲修剪得很整洁,因为整个冬季都待在室内,手很白;但他的脸却还保留着一点夏季晒黑的痕迹。高高的、饱满的额头,让人想起爱伦·坡的照片;太阳穴的部位略窄,鬓角的黑发中夹杂着几丝白发……下巴和鼻子轮廓清晰,但并不突兀;一抹黑色的小胡子让上唇更为醒目,但无法掩盖嘴巴的极度敏感——这种敏感在他那双明亮的大眼睛中体现得更为明显,眼睛黑白分明,眼神清澈深邃。这双眼睛见过世间的阳光和痛苦——它们在说‘人生是出悲剧——太棒了！’”[213]

首演之后，奥尼尔的流感症状不断加重，直至完全爆发出来；他觉得镜子里的自己看上去就像是一具尸体，“不小心被从坟墓中挖了出来”。整整一个礼拜，他的体温都在100华氏度以上徘徊，体重锐减到125磅。“脱光了衣服，我就像是医学院向学生展示的挂图，每一块肌肉、每一根骨头和每一条肌腱都清晰可见。”伯顿警告他，不要乘坐火车，因为火车密闭的车厢会传播病毒，同时小心暴风雪——她提醒他，寒冷的天气让很多流感患者又染上了肺炎，而这两种病叠加在一起，足以致命。比流感更糟的是他父亲詹姆斯的病情，他本来就已经因为肠癌而虚弱不堪，最近又遭遇了一次中风。“爸爸似乎已经没救了，”奥尼尔告诉伯顿。“而这一切的发生，却正是老头儿和我关系好转的时候！……我完全崩溃了，每次一想到这些，就泪流满面。”[214]

对于奥尼尔来说，这次父子和解最重要的结果是詹姆斯对儿子发自内心的忏悔，关于让他获得财富和名声的那出戏。詹姆斯反复地哀叹，《基督山》是一个“可怕的诅咒”，奥尼尔写道，“因为轻而易举就能获得的名声和金钱，他深陷其中。”詹姆斯后来终于明白，他为此放弃了表演方面的潜力，所做的投资也大多失败，“真是一桩赔本的买卖。赚来的钱都在疯狂的投机生意中血本无归……《基督山》的财富再次被深深掩埋——在贫瘠的高原金矿里，在不出油的油井里，在没有煤的矿井里——完全是臆想的空中楼阁”。“他在晚年对此感触很深，”奥尼尔告诉乔治·泰勒，“我想我是唯一知道此事的人，他只向我一个人敞开了心扉。”[215]其实，詹姆斯在此之前曾向很多人倾诉自己演艺事业上的遗憾，包括小报记者，但在告诉自己儿子的时候，更像是在忏悔。詹姆斯关于人生选择的痛苦为奥尼尔后来创作《进入黑夜的漫长旅程》提供了素材，剧中的詹姆斯·蒂龙对儿子埃德蒙的那段充满悔恨的独白意蕴深刻，发人深省：“我从来没有在任何人面前承认过这件事情，可是今天晚上我是这样的苦恼，真像是到了山穷水尽的地步，虚假的傲气，伪装的门面又有什么用处。那出他妈的倒霉戏我只不过是花了几个小钱买来的，居然获得了这样大的成功——那么叫座——它真把我毁了，弄得我一味只想靠它轻而易举地赚钱，别的什么都不想干了。"（CP3，809）。"他妈的，我不知道自己一心只想买什么，"詹姆斯在反省自己的行为，"肯付出那么高的代价——"（CP3，810）①

乔治·泰勒担任制作人的《克里斯》定于3月8日在大西洋城的尼克森·阿波罗剧院首演，但奥尼尔决定在这之前就返回普罗温斯敦的家中。泰勒请求奥尼尔到纽约协助排练，但遭到拒绝。《克里斯》首演的观众是一群"探戈爱好者和嚼着口香糖的甜蜜情侣"，奥尼尔读了负面的评论之后抱怨，后来这出戏又转到费城演出，但同样反应平平，这样就完全没有希望在纽约上演了。奥尼尔对此一点也不感到惊讶；他意识到，"最后一场太弱了，而且剧中的爱情故事太琐碎，也缺乏戏剧性"。他认为该剧失败的大部分责任在于自己，他告诉泰勒，他将"写一部全新的作品"并建议他"把现在的这出戏扔进废纸篓"。[216]

奥尼尔在前一年的12月就将独幕剧《驱魔》的剧本交给了普罗温斯敦剧团，该剧于3月26日在普罗温斯敦剧院上演，[217]与《克里斯》的首演在同一个月，上演时间为两周。在剧团的演出单中，这出描写奥尼尔自杀经历的具有明显自传色彩的独幕剧被列为"反高潮剧作"——它的确如此。[218]在剧中扮演内德·马洛伊的贾思伯·狄特尔回忆，奥尼尔"写《驱魔》和《与众不同》这两出戏，都是作为反高潮的操练，更加准确地说，是反高潮的试验，而不是操练，因为我们的人生在很大程度上都是反高潮的，他希望将其在戏剧中加以表现"。在剧中扮演吉米的M.A.麦克阿提尔回忆，奥尼尔"在排练过程中对这出戏异常担心"。[219]"第二场的大幕拉开时，"狄特尔说，"我的感觉是，我们都

① 引自欧阳基翻译的《进入黑夜的漫长旅程》，郭继德编：《奥尼尔文集》(5)，人民文学出版社，2006年，第433—434页。

在尽力为某个人完成一些不可能完成的事，而这个人认为没有什么是不可能的。‘开始吧。’”[220]

《驱魔》首演之后，奥尼尔和剧团的商业经理“菲姿”（艾莉诺·菲兹杰拉德）联系，要求收回所有的剧本。他一收到剧本，就把它们全部销毁了，可能多半是因为剧中对简金斯的处理让他不太舒服，而不是因为儿子沙恩的出生让他获得了某种程度的救赎。在那之后，这出戏似乎就销声匿迹了——只剩下一页纸的笔记、一张演出单、一些对演员的采访和屈指可数的几篇评论，有的对其大加赞赏（比如《纽约时报》），而有的则认为该剧令人失望（比如《纽约论坛报》）。[221] 1922 年，格林威治村书店老板兼普罗温斯敦剧团剧本出版商弗兰克·沙伊询问奥尼尔，是否有兴趣出版《驱魔》，奥尼尔回答，“《驱魔》已经被销毁了……希望它尽快被人们遗忘，越快越好”。[222]（但是，它拒绝被人们遗忘:90 多年之后，在 2011 年这个剧本在曾获奥斯卡奖的好莱坞编剧菲利普·约尔丹的档案中被发现。伯顿和她的第三任丈夫“麦克”（莫里斯·考夫曼）将其作为圣诞节的礼物送给约尔丹。附在剧本里的卡片上写着，“你说过你想要这个，来自阿格尼斯和麦克”。）

奥尼尔在那年冬天与伯顿的长时间分离让两人之间的关系出现了难以愈合的裂痕。“我觉得我仿佛对你和你的作品一无所知，”伯顿在写给他的信中说。她痛恨他的成功——或者说至少痛恨自己在其中只是个无足轻重的配角。当关于《天边外》的评论开始席卷各大报纸，伯顿就几乎没法给他写信了:“我动笔——写了几个字。然后就陷入奇怪的愤怒——痛恨，或者类似的情绪——是的，真的如此！——它让我颤抖，把我打败。不管是什么样的情境让我们分离，我现在只想知道，我们什么时候才能在一起！……因为，哦，亲爱的，在你痛苦、绝望、孤单的时候，我是跟你在一起的，在你成功的时候，我需要和你在一起！……我想要看到你开心、骄傲、兴奋、因为成功而暗自陶醉，而很快——你一定是这样的——我就会看到你将这一切都抛弃，如同不值钱的玩意儿。”她的预言很快就变成了现实。当约翰·威廉姆斯发给奥尼尔一封贺信,兴奋地欢呼,“这里是你的天下”,奥尼尔尖刻地回答,“我不在乎这个。对我来说,成功毫无意义,我一直这么认为——现在更加确信”。[223]

奥尼尔以前从来没听说过普利策戏剧奖,这个全国性的奖项于两年前,即1918年,首次颁发,当他得知自己获奖之后,对该奖项完全不屑一顾:“哦,上帝啊,一个该死的奖牌!还有那些颁奖仪式!我不接受这个奖。”[224]回到普罗温斯敦之后,他的论调有所改变,因为他听说这个奖还有1000美元的奖金。这时他开心地张开双臂,在海滩上一阵猛冲。

克莱顿·汉密尔顿那年担任普利策奖评委,在他的大力举荐之下,《天边外》才得以获奖,而另一位评委、小说家和文坛名人汉姆林·加兰德则持反对意见。加兰德认为,奥尼尔的“激烈而夸张”的风格、“为残酷而残酷”的手法如果获奖的话,只会损害这个奖项的庄严。[225]

乔治·金恩·内森和H.L.门肯知道奥尼尔特别想喝酒,就叫他到《潮人》杂志的办公室来,说要给他个“惊喜”。他跟吉米·莱特一起来到办公室之后,内森和门肯颁发给他一块挺便宜的奖牌,以表彰他获得普利策奖,奖牌上还有个大号的别针,这样他就可以把奖牌别在衣襟上。屋子中央的桌子上放着一个托盘,上面有一瓶拿破仑白兰地和四个酒杯,看上去很诱人。奥尼尔伸手去拿那瓶酒的时候,酒瓶却纹丝不动。原来他们用胶水把酒瓶和酒杯粘在托盘上了,而托盘也是粘在桌子上的。“我们得走了,”他们不动声色地说,然后就真的走了出去。[226]

得知儿子获奖的消息,詹姆斯·奥尼尔向好友克莱顿·汉密尔顿吹嘘,“我儿子……尤金;我早就知道他有天赋!你还记得吗?我以前总是跟你说,总有一天他会有大的成就。大家都说他不听话,干什么都不行;但我一直觉得他有天赋,——我一直觉得是这样”。汉密尔顿笑了,他记得詹姆斯以前说过的话:“这孩子不会有出息。”[227]

1920年6月10日,詹姆斯病情恶化,从纽约的医院转到新伦敦的

得知普利策戏剧奖有 1000 美元奖金后，尤金·奥尼尔在普罗温斯敦海滩奔跑（图片来自“谢弗尔—奥尼尔藏品系列”，琳达·李尔特藏档案中心，康涅狄格学院，新伦敦）

劳伦斯医院。奥尼尔从普罗温斯敦坐火车去探望，他在父亲的病榻前给阿格尼斯写信：“情况很可怕！几分钟之前，他还在痛苦地呻吟，可怜地大叫：‘上帝啊，你为什么不把我带走！你为什么不把我带走！’”奥尼尔一直在病床前陪伴，当时詹姆斯已经因为病痛而无法言语，奥尼尔发现自己75岁的父亲“非常可怜……他整个一生都以自己迷人的声线和清晰的吐字为骄傲，现在却说不出话来，这种讽刺实在太残酷了！”“他在我看来是个好人，最好的人，”奥尼尔说，“是我认识的唯一一个好人。”但随后他又承认这其中令人痛苦的讽刺，父亲临死前的最后几句话听起来“就像是我写的戏中的一段临终对白”。“我很乐意离去，儿子，”詹姆斯告诉儿子，“去过一种更好的生活——另外一种生活——在其他地方。……现在这种生活——空虚！——腐朽！——一切都是如此——一切都不好！”这番话让他的儿子觉得是“来自天际的警告，提醒我，就算天塌了也要坚持做自己”。[228]

詹姆斯・奥尼尔于1920年8月10日凌晨四时十五分去世。“对一个老人来说，算是寿终正寝，”吉姆低声说。在父亲去世之前和之后的痛苦时刻，他一直尽心尽力地陪伴母亲，只是偶尔才跟尤金以及其他老朋友到新伦敦市中心喝点酒。对于新伦敦居民来说，詹姆斯・奥尼尔的葬礼是一个重大事件，大批的戏剧界名人、“哥伦布骑士会”成员（詹姆斯是这个兄弟会组织的资深会员）、各界爱尔兰裔名人、社区领导人纷纷来到圣约瑟夫天主教堂，送别这位新伦敦市民，尽管他不一定总是最受尊敬的，但却是最出名的新伦敦人。[229]

满怀悲伤的奥尼尔在他自己组建的小家庭中找不到安慰。他之前还挺喜欢逗沙恩玩儿的，但回到山顶吧之后，他觉得孩子既阻碍他和伯顿重归于好，又干扰自己的工作。在沙恩面前，奥尼尔从来没兴趣当个好爸爸，他也不想假装。他抱怨，家里原来“大海的气息”已经变成了臭烘烘的尿布味儿和奶味儿。他认为伯顿没能和他一起在纽约庆祝成功，也没能在他患流感的时候照顾他，都是因为这个孩子。他写信给她，“如果沙恩没有夹在我们中间，或者如果你让他断奶，那么一切都好办了”。[230]

奥尼尔在那个夏天有时还动粗。伯顿本人脾气也很暴躁,她说奥尼尔打她的时候“就像个疯子——变成了一个根本不是尤金的怪人”。她说,有时两人都喝了不少酒,奥尼尔“突然就发脾气动手,可怕极了,还有些时候是恶意殴打”。[231]即使伯顿化了浓妆,也瞒不过普罗温斯敦的任何人。大家都知道奥尼尔打她。“他对滥交和麻醉剂不感兴趣,”普罗温斯敦当地的居民黑塞尔·霍桑这样评价奥尼尔,但“他的罪恶不轻,不仅酗酒,还打老婆”。[232]

这样看来,奥尼尔在这个阶段构思《最初的人》并非偶然,这出戏写的就是一个一心扑在工作上的人类学家,极力反对妻子生孩子。之后,他又开始改写《克里斯》,将该剧重新命名为《老鬼》,他接受了伯顿的建议,将安娜从一名循规蹈矩的英国打字员变成了一个滥交的站街妓女;他还完成了《黄金》的终稿,这出戏是由《画十字的地方》扩充成的多幕剧。有两部完成的剧本在手,奥尼尔开始考虑写一些出人意料的东西,一部美国舞台上独一无二的作品。他有很合适的素材。

还是在花园酒店的那段时间,“马戏团老家伙”杰克·科罗克(《送冰的人来了》中埃德·莫舍的原型)在海地混了一段时间之后回来,告诉奥尼尔关于心狠手辣的独裁者维尔布兰·吉罗姆·萨姆的故事。科罗克说,这个杀人无数的独裁者靠一个传说蒙骗海地人:“铅子弹打不死他;要是被抓住了,他会用银子弹结束自己的生命。”奥尼尔立刻记下了这个“现在正在海地发生的故事”。科罗克还给了他一枚海地的硬币,上面有萨姆的头像,奥尼尔一直把这枚硬币放在口袋里,纪念该剧的最初构思。[233]

奥尼尔最初想借用海地独裁者的谎言,把这出由八个场景构成的作品命名为《银子弹》,但最终定名为《琼斯皇》。这部作品描述了一个黑人陷入种族历史的恐怖历程,同时大胆启用黑人担任男主角,标志着美国戏剧的一次激烈反叛:不是在舞台上表现生活的表象,而是挣脱社会的虚假陷阱而暴露出最为原始的人性。[234]

撕下文明的面具

1920年10月初，奥尼尔完成了《琼斯皇》的剧本，这出戏让美国观众第一次领略到欧洲表现主义戏剧的精彩。[235]表现主义戏剧通过夸张的人物和布景，表现扭曲的心理幻象，将主人公内心深处的冲突通过对话和实景投射出来。“李尔王在一场暴风雨中咆哮，”吉米·莱特解释，而“表现主义戏剧中，怒气冲冲的主人公走在街上，他眼中所有的墙壁、窗户和门都是扭曲变形的”。[236]在奥尼尔看来，表现主义并不仅仅为了娱乐或教育；它是为了在观众中引入另外一种意识的状态。

奥尼尔剧中的标题人物布鲁特斯·琼斯，以前是卧铺车厢服务员、谋杀犯和逃犯。琼斯从监狱里逃出来，逃到加勒比海上的一个小岛，他背叛了自己的种族，取名“布鲁特斯”，以白人殖民者的身份自居。岛上的原住民“老兰姆”是他政治上的对手，他雇人暗杀琼斯，但暗杀行动因为枪支走火而失败。琼斯一枪打死暗杀者之后，向慌乱的岛民宣布——在琼斯眼中，这群人是“树林里的傻黑鬼”，这种看法与白人殖民者如出一辙——只有银子弹才能杀死他。琼斯有一枚专为自己定制的银子弹，他对这群岛民宣称，“全世界唯有我一个人强大到能够打死我自己”。(*CP*1，1036)琼斯自封为皇帝，实施自己制定的残酷法律，向贫穷的岛民征收重税。他身边还有一个英国骗子，名叫斯密泽斯，琼斯对这个鬼鬼祟祟的白人非常蔑视。斯密泽斯贪婪、狡诈、懒惰，即美国白人至上主义者所认定的黑人的特征，这并非巧合，而是奥尼尔将当时得到广泛承认的种族主义观念逆转了过来。斯密泽斯告诉琼斯,一位当地的老妇说——一场由老兰姆领导的叛乱正在山间酝酿,很快就要逼近皇宫。远处传来微弱的鼓声。琼斯知道自己必须采取行动了。

琼斯早就料到岛民会联合起来推翻他的统治,因此他已经摸清了丛林中迷宫一般的路径,在沿途藏好了充足的食物,还准备坐一艘法国炮艇逃到马提尼克去。得知叛乱的消息之后,他立即出逃。"再见了,白人,"他跟斯密泽斯告别之后,一头扎进了丛林(*CP*1,1041)。在穿越丛林的逃亡过程中,琼斯遇到了各种幻想中的魔鬼,先是"无形的恐惧",然后又幻化成非洲裔美国人所遭受的各种压迫——被铁链锁住的囚犯、奴隶拍卖、跨越大西洋的恐怖旅程,以及刚果河岸上被非洲巫医引出水面的大鳄鱼。在最后一场中,琼斯被岛民发现,他们用特制的银子弹将他打死。[237]

奥尼尔早年在本杰明·塔克尔那儿所接受的哲学无政府主义思想,决定了这出戏的道德逻辑。这一哲学思想的创立者麦克斯·施蒂纳否认善与恶的存在,认为谋杀和其他罪行都是可以被接受的,只要国家认为这些行为是合法的。"根据我们的刑法理论,"施蒂纳写道,"他们想要因为这样或那样的'非人性'而去惩罚人们;他们坚持这些愚蠢的理论,小贼受罚而大贼逃脱。"[238]奥尼尔在剧中采用了这句话,用以描写布鲁特斯·琼斯在当了十年的卧铺车厢服务员之后的犯罪生涯,他在列车上经常"听那些白人的高谈阔论":"我不是皇帝吗?"他问斯密泽斯,"法不上皇帝。……"世上有你那种小偷小摸,也有我这样的大搂大抢。小偷小摸早晚让得让你锒铛入狱。大搂大抢他们就封你当皇上,等你一咽气,他们还会把你放在名人堂里。"(*CP*1,1035)①(1933年上映的好莱坞电影版保留了施蒂纳式的台词:"世上有你那种小偷小摸,也有我这种大搂大抢。"但火车上白人教琼斯如何

① 引自屠珍翻译的《琼斯皇帝》,郭继德编:《奥尼尔文集》(2),人民文学出版社,2006年,第167页。

“大搂大抢”的那一部分却被删去了。)

这出戏也揭露了不断升级的政治溃败:美国政府对于海地的灾难性干预。1919年秋,奥尼尔决定将科罗克告诉他的“现在正在海地发生的故事”写成一出戏,当时美国海军刚刚粉碎了一起反对美国长期占领海地(1915年到1934年)的暴乱。这次行动最终造成大约三千名海地人的死亡,包括妇女和儿童。(在历史上被称为美莱村大屠杀。)奥尼尔在《琼斯皇》的序言中含糊地将背景定为“西印度群岛一个尚未由白人海军主持民族自决的海岛上”,[①]这是个辛辣的讽刺,直指美国为攫取海外利益而进行的“大搂大抢”的荒谬合法性(*CP*1,1030,1035)。

因此,《琼斯皇》就发生在1915年之前,当时是海地的一段政治动荡期,四个“皇帝”长期统治这个国家,直至美国海军1915年控制海地。1915年,海地独裁者萨姆统治海地还不到一年,他就像琼斯一样被叛乱者追杀并处死(琼斯在丛林中被枪杀;萨姆在太子港的大街上被肢解)。萨姆与美国金融利益密切相关,特别是与纽约城市银行有不少交易。1915年7月28日下午,萨姆在叛乱中被处决,伍德罗·威尔逊总统命令当时正驾驶战舰在海岸巡逻的海军,用武力夺取这个国家。奥尼尔的初稿《银子弹》将背景定为“尚未由美国海军主持民族自决的海岛”,在终稿中,“美国海军”这一细节被调整为不那么确切的“白人海军”。通过这一调整,奥尼尔在一定程度上掩饰了该剧背景所指涉的政治含义。[239]

1920年冬末,全国有色人种协进会[②]派非洲裔美国作家兼外交官詹姆斯·威尔顿·约翰逊去海地,从黑人的视角调查美国对海地的军事占领。因为白人媒体对海地以及海地的黑人民众鲜有报道,美国公

---

① 引自屠珍翻译的《琼斯皇帝》,郭继德编:《奥尼尔文集》(2),人民文学出版社,2006年,第161页。

② 全国有色人种协进会(National Association for the Advancement of Colored People)是一个由美国白人和黑人组成的旨在促进黑人民权的全国性组织,总部设在纽约。

众当时对此事件的反应相当冷淡。1920 年 8 月 28 日到 9 月 25 日，约翰逊在左翼期刊《国家》上连续发表了四篇文章，详细地报道了美国海军对海地人民的暴行，奥尼尔和伯顿在普罗温斯敦非常认真地阅读了这些文章。[240]凭着这一组稿件，约翰逊将美国对海地的占领事件推到了全国很多报纸的头版。这组稿件的题目是“自决的海地”，而奥尼尔笔下的西印度小岛是“尚未由白人海军主持民族自决的海岛”，两者之间的联系显而易见。奥尼尔创作《琼斯皇》的时间是 1920 年的 9 月下旬到 10 月 3 日，正好是在约翰逊的稿件见报一周之后。

至此，奥尼尔完全意识到，他的作品中绝对不应该有任何公开的宣传，因为公开的宣传只会削弱作品所要传递的信息。几年之后，他告诉《纽约先驱论坛报》的记者，“作者一旦在作品中进行宣传，每个人都会感觉到，作品就变成了简单的争论”；之后，他为迈克·戈尔德提出建议，这位尖锐的政治作家征询他对其剧作《霍博肯蓝调》的看法：“我对剧院里的宣传感到不满，因为这种宣传完全没有说服力——相反的，如果你能控制住宣传的目的，而只是去描写生活，让生活本身呈现出来而不加任何评论，你反而能够完成宣传的目的。”[241]与奥尼尔后来的做法相比，在剧中提到“白人海军”已经算是比较明显的宣传了；但如果他提到“美国海军”，这出戏就有可能被误认为是宣传，进而被证明“完全失去了说服力”。[242]

普罗温斯敦剧团对《琼斯皇》简直着了迷，吉格·库克亲自执导。库克被奥尼尔的剧本深深打动，他想抓住这次机会，在舞台上实现自己和舞美设计师罗伯特·埃德蒙德·琼斯一直以来的设想，为戏剧注入新的生命力。他们想建造一个穹顶，或者叫“天幕”——用德语说就是 Kuppelhorizont——就把它建在麦克杜戈大街 133 号。这将是美国剧院中的第一个穹顶。但是，剧团的管理委员会在这个宏大的穹顶建造计划面前畏缩了，他们说剧团没有足够的资金支付这 500 美元的建造预算。听到这儿，库克就像“发疯了似的”，艾德娜·坎顿回忆。每次他提出建造穹顶的事，剧团就说这不可能，然后他就拿起帽子愤然离去。过了一会儿，他又会回来，向大家宣布，“我们必须建造穹顶”。不可能。然后他就再次愤然离去。[243]

剧团一次又一次的拒绝让库克很沮丧，他决定在管理委员会没有同意的情况下自行设计穹顶。他购买了很多水泥和其他建筑材料，每天晚上睡在舞台上过夜，以节省资金。很多团员被他感动，纷纷取出自己银行账户上仅有的一点钱来帮助他。[244]当库克完成穹顶的安装之后，每个团员都在上面签名，就像是孩子们在石膏模型上留下标记。[245]库克的穹顶让剧院可以制造出理想的灯光效果，让剧场有限的空间在视觉上得以无限延伸，由此强化奥尼尔充满魔幻色彩的背景。穹顶完成之后，吉米·莱特就被它的效果震惊了：“通过灯光的控制，穹顶在表现情绪，甚至在表现天气时，几乎具备了无限的能力。”[246]

随后，在《琼斯皇》上演期间，莱特在《新闻快报》杂志上发表了一篇介绍剧院穹顶的文章，这篇文章也是现存的对于穹顶设计、组装和最终目的的最为生动的描述：“普罗温斯敦剧院的穹顶由坚硬的铸铁和混凝土制成……穹顶表面圆形和椭圆形弧度的多重变化让其具有一种无限感。光线打在穹顶的弧面上，从无数角度反射出来。反射出的每一条光线打在精致的砂石微粒上，都投下一种不同颜色的阴影。由表面弧度所折射出的不同颜色的光及其阴影混合在一起，制造出距离感，让穹顶看起来非常逼真——它简直就是一个光源。通过将不同的光射向穹顶，就可以控制穹顶所呈现的效果……运用穹顶的方法类似于莫奈在油画布上制造氛围。一面是光线，另一面是色彩，将两者并置，都作为原料，共同造就画面在我们眼中所呈现的色泽。这种色泽具有天色一般的明亮……当我们安装了穹顶并充分加以运用，我们就可以制造任何一种氛围或灯光效果。”[247]

就该剧的音响效果而言，奥尼尔在他以前碰巧读到过的一本关于“刚果宗教盛宴”的书中获得了灵感。部落成员以人的正常心跳速度敲鼓，每分钟敲 72 至 75 次；然后“慢慢加快，直到在场的每个人的心跳都与疯狂的鼓声同步”。“这个想法不错，可以尝试，”奥尼尔想。“看看这种做法在剧院的观众身上会产生什么样的效果。”[248]奥尼尔的舞台提示规定，在第一场快要结束的时候，开始传来咚咚的鼓声，最初的速度是每分钟 72 次，然后“逐渐加快，一刻不停地持续，直到全剧结束”(*CP*1,1041)。鼓点不断加快，甚至在幕间休息期间也不停止，随着叛军的步步逼近，琼斯的梦魇变得越来越恐怖。该剧所期望达到的效果是，观众的心跳随着咚咚的鼓声一起跳动。“每一幕的推进都让观众更加兴奋，比上一幕更加融入剧情，”女演员凯拉·马克汉姆回忆首演当晚的演出。“没有一出戏只为一场演出而创作，但《琼斯皇》是个例外，那天晚上的演出真的是精彩至极。”[249]

普罗温斯敦剧团的演员查克·艾里斯是剧团为琼斯这个角色挑选演员时的首选，他们打算让这位白人演员化装成黑人。尽管他们之前在《梦孩子》中成功地启用了全黑人演员阵容并取得了成功，但剧团还是担心，如果用“有色人种”来扮演主角，而用白人来扮演配角，白人观众可能不会接受。但艾达·罗欧坚持用黑人演员担当主演。“这不是滑稽歌舞剧，”她说，“这是一出严肃的戏剧。”[250]大家都赞同她的观点，但是，如何去找到一位合适的黑人演员成了一个难题。这个黑人演员必须同意出演白人剧作家的作品，他要在剧中讲黑人方言，使用“黑鬼”这样的字眼。他们想到了爵士乐吉他手澳珀·库波尔，但他当时正在巴黎进行为期 6 个月的巡演。接下来，他们又去找了一位 22 岁的不太知名的演员，名叫保罗·罗伯森。

罗伯森当时只在一场业余演出中扮演过角色，在哈勒姆基督教青年会上演的里奇利·托伦斯的《赛尔里亚人西蒙》(据说奥尼尔去看了这场演出)。尽管没有受过专业的表演训练，罗伯森却是个不同寻常的表演者。他是罗格斯大学的超级明星，在学业和体育运动方面都很出众：担任辩论队队长；在大学三年级之前就成为优等生荣誉学会的成员；在田径、橄榄球和篮球三个项目上都很出色，还曾入选全美橄榄球联队；他传奇般的男中音还让他成为合唱俱乐部的主唱。[251]1920 年秋天普罗温斯敦剧团邀请他出演布鲁特斯·琼斯一角时,罗伯森正在哥伦比亚大学学习法律,同时担任橄榄球队的助理教练,以挣钱支付学费。

即将在剧中扮演斯密泽斯的贾思伯·狄特尔负责去游说罗伯森接受这个角色,他去罗伯森位于哈勒姆的公寓拜访他。“你好!有什么事吗?”罗伯森站在门口问他。“我们想让你出演尤金·奥尼尔的一出戏,”狄特尔说。“我从来没有听说过这个人。”但罗伯森还是把狄特尔请进屋,听他朗读剧本。不久,罗伯森就感到非常愤怒,用他自己的话说,愤怒得“无法呼吸”。“他越往下读,我越感到气愤,”罗伯森是个大块头,他当时完全可以一把将狄特尔拎起来,毫不费力地扔出窗外;他后来回忆说,自己差点就那么做了。[252]

狄特尔毫发无损地回到麦克杜戈大街,但琼斯皇并没有请到。在该剧筹备阶段,倒是出现过一位未来的“小独裁者”:默片巨星查理·卓别林,他把自己伪装了一下,用的也是假名——查尔斯·斯宾塞(斯宾塞是他的中间名)。这位31岁的明星特别想出演这一角色,具体出于什么原因,大家也不清楚。普罗温斯敦剧团一开始非常欢迎他,但哈钦斯·哈普古德警告大家:“这个主意真的好吗?如果查理·卓别林参演的消息传开,你们知道会发生什么吗?好多人会涌来看戏,剧院根本没法接纳这么多观众,这会毁了尤金的作品。”[253]大家接受了他的意见,礼貌地回绝了卓别林。

在艾里斯、库波尔和罗伯森之后,普罗温斯敦剧团为布鲁特斯·琼斯考虑的第四个人选是资深演员查尔斯·吉尔品,他是哈勒姆的第一个演出股份公司拉斐特剧团的创建人之一。吉尔品对于白人观众来说并不陌生,在上一个演出季中他曾在约翰·德林克瓦特的《亚伯拉罕·林肯》一剧中有过出色的表演,他扮演一位类似于弗雷德里克·道格拉斯①的使者,在剧中拜访这位美国第16任总统。奥尼尔和

① 弗雷德里克·道格拉斯是十九世纪美国废奴运动领袖,他的母亲是黑人奴隶,父亲是白人。道格拉斯是第一位获得举国承认的美国黑人领袖,为美国黑人解放事业做出了巨大的贡献。

莱特透过剧院售票处的窗户第一次看到吉尔品时,他俩同时说:“就是他了。”[254]

吉尔品以前一直过着流浪的生活,干过不少收入很低的工作:理发师、油漆工、电梯维修工、清洁工、黑人歌舞演员、拳击陪练,还干过剧中琼斯曾经干过的活儿,火车卧铺车厢服务员。和他在剧中扮演的琼斯相似,吉尔品也同样粗鲁、傲慢,精于生存之道。“你可能了解这种人,”罗伯森当时在公寓里对贾思伯·狄特尔发火,“奥尼尔先生可能了解这样的人,但我不了解。”吉尔品却非常了解。“我从大街上寻找我的角色,仔细地加以研究,”他告诉《纽约论坛报》的记者。“我早已见过‘琼斯皇’。我见过他吹牛,见过他恐惧到抓狂。我所扮演的他,就是他在生活中的样子,几乎没有任何夸张。”[255]

在普罗温斯敦安安静静地写作了几个月之后,奥尼尔回到纽约。他觉得自己像个“靠岸的”水手,加入了“反沃尔斯泰德①狂饮”,整天喝私自酿造的劣质“毒药威士忌”。尽管他大部分时间还是不去参加排练,但他一旦去了,就“忽而非常激动,忽而又非常冷漠”,艾德娜·坎顿回忆。他在最后的带妆彩排中几乎一言不发,但却在排练过程中纠正吉尔品的表演:“不要去演皇帝——去演那个从 137 街走出去的卧铺车厢服务员。”奥尼尔说这番话时,是晚上 11 点半,再过两天就要首演了,吉尔品对库克和莱特说,他想再排一次。就是这次排练让他找到了感觉。“这就是大家所看到的演出,”莱特说。“尤金有一种当导演的天赋。他说的不多,但他所说的话总是一针见血,直击角色的内心。他能为演员提供理解角色的钥匙。”[256]

但是,奥尼尔和吉尔品之间也不时产生矛盾,最大的矛盾在于,吉尔品拒绝说“黑鬼”这个词,总是换成稍微委婉一点的“黑人”或“有色

---

① 安德鲁·沃尔斯泰德时任众议院司法委员会主席,负责起草禁酒法案,因此禁酒法案以他的名字命名,称为“沃尔斯泰德法案”。

人种”。奥尼尔威胁他:“如果你再改我的台词,我就揍死你!”吉尔品却仍然不听他的。奥尼尔于是要求解雇吉尔品,但这是不可能的。吉尔品演得太好了,不可能因为改了几行台词就被解雇。奥尼尔还批评他过于依赖“廉价的戏剧技巧”,但他几十年之后承认,他对吉尔品的个人批评与他的表演无关:“现在我回头看自己的作品,说实在的,只有一位演员能够将我心中对角色的所有定义表现出来。这位演员就是在《琼斯皇》中扮演卧铺车厢服务员的查尔斯·吉尔品。”[257]

“[吉尔品]是这样一个人,”吉格·库克在回顾吉尔品所成功扮演的琼斯皇时说,“他经过多年的磨砺,自身已经具备了登顶的能力,但他没有梯子,在当时没有任何一把梯子允许黑人把脚放上去”。“尤金·奥尼尔为他打造了一把梯子,”他同时强调,如果没有普罗温斯敦剧团这种合作式剧院的理念,奥尼尔也不可能做到。库克说,他们在灯光和音响方面的创新,再加上舞美设计师科里昂·斯洛克莫顿绝妙的布景,共同成就了吉尔品精彩绝伦的表演以及奥尼尔石破天惊的剧本:“我们的剧团敢为人先——愿意进行任何有趣的全新尝试,如果奥尼尔不是剧团的成员,他就不会有动力去创作《琼斯皇》。”奥尼尔对此表示赞同。他在演出之后的一个月表示,剧团齐心协力,在戏剧制作方面形成了“一种全新的创造性合作模式——一个极其简约和灵活的戏剧上演体系,再加上灯光的运用,让多重场景和瞬间换景成为可能,将电影的广度与话剧的优势融为一体”。[258]

1920 年 11 月 1 日晚,在售票处等待购买《琼斯皇》戏票的队伍一直排到了华盛顿广场。“如果你之前没有购买剧院的套票,或者你没有一位购买了套票的朋友,你就没法观看这出戏,”《纽约太阳报》警告读者。“因此,现在就订购套票吧,免得再去排长队。请致电 8363,预定剧场的座位。”普罗温斯敦剧院的套票售价 7.15 美元,格拉斯佩尔“神圣的”预订名单在第一周就增加了 1000 人,总数达到 1500 人。他们还把演出场次扩充到周日,但是因为纽约禁止周日演出,所以必须“持有剧院套票,或者通过持有套票的人购买客票”才能进场观看。纽约安息日委员会还是报了警,指控剧院“违反了周日禁止演出的法律规定”。库克、莱特和律师哈里・韦恩伯格一起出庭,最终胜诉,因为麦克杜戈大街133号被认定为私人会所,而不是专业剧院。[259]

在首演当晚麦克杜戈大街上的人群中,有一位刚刚当选为全国有色人种协进会首任黑人主席的作家詹姆斯・威尔顿・约翰逊,他的代表作正是《自决的海地》。约翰逊认为,《琼斯皇》并非第一部超越黑人歌舞剧畸形表演的美国戏剧,那些黑人歌舞剧将黑人塑造成“充满快乐”的漫画形象,一度很受欢迎。他说,1917年由麦迪逊广场花园有色人种剧团上演的三出独幕剧(这三出戏也是由罗伯特・埃德蒙德・琼斯担任舞美设计的)应该是第一次超越。但《琼斯皇》由黑人担任主角,白人担任配角,这在约翰逊看来是一次创举,“之前有关黑人的戏剧中,没有任何一部获得过比《琼斯皇》更高的评价”。他认为吉尔品对于角色的成功诠释功不可没,“黑人戏剧史由此书写了重要的一页……通过在《琼斯皇》中的出色表现,吉尔品取得了当时美国黑人在合法舞台上所能取得的最高成就”。[260]

《琼斯皇》连续上演了7周,之后又于12月27日转到塞尔温剧院上演。“他们并不真正理解我所写的东西,”奥尼尔看到蜂拥而至的纽约时髦观众时,颇感痛苦。“他们只是自言自语,‘看啊,那只猩猩会说话!”[261]在这之后,该剧又先后在王子剧院、布鲁克林美琪剧院和舒波尔特兄弟的里维埃拉剧院上演;在纽约演了490场以后,剧团又开始了为期35周的全国巡演。[262]到了1928年,就连小说家伊迪斯・华顿这样的资深戏剧观众(她认为奥尼尔是“我们唯一真正的艺术家”)都开始跟朋友调侃《琼斯皇》所引发的种族主义指涉:“一出没有谋杀、没有黑人的戏,到底能够吸引大众多久,没人知道。”[263]

剧团知道南方的巡演可能会有危险,但他们完全没有预见到来自白人至上主义者的强烈敌意和巨大阻力。剧团先在华盛顿特区的霍华德大学演出,这个传统的黑人大学的上千名学生都前来观看,之后

1920年11月1日，奥尼尔的《琼斯皇》在剧作家剧院的演出，剧中查尔斯·吉尔品(右)所扮演的布鲁特斯·琼斯和日本能剧演员伊藤道郎所扮演的非洲巫医(由杰西·塔博克斯·比尔斯拍摄。图片来自“耶鲁美国文学藏品系列”，拜内克珍本手稿图书馆，纽黑文)

剧团又赴弗吉尼亚州的诺福克和里士满(里士满是吉尔品的故乡),在里士满的演出大受欢迎,引起了三K党的愤怒。三K党成员送了一封信到吉尔品所住的旅馆,警告他不许越过梅森-迪克森南北分界线。奥尼尔得知这件事之后,非常气愤,但大家还是决定谨慎行事,他们改变了巡演的路线,北上俄亥俄州,再也没有在里士满以南的任何地方巡演。[264]

《琼斯皇》也激怒了非洲裔美国人;他们认为,剧中对琼斯的刻画"并没有提升黑人的形象"。[265]他们的负面反应并不仅仅局限于剧中所使用的"黑人语汇",尽管先前黑人歌舞剧式的对话对提升黑人的形象也一样没有什么帮助。他们最不满意的是剧中延续了将黑人刻画成迷信形象的传统。《布鲁克林每日鹰报》的白人剧评家并不理解奥尼尔剧中的主人公,对其作出了如下的评判:"琼斯既精明又愚蠢,既残酷又亲切,既有远见又迷信,在他身上融合了所有的种族特征,这些特征让美国黑人既是一个问题,又是一个笑料。"[266]

通过将黑人刻画成容易受非理性恐惧支配的形象,奥尼尔所处的种族困境实际上与几十年前马克·吐温的经历完全一样。但奥尼尔和马克·吐温都认为,基督教的迷信程度与其他任何超自然的信仰相比,也好不了多少。在马克·吐温的《哈克贝里·芬历险记》(1885)中,哈克从一开始就觉得,他的朋友汤姆·索亚和奴隶吉姆关于死猫、爱尔兰土豆、被逼着去上的主日学校所进行的各种仪式其实并没有什么区别。在《琼斯皇》中,奥尼尔用更为"原始的"迷信、诅咒和鳄鱼之神来反衬被白人神圣化的基督教迷信。当琼斯准备用自己去祭奠鳄鱼之神时,他大声乞求"主"饶了"我这个罪人",奴役者的白人之神与他自己非洲祖先的异教之神形成对比(*CP*1, 1058,1059)。(奥尼尔对于自己在《梦孩子》中所使用的种族迷信也有所意识,但令人遗憾的是,他当时并没有像后来在《琼斯皇》中那样重视这一点:当阿格尼斯·伯顿读到梦孩子不顾被警察逮捕的危险,决定留下来陪伴奄奄一息的祖母,她误以为他是因为爱才留下的。"不是,"奥尼尔回答,然后他慢慢地念出了祖母的威胁以及梦孩子惊恐的回应:"'你听我说,如果你现在撂下我不管,你一辈子再也别想交好运了!'……'我一说走,她就诅咒我,你没有听见吗?'")[267]①

1915至1916年的那个冬天,奥尼尔几乎什么都没写,而是把大量的时间花在地狱窟,和特里·卡林混在一起;但他还是将自己写的一首诗投给了报社,其中有几行预示着后来的《琼斯皇》,同时也观照了人类对于某种迷信的需要——即使是对于像他自己那样的无神论者也是如此。这首没有名字的诗,和《琼斯皇》一样,都包含持续不断的咚咚的鼓声,那是非洲丛林和刚果的原始节奏,也是存在主义的恐惧,意识到人在冷漠宇宙中毫无意义,最重要的是,对于更高层次力量的徒劳的最后祈求。最后一个诗节这样写道:

我们坐在这儿!
你和我——
在灵魂的刚果
永存着童年的一切
回荡的鼓声
正敲打得隆隆作响——
(上帝回响在人们的耳鼓)
直到人们的无神论
在黑暗中尖叫
畏缩在粪堆上
祈祷![268]②

---

① 引自郭继德翻译的《梦孩子》,郭继德编:《奥尼尔文集》(1),人民文学出版社,2006年,第432页。

② 引自张子清、高黎平翻译的《无题》,郭继德编:《奥尼尔文集》(6),人民文学出版社,2006年,第137—138页。

并非所有的非洲裔美国评论家都谴责奥尼尔在剧中的处理方式。来自西印度群岛的美国评论家、“哈勒姆激进主义之父”休伯特·亨利·哈里森在黑人全国运动领袖马库斯·加维的《黑人世界》上发表了他对《琼斯皇》的评论。他很遗憾地指出，博尼 & 利弗莱特出版社在当年 4 月将《琼斯皇》的剧本与《与众不同》、《救命草》结集出版时，愚蠢地将这出戏标榜为“对于恐惧心理和种族迷信心理的研究”。“苛刻的评论家有可能因为‘种族迷信’这几个字而刁难这出戏，”哈里森说，“但是这条广告的其余部分非常正确。它的确是杰出的心理研究。”他特别赞赏吉尔品的表演，认为他的表演是“天才之作……可以不依附于剧本而独立存在”。哈里森认为，其他黑人评论家的观点是“值得称赞的种族骄傲”，但不认同他们对奥尼尔作品的评论：“奥尼尔先生刻画了一个无知、迷信的灵魂，这个灵魂可以属于任何一个种族。他不可能愚蠢地在这个人的嘴里放入另外一种人的语言。他已经尽力了——他做得非常好。”他引用莎士比亚的台词来暗指奥尼尔的主人公，“错误不在命运，布鲁特斯，而在我们自己”。[269]在马库斯·加维 1923 年入狱之后，哈里森将加维的煽动行为与布鲁特斯·琼斯相提并论，他在日记中写道，加维“用邮件欺骗他的‘黑人同胞’”。[270]哈里森又在一篇强烈谴责加维及其追随者的文章中写道，“他给了他们所想要的。在这一点上，我想起了《琼斯皇》——这出戏非常完美地表现了加维领导黑人运动时的心理历程”。[271]

6 月 9 日，就在哈里森对《琼斯皇》的评论发表的几天之后，奥尼尔写信给哈里森，感谢他对该剧的重新解读，认为这是“我所看到的极其少有的明智评论”。[272]在这封没有公开出版的信件中，奥尼尔表达了自己的希望，希望吉尔品的表演天赋可以激励黑人剧作家，他还再一次指出，那些旨在“拔高”被压迫者的宣传“毫无效果”：“看到你反驳那些黑人，我很高兴，他们挑这出戏的毛病，就是因为这出戏没有‘拔高’。这些人没有意识到，唯一有效的宣传是关于人类灵魂的真理，不论黑人还是白人。旨在拔高的戏剧作品永远无法成功——越是一味拔高,越是不会成功。刻画一个人,才是最重要的。……顺便提一句,你所反驳的那些对于《琼斯皇》的批评,也是一些白人对我其他作品的批评——他们觉得这些作品没有'拔高'白人。你看有意思吧!"[273]

奥尼尔接着说,"我希望从现在起到《琼斯皇》演出结束的这段时间,创作另外一出我一直在构思的黑人戏剧——这样,我和吉尔品先生一直以来非常愉快的合作就有可能继续,他的那个'我接下来去哪儿?'的问题也有可能找到他所期待的答案。他是个了不起的演员,不应该无戏可演"。奥尼尔心中的另外一出"黑人戏剧"是关于他在地狱窟的朋友乔·史密斯的,这出戏将被命名为《白人》或者《诚实的好孩子》。他在1921年的工作日记中写道:"'乔'——关于黑人赌徒(乔·史密斯)的悲喜剧——8场——4场是在他赌运鼎盛时期的纽约——4场是在目前禁酒令时期的纽约,他运气衰败。"[274](他的下一部"黑人戏剧"也和乔·史密斯的人生有关,名为《上帝的儿女都有翅膀》,这出戏于1924年上演,但其最初的构思将在《送冰的人来了》中的乔·莫特这个人物的身世中得以更为全面的体现。)

但是,奥尼尔也意识到,他是作为一个局外人在创作,他认为黑人的经历需要从内部加以书写。"你不认为你们的作家应该被鼓励——被敦促——去尝试为[吉尔品]创作戏剧吗?"奥尼尔在写给哈里森的信中说,"这么做,可以更为细腻地反映普遍意义上的黑人。"实际上,黑人作家、艺术家和音乐家当时刚刚开始在哈勒姆地区涌现,对于他们而言,布鲁特斯·琼斯的白人式暴君形象可以被解读为一个具有警示意义的故事:奥尼尔在为哈勒姆戏剧创作比赛担任评委时,建议参赛者忽略白人文学权威。"做你自己,"他建议,"不要尽力去尝试被我们称之为'好'的那些东西!"[275]

1920—1921年演出季结束的时候,查尔斯·吉尔品被纽约戏剧联盟评为当年的美国十大杰出戏剧人物,他是有史以来上榜的第一位黑人。戏剧联盟以前都会在其年度大会上表彰他们所评选出的这些杰出戏剧人物;但有人公开反对邀请黑人参加这样一个白人的聚会,戏剧联盟因此又急忙收回了对吉尔品的邀请,或许也有些后悔之前发出了邀请。奥尼尔也被评为当年的十大杰出戏剧人物,尽管他当时已经越来越不喜欢这位主角,他还是对纽约戏剧联盟迎合其种族主义成员的行径非常反感。他和纽约戏剧联盟的前任主席肯尼斯·麦克戈文(奥尼尔与他在《天边外》演出期间建立了深厚的友谊)一起呼吁其他入选者拒绝接受邀请——其他入选者都拒绝了邀请。吉尔品的邀请立即被重新发出,那年的年度大会非常成功。十年之后,詹姆斯·威尔顿·约翰逊写道,这件事已经“有些过时了。如今,估计很少会有这么愚蠢的事情发生”。[276]

吉尔品最初打算只在颁奖礼上露面“大约四分钟”。他骄傲地宣称,在那之后,他也不会跟那些白人戏剧人士“喝酒聊天”,他会回到哈勒姆“小小的朋友圈子”里,“我属于哈勒姆”。但在他接受了那个晚上最长时间的观众起立鼓掌之后,他改变了主意,“我在那儿待了四个小时,那是我一生中最辉煌的时刻。去面对那群人,并不需要太在意。我信任那些以平等的态度对待我的艺术家,至于其他人,我根本不在乎。他们可以坐在那儿盯着我,仿佛我是一只猴子,我一点也不介意”。[277]

1921 年,全国有色人种协进会授予吉尔品“斯宾加恩”勋章,表彰他“作为黑人,在之前几年中所做出的最为杰出的成就”,沃伦·哈定总统邀请他去白宫,与他共进晚餐。但是,奥尼尔在那年 4 月说,吉尔品于 1922 年年初被终止了在《琼斯皇》中的演出,因为“他喝酒太多,并且自我膨胀[自我中心主义]”。他有一次在纽约跟吉尔品谈话,其实就是一个酒鬼在劝另一个酒鬼:“查理,如果你不在化妆间放酒的话,我们就让你在每一场之后喝上一杯。”吉尔品接受了这个条件,剧团在每场之后给他一杯酒,这样就是一共 7 杯,直到最后一场,岛上的土著居民将被他们射死的琼斯抬上舞台。也许正是因为这种做法,或者说,尽管有了这样的控制,吉尔品的酗酒问题越发严重,几乎完全失控。保罗·罗伯森同意替换吉尔品担任1923年伦敦演出的主演。罗伯森当时已经认为布鲁特斯·琼斯是一个“伟大的角色”,而《琼斯皇》这出戏则是“真正的戏剧经典,不仅仅是美国的戏剧经典”。奥尼尔也很欣赏罗伯森,在之后的几年中,罗伯森成了他非常珍视的合作者。从一开始,奥尼尔就认为这位演员“形象和声音都很好,有抱负,为人很好,有脑子——表演不像吉尔品那么夸张过火”。[278]

在这次不光彩的辞退经历之后,尽管吉尔品也偶尔能接到一些演出的任务,包括《琼斯皇》的几次重演,但他的演艺事业从此一蹶不振。1930年,他在新泽西州的一家养鸡场去世,终年51岁,死的时候穷困潦倒。黑人报纸在对他的报道中哀叹,在《琼斯皇》中的杰出亮相之后,吉尔品曾是“戏剧界所羡慕的对象。如果美国是个完全开化的国家,他会有更大的名气——他会像奥赛罗那样闪耀舞台。但是,再也没有那样的机会,美国最伟大的演员之一只能在心碎中离世”。[279]

《琼斯皇》让普罗温斯敦剧团名声大噪,但它恰恰又标志着剧团开始走向终结。“一夜之间,价值观全变了,非常令人震惊,”艾德娜·坎顿后来写道。在《琼斯皇》一举成名之后,对于剧团中的大部分成员来说,只有百老汇的成功才能让他们满意:“趁着我们的首次成功去纽约,这才是更高的荣誉,没人愿意待在小镇继续我们的戏剧实验。这是人性;这很自然……我们被掌声灌醉了,失去平衡,摔倒了。”坎顿相信,唯一能拯救剧团的人是杰克·里德;但令人伤心的是,里德在《琼斯皇》首演之前因斑疹伤寒在俄国去世了,当时布莱恩特陪伴在他身边,他去世的时间距离《琼斯皇》首演不到两周。在葬礼上他被称为苏联英雄,他的遗体被埋葬在克里姆林宫的围墙之内。“真希望杰克可以从莫斯科红场的坟墓中出来,回到我们身边,哪怕就一个晚上也行,”坎顿说,“就是我们决定把《琼斯皇》带到百老汇去上演的那个晚上。……但是杰克当时正躺在莫斯科的坟墓中,吉格是个老预言家,总是一遍又一遍地说着同样的话,这些话对我们来说已经没什么意义了。他自己也知道。”[280]

实际上，不论库克的想法多么具有启发意义，对于剧团的其他成员来说，他的想法经常是无法理解的。“就像是喝醉酒以后的胡言乱语，说完就忘了，”普罗温斯敦剧团成员杜娜·巴恩斯回忆库克对于剧院的那些冲动的想法。“吉格可以激发具有不同思路的人为了同一个想法而一起工作，他自己也不十分清楚这个想法到底是什么，或者说，他自己清楚，但没法对我或者其他人说清楚。他把演员们带进一个空手变兔子的场景。我认为，这是吉格的魔术；他知道每一个环节，他能说出步骤，他也有魔术师的帽子，但是他变不出兔子——是他过于骄傲，或者太过聪明，或者根本就是黔驴技穷？谁知道呢？——但他的过人之处在于，他能让大家觉得自己已经理解了他的意图。”[281]

剧院弗洛伊德

奥尼尔在1920年10月将《琼斯皇》的剧本交给麦克杜戈大街的普罗温斯敦剧院时，他已经完成了下一部作品《与众不同》。普罗温斯敦剧团12月27日上演了这出两幕剧，就在同一天《琼斯皇》在纽约首演。与《琼斯皇》一样，《与众不同》也在纽约的几家剧院上演（塞尔温剧院、时代广场剧院和公主剧院），但与《琼斯皇》不同的是，它只收到了一些不温不火的评论。肯尼斯·麦克戈文肯定了奥尼尔的天赋，但他认为，"《琼斯皇》具有非凡的想象力、浓烈的色彩、精神的力量，对于任何一个看过《琼斯皇》的人来说，难免会觉得《与众不同》是作者的退步"。巴内特·克拉克开玩笑地说，"该剧有被禁演的可能，但这也没能帮助它挽回票房的彻底失败"。在《琼斯皇》和《天边外》获得巨大成功之后，奥尼尔对这次失败似乎毫不在意："这倒让我放心了。我之前已经开始觉得自己太受欢迎，以至于评论家们都不敢讲实话了。"[282]

《与众不同》的基本情节来源于巴内特·克拉克告诉奥尼尔的一个故事，关于普罗温斯敦当地的一个女人。该剧描写一个新英格兰沿海小镇上备受压抑的中年妇女，为了寻求性爱的安抚而爱上了一个一无是处的年轻男子。张贴在曼哈顿各处的海报很有挑逗性，宣称这出戏是"对性饥渴女性的研究"。[283]奥尼尔抱怨，就因为这张海报，这出戏"激起了所有女权主义者对我的愤恨"。[284]女权主义者指责他用女主人公埃玛·克罗斯比来代表所有的女人，对此他非常有力地加以反驳："她具有普遍性，仅仅在于她对明确的性压抑产生了明确的反应，每个女人都有可能如此。她所采取的反应是由她所处的环境和她自己的性格决定的。那些吹毛求疵的人最好先确认他们像我一样了解自己的埃玛,然后再告诉我埃玛应该作何反应。"[285]

更糟糕的是,新闻媒体硬是把奥尼尔和著名心理学家西格蒙德·弗洛伊德联系到一块儿,这种观点困扰了奥尼尔一生。这一说法在美国获得了很多人的赞同,不少评论家都认为奥尼尔是在兜售当时流行的心理分析。《纽约太阳报》对此提出警告:"普罗温斯敦剧团存在一种倾向,他们所上演的戏剧,将舞台变成弗洛伊德的诊所。这种倾向不应该被过分强调,除非这些雄心勃勃的艺术家想让他们在麦克杜戈大街的小剧院变成弗洛伊德剧院。"[286]

《纽约论坛报》的剧评人海伍德·布劳恩是著名的"亚岗昆圆桌"①组织的成员,这个组织由极富文学才华的多萝西·帕克创办,布劳恩同时也是女权主义作家露丝·黑尔的丈夫,这个身份对于奥尼尔来说更为重要。格拉斯佩尔提醒奥尼尔,黑尔"强烈反对"这出戏的性别主义暗示,她觉得布劳恩用他自己的署名发表了他妻子对《与众不同》的评论。[287]不管这篇评论到底是海伍德写的还是他妻子写的,它让这出戏所受到的批评更为激化:奥尼尔不光是写了一出当前流行的弗洛伊德戏剧,他甚至根本不知道自己在说什么:"奥尼尔似乎对性心理的深层理论知之甚少。他不理解,被压抑的本能会越陷越深。在没有足够解释的情况下,女主人公长期被压抑的欲望——或者也许是被升华的欲望——突然就爆发出来,缺乏说服力。"[288]不到两周之后,《纽约论坛报》发表了一篇颇为克制却也足够尖锐的反驳:奥尼尔坚持认为,他作品中出现的弗洛伊德思想只是偶然的。早在古希腊时期,弗洛伊德的论断就已经能够被具有足够直觉的人们所把握。[289]"对我的戏剧产

① "亚岗昆圆桌"组织由一群纽约的作家、评论家、演员组成,他们每天中午在亚岗昆饭店共进午餐,探讨文学与艺术问题。该组织于1919年成立,1929年逐渐解体,其成员在文学和艺术方面的贡献影响深远。

生影响的,”他说,“是关于所有时代的戏剧知识——尤其是古希腊悲剧——而不是关于心理学的任何书籍。”[290]

实际上,他在20世纪20年代对于弗洛伊德的阅读仅限于《图腾与禁忌》(1913)。[291](他后来又在1925年读了《超越快乐原则》,目的是为了帮助自己戒酒。)[292]他还读过卡尔·荣格的《无意识心理学》(1912)的英译本(1916)。“如果我在无意识中受到影响,”他后来承认,“那也一定是受到了荣格作品的影响,而不是其他的心理学书籍。”[293]“弗洛伊德的兄弟姐妹们似乎对此非常确定,他们从我作品原本简单的字里行间读出了令人震惊的各种复杂情结,然后就自作主张地公之于众。他们中的一些人就是这么对待《琼斯皇》的。他们顽固得很!”[294]他说,“这出戏在心理分析方面到底是否精确,我会让弗洛伊德和荣格的那些教条主义的学生去评判,我自己不去评判(弗洛伊德和荣格也不去评判)。但这就是生活。我始终坚信——生活会吞没一切教条。”[295]

那年冬天,奥尼尔在新年来临时发誓戒酒,并继续《最初的人》的剧本创作。如果说他因为《与众不同》所引起的女权主义批判或弗洛伊德主义批判而感到恐惧,这出戏并没有显示出他的恐惧。《最初的人》几乎可以被解读为失败的四幕弗洛伊德剧,表达出奥尼尔对他所臆想的家庭生活充满敌意,认为它很烦人,会限制自由。他与伯顿的婚姻并不是问题所在,至少当时还不是。1921年4月12日,他请纽约的朋友购买了一件伯顿一直想要的和服,并寄送到普罗温斯敦,以庆祝他们结婚三周年的纪念日。每次因为有事而不得不与妻子分离时,他都十分想念她——至少刚分开的那几天会想念。[296]

4月下旬,奥尼尔因为牙齿状况糟糕,不得不去纽约找他的朋友萨克斯·卡明斯治疗,卡明斯在纽约的罗彻斯特新开了一家牙科诊所。(这位朋友的名字“萨克斯”念起来像是一种乐器,但奥尼尔总是叫他“索克斯”。)[297]奥尼尔之前见过卡明斯,他是斯黛拉·巴伦泰恩的哥哥,1916年普罗温斯敦剧团在纽约的第一个演出季,曾经上演过卡明斯的作品《讣告》;两个人在剧团里都不太爱说话,所以倒是比较合得来,但在这次罗彻斯特之行之后,两人结下了终身的友谊。

在一周多痛苦的根管治疗和牙髓抽除之后,奥尼尔非常渴望回到妻子身边:“上帝啊,我是多么希望你在这儿啊！我是那么爱你！这是真正的爱,超越一切限制,爱到极致。我就是你。所以,照看好真正的我,让这个可怜鬼在牙科诊所逡巡！”[298]充满爱意的情书来来往往大约一周,之后就被家庭生活和工作中的琐事取代了——沙恩的健康状况、账单、普罗温斯敦的闲言碎语、特里·卡林的醉态百出、演出日程安排、山顶吧的房屋状况,等等。那年夏天快要结束的时候,奥尼尔感觉很糟,觉得自己被抛弃了,因为他自己在艰苦地创作,而伯顿在整个八月期间都在旅行,她像一阵风似的,到处探亲访友:到波士顿去找朋友玩儿,到新伦敦去看吉姆和埃拉·奥尼尔,到康涅狄格州的里奇菲尔德去看自己的家人,然后又去了西坡因特,再返回纽约和韦斯特切斯特郡,寻找过冬的寓所。

她不在家的那段时间,奥尼尔完成了《最初的人》,并且重新回到他的“青春泉”作品《泉》,这出戏写的是胡安·庞塞·德·莱昂在新世界寻求永生的故事。“如果我之前就知道《泉》会像现在这么糟糕,我会把剧本挂在厕所的钩子上,”他在写给伯顿的信中说。“要么它死,要么我死……赶紧回家吧,让我重新活过来！这些日子痛苦不堪,毫无意义地在炼狱中备受煎熬。”[299]

在被各种事情耽搁了一周之后,奥尼尔的四幕剧《黄金》于1921年6月1日在纽约的弗雷齐剧院上演。奥尼尔第一次参加排练(著名的历史剧明星威拉德·麦克参加了该剧的演出),就知道这出戏一定会一败涂地。几次排练之后,奥尼尔就决定不再参加了,“这下感觉好了,‘烂醉如泥地’赶走关于这出戏的记忆”。喝了好多劣质酒之后,奥尼尔回到普罗温斯敦,用他自己的话说,“为了让自己恢复理智,同时也等待着演出最终的失败”。[300]伯顿一个人去参加后期的排练,并在首演之后告诉奥尼尔演出的情况。奥尼尔一直待在山顶吧独自疗伤,并继续创作《泉》,但他很快就得到了令他开心的消息:阿瑟·霍普金斯将他的《"安娜·克里斯蒂"》(《克里斯》的修改版)选为秋季演出剧目。

《天边外》的经费资助人约翰·D.威廉姆斯,这次也是《黄金》的资助人,他本来就是个酒鬼,他批准《黄金》媒体发布会方案的时候,肯定比平时喝得更多。媒体发布会上,《黄金》被称为"尤金·奥尼尔最伟大的戏剧作品……年度最伟大的戏剧盛事!!"[301]这种荒唐的夸大其词与首演当晚的情况形成鲜明的对比。"台词啰嗦,剧情拖沓,令人疲惫,莫名其妙,"《综艺》杂志批评道。[302]《国家报》指责奥尼尔,说他总是老调重弹——这个指责与关于弗洛伊德、厌女症的指责一样,都经受住了历史的考验:"我们总是忍不住地去想,这个故事我们以前听过的。"[303]乔治·金恩·内森告诉奥尼尔,《黄金》这部作品的某些方面,其实他还是挺喜欢的。尽管如此,剧作家本人却简洁明了地说:"你错了。这是一部糟糕的戏。我告诉你,这部戏很糟糕。"[304]

海伍德·布劳恩因为这出戏想要叫停那些"奥菲利亚的重子重孙"。他写道,"发疯显然是一种被滥用的舞台传统。奥菲利亚几乎不可能以莎士比亚所设定的方式那么早地死去。她为之后好几个世纪的剧作家们留下了太多的重子重孙"。在后来的一篇评论中,布劳恩又写道,"奥菲利亚真的应该好好考虑哈姆雷特的建议,让自己去修道院。她为剧场留下了令人疲惫的笔调。这部糟糕的作品实在让人难以忍受"。[305]在这之后,奥尼尔对布劳恩的态度从不友好变成了痛恨。对于奥尼尔来说,布劳恩现在是"一个狗娘养的……一个造假的人,说谎的人,满怀嫉妒……"[306]

尽管奥尼尔自己不承认,但布劳恩说的其实并没有错。奥尼尔彻底否认弗洛伊德的影响;但他的确感受到戏剧现实主义的限制和束缚,他认为戏剧现实主义掩盖了造就人物行为的"潜藏山峰"。在很大程度上,由亨利克·易卜生所推动的现实主义运动为粗糙的罗曼史提供了可能,也成就了詹姆斯·奥尼尔那个时代的华丽情节剧;但它也将独白拉下了舞台。这是他作为一个剧作家所要与之斗争的问题。到那时候为止,唯一能匹敌戏剧独白或小说的解决方案,用吉米·莱特的话说,是"精神病患者的胡言乱语",这"仍然是现实主义,而不是那种过时的戏剧手法——女主人公是疯子,而她的台词却很理性"。[307]苏珊·格拉斯佩尔在她的作品中也曾运用"胡言乱语的"女性形象,比如独幕剧《琐事》(1916年)和《外边》(1917年),以及普罗温斯敦剧团那年11月上演的多幕剧《边缘》;但格拉斯佩尔的女性形象传递出更深层的理解。《边缘》中的主人公克莱尔·阿彻尔对她的丈夫说:"那被称为疯狂。并且被弄成一种美德——让人禁锢其中,"然后她又宣布,"不,我没有疯。我是——太正常了!"[308]尽管《与众不同》和《黄金》因为对疯狂的刻意使用而受到剧评界的批评,但奥尼尔在此后的很多年中将一再拜访奥菲利亚的后代:《上帝的儿女都有翅膀》中那个因为嫁给黑人而发疯的白种女人、《更庄严的大厦》中对于俄狄浦斯情结的疯狂运用,最为尖锐和最为自觉的运用则是《进入黑夜的漫长旅程》中毒瘾缠身的母亲。这出戏中有一场"发疯的戏",当吸食了吗啡的玛丽迷迷糊糊地从楼梯上走下来,詹姆斯·蒂龙调侃道,"奥菲利亚上场!"(*CP*3,824)。

《最初的人》所标注的出版时间是1921年10月,与《泉》的出版时间相同。《最初的人》最早的构思是重述杰逊王子率领勇士们寻找金羊毛的故事(剧中主人公的姓与杰逊的发音十分相似——"杰森")。但这出戏后来演变为奥尼尔的第一部旨在探讨性别战争的作品。他之前曾经抱怨,《与众不同》上演后,女权主义者对他大加责难,"似乎相同的主题完全可以被用到一个男人身上,当然男人会采取不同的反应"。[309]这一次,有一位女性剧作家也在做同样的事情,苏珊·格拉斯佩尔当时正在普罗温斯敦创作一出关于性别的戏剧,名为《边缘》。

格拉斯佩尔的克莱尔·阿彻尔提供了一个独一无二的窗口,反映出格拉斯佩尔和奥尼尔在文学上的相互影响。和奥尼尔剧中的主人公柯蒂斯·杰森一样,克莱尔也认为生儿育女是一种限制,而更愿意实现自我的价值。在最后一幕中,她抛弃了自己因循守旧的女儿和丈夫,杀死了自己的情人,这些人都被她看作社会和心理统一性的象征。奥尼尔在他的早期作品《苦役》中,曾经刻画了一个不负责任的父亲和丈夫的形象——大卫·罗伊尔斯顿,如果该剧上演的话,这个人物无疑会激怒女性观众;在《最初的人》中,有可能是因为受到了格拉斯佩尔正在创作的作品的鼓动,他赤裸裸地暴露出自己对于家庭生活的偏见。

相较于奥尼尔自己的婚姻,《最初的人》的灵感更多地来自父亲身份所带来的限制。奥尼尔的主人公柯蒂斯·杰森是一位雄心勃勃的人类学家,满世界寻找"最初的人"存在的证据。在该剧的剧情开始之前,他和妻子玛莎的两个儿子因为肺炎去世了,这一痛苦的经历让他们开始了为期十年的世界旅行,同时夫妻俩约定,再也不要孩子了。柯蒂斯指责玛莎在没有征得他同意的情况下怀孕,并拼命捍卫没有孩子的生活状态,他这时说出的话竟然与奥尼尔当初向伯顿求爱时所说的话如出一辙:

> 柯蒂斯:难道我们的生活——你和我在一起——不是很满足吗?要得到我们现在所享受到的美满的幸福生活,难道不是比养育子女更困难吗?我非常需要你——为了我自己,为了我的工作——为了我个人的最美好和最有价值的一切,我非常需要你:这对你来说难道是毫无意义的吗?①[310]
>
> 奥尼尔:你[伯顿]在我看来是独一无二的,纯洁无瑕——我的眼里只有你。我只想拥有你……不希望有任何其他东西干扰。

① 引自黄嘉德翻译的《最初的人》,郭继德编:《奥尼尔文集》(2),人民文学出版社,2006年,第291页。

甚至不希望被我们自己的孩子干扰。[311]

伯顿：单独和我在一起——那就是他想要的；我们什么都不缺——工作、爱情和陪伴。永远、永远不要让任何东西干扰我们的工作和爱情！[312]

玛莎在最后一场中死于难产，幕后所传出的痛苦尖叫让人毛骨悚然，这出戏于 1922 年 3 月上演时，吓坏了不少观众。玛莎生下的孩子由护士照看，直到柯蒂斯从远征中归来。

那年夏末，伯顿确定自己又怀孕了，她服用了“猛药”——用她自己的话说——以终止妊娠。8 月中旬，她去里奇菲尔德时给奥尼尔写信，说她一直在严密监控自己的生理周期（9 月 11 日是她的下一个“好日子”）。“可笑的是，”她告诉他，“每次到了可以做爱的那一天，我就病了，这是我的另外一套计算体系。从此以后，让我们在卧室里挂上一本日历吧！（你会喜欢的！）”[313]

《“安娜·克里斯蒂”》于 1921 年 11 月 2 日在范德堡剧院上演，正好是《救命草》在新伦敦首演的前一天。几乎所有人都喜欢《“安娜·克里斯蒂”》，除了剧作家本人，就跟《在交战区》的情况一样。（在一片赞扬声中，唯一的例外来自海伍德·布劳恩，这也是意料之中的事：“看了《“安娜·克里斯蒂”》之后，我们不禁感到，尤金·奥尼尔仍然停留在‘美国最有希望的剧作家’的阶段，并未有所提升。”）[314]大幕拉开，显现出罗伯特·埃德蒙德·琼斯备受赞誉的布景，约翰尼“神父”酒吧的内景来源于奥尼尔以前经常光顾的吉米神父酒吧。在舞台提示中，奥尼尔非常细致地描述了这个酒吧，剧中的对话也再现了他所熟悉的那些码头人物的常用俗语和不羁态度。年轻妓女安娜·克里斯蒂到城里来找自己当海员的父亲克里斯·克里斯托弗森（这个人物的原型是奥尼尔在吉米神父酒吧的一个朋友），安娜同意和父亲一起上船航行。轮船从纽约开往波士顿，因遇上浓雾而被困在马萨诸塞州附近时,他们救下了一个遭遇海难的爱尔兰水手马特·伯克,马特和安娜相爱了。克里斯不同意两人相爱,在他看来,这个爱尔兰人就代表大海,而大海是个"老魔鬼",让他自己在瑞典的家庭分崩离析。现在他的女儿也落入了它的魔咒。

《"安娜·克里斯蒂"》所获得的票房收入比《天边外》、《琼斯皇》还要高。剧评人詹姆斯·维特克带着讽刺的口吻说,《"安娜·克里斯蒂"》一剧让"尤金·奥尼尔将纽约变成了戏剧界所俗称的'狗镇'"。("狗镇"是戏剧界的行话,指戏剧作品在去纽约上演之前先在一些小城市试演。)"他让那些唯利是图的演出商和经理们都着了魔,"他嘲讽道,"对奥尼尔来说,所有庸俗的预演都被免去了……他不需要向百老汇的大佬们推销剧本。他不需要拿着参议院的推荐信去敲开剧院大门。他不需要去特拉华州的威明顿看他作品的非公开演出,然后再忍气吞声地悄悄改写。"[315] 尽管维特克的语气听起来有些挖苦的意味,但他这番话倒是颇有道理。克莱顿·汉密尔顿当年在新伦敦火车站警告奥尼尔,"剧本被读到的几率不到千分之一;被接受的几率则不到百万分之一,"这条规则不再适用于尤金·奥尼尔了。

让奥尼尔困惑的是,观众们都在为这位悲剧作家的"大团圆结局"而欢呼,同时很少有评论家离开剧场时能感受到奥尼尔所期待的那种对悲剧命运的感知。乔治·金恩·内森前一年冬天阅读这个四幕剧本时就曾提醒奥尼尔,最后一场戏会被看作"大团圆的结局",而据他了解,奥尼尔想表现的是大海"对安娜的征服"。奥尼尔坚持认为,马特发现安娜不是天主教徒的那一刻——实际上,她根本就不信仰任何宗教——,她要忘掉过去、重新做人的"誓言"也就不那么可靠了。然而,媒体"意志薄弱"的胳膊老是在撩拨"大团圆结局"这一点,奥尼尔不得不在《纽约时报》发表了一篇文章,对此加以否认:"这种类型的现实主义戏剧旨在用生活本身来诠释生活,因此我拒绝任何形式的结尾。生活中发生各种各样的事情,或是偶然,或是意外,或是命中注定,随之走向不可避免的后果,然后又会发生下一件事……落幕。落幕之后，生活仍在继续。”他在文章结尾处写道，“有人认为我是故意扭曲最后一幕，因为‘大团圆结局’使剧本更能受到大众欢迎，对于这些人，我只能用以下的话来回应：你们怀疑，因为在我们的戏剧史上你们看到了很多这样的先例，这是个可悲的事实。但另一方面，你们也有足够的理由相信，我是不会那么做的”。[316]①

奥尼尔是想将《“安娜·克里斯蒂”》的最后一场作为一个比喻意义上的“逗号，标在花哨的介绍性从句之后，而主句还没有写”。他一度还想将这出戏定名为《逗号》。[317]但几乎没有人这样理解。例如，伯恩斯·曼特尔在《晚间邮报》发表的评论中总结道，“将来记录尤金·奥尼尔一生的戏剧成就时，《“安娜·克里斯蒂”》有可能会被认为是他第一部‘大团圆结局’的作品，这位阴郁的年轻天才向大团圆结局妥协了，而大团圆结局是被所有真正的艺术家鄙视的”。内森对这样的评论家进行反驳，他认为这些评论家“暗自得意地认为，奥尼尔已经任性地将大团圆的结局强加在他的作品上。演艺业对他们毒害太深，他们根本不可能将奥尼尔看作有主见的艺术家”。在当时的评论中，《纽约时报》亚历山大·乌尔考特的观点倒是一个颇为引人注目的意外：“奥尼尔似乎是在向离开剧院的观众们暗示，他们可以将其看作大团圆结局，如果他们目光短浅到这样认为，意志薄弱到这样希望。”[318]

然而，美国观众能为这样一个“失足少女”体面结婚的“大团圆结局”而鼓掌，也算是不小的进步了。[319]甚至是标题中安娜·克里斯蒂这个名字上所加的双引号（很少有人注意到这个双引号是标题的一部分），都旨在强化“安娜·克里斯蒂”是妓女站街时的名字。除此之外，该剧还包含确定无疑的女权主义论调：当安娜的父亲和情人争论谁将掌控她的未来时，她打断了他们的话，发表了一番女权主义宣言一般的言论：“天呀，你们以为我是一件家具！……我喜欢怎么做就怎么

---

① 引自刘海平翻译的《奥尼尔论〈“安娜·克里斯蒂”〉》，郭继德编：《奥尼尔文集》(6)，人民文学出版社，2006年，第319页（译者略有修改）。

做,没有任何人能够对我发号施令,不管他是什么人。我没有要求过你们中任何一个人来养活我。我自己能够生活——总有办法可以过活。"(*CP*1,1007)①

肯尼斯·麦克戈文赞扬奥尼尔用这出戏创造了"戏剧历史":"很难找到另外一部美国戏剧,比奥尼尔的新作更贴近生活现实,更具有戏剧张力。"[320]奥尼尔本人公开予以否认,不仅否认广为流传的"大团圆结局"的误解,也否认这出戏体现了"自然主义",他将其简单定义为"表现生活真相"的戏剧。[321]"自然主义太过简单,"他告诉记者。"比如说,我完全可以接下来一辈子都去写《"安娜·克里斯蒂"》这样的戏。那我就能够一直驾轻就熟。……自1914年以来,你通过那种形式的戏剧几乎无法描写我们的生活了。自然主义戏剧其实不如浪漫主义戏剧或表现主义戏剧自然。也就是说,把一群人弄到舞台上,让他们说平时在起居室或者客厅所说的话,并不一定就能达到自然的效果。"奥尼尔认为,"那些不说话的男人和女人,通常才是最有趣的"。[322]

奥尼尔的《救命草》于11月3日在新伦敦兰心剧院首演,一周之后又转到格林威治村剧院上演。《救命草》写的是他在盖洛德农场疗养院的经历,这出戏一直是奥尼尔个人最喜欢的作品之一。他告诉该剧的制作人乔治·泰勒,他认为这出戏是"我写得最好的作品——甚至比《天边外》还要好"。绝大部分的剧评家却不看好这出戏,认为它虽然对话写得不错,但主题和背景都围绕疗养院,过于阴郁。一位剧评人将其描述为"剧院中所能遇到的最阴郁和最压抑的戏"。"我们希望奥尼尔先生还是坚持创作海上题材的作品,"另外一位剧评人写道,"他的海上戏剧从来不会让我们晕船,而这出戏却让我们在陆地上晕了……剧中的这个疗养院有可能治愈一个患者,只要紧紧抓住爱的救

---

① 引自欧阳基翻译的《"安娜·克里斯蒂"》,郭继德编:《奥尼尔文集》(2),人民文学出版社,2006年,第137页。

命草和希望就行，但这个疗养院有可能把观众害死。”还有一位剧评人取笑奥尼尔剧中“身患肺结核的罗密欧和朱丽叶”，说剧作家“也许以后会再写一部关于癌症的音乐喜剧”。吉米·莱特第一次读到剧本时，觉得其中的爱情故事不可信，奥尼尔对他说，“这样的故事曾经在我身上发生过”。[323]

奥尼尔的悲剧女主角艾琳·卡莫狄因肺结核而去世，奥尼尔的“小猫”凯瑟琳·麦克凯也在奥尼尔出院两年之后因肺结核去世；但这个悲剧并未动摇奥尼尔对希望这根“救命草”的信仰，他坚信希望可以拯救他自己以及他所遇到的其他“溺水”的灵魂。“正是由于这个原因，”巴内特·克拉克在评论《救命草》时写道，“我一直认为奥尼尔从根本上说是个乐观主义者。他从来没有给我们一种‘生活不值得去过’的感觉。如果他真的如同大家所认为的那样悲观，他就不会费那么大气力去证明存在的虚无性”。[324]奥尼尔在新伦敦的朋友艾德·吉夫写信告诉奥尼尔，他是多么喜欢在新伦敦演出的这部作品，奥尼尔在回信中说，他本来想去参加首演的，但最终未能成行：“首演会让我特别慌乱，特别紧张，”尽管他认为《救命草》在新伦敦上演挺有趣的，因为“有那么多自传性的内容与那个城市有关”。[325]那年秋天让他紧张的原因并不仅仅只有这场正在进行的演出，其他的原因奥尼尔并没有跟自己的朋友提起。

1921年8月，凯瑟琳·简金斯的律师通知奥尼尔，简金斯希望他支付儿子的教育费用。奥尼尔同意在第一年支付800美元，第二年支付900美元，以后每年支付1000美元，直至小尤金21岁为止。小尤金已经11岁了，简金斯认为可以告诉他，自己的生父就是著名剧作家尤金·奥尼尔。小尤金得知自己生父的身份之后，非常希望见见奥尼尔；奥尼尔有些担心，但并不反对（毕竟孩子已经不需要换尿布，也不需要喂牛奶了）。正如他当时在《最初的人》中所写的那样，柯蒂斯（奥尼尔）只有在一种情况下才愿意承担父亲的角色，那就是等到新生儿

"长到足够大,能够了解并热爱一种宏大而自由的生活"。(*CP*2,116)

那年秋天,凯瑟琳的母亲凯特陪着小尤金来到奥尼尔所居住的西35街36号公寓楼的大堂。肯尼斯·麦克戈文站在奥尼尔身边,以防见面时出现尴尬的情况。事实上,根据简金斯后来的回忆,"他们相处得非常好,"她都觉得自己在儿子心目中的位置输给了前夫。[326]父子两人都是棒球迷,因此有共同的话题,他们很可能聊了纽约扬基队和布鲁克林道奇队各自的优势。(奥尼尔是扬基队的球迷。)[327]

令人吃惊的是,奥尼尔和简金斯似乎很早之前就恢复了联系。1919年1月14日,奥尼尔在从西坡因特到麦克杜戈大街之间往返的旅途中,从纽约给前妻寄出了一封颇为亲切的长信。信是用铅笔写的,落款是"金",奥尼尔只有跟最亲近的朋友和家人写信时才使用这个昵称。这封字迹密密麻麻的信件长达8页,现在应该是被私人所收藏。著名的索斯比拍卖行于1977年将这封信拍卖给了一位没有透露姓名的买家。拍卖行对这件拍品的介绍非常吸引眼球,当时人们都以为奥尼尔和简金斯早就断绝了联系:"非同寻常的早期长信,包含很多他戏剧活动的信息,最后一页是关于社会和家庭事务,落款充满爱意。"[328](简金斯后来对于这封信下落的关注,在某种程度上和伯顿多年以后对《驱魔》手稿的关注非常相似。)奥尼尔在写这封信的时候,他既没有名气,也没有钱。但到了1921年的夏天,当简金斯跟他要钱的时候,他既出了名,也有了钱。奥尼尔同意支付小尤金的教育费,被准许了探视权,还邀请儿子第二年夏天去山顶吧度假。

"希望下一次有好运!"奥尼尔得知《救命草》在纽约只演了不到三周,在写给乔治·泰勒的信中这样说道;他同时向泰勒表达了谢意,感谢他有勇气支持他"无望的希望"。他写信给萨克斯·卡明斯,说自己不知道为什么《救命草》那么快就停演了,让卡明斯都没机会去观看:"我想,也许是大家都担心进剧院会染上肺结核吧。"[329]但奥尼尔对该剧的失败依旧不以为然。在1948年接受《纽约客》采访时,他借用了

30年前《救命草》中的一句台词:“当每个人都喜欢某个东西时,那就要当心了!”[330]在剧中,艾琳·卡莫狄告诉斯蒂芬·莫雷,疗养院里的“每个人”都读了他的小说,并“认为它们非常好”。“那它们一定很糟,”他微笑着回答(*CP*1,784)。

1921年至1922年休假期间,奥尼尔接受了马尔科姆·莫兰的采访,他在《新伦敦电讯报》工作时,莫兰担任报纸的城市版编辑。当时莫兰曾威胁奥尼尔,如果他上班时再喝得醉醺醺的,就解雇他,现在莫兰是个独立记者,日子过得挺艰难的。“你是一流的哀伤倡导者吗?”莫兰有些调皮地问,“很多人都这么说呢。”奥尼尔咧嘴笑了:“噢,我不知道……也许沃尔斯泰德才是。”“我觉得,你应该承认,”莫兰接着说,“生活中还是会有一些有趣的场景,甚至是具有戏剧性的场景,有时可以从中获得真正的幸福,不是吗?”“当然,我当然会写幸福,”奥尼尔回答,“只要我碰巧能遇见这难得的幸福,并认为它有足够的戏剧性,跟任何生活深处的节奏相一致。但幸福只是一个词,它到底是什么含义呢?是兴高采烈,强烈感受到人的存在和发展的重大价值吗?如果幸福的含义就是如此——而不仅仅是傻乎乎地满足于个人遭遇的话——那么,我知道一部真正的悲剧要比所有以幸福结尾的剧本加在一起所包含的幸福还要多。”[331]①

莫兰非要奥尼尔说明他通过戏剧变革美国社会的意图。“我不是一个宣传者,”他回答,“至少不是有意识地在宣传——没有任何意义上的宣传……我努力使我的作品不在道德问题上装腔作势。在我看来,没有好人或者坏人,都是人。事情也是如此。做‘好’、‘坏’之分是愚蠢的,它跟琼斯皇帝的银子弹一样,是令人上当的迷信崇拜物。”[332]②这种

---

① 引自刘海平翻译的《悲剧使生活变得高尚》,郭继德编:《奥尼尔文集》(6),人民文学出版社,2006年,第229页。

② 引自刘海平翻译的《悲剧使生活变得高尚》,郭继德编:《奥尼尔文集》(6),人民文学出版社,2006年,第230页。

观点在很大程度上来自麦克斯·施蒂纳,施蒂纳提出,善恶只是幻想,只要谋杀被国家允许,人们就可以随意杀人了,其实“道德无非只是忠诚而已”。奥尼尔对于道德的看法,在今天可以被称为“道德相对主义”,这种看法也来自奥古斯特·斯特林堡。斯特林堡认为,要塑造一个可信的人物形象,不仅需要性格的丰满,这只是有效性格塑造的简单定义,同时也需要道德:“没有绝对的恶,”斯特林堡写道,“作者给人物的最终评判——这个人愚蠢,那个人粗鲁,这个人嫉妒,那个人卑鄙——应该受到自然主义者的挑战,自然主义者知道灵魂是多么的丰富和复杂,知道‘邪恶’也有另外一面,它与美德十分相似。”[333]同样,奥尼尔一直认为自己或者自己的作品并不是“不道德的”,而是“不关于道德的”。[334]

奥尼尔后来的朋友、剧评家索弗斯·温瑟尔在1934年将其称为“自然主义伦理”(也与今天的道德相对主义类似)。“如果没有人是错的,”他这样评论奥尼尔的剧作,“那么道德确定性就无法存在。”自然主义伦理因此超越了人们在情节剧中所常见的善恶概念;相反,他们给出了一种谎言,声称社会道德标准在不断地变化。早在1914年,在《堕胎》中,奥尼尔就给出了这样的世界观:“人每每被感情的冲动所奴役,不能自已,”他的主人公杰克·汤森德对他父亲说,“这已成为不可否认的历史事实。难道我们的行为准则、是非观念之类的伦理还能说是没被严重扭曲吗?难道我们社会不正像个患了恶眼病的病人,无中生有,看万物皆是罪恶吗?”(*CP*1, 213)①温瑟尔在文章的末尾写道,奥尼尔因此将社会的法则“又推进了一步,他谴责固定不变的标准,认为这样的标准会毁灭生活,并最终导致虚假的骄傲、残忍的行为、无尽的虚伪和毁灭性的狂热”。[335]

1957年,田纳西·威廉斯用自己的自然主义伦理对此加以回应:

---

① 引自李红梅翻译的《堕胎》,郭继德编:《奥尼尔文集》(1),人民文学出版社,2006年,第114页。

“我不相信‘原罪’,”他写道,“我不相信‘有罪’。我不相信坏人或好人——只有不同的人所采取的正确或错误的方式,不是出于选择,而是迫不得已,或是出于某种人们尚未理解的影响因素,或是出于他们所处的环境以及以前所发生的事情。”说得通俗一点,借用奥尼尔的第三任妻子卡洛塔·蒙特雷的评价,“尤金从来不会惊讶于人们做了什么。他只对人们为什么这样做感兴趣”。[336]

在将《“安娜·克里斯蒂”》和《救命草》带到纽约上演的十天之后,奥尼尔的艺术灵感几乎消失殆尽,他回到普罗温斯敦,给自己一个无限期的休假,以便从“烂醉如泥的后遗症”中恢复过来。“在与排练、首演有关的所有担心和忙乱之后,我完全垮了——几乎是精神崩溃了——非常高兴能回到普罗温斯敦,在这儿没人跟我谈剧场。现在,我厌倦这个话题。”[337]

“我处于周期性的创作低谷,”他告诉阿瑟·霍普金斯的媒体代理人奥利弗·M.斯恩乐,“现在我每天只读《星期六邮报》之类的报纸,根本不思考,步行很长的距离,就情感反应而言,只有对世界总体上的巨大痛恨。但是只要沙丘就在离我不远的地方,这些痛恨的情绪就不会持续太长的时间。我希望下次能向你汇报,我已经满血复活了。”[338]

不到一周之后,奥尼尔就汇报说,他的“创作热情”已经“满血复活”,他开始写下一部作品《毛猿》,“像疯了一样拼命地写”:“我觉得我已经有了自己想要抓住的东西,如果我能抓住的话,我就应该能够一蹴而就。这出戏就是那种‘灵感’之作——也就是说,要么你跟上了灵感的节奏,要么你跟不上,如果你跟上了你就能驾驭它,如果跟不上你就完了。”《毛猿》的主人公“扬克”(罗伯特·史密斯)和“格伦凯恩号”作品中的德里斯科尔一样,也是来源于奥尼尔年轻时在“费城号”上一起喝酒的伙伴。奥尼尔说,德里斯科尔“在大海的中央从船上跳进海里,自杀了”。如此一个“硬汉”为什么要这样做?“正是德里斯科尔为什么要自杀这个问题,给了我创作的灵感。”初稿只花了三周就写好了,“一气呵成,只是在作者写到手指痉挛时才稍作停顿”。[339]

《最初的人》定于3月4日在邻里剧院首演,5天之后,《毛猿》在普罗温斯敦剧院上演。这样的安排倒也不错。奥尼尔承认,他希望当初就销毁《最初的人》的剧本,而《毛猿》正好分散了人们对《最初的人》的关注。即使是乔治·金恩·内森都想销毁《最初的人》的剧本:“尤金·奥尼尔的新作《最初的人》,”内森写道,“是他所创作的最糟糕的多幕剧。尽管并非一无是处,但它让这位著名剧作家蒙上了乏味和无趣的面具,他最为明显的缺陷都被放大了,他的讽刺视角在滑稽剧的边缘摇摇欲坠。”[340]奥尼尔告诉他,“你说得太委婉了。这出戏一无是处”。[341]

而《毛猿》却是先锋戏剧的代表作。1922年1月,奥尼尔完成剧本之后立即给肯尼斯·麦克戈文写了一封信:“我认为,这出戏就总体来说不宜被归入任何现行的‘主义’。它似乎包括了从极端自然主义到极端表现主义之间的所有写作方法——但表现主义的味道要比自然主义更重一些。我在剧中试图挖掘得深一些,试图探索人在幼稚的骄傲及个人主义与社会的机械化发展产生矛盾、互不相容时,他的灵魂深处出现的混乱情况。这里写的人,已不是我原先构思的爱尔兰人,而是美国人,一个纽约下层社会的壮汉,码头上的司炉工,这种人的思想类型——如果可以用这个词的话——我了解得非常清楚。……这些都足以让我做出进一步的决定,我认为所有布景的处理也应该是表现主义的。”①奥尼尔所采用的方言混杂、各种“主义”的独特融合、对于工业世界的可怕控诉,让《毛猿》成为当时舞台上最具革命性的美国戏剧作品。麦克戈文在看完普罗温斯敦剧院的首演之后宣布,“《毛猿》从未来一跃而出,呈现在你面前”。[342]

---

① 引自刘海平翻译的《奥尼尔论〈毛猿〉》,郭继德编:《奥尼尔文集》(6),人民文学出版社,2006年,第322页(译者略有修改)。

*　*　*

从普罗温斯敦剧团最早的剧场——1915 年夏天在哈钦斯·哈普古德和尼丝·博伊斯家的海边小屋，到 1922 年麦克杜戈大街剧场，这个业余剧团上演了多达 97 部原创戏剧，这些戏剧由 46 位剧作家创作，其中除了两人之外都是美国剧作家。这一切都为严肃美国戏剧奠定了基础。1922 年《琼斯皇》和《毛猿》的巨大成功，再加上《"安娜·克里斯蒂"》当年获得普利策戏剧奖，美国的戏剧革命由此拉开序幕，就像普罗温斯敦剧团曾经预言的那样。尽管之后大部分的美国戏剧都在复制《"安娜·克里斯蒂"》的自然主义，但《毛猿》所体现的自然主义与表现主义的开创性融合——奥尼尔将其称之为"超自然主义"——则具有更为深远的影响力。

"普罗温斯敦剧团的巅峰是在 1919 年到 1922 年之间，"玛丽·希登·沃斯认为，"当时它为美国舞台做出了巨大的贡献。"小说家约翰·多斯·帕索斯同意这一观点：在他 1925 年所写的极具挑衅性的《"现实主义"戏剧过时了吗？》一文中，多斯·帕索斯提出警告，如果戏剧想要作为一种艺术形式生存下去，它就必须以奥尼尔在《琼斯皇》和《毛猿》中所体现的方式发展。多斯·帕索斯宣称，"《琼斯皇》中的鼓声，让很多原来只知道城郊喜剧的观众耳目一新。《毛猿》中的咆哮让很多人忘记了《衣冠楚楚的人》应该如何戴上围巾"。

普罗温斯敦剧团于 1922 年解体，一年之后，奥尼尔和肯尼斯·麦克戈文、罗伯特·埃德蒙德·琼斯一起组建了一个新的演出团体：实验剧团。同年，美国实验室剧院建立，上演哈罗德·科勒曼、李·斯特拉斯伯格等剧坛名人的作品。（李·斯特拉斯伯格的团体剧院又于

1931年将“方法派表演”引入美国剧坛。)到了20世纪20年代中期，百老汇剧场汇集的“白光大道”已经不再是严肃戏剧的敌人。自1915—1916演出季以来，也就是普罗温斯敦剧院建立及奥尼尔和格拉斯佩尔纽约首演的前一年，百老汇上演的新剧数量增加了一倍多。直至今日，1925—1926演出季仍然是百老汇演出活动的历史最高峰，上演255部原创戏剧，数量惊人。(2012—2013百老汇演出季，只有11部原创戏剧上演。)即使是之前被人痛恨的舒波尔特兄弟——他们其实拥有普利茅斯剧院，而《毛猿》正是在这个剧院大获成功——也不再被认为是在掌控由庸人和恶棍组成的贪婪的辛迪加，反对有风险的戏剧实验。现在，他们是幕后的盟友，用他们自己的方式，将大家所寻求的美国新戏剧引入美国剧坛。

奥尼尔和同仁剧院，也就是以前的华盛顿广场剧团，甚至弥合了相互之间的反感。同仁剧院已经开始上演前沿美国剧作家的作品，比如艾尔默·莱斯、约翰·霍华德·劳森、西德尼·霍华德、杜博思·海沃德等，1928年，剧院又首次接受了奥尼尔的作品《马克百万》和《奇异的插曲》;《奇异的插曲》后来让奥尼尔收获了他的第三个普利策戏剧奖。奥尼尔在这一阶段最为成熟的作品《榆树下的欲望》(1924)、《奇异的插曲》(1927)和《悲悼》(1931)，体现出自然主义和表现主义之间的相互交织，这一风格在20世纪戏剧舞台上占主导地位，从此被称为“美国风格”。

* * *

第三幕

“百老汇秀场”

为奥尼尔下定论还为时太早，但是尽管他很年轻，他目前所取得的巨大成就已经足以让大家得出结论。

——威廉·福克纳，1922 年

我问百老汇上空的月亮，“我在哪里离开？我属于哪里？”

——尤金·奥尼尔，1926 年

被释放的普罗米修斯

当奥尼尔对着聚集在麦克杜戈大街剧院的普罗温斯敦剧团成员大声朗读《毛猿》的剧本时，他没有加入任何表演或修饰的成分。但是，在念完最后一行之后，他站起来，面对着大家，大声说道："这是那些纽约上城的杂种没法做到的！"剧团成员们被这出戏的大胆创新所震惊，发出赞同的欢呼。他们却不知道，奥尼尔在剧本还没完成之前，就已经开始联系纽约的制作人阿瑟·霍普金斯。他将剧本同时寄给了普罗温斯敦剧团和霍普金斯——媒体经纪人奥利弗·M.斯恩乐在《纽约世界报》上披露了这一细节，让奥尼尔非常尴尬。"奥利弗，作为朋友，我爱你如兄弟，"奥尼尔责怪他，"但作为媒体经纪人……你必须知道，你有多么的堕落和无耻。"[1]

《琼斯皇》的突破性成功拉开了美国实验戏剧的序幕，同时也标志着普罗温斯敦剧团的终结。早在1921年4月，就是萨克斯·卡明斯在奥尼尔口腔中又是钻又是凿的时候，伯顿在普罗温斯敦与吉格·库克的一次闲聊中，得知他打算为奥尼尔、格拉斯佩尔和其他几位他所培养的剧作家专门建立一个剧院。她提醒库克，奥尼尔的戏已经在纽约上演了。库克说，"如果我们有了这个剧院，奥尼尔还会希望他的戏在纽约上演吗？我想尤金现在已经知道，纽约的商业游戏没什么好处……我想尤金会希望由我们来上演他所有的作品"。伯顿当天就给丈夫写了一封信，"你是不是觉得吉格太想当然了？他认为，只要他们有了这个能容纳299人的新剧院，他们就一定能上演你的作品"。[2]

伯顿对库克的反应可能让他想到麦克白夫人,但他知道,伯顿有足够的理由做出这样的反应:奥尼尔走向纽约是不可避免的。1922年2月,奥尼尔、库克、格拉斯佩尔、菲兹·菲兹杰拉德、科里昂·斯洛克莫顿、艾德娜·坎顿和他们的律师哈里·韦恩伯格一起开了个秘密会议,决定是否永久解散普罗温斯敦剧团。他们一致同意:“我们将请来一些外面的导演和新的演员,剧团就此解散,”坎顿说。“然后我们就这样做了。”[3] 2月24日,他们在法律程序上重组了普罗温斯敦剧团,保留了名字和剧院,但没有制定未来的计划。他们将等到演出季结束再宣布解散,也就是等到他们上演了奥尼尔的《毛猿》之后,他们都知道,这出戏会是他们最高的成就。

《毛猿》与之前的《琼斯皇》一样,都包含八场。前四场发生在海轮上,后四场发生在曼哈顿,主人公“扬克”(罗伯特·史密斯)是蒸汽船上的司炉工,在后四场中他上岸休假。扬克宣布,工业科技是人类的未来,他“归属”未来,“归属”这个词在剧中以各种形式反复出现了四十多次。奥尼尔的副标题“关于古代和现代生活的八场喜剧”准确地描述了这出戏,“古代”指的是古希腊悲剧:扬克是一个古希腊传统中的“悲剧英雄”,注定被傲慢或者是莫名的过度骄傲所毁灭。副标题也让人想起我们达尔文意义上的祖先,三年之后就有了那次著名的“猴子”案件,田纳西州的一名中学老师因为在课堂上讲授进化论而被判有罪。奥尼尔将《毛猿》看作一出“喜剧”,似乎是一个病态的讽刺;但喜剧的意义可以在该剧的“大团圆结局”中显现,剧终时扬克死了,死亡为他提供了逃脱现代社会牢笼的唯一出路。

扬克过于膨胀的归属感,在遇到一位来司炉间体验底层贫民生活的富家小姐时迅速消退,这位米尔德里德·道格拉斯小姐被扬克的怪异举止吓得昏倒了。在失去意识之前,米尔德里德说“肮脏的畜生”(尽管扬克在船上的同伴们记得她当时说的是“毛猿”),扬克的自信心顿时土崩瓦解。他于是开始了对“归属”的存在主义追寻,最终死在了城市动物园关大猩猩的笼子里。刚开始，扬克觉得自己似乎终于在这只被囚禁的动物身上找到了归属；他意识到了自己先前所犯的错误，对大猩猩说，“我不在地上，又不在天堂里，懂我的意思吗？我在天地中间，想把它们分开，却从两方面受尽了夹缝罪。也许那就是他们所说的地狱吧？可是你呀，你是在最下层。你顶事！真的！你是这个世界上唯一顶事的，你这个走运的家伙！”①(*CP*2，162)扬克将大猩猩的咆哮、吼叫、拍击铁笼的行为误认为是兄弟般的感情，因此撬开了笼子上的锁。大猩猩慢慢地走出了笼子。扬克伸出手，想和它友好握手，但大猩猩突然冲向他，用一个“置人于死地的拥抱”将他压死。大猩猩把扬克的尸体扔进笼子，关上门，自己走了。奥尼尔在舞台提示的最后一行写道，也许死亡才是“毛猿的最终归属”(*CP*2，163)。

《毛猿》首演于1922年3月9日，演出获得了媒体的广泛喝彩，其中最有趣的评论来自评论家阿瑟·普洛克，他发表在《布鲁克林每日鹰报》上的文章像是兴奋的狂想曲：“我们在高中阶段什么也没学到，但唯一让我们觉得后悔的是，没有学会用两个手指放在嘴里发出尖锐的哨音……这种技能在尤金·奥尼尔的《毛猿》上演的那个晚上，会是非常有用的……这是美国人创作的最好的一出戏。观众在落幕时大声欢呼。有些人还吹起了口哨。但他们都不太擅长吹口哨。我们想试试用两根手指发出尖锐的哨音，但没有成功。太令人羞愧了。观看演出的剧评家中，没有一个人会。剧评家实在是能力很差的一伙人。”[4]像这样的评论纷至沓来，但并非所有的评论都如同普洛克这般观点明确。很多人围绕这出戏的风格和起源争论不休。评论家们听说过欧洲的表现主义，但很少有人真正看过表现主义的作品，他们只看过《琼斯皇》(当时很少有人把这出戏定位为表现主义)和匈牙利剧

① 引自荒芜翻译的《毛猿》，郭继德编：《奥尼尔文集》(2)，人民文学出版社，2006年，第459—460页。

作家费伦克·莫纳的《利力姆》(1909),这部作品刚刚被翻译成英文,前一年夏天由同仁剧院上演。

“它不是表现主义,”奥尼尔解释说。“它不是自然主义。它是融合——就我的理解而言——,独一无二的成功融合。”奥尼尔由此开始发明他自己的“主义”,“超自然主义”,或者说,他从西奥多·德莱塞的《自然主义和超自然主义剧作》(1916)中获取了这个术语的想法,《自然主义和超自然主义剧作》是一部戏剧作品集,用小说家自己的话说,体现了“生活的不可思议性,它的力量和它的意外事件”。[5]奥尼尔在几年之后将会再次向德莱塞借用这句话,向他的第一位传记作者巴内特·克拉克解释,他的总体目标是要通过创作体现“生活背后不可思议的力量”。[6]

但奥尼尔对普罗温斯敦剧团提出要求,背景设计“必须是表现主义的”,罗伯特·琼斯和科里昂·斯洛克莫顿接受了这一挑战,展现出超凡的天才。最值得一提的是,他们让库克所建造的穹顶再一次大放异彩:《纽约时报》的撰稿人亚历山大·乌尔考特以前经常批评奥尼尔的作品,但这一次却对该剧的舞台设计师大加赞赏,认为这场演出是“真正的年度盛事之一”。他说,两位舞台设计师通过穹顶改变了“荒谬可笑的小剧院……纽约最为局促的舞台,[制造出]一种错觉,让其拥有广阔的空间和无尽的视角”。《生活》杂志的罗伯特·本奇里写道,“在这个狭小的空间里所制造出的场景效果,让那些纽约上城的剧院看起来像是空荡荡的牲口棚,”本奇里建议他的读者“去看看《毛猿》,赶在这出戏移到纽约上城的剧院演出之前(它一定会移到那里演出,毫无疑问),因为琼斯和斯洛克莫顿费尽心思在这个小舞台上所制造出的焦点,在更大的、更加商业化的剧院里有可能丢失或者分散”。[7]

扮演扬克·史密斯的人选对于该剧的成功自然至关重要。扬克很有可能是奥尼尔所有作品中要求最高的一个角色:他的情感转换特别剧烈;他的独白又多又长,而且必须用标准的布鲁克林口音去表演;

他的外形像个原始人，但他又能够陷入深沉的反思（他经常被要求摆出奥古斯特·罗丹“思想者”雕塑的姿势）。扮演这个角色的演员选择非常简单：奥尼尔动笔写这出戏之前，他就已经选定了路易斯·沃尔海姆，大家都叫他“沃利”，他是著名演员约翰·巴利莫和莱昂内尔·巴利莫的好朋友和同事。奥尼尔一见到这位身形庞大的前橄榄球选手（有可能是在巴利莫家的派对上见了他第一面），就对他那张看起来像曾经被球棍打扁的脸印象深刻，他当时就知道自己已经找到了《毛猿》的主演。[8]

沃尔海姆对于扬克的动人刻画，让他从一位默默无闻的演员成为聚光灯下的明星，和查尔斯·吉尔品当年扮演布鲁特斯·琼斯时一样。沃尔海姆天生就是这个角色最合适的人选，这一点也与吉尔品相似。他在生活中经常接触扬克那样的人，布鲁克林工人的形象几乎是手到擒来。该剧高额的票房收入，不仅仅要归功于观众想看尤金·奥尼尔的这出备受赞誉的新剧，同样要归功于观众想看沃尔海姆的表演。然而，让曾经主演《早餐前》和《与众不同》的玛丽·布莱尔来扮演米尔德里德，却不是理想的选择；从一开始就可以看出，这位在其他作品中非常出色的女演员显然是这出戏中最不理想的一个角色。米尔德里德必须苍白无力，看着像个假人，仿佛只是财富的副产品。用阿瑟·霍普金斯的话说，布莱尔这个演员本身太有活力了，无法达到角色所要求的效果。[9]当普罗温斯敦剧团到上城去演出时，布莱尔被一个更好的人选所替代——卡洛塔·蒙特雷，这个演员要比布莱尔年龄大一点，但是有着惊人的美貌和角色所需要的气质。（奥尼尔在与她第一次见面时，对她并没有留意，但四年之后他们再次相遇时，奥尼尔没有再次错过她。）

一天晚上，奥尼尔、沃尔海姆、莱特、菲兹杰拉德等人在演出之后来到茶壶咖啡馆。他们兴奋地谈论演出中各自所扮演的角色，同时也在谈论《毛猿》所必将开启的戏剧革命。沃尔海姆说，扬克·史密斯的台词不仅仅是对话，也是真正的诗歌，尤其是在那一场。“哪一场？”奥

1922年，卡洛塔·蒙特雷和路易斯·沃尔海姆在《毛猿》的百老汇演出中（图片来自“谢弗尔-奥尼尔藏品系列”，琳达·李尔特藏档案中心，康涅狄格学院，新伦敦）

尼尔问。然后扬克就登场了，仿佛从天而降，出现在饭店里，用布鲁克林口音吼出在动物园的最后几句台词。旁边一张餐桌的人在偷偷地笑，沃尔海姆沉默下来。然后，扬克又回来了，咆哮着跳到刚才冒犯他的人面前——活脱脱的一个毛猿，摆脱了舞台的羁绊。几乎就在一瞬间，沃尔海姆又重新成为"沃利"，回到了餐桌边。普罗温斯敦剧团成员们经常跟朋友、同事提起这件事，用他们的话说，这是"一瞬间的无限可能"。[10]

沃尔海姆在舞台上的粗野表现，掩盖了一个可能会让观众惊讶不已的事实：这位演员不仅演技高超，他还是个思想深刻的知识分子。他非常热爱学习，毕业于康奈尔大学，获得数学博士学位，可以流利地说法语、德语、西班牙语和犹太意第绪语。即使是这样一个有学问的人，沃尔海姆仍然被人们所提出的同样一个问题所困扰："《毛猿》这出戏到底是什么意思？""人们总是想找到隐含的意义，当真理敲响他们大门的时候，"他指出，"一个人一头扑向坚不可摧的制度，在与之斗争的过程中不可避免地、戏剧性地走向毁灭。制度岿然不动……一个人袭击假的上帝。他用尽全力，怒火燃烧。带着内心深处的绝望，他一次又一次地扑向那个上帝的意象。最终他遍体鳞伤地躺在上帝脚下。他把自己打死了。上帝岿然不动。"[11]

沃尔海姆说，作为一名剧作家，奥尼尔"没有斧子要去打磨，没有宣传要去鼓动，没有精神分析情结要去解开"；但他的每一个角色都"表达出对我们现代文明的深深愤恨"。他认为，在这方面，剧作家"很像托尔斯泰，但他没有托尔斯泰的那种天真的宗教信仰。战斗的托尔斯泰——这就是奥尼尔"。他最后的结论是，奥尼尔必须被看作"现代戏剧的普罗米修斯"。"普罗米修斯从天神那里盗取了火种，将其带到人间。为此，天神将他绑在岩石上，一只老鹰每天用尖利的嘴和爪子折磨他……普罗米修斯的职责落到了尤金·奥尼尔的身上。"[12]几年之后，奥尼尔明确表示，他赞同沃尔海姆的类比，尽管他将普罗米修斯的老鹰换成了一群毁灭性的秃鹫：

> 我的秃鹫仍然在四周拍打着翅膀,感谢上帝,它们饥饿又沮丧;我为它们骄傲,因为它们是我对我的考验,也是我的自我证明。如果它们不管我,只顾自己觅食,完全相信被媒体天真地称为名气的东西,我就感到成功同时也感到完全的失败。但幸运的是,它们是从大片黑暗的背面和里面飞出的鸟儿,而不是从外面光亮处飞来的鸟儿。每一次来访,它们都变得更加奇怪,更加毫无怜悯——在它们和我之间,这自然应该引以为傲——我期待某一次最后的来访,它们的翅膀将天空遮蔽,它们将我肝脏的最后一块夺走;我预测他们之后就会变成某个大神的天使,用我去换取灵魂的起源。[13]

3 月 9 日晚上,奥尼尔没心情去克里斯汀·艾尔的饭店参加"大麦约翰派对",庆祝《毛猿》首演的成功。他那天晚上根本就没去麦克杜戈大街。1921 年 12 月的时候,奥尼尔就得知,埃拉和吉姆要去加利福尼亚 6 个月,处理詹姆斯曾在洛杉矶郊外购置的一些地产。埃拉在戒除毒瘾之后一直离群索居;但詹姆斯去世之后,她发现自己打理丈夫遗留的财物倒还得心应手。同时,多亏了埃拉,她的儿子吉姆也在一年半的时间里基本戒了酒。奥尼尔觉得自己必须和他们一起在纽约过圣诞节,但他当时正在写《毛猿》,非常担心因为受到干扰而"破坏了灵感"。[14]如果他去了纽约(不太确定他到底有没有去),那他也一定是悄悄去的,没有声张。希望他真的去看了埃拉,因为这将是他在母亲在世时与她见面的最后一次机会。

埃拉在那一年的 2 月因为中风而住院,吉姆给奥尼尔发电报,请求他坐火车赶过来。奥尼尔回信说,一位专家警告他,如果他在"目前的状态下"出行,他就一定会"神经紧张到崩溃"。(奥尼尔实际上健康状况不错,但他正在执导自己人生中最为雄心勃勃的一出大戏。)"平心而论……即使我来了,对妈妈或者对你会有所帮助吗?你说她已经没有意识了，她也不会认出我了。我想用任何可能的方式提供帮助。我这儿有的，你想要什么都可以。需要什么，发电报给我……我的计划要取决于我的健康状况。一旦可以，我就立即启程。你必须接受现实。我的状态很糟糕。”[15]

八天之后，埃拉·奥尼尔于1922年2月28日去世。

《最初的人》于1922年3月4日在邻里剧院首演，当天晚上雨雪纷飞，异常寒冷。就在那一天，吉姆带着十瓶威士忌登上了东去的列车，护送埃拉的遗体回纽约。[16]在《毛猿》首演的那一天，吉姆带着埃拉的棺材到达纽约中央车站，他又开始酗酒了——从此再也没能戒掉。

3月4日，吉姆从洛杉矶发来电报，说他和埃拉的遗体将于五天之后到达纽约，奥尼尔一接到电报，就联系了父亲的朋友、曾经多年担任演出宣传员的威廉·考纳尔，请他陪自己一起去车站帮助安放埃拉的棺材并安排葬礼。但在最后一刻，奥尼尔退缩了，就像他多年以前本来想和伯顿、多萝西·戴伊一起去茶壶咖啡馆看路易斯·豪勒迪的遗体，却在街角突然告退。也许在目睹了朋友和父亲的死亡之后，奥尼尔觉得自己实在无法面对那种因挚爱亲人的离去而引发的绝望情绪。不管奥尼尔当时的心态如何，他打电话给考纳尔，说自己不去车站了。

考纳尔接到电话之后很生气，但还是很不情愿地叫来了自己的侄子弗兰克·怀尔德，让他顶替那个缺席的儿子。在中央车站，考纳尔和怀尔德看着搬运工将埃拉的棺材从车厢移出，放在站台上的行李车上。吉姆也不见踪影，但最终他们在他所乘坐的车厢里找到了他，他烂醉如泥，身旁全是空的威士忌酒瓶。他们把他抬进出租车，并让他住进时代广场旅馆，然后考纳尔打电话到奥尼尔所居住的尼德兰旅馆的套房，旅馆位于第五大道，在中央公园对面。他没能尽到做儿子的责任，考纳尔说奥尼尔必须要明白这一点。[17]

快到午夜的时候，伯顿和卡明斯看完《毛猿》的首演回到尼德兰旅馆。卡明斯在旅馆大堂打电话给奥尼尔，说他们马上就要上楼了，但奥尼尔让他们在大堂等一会儿。过了一会儿，奥尼尔走出电梯，他看上去很吓人:面如死灰,嘴唇紧闭,用卡明斯的话说,嘴唇简直变成了“两条蓝色的线”。“他浑身颤抖,似乎完全没法控制自己的双手。”他几乎说不出话来,仿佛他的话“在通过喉结时都被刮去了”。[18]他羞愧难当,对白天的事闭口不提,让人觉得他已经去过中央车站安置母亲的遗体。他让伯顿自己回房间,他要和卡明斯一起出去走走。他们先是走过了大都会博物馆,然后又穿过了中央公园。

整整半个小时,奥尼尔一言不发,只有卡明斯在不停地说着《毛猿》极其成功的首演:就在一小时之前,《毛猿》剧终落幕时,观众们纷纷站起来为主演沃尔海姆鼓掌欢呼,整个剧场中回荡着“作者! 作者!”的呼喊。观众的呼喊声一直持续到灯光熄灭;这时他们才意识到奥尼尔不会露面了,于是慢慢地走向出口,一边走还一边不时地回头张望,期待创作这出好戏的天才剧作家能够在最后一分钟走到台上来。“看在上帝的份上,别说了!”奥尼尔突然说,“我不想听。”[19]

卡明斯却一直在说,尽力再现当时的情景,仿佛只是在自言自语。在司炉间的那场戏中,当火焰真的从布景的炉膛中蹿出来,观众们简直惊呆了。大幕落下时,很多观众呼喊舞台设计师琼斯和斯洛克莫顿上场,他和伯顿在幕间听到观众的赞叹,演出结束后,麦克杜戈大街上还有人对演出赞不绝口。“我可能只是在说给自己听,”卡明斯后来回忆。“就算他听进了一点我说的话,也没有什么意义,对他来说,我的话跟公园里夜晚的嘈杂声没什么区别。”[20]

“这没有任何意义,”奥尼尔说,但卡明斯意识到,这并不是奥尼尔对首演的情况所做出的反应。“这没有任何意义,”奥尼尔又说了一遍。然后他就开始谈起自己的家庭。刚开始的时候语无伦次,结结巴巴地说出零散的单词和不完整的句子。他说到自己的母亲,她在印第安纳州念的教会学校,用卡明斯的话说,是在跟丈夫过上颠沛生活之前的那段“被保护的、纯真的”日子,后来的生活“完全颠覆了她所了解的一切”。他谈到《基督山》如何成为“他们生活的主宰因素;他们完全被其束缚”;谈到母亲如何年复一年地忍受“不停更换旅馆的痛苦,剧场旅馆住宿条件简陋，食物匮乏”；谈到他们在新伦敦度过的夏天，让她在巡演之间得以喘息，她非常渴望，但总也无法充分享受；谈到他父亲如何把积累下来的钱都押在了“疯狂的煤矿和更为疯狂的房地产上”。奥尼尔谈到詹姆斯所扮演的爱德蒙·唐泰斯一角时说，“想想吧！他把那个角色演了6000多次，难怪妈妈会染上毒瘾”。[21]

中央公园的空气冰冷而潮湿，埃拉的葬礼就安排在第二天早上。卡明斯好几次打断奥尼尔近乎梦呓的叙述，催促他早点回宾馆睡觉。“跟我再待一会儿，”奥尼尔每次都这样回答。他的独白又转向了吉姆，或者说他又开始念叨关于吉姆的事，吉姆拥有令人难以置信的天赋，却都毁在了喝酒、嫖妓和赌博上——他悲剧存在的高潮就是那一天在中央车站醉得不省人事。卡明斯后来回忆，他断断续续的叙述变得流畅起来：“吉姆本来可以成为很棒的作家、诗人，当然更是尖刻的讽刺大师或是最好的浪漫剧演员，甚至是最了不起的那种思路清晰、极具说服力的思想者。但是，吉姆被百老汇、被那些穿高跟鞋的妖艳女人、被他的酗酒和吹牛弄昏了头，而那些整天恭维他的人一直鼓动他继续鬼混……要是尤金拥有吉姆的天赋，也许奥尼尔一家可以被拯救出来，摆脱那个陷入成功陷阱的父亲。老头就是个西西弗斯，《基督山》则是他被诅咒去推的那块大石头，他不断将其推向山顶，直至推进地狱。”[22]

两个人清晨四点才回到旅馆，他们狼狈地互相拥抱了一下，然后卡明斯就上楼了，把奥尼尔一个人留在大堂。卡明斯不仅帮助自己的朋友度过了这个艰难的夜晚，他也听到奥尼尔勾勒出两出戏的主题框架，尽管当时两人都没有意识到这一点。这两出戏就是二十年以后的《进入黑夜的漫长旅程》和《月照不幸人》。

埃拉的葬礼几个小时之后在圣里奥教堂举行，埃拉住在乔治王子酒店期间就在这个教堂做礼拜。奥尼尔和伯顿参加了葬礼，葬礼由弗盖蒂神父主持，他是奥尼尔在圣阿洛修斯学校上学时的同学。他童年的保姆萨拉·桑迪也来了，但他刻意回避她，尽管这是两人最后一次见面。[23]那天下午,奥尼尔和伯顿乘火车去新伦敦,将母亲埋葬在圣玛丽公墓的家庭墓地,与詹姆斯和埃德蒙葬在一起。詹姆斯下葬时,吉姆一直在场,但这次吉姆始终没有露面。

4月17日,《毛猿》在舒波尔特兄弟的普利茅斯剧院首演的那个晚上,哈德逊帮的成员最先看到的是他们朋友的名字在霓虹灯上闪耀。这让他们觉得不同寻常。霓虹灯上闪着的一般都是大明星的名字,几乎从来不会是剧作家的名字。[24]是奥尼尔亲自邀请他们来看演出的,他们在包厢入座之后,先是感觉这场演出有些闹腾,但到了转折性的第三场时很快就融入了剧情,在这一场中米尔德里德在司炉间撞见了扬克。

琼斯和斯洛克莫顿在第三幕的布景设计惊人地表现了奥尼尔在舞台提示中所特别规定的但丁炼狱的火山爆发式再现:"当他们转过身来铲煤时,火光照到他们的双肩。和着煤灰的汗水在他们背上画成图案。特别发达的肌肉形成了光与影的重要部分。"①(*CP*2,135—136)司炉工工作时穿着制服,仿佛野人一般,像是在进行某种仪式。口哨声不时响起,提醒这些人铲得更快一点,让引擎能够获取更多的蒸汽。扬克指挥工人们跟上他那种吓人的节奏。米尔德里德进来时,站在他的身后,就在这时口哨再次急速响起,扬克"一只手里拿着他的铲子,凶狠地在头上挥舞,另一只手捶着胸膛,像个大猩猩"大声咆哮,"从那里滚下来,你这个胆小的、穿制服的、贝尔法斯特的流氓,你呀!下来,我把你的脑子砸出来!你这个肮脏的、发臭的胆小鬼,天主教徒中捣乱的狗杂种!"②(*CP*2,137)

---

① 引自荒芜翻译的《毛猿》,郭继德编:《奥尼尔文集》(2),人民文学出版社,2006年,第428页。

② 引自荒芜翻译的《毛猿》,郭继德编:《奥尼尔文集》(2),人民文学出版社,2006年,第429页。译者略有修改。

哈德逊帮在包厢里简直看疯了，他们放声大笑、猛吹口哨、高声欢呼，吓坏了坐在楼下乐队旁边的上流社会观众。[25]哈德逊帮不仅喝酒时像奥尼尔一样痛快，他们也和奥尼尔一样，对爱尔兰充满骄傲，在第三场，扬克遇上米尔德里德之前，他唯一一次将自己与一个组织联系到一起：贝尔法斯特爱尔兰天主教会。贝尔法斯特是世界蒸汽船制造业之都，泰坦尼克号就是在贝尔法斯特制造的。扬克认为，官员们就是新教徒，"天主教徒中捣乱的狗杂种"，哈德逊帮前一天晚上收到奥尼尔的赠票时，有可能正在庆祝1916年4月16日发生的复活节起义5周年。

1921年12月6日，爱尔兰自由国成立，结束了长达两年的爱尔兰独立战争——就在那一周，奥尼尔恢复了他的"创作激情"，开始"发疯一般"地写《毛猿》。当然，爱尔兰传统的32个郡中，有6个仍然作为北爱尔兰留在大不列颠，很多坚持民族统一的天主教徒和忠于大不列颠的新教徒都无视停火，在1922年春天仍然继续交战，战事主要集中在北部地区。在前三幕中，扬克的台词如潮水般喷涌而出，哈德逊帮的人可能根本跟不上台词的节奏——更有可能的情况是，奥尼尔请哈德逊帮来看戏，并不是想表明政治立场，他只是想通过扰乱纽约上城的剧场来获得满足感。

奥尼尔还把剧中的一场戏设置在世界产业工人联合会(IWW)，激进的成员当时管它叫"世界产联"，产联的一些成员也前去观看了这场演出。在奥尼尔笔下，世界产联设在南大街9号的总部非常古板，充满官僚主义气息，与扬克的愤怒针锋相对。在之前的第6场中，扬克无意中听到产联成员说，那里有"一群恶魔，都是流氓、罪犯、杀人犯、刽子手"(*CP*2,152)。因为美国媒体已经刊登过夸大其词的报道，奥尼尔颠覆了这个已被广为接受的形象，让世界产业工人联合会的场景成为全剧中唯一与现实相互对应的一场戏，这对于当时的中产阶级观众尤其具有反讽意义。(实际上，这出戏的雏形，那篇1918年被《大都会》杂志退稿的短篇小说，正是以扬克加入世界产业工人联合会结尾的。)[26]

“[奥尼尔]找到了一个理由,他变成了宣传家,”海伍德·布劳恩颇为得意地说道,他是对奥尼尔批判最多的剧评家。这一次,迈克·戈尔德站出来为奥尼尔辩护。戈尔德说,通过《毛猿》,奥尼尔在舞台上引入了“燃烧在美国劳动人民内心深处的反抗精神,甚至是在这个世界上最富裕国家,双手长满老茧的公民内心也充满着反抗精神”。[27]

哈德逊帮对剧中所提及的爱尔兰问题反响热烈,世界产联成员同样也为《毛猿》喝彩,他们认为,这出戏“破除了大家对国际产业工人联合会的错误观念,大家都认为这只是个到处搞爆炸的组织——这种观念在那些开着高级轿车的有钱人观众中尤其普遍,这些人现在总算不这么认为了”。世界产联纽约分部的码头工人代表这样写道,“[奥尼尔]理解我们。就连那些由侦探机构安插进产联的间谍都知道,世界产业工人联合会并不宣扬暴力”。这位代表为产联主办的报纸《海洋工人》写了一篇评论,赞扬该剧的真实:“大部分关于海洋的书和戏剧都让真正的水手感到恶心反胃。而《毛猿》则完全不同,这出戏是由曾经做过水手的尤金·奥尼尔写的……每一位水手都应该去看看这出戏,它抓住了水手舱的真正精神,其中的语言惊呆了那些穿着晚礼服的观众们。引擎的轰鸣、推进器的旋转、穿透一切的哨声和最地道的咒骂,完全忠实于海上的生活。”“能听到一个真正了解海上生活的人说,我的《毛猿》很真实,这非常好,”奥尼尔在给《海洋工人》的回复中写道,“我希望有更多熟悉该剧背景的评论家来说说它究竟是什么,而不是去猜想它是什么。”[28]

1922年6月,奥尼尔和《毛猿》所有的演职人员签署了一份给哈定总统的请愿书,敦促他无条件释放关押在莱文沃思监狱的96名世界产业工人联合会成员,他们因为密谋阻止美国参加第一次世界大战而被捕。[29](哈定保释了三名政治犯,条件是他可以随时让他们再次入狱。1923年8月,哈定在任期间突然去世,到了圣诞节,他的继任者卡尔文·柯立芝颁布特赦令,将他们全部释放。)这种白热化的政治气候也让普罗温斯敦剧团周日的演出陷入麻烦，就像他们之前在周日演出《琼斯皇》时一样。肯尼斯·麦克戈文说，“要想逃过剧院门口的便衣警察演上一两场，比获得护照还要难”。[30]这次监视剧团演出的是一位女性便衣警察，安娜·格林警官，她购买了会员票，于 3 月 12 日观看了周日的晚场演出。

纽约的检察官认为，将剧院看作私人俱乐部的想法，“只是一个违规销售周日戏票的幌子”。在听了菲兹·菲兹杰拉德和奥尼尔的律师哈里·韦恩伯格的证词之后，当地法官辛普森公开反对检察官的指控。奥尼尔在阅读一篇引用了辛普森的话的文章时，非常赞同他的说法，拿起铅笔勾画出他认为是重点的地方：“普罗温斯敦剧院对社区有重要贡献。它促进了本土戏剧，得到了知名人士的支持与认可。干涉或阻止这个俱乐部的活动，将会是一场灾难。对于从事戏剧和表演艺术的人来说，这个俱乐部非常有益，因为他们没有其他地方进行原创性的实验。”[31]

但是纽约警察局跟这位 33 岁剧作家的纠葛还没完。那年五月，一位名叫达菲的中卫在普利茅斯剧院观看了《毛猿》，之后他向地区法官总长威廉·迈克阿杜递交了一份报告，认定这出戏“淫秽、粗俗、不雅”。麦卡杜于是向阿瑟·霍普金斯要来了剧本。他将剧本通读了一遍之后，又将其还给霍普金斯，未作任何评论。麦卡杜觉得，是霍普金斯故意安排了一个假装“忧心忡忡的公民”去警察总署，抱怨这出戏“不符合道德标准，不适合给纽约观众观看”，但这一切都只是为了促销戏票、夺人眼球。在不到一周的时间之内，奥尼尔就满意地发觉，对该剧的遏制产生了相反的作用：“那些旨在遏制《毛猿》的企图，让那些发起遏制行动的人搬起石头砸了自己的脚，该剧的票房一路飙升。并且，从另外一个角度上来说，这同样是件好事——我觉得它给了戏剧审查制度致命的一击。”第二天晚上，演出票全部售罄，后面场次预售票的销售也一飞冲天。《纽约世界报》给身在普罗温斯敦的奥尼尔发去电报，请他谈谈对此的想法。奥尼尔干脆地回应：“这种愚蠢的遏制企图,只能让那些发起遏制的可怜虫越发显得可笑。”[32]

《纽约论坛报》的剧评家劳伦斯·瑞摩尔抱怨,到了《毛猿》的第四场,“空气因为亵渎神明而几近凝滞”。他期待剧本出版,好让他精确地数一下奥尼尔到底滥用了多少次“耶稣基督”(用了八次)。但是社会主义报纸《纽约召唤》的专栏作家戴维·卡斯纳认为,相对于奥尼尔对美国生活方式的强烈批判,该剧相对较为温和的语言——“耶稣基督”、“妓女”、“乳房”、“该死”、“他妈的”,等等——其实无关紧要。卡斯纳坚持认为,并不是“那些精彩的咒骂”吸引了戏剧审查者的注意,这只是自以为是的剧评家的想法和警察最初提出指控的原因。《毛猿》能够打动观众,有着更深层次的原因:“它的剧本和它所传递的信息在这个国家是不合法的,它宣扬一种永恒的仇恨和蔑视,针对法律的制定和执行,针对向富有资助人的贪婪网开一面的教会,针对撒谎和胡说的媒体,针对审查和遏制人们生理冲动的国家,针对我们的人民与生俱来的各种虚伪和谎言……通过这些讽刺的集合,观众中那些对现状深信不疑的人,会对他们信仰的永恒不变感到些许不安。”[33]两年之后,1924 年 4 月 22 日,J.埃德加·胡佛入主联邦调查局,他清晰地听到了奥尼尔颠覆“美国方式”的刺耳哨声。调查局关于奥尼尔的备忘录显示,奥尼尔正在接受叛国罪的调查,它同时警告,《毛猿》“具有激进理论的推论基础”。[34]

1922 年 5 月,哥伦比亚大学宣布,《“安娜·克里斯蒂”》为奥尼尔赢得了第二个普利策戏剧奖。这个评选结果在媒体上又一次遭遇了反对者无礼的质疑,他们反对的原因跟两年前《天边外》获奖时一样:普利策戏剧奖旨在颁发给“最能体现舞台教育价值的作品,最能提升好道德、好品位、好风尚的标准”。“[安娜·克里斯蒂]在妓院度过成长期,”《戏剧排行榜》评论人帕特森·詹姆斯怒不可遏,“她一杯接一杯地灌酒,一根接一根地抽烟。这些都是为了追求好的道德吗?”[35]奥尼尔在这一场争议中感到非常兴奋,因为艺术世界和执法世界都不甘示弱——前者是掌声和愤怒的交织,后者则是大举进行调查以及威胁要对淫秽提出指控。奥尼尔笑称,“是的,我似乎正在成为戏剧创作奖的宠物,戏剧界的当红热狗。警察局没有在我《毛猿》的胸前挂上‘淫秽勋章’,为什么反倒是哥伦比亚大学要在安娜的胸前挂上‘纯洁十字奖章’呢”。[36]

在关于奥尼尔近期巨大成功的争论混战中,库克的“团体式”戏剧哲学和普罗温斯敦剧团其他成员——比如奥尼尔、菲兹·菲兹杰拉德、鲍比·琼斯、科里昂·斯洛克莫顿和吉米·莱特——不断膨胀的野心之间,已经出现了不可弥合的分歧。面对他们在纽约所取得的成功,库克的雄辩口才失去了吸引力。“我们的剧作家已经超越了家里这个小窝,”菲兹杰拉德说,她的这番话让坎顿和格拉斯佩尔立即将其视为敌人,她们认为她是叛徒。但对于剧团的解体,菲兹杰拉德自信地认为,他们的革命性使命将被带到商业舞台上:“他们的戏需要更好的舞台,更好的制作,我们没法提供。作品和演员都需要更大的观众群,我们忠实的老马厩容不下那么多观众。”[37]

格拉斯佩尔和库克于三月初动身前往希腊,也就是在《毛猿》首演前的一周。《毛猿》的节目单还是将库克列为该剧的导演,显然是作为对其离开的尊重,尽管他和格拉斯佩尔在该剧带妆彩排之前就已经飞越了半个大西洋。大家都在担心,如果库克不导演,谁来导演?但到了二月中旬,奥尼尔写信告诉卡明斯,他本人在做“大部分的导演工作”。莱特在节目单上被列为舞台监督,他在排练过程中始终尽心尽力地陪在奥尼尔的身边。(他们期待能到纽约上城的剧院去演出,因此阿瑟·霍普金斯也提供了必要的导演建议和资金支持。[38])格拉斯佩尔的《如露之链》紧接着《毛猿》之后上演。坎顿承认,这出三幕喜剧“不好——[格拉斯佩尔]对此最清楚。但我们预见到,《毛猿》会进军纽约上城,并将我们剧团的大部分成员一起带去。当然,现在看来,去纽约要比留在普罗温斯敦更光荣”。(格拉斯佩尔将凭借《艾莉森的房子》获得1931年度普利策戏剧奖。)库克和奥尼尔都认为对方让剧团成员失望了。“我们中最富有的人,和最贫穷的人一样,”库克认为,“不是想为戏剧献身,而是想借助戏剧为自己捞好处。”而奥尼尔则写信给菲兹杰拉德:“从根本上说,我想你无疑会同意我的看法,都是吉格的错。现在我回顾以往,我发现,他将我们之中成长起来的最好人才都赶出了剧院,只要有人胆敢与他持有不同意见——这就是所谓的团体民主!他去希腊时留下一个空壳,作为他自我主义的纪念碑。”[39]库克再也没能回到纽约。大约两年之后,他因斑疹伤寒在希腊古城特尔斐去世,他的墓上恭敬地放置了一块来自阿波罗神庙的石头。

1922年夏天,库克寄回了几封醉醺醺的信件,谴责他以前的同事们将自己卖给“商业化纽约的流沙”。“我不明白尤金怎么能允许大家这样做,”他写信给坎顿。“艾德娜,我简直恶心得想吐。”[40]就在库克发电报同意剧团正式解体之后,他立即写了一封信,哀叹他所认为的集体失败:“我们曾经希望在一片陌生的海域,用我们的一生去建立一座属于我们自己的珊瑚岛,我不得不承认,我们失败了……曾经爱它的人现在所希望的是安乐死——迅速而无痛苦的死亡。我们信守诺言;给这个我们所深爱的剧院一个好的归宿。普罗温斯敦剧院的故事在此终结。”[41]

喝干苦酒

1922年夏天，时年12岁的小尤金·奥尼尔计划访问普罗温斯敦。“我想有个机会了解他，”奥尼尔告诉凯瑟琳·简金斯，“让他知道，我是他的父亲，同时也是他的朋友。”小尤金于8月初到达，待了三个星期，每天在沙丘上晒日光浴、野餐，和他同父异母的弟弟沙恩在海水中嬉戏，小尤金对他的新家总体印象不错。甚至连吉姆·奥尼尔都乘坐长途汽车来到这个海边小镇，和自己的侄子见个面，尽管他此时已经嗜酒到无可救药的地步。奥尼尔非常欣赏这孩子超越同龄人的智慧，同时暗地里高兴，他也和自己当年一样，是个学校里的捣蛋鬼。[42]那年夏天，父亲和儿子建立起了一种真正的、持久的联系，一种相互的欣赏，这种关系一直持续到小尤金成年之后，而沙恩尽管一直期望和父亲之间能有这种关系，这个愿望却从未实现。

小尤金回到自己母亲身边以后，奥尼尔整天喝酒。他在那年夏天的行为非常过分，大部分时候都烂醉如泥，表现糟糕。一天晚上，他去参加一个化装舞会，浑身黝黑，只围着一条豹纹的缠腰布，带着橘黄色的夸张假发。一位记者以为他黝黑的肤色是画出来的，就用一张纸去擦他的皮肤，希望将擦出的痕迹带回家，作为来自这位著名剧作家的独特纪念。奥尼尔低头看了看她，然后猛地一拳将她打飞。鲍比·琼斯那年夏天也在普罗温斯敦，他告诉梅波·道奇，奥尼尔和伯顿“喝酒都喝得完全糊涂了”，琼斯自己不怎么喝酒，他目睹了奥尼尔最严重的醉酒状况。一天晚上和特里·卡林在一起的时候，奥尼尔往一个威士

尤金·奥尼尔身披海藻，站在山地吧外面（由玛格丽·伯顿拍摄。图片来自“谢弗尔-奥尼尔藏品系列”，琳达·李尔特藏档案中心，康涅狄格学院，新伦敦）

忌酒瓶里撒尿，然后又抱着酒瓶喝起来。“我崇拜奥尼尔夫妇，”琼斯承认，尽管他们做出了如此粗俗的举动。“他们拥有最高贵的精神……[但是]他们一无所知，除了痛苦和地狱。”[43]

那年11月，奥尼尔和伯顿收拾好家当，带着沙恩和菲费恩·克拉克(沙恩管这位健壮的保姆叫“嘎嘎”)，一起搬进了位于康涅狄格州里奇菲尔德的布鲁克农场，这个农场占地30公顷，包括大片的林地，一个苹果园，两个池塘和一大片草地，零星地种着几棵榆树和枫树。和普罗温斯敦相比，从里奇菲尔德到纽约更方便，但是这座房子连同周围的土地并不适合奥尼尔一家。特里·卡林曾在他们家的阁楼里住过一段时间，奥尼尔最喜欢在阁楼里和这位老无政府主义者闲聊，比在房子的任何其他地方都自在。[44]布鲁克农场的12个房间缺少家具和其他设施，让它的巨大面积更加吓人，要填满它需要花很多钱。更重要的是，它庄严的风格反映出一种自鸣得意的中产阶级存在，至少在哲学上是奥尼尔和伯顿所憎恶的。奥尼尔花钱买这个房子，一方面认为这是有价值的投资，同时也让一家人不用再住旅馆，不用再过自己父母曾经经历的那种备感低落的剧团式生活。奥尼尔夫妇觉得，当客人们来访的时候，这座房子至少在表面上显得他们拥有了一个真正的家。[45]

在短短两年期间，奥尼尔的9部原创作品在百老汇上演，这是惊人的纪录。他还在那年冬天获得美国艺术暨文学学会的金质奖章，他的作品在欧洲也逐渐为人所知。麦克戈文和琼斯前一年夏天去德国，鼓动德国制作人排演奥尼尔的作品，他们成功地争取到了一位柏林的制作人排演《“安娜·克里斯蒂”》。(当时是战后的德国，战败国的经济已经完全被摧毁，奥尼尔通过这部作品获得七十八亿四千万马克，只相当于1.39美元。)到了二月，奥尼尔完成了三幕剧《难舍难分》，这出戏是对于他和伯顿婚姻的戏剧化记录。是时候思考一下他们之间的关系了。在肯尼斯·麦克戈文拜访布鲁克农场时，奥尼尔告诉他，“你知道，我并不是真的喜欢阿格尼斯”。麦克戈文会意地眨了眨眼

布鲁克农场，1922年（玛格丽•伯顿藏品，图片来自“达拉斯•克利内、谢弗尔-奥尼尔藏品系列”，琳达•李尔特藏档案中心，康涅狄格学院，新伦敦）

睛。他后来说,“在我听来,这句话挺重的,要比他说自己恨她更严重”。[46]

1922 年到 1923 年的那个冬天,奥尼尔夫妇之间频繁的争吵不断升级。奥尼尔开始指责伯顿出轨,或者至少是想要出轨。这段时间是奥尼尔与酗酒之间长达几十年斗争的最低谷。根据伯顿的回忆,奥尼尔在喝了很多酒之后,会愧疚地向妻子坦白,说他开始相信“婚姻是件糟糕的事情。你成为另外一个人的一部分,你们两个人变成一个人,这很吓人。当你意识到这一点,你就开始拼命往外逃”。“后来,可怕的事情发生了,”后来为伯顿写传记的麦克斯·威利讲述了伯顿曾亲口告诉他的一件事。“在一阵莫名其妙的谩骂之后,[奥尼尔]突然拿起一大摞稿纸,将它们扔进火里。她知道他在干什么:他在烧她的小说!她冲上去打他,大声尖叫,但她根本不是他的对手。他抓住她,不让她乱动,直至稿纸化为灰烬。然后他就离开了。”[47]

还有一次,奥尼尔把伯顿的照片都剪碎了,之后又损毁了伯顿视为“珍宝”的东西——她父亲泰德·伯顿的画像,这幅画像由著名画家托马斯·伊肯斯绘制,他在费城艺术学生联盟指导过泰德·伯顿。(泰德和伊肯斯曾有过多次合作,最有名的一次是于 1892 年共同为去世的惠特曼制作脸部石膏模型。)1922 年 11 月,伯顿和沙恩回来的时候,天空开始飘雪。[48]伯顿告诉威利,母子二人往屋里走的时候,奥尼尔“猛地把前门冲开,怒气冲冲的,满口脏话”。他显然喝醉了,因此她也没怎么在意;但在把沙恩抱到床上时,她听见楼下传来“可怕的嘈杂声,椅子被掀翻了”。然后,前门砰的一声被关上了,伯顿透过沙恩房间的窗户,看见丈夫“拿着某个东西在雪地上摩擦”。

> 我当时还在楼上,突然有了一个很可怕的想法。我感到很不放心。我一阵风似的冲下楼,在壁炉架上寻找。父亲的画像不在那儿了。尤金正用雪把画像的脸部擦去。我冲出去,但太晚了。画像着色牢固,没法被擦掉,他又拼命在栅栏上撕扯画布,反复用

力敲击,直到画像变成一堆乱七八糟的布条……尤金知道,这幅画像是家里所有物品中我最珍爱的一件……尤金知道如何伤害我。他知道如何伤害每个人。我想他内心极其痛苦,在那个阶段他必须发泄出来……如果他没有他的作品去体现他的仇恨,我觉得他肯定三十岁不到就被关进疯人院了。[49]

伯顿所说的这桩"弥天大罪"有些可疑。[50]讲述这个故事的威利本身就不大可靠;伯顿在另外一次采访中也给出了与之相矛盾的说法,说奥尼尔是在她离家去纽约期间毁了那幅画像。[51]因此,伊肯斯到底是否为伯顿的父亲画过画像,这本身就是个不确定的问题。关于画像是否存在、是否被损毁,伯顿并没有对别人说过。

托马斯·伊肯斯的画是一幅长10英寸、宽14英寸的小幅头像。泰德的朋友弗朗西斯·J.齐格勒也是伊肯斯的学生,他回忆,泰德非常珍视这幅画像,哪怕是在自己最穷的时候也拒绝将画像卖掉。[52]阿格尼斯·伯顿一直保存着画像被损毁之后的残骸,直到1931年才告诉伊肯斯的传记作家罗伊德·古德里奇,画像"被严重毁坏,我怀疑它是否还能被修复"。[53]伊肯斯为泰德画的另外一幅肖像被保留了下来(同时也是首次被公开展示)。[54]

20年代初期困扰奥尼尔的酗酒问题严重到无以复加的地步。尽管大家都说奥尼尔一写完一部戏,就会出去痛饮一顿,但在这一阶段的实际情况可能正好相反:奥尼尔不喝酒的时段仅仅只是在写戏期间。[55]在布鲁克农场的第一个冬天,奥尼尔的酒瘾完全失去了控制,他似乎不再遵守写戏不喝酒的规矩。"我认为,一个人在喝醉酒的时候所写的东西,根本没法读,哪怕是半醉的时候写的也不行,"他告诉巴内特·克拉克。"有人说我是在醉酒的状态下写作的,这种说法很荒谬,"他接着说。"我只在不写戏的时候喝酒。我连喝一个月,然后停下来,让自己慢慢清醒过来。这时我才写作。"《难舍难分》却是个例

由伊肯斯绘制的“泰德”（西奥多·伯顿）画像。另外一幅画像被奥尼尔在布鲁克农场撒酒疯时损毁（图片来自“威廉·因尼斯·荷马文稿”，特拉华大学，纽瓦克）

外;但不论他在写这部戏的时候是醉着还是醒着,剧本表现了两个内心深处极其脆弱的自我,伯顿证实,剧终所虚构的婚姻是他们自己婚姻的"复制"。[56]

《难舍难分》,用奥尼尔自己的话说,描写了"一个男人和一个女人,相爱并且已经结了婚,[他们]在精神上斗争,想要占有对方。我想要呈现一种印象,世界被关在门外,只有两个人在斗争,想要冲破内心的黑暗"。[57]该剧的主人公是剧作家迈克尔·凯普和他的妻子、女演员埃莉诺。与奥尼尔和伯顿一样,这对夫妇也是结婚五年。埃莉诺的模样很像伯顿:身材高挑,高颧骨,一头浓密的黑发。[58]迈克尔也是其创作者的投影;很显然,这是一出奥尼尔写奥尼尔的戏:"那张不同寻常的脸庞像是高度敏感的、布满壕沟的战场,他的容貌特征很不协调——思想家的前额,梦幻者的眼睛,酒色之徒的鼻子和嘴巴。人们能感到一种染有忧郁色彩的强大想象力——这是一种既有同情又让人痛苦的驱动力量。有什么东西在折磨他:充满激情的紧张心情;出于自我保护对生活和自身缺点的桀骜不驯;对他认为能从中得到宽心的爱情信仰的深切渴求。"①(*CP*2,235)

在该剧剧情发展的过程中,迈克尔逐渐意识到,完美的婚姻是一个不合理的目标,爱和挣扎总是相互纠缠,尤其是在像他自己和埃莉诺那样的两个充满激情又热爱艺术的个体之间。迈克尔的这番对于生命和爱情的彻底领悟来自街边的一个妓女——尽管这在现实生活中不大可能发生,她将弗里德里希·尼采关于婚姻的建议传递给迈克尔:"你必须去笑,对不对?"妓女建议迈克尔忍受人生中看似无法忍受的痛苦。"你必须学会喜欢生活!"(*CP*2,267)

奥尼尔关于女性的很多观点都来自尼采的《查拉图斯特拉如是说》,这是早期存在主义思想的经典之作。伯顿说,"这本书对于尤金

① 引自曾梅、郭文杰翻译的《难舍难分》,郭继德编:《奥尼尔文集》(2),人民文学出版社,2006年,第463—464页。

的影响，要比他读过的任何一本书都大。它简直就是他的《圣经》，他在其后的几年中总是将这本书放在床头，就像其他人会把《圣经》放在床头一样”。她还说，尼采“当时触动的是他的情感，而不是他的心灵”。[59]奥尼尔在那年冬天糟糕的情绪状态，以及这种状态所促使他创作的这出戏，都指向尼采著作中的一章：“孩子和婚姻。”崇尚个人主义的“超人”查拉图斯特拉教导一群走火入魔的门徒：“即使是最好的爱也只是一个象征性的微笑和一个痛苦的热情，它可以照亮你面前通往高处的路。某一天你要超越自己去爱，首先学会去爱，而且你必须喝下那杯爱的苦酒。即便是最好的爱中也有苦味：因此就激起你对超人的向往。”[60]奥尼尔无疑也从这一章中获取了《难舍难分》一剧之前的题目“天作之合”（原文中是“天作之合的一对”），查拉图斯特拉以此来嘲笑这种甜蜜的陈词滥调。[61]在与妓女过夜之后，迈克尔回到家中，回到埃莉诺身边，他的独白显示，奥尼尔本人也接受了尼采“没有婚姻是天作之合”的名言。但他后来又加上了（接近于施虐狂的）一句台词，在以后的岁月中“我们还会互相折磨、撕扯，去抓住对方的灵魂！——斗争——失败，再次仇恨——但是——这是一种令人骄傲的失败——充满快乐的失败！”①(*CP*2, 275)

奥尼尔和伯顿在以后的几年中，的确是在努力维持着他们的婚姻，他们还生了第二个孩子；但他们的努力最终都落空了，以离婚黯然收场。奥尼尔预言的其余部分都应验了。在写给伯顿的痛苦的分手信中，他说他们之间的联系逐渐被瓦解，被“一种越来越明显的仇恨，一种致命的痛苦，一种残酷的欲望去伤害、去愤怒、去挫折、去复仇。它绞杀了我们在一起幸福生活的可能。有太多对于骄傲和自尊的侮辱，太多折磨人的场景，这些可以宽恕，但无法遗忘”。《难舍难分》被认为是奥尼尔的“爱恨交织”之作，该剧正是建立在这些“折磨人的场

---

① 引自曾梅、郭文杰翻译的《难舍难分》，郭继德编：《奥尼尔文集》(2)，人民文学出版社，2006年，第508页。

景"之上。奥尼尔在给伯顿的剧本上,写下了迈克尔·凯普对埃莉诺的最终恳求:"我爱你!原谅我所做的一切,原谅我将做的一切。"[62]

与弟弟一家一起搬到布鲁克农场,从来就不是吉姆·奥尼尔的选择。他那个名人弟弟跟他在一起,既无法写作,也无法保持清醒。吉姆也开始讨厌伯顿,认为她挑拨弟弟和自己对着干。(他认为,自从他独自继承了詹姆斯在加州格兰岱尔的一些地产,伯顿就开始恨他。)哈罗德·德·波罗邀请他去自己家,哈罗德就住在附近康涅狄格州的达瑞恩,但德·波罗和妻子海伦几乎立刻就后悔了。"在我认识的人当中,他最能言善辩,说起话来也最不留情面,"德·波罗回忆吉姆醉酒之后令人无法忍受的脾气。"他会挑出你的弱点,整晚都拿它开涮。第二天早上,他就不记得自己做过什么了,还问我,'我昨晚表现很糟吗?''是的,的确很糟。''上帝啊!一定又是我体内的任性之神在折腾。'"吉姆恶毒的话语并不是唯一让他们不安的原因。一天晚上,德·波罗出门去了,吉姆在床上抽烟,一不小心把床垫烧着了;但他醉得太厉害了,都没去扑火。海伦·德·波罗不得不自己把着火的床垫拖出去。[63]

奥尼尔刚刚完成《难舍难分》的润色就被告知,他哥哥 1923 年 2 月 16 日在康涅狄格州的斯坦姆福德差点被捕,当时正在上演《"安娜·克里斯蒂"》。喝得醉醺醺的吉姆在演出过程中突然跳起来,大声喊道,"为什么我弟弟,也就是这出戏的作者,他不应该懂所有这些关于妓女的事!"演员们都不出声了,朝着黑暗的观众席张望。弟弟是人们关注的焦点,吉姆仿佛是想偷取一点聚光灯的光芒——但弟弟仍然是焦点,他尖叫着说阿格尼斯·伯顿是个妓女,然后又转向海伦·德·波罗,整个晚上都在说她也是个妓女。德·波罗打断了吉姆的长篇大论,粗暴地把他带出剧院,塞进一列开往新伦敦的火车。奥尼尔在接到德·波罗的电话之后,联系了家庭律师 C.哈德利·哈尔,跟他说了吉姆在斯坦姆福德的"极不雅观的一幕":"不管你采取多么极端的措施将他控制在新伦敦,只要你觉得合适,我都完全赞成。"[64]

那年夏天,奥尼尔一家刚回到山顶吧,吉姆就进了康涅狄格州诺威奇的精神病院。新伦敦有传闻说他是穿着紧身内衣被扔出门外的。到了八月,奥尼尔从普罗温斯敦写信告诉萨克斯·卡明斯,尽管哥哥已经从精神病院出院,但他很快就"完全疯了",现在又被送进了另外一家疗养院。这家疗养院位于新泽西州帕特森的利弗洛恩,吉姆在这里精神恢复了正常,但仍然饱受"酒精性神经炎"的折磨。他因为喝了太多的劣质酒,眼睛差点瞎了,疗养院的医生告诉奥尼尔,如果吉姆能恢复 50%的视力,就已经非常幸运了。"我实在不知道能拿他怎么办,"奥尼尔在给卡明斯的信中写道。"我猜他从疗养院出来之后,只能再去喝酒,然后眼睛就全瞎了。"[65]

吉姆显然也把他们家搞得一团糟,他经常跟在新伦敦认识的两个出了名的赌徒混在一起。哈德利·哈尔早在 11 月中旬就警告奥尼尔,说吉姆和一伙骗子混在一起。刚开始,奥尼尔并没有理会律师的警告而采取干预措施;一个月之后,他对律师说自己已经完全放弃了,"我不知道该说什么……似乎没什么可以做的。我目前所知道的,就是他情况很糟。他在纽约打过电话给我,但我没见到他……根据我的经验,我越是要他做什么,他就越是固执地跟我对着干。我还能怎么办呢?"[66]

1923 年 11 月 8 日,小詹姆斯·奥尼尔死于饮酒过量,最初是中风,之后发展成动脉硬化和脑溢血。吉姆去世之后,奥尼尔继承了 140000 美元的遗产,[67]其中大部分都是已经贬值的地产,还有尚未支付的各种法律和行政费用。就在吉姆去世的同一天,他的"弗兰肯斯坦"——在《进入黑夜的漫长旅程》中,吉姆·蒂龙就是这样称呼他的弟弟埃德蒙的——也开始了一次放肆的狂饮。

奥尼尔的这次狂饮是在作家马尔科姆·考利、他的妻子佩吉·拜尔德和诗人哈特·克莱恩周末来访的时候。奥尼尔和考利在格林威治村的时候就认识了,考利在《琼斯皇》里演过黑人鬼魂,在《画十字的地方》复排时演过白人鬼魂。“后来尤金就不写带鬼魂的戏了,我的舞台生涯也随之结束,”考利后来曾开玩笑地说。“这件事足以说明,他的决定如何对我们所有人产生影响。”[68]奥尼尔对克莱恩的诗歌很感兴趣,一周前与他在纽约会面后就邀请他到布鲁克农场坐坐。(克莱恩之后才发现,奥尼尔当时认为他是美国最好的诗人。)[69]奥尼尔那年只有35岁,但他的鬓角处已经过早地显现出灰白色的头发;但考利早已将他自己和克莱恩看作文学新一代中力挺老派大师的拥趸。

考利一行人由奥尼尔家的司机文森特·贝蒂尼从火车站接到布鲁克农场。一到农场,在门口迎接他们的是日本管家小川和一只名叫芬·麦克·酷的爱尔兰大狼狗,“足有三个月的小牛那么大,”奥尼尔用爱尔兰神话中一个武士的名字来给它命名。[70]奥尼尔戒了酒,所以吃饭时没有上酒,这些想喝酒的客人感到非常失望。他解释说,自己正在创作一部关于新英格兰的作品(《榆树下的欲望》),但不想多谈这部作品,等写完再谈它。

周六的晚上,奥尼尔将考利和克莱恩带进酒窖,当时考利暗自思忖:“这里是房子里唯一让主人觉得骄傲的部分。”剧作家在黑暗中指着三个50加仑的大酒桶,里面装着贝蒂尼用他们自家果园里的苹果酿制的苹果酒:烈性苹果酒,“清教徒的果酒”。“我们凿开一桶吧,”克莱恩建议。这时,奥尼尔显然感到纠结,他说他担心贝蒂尼会不同意,因为苹果酒还没有发酵好。考利了解苹果酒的酿造过程,他说服奥尼尔,没发酵好的苹果酒通常味道更佳。奥尼尔再也忍不住了,他去楼上的厨房拿来了一个大罐子和三个杯子。“尤金呷了一口苹果酒,”考利回忆,“充满疑虑地把酒含在嘴里,阴郁地看了看杯子,然后紧张地连吞两口,把杯子里的酒全喝完了。”[71]

第二天,伯顿与考利、拜尔德、克莱恩一起开车去纽约伍德斯托克的一个朋友家,她回来的时候,奥尼尔不见了。在他喝下第一杯苹果酒整整一周之后,她才在地狱窟楼上的一个房间里找到他,告诉他吉姆去世的消息。尽管吉姆对伯顿态度糟糕，但她还是尽职尽责地为他安排棺材、葬礼和下葬等各项事宜。奥尼尔说自己酒还没醒，因此拒绝出席哥哥的葬礼，吉姆一年前曾也因为同样的原因缺席了母亲的葬礼。葬礼在第28街举行，只有稀稀拉拉的几个人参加。吉姆被埋葬在家庭墓园时，奥尼尔也没有出席。

“太遗憾了，”奥尼尔后来写信给自己以前的同学。“[吉姆]和我过去非常亲密，但1922年妈妈去世之后，他就完全垮了，根本不想活了，只想着早点死去。他从没有找到属于自己的地方。他从来没有归属感。我希望他现在找到了归属，像我的《毛猿》一样。”这样，吉姆的去世引发卡塔西斯式的情感宣泄；但也让奥尼尔感到非常孤独：“在过去的四年中，我失去了父亲、母亲和唯一的兄弟，”他在写给盖洛德疗养院的护士玛丽·克拉克的信中说。“我是奥尼尔家族中仅剩的一个。但我有两个儿子可以‘延续下去’。但是，他们两个都不是纯粹的爱尔兰人，因此我必须把自己看作家族最后一位真正的继承人。”[72]

早在1922年春天，普罗温斯敦剧团悄然解体之后，奥尼尔、肯尼斯·麦克戈文和罗伯特·埃德蒙德·琼斯决定组建一个新的实验剧院。首先，奥尼尔坚持认为，公共剧院的旧模式应该被彻底推翻。他说麦克戈文“应该是绝对的领导，拥有绝对的否决权。让民主见鬼去吧！”鲍比·琼斯将负责舞美和导演，奥尼尔负责创作剧本、监管演出和制定艺术政策。请菲兹·菲兹杰拉德担任商业经理，[73]吉米·莱特担任舞台监督，科里昂·斯洛克莫顿继续与琼斯合作，担任技术指导。[74]他们签订了租约，接管麦克杜戈大街的剧院，1923年夏天，这个剧院被正式定名为普罗温斯敦剧院，但普罗温斯敦剧团绝对不会再次组建。麦克戈文希望沿用“普罗温斯敦剧团”这个名字，但奥尼尔坚决反对。“我不会去掺和任何一个把旧的和新的混在一起的组织，”他警告自己的朋友。“进行一次全新的努力！让原来的名字见鬼去吧！只要做得好，什么名字都可以的。”[75]

吉格·库克于1924年1月14日突然去世之后，苏珊·格拉斯佩尔很快就给麦克杜戈大街剧院寄去一封言辞激烈的信，要求剧院替换掉“普罗温斯敦剧场”这个名字。剧团原来成员之间的内部冲突早在1922年夏天就开始了，当时库克认为那些想从剧团的成功中捞取好处的人似乎是一群贪婪的“吃腐肉的乌鸦，闻到尸体散发出的臭气就飞来了”。“不要急着去找尤金，”他告诉坎顿。“他对我们的态度很坏。应该是他来找我们——如果他需要我们的话。他过段时间应该能看出[阿瑟·]霍普金斯和我们之间的差异——但是他也有可能永远都看不出来。”[76]

听说格拉斯佩尔想要把普罗温斯敦这个招牌完全归于库克名下，奥尼尔提醒坎顿，他也曾提过这事，但大家不支持他；他于是单独给格拉斯佩尔写了一封信，他认为格拉斯佩尔是格林威治村女性中少有的“真正的人”：[77]“当我听说[吉格]去世的消息时，苏珊，我突然觉得自己失去了一位最好的朋友……我坚信，如果吉格能走进鲍比、肯尼斯和我的内心，他会发现，这个剧院对美的创造从未改变，他一定会对此感到满意的。”令人惊喜的是，格拉斯佩尔从希腊寄来了回信，她让奥尼尔放心，她理解他对于剧院的美好意愿。这个她曾经的门徒非常兴奋地回信，说他和伯顿把她的信“读了又读”。“这封信让我们觉得你就在身边，”奥尼尔表达了真诚的谢意，“我们非常爱你，苏珊。”[78]菲兹·菲兹杰拉德所收到的来自格拉斯佩尔的信却完全不同，信中支持坎顿将“普罗温斯敦”这个名字归于库克名下的斗争，她在信的末尾非常坚决地表示，“菲兹，还有你们所有人，这封信是写给你们所有人的，在我的内心深处，我和你们一刀两断”。[79]

在接下来的几十年中，奥尼尔多次承认“他欠普罗温斯敦剧团太多”，但只是在某种程度上。“但我不能说，如果没有他们，我就不会继续写下去，”他说，“我已经全身心投入戏剧的创作，根本无法停下来了。”艾德娜·坎顿赞同他的看法，她十分坚定地认为：“毫无疑问，如果他没有我们的剧作家剧场，没有我们的实验性舞台供他随心所欲地使用,他仍然可以通过其他的方式或者其他的作品进军百老汇。……没有任何一个其他的剧作家在起步阶段,能在把控舞台和观众方面拥有如此持久的自由。"[80]

1924年1月3日,普罗温斯敦剧院再次开张,这个老旧的马厩被粉刷一新,舞台也扩大了,还新建了一个舞台入口。由奥尼尔起草的宣言印在他们的第一张节目单上,宣称"最困难之处正是我们的特别任务——否则我们没有理由存在。真理,不论是在剧院中还是在生活中,永远是困难的,而永远的谎言则是简单的"。刚刚组建的普罗温斯敦剧院会坚持严格的艺术至上理念,但奥尼尔宣布,吉格·库克当年所提倡的理想化的非职业理念已经过时了。

取而代之的是职业主义理念:他们现在欢迎评论家,还雇了一位媒体代理人,斯黛拉·哈诺。"首演具有一些纽约上城剧院首演时的闪光点,"哈诺说,"有些观众还记得剧团成立之初的状况,他们惊讶地看着剧院门前的高级轿车和衣着华丽的观众,同时也对此感到些许的不满。"[81]尽管他们中的大部分人仍然使用"普罗温斯敦"来指代剧院,但剧院还没有正式的名字。"我们就是一个剧院,"奥尼尔说。"除此之外,让我们所做的一切为我们留名。"奥尼尔、麦克戈文和琼斯很快就采纳了一个名字,这个名字来自伯顿在《剧场艺术》杂志上的一篇文章,她用了两个非常明确的单词来迎接他们的到来并定义他们的愿景:"实验剧场。"因此,当这三个人合作时,他们把这个组合称为实验剧场公司(简称为ETI)①。同时,媒体给予他们一个更为意义深远的标签:"格林威治铁三角"。[82]

奥尼尔建议将奥古斯特·斯特林堡的《鬼魂奏鸣曲》(1907年)作为剧院的首演剧目。奥尼尔在剧目说明中写道,这位瑞典戏剧大师"至今还是现代派中最为现代的作家。他最善于用戏剧来解释具有时

① 原文为 Experimental Theatre, Inc.。

代特征的精神冲突,这种精神冲突构成了我们现代生活的戏剧,或者说是现代生活的血液"①。在奥尼尔的要求之下,他们还决定运用自制的面具来重新演绎斯特林堡的"室内剧"(人物和道具最为精简的三幕剧)。奥尼尔曾在《琼斯皇》和《毛猿》中使用过面具;但在《琼斯皇》中,只有巫医戴着非洲面具,而在《毛猿》中,担任服装设计的布兰奇·海斯在最后一刻才仓促地做好了背景人物所佩戴的面具。吉米·莱特为《鬼魂奏鸣曲》设计了面具,他骄傲地说,在这场里程碑式的演出之前,在现代戏剧中"没有人将面具作为戏剧行动的焦点"。[83]

莱特解释,在这之前,现代戏剧中的面具"随着其他戏剧工具的出现而消失了,比如旁白、独白、开场白和收场诗"。他对于自己和奥尼尔共事经历的回忆很有启发意义,但从未发表过,他强调,《鬼魂奏鸣曲》的成功不仅仅对于剧作家而言很重要,更为重要的是,它"展示了面具的各种可能性"。"它是'表现主义'的,但并不十分极端,舞台布景不像《琼斯皇》和《毛猿》那样具有舞台冲突的拟人形态。"奥尼尔意识到,与人们习以为常的"经典剧院陈旧特征"相比,面具可以成为一种非常有力的工具,"在表现人类当下生活的作品中展现情感的冲突"。"但是,演员没有办法改变面具上僵化的线条。是我们这些观众在经历角色过去的生活、体验实实在在的痛苦,将我们的情感投射到面具上。面具是我们的情感。"[84]

奥尼尔对于柯勒律治《古舟子咏》的戏剧改编于 1924 年 4 月 6 日在普罗温斯敦剧院首演。在这出戏中,奥尼尔从一开始就下定决心,要提升观众的"认同"感,莱特将这一术语定义为"观众的记忆和情感资源",体现角色的内在自我。一旦观众停止依赖某位演员充满个性的表达(尤其是那些"表演过火的拙劣演员"),他们有可能邂逅一个更加亲密、更具互动性的舞台,不再是那种他们所习以为常的肤浅、被动

---

① 引自刘海平翻译的《斯特林堡和我们的戏剧》,郭继德编:《奥尼尔文集》(6),人民文学出版社,2006 年,第 244 页。

的娱乐。[85]到了1932年,奥尼尔仍然认为,哪怕是像《哈姆雷特》这样的经典剧目重排,也可以利用面具:"面具可以把它从仅限于各演员扮演的'明星剧'的现状中解放出来。那样,我们就能……真正认同作为命运象征的哈姆雷特王子,因为我们每个人都有命运,而不再是仅仅有一个大明星给我们解释他对这个伟大角色的理解。"①"考虑到美国文化的未来,"奥尼尔写道,"我希望它能为广大观众提供更为丰富的想象余地。我知道,现在观众的人数正在逐年增长,在精神上,他们越来越迫切地需要参加对生活进行富于想象的解释,而不再以忠实反映生活表面的演出为满足。"②[86]

海伍德·布劳恩认为吉米莱特的面具设计"阴森、可怕",实验总体来说是"糟糕透顶的失败……普罗温斯敦实验室的一次古怪的测试"。其他评论家态度不像布劳恩这么绝对,大部分人认为泰德·巴伦泰恩背诵柯勒律治诗句时,演出非常精彩。甚至是布劳恩也颇为不解地说,当大幕落下时,小剧场中竟然掌声雷动。"专门研究戏剧的学生们会从普罗温斯敦剧场的演出中找到很多可供学习和讨论的内容,"评论家罗伯特·吉尔伯特·威尔士写道,"但是,该剧所表达的想法不大可能打动普通观众!"[87]

奥尼尔将近两年以来的第一部原创作品《难舍难分》于3月17日在第39街剧院首演。该剧由斯达克·扬担任导演,"戏剧铁三角"担任监制,鲍比·琼斯担任舞美。该剧只演了24场,评论很糟糕,经常充满嘲讽:"一个高潮接着一个高潮,"《纽约世界晚报》的E.W.奥斯博恩调侃,"每次高潮出现时,我们都可以想象那面经过精心训练的大幕

---

① 引自刘海平翻译的《面具散记》,郭继德编:《奥尼尔文集》(6),人民文学出版社,2006年,第287页。译者略有修改。

② 引自刘海平翻译的《一位戏剧家的笔记》,郭继德编:《奥尼尔文集》(6),人民文学出版社,2006年,第292页。

徐徐落下”。“实际上，如果节目单上没有说明该剧的剧情发生在6个小时之内，”《布鲁克林每日鹰报》的阿瑟·普洛克抱怨，“观众会觉得整出戏要漫长得多。”[88]

在一场演出中，饰演埃莉诺·凯普的女演员多丽丝·凯恩偶然听到观众抱怨饰演迈克尔的雅各布·本-阿米：“要是那家伙再说一遍［‘我爱你’］，我就拿椅子砸他。”观众们还在不该笑的时候发出了笑声，刚开始还有些愧疚，后来就越笑越厉害，《戏剧排行榜》的剧评人猜出了其中的原因：“一定是因为那些重复，如果重复延续的时间足够长，就一定会引起笑声。最有名的例子是综艺表演中惯用的老梗，‘我要走了——但在我走之前，我有话要说。我要走了——但在我走之前，我有话要说’。把这句话多次重复，观众就一定会笑，尽管这句话中所包含的词汇和思想并没有什么好笑的。奥尼尔先生让剧中的夫妇在‘我爱你’和‘我恨你’这对主题之间来回折腾了太长的时间。”艾德娜·坎顿有些幸灾乐祸，她对小说家兼评论家卡尔·范·韦克滕说，奥尼尔的一个朋友发现观众在听到令人痛苦的台词时笑得越发厉害，他深深地叹了一口气：“他把自己的心掏出来，放在袖子上，让那些愚蠢的看客啄食。我想，他是必须这么做。”[89]

当负面的评价一股脑地出现时，奥尼尔私下里对导演斯达克·扬抱怨，20世纪20年代的现代演员与他父亲那个时代的浪漫主义演员完全不同：“他们之间的区别在于：那个时代的演员不会理解我的作品，但他们会演我的作品；现在的演员理解我的作品，但他们不会演我的作品。”但是，在公开的场合，奥尼尔和麦克戈文承认，他们在排练期间就发现了一个重大的问题，但已经来不及加以解决了：琼斯为剧中凯普夫妇居住的曼哈顿复式公寓所设置的布景非常棒，但对于这么一出“超自然主义”的剧作来说，布景过于现实了。“富有创造力的心灵并不总是能够看清正在发生的事情，”麦克戈文在《时尚》杂志的一篇评论中说道，这篇评论几乎可以算作一次公开的道歉。“如果他只设置黑色的窗帘、几束刺目的光和几把椅子，效果会好得多。”他最后总结，这出戏还是应该在麦克杜戈大街的剧院以实验戏剧的方式上演，“是我们的错——是奥尼尔的错，是琼斯的错，是我的错——是我们选择了在百老汇上演这出戏”。“我想要表现这样一种印象，世界被关在门外，只剩下两个人在挣扎，要突破内心的黑暗，”奥尼尔告诉《纽约时报》的记者。“但我在舞台提示中所描述的布景太过‘自然’，不可避免地唤起了日常生活、日常存在中的纷繁琐碎，造成角色生活和观众生活之间的隔阂。”[90]

同时，奥尼尔的《上帝的儿女都有翅膀》在麦克杜戈大街剧院上演之前，剧作家无意中发现他被卷入了自己同胞的种族争议风暴。这部作品最初只是为乔治·金恩·内森的《美国水星》所写的独幕剧，后来扩充成两幕，包含七场，用表现主义的手法表现了跨种族婚姻的折磨。麦克戈文说，在剧本出版后的几周，邮递员每天费劲地把装满剪报的大盒子拖到楼上的办公室，差点把腰都累折了。剪报机构也差点让剧院破了产，因为每一千条剪报的收费是 50 美元。（他抱怨，剪报的费用总额最终比舞台布景的费用还要高。）“有戏剧辛迪加每周收到的信件，还有来自开普敦、悉尼和加尔各答的新闻报道，”麦克戈文说，“可以肯定地说，《上帝的儿女都有翅膀》在上演之前所受到的公众关注，要超过美国戏剧史上的任何一出戏，甚至有可能超过世界戏剧史的任何一部作品。”[91]

给三 K 党的字条

1924 年冬末春初，深感警觉的各界民众、种族主义者、宗教人员、进步改革人士，纷纷向普罗温斯敦剧院表达巨大的愤怒。每一个读书俱乐部、大学图书馆、园艺社团都在媒体上无休无止地发泄对于《上帝的儿女都有翅膀》的愤怒。“似乎有那么一段时间，”奥尼尔对一位同学谈起演出的消息所点燃的愤怒，“仿佛三 K 党内和党外所有的弱智都在向我投掷报纸砖头，更不用说那些匿名信了，有恼火的爱尔兰天主教徒威胁要揪下我的耳朵，因为我让他们的种族和宗教丢了脸，有同样恼火的日耳曼三 K 党人说我有黑人血统，或者说我是个犹太人，却假装是个基督徒，目的是要鼓动大家颠覆教皇！这听起来很滑稽，但那些信比这还要过分。”[92]

全国有色人种协进会也收到了要求阻止格林威治村演出的信件，来信的人既有同情奥尼尔的，也有声称如果该剧上演，就把美国黑人赶出美洲大陆的：“拒绝包容奥尼尔作品的愤怒是很荒唐的，”同情奥尼尔的人写道。“白人和有色人种偶尔也会通婚的，一位严肃的剧作家为什么不能用我们国家生活的一部分作为一出伟大戏剧的素材呢？”另外一封信是用黑色蜡笔写的，写给“黑鬼约翰逊”（影射美国黑人拳击冠军杰克·约翰逊，他娶了白人妻子），署名为“白人”。“白人”写道，这出戏专门为了“帮助黑鬼得到他们肮脏的心中想了好多年的东西”。他称女主角玛丽·布莱尔是个黑白混血杂种，“不是白人，”对于美国的种族关系来说，“这出戏会毁了一切。美国不是为黑鬼准备的——你们这些人属于非洲。来一场暴乱吧——这是我们所希望的”。[93]

执导这出戏的吉米·莱特告诉记者,他被“指控是犹太人,使用基督教英国姓名做掩护,奥尼尔被称为肮脏的爱尔兰老鼠”。另外一个人写来信件,说奥尼尔“层次太低,不得不用梯子才能够得着酒瓶塞”。莱特还没顾得上去提及那一大批维多利亚女士,数量有万人之多,她们通过纽约妇女俱乐部城市联盟的代表,联名通过了一份决议,谴责剧作家非要在纽约上演“这种有害身心、令人作呕、让人恶心的东西,奥尼尔先生竟然把这种东西看作艺术”。[94]

这场混战的主要原因是什么呢?媒体公布了一个惊人的发现,并将其传播到全国范围:即将在麦克杜戈大街上演的这出奥尼尔作品中,一位白人女演员,玛丽·布莱尔,要去亲吻黑人男主角保罗·罗伯森的手。

《上帝的儿女都有翅膀》的主人公是一位受过教育的美国黑人男孩吉姆·哈里斯和一位未受过教育的工人阶级爱尔兰裔美国女孩埃拉,两人之间的关系由童年时的青梅竹马到最后以不幸福的婚姻告终。在剧情的发展过程中,勤奋的吉姆一直想要通过美国律师协会的考试;但他一次又一次地因为自卑而失败,他将自己的失败归结为对白人考官的恐惧。他的失败在很大程度上也是因为埃拉一直在以各种方式阻止他实现梦想。在20世纪初,这桩跨种族的通婚在黑人和白人中都引起了争议,最终摧毁了吉姆的职业抱负,也让埃拉陷入了痛苦的疯狂。

该剧的构思经历了好几年:1922年,《琼斯皇》获得巨大成功之后,奥尼尔在工作笔记中写下了这么一行,“关于约翰尼·T的戏剧——娶了白人的黑人——将剧情建立在他的经历上,就像我已经非常真切地看到那样——但是不要简单复制,而是只将其看作所有人的故事”。奥尼尔“真切地”观察到的唯一一桩跨种族婚姻,是他在地狱窟的好朋友乔·史密斯和他的妻子维奥拉小姐。1929年，史密斯去世了，终年56岁，当时的黑人报纸《纽约阿姆斯特丹新闻》刊登了讣告，讣告的标题是“曾经帮助著名剧作家的格林威治村成员去世”。讣告的开篇并没有把史密斯定位为歹徒、拍卖师或格林威治村的名人，而是定位为一个帮助了奥尼尔的人，“他对于黑人和白人关系的了解以及他鲜活的想象力让著名白人剧作家尤金·奥尼尔得以写出《上帝的儿女都有翅膀》”。（事实上，史密斯在该剧的实际演出中还有更多的参与，他的孙女爱丽丝·奈尔森在剧中饰演开场时站在街边的一个女孩。）[95]

奥尼尔1929年在法国期间收到这位地狱窟老友的信。这封哀伤的信写于史密斯临死之前，他告诉奥尼尔，自己已经放弃了在世上的一切追求。奥尼尔回信时寄去一张支票，并鼓励他振奋起来。信中的这段话既让人回忆起《上帝的儿女都有翅膀》中饱受煎熬的主人公，又预示了史密斯后来在《送冰的人来了》中以黑人赌徒乔·莫特的形象再次出现：“你知道的，我一直在祝福你，我是你的朋友，我将尽我一切可能来帮助你。我没有忘记过去的那些日子，没有忘记你所给予我的友谊……振作起来，乔！你不会承认你被打败了，是不是？你不是那样的人！重新振作起来，你能把它打败！”[96]

除了史密斯，该剧情节的另外一个来源是黑人拳手杰克·约翰逊的白人妻子艾塔·约翰逊。1912年9月12日，《新伦敦日报》刊登了艾塔自杀的消息，这件事在白人和黑人之中都激起了反对跨种族通婚的情绪。奥尼尔当时在《新伦敦电讯报》工作。这篇报道的标题是“杰克·约翰逊夫人无法忍受被孤立：冠军拳手的妻子饮弹自尽，她自杀之前说，所有人都排斥她，因为她嫁给了黑人”。艾塔·约翰逊在遗书中写道，“我是个白人女性，我厌倦了被别人排斥。我嫁给了黑人，我自作自受。即使是黑人也不尊重我；他们恨我。我想结束这一切”。[97]如果公众还没有将奥尼尔的作品与艾塔自杀事件联系到一起，那么威廉·伦道夫·赫斯特刊登在《美国纽约报》的戏剧评论则为大家说明了这一点：“黑人似乎是最先痛恨这种事的。当黑人拳手杰克·约翰逊到处炫耀自己拥有了一个白种女人,没人夸他‘干得漂亮’。在现实生活中也是一样,但是这种事很难构成一出戏的基础。”[98]

奥尼尔显然是借用了自己过世不久的哥哥和母亲的名字,将该剧的主人公命名为吉姆和埃拉。现实生活中的这对夫妇与剧中虚构的那对夫妇之间的对应关系并不仅限于此。吉姆想要“通过”律师考试暗指他想成为白人,至少在心理上是如此,但这一双重目标最终都失败了,因为他的白人妻子总是刻意在精神上伤害他。(一个值得注意的巧合是,保罗·罗伯森为了全身心投入该剧的排练,也不得不推迟参加律师考试。)[99]吉姆没能实现成功的梦想,詹姆斯·奥尼尔也没能成为真正的莎剧演员。吉姆和詹姆斯也都受到各自妻子的阻挠——在最后一场中,埃拉·哈里斯被自己的种族主义逼回到天使一般的美好童年,而《进入黑夜的漫长旅程》中的玛丽则因为吗啡的药效,幻想自己回到了天主教学校的那段时光。吉姆和埃拉这两个名字,不仅与奥尼尔父母的名字一样,也与美国小说中两个最有名的奴隶重名:马克·吐温《哈克贝里·芬历险记》(1884)中的奴隶吉姆以及哈里叶特·比切·斯托的《汤姆叔叔的小屋》(1852)中的伊丽莎·哈里斯。

奥尼尔于 1923 年 10 月完成了《上帝的儿女都有翅膀》,该剧刊登在乔治·金恩·内森主编的 1924 年 2 月号《美国水星》上,普罗温斯敦剧院宣布,将于春天上演该剧。[100]把这样一个故事刊登在文学期刊上供一小部分文人阅读是一回事;而在公共舞台上现场展示一位白人女演员亲吻一位黑人,则是另外一回事。简单地说,奥尼尔被指控宣扬跨种族通婚。后来有报道称,曾在《天边外》中扮演露丝·阿特金斯的海伦·迈凯勒“带着愤怒的傲慢”拒绝出演《上帝的儿女都有翅膀》,因为她听说男主角不是由把脸涂黑的白人演员扮演。奥尼尔对此予以否认,并公开声明,他从一开始就想让玛丽·布莱尔担任该剧女主角。媒体于是刊登了一篇报道,还配发了一张布莱尔的照片,旁边写着“该剧要求白人女孩在舞台上亲吻黑人的手”,[101]这篇报道很快就传遍了全国。

奥尼尔在布鲁克农场接受了整整一天的采访，他在采访快要结束时承认，该剧的素材具有煽动性，但仍然拒绝进行公开的宣传："当然，[吉姆和埃拉]之间的斗争从最根本上来说是由于他们种族之间的差异，但我作为剧作家感兴趣的，仅仅是他们的性格、他们之间的鸿沟以及他们为跨越鸿沟而进行的斗争。我并没有制造鸿沟——鸿沟本来就存在。双方种族的成员都努力用爱去跨越这条鸿沟。他们是否应该这样做，我的作品中并没有讨论。"他认为，从主题上来说，如果吉姆是日本人，埃拉是白人，情节仍然成立，"或者如果哈里斯是德国人，而这出戏在法国上演。或者哈里斯是美国人，戏在土耳其上演。或者一个犹太人和一个非犹太人。这些也都不会有问题。"[102] 但这出戏中，男主角是黑人，女主角是白人，剧情发生在美国，这对很多人来说就显得意义重大。

如果奥尼尔所期望的效果是让《上帝的儿女都有翅膀》中的种族关系被看作"偶然的"，他就不会输得这么惨。但他对此非常固执。"我知道我是对的，"他说。"我知道所有那些哗众取宠、不负责任的胡言乱语都是错的。他们是想激起[种族之间的]憎恨情绪，他们应该对此负责……我们所要求的只是公平的待遇。"[103] 他说，"由于无知而导致的偏见最为不公和荒唐。普罗温斯敦剧院一直以来都无视一切与本剧无关的批评，在将来也一样。"[104] 但是，在演出前的几周中，有一些批评实在不可能被无视。

"先生们！"哥伦比亚大学的乔治·欧戴尔教授用拳头敲击着桌面，咆哮着说，"尤金·奥尼尔要对如今美国舞台的淫秽和疯狂负责！"[105] 很多声音加入了欧戴尔教授的责难：预防邪恶与犯罪协会、赫斯特的《美国纽约报》、三 K 党、联邦女儿联合会、美国作家联盟、救世军、纽约教育委员会、纽约市政厅都联合起来抵制麦克杜戈大街的演出。

当被问及是否愿意删去吻手的这场戏时，奥尼尔断然拒绝："这出戏不会做出任何改变。如果删去这场戏，就会减弱最后一场的整体效果。这场戏是全剧的高潮，全剧在此基础上构建。”[106]奥尼尔的表态让事态进一步恶化。普罗温斯敦剧院接下来受到了一系列的骚扰，包括语言恶毒的信件、炸弹恐吓、种族暴乱警告等。三K党长岛分会威胁说，他们会在首演当晚炸毁剧院。“如果你们上演这出戏，”他们提出警告，“剧院将被炸毁，你们要对所有的人员伤亡负责。”保罗·罗伯森多年之后回忆，这件事自始至终其实非常可笑，但当时的情境的确非常糟糕。奥尼尔和吉米·莱特把最恶毒的信件藏起来，不让演员看到。“很多信件，”莱特后来回忆，“都很淫秽，或者很吓人，或者既淫秽又吓人，但大部分信件玛丽和保罗都没看到，因为我们把信藏起来了。我记得有一封写给玛丽的信，特别肮脏，简直是变态。”[107]

最可怕的一封信是三K党佐治亚分会高层领导写给奥尼尔的。这封信开头还比较理性，像是一封通用信函而非威胁，但很快就直奔主题：“你有一个儿子[沙恩]。如果你的戏上演的话，那你就别指望再见到他了。”莱特说，奥尼尔毫不犹豫地在这封信上用大写字母写下了“去你妈的！”并署名“尤金·蒂龙·奥尼尔”，然后把信退给三K党人。[108]（奥尼尔的中间名其实是格拉德斯通，这是19世纪一位支持爱尔兰自治的英国首相的名字。蒂龙是一个郡的名字，奥尼尔家族发源于此，奥尼尔在《进入黑夜的漫长旅程》中将蒂龙作为一家人的姓。通过这样署名，奥尼尔很有可能是刻意将自己作为爱尔兰天主教徒，这是三K党所痛恨的另外一群人。）

乔治·金恩·内森在《美国水星》中提到，“三K党德克萨斯分部负责保卫工作的”比利·梅菲尔德上校在三K党通讯《燃烧的十字架》的编者按中要求“立即处决奥尼尔，因为他是天主教徒，无疑想鼓动黑人武装暴动，徒步去华盛顿，烧毁日耳曼人的白宫”。《燃烧的十字架》用一篇同样具有讽刺意义的文章对此做出回应：“在美国，艺术正在迅速接近顶点。这实在是可喜可贺……围观这场演出的成功将是很有趣的一件事。……它的提升作用将是巨大的，可以极大地推进我们所熟知的'天下皆兄弟'理念。"[109]

这并非是后来被边缘化的白人至上者的过气运动。20 年代中期的三 K 党是一个全国性的组织,拥有五百万成员。因此,奥尼尔所面对的不仅仅是种族主义者和媒体的谴责,还有当时占主导地位的道德立场。毕竟,在美国当时的 48 个州中,跨种族通婚在 30 个州都是非法的。(这个数字一直被保持到 1948 年,直到 1967 年,跨种族通婚才在美国所有州获得合法地位。)奥古斯塔·托马斯是当时美国最受尊重的剧作家之一,他公开指出,他认为奥尼尔是在铤而走险。"首先,"托马斯写道,"我根本就不会去写这样一出戏,第二,即使我写了,我也愿意参照当时所通行的做法,让白人演员去扮演黑人角色。目前的安排,我认为,会打破社会禁忌,这些禁忌还是不要去碰它为好。"托马斯认为,选择罗伯森而不是一位白人演员作为主演,从文学的角度看具有吸引力,却是"对现实主义不必要的让步"。(奥尼尔在参加贝克教授的英语 47 戏剧创作班期间,托马斯是客座教授,他鼓励学生们创作时将戏剧作为演员的工具;奥尼尔当时拒绝去听他的讲座。)[110]

但是,几位文学界的名人——既有黑人也有白人——联合起来支持奥尼尔。白人中包括两位冉冉升起的文学新星,评论家埃德蒙·威尔逊和诗人 T.S.艾略特。艾略特写道,在他看来,剧作家"不仅理解了'黑人问题'的一个方面,而且成功地赋予这个问题普遍性,让其影射面更为宽广"。威尔逊在发表于《新共和》的评论中,赞扬该剧是"迄今为止关于种族问题的最佳剧作之一,同时也是奥尼尔最好的作品之一"。[111]

与白人观众一样,纽约的黑人观众对于该剧也是意见不一。当时最受尊重的两位黑人知识分子阿莱恩·洛克和 W.E.B.杜波依斯支持这出戏。洛克称它和《琼斯皇》都是"具有洞察力的天才"的"精品之作",杜波依斯则为实验剧场的节目单写了一段充满激情的推荐辞:"一个世纪以来,美国关于黑人血统和黑人生活的任何描写,都是丑陋的图画、肮脏的影射、糟糕的评论或是悲观的预言。其结果就是,如今的黑人惧怕艺术家去刻画黑人的任何企图。除非一切都很完美、恰当、美丽、欢乐、充满希望,否则他就不会满意。他害怕被刻画成他现实中的样子,以免他的缺陷和不足被敌人抓住,用来进行长久以来的那种充满憎恨的宣传……尤金·奥尼尔有所突破。我同情他,因为他的灵魂一定因为像雨点一般砸向他的拳头而伤痕累累。但这项工作必须被完成。”[112]

其他人则对其表达出公开的敌意。奥尼尔触碰了这个国家最令人恐惧的禁忌——跨种族通婚,更具有煽动性的是,他选择让一名正直上进的非洲裔美国男性与一名无知的爱尔兰裔美国女性结合。他们声称,让埃拉在智力上和道德上都比吉姆逊色,这是在贬低自己的身份。在《国家》上刊登的评论中,一位白人评论家的话表明了他们的观点:“为什么把一流的黑人男子和三流的白人女子配成一对?因为这就是事实……如今在美国,只有这种女人才会嫁给黑人。”[113]

威廉·H.刘易斯是弗吉尼亚州奴隶的儿子,他是第一位担任政府要职的非洲裔美国人,曾任美国司法部长,当时是波士顿的政治领袖,他宣布,奥尼尔的这出戏不仅要在波士顿禁演,在整个新英格兰都要禁演——禁演的理由很充分:“新英格兰的每一个黑人,”他说,“都将加入反对这出戏的斗争,它是在阴险地鼓动宣传,旨在诋毁这个国家每个黑人的智力和自尊。”黑人社区的宗教领袖也加入了抗议。麦克戈文在《纽约时报》上的一篇讽刺性的文章中说道,这场争议已经“激起了‘假装圣洁博士神父’的种族情感”——他指的是亚当·克莱顿·鲍威尔神父,鲍威尔神父在哈勒姆阿比西尼亚浸礼会教堂任职,他也是未来政治领袖鲍威尔的父亲。鲍威尔称,《上帝的儿女都有翅膀》会让种族平等处于危险的境地,因为该剧“暗示我们[黑人]渴望娶白种女人……一个高大魁梧的黑人去亲吻一个白种女人,一定会引起令人厌恶的感觉……对于我和我的教区,这个城市中最大的有色人种浸礼会教堂,我想以反对奥尼尔先生的戏而被载入史册”。非洲之母卫理会主教锡安教堂的J.W.布朗神父表示赞同:“非常不幸,这出戏错误地刻画了黑人。任何一个有思想的有色人种,都不想娶自己种族之外的人。"[114]

保罗·罗伯森后来很快就成为历史上最为著名的非洲裔美国演员,他在26岁时发表了一篇题为《关于奥尼尔戏剧的思考》的文章,深情地回忆了他和奥尼尔及莱特一起工作的经历。这篇文章发表于该剧演出的6个月之后,刊登在城市联盟的期刊《机遇》上,这份期刊是哈勒姆复兴期间最有影响力的期刊之一。"黑人对《琼斯皇》和《上帝的儿女都有翅膀》的反应,"他写道,"恰恰指出了真正的黑人戏剧文学发展中最为严重的弱点之一。我们过于拘谨,过于恐惧,不敢去展示我们生活的各个方面——尤其是那些最具有戏剧价值的方面。我们中的大部分都不支持那些有勇气去与这些卑鄙偏见斗争的人。""如果这世上真有心胸宽广、思想自由的人,"罗伯森这样评论奥尼尔,"他就是这样一个人。他跟黑人交朋友,欣赏他们真正的价值。他绝不会诋毁有色人种。"他承认自己在一年之前还只是舞台上的新手,但他表示,"在美国最杰出的剧作家所创作的两部最好的剧作中"表演的经历,将他彻底地转变为一个投身于戏剧的人。[115]

差不多10年之后,罗伯森主演的电影版《琼斯皇》于1933年上映时,哈勒姆的反应又一次分为对立的两派:"我不明白,像罗伯森先生那样地位的人,怎么会为了挣几个钱,去做一只受人摆布的鹦鹉?"一位观众写信给哈勒姆的《阿姆斯特丹新闻》。"我热爱我的种族,时刻愿意为之抗争到底。"接下来,这篇文章描述了哈勒姆罗斯福剧院放映该片时的盛况,场场满座:有人对"黑鬼"这个词表示抗议,"它所引发的激烈争论,在有些地方所激起的巨大愤怒,比过去十年中的任何其他事件都要多……但是观众——或者说大部分观众——还是非常崇拜[琼斯]"。[116]即便如此,当观众聚集在剧院门前的大街上时,有人在说,"我对这样的黑人有看法,他为了白人,竟然在屏幕上使用那样的词去贬低自己"。[117]

吉米·莱特担任《上帝的儿女都有翅膀》的导演，他本来希望趁着不断升级的争论喧嚣，让该剧尽早上演；但他后来推迟了该剧的演出，将其作为演出季的最后一出戏。一方面因为《美国水星》最先签约这部作品，奥尼尔所签订的合同规定，剧本至少要在出版三周之后才能上演。更糟的是，排演刚刚开始，玛丽·布莱尔就因为胸膜炎而住院一个月。麦克戈文承认，因为女主角生病而推迟上演是"世界上最蹩脚的借口"，在全世界的剧场都有"演出优先"的传统。长期订购普罗温斯敦剧场戏票的观众中有 85％都支持该剧上演，剧团深受鼓舞，加紧排演。[118]

因为所有这些障碍，莱特和"铁三角"制定了非常明智的计划，让媒体的注意力不再盯着那些关于《上帝的儿女都有翅膀》的流言，他们认为流言只会愈演愈烈：他们复排了《琼斯皇》，由罗伯森担任主演，在《上帝的儿女都有翅膀》原定首演日之前的十天上演，即 1924 年 5 月 15 日。这个决定的好处在于，让媒体所关注的焦点从不断升级的喧嚣中移开，让他们去将普罗温斯敦最新推出的黑人明星和之前吉尔品的传奇表演进行对比。[119]罗伯森一开始很抗拒布鲁特斯·琼斯这个角色，认为他往好了说是不合时宜，往坏了说是个种族主义者；但后来他听说了关于吉尔品的故事。"我非常清楚地记得，一天早上我吃早饭时拿起报纸，读到报纸上对他的赞誉，"罗伯森说。"我不禁想到，如果当机会来临时我接受了它，我也会受到这样的赞誉。"[120]

《琼斯皇》的复排也让演职人员释放了一些压力，在公众歇斯底里的风暴中，他们所处的风暴眼倒是相对平静。一天晚上，在演出之后，吉米·莱特发现奥尼尔在台上敲鼓。他一直不停地敲，在他和莱特一起去楼上参加科里昂·斯洛克莫顿的公寓聚会时仍然在敲。聚会中，莱特、罗伯森和科里昂·斯洛克莫顿脱下衬衫比肌肉。伯顿带着对自己丈夫的骄傲，让奥尼尔也秀秀他的肌肉。他脱下衬衫，显示出结实精壮的肌肉，然后又接着敲鼓。咚！咚！咚！鼓声在麦克杜戈大街回荡，招来了在街上巡逻的警察。警察碰巧以前曾向他们贩卖过私酒，他同意让聚会移至华盛顿广场南 40 号地下室的加兰特俱乐部，那里是奥尼尔原来的室友巴尼・加兰特开的地下酒吧。奥尼尔在那里继续光着上身敲鼓，一直敲到深夜。[121]

海伍德・布劳恩去观看《上帝的儿女都有翅膀》的首演时，带了一把手枪。哈特・克莱恩走进剧院时，用他自己的话说，"带着一根准备用来打人的手杖"。[122]钢铁厂工人"瘦子"詹姆斯・马丁是特里・卡林的朋友，他组织了一帮身强力壮的家伙来保护演员和剧场。其中两个壮汉被安排去担任罗伯森的贴身保镖——他俩抬头看了看这个身高六英尺多的前橄榄球全明星阵容球员，觉得这个任务很荒唐，于是转而去照看更弱小一些的保护对象。（首演当晚，奥尼尔自然是留在布鲁克农场，他说自己得了某种尚未确诊的疾病。）[123]

曼哈顿地区的法官乔布・H.班顿来自德克萨斯，他发誓要"制服"奥尼尔，他手上还有一张王牌：他可以不允许儿童参加演出。在该剧开场时，黑人孩子和白人孩子还没有褪去天使的翅膀，还没有形成成年人那样的种族主义观念。剧院知道有法律规定，使用儿童演员必须获得许可；但那在很大程度上只是纽约儿童保护协会（也称"盖瑞协会"）走的一个形式而已，而且工会已经批准了他们的请求。据《哈罗德论坛报》报道，在首演之前的那天深夜，剧院接到了约翰・F.海兰市长的"警察总长"的电话，"撤销了盖瑞工会允许儿童参加演出的许可……很显然，官员们认为，两个种族的小演员都会因为在剧场中相互接触而受到伤害，尽管这不是在公立学校或者其他地方"。（一位白人父亲的确从佐治亚州发来电报，拒绝同意他不到十岁的儿子与黑人孩子一起上台演出。）[124]

海兰几天之后才表明了他的立场：孩子们太小，不能在职业舞台上演出；但在这之前，行政干涉已经对演出造成了影响。他们给出的理由根本无法自圆其说，8 名儿童演员都在 11 岁到 17 岁之间，是在可接受的限度之内的；而且，接下来一周的一场百老汇演出就允许一名 8

岁的儿童演员上场。实验剧场的律师哈里·韦恩伯格在首演第二天来到市政厅。海兰拒绝见他，但海兰的行政秘书一言不发地听完了他的陈述。韦恩伯格说完之后，秘书没有回答而是问他，是否见过如此漫长的春天。韦恩伯格邀请市长和秘书免费观看演出，亲眼看看情况，但邀请被拒绝了。[125]

首演当晚，吉米·莱特从舞台入口走上舞台，向观众解释来自市政厅的禁令，观众对他报以欢呼和口哨。莱特问观众，他是否应该大声念出孩子们的台词，观众齐声说，“念吧！念吧！”[126]

那天晚上的观众既有白人也有黑人，为了防止暴乱，或者甚至是私人之间的打斗，剧院不允许任何人站着观看演出。《妇女服饰日报》的剧评家凯尔西·艾伦写道，她身旁坐着“美国最优秀的黑人诗人之一，他可能比其他人更能理解黑人的斗争”。（艾伦没有透露他的名字，但很有可能是克劳德·麦凯，他是哈勒姆复兴时期的先锋诗人，那年1月刚刚从巴黎回到美国。作为麦克斯·伊斯特曼的激进杂志《解放者》的前任编辑，他经常参加格林威治村的此类活动。）艾伦写道，“这样一位拥有诗人所特有的细腻、敏感情绪的人，应该最有可能觉察出对黑人最细微的轻视或伤害。但很显然，他并没有在剧中发现任何贬低黑人的成分，而是感觉剧中的一切都让黑人变得高贵”。[127]

另外一位评论家很反感“格林威治村疯人院的这群共产主义分子、社会主义分子、激进分子和十足的傻瓜”，他认为这出戏是在“宣传跨种族通婚”，他写道，“坐在我身边的是一位女性观众，她向来直言不讳。她对我说，她来自南方，她觉得这出戏跟三K党一样值得警惕。她的观点得到了我们周围五六位观众的赞同”。[128]那天晚上演出期间只出了一个乱子：一个醉汉摇摇晃晃地走进了剧场并坐下来；他嘟囔着说他看不懂这出戏，“我到底在哪儿啊？”说着又摇摇晃晃地走了出去。奥尼尔后来回忆，除了这个事先没料到的滑稽插曲，“什么事也没发生，连臭鸡蛋都没扔”。可能发生骚乱的唯一证据，是遗留在座位上的一本黄色宣传册，上面写着“三K党”。[129]演出结束时，大部分评论

1924 年春，普罗温斯敦剧团，保罗·罗伯森和玛丽·布莱尔在《上帝的儿女都有翅膀》的演出中(图片来自杰夫·肯尼迪)

家都觉得“上当了”，奥尼尔说，“首演的晚上连一场谋杀都没发生”。一位失望的评论家说，就连布莱尔亲吻罗伯森的手的那一幕，“也只是让我因为厌恶而颤抖了一下，没有引发任何的示威游行，观众似乎毫不在意”。《生活》期刊的罗伯特·本奇里不动声色地宣布，“这场让诺尔曼族至上者和白人女性荣誉捍卫者恐惧了很久的戏，终于上演了，昨天夜里很晚的时候，白人女性在纽约街头仍然和以前一样安全，保持血统纯正的旗帜仍然飘扬在我们的高加索要塞”。[130]

从5月5日到10月10日，保罗·罗伯森一直在同时出演布鲁特斯·琼斯和吉姆·哈里斯，12月又再次出演琼斯。[131]罗伯森在他的那篇《机遇》中写道，围绕吉姆·哈里斯这个角色的种族攻击一直在继续，但这些攻击绝不会来自那些读过剧本或是看过演出的人。他说，“那些想来看笑话的人，走的时候都流泪了”。[132]《纽约太阳报》对罗伯森大加赞赏，“罗伯森不仅外在形象出众，他对角色的理解也非常透彻。在美国舞台上，他的声线无人能比。这位黝黑的巨人出现在一部伟大的剧作中，让你一辈子都不会忘记在剧院中度过的这个夜晚”。[133]

《上帝的儿女都有翅膀》连演了100场，经过短暂的休整之后，于8月在谢里丹广场的格林威治村剧院上演。但是，奥尼尔说，关于儿童角色问题的最终解决方案“严重激怒了警方”，导致他的下一部引发巨大争议的作品《榆树下的欲望》也“有了麻烦”。

“上帝很严厉，不是那么好说话的！”

1924年8月，奥尼尔被迫去观看根据他的“格伦凯恩号”系列剧所改编的演出，这让他很恼火。演出在普罗温斯敦当地的巴恩剧院举行，他事后告诉麦克戈文，他本来以为会“觉得无聊透顶”，但却发现自己被演出迷住了。让他印象最深的，是他在普罗温斯敦的朋友、格林威治村书店店主弗兰克·沙伊用一种巧妙的方法，将他那些独立的独幕剧(除了《在交战区》之外)完美地组合成“一部关于水手的完整作品”。但这些关于他和水手朋友以前出海时所发生的故事，也让他“怀念不用回家、不用负责的生活”，他承认，“我相信——至少是在哲学层面上——我是个失败者，不论我是去写作戏剧、结婚生子、买房置地，以及我为‘财富游戏’而落入的陷阱，都是为了获得一点太阳的光辉，但最后却被太阳烤花了”。[134]

奥尼尔经常嘲讽父亲对占有的渴望，但他自己也被这种渴望所征服，而且他现在也破产了。《难舍难分》的收入还不够支付当年的收入税，从家庭继承的房产因为仍处于遗嘱认证期而被冻结，支付给凯瑟琳·简金斯的1000美元的小尤金抚养费更是让他的财务状况“不堪重负”。他急需资金注入，在普罗温斯敦观看了“格伦凯恩号”系列剧的组合上演之后，他相信它们会在纽约引起轰动，因此建议“铁三角”自己上演这些剧目。《上帝的儿女都有翅膀》也于当年8月在格林威治村重新上演，为了增加票房，他建议雇一位“狡猾老道的媒体经纪人”，引诱海兰市长再次禁演该剧，以此来促进戏票的销售。[135]

奥尼尔已经开始创作一部新的作品《马可百万》，正在寻找一位纽约上城剧院的制作人。《马可百万》需要庞大的演员阵容和复杂的场景更换，他知道这出戏在市中心的小剧场无法上演。为了获得戏剧巨头戴维·贝拉斯科的支持，他给这位谨慎的制作人写了一封信，向他解释，尽管这出戏发生在13世纪，它其实是一出“由美国人创作的、关于我们的生活和理想的讽刺喜剧”。向来可靠的阿瑟·霍普金斯对《泉》这出戏却有些犹豫不定，这让奥尼尔觉得，霍普金斯“不是那种可以让我信任的圣诞老人”。[136]最终，他把扭转自己财务状况的希望寄托在多幕悲剧《榆树下的欲望》上，“铁三角”准备在“格伦凯恩号”系列剧之后将这出戏搬上舞台。[137]

1924年11月3日，“格伦凯恩号”系列剧在普罗温斯敦剧院上演时，奥尼尔的作品已经不再会因为题材过于大胆而被拒绝了。作为一名美国剧作家，他的名气已经如日中天。他的作品在欧洲也大受欢迎，在意大利、德国、捷克斯洛伐克和俄罗斯都有演出计划。“格伦凯恩号”系列独幕剧当年在麦克杜戈大街的剧院上演时，有不少戏剧评论家都前去观看；但普罗温斯敦剧团当时对剧评家很反感，因此只有很少的人对这些作品进行了评论（由华盛顿广场剧团上演的《在交战区》除外）。当“格伦凯恩号”系列剧于1924年秋天作为一部完整作品上演时，演出海报反映出一种怀旧情绪，在过去4年的高调争议之后，重温奥尼尔十年前那些描写大海的作品。在大约一周的时间里，剧团暂时在争议声中喘了一口气。

《榆树下的欲望》于11月11日在谢里丹广场附近的格林威治村首演。实验剧团接管了这个剧场，以便在第二个演出季增加观众的数量，他们的剧目仍然在普罗温斯敦剧场创作排演。对于奥尼尔的这部新作品，评论界存在很大分歧：保守的评论家认为这出戏肮脏、悲观；另外一些评论家则对其大加赞赏，但同时也指出了其中的不足。“我不想仅仅因为奥尼尔是这出戏的作者，就虚情假意地说《榆树下的欲望》是一出好戏,”乔治·金恩·内森写道。“但它的确要比目前我们周围的任何一个人所写的作品好得多,因而我们可以非常高兴地忽略它所存在的明显不足。一位美丽迷人的女子,她的餐巾有没有戴好,其实并不怎么重要。”[138]

奥尼尔承认,从《琼斯皇》,到《毛猿》,到《上帝的儿女都有翅膀》,再到这部最新的作品,有一条清晰的“发展轨迹”。[139]但他通过发生在19世纪50年代康涅狄格州农场的故事对新英格兰文化的表现主义-自然主义描写,也是19世纪现实主义地域特色传统的产物。在该剧剧情开始之前,年逾七旬的农场主伊弗雷姆·凯勃特认为上帝要他去娶一个新的老婆,他照办了——娶了一个比他小很多的年轻女人爱碧·普特南。(他在普罗温斯敦的老朋友们都知道,爱碧这个名字来自一位图书管理员,她曾经因为奥尼尔喝醉了而拒绝为他办理借书卡,还把他赶出门外。)伊弗雷姆的儿子伊本认为,农场应该是自己的,因为他死去的母亲拥有农场的所有权。伊本最初很讨厌爱碧,因为爱碧自以为农场现在是她的了;但是,尽管她很贪婪,爱碧和伊本却相爱了,她还和伊本生了个儿子。伊弗雷姆以为孩子是自己的,他告诉伊本,爱碧是想利用他。伊本去和爱碧当面对质时,爱碧杀死了摇篮中的孩子,以此向伊本证明她只爱他一个人(在很大程度上,她也是在向观众证明这一点,因为她之前一直在为夺取农场而精心谋划)。伊本被吓坏了,立刻去报警。但他回来的时候,却为自己的背叛沮丧不已,他放弃了自己之前对于农场的占有欲,与爱碧共同承担了弑婴的罪行。在最后一场,这对恋人发誓永远相爱,警察把他们押送去受审时,他们一起欣赏夕阳,尽管他们知道自己极有可能被判处绞刑。伊弗雷姆则一个人在农场度过余生。

罗伯特·埃德蒙德·琼斯担任这出戏的导演和舞台设计,他当时已经被认为是“美国舞台设计之父”。他在10年的时间里,通过与阿瑟·霍普金斯、普罗温斯敦剧团、同仁剧院以及现在的实验剧场之间的合作,不断磨炼,成功地将欧洲的“新舞台技术”引入美国——即运用色彩丰富的背景和灯光,对每出戏的情节和人物加以补充,舞台布景不再仅仅起到传统意义上的功能性和装饰性作用。例如,在《榆树下的欲望》中,凯勃特家的房子里只有几个房间始终都在观众的视线中,人物的活动在这几个房间里展开。两层楼四个房间复制了心脏四心室的结构。两棵巨大的榆树相互重叠,树枝垂到破旧的屋顶,枝叶发出的绿光与房屋灰色的墙面形成鲜明的对比。奥尼尔在描述这两棵榆树时,使用了具有性别特色的语言:"这两棵树的外表,使人感到一种不祥的、充满妒意和企图征服一切的母性心理。由于和这屋里的人相处久了,居然令人吃惊地有了灵性。……就像两个筋疲力尽的女人,将她们松垂的乳房、双手和头发都耷拉在屋顶上。遇到下雨的日子,她们的眼泪便单调地噗噗往下掉,顺着瓦片流失。"①(*CP*2,318)[140]

1924年秋天,在演出季刚刚开始时的一次排练中,"铁三角"的三位成员将实验剧团的所有演职人员召集到格林威治村剧院。他们准备上演斯达克·扬的《圣人》,作为演出季的开场剧目。琼斯也是这出戏的导演,他向剧团成员庄严地宣布:"最近我听说了一个故事,一个盲孩子接受了手术治疗。当纱布被从他的眼睛上揭开时,这孩子兴奋地四处张望,嘴里念叨着,'这种被叫作光的东西是什么啊?'在我看来,剧场就像是盲人复明之后第一次见到的光。剧场是一个由观众共同见证的梦。剧场是神圣的启示。这就是我想要告诉你们的。"[141]然后琼斯默默地穿过走廊离开了剧场。麦克戈文问奥尼尔,是否还有什么需要补充的。奥尼尔说没有,然后演员们就离开了。

琼斯是在新罕布什尔州长大的,他知道奥尼尔希望新伦敦的背景以及清教徒的特征所起到的效果与他的情节、人物一样重要。简陋的灰色房子前,有一堵石头砌成的墙,它象征坚韧的"新英格兰花岗岩"

---

① 引自汪义群翻译的《榆树下的欲望》,郭继德编:《奥尼尔文集》(2),人民文学出版社,2006年,第557页。

文化。新英格兰的清教徒认为,上帝满怀嫉妒,毫无同情心,而且脾气暴躁,乔内森·爱德华滋曾在他的《愤怒上帝手中的罪人》中这样描述。爱德华滋的神学思想影响了剧中虔诚的主人公伊弗雷姆·凯勃特的世界观:"上帝是严厉的,不是那么好说话的!……我觉得自己就在他的手里,他的手指在给我引路。……上帝是严厉而孤独的!"①(*CP*2,377)。在20世纪20年代的知识界之外,清教徒在美国广受崇拜,正如一位剧评家所言,"因为他们的勇气、他们的坚韧、他们的勤劳、他们对于高标准的严格坚持……[但是]我们开始思考,"她在看完演出之后说,"英格兰当初赶走清教徒时,是否也是有一定道理的。"[142]

尽管奥尼尔是个无神论者,过着波西米亚式的放荡生活,他仍然觉得饱受磨难的清教徒农夫伊弗雷姆·凯勃特"如此具有自传性"。奥尼尔雇了一个人帮他打印剧本,他邀请他进行了几次穿越森林的三英里徒步旅行,他总是指着沿途破败的石墙,引用他剧本中的台词,"石头垒着石头——一年接着一年"。"我认为大家在《榆树下的欲望》中所错过的,"他在那年三月说,"是我自己最为看重的——想要为新英格兰的生活-欲望注入史诗的气息,让其不可表达性得以诗意地表达,得以释放。"[143]当然,这样一种释放让他笔下的人物走向毁灭。但是他强烈反对轻松思考所带来的"令人蔑视的满足",尽管他在实践中并非总是坚持这一点,他因此将"大团圆结局"等同于观众的不劳而获。悲剧是艰难的,通过努力思考才能有所收获。对于奥尼尔来说,将悲剧结尾看作"悲伤"的观念只是"今天的判断",他指出,古希腊和伊丽莎白时代的人能看出《榆树下的欲望》中积极向上的特质。他说,"剧院中的真理与生活中的真理一样,永远都是困难的,那些简单的东西只是永远的谎言"。[144]

---

① 引自汪义群翻译的《榆树下的欲望》,郭继德编:《奥尼尔文集》(2),人民文学出版社,2006年,第625页。

西格蒙德·弗洛伊德的阴影又一次投射在奥尼尔的戏剧思想中。伊弗雷姆的儿子伊本沉湎在关于母亲的记忆中无法自拔,他痛恨父亲,与继母热恋性交,尽管他们之间没有血缘关系,但这其实就是乱伦。很多评论家因此认为《榆树下的欲望》的剧情来源于弗洛伊德的影响,尤其是"俄狄浦斯情结",或者说是男性潜意识中杀父娶母的欲望,而不是来源于希腊神话本身。(因为伊本爱慕他的生母和继母,评论家吉尔伯特·W.加布里尔在剧场大厅询问一位医生,这是否可以被诊断为"俄狄浦斯情结"。)奥尼尔不得不又一次公开否认,"对于我来说,弗洛伊德仅仅意味着对人类过去事情的真实情况作些难以确定的猜测和解释,而这种情况对于剧作家们来说,从开始有真正的戏剧时起就早已明确地感觉到了……我非常尊敬弗洛伊德的著作,但我并不对之入迷!如果说《榆树下的欲望》中有弗洛伊德主义,那一定是通过'我的无意识'进入作品的"。①[145]

在格林威治村剧院成功地上演了两个月之后,《榆树下的欲望》转到百老汇的卡罗尔伯爵剧场上演。在此之前,戏剧制作人认为,没有一出悲剧——即没有大团圆结局的作品——能在百老汇演出二十周以上,不管这出戏有多么煽情。《榆树下的欲望》连演了 9 个月,总共 420 场,成为当时美国戏剧史上演出时间最长的悲剧。当这出戏移到百老汇上演时,"铁三角"已经不需要"狡猾老道的媒体经纪人"来制造争议。争议不请自来。

* * *

1924 年的整个夏季,奥尼尔非常坚定地坚持滴酒不沾,只有一次例外——由"大海那个老魔鬼"弄的一个恶作剧。伯顿告诉哈罗德·德·波罗,一天早上在山顶吧,一个装满"纯度为 200%的酒精"的 10 加仑大酒桶"被大海带到了我们屋前的台阶上!"她说,奥尼尔的酒瘾

---

① 引自刘海平翻译的《剧作家是敏锐的分析心理学家》,郭继德编:《奥尼尔文集》(6),人民文学出版社,2006 年,第 253 页。

仅仅持续了几天。(这听起来还不错,但事实并非如此:她后来告诉医生,奥尼尔差不多整整两周都在喝酒。)[146] 11 月 12 日,《榆树下的欲望》首演之后的那一天,奥尼尔又喝起了酒,一直不停地喝,一直喝到 12 月。[147] 在里奇菲尔德不喝酒是不可能的。不仅因为这里靠近纽约,奥尼尔只有在喝醉的时候才能忍受纽约,而且布鲁克农场本身也"总是逼我去投奔烈性苹果酒、酸中毒和《旧约》,这里总是湿乎乎的,到处泥泞,雨雪纷飞"。[148] 奥尼尔非常急于离开新英格兰,最好能到温暖的地方去。

前一年夏天,奥尼尔和伯顿在山顶吧接待了玛丽·布莱尔和科里昂·斯洛克莫顿的未婚妻朱丽叶·布赫农,当时玛丽·布莱尔刚刚经历了《上帝的儿女都有翅膀》的种种磨难。布赫农刚从百慕大回来,总是在夸赞岛上的热带气候。奥尼尔记起,1920 年自己刚刚完成《天边外》之后,苏珊·格拉斯佩尔和吉格·库克曾提到,他们应该去拜访作家威尔伯·丹尼尔·斯梯尔,他从百慕大给他们寄来的信简直"充满魔力"。[149] 他们当时没去,但现在他迫不及待地想去那儿——在那儿,他们可以逃避新英格兰难熬的冬天。[150]《榆树下的欲望》和即将于 12 月面世的两卷本《尤金·奥尼尔全集》(由他的出版商博尼 & 利弗莱特出版社出版)的版税收入,足够他们 11 月底乘船去百慕大并在那儿待上很长一段时间。[151]

从纽约到百慕大的航行需要两天,他们乘坐的是"圣乔治城堡号",这艘蒸汽船每周发船,往返于纽约和这个 700 英里之外的英国小岛。12 月 1 日,奥尼尔和伯顿带着沙恩、保姆"嘎嘎"、"曲奇"·伯顿、芬·麦克·酷和一只名叫"鲍瑟"的斗牛犬(名字来自他哥哥吉米的经历)在百慕大首府汉密尔顿上岸。这对名人夫妇与亲友通过海关前往新温莎酒店时,引起了不小的轰动。夹竹桃花和芙蓉花当时正是盛开期,让这个殖民地城市到处都呈现出深深浅浅的红色。1925 年,百慕大的总人口是 24000,差不多与新伦敦的人口相当,岛上不允许汽车行驶。百慕大人出行都靠顶棚装饰着花边的观光马车、双轮轻便马车和其他由马所牵引的交通工具。[152]

奥尼尔一家租了两座小屋,分别叫“营海”和“鸦巢”,位于高高的岩壁上,俯瞰粉色的海滩和帕吉特区南岸(这里是珊瑚海滩俱乐部的所在地)。尽管鲜花盛开、天气炎热,最初的几周并不愉快。伯顿说她怀孕了,即将有第三个“继承人”的消息让奥尼尔愈加焦躁。在心理上,他因为醉酒而感到“低落,伤感……生活一团糟”,而且经常失眠。[153]他苦于灵感枯竭,就算是在蓝色的大海里游泳也没法激发灵感,他只好天天翻看《星期六邮报》。对他来说,这份周刊提供了智力上的休整。“聊聊麻醉剂吧!”他在日记中写道,“我的最爱!”[154]

1月4日,奥尼尔开始控制饮酒量,在日记中记录自己每天的饮酒量——午餐前一杯,晚餐前三杯,诸如此类。[155]一周之后,他戒了酒,只是偶尔在吃午饭时喝一杯淡啤酒,他甚至还戒了烟。(除了偶尔让他的肺休个假之外,奥尼尔一辈子都是个每天至少一包烟的老烟枪。)他最终安下心来,将《马可百万》删减至可以上演的规模。他把删减后的剧本寄给贝拉斯科,贝拉斯科表示有兴趣上演该剧。他还阅读了弗洛伊德的《超越快乐原则》(“内容有趣,但写得干巴巴的”)和一本厚厚的医学期刊《执业医师》,那一期以酗酒为主题(“非常有趣+对我适用”)。1月31日,他阅读了大卫·西伯里的《揭开心灵的面纱》(“太粗浅”),这时他开始创作他最新的,同时也是最为雄心勃勃的一部面具剧,名为《大神布朗》。[156]

奥尼尔戒酒这件事本来可以大大缓解他的婚姻危机,但威士忌很快就被另外一种矛盾所取代,她叫爱丽丝·卡斯伯特。卡斯伯特当时正和姐姐一起在附近的埃尔伯海滩俱乐部度假,他姐姐“托蒂”(夏洛特·巴布尔)从事出版工作,与普罗温斯敦剧团的好几位成员关系不错。[157]他们在海滩上第一次相遇之后,奥尼尔就觉得卡斯伯特像“蜜桃一般迷人!游泳运动员的身材——户外女孩——单纯(或许太单纯)+天真无邪”。[158]他对心生嫉妒的伯顿说,这个年轻姑娘显现出“一种少有又美好的品质”,伯顿很快就听到传闻,说他俩在游泳时牵手了。奥尼尔予以否认,发誓说他们只是“在一前一后地游泳”。[159]伯顿被丈夫和卡斯伯特之间频繁的约会激怒了,2月初她终于爆发了,奥尼尔在自己的日记中悲伤地写道,“因为爱丽丝而争吵”。伯顿以前也许有些疑神疑鬼,但这一次,她并非反应过度;奥尼尔在冬天写了一首题为《致爱丽丝》的爱情诗,诗的开头和结尾如下:

太阳
和你
生命中的两样东西
是真实的……
你、太阳和大海,
三位一体!
柔情蜜意,传递
让梦想
美丽
无止境。

但伯顿也知道,她难以自拔的丈夫既没有时间也没有钱去搞婚外情——不是性关系,至少现在还不是。[160]

“糟透了的一天!”1925年2月21日,奥尼尔抱怨道。“麦登发来一封疯狂的电报。《榆树下的欲望》的演出就要被起诉了。真是难以置信”。“《榆树下的欲望》上周的观众数量达到了13500,真是想不到!那些流言蜚语帮了大忙,去他的!M[理查德·麦登,他的经纪人]说‘局面有利’——有可能在周三由陪审团审判。见鬼!……肯尼斯发来的电报说没有诉讼,而是安排了公民陪审团来决定《榆树下的欲望》内容是否违规。这是个好消息。老班顿似乎又被打败了,蠢驴!……很多人在说,班顿管我叫‘傻瓜’。哈哈!票房大涨。这是股邪风!但它吸引了错误的观众群,去他的!"[161]

这出戏的道德"痛点",《哈罗德论坛报》报道,"从亵渎性的欲望到弑婴,还包括喝酒、诅咒、复仇以及接近乱伦的行为"。《榆树下的欲望》刚刚移至纽约上城的剧院上演,地区法官乔布·班顿就又一次正中"铁三角"的下怀。这出戏"糟糕透顶",班顿说,他指控剧团"宣扬猥亵,伤风败俗"。[162]麦克戈文建议邀请一个"公民戏剧陪审团"来观看演出,作为公共关系的应对策略,3 月 13 日,他们真的邀请了这么一个陪审团。这出戏被及时地免于起诉,但它差点被起诉的消息已经传到了纽约的戏剧爱好者那里。"铁三角"非常欣喜地看着上千名观众无视大量尖锐的批评,挤爆了售票处。总的票房收入从每周 10000 至 12000 美元(奥尼尔认为这已经是个"奇迹"了)飙升至惊人的 16000 美元。[163]

"《榆树下的欲望》的禁演风波挺有趣的,是吧?"在班顿的满怀恶意的攻击之后,他写信给乔治·金恩·内森。"它是真正的庸俗情节剧的背景——班顿的南方日耳曼人的怒火,向《上帝的儿女都有翅膀》复仇。"同样,在向他在纽约的牙医 J.O.利耶夫付款时,奥尼尔也用到了同样有趣的讽刺:"不要感谢我,要感谢可亲可爱的地区法官!""说真的,"他接着对利耶夫说,"媒体经纪人所干的事,从长远看来,是不好的。它吸引了没有思想的观众,只想着寻找淫秽的故事,他们要么会感到非常失望,要么会为自己联想出来的暧昧意思发笑。班顿是个怀恨在心的南方蠢驴。这都是预谋之中的复仇,因为他曾为禁演《上帝的儿女都有翅膀》而费尽心思——却没有成功!"[164]

执法人员在全美各个城市禁演《榆树下的欲望》,怒火越过了大西洋,到达大不列颠。(英国内务大臣成功地将这出戏在伦敦的首演时间推迟到了 1940 年。)奥尼尔听说正在巡演的所有演员都在洛杉矶被捕的消息后,写信给小说家厄普顿·辛克莱,"我听说他们在你居住的圣城洛杉矶'抓住了'我的戏《榆树下的欲望》。好吧,好吧,先锋人士中的很大一部分据说都来自新英格兰! 波士顿也禁演该剧了"。[165]洛杉矶警官泰勒在代表洛杉矶教育委员会观看了演出之后逮捕了所有的演员;他之后在法庭上作证,爱碧·普特南穿着长款法兰绒睡袍的那一场,“让我非常震惊,满脸通红”。“我尴尬地坐在那儿,恐惧演出结束、灯光亮起的那个时刻。离开剧院之后,我有好几个小时不敢正视周围的世界。”在法官的追问之下,泰勒又说,他的感觉是“受伤,很受伤”。《纽约时报》报道,庭审现场可以听见“偷笑和傻笑”,“法警不时挥动警棍,徒劳地想要维持法庭的肃静”。[166]“你反对法兰绒睡衣,是不是?”辩护律师问。“是的,”他回答,法庭爆发出一阵笑声。[167]

法官命令演员们在法庭表演剧中的情景,演员们随后暂时从被拘押状态中释放。[168]如此荒诞的法庭戏剧简直就像是出自奥尼尔本人之手。奥尼尔剧中的执法人员几乎都以反讽的形象出现,并且他的很多作品——包括《网》、《梦孩子》、《毛猿》、《榆树下的欲望》、《大神布朗》和《送冰的人来了》——结尾的一幕都是警察不合时宜地出现在悲剧主人公的面前。这些场景所表现的是,与自然和欲望法则相比,法律体系微不足道。“司法界的不公,”奥尼尔说,“是非常严重的。根深蒂固。人所制定的法律的荒唐闹剧,多到说不完。”[169]《榆树下的欲望》的最后一句台词是由前来逮捕爱碧和伊本的警察说的,在他到来之前,该剧已经到达了悲剧性的高度,他却浑然不觉,因此显得非常可笑:爱碧和伊本互相亲吻,然后被带去接受惩罚,而警官却盯着伊弗雷姆的农场,羡慕不已地念叨,“多棒的农场啊,简直是没说的。真希望它是我的啊!”(*CP*2,378)。

然而,奥尼尔很快就遇上了一桩不那么好笑的法律案件:在《榆树下的欲望》和西德尼·霍华德的《他们知道自己想要什么》之间存在过于明显的相似性。《他们知道自己想要什么》由同仁剧院上演,击败《榆树下的欲望》获得1924年度普利策戏剧奖。霍华德的剧本尽管是一出喜剧,却与奥尼尔的三角恋爱情故事如此相像,以至于被指抄袭。实际上,霍华德在奥尼尔还没有开始创作这出戏之前,就将这个6月份完成的剧本给了“铁三角”,因此的确存在抄袭的可能性。马尔科姆·考利于1923年11月到访布鲁克农场,他注意到,奥尼尔向他提起这出新英格兰戏剧时,他反复使用“容易”这个词作为他“表达否定的最为强烈的方式”,与剧中的伊弗雷姆如出一辙;但奥尼尔告诉沃尔特·哈斯顿(他在首场演出中扮演伊弗雷姆·凯勃特),整个剧情来自他在1923年圣诞节和除夕夜之间某个晚上所做的一个梦。肯尼斯·麦克戈文后来承认,他曾将霍华德的剧本给了奥尼尔,奥尼尔在1924年初告诉他一个惊人的消息,说他睡觉时梦到了这样一出戏。当时,麦克戈文暗地里认为,奥尼尔的借用可能是属于潜在记忆,他把这叫作“无意识抄袭”。霍华德最终让这件事优雅收场,他在自己的剧作出版时,在序言中写道,“没有哪两出戏之间的相似之处,会比我的这出简单的喜剧与[奥尼尔的]伟大悲剧之间的相似之处更少”。[170]

面具后面的小说家

在纷繁复杂的法律争端中获胜之后，奥尼尔尽情享受自己在百慕大全新的宁静生活："绝对是无所事事，德国瓶装啤酒和英国瓶装啤酒都不错，"他写信给乔治·金恩·内森，邀请他来这里看看，"新英格兰冬天的那些霜冻和烈性苹果酒正在慢慢地从我身体的系统中排出"。奥尼尔整年都在游泳，"我觉得游泳这件事最重要，"这样的生活方式也让他能够在1925年3月22日完成四幕面具剧《大神布朗》。"流着泪写完了《大神布朗》!"他在那天的日记中写道。"情不自禁地流泪！……我认为这出戏标志着我目前所能达到的新高度。"几天之后，他读完了弗里德里希·尼采的《悲剧的诞生》(1872)，这本书让他敬畏得五体投地："有史以来最具启发意义的戏剧著作!"[171]

3月30日，小尤金来到百慕大度假一周，他和父亲又一次快乐重逢。父子俩一起在汉密尔顿买衣服，一起长时间地游泳，一起在海滩上休息。4月10日把小尤金送走之后，奥尼尔一家搬进了一座由珊瑚石建造的大房子，名叫南棚。完成了《大神布朗》，奥尼尔又一头扎进酒里，因此没有签订房子的租约，这在百慕大算是违法行为。当房东丽拉·史密斯阿姨第二次到他们家时，她非常生气，因为她被告知奥尼尔又在睡觉。"你似乎还不知道我丈夫是谁，"伯顿说。"我不管他是谁，"史密斯立刻回了她一句，"我明天上午还会来的，如果那个时候他再不签字，你们就都给我搬走。"第二天上午，史密斯最终不得不让步——也许她让步的时候非常不情愿并对这家人嗤之以鼻——同意伯顿代替奥尼尔签字。(在观看了《榆树下的欲望》之后,史密斯惊恐不已,奥尼尔一家竟然租住在她的房子里。)[172]

吉米・莱特于4月17日从纽约来到百慕大,和奥尼尔一家一起在南棚待了9天。这次来访并非风平浪静。上一个演出季很令人失望,莱特担心戏剧铁三角会冷落普罗温斯敦剧院,而更多地与格林威治村剧院合作(他们的确这样做了)。莱特也很恼火,在他终于平息了《上帝的儿女都有翅膀》所引起的纷扰之后,奥尼尔曾许诺让他担任《榆树下的欲望》的导演,但后来却让鲍比・琼斯执导该剧。奥尼尔当时约莱特和他一起散步,他显然感到非常不舒服,脸和脖子上全是汗。他告诉莱特,尽管有些后悔,但自己把导演一职交给琼斯是因为琼斯来自新罕布什尔州,因此比来自中西部的莱特更能理解新英格兰的方言。(正是这个"因为"惹恼了莱特。这么说的话,那他也没资格执导"格伦凯恩号"系列剧,"因为"他从没出过海。)或许正是因为这些分歧,奥尼尔拒绝向莱特展示自己最新创作的"面具剧",能够理解这出戏的人为数不多,而莱特是其中之一。莱特将又一次与《大神布朗》失之交臂,奥尼尔让琼斯来执导这部作品,但是莱特后来在纽约读到剧本时,他非常推崇奥尼尔关于面具的理念,因而承担了该剧的面具设计工作。莱特在《面具巡游》中写道,奥尼尔想要在《鬼魂奏鸣曲》和《古舟子咏》中面具运用的基础上,"打破"面具恒定不变的千年传统:《大神布朗》中的面具可以被摘下以暴露一个角色的双重性,还可以在角色间交换甚至随着时间产生变形。这样,面具就将展示角色外在和内在自我的发展。"打破面具所惯常使用的方法,"莱特说,"让奥尼尔可以用戏剧的方式来表现正面人物和反面人物性格的变化,通过演员摘下面具来展示他们反向的发展。演员在面具之后的妆容,显示角色灵魂新的状态。这样,就有了两个面具——一个是演员的改变,一个是面具制作者的改变。"[173]

这出戏也针对弗里德里希・尼采在《悲剧的诞生》中所确认的西方戏剧的核心危机。尼采将内在欲望与外在理智之间所存在的矛盾比作互为对照的古希腊美酒与丰收之神狄奥尼索斯和太阳神阿波罗之间的冲突。尼采认为,因为古希腊悲剧的发展轨迹是从索福克勒斯充满想象力的作品发展到欧里庇得斯更具现实主义和实际意义的作品,狄奥尼索斯因素逐渐减弱。尼采因此争取在狄奥尼索斯和阿波罗所分别代表的狂喜与沉稳之间重新获得平衡。奥尼尔将在《大神布朗》中对此做出回应。

迪昂·安东尼是又一位具有极强自传性的奥尼尔式主人公,他在姓名和性格上都代表着尼采式双重性中狄奥尼索斯的那一面,即本能和感性。在面具后面,迪昂真实的脸庞"黑皴皴的,毫无世俗气息,充满诗意,热情洋溢而极多愁善感,显出他对人生有着对宗教那样虔诚的孩子气的信仰"。① (*CP*2,475)。奥尼尔认为,这类禁欲的道德面孔(他自己也是这种面孔)需要愤世嫉俗的面具来保护,不让外界看到(同样也不让自己看到)——因此他的姓让人联想起"圣安东尼所代表的自虐、否定生命的基督教精神"。[174] 迪昂的朋友、刻板的建筑师威廉·布朗,名字和职业抱负都很乏味,代表阿波罗式的克制和理性。

伊丽莎白·沙普雷·瑟尔金特在后来为《新共和报》所撰写的人物专稿中,赞扬了奥尼尔在舞台上对于面具的创新运用,她同时也认为,面具的运用向我们展示了剧作家本人的内心与世界之间的冲突:面具"对他而言,不仅仅标志着一种舞台技巧,或是横亘在核心自我与模糊的公众眼光之间的屏障。它是他的人物作为艺术家存在的一个不可或缺的部分。因为,正如剧作家自己所言,世界不仅仅看不到迪昂——那个面具后面的人,世界也在谴责潘恩的面具。奥尼尔了解也害怕世界的蔑视。他长期以来的回应方式都是向生活呈现一个刻薄可怕的自我形象。这一形象的扭曲变形——就像在恐怖的鬼屋里所发生的那样——从来就不是幻觉;它的梦都是噩梦。但是逐渐地,通

---

① 引自鹿金翻译的《大神布朗》,郭继德编:《奥尼尔文集》(3),人民文学出版社,2006年,第107页。

过他自己内心意识的深化，他与生活之间的战争开始变得毫无结果。他所有的进攻都没有改变世界的双重性。世界所有的进攻也没有改变奥尼尔的双重性”。[175]

迪昂在剧中娶了一个名叫玛格丽特的女人，她戴着美国式“好姑娘”的面具。与《浮士德》中的那个玛格丽特一样（奥尼尔在那年春天也读了《浮士德》），她一心想生孩子，因此鼓励丈夫变成一个心狠手辣的人——即在物质和情感方面都做好准备，以便在愤世嫉俗的世界获得成功。（只有一个名叫西比尔的妓女接受迪昂不戴面具的形象。）他们有三个儿子，尽管迪昂在布朗的公司是个出色的设计师，但他在个人艺术追求方面的失败让他深深沉湎于酒精之中。随着时间的流逝，迪昂的潘恩之神面具变成了靡菲斯特魔鬼一般的扭曲表情，他最终死于酗酒。一直偷偷地爱着玛格丽特的布朗戴上了迪昂的面具，把自己装成他的朋友。但这个面具让布朗世俗的内在自我备受折磨。布朗原来的面具被误认为是布朗被谋杀的尸体，他因此被警察击毙，因为布朗和迪昂交换了面具，警察认为他是杀害布朗的凶手迪昂。吉米·莱特理解奥尼尔在剧中所刻画的面具演变方式，迪昂的面具“被道德所扭曲，从潘恩变成了撒旦”，然后在高潮处演变为布朗，他认为这种演变将成为令人难以置信的戏剧成就。[176]唯一的问题在于，他们能否让其在舞台上展现出来。

乌娜·奥尼尔出生的那天，1925 年 5 月 14 日，肯尼斯·麦克戈文收到了一封语气俏皮的信：“是个姑娘。真主保佑。种种迹象表明，她会是马球场的第一位女性播报员。估计她未来会在歌剧界大有所为。阿格尼斯和孩子安好。”[177]6 月初，麦克戈文和琼斯一起乘船到达百慕大，奥尼尔在码头迎接他们。在南棚附近的海滩游泳之后，奥尼尔为他们朗读了《大神布朗》开头的几场，他在日记中写道，他们两人“都被打动了”。[178]麦克戈文和琼斯一周后又乘船回纽约，离开时带着剧本的打印稿，奥尼尔此时大胆地（也许这种大胆只持续了几天）开始了一次更大的尝试。他在1923年就有了最初的想法,要写一个女人,她因为飞行员丈夫在“一战”中去世而无法自拔。当时,奥尼尔管这出戏叫“教父”,但后来为它起了一个新的剧名:《奇异的插曲》。[179]

6月29日,奥尼尔乘坐“圣乔治城堡号”回到纽约,他带了一本詹姆斯·乔伊斯的《尤利西斯》,这本书因为内容淫秽而被美国禁止发行,他把书藏在行李箱的最底层。伯顿则带着乌娜、沙恩和保姆“嘎嘎”去马萨诸塞州沿岸的楠塔基特岛过夏天;伯顿在给哈罗德·德·波罗的信中写道,“山顶吧对于新生儿来说,有点太简陋了”。[180]奥尼尔在纽约的老佛爷旅馆住了一个月,每天都和朋友以及剧院同事混在一起,喝很多酒。

保罗·罗伯森知道奥尼尔喜欢节奏鲜明的热爵士,就邀请这位剧作家去哈勒姆喝酒,还把他和实验剧团成员哈罗德·麦克吉一起带到地下酒吧。当时正是哈勒姆复兴的巅峰时期,罗伯森和麦克吉都情绪高涨。他们8月份出发去伦敦,《琼斯皇》再次在伦敦上演,罗伯森扮演琼斯,麦克吉担任舞台监督,吉米·莱特担任导演。他们整晚都在哈勒姆的俱乐部狂欢,奥尼尔一直喝到上午10点才回到老佛爷旅馆睡觉。他在日记中写道,醉酒之后头痛得厉害,“整晚都没睡。太糟了”。[181](几个月之后,奥尼尔收到了一个让他感到安慰的消息,如果他1925年和罗伯森在哈勒姆泡酒吧之后需要一些安慰的话:吉米·莱特9月11日从伦敦发来电报,说《琼斯皇》在伦敦“引起巨大轰动”。)[182]

奥尼尔八月份在楠塔基特岛与家人一起待了一个月,彻底洗心革面。在米尔街5号简朴的房子里住了一周之后,他在日记中写道,“戒酒了,”然后一连几天都没有记录,接下来的一条写着,“喝酒了!但不严重”。[183]他发现自己在纽约没法工作,但在楠塔基特岛也好不了多少。艾德·吉夫从新伦敦来到这里,却发现连伯顿都不知道奥尼尔究竟在哪儿。吉夫终于找到了他,并把他带到一个朋友的帆船上,又喝了整整一夜。吉夫睡着了,但被一个水手的喊叫声惊醒,水手说有人掉到海里了。他们把奥尼尔捞上岸，奥尼尔浑身湿透，瑟瑟发抖。他睡了一觉之后，伯顿划着船来把他接回家。[184]尽管经历过几次类似的醉酒，奥尼尔还是修改了《泉》(他早在 1922 年就开始写这出戏了)，并扩充了《奇异的插曲》的剧情。

10 月初，在回纽约的路上，奥尼尔在新伦敦稍作停留时，又“喝了一通”。他先去基督山屋看了一下，非常悲伤地描述了那儿的情景："破败＋废墟——伤心。"[185]他想把自己灌醉，于是就和阿特·麦克金雷的弟弟汤姆、艾德·吉夫、道格·加尼，还有“另外一群颓废的人”一起在国家大道上的泰姆士俱乐部吃午饭。这是“老二楼俱乐部”成员的再次聚首，他们“开始放纵自己”，喝了一夜，“每个人都烂醉如泥”，最后又一起去加尼家接着喝，奥尼尔喝得昏死过去。(“那些日子在新伦敦，他们老是拉我一起喝酒，”他几年之后跟阿特·麦克金雷开玩笑说。“我很高兴搬到了一个不怎么喝酒的地方[百慕大]。”)[186]“你知道的，”奥尼尔在昏睡过去之前对加尼说，“我总是想挣钱。我想有一天能租一辆大马车，上面站满浓妆艳抹的妓女，每个妓女都提着一桶硬币，在周六的下午，让她们把钱扔给街上那群乌合之众；我们沿着国家大道行驶，把钱扔向那些上小教堂的人。现在我挣到了足够多的钱，我倒没兴趣了。”[187]

那年秋天在布鲁克农场，奥尼尔暂时把《奇异的插曲》搁置下来。他开始创作一部新的作品《拉撒路笑了》，并对《泉》进行最后的修改，为这出戏 12 月中旬的首演做好准备。他在纽约参加《泉》的排演期间，每天晚上都喝很多酒。那个时候，他开始对这出戏感到厌烦，实际上是对写戏这件事感到厌烦。1925 年 11 月 23 日，他又一次与玛丽·布莱尔和她的丈夫埃德蒙德·威尔逊一起喝酒，借酒浇愁。实验剧团曾经在前一个演出季上演了威尔逊的作品《惠斯勒房间里的罪行》，这是看在布莱尔的面子上的，布莱尔自己担任主演；在那之后，奥尼尔就不鼓励“巴尼兔”继续写戏——大家都管这位剧评人叫“巴尼兔”。尽管自己的妻子是“奥尼尔女郎”,威尔逊对奥尼尔的作品却可能有些不同的看法,但他还是钦佩奥尼尔的才华,认为他“从卑微的人群中找到了优美的旋律”。[188]

奥尼尔在布莱尔家一直待到凌晨 4 点,喝光了公寓里所有的苏格兰威士忌,聊了各种不同的话题:索福克勒斯的剧作、他父亲那一代女演员的声名狼藉、水手的同性恋倾向。“奥尼尔对于他所了解的水手的同性恋活动有独特的见解,”威尔逊回忆那天晚上的谈话时说,“他认为,通过屈从其他水手所提出的要求来贬损自己,水手们其实是在尽力为他们所犯下的错误寻求救赎。”(当时,奥尼尔一直在计划写一出关于水手同性恋关系的戏,素材都来自他自己在船上亲眼看见的第一手资料,但这出戏不会上演,只供私人阅读;不过根据目前所掌握的资料,他后来显然是放弃了这个念头。)[189]

第二天,奥尼尔酒劲还没过去,他疲惫不堪地走进格林威治村剧院,参加《泉》的又一场令人失望的彩排。这一次,他离开时觉得“糟糕透顶”,又去了东 78 街吉米·莱特的公寓,和他一起喝酒。[190] 莱特当时正在为《大神布朗》在格林威治村剧院的演出设计面具,他同时也和菲兹·菲兹杰拉德一起管理普罗温斯敦剧院。“铁三角”觉得同时运营两个剧院太费劲了,因此把管理权交给了他们的同事。

莱特回忆,那天下午,他将奥尼尔迎进家里,作为“一位可以敞开心扉、无话不谈的朋友”。[191] 奥尼尔两周以来几乎一个字没写,他给出的原因令人惊讶:作为剧作家努力写作了十多年之后,他觉得走到头了。他要成为一名小说家。“将戏剧塞进一个剧本,”他告诉莱特,“就像是让一只大象在浴缸里跳舞。”[192] 这个比喻当时一定让莱特想起了《榆树下的欲望》排练时,扮演伊弗雷姆·凯勃特的沃尔特·哈斯顿表演有些过火,奥尼尔以他一贯的言简意赅的方式指导这位经验丰富的演员,“沃尔特,别帮大象走路”。[193](这个比喻后来又被作家玛丽·麦卡锡用来取笑奥尼尔,她对《送冰的人来了》评价很糟糕,她将奥尼尔与西奥多·德莱塞、詹姆斯·T.法雷尔等当时其他的美国作家相对照，认为德莱塞和法雷尔等人的作品“找不到停下来的理由，就这样一直走一直走，像动物园里漫步的大象”。）[194]

奥尼尔不满足于戏剧，这对莱特来说也不是什么新闻了。奥尼尔写的剧本通常就是被用来像小说一样读的；在他看来，剧本的阅读效果要比舞台呈现效果更重要。但他决定去写小说，而不再写戏剧，这倒是个新闻，这也带来了几个问题：他为什么会想要这样做？这个决定将如何影响他以后数年的创作？当然，他在《天边外》和《克里斯》中已经开始努力将戏剧和小说融合在一起；在《克里斯》的演出之后，奥尼尔说，“这是一出特别的戏，一次技术上的试验，我尽力把一部小说的主题压缩进一出戏里，而又不失小说的特色。这次尝试失败了”。在创作《天边外》时，他说，“我曾经梦想将小说的主题与戏剧的形式以某种方式结合在一起，但戏剧仍然占主导地位。我现在还有这样的梦想”。奥尼尔当时在想，“这种糟糕的形式是否注定会失败”，他自己是否是在“尝试那些不可能完成的任务”。[195]莱特将这次对话转写下来，作为他的《面具巡游》一文的附录，此文并未发表，但却是奥尼尔想要放弃戏剧创作的唯一记录；因此，此文对于理解奥尼尔自《大神布朗》以后的所有作品都具有非常重要的价值。[196]

他告诉莱特，当时他还没有任何一部作品在上演时能让自己真正感到满意。“我最初有想法的时候，”他说，“它是一团耀眼的火。我把它写出来时，它是燃烧的煤。观众看到它的时候，它已经成了灰烬。”[197]古希腊悲剧的时代、莎士比亚的时代和浪漫主义的时代已经远去。戏剧家现在的工作只是“让他的戏剧人物走上舞台，让他打开行李箱”。[198]最让奥尼尔不能忍受的是，戏剧现实主义将戏剧独白视为过时的东西；戏剧独白现在被看作一种早已过时的倒退，让戏剧人物看起来只是象征，而不是真实的人。那么还剩下什么戏剧手法能用来表达说话者真正的冲突、心理上的痛苦和内在的语言呢？一目了然的现实主义无法满足奥尼尔的想象力，因为这种现实主义最为重要的特征是“第四堵墙的幻觉”——戏剧人物必须无视观众的存在，人物和观众之间仿佛有一面“第四堵墙”。戏剧独白因此被认为只属于莎士比亚和庸俗情节剧。没有一个心智正常的人会眼望远方,坦露灵魂,就像真实生活中的人不会像在音乐剧中那样随意地载歌载舞。为了能与观众产生联系,对话必须“自然”。莱特将奥尼尔转向小说创作的原因简明地归结如下:

> 戏剧家当然拥有行动的领域和即兴的片刻,但导致目前状态的山峰仍然潜在水下。为了让潜在的基础显露出来,剧作家只有通过独白。但独白已经被现代现实主义废黜于戏剧仓库之中……小说家如同上帝、如同记者、如同主人公的替身,拥有自己作品外在和内在的控制权。戏剧家只有外在的控制权,他所能向观众透露的人物的内在生活,必须透过环绕他四周的围栏零星闪现。如果想真实表达自己的主题和人物,小说家的选择范围很广。哲学、社会评论、自然描写、人类的情绪、反讽,甚至是戏剧手法,几乎所有的一切在小说家那儿都是可以的。尽管剧作家有着和小说家一样深刻的见解,对于人类处境的解读也如小说家一样透彻,戏剧家的效果却是通过一唱一和、一拳一脚、一胜一负来达到的,而小说家早已建起了一座通向理解的大教堂,或者至少是一座小教堂。[199]

奥尼尔当时已经写过四部小说作品——《明天》、《战争新闻》、《S.O.S.》和那篇遗失的《毛猿》。但除了《明天》之外,其他几部都是为了挣钱,并不是为了寻求真理。即使是《明天》,当博尼 & 利弗莱特出版社向奥尼尔征求出版许可时,他也觉得“很糟糕,不值得再次出版”。[200]这里就出现了一个问题:奥尼尔知道自己不擅长写小说,就像马克·吐温不擅长写戏剧。也许奥尼尔写小说的水平要比马克·吐温写戏剧的水平更糟。(阿格尼斯·伯顿小说写得不错,这在一定程度上——至少是在潜意识层面——解释了奥尼尔在布鲁克农场时为什么会把伯顿的小说扔进火里——他是出于嫉妒。)他已经有一段时间没有文学体裁可写了,这样的创作停滞期还将持续八十多天。奥尼尔在《大神布朗》之后的下一部新作,直到两年之后才得以上演。但在多年之后,奥尼尔将小说与戏剧融为一体的愿望最终将定义他独一无二的戏剧声音。[201]

1925年秋天,奥尼尔待在布鲁克农场,阅读、砍柴、修树,和伯顿一起在树林中走很长的路,两人都希望能够修复婚姻中日渐扩大的裂痕,但似乎不大见效。没有任何事情能让他开心。“太无聊了,”他在日记中写道,“里奇菲尔德不是我的家!像地狱一样枯燥。”他甚至觉得日记也很无聊:“阅读。在树林里干活……同上……同上……同上……同上……”这些无精打采的记录只在12月10日有所突破,那一天,《泉》在格林威治村剧院首演。“唉!拒绝去看《泉》的任何评论,”他在那天的日记中写道,“我知道它们一定很糟糕。”[202]

《泉》的主人公是西班牙殖民者胡安·庞塞·德·莱昂,他加入了著名探险家克里斯托弗·哥伦布的第二次新大陆之旅,该剧记录了这次命运多舛的远征。罗伯特·埃德蒙德·琼斯为该剧的异域背景设计的舞台令人赞叹不已,他还设计了一系列激动人心的音响和灯光效果。这出戏的时间转换频繁(时间跨度长达二十多年),人物众多,场景转换难度大——西班牙和波多黎各的摩尔人和西班牙人的庭院,佛罗里达海滩和丛林,古巴的修道院——就以上这几点来看,琼斯的成就非凡,该剧的成功倒不一定是奥尼尔的功劳。

尽管奥尼尔拒绝看《泉》的剧评,但他如果看了的话,也许会感到吃惊,有不少评论对这出戏表示肯定;但大多数评论都赞同《太阳报》吉尔伯特·加布里尔的哀叹:“庞塞·德·莱昂以及他的佛罗里达之行,那片从西班牙兄弟手中转到马尔克斯兄弟手中的土地,这些仅仅是借口,用来连篇累牍地讨论人类关于不老泉的永恒神话。”然而,没有任何评论家像奥尼尔本人一样厌恶这出戏。在这出戏首演的时候,他就已经对其失去了兴趣,而将全部的注意力转到了《大神布朗》,他发誓,这部作品“比十几出《泉》加在一起还要好”。[203]

12月27日,奥尼尔“在糟糕的绝望中获得了一线希望”。自从布鲁克农场的那次痛饮之后,肯尼斯·麦克戈文就开始介入奥尼尔严重的酗酒问题,他帮奥尼尔约了一位顶尖的心理医生,吉尔伯特·V.汉密尔顿大夫。12月27日晚上,他和麦克戈文待在一起的时候,喝了差不多一整瓶苏格兰威士忌。第二天早晨,奥尼尔又开始了他一直采用的戒酒方法——第一天喝五次,第二天喝三次,第三天喝一次。1925年最后一天晚上,他写道:“戒掉了酒。再见——没有遗憾——1925(除了那么几次。在百慕大)。”1926年第一天的日记中,他用充满希望的虔诚劝诫来迎接新的一年。“欢迎新一天的黎明,并祈祷!”[204]

为了了解新患者病情的严重程度,汉密尔顿请伯顿简要地记录奥尼尔在之前一年半喝酒的频率。(记录的结果清晰地显示,奥尼尔对她撒了谎,他秋季和冬季在纽约时几乎天天喝酒,她以前一直不知道他那段时间喝了这么多。)奥尼尔和伯顿还同意加入汉密尔顿大夫正在开展的婚姻问题研究。这位心理医生根据几十对夫妇的诊疗情况撰写了专著《婚姻研究》,书中也包括来自麦克戈文和他妻子艾德娜的采样。汉密尔顿的结论来自匿名的数据,因此很难辨认奥尼尔和伯顿对于这项研究的贡献(但在“由母亲的错所引发的婚姻摩擦”分册中,只有一位参与者列出了“妈妈的毒瘾”)。[205]汉密尔顿探究了奥尼尔酗酒问题的深层原因,以前从来没有人这样做过,他甚至曾经让奥尼尔画出自己童年成长的心理分析图谱。奥尼尔接受了这个建议,他所画的图上清晰地显示出他对妈妈情感缺失的憎恨、对父亲崇拜感的消失、保姆莎拉·桑迪恐怖故事所造成的创伤,还有他七岁生日之前被送进寄宿学校而引发的被遗弃感。

汉密尔顿对于奥尼尔的最终诊断并没有什么特别之处:严重的俄狄浦斯情结。“嗨,其实他只需要读读我写的剧本就行了,”奥尼尔故作严肃地说。[206]尽管也许并不十分鲜明,他的剧中所暗藏的另外一条线索，来自他在百慕大的邻居、精神病专家路易斯·E.比奇大夫的诊断。奥尼尔前一年夏天在百慕大时，曾经咨询比奇大夫，比奇似乎并不知道患者以前关于毒品的经历，为他开了盐酸巴比妥，以缓解酒精所引起的失眠。1925 年 10 月 16 日，奥尼尔的生日那天，比奇去了布鲁克农场，一路颇费周折。奥尼尔说，他们两人一起谈了“很多关于离婚的话题”。[207]在和奥尼尔聊过几次之后，比奇得出结论：“奥尼尔潜意识中有对父亲的同性恋倾向，他将其转移到男性朋友身上。他对母亲的憎恨转移到女人身上；因为母亲让他失望，所有女人都让他失望，他必须对她们进行报复。所有女人都必须受到惩罚。”[208]

他的爱尔兰裔身份对于酗酒的问题也无济于事。二十世纪中叶，有统计数据证明，爱尔兰裔美国人酗酒的比例要比其他族裔高出 25 倍；一位牧师所描述的情况非常适用于奥尼尔，“爱尔兰式酒精综合征的特征是完美主义者强迫症，觉得别人从来没有真正爱过他这个人，而只是爱他所做的事”。[209]

汉密尔顿对奥尼尔的治疗效果或许可以忽略不计。“尤金很喜欢汉密尔顿，”伯顿后来在谈到汉密尔顿大夫到底是否让奥尼尔成功戒酒时曾说，“但在酗酒问题上，汉密尔顿并没有帮上忙。”[210]不管汉密尔顿在奥尼尔戒酒这件事上有多大功劳(或者根本就没有功劳)，奥尼尔知道自己在身体和情绪上都走进了死胡同。醉酒、兴奋、狂暴、绝望的无尽循环，只有在一种情况下才能停止：他必须“说服”自己，用他普罗温斯敦的朋友哈里·坎普的话说，“酒精不是创作的朋友——不是任何人的朋友，而且很快会成为一个很坏的主人”。[211]奥尼尔可以将成年后的岁月献给酒精，就像他哥哥那样，或者献给写作，就像他一直尽力去做的那样，但这两者无法共存。在那个新年前夜，他认为自己终于征服了这个似乎无法征服的恶疾。

《大神布朗》于 1926 年 1 月 23 日在格林威治村剧院首演，“铁三角”知道，这出谜一般难以理解的戏，一定会招来评论界严酷的批评，所以他们事先采取了行动:首演的那天,他们赶紧加印了剧本,然后将刚刚印好的剧本送到重要剧评人的手中,这样他们在写评论时就可以加以参考;另外,他们特意选择在周六的晚上首演,好让剧评人能有周日整整一天的时间写评论,而不必担心没法按时交稿。《大神布朗》中的很多场景也让演员感到迷惑;甚至是担任该剧导演的鲍比·琼斯也承认,他不是十分理解奥尼尔在这出戏中的意图。扮演玛格丽特·安东尼的莉奥纳·郝格思抱怨,琼斯没有能够让剧中的人物被演员们理解,"老是在谈言外之意和微妙暗示,演员们完全不明白,像是被打了个死结"。郝格思说,迪昂和威廉交换面具的那一场,"总是让人捉摸不透,琼斯越是努力解释,反而越是模糊"。[212]

《大神布朗》首演之后的那几天,评论界不可避免地表达了各种不解,这又一次让奥尼尔"不得不站出来",他发表了一份说明:这出戏"人物言谈行动的背后和外围,隐隐约约有着一个神秘的模式"。他接下来又说,"[威廉·]布朗是我们拜物主义新神话中毫无远见的半神半人——一个成功者——他的生活就是建造外部的东西,内心空虚,愚不可及,是肤浅的社会成规的一个没有创造力的产物,一个被深不见底的生活欲望的主流冲入一边的静水中的副产品。……布朗一直妒忌迪昂身上具有创造性的生命力,因为这正是他所缺乏的"。①[213]这份说明刚刚发布,奥尼尔就在考虑他是否应该再写"一份说明来做进一步的解释"。但这是没有必要的。大家一致认为,奥尼尔过于雄心勃勃而导致失败,但是他干得不错。《邮报》认为《大神布朗》是"一次完美的失败。……他在舞台上所倾注的内容超过了舞台的承载能力。他的想象力借助石蜡翅膀飞得太高,而戏剧错觉像滚烫的太阳,翅膀一旦贴近太阳,他就从天空跌落,但这一过程精彩而又令人兴奋,因为他敢于挑战更大的高度"。《纽约时报》新任剧评人布鲁克斯·阿特金

① 引自刘海平翻译的《奥尼尔谈〈大神布朗〉》,郭继德编:《奥尼尔文集》(6),人民文学出版社,2006年,第336页。

森赞同这个观点并补充说，奥尼尔“给他的观众太大的责任，也大大高估了他们的能力”。[214]

奥尼尔总体上受到了该剧评论的鼓舞，但有时也会被惹恼，因为很多评论家将他定位为“深奥”作家，他讨厌这个精英主义的标签。“我是在剧院后场开始写作的，”他调侃道，“我并不深奥。”但是，尽管剧中有面具和表现主义、象征主义和哲学、神学和心理学这些难懂的成分，《大神布朗》却获得了巨大的成功，很快移至纽约上城的剧院演出，先是在盖瑞克剧院，然后又到了克劳剧院，在纽约一共演了八个月——对于一出实验戏剧而言，这是令人难以置信的演出纪录。“我应该把它看作纽约剧场前所未有的一次奇迹！”奥尼尔两个月之后回顾这段演出经历时这样说道。[215]实际上，百老汇传闻，有人听到两个售货员姑娘在剧院大厅谈论《大神布朗》：一个人说，“呀，它超有艺术感的，是吧？”另一个人回答，“是的，但它还是很棒”。[216]

尤金·奥尼尔和他的朋友、后来成为编辑的萨克斯·卡明斯,在百慕大帕吉特区的贝尔维尤,1926 年 4 月(图片来自社会历史国际学院,阿姆斯特丹,艾玛·戈德曼文稿)

疯人屋的“老博”

奥尼尔又一次离开“像地狱一样无聊”的布鲁克农场，于1926年2月回到百慕大。他们租的第一个住所是一座建于18世纪的庄严大宅，名叫贝尔维尤，正好与纽约那个世界闻名的精神病医院同名，奥尼尔很喜欢这个巧合，认为自己和家人在这里有真正的归属感。[217]房子位于帕吉特区南岸，非常幽静，房子的两层都有圆柱门廊环绕，院子里长满茂盛的热带植物，一直延伸到葡萄湾海滩。他们本来想长租这座房子，但那年秋天，他们找到了一座正在出售的海边宅邸，位于华威科区，名叫斯皮特黑德。这座房子由粉色的石头造成，造型像个堡垒，可以俯瞰汉密尔顿海湾和二十五公顷的土地，由英国海盗船长海泽奇亚·弗里斯于1780年左右建造。房子现在的主人已经很多年没有来这里，房子显得有些破败。石码头摇摇欲坠，天花板年久失修，有好多裂缝。在获得了百慕大政府的许可之后，奥尼尔一家出价17000美元买下了它。[218]

几个月的创作停滞期之后，奥尼尔又一次重新开始写作，满怀信心地继续创作《拉撒路笑了》，这个剧本那年春天在贝尔维尤完成。接下来的一部作品是《奇异的插曲》。（其他想法也开始在他头脑中闪现；其中包括另外一出面具剧，谴责美国的暴民心态，主人公就叫暴民，“是琼斯皇式的人物，但他是白人”。）[219]他也收到了巴内特·克拉克为他所撰写的传记的校样稿。

起初，克拉克为他记录早年生活经历的设想让他很兴奋，但最终的结果却让他沮丧。这本书只是简要记录了一部分经历，并不完整，同时又显得太冗长。克拉克能够很好地解读他的剧本，但似乎不能写出关于剧作家本人的“更为简洁和引人入胜的”故事。最糟的是，奥尼尔觉得他自己和传记中所描写的那个人之间没有一点相似之处：“那个人不是我。这一事实造成了一种更为有趣的神话——而且是难以置信的神话！这让我忧伤。但我对此无能为力，除非有一天我自己能去羞辱这个魔鬼，如果我有必要的兴趣——和勇气——两者缺一不可！”[220]

六月，岛上的气候让他再次兴致高涨。“现在这里可热了，但泡在海水里的感觉实在是特别棒，”他在给岳父泰德·伯顿的信中写道。泰德患上了严重的肺结核，当时正在谢里丹疗养院养病（这家公立疗养院就是奥尼尔自己1912年12月曾经待过几天的地方）。“海水温热，空气柔和，你可以在水里、在沙滩上运动，不论是在阳光下还是在月光下，都一样愉快。沙恩每天都在水里玩，乌娜也在水里跑来跑去。”“我发现，到目前为止，百慕大比任何其他地方都更适合我，”他写信给哈特·克莱恩。“在这里，我可以放松下来……消除紧张，做更加自由的自己——同时又不会失去必要的活力。”[221]

奥尼尔将他全部的精力投入《奇异的插曲》，又一次开始解决由于独白的消亡而必须面对的问题。他从西奥多·德莱塞最新推出的《美国悲剧》（1925年）中获得了灵感，这部作品是当年最为热门的文学事件。奥尼尔说，德莱塞这部史诗般的小说是关于“一个寻常的男人”，而他要“用戏剧的形式写一部小说，关于一个不同寻常的女人”。[222]这个想法会让一出戏具有“革命性的”长度——也许是现代观众记忆中最长的剧本——它将用戏剧的形式接近“小说的广度”。[223]自从那天晚上与吉米·莱特聊过之后，奥尼尔承认小说不是他的长项，但他仍然在摸索一种具有相同功能的戏剧方式，能够像小说家那样进入人物的内心。在好多年之后，这种方式将最终完美登场，在他后期的剧作《诗人的气质》、《送冰的人来了》、《进入黑夜的漫长旅程》、《休伊》和

斯皮特黑德，奥尼尔在百慕大的家（图片来自“谢弗尔-奥尼尔藏品系列”，琳达•李尔特藏档案中心，康涅狄格学院，新伦敦）

《月照不幸人》中,他笔下的人物喝酒、吸毒,或者酩酊大醉——就像拉丁语所说的"酒后吐真言",呈现出内心的声音。[224]但在此之前,他还尝试了其他的方法。

斯皮特黑德装修的那段时间,奥尼尔知道自己需要一个清静的地方去创作《奇异的插曲》,同时,还要保持得之不易的戒酒状态。普罗温斯敦肯定不行。卡林、哈里·坎普、弗兰克·沙伊还有其他酒鬼都在那儿,而且酒量见长。"不是我害怕,"他告诉麦克戈文,"但没必要让自己为难。"[225]在理查德·麦登的合伙人、戏剧经纪人"贝丝"(伊丽莎白·马尔伯里)的建议下,奥尼尔一家动身前往缅因州的贝尔格莱德湖区,他们于6月15日坐船回到纽约,然后一路北上去新英格兰。

6月23日,康涅狄格州纽黑文,那个曾被大学开除的尤金·奥尼尔,在耶鲁大学的毕业典礼上变成了尤金·格拉德斯通·奥尼尔博士。他被授予文学名誉博士学位。"老博,"他反复思忖这个称号,"奥尼尔,耶鲁毕业生。"(他开玩笑说,这个荣誉很有可能是来自耶鲁这所名牌大学对他当初选择的致谢,感谢他当年选择的是普林斯顿和哈佛,而不是耶鲁。)[226]在媒体报道中,耶鲁大学表示,奥尼尔被授予博士学位是因为他"为最古老艺术形式创造性地贡献了全新的、动人的内容,他是第一位在欧洲舞台上获得广泛关注和严肃认同的美国剧作家"。[227]但奥尼尔自己也知道他当选名誉博士背后的原因,或者更为确切地说,知道谁是背后的推手。

1925年,以前曾经教过他的戏剧教授乔治·皮尔斯·贝克辞去了哈佛的教职,担任耶鲁大学戏剧系主任。他上任之后,立即开始游说,希望耶鲁大学授予奥尼尔名誉博士学位。"今天的尤金·奥尼尔,"贝克在《耶鲁评论》中说,"在所有美国剧作家中拥有最高的海外知名度。维也纳、布拉格、德累斯顿、柏林、巴黎、伦敦、罗马——他的杰作在欧洲所有都市上演。"[228](奥尼尔当时认为,他在大西洋对岸广受欢迎,是因为欧洲人觉得他实际上来自爱尔兰。)[229]奥尼尔在5月给耶鲁大学的回信中写道，“这是来自耶鲁大学的荣誉，我认为这个学位是真正的荣誉……我希望，它对于我作品的认可，能够真正激励所有那些如我一样为戏剧去创作具有原创性和想象力作品的人”。[230]

在学位授予仪式上，奥尼尔身边坐着另外一位荣誉学位获得者——财政部长、身家亿万的工业巨头安德鲁·W.梅隆。奥尼尔向身旁的梅隆扫了一眼，看到了“冷漠银行家的典型。你从中读不出任何东西。多么冷漠的一张面孔！多么凛冽的一双眼睛！”威廉·里奥·菲尔普斯教授在介绍奥尼尔时，说他是“唯一一位在欧洲舞台和欧洲思想留下深刻印记的美国剧作家……他让美国戏剧摆脱了平庸和琐碎”。当奥尼尔站起来接受这个荣誉时，刚刚毕业的学生们爆发出“巨大的欢呼”，他环顾四周，惊讶不已。[231]

在参加了与学位授予仪式相关的一系列活动之后，奥尼尔开着当时流行的帕克德款豪华轿车带家人一起出发，他们沿着康涅狄格海岸线，向东北方向行驶了五十英里，到达新伦敦。在那儿，他观看了久负盛名的哈佛-耶鲁泰姆士河划船比赛，为自己新母校的蓝衣选手加油。经过激烈的争夺，耶鲁大学的八位选手击败了哈佛大学的红衣选手，以领先一个船身的优势率先冲线（在长达四英里的艰苦赛程中，一个船身的差距几乎可以忽略不计）。奥尼尔 1912 年在《新伦敦电讯报》担任记者期间就曾报道过“划船比赛日”的情况，但在多年之后的这一天，他做出决定，这项美国历史最为悠久、最负盛名的划船赛事将是《奇异的插曲》最后一场的理想背景。

奥尼尔把伯顿和孩子留在旅馆，自己开着车前往皮考特街 325 号，“开得非常慢，充满回忆”，他在后来写给杰西卡·瑞品的信中这样写道。他心情沉重地仰望小山坡上破败不堪的基督山屋，然后又接着往前开。瑞品家的房子没有亮灯，因此他继续开了大约一英里，来到海滩。这里是一幅令人遗憾的景象。小城已经开始模仿康尼岛的灯红酒绿，“对海滩进行拙劣的改造”，至少在他看来，这种改造让他年轻时最爱流连的地方显得庸俗而廉价。[232]

7月1日,奥尼尔开车穿过缅因州内陆的松林、农场和长满蓝莓的小山,进入贝尔格莱德湖区的小村。他们停留的第一站是由埃尔文·宾恩和当地人肯·巴特莱特经营的房产中介兼商店(埃尔文·宾恩是制衣业大亨L.L.宾恩的弟弟),想在这儿租一处房子,供一家人夏天居住。贝尔格莱德湖区当地的居民中很少有人听说过尤金·奥尼尔;巴特莱特说,就算他们听说过,"也不会有什么不同"。奥尼尔一家对宾恩最初向他们推荐的几处房子不太满意,认为房子太小,不适合一家人长期居住。[233]最终宾恩在拉帕斯街为他们找到了合适的出租屋,离小村不到一英里。这是一座两层楼的乡间木屋,内部很宽敞,但因为四周被松树环绕,总是光线昏暗。房子位于大湖的西岸,名叫疯人屋,现在仍然保留这个名字。奥尼尔说,疯人屋这个名字非常完美:"在与精神病院同名的贝尔维尤住了整整一个冬天之后,疯人屋这个名字让我怀疑,上帝简直是个象征主义者!"但一周之后,他发现尽管房屋名称和疯狂之间存在着讽刺性联系,"我却不仅没疯,而且没醉"。[234]

要保持不喝酒的清醒状态,还是和以前一样困难。奥尼尔每次戒酒之后,就会重新发现自己最初喝酒的主要原因:酒精所产生的效果只是让他感觉不是那么孤单,即使是在酩酊大醉的时候也是如此。二十多年来,醉酒是他最亲密的伙伴,他告诉麦克戈文,尽管他"一点也没有感受到喝酒的欲望",他的清醒状态却让他感受到更深层次的孤独:"我感受到的是一种空虚,我现在已经戒酒很长时间了,从我15岁开始喝酒以来,这次戒酒坚持的时间最长,我有一种模糊的感觉,觉得自己无法适应内心这片'更清晰、更绿色之地'……周围一切几乎都不正常,却渐渐习以为常。想念醉酒时一个人独处的时光。"[235]

两位开车前来采访奥尼尔的纽约记者也觉察到了奥尼尔深深的自我疏离感。一位是《召唤报》的专栏作家戴维·卡斯纳,他非常推崇《毛猿》中的政治倾向,他这次采访是为《哈罗德论坛报》撰写人物特稿。卡斯纳写道,他们在俯瞰大湖的宽阔门廊中交谈时,"剧作家并没有让我觉得不安，但他本人却让我不安。这种不安让他的双眼充满燃烧的欲望，让他看起来显得紧张，甚至局促”。[236]另外一位采访他的记者是伊丽莎白·沙普雷·瑟尔金特，她要为《新共和报》写人物报道，她在报道的最后写道，“奥尼尔个子很高，穿着游泳衣，四肢都被晒成了异教徒式的黑色；他带着沙恩，轻轻地走过一段仍然保持着原生态的海滩，他总是走得靠后一点。他脸上的表情不像一个‘父亲’，而像是一个毫无防备心的大孩子，进入了一个陌生的世界”。瑟尔金特接下来谈到这种个性对他作品所产生的影响：“这个爱尔兰裔美国人，总是这样隐藏自己，又总是这样暴露自己，他有一种奇怪的双重性。这让他的剧作成为他与不可控宇宙之间斗争的投射。他紧绷的精神强度和张力，永远在努力超越自己，就像一对表演特技的杂技演员。即使是那些不是特别有说服力的戏剧作品，也以某种方式让至关重要的真理直接刺入观众的肋骨。那些想在剧院寻求消遣的人，无法忍受奥尼尔直白和绝望的揭露。”[237](1927 年 3 月和 4 月，沙普雷将在斯皮特黑德再待六个星期，报道一场交通事故；她的文章刚刚发表，奥尼尔就告诉她，这篇文章是“关于我的文章中最好的。其他文章都很枯燥乏味。你的文章是唯一一篇佳作！”)[238]

“你不喜欢我，是吧？”7 月 15 日，奥尼尔对跟他一同去贝丝·马尔伯里家冲淋房的那位目光忧郁的女士说。“你是我见过的最粗鲁的人，”女演员卡洛塔·蒙特雷冷冷地回答。“当年我参演你的作品[《毛猿》]，但我并不想演。我刚刚演完一出戏，本想回加利福尼亚去看我母亲和女儿。但霍普[阿瑟·霍普金斯]一直要让我演，所以我就演了，几乎没有彩排，而你从来都没有为此对我表达感谢。”(蒙特雷完全有理由这样想；吉米·莱特第一次介绍奥尼尔和她认识时，奥尼尔对莱特说，“她真是个愚蠢的婊子”。)[239]蒙特雷只比奥尼尔小几个月，她早已不是当年那个初出茅庐的 18 岁少女了，18 岁时的她曾夺得 1907 年度“加州小姐”并参加了“美国小姐”的角逐。但她超凡的美貌还是引起了贝尔格莱德湖区居民的关注，尤其是她穿着游泳衣的样子。（伯顿的女儿芭芭拉回忆，卡洛塔穿着“有些男孩子气的白色泳衣，没有通常的那种裙装式的下摆设计”，这样的泳衣所显露的不仅仅是她的双腿，而是她下肢全部的曲线。）[240]

蒙特雷的原名是海泽尔·奈尔森·萨辛（她将这个丹麦式的名字改为卡洛塔·蒙特雷，以强调她西班牙式的魅力），她于前一年春天与《纽约客》的漫画家拉尔夫·巴顿结婚，又很快离婚。她认为，她的第三任丈夫巴顿是个醉鬼，将自己的天赋浪费在与名流厮混上，总是通宵达旦地举办喝酒派对。她的第一任丈夫是苏格兰律师、加州煤矿投机商约翰·墨菲特，比她大九岁；她的第二任丈夫是法律专业的学生麦尔文·C.查普曼，比她小七岁。“一战”期间，英国银行倒闭，墨菲特失去了所有的财富，蒙特雷说他差点一枪打死她，还威胁要从宾馆的窗子跳下去自杀。她嫁给查普曼，只是为了要个孩子，在两人分手之后，她才告诉他这一点。他们确实有了个孩子，辛西娅·简·查普曼于1917年出生，但蒙特雷将她留在加利福尼亚，由她母亲内莉·萨辛照看，自己搬到纽约继续追求舞台表演事业。与此同时，蒙特雷与一位名叫詹姆斯·斯贝尔的年老的华尔街银行家一直保持暧昧关系。她管斯贝尔叫“爸爸”，斯贝尔非常宠爱蒙特雷，在两人已经没有性关系之后，他还为她提供了一笔终身的信托基金，让她以后每年都能从中获得14000美元的资助。[241]

蒙特雷与拉尔夫·巴顿春天刚刚离婚之后，她就被邀请到贝丝·马尔伯里位于贝尔格莱德湖区长湖附近的居所，这里离奥尼尔居住的疯人屋只有大约一英里。她希望能够重返舞台，但她知道自己也许天赋不足，因此她认为花时间和知名的戏剧经纪人待在一起，或许会对演艺事业有所帮助。马尔伯里是一位胖胖的70岁女士，多年以来和戏剧界名流过从甚密，包括奥斯卡·王尔德和萧伯纳。（百老汇有传闻说马尔伯里总是喜欢找同性做伴。据伯顿说，奥尼尔最初认为蒙特雷是马尔伯里的情人；伯顿说她不这么认为，奥尼尔回答，“你太天真

沙恩·奥尼尔、尤金·奥尼尔和卡洛塔·蒙特雷在缅因州的贝尔格莱德湖区，1926年夏（图片来自“耶鲁美国文学藏品系列”，拜内克珍本手稿图书馆，纽黑文）

了”。)[242]对于蒙特雷这样的二流女演员来说，马尔伯里的家是上位的机会。但是，她决定用石头一般的沉默来迎接“了不起的奥尼尔”。

阿格尼斯·伯顿跟着奥尼尔一起走下轿车，直截了当地询问蒙特雷的性生活。“我没有性生活，”蒙特雷回答，觉得自己受到了冒犯。“我刚刚离婚。”“哦，但你一定有情人！你有情人吗？”没有。

那天下午，伯顿和马尔伯里聊了很多，奥尼尔和蒙特雷则缄默不语。过了一会儿，马尔伯里觉察出两人之间的尴尬，就让蒙特雷陪奥尼尔去冲淋房，为他找一件泳衣。蒙特雷小时候曾被自己的父亲克里斯蒂安·萨辛一下子扔进冰冷的太平洋，父亲本来想教她游泳，结果不仅没有教会，反而让她从此特别怕水。当她看见奥尼尔穿着一件不合身的女式泳衣从冲淋房走出来，跳进长湖，自己却不知道穿错了，她的恐惧缓解了一些。奥尼尔就1922年在普利茅斯剧院初次见面的不愉快向她道歉，她冷若冰霜的态度稍微温和了一点；他说自己当时特别悲伤，因为母亲刚刚过世。[243]蒙特雷可能不像奥尼尔那么喜欢水上运动，但他们两人都感到非常孤独，奥尼尔是因为失去了酒精的“死缠烂打”，蒙特雷是因为最近跟拉尔夫·巴顿离了婚。

奥尼尔夏天最喜欢划着小船去女演员弗洛伦斯·里德和她丈夫马尔科姆·威廉姆斯的豪宅，从疯人屋出发，沿着大湖向北划上半英里就到了。他们家有一大片临湖的草地，还有码头，在这里奥尼尔可以悠闲地待上好几个小时，喝茶、聊天，不会有吵闹的孩子、做饭的油烟味以及其他家庭琐事的烦扰。他疯狂地需要男性的陪伴，因此和马尔科姆·威廉姆斯很快就成了好朋友。蒙特雷跟着贝丝·马尔伯里一起来威廉姆斯家时，发现奥尼尔也在这儿，她就“偶然地”丢下了她的围巾。里德本来想让女仆把围巾送回去，但威廉姆斯说：“别费事了，她不会因此感谢你的。她明天肯定会回来拿的，就在尤金在这儿的那个时段。”[244]

蒙特雷很快就成了疯人屋的常客，她经常和奥尼尔一起划船。里德回忆，奥尼尔的家里到处是“尿片和炖羊肉的味道”，让蒙特雷十分厌恶，她总是将自己的住处打理得一尘不染，那年夏天住在贝丝·马尔伯里家时也是一样。[245]伯顿不太在意这些生活琐事，她后来回忆起蒙特雷对她丈夫的勾引，“当时我并不担心，因为对他来说，她不够聪明。在我看来，他似乎只是觉得她好玩儿，没别的意思”。但她又若有所思地加了一句，奥尼尔的确说过，蒙特雷的眼睛长得很像他的母亲。[246]

为了对抗戒酒之后的种种不适，奥尼尔参加了贝尔德莱德湖区夏季的各种活动——游泳、划船、钓鱼、驾车巡游，这些活动每年吸引很多游客前来度假消遣。“湖区很美，”他写信给麦克戈文说，“我们有很好的营地，很好的船和独木舟，还有很多鱼……小尤金在这儿，芭芭拉也在，我们是一大家子。”他每天游好几次泳，经常从疯人屋一直游到阿比那角，再游回来。小尤金当时 16 岁，芭芭拉·伯顿 11 岁，他们 7 月和 8 月的大部分时间都待在这里。在这段时间，芭芭拉“疯狂地爱上了”这个与他继父同名的英俊男孩，“那么勇敢，那么帅气，充满活力”。[247]

小尤金、芭芭拉和沙恩经常在海滩上比赛，看看他们能抓多少条海鲈鱼；六岁的沙恩通常抓得最多，他很内向，总是喜欢一个人坐着，耐心地等着海鲈鱼咬钩。小尤金现在是纽约布朗克斯著名的霍瑞斯·曼中学的优等生，梦想着去读耶鲁大学。在疯人屋的时候，他和一个同样博览群书的同龄男孩弗兰克·迈耶成了好朋友，迈耶惊讶地发现自己竟然在与奥尼尔这样的人物谈论人生和文学。“我觉得他非常友善温和，”迈耶回忆。“我特别喜欢的一点是，他跟我们谈话时，总是把我们看作平等的人，从来不因为你是个孩子而居高临下。”他说，有一次，“我们聊到了弗洛伊德。让我印象最深的是，我们一起讨论了和潜意识相关的双关和口误”。[248]

与此同时，沙恩和乌娜的吵闹，尽管与同龄孩子无异，却让奥尼尔觉得几乎无法忍受。“也许少几个后代，对我来说也没什么，”奥尼尔说,“因为我似乎从来就不适于给一群孩子当一家之长,哪怕是对我自己的孩子,我都会不耐烦。”[249]为了让丈夫可以有自己的空间,伯顿请当地的建筑工在岸边建了一个简易的小棚屋。[250]他每天早晨在棚屋里艰难地写作好几个小时,《奇异的插曲》却进展缓慢,他从棚屋里走出来,却又无法面对房子里的嘈杂吵闹,只好一头扎进大湖游上很长时间。之后他才会放松下来,和家人共进午餐。

哈罗德·德·波罗在缅因州科泽尔湖租了一个农舍,大约有一百英里远,9月初,奥尼尔邀请德·波罗来教他钓海鲈鱼。“来吧,伙计,”他写信给这位老友,“教我一些关于海鲈鱼的东西。”奥尼尔、德·波罗和伯顿晚上来到疯人屋对面的小岛上钓鱼,奥尼尔学得很专注,完全无视北岸闪烁的灯光,伯顿和德·波罗却沉醉于灯光之中。和奥尼尔待在一起的时光,总让德·波罗想起一幅当时流行的漫画:两个英国青年看着瑞士阿尔卑斯山的勃朗峰。“真不错,”一个人低声说。“别他妈这么着迷,”另外一个打着哈欠说。“很美吧?”德·波罗问,他引用了《榆树下的欲望》里的台词。“是啊。”奥尼尔回答时也引用了该剧中的台词,然后他就钓到了一条鱼。“怎么样啊?”德·波罗问,“这是不是世界上最棒的运动?……是不是特别刺激——”“是的,”奥尼尔一边说,一边再一次把钓鱼竿抛了出去。[251]

德·波罗还是喝很多酒,但他挺羡慕朋友戒酒的决心。他后来回忆,他们在一起的时候不喝以前经常喝的波旁酒,而是围坐在壁炉边喝热牛奶,一罐接一罐地吃“泡在特别甜的糖浆里的无花果,尤金似乎特别喜欢”。当奥尼尔一家答应来科泽尔湖钓鱼,德·波罗给妻子海伦打电话,让她准备好无花果。奥尼尔来访期间,他们坐在壁炉边,两个男人一起喝牛奶,吃无花果。伯顿忍不住笑了:“两个老酒鬼喝牛奶,吃泡在糖浆里的无花果!我的上帝啊,地狱窟的那些家伙会怎么说啊?”[252]奥尼尔疲惫地笑了,伸手从身后取出一本《大神布朗》,签上名,交给他的朋友,让他大声朗读:“致哈罗德·德·波罗——我在‘那些日子和这些日子’的朋友——司炉工——我已经喝完了我这辈子该喝的酒。(*遗憾地*)那些日子真好啊,那些日子!再也不能喝酒了。医生让我要么戒酒,要么就去死。(*他心满意足地啐了一口*)所以我戒酒了!’尤金——加勒比群岛之月。”[253]

尽管奥尼尔一直保持着不喝酒的清醒状态,《奇异的插曲》的写作却“异常艰难”。在最初的几周中,他所能做的只是一遍又一遍地修改第二场。但是过了一段时间,他承认,尽管“写得比较缓慢”,但他坚信,这部作品正在比较顺利地发展。[254]到了八月份,他已经完成了五幕,但又一次感到了“厌倦……对生活总体的厌倦”。这时,“铁三角”决定让他暂停一段时间,找个制作人筹备其他作品的演出。“说实话,我真的对无止无尽的作秀演出感到厌倦了,什么好处也没有,除了会有更多的作秀,”他向乔治·金恩·纳森抱怨,寻找赞助人让他头疼不已。戴维·贝拉斯科曾经同意上演《马可百万》并承诺为这出戏筹集20万美元的制作经费(其中包括为鲍比·琼斯提供调研费用,让他去实地研究中国式的舞台设计);但贝拉斯科最终放弃了这出戏,之后阿瑟·霍普金斯和其他几位制作人也放弃了。麦克戈文建议他们与演员剧院公司联手,以抵消《马可百万》的一部分开销,但奥尼尔认为,跟这样的“秀场”签订合作协议简直是在自降身价:“它让合作双方都变得廉价,也让这出戏剧作品在廉价的人群中变得廉价。”“对于艺术家而言,这是最让人耻辱的游戏,”他说,“小说家就不用这样。”[255]

1926年10月13日,伯顿待在缅因州收拾行李,准备离开度假的疯人屋。奥尼尔坐夜车回纽约——回到美丽的卡洛塔·蒙特雷身边。

独白已死！什么——长存？

为了庆祝38岁生日，奥尼尔应邀作为嘉宾去观看耶鲁大学对阵达特茅斯学院的橄榄球比赛，乔治·皮尔斯·贝克和肯尼斯·麦克戈文也一同前往。在纽约，他顺道去喜剧剧院的后台看望保罗·罗伯森，罗伯森在《黑孩子》中担任主演，这出戏的情节大体上就是杰克·约翰逊的人生经历，仅仅上演了3周就停演了。罗伯森对奥尼尔宣布，他厌倦了戏剧表演——正如奥尼尔自己也对戏剧创作感到厌倦，他决定去做一名歌手。奥尼尔也会见了有意上演《马可百万》和《拉撒路笑了》的几位制作人，与汉密尔顿博士聊了几次，还参加了《天边外》的复排——这次演出是与演员剧院合作的，于11月20日上演，也是"铁三角"作为一个整体团队的谢幕之作。[256]在妻子离开缅因州之后，他的大部分精力都用来追求卡洛塔，完全地坠入情网。

"他连续三个下午都来找我，"蒙特雷回忆。"我几乎不认识这个人……他也不看我，仿佛我只是一张椅子，一个劲地说他早年的生活——他没有真正的家，没有真正意义上的母亲，没有真正意义上的父亲，没有人把他作为孩子对待……整整三个下午，我坐在那儿，听这个人讲话——刚开始的时候，我有点担忧，后来我很不高兴。"[257]奥尼尔和蒙特雷在贝尔格莱德湖区的确只见过六次。[258]但她说他们在纽约见面时自己"几乎不认识这个人"却并非实情，他们在缅因州的照片可以证明这一点。实际上，奥尼尔的工作日记显示，他们不是像永远端庄得体的蒙特雷希望后人们所相信的那样，他们只是在她的公寓一起度过了三个下午，其实在10月底和11月，他们一有机会就见面。他们一起吃饭，一起在A&F服装店、梅西百货商场购物，一起去听爱乐乐团的音乐会，甚至在11月22日，著名摄影师尼古拉斯·马瑞还拍到了他们在一起的照片。奥尼尔在纽约的最后五天，他们已经无法分离。奥尼尔在她位于东67街的公寓里一直待到凌晨两点半，才乘船返回百慕大。[259]

伯顿带着孩子一起离开贝尔格莱德湖区去康涅狄格旅行，看看布鲁克农场，看望自己的家人。之后她从康涅狄格出发回百慕大，期间跟奥尼尔只在布鲁克农场碰了一次面，他们将农场挂牌出售，以支付斯皮特黑德的房款和装修费用。奥尼尔再一次感到自己被抛弃了，他很快就开始埋怨，正是因为伯顿对他不管不顾，他才跟蒙特雷好上了："一部分的原因，是你从来不给我写信，"他那年春天承认了自己的婚外情，并因此与伯顿激烈争吵，之后他写信给伯顿："你去百慕大，把我一个人留在纽约，这让我忘了我自己是个有家室的人。"[260]

回到百慕大之后，伯顿在斯皮特黑德附近租了一座名叫贝米尔的小房子，他们一家在这里度过了整个冬季，因为斯皮特黑德的装修工程问题不断。伯顿想要一间新的厨房，奥尼尔想要一个网球场；在院子一侧有一个巨大的水槽，房子原来的主人用它来储存7000加仑的水，供他的船只使用，需要安装一个电泵才能把水引入室内。石造码头因为那年夏天一场严重的飓风而被摧毁，当时的风速高达每秒114英里，现在也需要修理。伯顿并没有指望在她回来的时候能全部完工，但她觉得至少应该已经完成了一部分。这项巨大的工程由弗雷德里克·希尔担任监理，詹姆斯和埃拉·奥尼尔曾长期居住的纽约乔治王子酒店就是由希尔建造的。那年10月，她从疯人屋写信给奥尼尔，抱怨希尔从不给她明确的答复："又一封来自希尔的没用的信——太愚蠢了。根本不包含任何信息。他是个混蛋。"当弗雷德里克·希尔得知伯顿对他的辱骂，他立刻提出辞职，但因为无人接手这项工程，他们只好让他继续干下去。[261]

奥尼尔11月末回到百慕大,心里只想着蒙特雷。他给她写了充满激情的长信,表达自己的爱情,但这爱情不仅仅是给她一个人的。他告诉蒙特雷,“我一到这儿就告诉阿格尼斯,我离开你的时候是怎样的感觉。我说,我爱你。我也说,我爱她,这同样是实情。你觉得这听起来很傻,是吧?我希望你不要这样认为。我希望你能理解……这样的爱情是可能的”。(卡洛塔此时对他们之间的未来还不大确定,她恳求奥尼尔把这些信件销毁,她坚持说,任何保留这些信件的人都“该被打死”,但她自己却心安理得地把奥尼尔写给她的信都保留了下来。)[262]

1926年12月,奥尼尔全力投入《马可百万》剧本在霍瑞斯&利弗莱特出版社的出版和《拉撒路笑了》的上演,“砍掉松散的结尾,让内容更加集中,更加清晰”。[263](《拉撒路笑了》需要120人的演员阵容,演出将耗资50000美元甚至更多;麦克戈文警告,这样规模的作品“不会那么容易地被搬上美国舞台”。)[264]12月31日,奥尼尔庆祝自己戒酒一周年,他将修改好的《马可百万》剧本寄出,同时安排当时被流放到俄国的无政府主义者亚历山大·伯克曼翻译《拉撒路笑了》,让该剧在莫斯科上演。现在他终于可以重新回到《奇异的插曲》的创作,他告诉伯克曼,“在这出戏中,我试图用戏剧的形式完成小说中所能做到的一切”。[265]

奥尼尔整个冬季都在创作这个长达9幕的剧本,三月初完成了初稿。如果加上在疯人屋的三个月,这出戏花了他整整三百天的时间才完成。“我觉得,它做到了我希望它能做到的一切,”他告诉乔治·金恩·内森,“在我看来,这似乎是一次成功的尝试,这种新的手法提供了无限的可能性”。吉米·莱特那年夏天再一次到访百慕大,但这一次奥尼尔向这位眼光敏锐的朋友解释了这出戏。在莱特《面具巡游》的最后一段,他写道:“奥尼尔从来没有放弃戏剧创作,也没有写过小说。但他写了《奇异的插曲》。在这出戏中，他又一次使用了面具，但这次并非实体的面具。在这出戏中，他使用了小说家所独有的内心展示。他用来完成这两个艺术目标的方法是直接的和持续的独白，在他之前，没有任何剧作家敢于这样做。通过独白所展示的内心想法，我们作为观众可以在其中投射情感，是真正的情感，而并非角色脸上所呈现的样子，那是角色在面对外部世界时所呈现的假象。它是面具的回归，让两个层次的戏剧活动成为可能。"[266]

刚刚完成了《奇异的插曲》，奥尼尔就大致构思好了名为"大海妈妈的儿子"的自传系列剧，在很多年之后他将回到这个构思。这部自传系列剧的构思手稿是在伯顿 1968 年去世时留下的文件中找到的，很有可能写于 1927 年 3 月 8 日。[267]题目变成了"大海妈妈的儿子：灵魂诞生的故事"。[268]他的想法仍是要模糊小说与戏剧之间的界限：在他次年写给乔治·金恩·内森的信中说，"这部宏大的作品既不是戏剧，也不是小说，尽管它会包含好几出戏剧，会比我所了解的任何一部小说都更为宏大。它的形式将自成一体，完全是我的独创"。[269]

1927 年最初的笔记中有如下的内容："小姐——孤单的生活——婚前被宠坏了（丈夫是父亲的朋友——父亲非常崇拜他——两人常在一起喝酒）——教会学校的时髦姑娘——虔诚又天真——有音乐天赋——相貌美丽——因为丈夫的职业在婚后受到排斥——婚后生活孤单——与丈夫的朋友没有接触——丈夫大男子主义——喝很多酒——跟朋友一直喝到凌晨——很晚睡觉——很少有时间陪她——对金钱很吝啬，由于童年时经历贫困，因为他的父亲抛弃家人回到爱尔兰度过余生。"[270]1935 年，他重新思考这个构思，打算写九出戏，"我很多年以前就有了这个想法，将自传性小说与戏剧形式相结合，以书籍的形式出版，不在舞台上演出"。[271]

到了 1939 年，他将这些想法凝练为一部所有情节在一天之内发生的悲剧：《进入黑夜的漫长旅程》。

沙恩、阿格尼斯、乌娜和奥尼尔在百慕大，1926 年（图片来自“谢弗尔-奥尼尔藏品系列”，琳达·李尔特藏档案中心，康涅狄格学院，新伦敦）

在几个月的专注工作之后，奥尼尔对蒙特雷的迷恋慢慢开始消退。他还是继续给她写信，就像之前跟伯顿分开的那段时间一样，但现在的信只是就事论事，在语气上显得比较疏远，那年6月，蒙特雷决定去德国的巴登-巴登温泉疗养，想结束（或者测试一下）两人之间残存的感情。4月中旬，伯顿离开百慕大去谢里丹疗养院探望病重的父亲，奥尼尔在给伯顿的信中表现出深深的自责。在把她送上船之后，“我开车回到我们的家。我们的家！”他说，“这个地方与我对你的爱相互缠绕，与我们九年的婚姻相互缠绕，我们的婚姻在经历挣扎之后终于顺利地驶入了这个港湾，在这座小岛，我们将一起过我们梦想中的生活，带着永远的安全感，我们属于这里。‘也许，毛猿终于找到了归属。’”他知道，伯顿对他的婚外恋仍然耿耿于怀。“我从来没有爱过她。那些都是胡说。……我爱你，只爱你，现在和永远。”[272]

同仁剧院的执行主管劳伦斯·朗格那年三月来到斯皮特黑德拜访奥尼尔。除了朗格之外，奥尼尔对同仁剧院管理层的其他成员从来就没有过任何好感；他们都是些很难对付的人物，但在当时，他们也是最受尊重的美国严肃戏剧制作人，曾经上演不少具有突破性的美国戏剧，包括1923年艾尔默·莱斯的《加算机》、1924年西德尼·霍华德的《他们知道自己想要什么》（该剧曾获普利策戏剧奖）和1927年S.N.贝赫曼的《第二个人》。

奥尼尔和同仁剧院之间的不和由来已久。从奥尼尔1915年第一次将《渴》提交给华盛顿广场剧院（同仁剧院的前身），一直到1922年普罗温斯敦剧团解体，奥尼尔与同仁剧院的管理层就是互相看不顺眼：“就拒绝我的作品而言，你们拒绝的次数显然领先于其他剧院的管理层，”他在1922年写给朗格的信中说。“这对我来说倒是无所谓，这只是不包含偏见的意见不合，但我担心，这也说明你们委员会和我之间注定永远不和。”[273]他在同仁剧院（当时还是华盛顿广场剧院）上演的唯一一部作品是《在交战区》，而奥尼尔自己并不太看重这部作品。

同仁剧院在1921年拒绝了《"安娜·克里斯蒂"》，但朗格当时请求剧院管理委员会重新考虑对待这位剧作家的方式。奥尼尔之前给朗格写了一封信，列出了同仁剧院及其管理委员会对他的屡次怠慢，朗格将这封信转给同仁剧院的另一位制作人特蕾莎·赫本，还附了一张字条，请她在管理委员会上宣读："你们的问题在于，你们不了解奥尼尔的脾气。奥尼尔很好相处，如果你们把他当朋友的话。如果你们跟他的关系不是私人朋友的关系，那就完了。（我们为什么不为他搞个酒会呢？）"[274]到了1927年春天，奥尼尔甘愿收起自己的骄傲，接受同仁剧院的选择（这在他看来是很可鄙的选择），因为"钱都花光了，目前我没有任何收入，我就是需要任何我能抓到的现金"。但同仁剧院必须回应他的"迫切需要"，承诺"在尽可能早的日期上演"。[275]他特别担心《奇异的插曲》中所运用的手法会泄露出去，担心有人会偷走这种手法，赶在他之前上演一出类似的作品。

朗格在百慕大的时候读了《马可百万》，剧本对他有些触动；但《奇异的插曲》让朗格兴奋不已。他在宾馆的房间里一个晚上就读完了剧本。那天晚上，岛上正经历一场热带风暴，随着风雨声越来越大，越来越吓人，该剧的情节也越来越令人激动。他一直读到凌晨4点，他后来说，当他读到第六幕时就"断定这是有史以来最伟大的剧作之一"。[276]第二天，为了庆祝朗格对《奇异的插曲》的好评，奥尼尔下海去游泳。朗格用他的柯达电影摄像机拍摄了奥尼尔游泳的画面。"他的身材像个运动员，"朗格说，"被阳光晒黑了的爱尔兰面孔上，有一双深黑色的眼睛，英俊得无与伦比，身材瘦削，皮肤的颜色和质地都如同红木一般，结实的肌肉线条若隐若现。我以前从没见过他这么健康，以后也再没见过。"[277]（几年之后，朗格告诉萧伯纳，奥尼尔喝酒喝垮了，这位爱尔兰剧作家苦笑着回答，"他可能再也没法写出一部好戏了"。）[278]

奥尼尔在朗格到达之前就向他挑明，如果同仁剧院选中了他的作品，他们必须同意在下一个演出季上演《马可百万》和《奇异的插曲》两部作品。朗格同意了，他让奥尼尔回纽约，筹备这两部作品的宏大演出。

5月15日，在伯顿从康涅狄格回来不到三周之后，奥尼尔和德·波罗一起坐船回到纽约，德·波罗在斯皮特黑德附近租了个房子，在纽约时则住在劳伦斯·朗格的公寓里。朗格回忆，奥尼尔一共住了八个晚上，其中有六个晚上他都去了蒙特雷的住处。“他告诉我，他爱上了她，”朗格后来回忆。“他说自己和她相处得这么好的原因之一，是她做事非常有条理；她能够帮他打理生活中所有那些实际的事务——比如预订火车票之类。他说，阿格尼斯很少会提前做好计划；她很随性，没法帮他，反而需要他来照顾。”[279]

奥尼尔回到斯皮特黑德之后，这座房子不再是他在伯顿离开的那段时间所憧憬的“港湾”。“可能是因为我的情绪，”他写信给蒙特雷，“但天气似乎压抑得让人难以忍受，我以前喜欢做的事情也变得索然无味。甚至连大海也没法让我兴奋。它现在半冷不热的，温吞吞的，丝毫没有生命力或是激情，只会让人感到慵懒。我绝对不会在这里度过另一个夏天。真的是太枯燥了！……我五月份的纽约之行时间太短！”他和伯顿整个夏天“都在争吵，误解不断”，那段时间他不是因为百慕大流感病倒，就是在全力删减《奇异的插曲》，这出戏原本冗长的情节要演好几个晚上，必须把它删减到一个晚上就能演完的长度。[280]

奥尼尔8月下旬回到纽约，想说服同仁剧院不要再找借口继续拖延，在接下来的演出季就上演《马可百万》和《奇异的插曲》。夫妻两人的关系在那年夏天破裂之后，伯顿也认为奥尼尔离开家比较好。他这一次一个人的纽约之行就成了夫妻分居的尝试。

奥尼尔一登上“圣乔治城堡号”，就给阿格尼斯·伯顿发了一份电报，语气淫秽地提到了两人在一起度过的最后一晚。但他也非常想见卡洛塔·蒙特雷，她刚刚从巴登-巴登温泉几个月奢华的休假之旅归来。9月9日，他们见面了，这是他们自5月以来的第一次见面。当时他对伯顿说，他很无聊很孤单（“喝酒的日子要快乐得多！”）；他告诉伯顿，他和蒙特雷待在一起，但他们之间是柏拉图式的恋爱。[281]他将在纽约一直待到10月中旬。

在这段时间，奥尼尔与伯顿之间的通信中时而是相互恳求，让自己从婚姻中摆脱而重获自由，时而又是对背叛的强烈谴责。“请做任何你想做的事，”伯顿写道，“任何让你高兴或者给你快乐的事。”几天之后的信中则是，“再见。我很高兴卡洛塔已经不再紧张不安。你觉得她会有兴趣接管斯皮特黑德吗？如果她有兴趣，告诉她我已经放弃了这个差事。她当然比我漂亮”。“你这是在玩哪一出呢，阿格尼斯？”他在指责她搞婚外恋之后逼问。“要么是我疯了，要么是你疯了！可能还是我疯了。或者说，我想不惜一切代价摆脱这蜗牛一般慢慢爬行的无聊岁月，摆脱如同紧张的哈欠一样的空虚时光，而进入某种疯狂——爱或欲或酒或其他任何东西！”[282]

“噢，你走了，一切都完了！”在奥尼尔再次动身去百慕大之前，蒙特雷无助地哀叹。“真糟糕，我爱上你了！”[283]

奥尼尔于10月21日回到斯皮特黑德，他九年多的婚姻走到了尽头。奥尼尔离开纽约之前就安排麦克戈文每天送玫瑰花给蒙特雷，并且每封情书都是写给“忧郁的眼睛”，这是他对她的昵称。当他11月中旬回到纽约时，他写给伯顿的信要么是警惕地指责她，要么是冷冰冰地处理各种事项。为了准备第二次离婚，他知道任何信件都会成为法庭上对自己不利的证据。他要求伯顿把保存在斯皮特黑德的所有手稿材料都寄给他，他给出的理由是他计划把这些材料都卖给一位珍本收藏家，以避免自己破产，这个理由并不完全站得住脚。圣诞节期间，她把大部分的材料都寄给了他（除了他1925年的日记、那份题为“大海妈妈的儿子”的自传剧构思稿和《驱魔》等一些很有价值的资料），这时他与她彻底分手了。“你不再爱我了，”他写道。“我们不再相爱了……我爱上了别人。深深地爱上了……而且这个人也爱我。”[284]

卡洛塔・蒙特雷。蒙特雷在照片上写了一句话，“这是尤金最喜欢的一张照片”（由玛莎・斯泰因拍摄。图片来自“谢弗尔一奥尼尔藏品系列”，琳达・李尔特藏档案中心，康涅狄格学院，新伦敦）

同仁剧院终于将《马可百万》和《奇异的插曲》的首演定在1928年1月，但奥尼尔大部分的注意力都集中在让自己从婚姻中抽身，更坚定地和未来的尤金·奥尼尔夫人待在一起。奥尼尔希望伯顿等到两出戏首演之后再来，但伯顿无视奥尼尔的请求。她丢下孩子，乘船去了纽约，并在奥尼尔居住的温特沃斯宾馆开了个房间。[285]蒙特雷很不开心。"她每天都给我打电话，让那个婊子离开，"奥尼尔向哈罗德·德·波罗抱怨。[286]

1月14日，伯顿叫人送了一盏热疗灯到她的房间，想在回百慕大之前治好自己的感冒。她光着身子躺在热疗灯下，暗自伤心，这时听到有人敲门。她以为是自己的妹妹，没穿衣服就去开门，没想到门口站着奥尼尔。他们拥抱在一起。伯顿后来回忆，这次幽会"就像两个鬼睡在一起"。[287]这是他们最后一次做爱，而且很有可能也是两人在此后十多年中最后一次见面。

出人预料的成功接踵而至。在经历了好几年极其苦恼的重写、妥协和失望之后，《马可百万》于1月9日在同仁剧院首演，获得巨大的票房成功。作为奥尼尔唯一一部完整的讽刺剧，《马可百万》追溯了13世纪威尼斯商人马可·波罗的传奇之旅。为了在回家时成为百万富翁，马可傲慢地在远东和中东传播拜金主义。剧本要求异常复杂的布景转换和庞大的演员阵容——有台词的角色就有31个之多，还有"波斯、印度、蒙古、中国的平民，大臣，贵族，贵妇，妇女，忽必烈的卫士，乐师，舞女，送葬的合唱队"。(*CP*2,382)为这出戏安排演员并非易事，即使是没有台词的角色也有很大难度。几乎每一场都包含音乐、诗歌、舞蹈、歌唱，而且对话必须在讽刺和超验两种语气之间迅速转换。

奥尼尔对于远东有着由来已久的迷恋。"欧洲对我来说没什么意义，"当伯顿说想要搬到欧洲去住的时候，奥尼尔说，"我觉得，要么去南海，要么去中国。"他读过凯特·布斯的《中国戏剧研究》(1922年)，奥尼尔模仿了其中的多种风格；情节和人物方面，他参考了马可·波

罗的 *Il milione*，意思是“百万”，这本书是马可·波罗 1271—1295 年之旅的最初记录。这本游记其实是一位名叫拉斯底色罗·达·比萨的传奇文学作家写的，在 17 世纪之前，它一直是西方人关于远东想象的唯一来源。（波罗在书中说到了狗面土著、独角兽、把大象举到空中的长尾小鹦鹉……这些都表明这个威尼斯人的叙述在很大程度上是不真实的。）奥尼尔阅读学术著作《马可·波罗游记》时所做的笔记显示，奥尼尔逐字引用了该书编辑对马可·波罗的描述——“一个非常实际的人，勇敢、精明、谨慎、热衷于风流韵事，对商业细节从来不失兴趣，喜欢追逐猎物，言语不多，”在这段摘录之后，他写道，“美国理想！”他在剧中所写的对话让他“一边写一边笑……尽管都是讽刺，但并不都是尖刻的幽默。实际上我开始热爱我们美国社会的栋梁们，马可的兄弟们和儿孙”。但他仍然希望国家承认“我们所有的粗俗物质主义的真正价值。[这个国家]应该看到其代价——以及它相对于永恒真理的结果。这会是一个多么巨大的、讽刺性的、百分之百的美国悲剧啊？”[288]

奥尼尔喜剧性的穿越手法（剧中的威尼斯人都说着二十世纪二十年代的美式俚语），是对于美国过度的文化帝国主义的正面攻击。舞台提示非常直接地影射当代美国社会。他将马可的行为与一位想要修改宪法的南方参议员联系在一起，指涉德克萨斯臭名昭著的反移民立场和对进化论的否定，禁止“非诺尔曼种的鸟儿飞进德克萨斯，或者说……在 12 英里的范围之内实施生物法”。（*CP*2，424）当马可的叔叔仔细思考他们在中东的发展前景时，他大声读出上次旅行的记录：“有一个王国叫摩苏尔[伊拉克北部的一个城市]，国内有个地区叫巴库，有许多大油井。对油的需要正在增加。（*然后对马可说*）你要记在心里。”①（*CP*2，401）

① 引自毕峪翻译的《马可百万》，郭继德编：《奥尼尔文集》(3)，人民文学出版社，2006 年，第 23 页。

奥尼尔在这里冒了很大的风险,有可能背叛他自己"拒绝在剧中进行宣传"的信条。评论家们分成两派:自由主义者一致赞同奥尼尔在剧中的训诫,纷纷为《马可百万》喝彩,因为它"嘲笑了美国庸俗主义、美国人对金钱的追逐与沉迷"。而保守主义者则嘲笑这种胆大妄为的固执己见。很多人将奥尼尔的这出戏与辛克莱·刘易斯的小说《巴比特》进行对比,这部当时很流行的小说讽刺了精神破产,两位作家都认为这种精神破产是由美国资本主义所导致的。(《巴比特》出版于1922年,奥尼尔正是在那一年开始创作《马可百万》。)乔治·金恩·内森将他朋友的作品看作"最辛辣的、最重大的一击,这一拳直接打在了美国大企业和美国生意人的下巴上"。《华尔街新闻》所刊登的评论则是,奥尼尔自己最担心的宣传变成了现实:"通过很多毫无新意的手法,奥尼尔直奔主题,直到该剧带上了他一直在攻击的巴比特式生意人的无趣和愚笨。"[289]然而,不管《马可百万》引起了多大的争议,这一切都将被他的下一场演出《奇异的插曲》所超越,就在三周之后。

1月30日,奥尼尔没去参加该剧的首演,他知道这场演出因为其反传统的主题和舞台技法,或许会引起最大的轰动,或许只是又一次雄心勃勃的失败。在首演期间,他在街上漫无目的地逛了几个小时,碰巧遇上了一个当年一起航行的老朋友。"尤金·奥尼尔!"他在街上听到一个老水手大声喊。"你这么多年究竟在干吗啊?"("就在那个时刻,"一位多年之后得知此事的出版商想,"他引起最大轰动的一出戏正在百老汇上演!")[290]在短暂的寒暄之后,奥尼尔回到温特沃斯饭店去见肯尼斯·麦克戈文和他的妻子艾德娜。麦克戈文夫妇去看了首演,他们在幕间休息时一起吃晚饭。大幕在5点15分拉开,而不是在8点30分,那是纽约剧场通常的开场时间。在7点40分有一个90分钟的幕间休息,让观众吃晚饭,他们将在9点重新回到剧院,全剧于11点落幕。[291]麦克戈文告诉他忧心忡忡的朋友,在整个剧场区域,公众都非常兴奋,百老汇的一家杂货店正在向观众兜售"奇异的插曲"三文治。“我知道那是什么，”奥尼尔回答。“是四层面包，中间除了火腿，什么都没有。”[292]

《奇异的插曲》首演于百老汇的约翰·戈尔登剧院，这出戏被广泛认为是奥尼尔的第一部真正的杰作；剧中开创性的“戏剧旁白”和紧扣时局的主题标志着奥尼尔作为艺术家的全面成熟。

奥尼尔自己将《奇异的插曲》定位为“女人戏”，该剧围绕尼娜·利兹错综复杂的关系展开，尼娜是他最为深入刻画的女性角色之一。她的未婚夫戈登·肖是一位参加“一战”的飞行员，在停火协议签署前两天，他的飞机被击落，尼娜从此仿佛完全变了一个人。尼娜让自己被四个男人包围，其中的任何一个男人都无法满足她的需要，但他们四个人加在一起却构成了她的理想男人——情人、供养人、父亲、儿子。（相当于父亲的那个人物查理·马斯登，他的名字结合了奥尼尔两个朋友的名字，查尔斯·德穆斯和马斯登·哈特利，他是奥尼尔所有作品中唯一一位明显的双性角色。）[293]在满足尼娜要求的同时，他们也代表塑造国家的力量：她死去的未婚夫代表美国的“男生理想”，她的情人代表科学进步，她的供养人代表实业资本主义，父亲角色代表清教道德，她的儿子戈登则代表虚假的国家纯真。由于以上这些力量无法相互共存，国家（尼娜）最终落入具有保护性的、稳定的同时又在道德上具有压抑性的清教王国。[294]

奥尼尔说，《奇异的插曲》是一次尝试，“尝试不用面具表达我前面讲到过的新的面具心理剧中的内容。在仅仅涉及表面或较浅的表层下的内容时，尝试是成功的，但当剧本偶尔想做些较深挖掘时，这种尝试显然很不成功”。①[295]乔治·金恩·内森 1929 年曾写了一篇诙谐的短文，题为“尤金·奥尼尔作为小说中的人物”，文中以奥尼尔的语气写了一段很长的，也颇为诙谐的对话，这段对话至少有一部分来自真

① 引自刘海平翻译的《再论面具》，郭继德编：《奥尼尔文集》(6)，人民文学出版社，2006 年，第 289 页。

实生活中的谈话:“我运用独白和旁白的真实情况是,尽管我狡猾地宣称它们代表了角色内心未说出的想法——我却巧妙地隐藏了那些显而易见的东西,艺术性地将其加以遮蔽,让其看起来像是内心各种声音的喧哗——它们实际上就是直白的戏剧对话。”[296]

这样,奥尼尔的戏剧手法就将伊丽莎白式的独白和20世纪心理学结合在一起;奥尼尔放置于对话中的旁白——或者被称为“说出来的思想、内心独白、思想旁白、双重对话、无意识诗歌、弗洛伊德合唱、大声的沉默”[297]——让人想起威廉·詹姆斯、弗洛伊德、卡尔·荣格、阿尔弗雷德·阿德勒、马塞尔·普鲁斯特和詹姆斯·乔伊斯的心理学概念和“意识流”手法。但奥尼尔在写给一位剧评家的信中说,“对于艺术家而言,这些想法其实都是古老的……任何一位艺术家,只要他是一位好的心理学家并且对生活和各种各样的人都有敏锐的感知,就算他没有听说过弗洛伊德、荣格、阿德勒等人,他也可以写出《奇异的插曲》”。[298]

人物的思想是有意识的,而非潜意识的窗口,这增加了戏剧反讽,观众所了解的比剧中有些人物所了解得更多。当张力在舞台上构建,观众越来越清楚地意识到,他们自己的生活也经常建立在相同类型的虚假之上,哪怕是在最亲密的关系中也是如此。日常对话在剧本中所占的比例不到三分之一;其余部分是内心独白和舞台提示,内心独白戴着公开讲话的面具,细致的舞台提示有意让剧本读起来更像是一部小说而不是一出戏。(在排练时,奥尼尔曾对劳伦斯·朗格抱怨,“如果演员不是那么愚钝,他们就不需要旁白;他们就能够在没有旁白的情况下表达出意义”。)[299]然而,这些思想旁白给导演菲利普·穆勒设置了巨大的挑战:演员应该怎样精确地呈现有意识的思维,才不会让观众将旁白和实际生活中的对话混淆起来?用聚光灯?用画外音?穆勒有一天乘坐火车时,列车司机突然紧急刹车。穆勒本能地抓紧了把手,他环顾四周,发现其他乘客在那一刻全都抓紧把手,一动不动。他突然就有了解决方案:一个演员念出内心独白时,其他人必须保持那一刻的动作，“突然静止”，“一动不动”。[300]

* * *

评论家们又一次开战。大部分评论家非常推崇《奇异的插曲》，认为它是“美国人对世界舞台最重要的贡献”，“美国戏剧手法历史上的里程碑”。几乎所有人都知道这是一部写给舞台的小说；但大家并不全都赞同《纽约世界报》剧评人达德利·尼克尔斯对其演出结果的评价：“他不仅写了一部伟大的美国戏剧，也写了一部伟大的美国小说。这是一部极富力量和深度的心理小说，在剧场上演，而不是存在于一本书的封面和封底之间。这是一部伟大的小说，完全没有小说家的那种啰嗦。”[301]

持反对意见的人也很多，并且争议经常转变为个人攻击。圣约翰·厄尔文批评奥尼尔的旁白，认为它“一方面阻止演员表演的愿望，一方面显示作者的懒惰”。对此，乔治·金恩·内森立即予以回击，“我非常尊重我的朋友厄尔文，但我非常有理由相信，在这件事上，说得礼貌一点，他犯了一个愚蠢的错误”。一位剧评人说，“九幕的心理愤怒有可能让人疲倦，但奥尼尔是个神秘的魔术师，观众并没有感到疲倦”。这时另一个人生气地说，“有九幕和长达一小时的幕间休息，在此期间我们期待的是麻醉剂，但仅仅得到了——汤。有些人在下午穿着晚装，有些人晚上穿着日装，这倒并不重要。唯一重要的是，这出戏以及它夸夸其谈的做作所带来的超长的、挥之不去的困倦”。海伍德·布劳恩取笑这出戏的赞助人奥托·卡恩，他是华尔街百万富翁同时也是普罗温斯敦剧团的早期赞助人（奥尼尔曾开玩笑地把他称作“伟大的奥托大帝”），说他赞助这出戏完全是个“失败”。[302]

戏剧界人士通常认为，当戏剧还在上演期间，最好不要去看剧评，不管是好评还是差评，都不要去看。但奥尼尔不是这样。他非常警觉地查看戏剧评论，警觉的程度近乎病态，还把评论都收集在一本巨大的剪贴簿中。[303]据《纽约先驱论坛报》小理查德·沃茨的报道，在《奇异的插曲》首演之后，他和奥尼尔闲聊时发现：“尤金·奥尼尔最值得注意的一点在于,这位剧作家从不假装自己不看评论。他读关于他的评论,对这些评论很感兴趣,而且,他对于当地的剧评人还有自己的喜好。公正地说,他对于评论的判断并不一定是基于剧评人对他的作品表达出多大的热情,但他还是会反对被作为持敌对观点的人之间交战的无辜受害者,就像是第一次世界大战中倒霉的比利时。"[304]

实际上,对于媒体上围绕《奇异的插曲》的论战,第一次世界大战倒是个合适的隐喻。剧评人相互冲突,正如德军与盟军之间针对比利时的争斗。在欧洲,联盟和反联盟之战重新勾画了欧洲版图,正如奥尼尔重新勾画了美国戏剧的版图。(奥尼尔去世之后三年,《进入黑夜的漫长旅程》于 1956 年的亮相,可以被看作《凡尔赛条约》,既终结了关于奥尼尔传奇的长期论战,又重新开始了新的论战。)奥尼尔几年之后写信给内森。"当他们把我击倒,他们实际上是在用大量的谴责来激励我,因为针对这些谬论的行动会接踵而至。这些小打小闹至少会让我清醒,让我相信自己是在通往成功的道路上。"[305]

到了 1928 年,奥尼尔将评论自己作品的剧评人分为三类:"戏剧报道者"、"职业哗众取宠者"和"具有关于戏剧的历史背景和知识而有资格成为评论家的人":"戏剧报道者碰巧从事报道晚间戏剧演出情况的工作,包括戏剧的故事情节,以及演员的角色安排。我觉得这些人总是能够相当准确地报道我的戏剧作品。职业哗众取宠者简直不值一提。他们所说的话仅仅是为了满足他们自己趾高气扬的虚荣。从真正的评论家那里,我总是能够获得这样的感觉,他们看出了我想要做的事情,不论他们是赞扬还是批评,他们总能切中要害。"[306]

奥尼尔有一个习惯,在他发现了对自己的作品有见地的评论之后,他会去联系那些"真正的评论家"。比如,约瑟夫·伍德·克拉奇曾将奥尼尔融合小说与戏剧的手法放在更为宽广的历史语境之中:"戏剧似乎是最适合于英雄时代的表达形式,而小说则是最适合于复杂而令人困惑的时代的表达形式,因为呈现的简洁性一直是戏剧创作不可或缺的要素。……舞台似乎注定要一直满足于简单的结构,这是必然的。简而言之，在舞台上，只能弹奏大和弦，即使我们所处的时代已经失去了被大和弦所推动的力量，而只能被微妙的、最困难的和声所推动。”[307]奥尼尔写信给克拉奇，说他的评论让他“由衷感谢”，“尤其感谢你在《奇异的插曲》中发现了小说综合性的因素。我的看法跟你完全一致，哪怕是最好的现代戏剧也显得不够厚重。对我而言，他们全都缺乏真正的力量和想象力”。[308]但这时，他已经放弃了自己不写戏剧而去创作小说的誓言。“不，”他告诉克拉奇，“我认为小说家要比剧作家更糟——他们浪费了更多的时间！”[309]

《奇异的插曲》中所包含的滥交、出轨、避孕、嫖娼、流产、无神论、近似于一妻多夫，还有乱伦，为戏剧审查者和剧评人提供了大量可以去指责的内容。一直以来都忠于职守的曼哈顿地区法官乔布·班顿又回来了；但他发现同仁剧院要比戏剧“铁三角”更愿意配合他的工作，当他们被要求删改剧本，比如必须把“流产”替换成“手术”，他们就照办了。[310]

波士顿市长马尔科姆·尼科斯禁止了这出戏在该市早已计划好的演出，认为剧本“非常令人恶心，道德沦丧，宣扬无神论，宣扬婚姻不忠，毁灭未出生的生命”。为了让该剧能够在波士顿上演，朗格和赫本再次修改了剧本，这次是在奥尼尔不知情的情况下进行了大幅度的修改。“从一出伟大的戏剧中删去几页，不会毁坏整体，”朗格告诉《波士顿邮报》。“这出戏并不仅仅依赖台词达到效果，”赫本补充道，“我们很容易就可以删去市长所希望删去的每一个词。”在公开场合，尼科斯立场非常坚定，不论如何删改，“这出戏的任何一个版本都彰显了无可救药的行为标准和厚颜无耻的道德规范”。（朗格后来指责市长，说他拒绝上演这出戏是因为他没能从他们那儿讹到10000美元。）[311]

波士顿郊外的昆西市市长托马斯·麦克格拉斯主动提出，让该剧转到他所在的城市上演。（在剧院附近有个餐馆，店主名叫霍华德·迪尔林·约翰逊，他当时在波士顿精英群体中还默默无闻。后来约翰逊的餐饮生意越做越大，成为全美最大的旅馆和餐馆连锁企业——豪生国际酒店集团。)当麦克格拉斯在1929年9月30日首演当晚进入剧院时,迎接他的是来自观众的充满感激的欢呼,观众中"百分之九十九以上都是波士顿人"。[312]在五个半小时的演出之后(其中包含在霍华德·约翰逊饭店的晚餐),演员们十四次返场谢幕。麦克格拉斯市长被很多观众追问他对这出戏的看法。尽管公民陪审团也在当晚观看了演出,但陪审团的判断无足轻重。麦克格拉斯声称,他观看《奇异的插曲》所学到的东西"相当于一百次布道"。[313]

朗格和赫本在这场演出中保留了很多为波士顿演出所删除的内容,但又为费城和其他地方的演出进行了更多的删改。[314]罗得岛州首府普罗维登斯市在1930年4月仍然禁止该剧的演出,禁演的依据是"贞洁和道德法",一个由当地人所组成的委员会认为这出戏有可能让年轻人学坏。[315]

总体而言,《奇异的插曲》从一开始就收获了更多的肯定。第一轮演出的票很快售罄,有好几个月,在密不透风、异常炎热的900座剧场里,来看戏的人宁可选择站在后面观看,也不愿错过这个当季必看的文化事件。奥尼尔也曾认为《奇异的插曲》有可能是他"最赚钱的一出戏",但这样的盛况倒是他从没预料到的。"这在我看来简直是疯了,"他在4月听说仍然有人站着观看演出,感到十分不解,"让我站四个半小时去看耶稣受难的原版演出,我都不会愿意!"[316]

《奇异的插曲》仅在百老汇就连续上演了17个月,连演432场,在随后的多次巡演中,演出数量更是成倍地增加,该剧的图书版也在畅销书排行榜中高居榜首。这出戏还进行了两次非常成功的全国巡演,1932年该剧被米高梅影业公司拍成电影,由当红影星克拉克·盖博和瑙玛·希拉主演。奥尼尔的这出先锋性的戏剧小说最终为他赢得了250000美元的收入,还让他获得了第三个普利策戏剧奖(这一次,他立即把奖金捐给了作家联盟基金)。[317]从此,奥尼尔不再仅仅被称为"美国最伟大的剧作家",这个称号在当时并不算什么,他现在是世界上健在的最伟大作家之一;诺贝尔文学奖委员会在20世纪20年代末非常急切地想将美国作家纳入评奖范围，因此他们在第二年就将奥尼尔列入了候选人名单。

2月7日，奥尼尔写给伯顿一封分手信。他承认，《奇异的插曲》的成功带给他的感受和当年《毛猿》的情形一样。母亲的棺材从加州运到纽约，剥夺了《毛猿》的成功带给他的兴奋："我成功的麻烦在于，我自己的生活中总有很多事压在心上，因此对戏剧就没有多大兴趣了，"他写道。"'So ist das Leben(这就是生活)'，我猜是这样。或者至少是我的'Leben(生活)'。'权力和荣耀只是过眼烟云'，或者说，它们总是一晃而过。"他决定两人"必须很长一段时间都不见面"，但在信的末尾安慰她说："我对你的爱与友谊永存！"[318]

伯顿在收到这封信之前，已经从百慕大给他写了一封信。"我身处黑暗之中，"她说，"我收到了来自《纽约时报》的电报，说你刚刚动身去了欧洲……我却毫不知情。"[319]她当然不会知情，因为奥尼尔和蒙特雷动身之前几乎没有告诉任何人，知情的只有少数几个发誓守口如瓶的密友。他们没有向伯顿、孩子和媒体透露关于他们旅行目的地的任何消息。他们悄悄地坐船去了欧洲。为了躲避妻子的讥讽和一心想发掘猛料的媒体，他们选择了逃离，这种状态将持续三年多。

* * *

20世纪20年代末至30年代,美国剧作家能够在世界剧坛扮演主角了。他们在实验戏剧和社会戏剧方面都大大超越了欧洲剧作家,当时只有萧伯纳和肖恩·奥凯西这两位欧洲剧作家能与之抗衡。但是,有两大因素制约了他们的发展:大萧条和好莱坞。20年代末,百老汇有超过70家剧院。但1929年爆发的经济危机让人们无力购买戏票,剧院的地价也急剧贬值,很多制作人关闭了剧院,宣布破产。与此同时,贫困失意的观众涌进电影院,以一种相对便宜的方式寻求从现实中解脱的片刻安慰。

很多美国剧作家去了南加州,因为好莱坞开出了诱人的稿酬,尽管如此,仍有一些有思想的剧作家在大萧条中崛起,组建了具有社会意识的戏剧团体,比如团体剧院、剧院联盟、演员剧目公司等。很多在20年代为戏剧提供支持的赞助人都因为股市崩盘而失去了财产,1932年大选之后,在新当选的第一夫人埃莉诺·罗斯福的敦促之下,政府机构开始填补这一空白。

一项名为"联邦戏剧工程"的新政法案获得通过,法案还有一个非常重要的独立单元,"黑人戏剧工程"。在很长一段时间,奥尼尔一直批评这个工程所资助的大部分作品,认为它是在一厢情愿地插手戏剧,通过"社会学戏剧、政党政治戏剧、地区爱国主义戏剧等盲目的渠道";但后来,尤其是在第二次世界大战爆发之后,他开始对该工程所支持上演的戏剧作品推崇备至。

奥尼尔在从1934年到1946年长达12年的时间里一直远离公众的视线,而这一阶段正处于大萧条和"二战"时期。"对于疯狂的二十年代还是有些东西可以说的,”他在1941年惆怅地宣布,“有时疯狂自有道理。”奥尼尔于1936年获得诺贝尔文学奖,但令人惊讶的是,当时他还并未到达自己艺术成就的巅峰。在奥尼尔的长期沉寂期间,年轻一代的美国剧作家——克利福德·奥德茨、西德尼·金斯利、威廉·萨洛扬、莉莲·海尔曼、桑顿·怀尔德、马克斯韦尔·安德森——开始断断续续地向美国舞台输送新的手法和视角。

奥尼尔在“疯狂的二十年代”认为自然主义戏剧“过于简单”,他的这一观点并没有保留多长时间,他在整个30年代以及40年代初期所选择创作(或者说至少是完成)的作品都属于自然主义的传统,但同时也建立在20年代“高度现代主义”心理转向的基础之上。作为对大萧条和“二战”的回应,美国戏剧总体上越来越多地表现当代社会中的苦难,尤其注重这些苦难在心理上所产生的毁灭性效果。到了20世纪40年代,由于奥尼尔在生理学、社会学、心理学领域的先锋性创作和革新,美国剧作家们拒绝了善与恶、英雄与恶棍、对与错之间虚假的二元对立——这正是奥尼尔在道德和艺术上最为著名的成就,这一成就渗入美国戏剧的方方面面,直至21世纪仍然存在。

田纳西·威廉斯一鸣惊人的剧作《玻璃动物园》于1944年上演,资深戏剧观众,尤其是年轻一代中的资深观众,对该剧非常推崇。奥尼尔曾在《欲望号街车》1948年首演之后给威廉斯写了贺信。威廉斯一直认为,在美国剧作家当中,即使有桑顿·怀尔德和阿瑟·米勒这样的戏剧天才,但只有奥尼尔才是他唯一无法超越的高峰:“奥尼尔让美国戏剧得以诞生,”威廉斯说,“他也为之鞠躬尽瘁。”

* * *

第四幕

五英寻深处

我生而为人,是一个巨大的错误。如果我生来是一只海鸥或者一条鱼,我会做得更好。生而为人,我总像个无所适从的陌生人,自己并不需要什么,也不被别人所需要,总也找不到归属,总有想死的念头!

——埃德蒙·蒂龙《进入黑夜的漫长旅程》

公　海

奥尼尔和蒙特雷在跨越大西洋的颠簸航行中始终没有走出他们在船上的房间，自1911年以来，这是他的首次欧洲之行。奥尼尔浏览了乘客名单，发现船上有几个人可能会认出他来；尽管他已经非常谨慎地使用化名登船，他还是特别担心会被媒体追踪。从船舱的舷窗望着外面，他控制不住地开始哭泣，然后对着蒙特雷大声说出了自己心里的话，仿佛是在上演《奇异的插曲》中的一场戏："离开那么多你所热爱的东西，所有对你有意义的东西。""好吧，卡洛塔，"她默默地对自己说，"这次你算是无法脱身了。"[1]

他们安全抵达英国并在还没有被人认出来的情况下入住伦敦的一家五星级酒店——伯克利饭店，奥尼尔终于逃离了"纽约的疲惫"，开心地享受这里的自由状态。"我们什么时候回纽约，我不知道，"他写信给肯尼斯·麦克戈文，"并且我好像也并不在乎。"在多年阴郁的绝望情绪之后，奥尼尔挽着蒙特雷在英国首都四处游玩，"傻乎乎的，快乐地睁大双眼，这种蜜月的快乐要比一般的蜜月鲜活、甜蜜、兴奋一千倍，因为它来得正是时候，当一个人的过去——尤其是像我这样的过去——让人学会理解幸福的含义，知道幸福是多么珍贵，人应该如何谦卑地去获取幸福"。[2]他现在感觉到对蒙特雷的无限爱意，他知道这听起来"过于缠绵"，仿佛有某位神秘的天神可怜他，正在加倍补偿他过去所经受的痛苦磨难。"一切都非常美好，就在此刻——梦想成真！"他写信给伊丽莎白·沙普雷·瑟尔金特。"'毛猿'最终找到了

‘归属’。这种归属来自一个女人的爱,而这个女人在剧中饰演的角色正是那个击碎主人公自我的人,这实在是个巧合,两者恰恰相反,很有趣,是吧?”[3]

奥尼尔和蒙特雷在三月乘船去法国;但他们在巴黎停留时被发现了,《世界论坛报》的记者紧盯着他们,他们因此放弃了游览这个当代文化中心的计划,租了一辆车离开巴黎。他们先是在卢瓦尔河谷城堡区游览,参观了“香波城堡、昂布瓦斯城堡、洛什城堡——都是我见过的最美、最戏剧化的地方”,他在写给朋友的信中说。他们然后一路向南,到达大西洋沿岸,想租个别墅长期居住。他们最终在盖塔里找到了满意的房子,盖塔里和新伦敦一样,曾经是个捕鲸的渔村,俯瞰巴斯克海岸,与西班牙接壤。他觉得这里是自己的家,尤其是当他听说巴斯克人“与我这种黑爱尔兰人属于同一个家族谱系”。[4]在这里住了一个夏天之后,他们租下了玛格丽特别墅,这是一座位于海滩边的老房子,就在村子外围。在这里,奥尼尔开始了自己与阿格尼斯·伯顿的离婚谈判。

伯顿说她希望和平分手;他们在温特沃斯宾馆最后一次温存时,伯顿曾向他保证,要给他自由。“我希望你幸福,”她从百慕大写信给他,似乎语气中带着不满和怨恨:“当你在游览欧洲时,也请你想着我,我曾经如此渴望去欧洲,渴望我们一起去欧洲看看。”奥尼尔总体上相信伯顿“本质不错”;但他担心她可能会受到那些“费城社交名人”的影响,她在百慕大时跟这帮人关系不错,而奥尼尔认为他们“完全背离基本人性——而且[伯顿]很容易受到有钱人和社交名流的影响”。为了防止自己受到威胁,奥尼尔向她承诺,她可以无限期地待在斯皮特黑德,并且他会为孩子们(包括继女芭芭拉)提供生活费——当然是在合理的支出范围之内。[5]

与此同时,距离他在盖塔里别墅五千英里之遥,奥尼尔的作品《拉撒路笑了》于 1928 年 4 月 4 日在加利福尼亚州的帕萨迪纳社区剧院首演。奥尼尔将该剧的副标题定为“为充满想象力的剧院而演出的剧作”，该剧的布景必须充满异域特色，对演员阵容的要求也非常高，甚至超过了《马可百万》，为奥尼尔撰写传记的巴内特・克拉克认为，“充满想象力的剧院”并不确切，奥尼尔应该用“想象中的剧院”这个词才更加合适。[6]

帕萨迪纳剧院所招募的演员阵容，包括 16 名有台词的角色和 159 名业余演员，这些演员总共承担剧中 400 多个角色，有拉撒路的客人、正教犹太人、拿撒勒人、拉撒路的追随者、希腊人、罗马士兵、罗马元老院元老、罗马议员、一群罗马侍臣、儿童合唱队、老人合唱队，甚至还有一只垂死的狮子。他们花了 6 个多星期的时间设计了 400 多件服装和 325 个面具，刻画不同的年龄、性别、阶级、宗教和种族，每个面具还有相应的假发和头饰，这项浩大的工程由加州大学洛杉矶分校舞台技术专业的学生和老师完成。[7]连续 28 个晚上，戏票全部售罄，之后转到好莱坞音乐盒剧院上演。该剧由吉尔莫・布朗担任导演，这次在西海岸的演出成就非凡——不仅仅是奥尼尔的成就，也极大地拓展了美国社区剧院的可能性。

《拉撒路笑了》这个标题标志着一种情绪逆转，与早期诗歌《新郎哭了！》中的绝望截然相反。它将《马太福音》中的“午夜，有一声大哭，看啊，新郎来了！”与《约翰福音》中“耶稣哭了”融为一体，耶稣哭了是因为被告知他来得太晚，无法挽救已经死去的追随者拉撒路，之后又奇迹般的让他从坟墓中站起来。在《圣经》中，“新郎”是耶稣基督，他提供拯救，让人类战胜死亡。但奥尼尔实验性的面具剧是从《圣经》故事中断的地方接下去叙述，推测了在基督奇迹之后的未来。（在该剧还未找到制作人之前，肯尼斯・麦克戈文就指出，《拉撒路笑了》是“尤金・奥尼尔在他所有作品中第一次将犹太人作为舞台中心人物”。）[8]通过走遍罗马帝国宣扬生命超越死亡——“是”超越“否”，拉撒路本人就成了被崇拜的对象。当被问及来生时，拉撒路回答：“啊，好奇而贪

婪的人们啊,难道一个世界还不够吗?”①(*CP*2,546)

奥尼尔很早就意识到,这出戏最大的障碍在于找到一位演员来完成拉撒路那仿佛是来自天际的笑声,这甚至比组织庞大的演员阵容还要困难。拉撒路的笑声具有解除死亡恐惧的力量,舞台上戴着面具的角色仿佛中了魔咒(拉撒路是唯一一位不戴面具的角色),观众也仿佛中了魔咒。奥尼尔前一年9月在纽约的一次餐会上看到保罗·罗伯森在演唱灵歌,当时他就考虑让他来扮演拉撒路,将他的脸涂成白色。“不要笑,”他写信给伯顿,“白人通过化妆扮演黑人,为什么就不能反过来呢?他是唯一一位能发出那种笑声的演员,这是重点。这也将是很好的宣传——会吸引无穷的公众注意力。”[9]

幸运的是,加州当地剧团的成员发现,并没有必要借助这种方法。他们为这个角色找到了最为合适的人选:厄尔文·皮彻尔。剧评人都被皮彻尔的表演打动了,很多人简直着了迷:“那种笑声,”《纽约时报》的乔治·C.沃伦写道,“有一次竟然一直不停地持续了四分钟,这需要绝对的镇定和自信,皮彻尔绝妙而浑厚的声音让他大获成功。”《洛杉矶时报》也对他的笑声印象深刻,祝贺皮彻尔魔幻般的发出“永恒宇宙的狄奥尼索斯式的笑声”。“我一直期待被那笑声萦绕,”《帕萨迪纳晚报》盛赞皮彻尔,“我期待长时间地被那笑声萦绕,它在记忆中回荡,还有拉撒路闪光的面容和熠熠生辉的服装,他的脸上没有面具,他在面具的世界中行走”。[10]奥尼尔一直很欣赏皮彻尔的“智慧、能力和想象力”,早在1923年,他就希望将他招募进实验剧团。他有一天告诉皮彻尔,他争取出席首演,当地报纸也报道,奥尼尔会去观看首演,但会悄悄地躲在观众席而不暴露身份。“大家都指望奥尼尔会来,但他没来,有报道说他当时在法国南部,”一位知名媒体人爆料,“因为他没有露面,大家有些失望,但精彩的演出、令人兴奋的表演和戏剧自身的诗

① 引自谢榕津翻译的《拉撒路笑了》,郭继德编:《奥尼尔文集》(3),人民文学出版社,2006年,第187页。

意美感弥补了这一缺憾。”[11]

但成功所带来的“力量与光辉”又一次背离了奥尼尔,《拉撒路笑了》的巨大成功带给他的兴奋因为一封来自伯顿的令人惊恐的信而烟消云散。那年1月27日,伯顿发现自己怀孕了。她4月份写信给奥尼尔,说肚子里的孩子是那天在温特沃斯宾馆怀上的。奥尼尔不相信,他的判断是正确的。从她的第一封关于这次“不检点行为”的信算起,她怀孕的天数加起来不对,他们于1月14日同房,她正是在那一天动身回百慕大;奥尼尔因此认定她“亲手写下了通奸的确凿证据”。“你真是厚颜无耻,把这件事强加在我头上!上帝啊,你一定是变了,变坏了——你竟然能做出这种事!”[12]伯顿很快就意识到,没有必要再继续争辩下去,她5月份去纽约做了流产,住在玛丽·布莱尔家里。

自从布莱尔成为奥尼尔作品的御用女演员开始,她就成了伯顿的闺蜜。伯顿来到她的公寓,伤心得浑身颤抖,布莱尔则愤怒地来回踱步。“他再也别想写出另外一部戏——我呸!”她一边说一边往地上啐了一口。她自己也刚刚与埃德蒙德·威尔逊离婚,因而全心全意地支持那些正在经历离婚之痛的女性。伯顿记得,早在1922年3月,当时布莱尔在《毛猿》中扮演米尔德里德·道格拉斯,她在布莱尔的公寓遇到了F.斯科特·菲兹杰拉德年仅22岁的夫人泽尔达。伯顿和泽尔达一起前往宾夕法尼亚车站,当她们拿着个小酒瓶一口接一口地喝酒时,这位漂亮的姑娘昏倒在地。她那天上午刚刚接受了流产手术。[13](菲兹杰拉德在那个月的账本中痛苦地记录,“泽尔达和为她做流产的医生”。在泽尔达写给他的信中,她列出了导致她第一次被关进精神病院的事件,其中包括“流产药丸和拉金大夫”。)[14]

伯顿肚子里孩子的父亲有可能是在斯皮特黑德的一位码头建筑工,名叫约翰·约翰逊,也有可能叫约翰·约翰斯顿,保姆“嘎嘎”曾在那年秋天当场撞见伯顿和他在一起。这让伯顿非常恼火,她打发保姆收拾行李回普罗温斯敦。“嘎嘎”在普罗温斯敦给奥尼尔写了几封信,她在信中显然说了伯顿的风流韵事,还说她的女主人喝很多酒,已经“垮了”。(在写给伯顿的信中,奥尼尔引用这位匿名告密者的话,“对我可怜的孩子们来说,这是怎样的耻辱啊”。)“嘎嘎”恳求他说服伯顿,让自己能够重新回去工作。他于是写信给伯顿,伯顿当时已经觉察到了“嘎嘎”的两面三刀,奥尼尔认为伯顿“不能因为她的闲言碎语而解雇她,这会伤害一位年老的女性,她一直是我们的好朋友,如果我们还有朋友的话……从良心上来说,我觉得这样做很不好”。在那年夏天搬回西坡因特旧宅之后,她再次雇佣了“嘎嘎”;但“嘎嘎”在次年(1929年)7月6日就去世了。[15]

“自从我们上次见面之后,我就——应邀——去了布拉格,”奥尼尔在写给伯顿的信中撒了谎,他不想让伯顿知道自己的行踪。“我会在这里待一段时间,有工作要做——不是在城里,是在偏远的郊区,在河边的一座房子里——宁静可爱的地方。”他对哈罗德·德·波罗说了同样的话,尽管他把德·波罗称为“不论顺境还是逆境都可以真正信任的老朋友”,但德·波罗和伯顿走得比较近。他告诉沙恩自己在德国,在波罗的海,他已经准备好了给他寄几张当地的明信片。[16]

只有几个他特别信任的人——哈里·韦恩伯格、肯尼斯·麦克戈文、萨克斯·卡明斯和同仁剧院的几个成员——才知道他实际的位置。“不要让任何人知道上面这个地址,”他从盖塔里写信给卡明斯。“大家都知道,我已经离开这里很久了。最好你能帮我宣传一下,说你收到了我从柏林或者维也纳或者布拉格或者其他地方的来信,只要不是法国就行……阿格尼斯破碎的心一夜之间变成了狮子大开口一般对金钱的贪婪。”他说,整个事件简直就是某种合法的敲诈,“只有那种没文化的不正经女人才干得出来”。“但又能怎么办呢?”奥尼尔在写给麦克戈文的信中斩钉截铁地说,“她对我来说已经死了,所以也就无所谓了——她意识到了这一点,这让她非常生气,因为她知道现在她已经没法伤害我了。”[17]

奥尼尔的代理人理查德·麦登警告自己的客户,如果伯顿把他和蒙特雷的婚外情公之于众,就会引发像查理·卓别林那样名誉扫地的丑闻。“他是个十足的傻瓜,”奥尼尔写信给韦恩伯格,认为卓别林是个拙劣的参照。“卓别林的妻子指控他勾引年轻姑娘,用各种性变态的方式——他的确如此,大家都知道的。他非常卑鄙下流。”[18](乌娜·奥尼尔,卓别林未来的妻子,此时还不满三周岁。)奥尼尔更喜欢辛克莱尔·刘易斯的故事,他也逃到了欧洲,他的离婚“体面而尊严,没有丑闻”,他和格蕾丝·海格尔宣布离婚,之后就再没有什么纠葛了。[19]

为了在离婚时有一些优势,奥尼尔在伦敦委托一家法律公司调查伯顿与詹姆斯·博尔敦之间是否存在传言中的婚姻关系;公司没有找到相关证据,他于是又让韦恩伯格去调查芭芭拉的生父是谁,看看伯顿是否重婚。[20]他恳求伯顿去里诺,就像辛克莱尔·刘易斯的前妻所做的那样,在里诺,女性只要单独居住三个月就可以办理离婚手续。这在当时被称为“里诺式离婚”,只要有“遗弃”的指控就可以准许离婚,而在康涅狄格,必须要能证明“无法忍受的残忍”才能离婚。[21](如果奥尼尔展示他与凯瑟琳·简金斯离婚的最终判决书,很可能对离婚双方都没什么好处,奥尼尔本人也许都没读过这份判决书。根据这份判决书,奥尼尔与伯顿的婚姻从一开始就是不合法的。)[22]“就我自己而言,”奥尼尔写信给德·波罗,“只要我能不时地喝到烂醉,那些没法忘掉的事情就不会堆积到如此程度。我就着大麦约翰把它们吞下,将记忆淹没。但当我戒酒之后,它们开始堆积成炫目的监狱高墙。”[23]

1928年5月,奥尼尔的高墙在他和蒙特雷身边土崩瓦解,当时有一位记者路易斯·卡隆奈姆(也被称作路易斯·坎特)来玛格丽特城堡拜访奥尼尔,他曾在普罗温斯敦与特里·卡林共居一室。蒙特雷听到奥尼尔与卡隆奈姆在屋里一起大笑,她立刻就知道奥尼尔又开始喝酒了,这是他两年以来第一次喝酒。她拿起包就走,一直走到火车站才回头。当她回到玛格丽特城堡时,发现两个人都昏睡过去了,黑咖啡洒在“客厅蓝色缎面墙壁上,到处都是”。[24]“好吧,这就是天才——这就是爱情!”她想。“上帝啊,帮帮我们吧!”[25]

“记住,一定要忘掉5月的这件事!”奥尼尔后来写信给卡隆奈姆。“这件事没有意义,但对我的未来倒真是件好事,是对老毛病的致命一击。但是阿格尼斯等人会多么想抓住这个把柄啊!”[26]

那年夏天在玛格丽特城堡,奥尼尔构思出了他的下一个创作计划,《发电机》。前一年秋天,也就是1927年9月30日,奥尼尔从纽约前往位于康涅狄格州斯蒂文森的水力发电总站。这是一次私人参观,他“被带到各处,看了从屋顶到地窖的所有设施。非常令人难忘的经历!”[27](1928年,当奥尼尔开始起草《发电机》的故事梗概,迈克·戈尔德和他联系,想要恢复激进期刊《民众》,这份期刊后来改名为《新民众》,但有一段时间,他考虑将其命名为《发电机》,奥尼尔有可能是从中获得了新剧标题的灵感。)[28]奥尼尔的工作笔记中写着:“关于发电机的戏——绝望的哲学家——爱上能量守恒的诗人——让自己成为它的化身——最终与之结婚——以他的毁灭作为完美结局。”[29]他希望哲学家-诗人的斗争能够在观众中激发“戏剧背后关于美国生活的普遍主题,美国是恋母情结之地”。[30]他在8月中旬写给迈克·戈尔德的信中说,和他的很多其他作品一样,《发电机》是他“为美国灵魂中的一部分撰写传记的又一次企图”。[31]

《发电机》的主人公鲁本·莱特是奥尼尔笔下的又一个现代浪子。读了一年大学之后,鲁本回到清教氛围浓厚的新英格兰家中,他希望用现代电力之神取代他的教父哈钦斯·莱特牧师所代表的基督之神。鲁本的妈妈刚刚去世,这激化了他的无限渴望,渴望新的上帝能给予他某种有形的启示。他试图在附近的一家发电厂找到真理,他想象自己将成为人类的下一位先知。鲁本感到自己背叛了母亲,因为他与女友艾达·法伊夫性交而阻碍他实现自己所希望的奇迹。在绝望之中,他杀死了艾达,然后抓住正在轰鸣的发电机碳刷,放弃了一切求索,将自己电死，以此与母亲团聚。

1928年8月中旬，奥尼尔将《发电机》的手稿寄给萨克斯·卡明斯，让他打印出来交给同仁剧院。卡明斯已经不当牙医了，当时和妻子多萝西在法国暂住一年，多萝西是一位很有成就的钢琴家，两人前一年刚刚结婚。奥尼尔的手稿中还包括一些字迹潦草的说明，“建议、说明、意见，还有关于现代舞台的各种自大的言辞与批评”。这篇论述从未被完整地发表，它强调正确处理该剧音响效果的重要性，这样发电机的声音听起来“才不会像真空吸尘器”；它同时也包含奥尼尔关于革新现代剧场舞台效果的总体想法。“回顾我的作品，”他写道，“这些作品只需要机械声响，而不需要音乐……我可以说，它们之中没有一部在现代剧院中真正得以贯彻，尽管它们是为现代剧院而创作的。我希望有一天它们将得以贯彻——那时人们一定会惊讶于它们所增加的戏剧价值——它们所呈现的现代价值观。”[32]在一封单独写给同仁剧院特蕾莎·赫本的信中，他还建议，为了达到发电机轰鸣的效果，同仁剧院应该雇一位电力专家，以备咨询，“发电机所发出的持续不断的金属轰鸣——如果你曾经在发电厂待过一小段时间，你就会知道这种声音在本质上是多么具有象征性，多么神秘，多么动人（它不像其他任何声音，它只是它自己）”。[33]

奥尼尔准备将《发电机》作为三部曲的第一部分，他将三部曲命名为“为被遗弃的上帝所写的神秘剧”或者“上帝死了！什么——万岁?”。三部曲将联合起来“刨根寻源”，奥尼尔说，“对我所认为的时代弊端刨根寻源——旧的上帝已经死去，而科学与物质主义又不能成为新的上帝来满足人们保留下来的原始宗教本能，使他们找到生活的意义，对死亡无所畏惧”。①[34]

① 引自刘海平翻译的《对时代弊端刨根寻源》，郭继德编：《奥尼尔文集》(6)，人民文学出版社，2006年，第267页。

蒙特雷居家管理的精致讲究与奥尼尔深居简出的生活方式配合得非常完美。她照管房子，起草信件，计划约会，购买衣物。她对社交不感兴趣，也不喜欢名流的生活。总之，伯顿在与奥尼尔的婚姻中最不在乎的事，正是蒙特雷最为擅长的。蒙特雷的前夫、著名漫画家拉尔夫·巴顿仍然苦恋着她，巴顿的好友查理·卓别林凭着直觉感到，蒙特雷的主要目标一直是让自己傍上"一个有天赋的人，切断他与所有人的联系，全力辅助他的才华，而她自己闪耀在他所折射出的光辉中。"[35]巴顿知道他自己当时没能领会这一点；等到奥尼尔出现了，一切都为时已晚。

对于蒙特雷来说，她的爱人在玛格丽特城堡写的这部作品《发电机》将是奥尼尔剧作中第一部只属于他们俩的作品，就像是《天边外》属于伯顿（"我们的戏"）。"我——也——因《发电机》而永生，"蒙特雷在写给卡明斯的信中说，"但尤金现在在想，这出戏是否很糟或者担心其他问题……我能理解并且安慰他——！我的爱人也是我的孩子——在他身边共同经历煎熬与美好，大大发展和丰富了我的内心。"[36]即使拥有这样痴迷狂热的支持，奥尼尔的心绪还是被愤怒、内疚和恐惧所困扰——他与伯顿的离婚协商、他对孩子们的担心，还有伯顿接受《纽约世界报》的一次"下贱的"采访，标题十分令人不安，"奥尼尔离婚传言之真相"。[37]奥尼尔从一开始就希望有尊严地结束婚姻，但伯顿并未让奥尼尔如愿，她否认与奥尼尔进行了任何关于离婚的协商，这让想炒作丑闻的媒体吊足了胃口。另外一次采访那年6月下旬出现在《纽约每日新闻》上，标题更为恶劣，"妻子将准许奥尼尔的自由'错觉'"。

刚刚把《发电机》寄给同仁剧院，奥尼尔就劝说蒙特雷和他一起远行，以便进一步摆脱公众的流言，并且满足他对于远东的迷恋。1928年10月3日，也就是他们坐船去香港之前的两天，奥尼尔给伯顿发了最后一封信。这是一张明信片，背面写着充满讽刺意味的祝福："这是一座绝妙的城堡！你来法国时一定要看看。代我亲吻沙恩和乌娜。

爱你。尤金。”明信片的正面是一座古老坟墓的图片，下面用法文写着“Tombeau d'Agnès”(阿格尼斯之墓)。[38]

为了避免流言，奥尼尔和蒙特雷在船上定了分开的两个房间，蒙特雷还带着按摩师蒂娃·德露作为她的护士、仆人和秘书。一直到“安德烈-勒庞号”驶离马赛，奥尼尔才在房间的床上发现了来自纽约的电报。这是同仁剧院的决议:《发电机》获得全票通过，祝旅行愉快。蒙特雷激动得忍不住哭了。“这是多么神圣的解脱啊，”她写信给萨克斯·卡明斯，“尤金休息并放松并回归无忧无虑的自我!”[39] 10 月 16 日，当船停靠在也门亚丁的港口时，他们一起度过了奥尼尔四十岁的生日。在驶往新加坡的途中，他们经过红海，在吉布提稍作停留，然后继续前往印度洋和英属锡兰。有将近两周的时间，每天上午奥尼尔都在创作《不可能是疯了》，一出关于汽车巨头崛起的戏；与《发电机》一样，这出戏的主题也是“搜寻替代上帝的普遍精神徒劳”。[40]这一次，在他计划去写的三部曲中，替代上帝的将是财富；但他没能构思出可以持续发展的剧情结构，所以当船行驶到苏伊士运河以东时，他就放弃了这出戏的创作。

在新加坡，奥尼尔中暑了，因为他坚持要在正午火炉一般的炎热中游泳。他选择去游泳的那个湖，蒙特雷在日记中气恼地写道，“城市下水道的污水正好全部排放到尤金游泳的地方!”下一站是法属印度支那的首都西贡，他在那里又染上了严重的流感，“在赤道炎热的天气中患上流感特别难受，”但他发现这个城市“以一种奇怪邪恶的方式令人着迷”。印度支那所有点燃奥尼尔想象力的异域风情，都让蒙特雷感觉恶心。在游览华人居住的堤岸市时，她感到空气中有一种“奇怪的‘东西’，当我们沿着泥泞的公路行驶时，无声无息，异常安静——铙钹叮当作响——一切都显得颓废——死亡、腐朽——对我来说很可怕，我不喜欢这些”。奥尼尔又一次跳进不干净的水中游泳，“简直就是个泥潭，”蒙特雷生气地写道，“旁边就是个厕所!”[41]

奥尼尔坚决不愿意受蒙特雷的控制,他找到一个“特别棒的赌场”,在那儿赌了很长时间,在轮盘赌上输了上百甚至有可能是上千美元。因为身无分文,奥尼尔在香港都没有上岸,他在船上一直待到11月9日,到达上海的英国租界。他们入住皇宫酒店,入住的第一天就请宾馆的医生亚历山大·瑞纳为他们诊疗,瑞纳大夫是来自匈牙利的神经专科医生,他每天为奥尼尔进行“神经营养”注射。[42]

奥尼尔在上海街头被人认出,似乎不可避免。“尤金·奥尼尔在远东流浪,”一个美国新闻记者注意到,“这次旅行必定伴随着电报机的滴答声,这声音就像是鼓点,记录他的行踪。”[43]但幸运的是,第一个发现他的记者是他在格林威治时的好友,阿尔弗雷德·贝森,当时他是《华北先驱报》的记者。“帮我个忙吧,”奥尼尔说,“帮我摆脱媒体。”奥尼尔非常希望有人陪伴,但蒙特雷却没法陪他,她不是在和瑞纳大夫的妻子特蕾兹逛街购物,就是因为逛累了而躺在宾馆房间里休息,奥尼尔因此又开始喝酒了。在喝酒的间隙,贝森很开心地领着他去逛那些不怎么有人去的地方。“最让尤金感兴趣的地方,”贝森回忆道,“是在警察局总部的一个犯罪博物馆,房间里全是谋杀工具、高超罪案的记录、行刑工具,等等。”有一个工具叫“千刀万剐”:“匪徒会将一个人用双绳五花大绑,把肉都挤出来,然后一刀一刀地剥去皮肤——千刀万剐。”[44]有一次喝完酒之后,奥尼尔发现自己不由自主地去了另外一个“轮盘赌宫殿”,赌了一夜,直到把所有的钱都输光,再发电报让人送来更多的钱。“我体内一定有吉姆[·奥尼尔]的特质,”他在信中向德·波罗坦白,但否认喝酒跟赌博有关。“你相信吗?我竟然去赌钱了!”[45]

11月21日,大约凌晨1点,在和阿尔弗雷德·贝森喝了一夜之后,“尤金走进了起居室,”蒙特雷写道,“他看到我——摇摇晃晃地走到我跟前(脏乎乎的,完全是个黑爱尔兰醉汉),说‘你他妈在这儿干什么?’”蒙特雷感到很恐惧,告诉他自己一直很担心。她第二天早晨在日记中写道,他后退了几步,然后对着她大喊,“我不许任何人监视我”……他一拳把我打倒了！[46](这段记录中显然省去了一到两个特定的形容词,很久以后,她提到了他当时所说的话,“我不会让一个老妓女告诉我该怎么做!”)[47]

第二天早上奥尼尔醒来的时候,蒙特雷已经走了。贝森来到宾馆时,奥尼尔承认自己打了蒙特雷,但他并不觉得懊悔:“我打了蒙特雷一拳,她走了。她回家了,我猜是这样,但我根本不在乎。”她的离开只是让他更加肆无忌惮,那天晚上贝森领着他去体验了一番城市夜生活。在酒吧游荡了一晚上之后,他们来到圣乔治舞厅,跟中国的“出租舞女”跳舞,“出租舞女”又叫收费舞女。那地方没有多少人光顾,奥尼尔觉得那群排队靠墙站着的舞女挺可怜的,就给她们每人买了一瓶香槟。在男更衣室,他问侍者,“你为什么做这样的工作?”但那个人不懂英语,所以没有回答。“你活该!”奥尼尔对他大叫,“资本家去死吧!”“放松一点,”贝森一边说,一边拿回了奥尼尔塞到侍者手里的钱,看起来有1000美元。出了圣乔治舞厅,奥尼尔坐在人行道的边上哭了起来。马路对面的几个锡克族警察开始笑他。“我有没有告诉你,”他满眼泪水地问贝森,“我对阿格尼斯有多么地糟糕?”[48]

* * *

瑞纳大夫第二天把奥尼尔送进了医院,并通知蒙特雷,他“喝得昏迷了,完全不省人事!”蒙特雷在日记里这样写道。奥尼尔饱受酒精中毒的折磨,他后来描述自己当时的状态像是“徘徊在紧张崩溃的边缘,整夜醒着,听威尔士军队夜晚训练,他们的驻防区就在两个街区之外,听中国锣的敲打,为新生儿驱魔,或者为死人配阴婚,鬼神所喜欢的各种事情。这让我几乎要爬上墙,自己去跟鬼神聊几句”。瑞纳设法把蒙特雷骗到医院。蒙特雷在床边厌恶地盯着奥尼尔,奥尼尔显现出“所有爱尔兰式的魅力,但他看上去讨厌极了!……他很狡猾,假装轻声慢语地说话——爱尔兰人就是这样——我对他再也没有以前的感受。我不信任他了!”[49]

有消息传回美国,说尤金·奥尼尔快死了。离开医院之后,媒体还在追踪他,奥尼尔于是住进了蒙特雷居住的阿斯特旅馆;12 月 12 日,他们俩一起离开了。瑞纳在一艘德国游轮"科布伦茨号"上为奥尼尔、蒙特雷预订了房间,为了谨慎起见,也为蒙特雷的护士蒂娃·德露订了房间。这艘船开往马尼拉以及马尼拉以西的几个地方,瑞纳陪着奥尼尔上了船,帮他在房间里安顿好。瑞纳和奥尼尔一起和媒体周旋,让他们摸不到奥尼尔的行踪。"我并不了解奥尼尔,"他在奥尼尔乘船离开之后告诉一群记者。"显然他并不喜欢我的服务。他有权解雇我,但他一点也不欣赏我的善意,他的行为非常不道德。"(瑞纳还告诉他们,奥尼尔患上了扁桃体炎,并且精神崩溃。)阿斯特旅馆的员工也配合他们的行动,当"科布伦茨号"已经起航之后,说奥尼尔仍然住在他们旅馆。[50]奥尼尔写信给瑞纳,跟他分享了一篇报道,这篇报道说他去了中国,"寻求和平与宁静,希望在这里……人们只管他们自己的事,让我也可以只管我自己的事。但我发现,这里每一平方英尺土地上的流言蜚语要比有 1000 个居民的新英格兰小镇更多……不论如何,我将去寻找宁静和独处的空间,哪怕是非去南极不可"。[51]

奥尼尔在"科布伦茨号"乘客名单上的签名是詹姆斯·奥布莱恩,蒙特雷的签名是"德露小姐",假装自己是蒂娃·德露的女儿。(报纸上说他旅行时化名"威廉·奥布莱恩神父";但他回来之后写信给小尤金,很遗憾地告诉他,这"非常搞笑"但"不是真的"。)媒体仍然试图在上海找到奥尼尔的踪迹,但他已经现身马尼拉。一位看过他照片的菲律宾记者在船上拦住他,他和蔼地坦白自己就是奥尼尔。因为码头装卸工搬运货品的声音太吵,奥尼尔之前一整夜都没睡,他"看上去很憔悴"。记者给他看了一份报纸,上面说他仍然在上海,他这时笑了。西方人在远东旅行时总是很高调,说自己是名流以获取特别的优待,这位菲律宾记者怀疑他是个冒名顶替者,因此询问他的真实身份。奥尼尔看着他,微笑着说,"为什么不让我承认,我的名字是奥布莱恩,不是奥尼尔呢?……既然我努力寻求一次安静的旅行,如果我提供证据证明我真是奥尼尔,那我自己就犯规了"。然后他把手伸进口袋,取出护照，让他看上面的名字，还让他看了银行存折——他甚至敞开上衣，露出衣服里面印着的名字，还给他看行李箱上的名字。[52]

圣诞节前夜，奥尼尔和蒙特雷到达新加坡，他在那儿收到了来自劳伦斯·朗格的电报，朗格在报纸上读到关于这位同仁剧院最著名的剧作家住院的报道，惊恐不已。“我现在感觉挺好的，”奥尼尔回答。“上海和马尼拉有很多愚蠢的报道。找到我了，消失了，被绑架了，被抢劫了，死了，等等。祝大家圣诞快乐。”[53]

在一路向西的旅途中，奥尼尔用阿洛那和溴化物镇静剂来控制酒瘾，这两种药都会导致精神病。当船停靠在香港时，他午餐时叫了一瓶苏格兰威士忌。到达马尼拉之后，他和一位叫西奥·罗杰斯的记者交上了朋友，罗杰斯在船上的房间就在蒙特雷隔壁，他醉酒后的种种怪异举动让她彻夜难眠。当船上的医生把他俩介绍给罗杰斯时，蒙特雷将他描述为“一个粗俗的人”，“显然是那种粗鄙的爱尔兰人！”“尤金又开始喝酒了，”在船上度过了一个比较愉快的圣诞节之后，她这样说道，“这次不会好了……如果我有勇气的话，我就杀了我自己。”罗杰斯和奥尼尔一连喝了好几天，两人中途还在罗杰斯的房间里敲她的墙壁。“这会让阿格尼斯多开心啊，”蒙特雷写道。“她赢了！……奥尼尔还是老样子！”[54]

1929年元旦，蒙特雷在锡兰下了船。她住进了一家旅馆，旅馆可以俯瞰码头。她点了一壶茶，坐在阳台上看着“科布伦茨号”慢慢地消失在她的视野中。之后她定了“詹姆斯·门罗号”的船票，返回法国。奥尼尔和蒙特雷在海上孤独地度过了两周，期间两人互通了很多份绝望的电报，最终约定在塞得港见面。船上的二副目睹了这对愤怒的情侣之间的争吵以及其后惊人的和解：“他们在门罗号上的重逢包括相互谩骂、侮辱和各种激烈的身体动作，尖叫、撕扯、跺脚、推搡，最终热烈拥抱、亲吻，几乎让对方窒息。之后两人就像一对甜蜜的爱情鸟一般。”[55]

对于奥尼尔来说，尽管远东之行遭遇了疾病、醉酒、赌博惨败以及与蒙特雷激烈的争吵，这次旅行最终却是巨大的成功。“我病得虚弱不堪，这却以一种滑稽的方式对我有所帮助，”他在给小尤金的信中写道。“它让我进入一种高度敏感的状态，每一种印象都具有它所拥有的全部冲击力。所有一切似乎都在向我袒露出它的全部。”[56]“我遇到了各个国家的各种各样的人，”他说，“我从东方获得了一种实实在在的真实感，它不再只是书本里的东西。我内心充盈各种生动的印象，声音、颜色、面孔、氛围，挥之不去的奇异经历。”[57]他甚至构思了一出发生在“安德烈-勒庞号”上的戏，名为“公海”。他后来放弃了这出戏，在他的构思中，主人公是一位“混血”女人和“一位美国诗人，从现实中逃离的醉汉，去东方寻求消极的接受”。这出戏将和《马可百万》一样，旨在抨击美国文化帝国主义的傲慢：“船上的种族冲突，当今世界斗争的种族倾向，东方的核心特征，西方眼中的东方觉醒，美国理念不断增加的支配地位。”[58]

对于蒙特雷来说，这次旅行则完全是一场噩梦。在整个旅行过程中，她一直筋疲力尽，精神崩溃，流感、感冒、醉汉爱人把她打垮了。就像阿格尼斯·伯顿刚和奥尼尔结婚时那样，蒙特雷在四个半月的时间里以最艰难的方式了解到，与一位总是纠缠于过去的酒鬼生活在一起意味着什么。“为什么要喝酒呢，”蒙特雷觉得奇怪，“你知道你喝了酒就不正常。真的就是不正常！……简直变得很危险。”[59]

奥尼尔也看清了蒙特雷。首先，她很势利，从她对待宾馆服务人员、商店店员、船员的态度就能看出来。她把自己看作著名女演员，要求所有人都对她卑躬屈膝；任何干扰，不论是多么轻微的干扰，她都认为是对自己的冒犯。在“詹姆斯·门罗号”上，船员们都管她叫“玛丽皇后”，她公然把优雅、低调的蒂娃·德露当作仆人一样使唤。她也很拜金：他们回到法国之后，卡明斯夫妇去拜访他们，多萝西·卡明斯被蒙特雷塞得满满当当的闺房惊呆了。“有一天她带着我参观，”她回忆道，“[蒙特雷]打开一个又一个抽屉，里面装满了精致的手工内衣，有些是在上海买的;还有一个很大的壁柜,里面有三十多双鞋。她的珠宝、衣服,所有物件都卓尔不群。我夸她衣服合身,她说她不必去巴黎试衣服,因为普瓦雷和曼波谢尔都专为她量身定制。”最让奥尼尔不能忍受的是蒙特雷强烈的控制欲:西奥·罗杰斯后来回忆说,他在“科布伦茨号”上的房间“为奥尼尔提供了一个庇护所,他可以躲避卡洛塔的唠叨。他是我见过的最温和的人,而她则是颐指气使,占有欲特别强,想把他完全占为己有”。[60]

但是,奥尼尔在“科布伦茨号”上独自待了几周之后,他也在“半疯狂、极度孤单的状态中”意识到一个重要的问题,他是多么地依赖她。蒙特雷正是那种他所需要的人,让他能够保持清醒,不断写作。这显然是她生活的使命,有时甚至超越他自己对于不受干扰的生活的渴望。当他跟她分享剧本草稿时,她会全神贯注地倾听,而伯顿在婚姻后期已经对此不感兴趣,有一次他朗读剧本时,伯顿竟然睡着了。[61]在塞得港与奥尼尔见面之前,蒙特雷在日记中写道,“我获得(重新获得)了对尤金的信念”。她相信两人的关系会在和解之后有所好转,她送给他一枚戒指,象征她爱他的决心。“他是我一直以来所爱的人——并且会永远爱他。”[62]

普莱西的埃斯库罗斯

奥尼尔和蒙特雷于 1929 年 1 月 21 日回到欧洲，第一站是意大利的热那亚。他们已经对旅行感到非常疲倦，因此直接前往法国边境地区。只用了不到一周的时间，他们就在卡普戴尔安顿下来。卡普戴尔在法国里维埃拉，靠近蒙特卡罗，他们租了莱米莫萨别墅，院子里有个美丽的花园，地中海的美景尽收眼底。蒙特雷特别喜欢这里，她写信给萨克斯·卡明斯，“大海给亲爱的尤金，花园给我！……我在花园里坐下来，欣喜，热爱！对于一个女人来说，还有什么比这更让人开心呢？”[63]她和奥尼尔之间宁静幸福的插曲并没有持续多长时间。

同仁剧院传来关于《发电机》的消息，这次又是众口一词：1929 年 2 月 11 日的首演惨败，嫉妒的竞争对手、轻蔑的评论家和以前的同事对这出戏的嘲笑传遍了百老汇的每一个角落。艾德娜·坎顿仍然对普罗温斯敦剧团悄无声息的解体耿耿于怀，她就是众多乐于看到奥尼尔失败的旁观者之一。“75 年之后，”坎顿调侃道，“[《发电机》]将在霍博肯的某个市场小剧院重新上演，作为一个样本，展示古代美国人心目中的心理学、痛苦和愤世嫉俗!! 观众将会是怎样地兴奋欢呼啊。”[64]

在《发电机》首演之前，乔治·金恩·内森就在没有征求奥尼尔意见的情况下发表了他关于三部曲构想的信件，信件透露，《发电机》将是其中的第一部。奥尼尔向内森抱怨，这么做就是往评论家眼睛里“扔沙子”，让他们无视鲁本·莱特悲剧性失败的心理，而太过专注于三部曲中取代上帝的主题。[65]几乎所有的剧评人都将自己的观剧反应建立在内森之前的预告之上。鲁本的转变太过剧烈，导致观众认为他疯了，而不是被自我蔑视、背叛感和对母亲的渴望所毁灭。奥尼尔对此非常不满，没有一个评论家“理解了我在剧中想表达的意思”。[66]

奥尼尔还将《发电机》的失败归结于他前一年夏天创作这部作品时与伯顿之间的“家庭纠纷”，他还觉得是因为自己没有参加该剧的排练，所以导致演员和导演菲利普·穆勒都没有完全理解剧中的台词。这次甚至连乔治·金恩·内森也没有站出来为他辩护。“他的戏很花哨，”他在为《评判报》所写的评论中说，“极其糟糕”，“远远低于他优秀作品的水准”。[67]

海伍德·布劳恩嗅到了血腥的气味，他在没有看戏也没有读剧本的情况下，也加入了这场混战。“没有一位活着的美国剧作家，”布劳恩写道，“像尤金·奥尼尔这样一直在错误中固执前行。在幕布、灯光和大众心理操控手段的帮助下，一个人有可能让自己看起来像个极富创造力的天才，只要他能从丝绒帽子里变出兔子。实际上，奥尼尔一直以来都足够精明，他不断变化熟悉的伎俩，变出来毒蛇和蝎子，而不再是兔子。”[68]尽管内森本人曾经严厉地批评这出戏，他还是忍不住发表了一篇文章，谴责媒体上排山倒海的幸灾乐祸式的攻击：“来自火星的陌生人如果读到纽约报纸上关于《发电机》的评论，他无疑会从这些评论的愤怒程度得出结论，尤金·奥尼尔不仅仅是写了一出糟糕的作品，他还偷了剧评人的老婆、杀了他们的孩子、放火烧了他们的房子。”内森从这件事中觉察出一种充满恶意的全国性消遣活动：“它可以追溯到美国人所特有的将英雄推下神坛的快感。如果说美国人喜欢把人推上神坛，那么他们更喜欢的是把他踢下神坛……奥尼尔现在就是众矢之的。他现在至少得写三部相当于莎士比亚最杰出作品的戏，才能让自己爬到原来一半的高度。”[69]

尽管内森和其他人的辩护是出于好意，但奥尼尔讨厌来自同行的任何娇宠：“大家用如此沉闷的温柔来对待我，让我感觉很不舒服，仿佛自己是教皇的脚趾头——我是出生在时代广场的，不是出生在格林威治村，我听过剧评人骂出的粗话——总体说来，我觉得他们骂得对——从我能辨认出基督山伯爵的声音那天起！每一次失败之后，我必须承受的最大负担就是充满好意的齐声安慰。他们从来没有意识到，被踢上一脚——尤其是你觉得自己不该被踢一脚的时候——是巨大的激励。”[70]

在这种情况下，这次“巨大的激励”让他在那年春天和夏天拼命修改《发电机》的剧本，让其作为书籍出版(剧本只用来进行为数不多的几次复排)。“我现在比以前喜欢它了——但仍然不是最喜欢，”奥尼尔在写给评论家约瑟夫·伍德·克拉奇的信中说。“我希望没有写这个剧本——真的——但我觉得它在我的创作历程中有着合理的位置。这实在是个谜。让我失望的是，这个剧本代表了停滞，如果不是倒退的话。”①[71]

那年春天《发电机》的惨败让奥尼尔苦恼，但有件事让他稍微松了一口气：阿格尼斯·伯顿终于同意搬到内华达州去住几个月，准备在那里办理“里诺式离婚”。她接受了奥尼尔最初的提议，每年给她6000美元，如果他在某一年的收入超过 40000 美元，那一年就给她 10000 美元。她还将获得每年 2400 美元的子女抚养费，双方共同承担子女的监护权，奥尼尔任何时候都可以探视。奥尼尔回到法国之后写信给沙恩和乌娜，请他们转告妈妈，他在上海养病期间，“内心所有的反感都消逝了，以后的岁月会证明这一点”。[72]

但是，当奥尼尔听说伯顿拒绝接受离婚条款中“禁止在奥尼尔在世时写两人之间的婚姻生活”这一条，他对伯顿的反感又重新被点燃。奥尼尔得知，已经有一位出版经纪人和伯顿联系，让伯顿写她和奥尼

① 引自刘海平翻译的《一个教训》，郭继德编：《奥尼尔文集》(6)，人民文学出版社，2006 年，第 347 页。

尔的婚姻生活,他于是写信给韦恩伯格,“我觉得你应该对她施加更大的压力,动用我们所掌握的关于她的一切丑事——关于所拒绝接受的那一条,你一定把我的话带给她,如果她敢写任何关于我的文字,不管是直白的记录,还是稍作伪装的自传,我就写一出戏——这绝对也会是一出好戏! ——关于她的过去,她的家人,把他们彻底搞垮!”[73]

伯顿默许了他的要求,3 月 11 日,她乘火车去内华达,将芭芭拉、沙恩和乌娜留给自己的新男友、记者詹姆斯·德莱尼照看。她住在里诺郊外的一个农场,这里专门接待准备办理离婚手续的人,那年五月,她写信给德·波罗,她知道关于她的绯闻一定很快就会传到她前夫的耳中:“有个人疯狂地追求我,哈罗德——简直是棒极了! 他 25 岁,身高 6 呎 3 吋,狂野又英俊,是西部超级厉害的‘布朗克骑手’——他去参加各种牛仔竞技比赛,表演马术挣很多钱……他总是穿高帮皮靴,皮靴上插着玫瑰花,戴着墨西哥式的宽边帽,腿上穿着蓝色牛仔裤——别告诉我妈妈!”[74]

不论伯顿如何去描述她和奥尼尔的婚姻,以及蒙特雷如何去勾引奥尼尔,这些故事都会在纽约成为街谈巷议的话题,也许大家不会那么公开地去谈论,但在奥尼尔看来还是同样对他不利。到了 3 月下旬,奥尼尔和蒙特雷在塞得港达成的停战协议在莱米莫萨别墅完全失效了。他写信给德·波罗,说他们知道伯顿在到处散播关于他的“粗鲁谎言”和“虚假童话”,蒙特雷很生气,因为奥尼尔听任她的名字被他“所谓的”朋友玷污。两人相互指责,敌意不断增加,蒙特雷暂时逃到了巴黎。奥尼尔想让她回来,恳求她“结束目前的局面,这种局面是因为两人不得已而被逼进了死胡同……当和解已经触手可及,我们为什么要互相折磨,自我毁灭呢?”[75]

蒙特雷回来之后不久,他们就租了一座贵族宅邸,普莱西城堡。房子位于都兰省的内陆,距离首府图尔大约 10 英里。从巴黎乘坐火车,4 个小时就能到达这里。这座城堡有 35 个房间,两个 18 世纪的塔楼，还有雕花的木质家具和古老的壁毯。城堡的主人是三姐妹，她们来自法国外省贵族家庭——邦威勒子爵夫人、威赫登侯爵夫人和布瓦西叶赫夫人。三位女士都很高兴能有一位知名的美国作家在此居住。尽管他作品的内容有些惊人，但他还是获得了她们的好感，因为他向她们展示了一枚来自国家人文学院的金质奖章。[76]

普莱西城堡的租金便宜得惊人，即使以战前法国乡村房租标准来衡量也是如此：一个月的房租只要100美元多一点，奥尼尔和蒙特雷一人支付一半。城堡周围环绕着六百多公顷的森林可供狩猎，一条宽阔的溪流可以钓鱼，还有一个很大的农场，里面的牛羊、家禽、小麦和干草都由城堡的主人照管。奥尼尔兴致勃勃地当起了乡间农夫；他养了一群猪，并充满感情地为它们都起了教名，比如苏泰恩葡萄酒公爵、霍亨索伦堡的让·路易和菲菲·贞德等。邦威勒子爵夫人反对在这里进行现代化的"改造"（奥尼尔的想法也是如此，但他没有公开表示反对）；但蒙特雷坚持要安装新的电力系统和水泵，修建带顶棚的花园和健身房，还要把溪流抽干，为奥尼尔建造一个游泳池。[77]

奥尼尔定制了一批带有"Le Plessis"（普莱西）图标的文具，他要求用这个名字来称呼城堡。[78]或许可以这样解读其中的原因，他在想办法掩饰新居的豪华；他去掉了"chateau"这个词（法语中的意思是"城堡"），因为他显然不希望伯顿或者其他和他关系不好的人知道他是住在城堡里。"不要提我的豪华雷诺车——叫它小雷诺，"奥尼尔对卡明斯这样说，卡明斯为"我所有各式各样的朋友"提供关于奥尼尔的最新消息。[79]奥尼尔与他父亲的财产以及后来他自己的财产之间的纠葛，在他剧中很多执迷于金钱的人物身上都有所体现——比如安德鲁·梅约、布鲁特斯·琼斯、威廉·布朗、詹姆斯·蒂龙——他们每个人都在积累财富的过程中精神崩溃，灵魂也被摧毁。而剧中那些没有受到金钱影响的富人，比如《毛猿》中的米尔德里德·道格拉斯、《马可百万》中的马可·波罗、《奇异的插曲》中的萨姆·埃文斯，他们则根本没有灵魂可以被摧毁。（奥尼尔去世之后，伯顿表示，大众心目中有"一

卡洛塔·蒙特雷在普莱西城堡(图片来自“谢弗尔-奥尼尔藏品系列”,琳达·李尔特藏档案中心,康涅狄格学院,新伦敦)

种错误的观念……认为他生活艰难，总是住在简陋的旅馆，等等，认为他直到娶了卡洛塔之后才知道享受生活，卡洛塔教他如何使用餐巾、进屋时如何把鞋底擦干净”。她的前夫其实一直渴望“豪宅、仆人、最昂贵的一切……这体现出他人格的分裂——这种分裂在他的作品中也有所体现……这显然不是艺术家应该过的生活，是不是？”)[80]

蒙特雷最初和未婚夫一起与媒体周旋，她写信给卡明斯，“不要告诉别人关于我们的家，除非他们坚持——那就把我们家描述成农舍！——”[81]但是过了一段时间之后，她不愿意了。让她特别气愤的是，肯尼斯·麦克戈文竟然在《纽约客》上发表了一篇名为《小镇谈话》的短文，他本来是一片好心，想通过此文弱化大家对他们奢华生活方式的印象，但蒙特雷认为这是“狡辩”。麦克戈文的文章刊出的时间几乎正好就在1929年10月29日华尔街股市崩盘的一个月之前，这场股灾让奥尼尔的很多朋友都倾家荡产。“关于奥尼尔在法国租住的城堡的华丽描述，夸大了它的奢华，”麦克戈文写道。“它不是个金碧辉煌的地方，只是由三位贵族女子所拥有的一栋老宅子，连着家具一起被租给了奥尼尔，租金只是纽约四居室公寓租金的一半。”[82]

股灾两周以后，蒙特雷写信给卡明斯，说她已经写信强烈谴责了麦克戈文，并且她拒绝再这样周旋下去了：“我不需要向公众、不需要向尤金的朋友或是熟人道歉，不管我是住着30个房间还是3个房间，”她说。“我付钱了——根本不关别人的事！”[83]在写给麦克戈文的下一封信中，她仍然对他一年多以前的举动耿耿于怀，心中怒不可遏，“但是——看在上帝的份上——你能否告诉我为什么尤金和我应该向这个世界上的任何人道歉，不论我们有三十个仆人还是没有仆人？你能否告诉我为什么你要大惊小怪？难道是因为很多失败者、牢骚满腹的人、醉汉和未来艺术家出于羡慕、失望和嫉妒，就要去指责别人过着中产阶级的生活吗？（要是他们有钱的话，也会如此！）这太荒唐了……我请求你，——不论他们说什么，——永远不要为我们道歉。我们的确有一个巨大的城堡，——我们的确有10个仆人，——我们的确有游泳池,——我们的确有三辆车! ……这封信很俗——但好到极致就是俗!”[84]

蒙特雷像这样连写了八页纸,几乎满篇都是旨在强调的斜体字和夸张的标点符号:她是如何全力给奥尼尔“一个像样的家,他这辈子第一次有了一个像样的家”,她如何向他介绍贝多芬和巴赫,如何带他去找最好的裁缝做衣服,“做一切可能的事情,让他忘记他曾经度过的痛苦和邋遢的生活”。他喜欢狗,因此她就为他准备了一条狗;但与不听话的芬·麦克·酷相反,她买了一条卷毛的猎狐犬,取名为比利(它很快就患上犬瘟死了),然后她又买了一只哥顿塞特猎犬。这是从英格兰运来的纯种达尔马提亚犬,这只狗在很长一段时间都在他们的生活中占据重要地位,他们把它命名为希尔维丁·安布莱姆·奥尼尔,昵称“布莱米”。她向麦克戈文抱怨,尽管付出了这么多努力,“我被钉在十字架上整整 18 个月……被骂作妓女和其他难听的称呼”。很快她就为丈夫的人生设置了新的时间分界点,“B. C.”①——“Before Carlotta”(卡洛塔前)。[85]

1929 年 7 月 2 日,奥尼尔与阿格尼斯·伯顿的离婚案尘埃落定,离婚原因是遗弃。伯顿的指控让媒体大失所望,媒体原本希望她会公开控诉“两人之间的种种矛盾”。法官允许记者在法庭文件被封存之前查看指控文档,文档非常薄,根本没有抓人眼球的社会新闻报道所需要的猛料,而且离婚诉讼本身也只有 15 分钟。[86]签署了婚前协议之后,奥尼尔和蒙特雷于 7 月 22 日结婚。婚礼很私密,只有几位见证人在场。奥尼尔从《拉撒路笑了》中选了一句台词刻在两人的婚戒上:“我是你的笑——你也是我的笑!”(*CP*2,586)

在接下来的两年中,这对新婚夫妇邀请了不少宾客来普莱西城堡,尽享奢华——乔治·金恩·内森、默片女星丽莲·吉许、萨克斯·

① “B.C.”原指“Before Christ”(公元前)。

卡明斯和妻子多萝西、作家卡尔·范·韦克滕和妻子法妮亚·马利诺夫、同仁剧院的特蕾莎·赫本和海伦·韦斯特利、瓦尔特·休斯顿、斯达克·扬和小尤金都曾到访。特蕾兹·瑞纳(后来成为他的匈牙利文翻译)甚至经由西伯利亚铁路从上海来到这里。蒙特雷当时与她的继子小尤金相处得很好;在他十来岁时,蒙特雷在缅因州见过他,之后就对这个举止文雅、天资聪颖的男孩留有很好的印象,小尤金身高 6 呎 2 吋,是耶鲁大学的学生,刚刚在德国完成了暑期学习。"如果我的辛西娅 19 岁时能成为这样的好姑娘——就像他这样的好小伙子,"她在小尤金到来的第二天写信给卡明斯,"我会是个非常骄傲和幸福的妈妈。"她赞扬低调的凯瑟琳·简金斯,"她的榜样、照料和爱体现在他的举止中——他的思想中——还有他的人生观中!"[87]

但是,在发出邀请之前,她要根据宾客在"卡洛塔前"的立场来对他们进行评估。蒙特雷坐在普莱西城堡的书桌前,对奥尼尔那些"所谓的朋友们"发起了猛烈的报复——"所谓的朋友们"指的是那些在她看来站在伯顿一边的人,尤其是奥尼尔在普罗温斯敦和格林威治村的熟人们。"我个人认为,"她告诉卡明斯,卡明斯被她认为是可以推心置腹的自己人,"那些到处损害别人名声的男人和女人——不管是个人名声还是别的名声——都应该被公开施以鞭刑!——我根本不相信什么'上帝乃爱,一切皆圣'。——在我看来,'以眼还眼,以牙还牙'。……如果人们所获得的就是他们之前所给予的,这个世界的寄生虫和懦夫会少得多。"奥尼尔"所谓的朋友们"中的女性,包括菲兹·菲兹杰拉德、玛丽·布莱尔和朱丽叶·斯洛克莫顿,她说这些人都"在那段时间说了不少关于我的坏话——全是胡说,很愚蠢——而且很可笑,她们根本没有去了解真实的情况!"[88]

吉米和帕蒂·莱特夫妇也是在奥尼尔家里不受待见的人。莱特在那年获得了"古根海姆学者"资助,去德国和俄国学习舞台技巧,奥尼尔说他非常想见见莱特,但他觉得莱特一直在回避他。根据帕蒂·莱特的回忆,他们与蒙特雷之间的不和完全是由一个误会引起的:伯顿跟她讲蒙特雷的坏话，然后伯顿又加以否认——之后传到蒙特雷和奥尼尔那里，就变成了这些坏话都是帕蒂讲的。[89]莱特夫妇1930年3月访问巴黎期间，帕蒂曾试图向奥尼尔解释，但蒙特雷一听说帕蒂“主动接近”奥尼尔，她就没法忍受。（作为激烈的反犹太者，蒙特雷认为帕蒂·莱特的粗鲁行为在很大程度上因为她是个犹太人：“犹太人就是这样！在纽约的犹太人……甚至是尤金的律师[哈里·韦恩伯格]——在我这么长时间丰富的人生经历中，我从来没遇到过如此笨拙粗鲁、厚颜无耻、愚蠢透顶的人。——”）[90]

因为蒙特雷而突然中断和奥尼尔的联系，这是莱特完全没有料到的，他回忆起1922年演出《毛猿》时的经历，觉得颇有讽刺性：蒙特雷和他当时关系不错，他们跟剧组演员们开了个玩笑，他们在蒙特雷的更衣室胡闹，一起大喊，“噢！噢！吻我！吻我！”路易斯·沃尔海姆和其他演员都上当了，跑到门口偷看，却发现蒙特雷正在不紧不慢地化妆，而莱特也在无动于衷地看报纸。这次来普莱西城堡，他一见面就叫她“卡洛塔”，她立即打断他，“我希望你叫我奥尼尔夫人”。为了能够在那年春天拜访奥尼尔，莱特跟蒙特雷找了个借口，说他要和奥尼尔谈事情。她极不情愿地允许他在不带帕蒂的条件下在城堡住一夜——仅此一夜。这是奥尼尔和莱特在此后二十多年中的最后一次见面。[91]

在美国国内，《发电机》的惨败和关于奥尼尔离婚的闲言碎语还没平息，奥尼尔又摊上了一起关于《奇异的插曲》存在抄袭的诉讼。小说家格拉蒂丝·刘易斯指控奥尼尔窃取了她小说的情节，她的小说是用“乔治·刘依斯”的笔名发表的，名为《雅典帕拉斯神庙》（奥尼尔把它称作“雅典帕拉斯垃圾箱”）。“她的那本愚蠢的书——我到现在都没读过——根本不是公开印刷发行的，”他告诉麦克戈文。“这就像是指责一个醉汉偷棉花糖冰淇淋。”[92]负责案件审理的法官同意奥尼尔的看法。“没有比这更荒唐的事了，”他在法庭上说，“原告无权对字典或常用习语或人们思维中的词汇要求版权。”[93]

尽管如此,所有因为出名而带来的纷扰已经开始让奥尼尔不胜其烦:“谁想陷在这被人们称之为名气的垃圾之中呢? 我想要放弃它。它对我来说简直就像荨麻疹一样讨厌! 为了躲避它带给我的烦恼,我花费了几乎和创作一样多的精力。我感觉自己浑身都被公众汗津津的爪子挠着,像个廉价的妓女——简直颜面无存! ……但我忘了我们革命时的老暗号——去他妈的!”[94]

暂且不谈这些愤怒的咆哮,奥尼尔现在完全暴露在公众视野之中,情绪紧张,急需一位保护者。卡洛塔·蒙特雷虽然有各种缺点,但却是胜任这一角色的理想人选。她不是那种美国名流文化中被普遍接受的被动侵略型;她的侵略性是挑战型的,绝不屈服。她发誓要保护奥尼尔,让他免受来自公众和私人生活的任何困扰,让他能够安心创作最伟大的戏剧作品。任何关于早年生活的讨论都被禁止。她为自己的丈夫构建了一座堡垒,将他以前的朋友都挡在门外,包括任何与伯顿有关的人,很快甚至包括奥尼尔的孩子们。“我们跟这些孩子们之间会有麻烦,”她后来写信给卡明斯,“(我知道尤金会如何处理这一切)但我会尽力成为他们之间的缓冲。”[95]如同查理·卓别林所言,就她为“天才男人”的付出所设置的标准而言,她的奋斗大获全胜。几年之内,奥尼尔也开始带着同样的愤怒咒骂那些“我在欧洲期间出卖我的人”。“我为他们做了那么多,他们却背叛我,”他告诉理查德·麦登。“他们假装是我的朋友,我一转身他们就给了我一刀。他们是墙头草,总是见机行事! 让他们继续这么做吧——我现在已经不理他们了! 有些事我永远不会忘记,也不会原谅。”[96]

不少贬低奥尼尔的人都认为,《发电机》似乎是“美国第一剧作家”死亡的丧钟。但是,尽管奥尼尔在美国的文学声誉可能在走下坡路,他的剧作在瑞典、丹麦、俄国、匈牙利、德国、捷克斯洛伐克、英国和法国却场场爆满。《奇异的插曲》在斯德哥尔摩皇家剧院引起轰动,《上帝的儿女都有翅膀》在莫斯科卡莫尔尼剧院上演,《拉撒路笑了》在剑桥节日剧院上演,《毛猿》则被乔治·皮托耶夫的前卫剧团搬上了巴黎的舞台,他的作品在欧洲很多著名剧院都很受欢迎。

欧洲人当然也在攻击奥尼尔的作品,但奥尼尔用拳击冠军杰克·沙基的话来表达自己的感受。当被问及自己在拳台被观众喝倒彩是什么感觉时,沙基回答说,“去他妈的,我把他们的钱弄到手了!”[97]奥尼尔总体上认为那些攻击他的媒体是出于欧洲人的文化傲慢:“我们不许侵犯欧洲的私有财产——艺术。”[98]但私下里,他沮丧地认为欧洲人对美国文化缺乏尊重。“他们不得不眼看着我们的工业化将他们席卷,逼迫他们在各方面进行拙劣的模仿,这让他们感觉糟透了,”他写信给内森。“他们必定是宁死也不愿承认一个美国人能在文化方面向他们展示任何东西。这很滑稽——也很讨厌!——死守着他们自己过去的辉煌!”[99]

实际上,欧洲对于美国艺术的傲慢态度当时已经开始逐渐消解,不少欧洲剧作家都在密切关注奥尼尔在创作方面的进展,包括德国的戈哈特·豪普特曼和恩斯特·托勒尔、奥地利的雨果·冯·霍夫曼斯塔尔和斯蒂芬·茨威格、爱尔兰的萧伯纳和肖恩·奥凯西、法国的亨利-热奈·勒诺尔芒和俄国的马克西姆·高尔基。[100](俄国人非常喜爱《榆树下的欲望》,他们甚至为爱碧·普特南的弑婴罪进行了公开的模拟审判。她被判无罪。)西瓦恩·奥凯西在谈到自己的父亲肖恩·奥凯西时说,“在萧伯纳、易卜生、斯特林堡、契诃夫和他最喜爱的莎士比亚这些戏剧大师之列,他会加上尤金·奥尼尔的名字”。[101]萧伯纳对奥尼尔的评价一定是他所收获的最具艺术性的直白恭维:奥尼尔是“美国的莎士比亚,他的小岛上全是凯列班①”。[102]詹姆斯·乔伊斯没做明确表态,但他认为奥尼尔本人“完全是爱尔兰式的”。[103]到了1932

---

① 在萧伯纳看来,奥尼尔悲剧的特色在于他总是以社会底层人物作为悲剧主人公,就像是莎士比亚《暴风雨》中的怪物凯列班。

年，爱尔兰的作家们实际上把他看作他们中的一员："他们要我加入爱尔兰科学院，"奥尼尔写信给小尤金，语气显然很愉快，"爱尔兰科学院是由萧伯纳、叶芝和[勒诺克斯·]罗宾逊等人组建的——并且我被接受了。当然，我是'附属成员'，因为我不是在爱尔兰出生的。但我认为这是个荣誉，而其他国家的科学院对我来说没什么意义。任何一个拥有叶芝、萧伯纳、奥凯西、弗莱厄蒂、罗宾逊的地方，对我来说就足够好了。乔伊斯拒绝加入——他讨厌科学院……但我觉得，小小的爱尔兰将拥有足以媲美任何其他国家的科学院。不论如何，我对此还是非常高兴的。"[104]

在德国，小说家托马斯·曼公开表示，他认为《上帝的儿女都有翅膀》是"有史以来让人印象最为深刻的剧作之一"。他认为"奥尼尔绝对是锐意创新、与众不同的真正的剧作家，他是戏剧史上的伟大人物之一"。另一位德国文学家认为奥尼尔是将美国文化带到欧洲的使者："我们都知道你们[美国人]的清教和[美国人]挣扎于其中的其他困境，你们完全可以在国际事务中保持独立政策，但那仅仅是在物质方面，你们不能阻止我们在文化的方面加入到你们之中。"[105]托马斯·曼于1929年获得诺贝尔文学奖，而奥尼尔已经与辛克莱尔·刘易斯、西奥多·德莱塞一起进入了诺贝尔文学奖入围名单。[106]（刘易斯在次年成为第一位获得该奖项的美国人。）

奥尼尔需要耐心去驾驭他在美国的再次声名鹊起，而耐心显然正是他当时最缺乏的。但他决定"不让任何事或任何人催促我，也不让任何想法影响我去上演任何作品，直到我完全满意，完全做好了准备"。"我学到了一课——，"他写信给菲兹·菲兹杰拉德，"四十岁正是开始学习的好年纪！"[107]为了下一个写作计划，奥尼尔开始重新考虑内战时期的戏剧，自1926年以来，内战剧就一直在他的想象中酝酿："将希腊悲剧的情节用在现代情境中——一部关于阿伽门农、克吕泰墨斯特拉、厄勒克特拉、欧瑞斯提兹的新英格兰戏剧——俄狄浦斯，"1929年5月，他决定该剧将以三部曲的形式呈现，题目是《悲悼》。

在普莱西的两年之中，奥尼尔大部分时间都一个人待在塔楼的书房里，潜心创作这个三部曲。从11月到第二年8月，他整整写了225天。[108]甚至是在他和蒙特雷1931年3月为逃避“毫无生机和令人沮丧”的法国天气而去加纳利群岛度假的那一个月，他仍然专注于写作。[109]他写了至少六稿，在总共14幕的三部曲中先后尝试了面具、独白和旁白，最终放弃了他在当时所经常使用的前卫技法；但他发现，这又把他自己逼进了死胡同：“无法避免的情节剧整体框架，必须被感觉像是来自过去的命运——由此达到悲剧的高度——或者通过其他的方法！——真是个棘手的问题，在不借助天神的情况下对古典命运进行现代悲剧诠释……源自家庭的命运。”他又一次纠结于如何替代过时的独白这一由来已久的困境：“噢，要去寻找一种语言来写戏剧！”他写信给约瑟夫·伍德·克拉奇，“寻找一种戏剧语言，而不仅仅是对话！我在写对话时感觉束手束脚！我对那些关于对话的问题厌烦极了！但是去哪儿才能找到这种语言呢？”[110]

有一段时间，奥尼尔相信有声电影也许可以提供他所需要的现代独白的方式。1929年11月，他在巴黎第一次观看了有声电影《百老汇之歌》，对其非常感兴趣，离开电影院的时候，头脑中全是关于多媒体潜在能力的想法，“舞台剧配上有声电影屏幕作为背景，让角色内心的记忆等内容可见、可闻，变得活灵活现”。（他将于1941年在独幕剧《休伊》中再次运用这个曾被他放弃的理念。）他认为，有声电影有潜力成为“真正艺术家的媒介，如果艺术家们有机会使用的话”。[111]这与他之前对电影的态度截然不同，颇具讽刺意味。前一年春天，亿万富翁、实业家霍华德·休斯通过米高梅公司向他开出100000美元的惊人高价，请他为自己的电影《地狱天使》撰写剧本。奥尼尔用电报回复他，用足了电报所规定的20个单词的上限：“不。不。不。不。不。不。不。不。不。不。不。不。不。不。不。不。不。不。不。奥尼尔。”[112]

但是,他仍然羡慕小说家,并且得出结论,当他把剧本作为书籍出版而不是用来进行舞台演出,这时的戏剧语言是最好的。"今后我将主要把剧本当作用于阅读的文学作品来写——读起来越方便,演出的效果也会越好,不管使用什么样的技巧。"在很多的思考之后,他决定既不使用《大神布朗》和《拉撒路笑了》中用来体现象征效果的面具,也不使用《奇异的插曲》和《发电机》中的旁白来强化三部曲的悲剧力量。相反地,他仅仅使用了面具的暗示,作为"[主人公们]离群索居的视觉象征,这个家庭注定被孤立,他们生来就与周围的世界格格不入"。[113]但每个角色在静止不动时的表情都感觉是一副"奇怪的、栩栩如生的面具"(*CP*2,287)

《悲悼》的情节和人物借用了埃斯库罗斯的《俄瑞斯忒亚》以及索福克勒斯、欧里庇得斯之后的改编版本。《归家》、《猎》和《祟》三部剧作共同勾勒出新英格兰显赫的孟南家族的衰落。奥尼尔显然借鉴了《俄瑞斯忒亚》中的情节:一位受人爱戴的领袖(埃斯库罗斯笔下的阿伽门农陛下、奥尼尔笔下的艾斯拉·孟南将军)在战场获胜之后回到家中——埃斯库罗斯笔下的特洛伊战争、奥尼尔笔下的美国内战——却被充满仇恨的妻子谋杀(克吕泰墨斯特拉、克莉斯丁),妻子在丈夫离家期间出轨浪漫的陌生人(埃癸斯托斯、亚当姆·卜兰特);随后,妻子被自己的孩子毁灭(厄勒克特拉、莱维妮亚)。在两个三部曲中,女儿和儿子都为自己父亲的死寻求报复,尽管他们的报复行动并未减轻他们的痛苦,反而强化了这种痛苦。

在欧里庇得斯的版本中,儿子欧瑞斯提兹在参与了对母亲的谋杀行动之后发疯了,奥尼尔现代改编版中的奥林·孟南也同样如此。但是奥尼尔为《俄瑞斯忒亚》加了续集,就像他续写拉撒路的故事一样,续集呈现莱维妮亚(厄勒克特拉)在母亲去世之后所遭受的折磨。孟南一家在康涅狄格州小镇(新伦敦)的房子有"白色的希腊庙宇式门廊……像是钉在死气沉沉的石头房子上的一个不相称的白色面具"。(*CP*2,298)[114](在埃斯库罗斯的剧本中,这是阿特柔斯的房子。)这座房子在白色柱子后面的灰色石墙代表一副面具，隐藏了其后的“新英格兰花岗岩”，刻意的坚硬感拒绝奥尼尔年轻时所拥有的多愁善感。通过克莉斯丁·孟南，奥尼尔将房子描述为“前面看着像是异教庙宇，就像是清教徒灰扑扑的脸上的一副面具”（*CP*2，903—904）。（奥尼尔对建筑的描写非常像新伦敦位于河岸街附近的肖尔家族宅邸，这座房子现在是博物馆，也是新伦敦历史协会的总部。肖尔家族也和剧中虚构的孟南家族一样，在美国革命和内战期间显赫一时。）

在该剧演出之前，奥尼尔先将剧本寄给几位读者阅读，其中包括《纽约时报》的剧评人布鲁克斯·阿特金森，奥尼尔很尊重阿特金森的意见，阿特金森也是赞扬《发电机》的仅有的几位评论家之一。与以往很多评论家一样，阿特金森批评《悲悼》借用了弗洛伊德、荣格和古希腊悲剧。但奥尼尔对巴内特·克拉克说，“我对男人和女人有足够的理解，即使我从来没有听说过弗洛伊德、荣格等人，我写出来的《悲悼》也会几乎完全一样的。……但至于说到他们对我作品的影响，跟心理学派作家陀思妥耶夫斯基等人对我的影响相比，可说是微乎其微的了”。①[115]

毫无疑问，《悲悼》借鉴了陀思妥耶夫斯基对“俄罗斯灵魂”的探究。但在奥尼尔的剧中，新英格兰清教是主宰孟南一家的“灵魂”——涵盖心理、历史、宗教、遗传等各个方面——清教决定了剧作家对于古希腊神话中天神、命运和愤怒的现代阐释。“除了前两部戏的总体情节，再没有其他关于希腊的理念，”他说，“我已经将其简化，直至所有与希腊相似的地方都被去除——几乎都被去除。”[116]实际上，奥尼尔承认，他根本瞧不起那些风行一时的关于古希腊“普适性”的假设：“什么样的现代观众或读者，会因为看了或者读了一出希腊悲剧而被怜悯与恐惧所净化？这是不可能的！我们与其相差甚远，我们的价值观与

① 引自刘海平翻译的《作家本来就是深刻的心理学家》，郭继德编：《奥尼尔文集》(6)，人民文学出版社，2006年，第275—276页。

其完全不同!……我们可能会崇拜,可能会假装理解——但我们的理解永远是假装的!……我们的悲剧恰恰在于,我们心里只有我们自己,没有可以被净化的空间,除非一个人的内心有一种信念,毫不畏缩地去面对他自己灵魂中的黑暗秘密!"[117]

之前的《发电机》曾经由于泄露了三部曲的构思而导致灾难性的后果,奥尼尔因此对这出新的三部曲一直守口如瓶,一直到那年 4 月才将剧本交给同仁剧院,同仁剧院非常兴奋,立即将其作为下一个演出季的剧目。这一次,奥尼尔知道自己必须亲自参加在纽约的排演。(此外,他和蒙特雷在法国的贵族生活也已经让他们俩都觉得"枯燥得难以忍受"。)[118] 他们回美国之后会受到什么样的待遇,还是个令人害怕的未知数。大西洋两岸的造谣污蔑让人恼火、摧毁友谊,也让他们刚刚持续两年的婚姻受到重创。他在《悲悼》中写给蒙特雷的话,非常细致地体现了他旅居法国期间对蒙特雷不渝的爱情以及他们在普莱西的生活。他认为《悲悼》是失败的《发电机》的替代,但这部作品"无法代表你对我的意义":

致卡洛塔

记起那无止无尽的雨天,你在这个三部曲诞生期间勇敢地默默忍受——在那段日子,我不得不整日写作,而你却无事可做,除了处理家务琐事,就是透过普莱西客厅的窗户望着外面灰色的土地发呆,湿漉漉的黑色树枝静静地滴着水,雾霭在积水的地上悲伤萦绕——在那段日子,你用忘我的爱来迎接我在午餐时的沮丧,对着陷入沉思的我打趣说笑,只为让我开心一点——在那段日子,你特别孤单,而我似乎远在天边,沉迷在忧伤和荒芜的自我国度,对你不闻不问——那段日子对你来说就像是充满仇恨、令人厌倦却又无法摆脱的敌人,它们不停叨扰你的神经和意志,直到无法忍受的疲惫和倦怠让你黯然神伤——

总之，在那段日子，你与我合作这出该死的三部曲，只有最深的爱才能做到！这些剧本就是你的，我把它们作为礼物送给你时，其实有一半已经是你的了。但愿三部曲中所包含的东西将补偿我们为它所付出的艰苦努力！

我希望这些剧本能够让你知道，我懂得你对我的爱，我也深深爱你，即使当我看起来似乎不知道自己意识到了这一点，即使当我似乎显得特别盲目；我感到你的爱一直温暖地围绕在我身边（即使是在我的书房里，在每一幕的结尾处！），持续不断地抚慰着我，在我经历了作者绝望的孤独和不可避免的失败之后，为我提供一个温暖的、安全的庇护所。这是相互深爱的胜利，——母亲、妻子、情人和朋友！——也是合作者！

合作者，我爱你！

尤金

普莱西——1931 年 4 月 23 日[119]

浪子归来

在“斯达腾丹号”游轮上时，奥尼尔发电报给同仁剧院，说他和蒙特雷将于 1931 年 5 月 23 日抵达纽约。实际上，他们在这之前 6 天就到了，这样的安排给他们俩留出了一些时间，让他们在波涛汹涌、雾霭蒙绕的海上旅行之后可以先安安静静地休息几天。同仁剧院之前已经通知媒体，剧作家将回到美国监督他最新大剧的上演。他们得做好准备，以应对来自媒体的不可避免的喧嚣。全国的报纸都印上了同样的略显尖刻的文字：“当尤金・奥尼尔从欧洲回来时，他到达的方式不同凡响。他的六个行李箱中全是一出戏的手稿。”但是，奥尼尔和蒙特雷到达美国的消息在他们计划露面之前的几天就被发现了；不出所料，这个消息占据了各大报纸的头条。但媒体发现他们的方式却十分出人意料。

蒙特雷的前夫拉尔夫・巴顿当时 39 岁，他不知从哪儿得知（也许是通过卡尔・范・维特恩，他与蒙特雷、巴顿都一直有交往），蒙特雷和奥尼尔住在麦迪逊宾馆，离他所居住的上东区只有几个街区。一两天之后，也就是 5 月 20 日，周二，巴顿用他那把口径 0.25 的手枪射穿了右面的太阳穴。他的尸体第二天早晨被女佣玛丽・杰斐逊发现，当时的景象仿佛恐怖的舞台静态造型：巴顿躺在床上，穿着丝绸睡衣，左手夹着一只抽了一半的香烟，右手握着手枪；床上还有一本《格氏解剖学》，这本书是所有艺术家的书房标配，翻开的那一页是心脏的剖面图。

巴顿留下了35美元和一封写给玛丽·杰斐逊的道歉信，还有一张打印出来的遗言，开头处用红墨水写着“讣告”。遗言中说他自杀的原因是“抑郁”，他从小就被其所困扰，后来逐渐恶化成了一种“发疯的、抑郁的精神失常”。“我这样做，”遗言里写着，“因为我厌倦了想方设法去度过一天中的24个小时，厌倦了周期性地用某种美好的兴趣去熬过几个月，比如说找一个姑娘，她不停地烦我，把我烦到忘却了自己的烦恼。”“没有任何事情要对此负责，也没有任何人要对此负责，除了我自己。如果大家的闲言碎语坚持要寻求一个更为明确和令人激动的理由，那就让他们选择如下的理由，我即将去见牙医，或者我当时正好极度缺钱。”[120]如果巴顿留这份遗言的目的是想摆脱“闲言碎语”，但实际上却引起了很多的“闲言碎语”。

尽管巴顿自己声称“没有任何人要对此负责”，他却将卡洛塔·蒙特雷作为引起他绝望的根源：“我好懊悔，没能欣赏我美丽的天使卡洛塔，她走了，她是我爱过的唯一的女人，我尊重她、崇拜她胜过所有其他人。她是唯一一个可以挽救我的人，要是我还有救的话。她已经尽力了。没有人拥有比她更投入、更善解人意的妻子。我衷心希望她能理解我的疾患并且原谅我。”他曾告诉弟弟、演员荷马·巴顿，他去麦迪逊宾馆“友善地拜访”了蒙特雷和奥尼尔，“意识到自己已经失去了她，这让我心碎”。遗言的签名是7个X，还有一行字：“亲吻我亲爱的孩子们——还有卡洛塔。”[121]

在他自杀的那天早晨，奥尼尔夫妇接到了一个电话，是《纽约客》的编辑哈罗德·罗斯打来的，他是巴顿的雇主。“奥尼尔夫人，”他说，“告诉你一个消息，拉尔夫·巴顿死了，他留下的遗言中提到了你。”[122]蒙特雷惊呆了。她离开他已经五年多了。为什么巴顿会突然自杀，还留下了永远爱她的誓言？午餐时，奥尼尔夫妇向卡尔·范·韦克滕和法妮亚·马尼诺夫询问自杀事件的详细情况。范·韦克滕安慰蒙特雷和奥尼尔说，巴顿把蒙特雷写进遗言，是为了强化他死亡的戏剧效果。“他恨她嫁了一个比自己出名的人，”范·韦克滕解释说。更重要的原因是，他已经没钱去维持自己奢华的生活方式；在经济大萧条期间，不再有人欣赏巴顿的那些世故的、不落俗套的漫画，它们现在看起来仅仅像是远去时代的纪念品。“他作品的市场已经萎缩了，”范·韦克滕说，“他所看到的只是暗淡的前景，因此他决定要在公众中激起一点水花。”[123]

尽管奥尼尔夫妇在巴顿自杀的消息被公布的那天下午避开了媒体，但同仁剧院之前已经在第二天安排了一场新闻发布会——恰恰陷入了媒体热议的中心。奥尼尔知道自己不应该故意回避那些不可避免的事情，因此他决定不取消这场发布会，但他调整了发布会的规则：只允许一位记者提问，提问的任务被交给了《每日新闻》的约翰·查普曼，其他人可以记录；奥尼尔坚持要求，查普曼的提问必须严格围绕《悲悼》——不允许提与巴顿自杀有关的任何问题。

查普曼说，在新闻发布会的问答过程中，奥尼尔“面对着唯一的提问人，脸色苍白，浑身颤抖，大汗淋漓，我也是一样”。[124]“你觉得你从国外生活中获益了吗？”查普曼问他：“比如，是否能够更为清晰地看待美国？”“我认为这就是我从国外生活中所收获的最大益处，”奥尼尔表示赞同，“在国外生活，让我能够更清晰地看待美国——同时也更欣赏它……大部分去国外旅行的人都有一些崇洋媚外的想法，认为他们所接触的是更为优越的东西。我不那么认为。我在那儿的剧院里跟很多人聊过——不是评论家，而是从事戏剧行业的人。他们感觉戏剧已经垮了，没有活力了。他们觉得我们充满动力，如果我们拥有他们的文化传统，戏剧的复兴就不会发生在那里——在欧洲——而是在这里。我也这么认为。”[125]

当问题转到《悲悼》时，奥尼尔回答，在不借助独白和面具的情况下，他“尽力将命运感注入其中。不完全是古希腊的想法，而是更多地源自现代心理学的观点”。“我个人的戏剧兴趣在于，看看究竟能做到哪一步——不仅仅是为了我自己，也是为了所有人。越是深入地推进，可以去做的事就越多。因此，我对这部作品的接受情况很感兴趣。”查普曼问他，他是否真的在乎这出戏的接受情况。“我当然在乎，”奥尼尔反唇相讥，第一次提高了嗓门。“为了这出戏，我像个苦行僧一样写了一年半。”[126]

大约 90 分钟之后，查普曼注意到，奥尼尔看起来像是“费劲地在压抑自己。他的脸红一阵白一阵，眼睛里也藏着怒气。有一次他似乎忍不住要发火了。当时记者们追问他妻子在哪儿”。奥尼尔否认自己见过巴顿，但他无法忍受被问及蒙特雷在哪儿。奥尼尔这会儿显然失去了控制，他大声喊道，“这不公平！”这时一位同仁剧院的成员把他叫出了房间。剧作家再次出现时，只是简短地对记者们表示感谢，然后通过大楼的消防通道爬上楼顶，悄悄从另外一边的消防通道离开了。[127]

6 月初，奥尼尔和蒙特雷从麦迪逊宾馆搬到了长岛的诺斯波特，他们在那里租了消夏别墅。别墅靠近纽约，便于与同仁剧院会面，也便于朋友和家人来访，但同时又远离城市中无休无止的干扰，让奥尼尔能够专注于筹备即将进行的演出并修改《悲悼》剧本的校样，准备作为书籍出版。[128]但是，他和蒙特雷在普莱西长时间的离群索居甚至让这位内向的剧作家都意识到，他和蒙特雷需要更多地进行社交活动，因此，一完成《悲悼》的修改，他们就在帕克大街 1095 号租了一套豪华复式公寓。

尽管他们与当时 21 岁的小尤金联系密切，但夫妇俩还是决定不去参加他 6 月 15 日的婚礼，他要娶的是一位名叫“贝蒂”（伊丽莎白·格林）的姑娘。婚礼将在附近的长岛城举办，奥尼尔肯定希望避免与凯瑟琳·简金斯的尴尬重逢；但这不是他们缺席婚礼的全部原因。他和蒙特雷只是向小尤金和简金斯本人表达了祝福。更为本质的原因是，考虑到他与简金斯和伯顿的经历，奥尼尔不相信过于仓促的婚姻，特别是在双方家庭都介入的情况下：“即使是在婚姻问题上，”小尤金 1930 年想和贝蒂一起来普莱西，奥尼尔拒绝了，他告诉儿子，“可能你也得看看你母亲和我的情况。如果当时双方家庭没有介入,我们也许还有机会。我必须承认,就我当时的状况,机会渺茫,她可能会甩了我——但你永远也不知道,家庭干涉和偏见产生的影响有多大。”[129](小尤金和贝蒂·格林6年之后离婚,没有生育孩子。)

《悲悼》的排练于9月初开始。《发电机》的失败仍然历历在目,奥尼尔这一次牢牢把控了演员选择、布景设计和剧本调整。再次执导的菲利普·穆勒会问他,“你不觉得我们应该把那一句台词删掉吗?”或者“你不觉得我们需要在这里加上一两句台词吗?”奥尼尔会沉默一会儿,然后简短地回答,“不”。[130]“我不觉得莱维妮亚会坐下来,大口大口地吃烤牛肉,”女演员爱丽丝·布拉迪就她自己所饰演的莱维妮亚·孟南这个人物问奥尼尔,“她会吗?”是的,他说,她不会。然后就没有下文了。[131]

“很少有人意识到,当剧作家看到自己的作品上演时会有多么的惊讶,”奥尼尔在谈到排演时哀叹,“我所看到的作品与我认为自己所创作的作品完全不同。”“当你写完一出戏,它进入排演,”他说,“它就开始离你而去。不论演出有多好,不论演员有多出色,有些东西还是失去了——你自己对这出戏的看法,你在你的想象中所看到的样子。”[132]

因为这出戏很长(共有14幕,第一幕从4点开演,一共持续5个半小时,6点钟有幕间休息,供观众吃晚饭),排练也持续了很长的时间。《悲悼》于1931年10月26日在同仁剧院首演。观众中除了一定会在场的卡明斯、麦克戈文、韦恩伯格和麦登,还有其他知名人物,包括讽刺大师多萝西·帕克、刚刚获得普利策奖的剧作家艾尔默·莱斯和即兴综艺节目明星马丁·贝克。当大幕最后一次落下时,观众纷纷站起来,热情地呼喊作者出场。跟往常一样,作者没有出现。“找遍了大半个纽约城,就是找不到他,”一位当晚观看演出的记者写道。[133]

《悲悼》在纽约连演了150场,超越了《奇异的插曲》所获得的赞誉,为奥尼尔带来了评论界所收获的最高评价。"对此没有吹毛求疵的保留或回避,"约翰·安德森在《纽约晚报》上兴奋地写道,"它是奥尼尔的杰作,如果杰作这个词还有意义的话,它带有真正的、持久的伟大标记。"[134]《纽约邮报》的约翰·梅森·布朗也表达了这样的观点:他说,《悲悼》"与我们当下的戏剧演出相比,鹤立鸡群,如同帝国大厦一般耸立在曼哈顿的天际线,傲视群雄"。布鲁克斯·阿特金森在为《纽约时报》撰写的评论中宣称,这个三部曲是"奥尼尔先生的杰作……思想深邃、技艺超群,是他最好的悲剧作品"。乔治·金恩·内森的评论开门见山地提出了"简单的事实。通过《悲悼》,尤金·奥尼尔写下了美国戏剧史上最为重要的作品之一,美国剧坛为数不多的其他重要剧作中的大部分作品,碰巧,也是他写的"。[135]

当然,奥尼尔也一定会遇上贬低他的人。伊丽莎白·乔丹是没有被该剧所打动的少数派之一,她在天主教周刊《美国》上的一篇言辞激烈的剧评中写道:"死去的人,垂死的人,发疯的人,不正常的人,充斥着我们面前的舞台。除了两起谋杀的欢乐开场之外,[奥尼尔]又加上了两起自杀,并在重口味的复仇、发疯、通奸和乱伦中不停纠缠。"奥尼尔显然是放弃了关于卡塔西斯式净化的任何掩饰,坐在乔丹旁边的一位观众将一块湿手帕放在胸口,有气无力地对跟她一起来看戏的人说,"我觉得,要是我没看这出戏的话,我应该会感觉快乐一点"。特蕾莎·赫本在剧院大厅听到有人在说,"上帝啊,难道回到大萧条时期不是会更好一点吗!"但这些早在预料之中的反应只是例外,不占主流。"尽管我们中的大部分人都会对雄浑庄严的古希腊戏剧顶礼膜拜,"布鲁克斯·阿特金森在《纽约时报》评论中写道,"还是要由奥尼尔来向我们展示其中的原因。"[136]

1931 年 11 月,奥尼尔再次与儿子沙恩、女儿乌娜见了面。沙恩当时刚满 12 岁,刚刚进入劳伦斯威尔学校学习,乌娜则是个六岁的羞涩小孩儿。他们三年之后的第一次见面很尴尬,匆匆收场。他们先是在帕克大街奥尼尔的公寓一起吃午饭，然后乘坐他的卡迪拉克轿车在中央公园兜风，在兜风时乌娜把中午吃的牛腰肉吐到了她继母的腿上，继母惊恐万状。“瞧瞧这个孩子！”蒙特雷大叫起来。“你为什么不说呢？我们完全可以停车的。你一定知道自己晕车了！这是辆新车！可怜的沙恩！他的衣服也被你弄脏了！”“不是她的错，她晕车了，”她极力想让自己平静下来，“但她为什么一声不吭呢！”[137]

那年秋天，奥尼尔也结识了自己的岳母奈丽·萨辛，还有蒙特雷跟第二任丈夫所生的女儿辛西娅·查普曼，她现在已经十来岁了。十几年以来，都是萨辛在抚养辛西娅，但她现在不想继续担任替身母亲这一角色了(她自己也没想到会担任这么长的时间)。但是蒙特雷也不想承担母亲的责任，因此辛西娅被送到了离家很远的康涅狄格州寄宿学校。奥尼尔对担任辛西娅的父亲倒是挺有兴趣，他跟这孩子很亲近，甚至写信告诉她自己创作方面的进展，还从他自己的视角和达尔马提亚犬布莱米的视角取笑她母亲“超高效的家庭管理”：“你的妈妈真是个魔鬼管家！我觉得有一天她一不留神就会把我拎起来，在我还没来得及反抗时，就把我抛光、吸尘、打蜡！每次布莱米看到空气清新剂或者清洁剂的广告，它都吓得发抖！”[138]

11月中旬，在经过了5个月折磨人的改写和排演之后，奥尼尔和蒙特雷给自己放了个假，他们开车一路向南，穿过南卡罗来纳州的查尔斯顿，进入萨凡纳，然后到达佐治亚州的布朗斯维克。在那里，他们乘坐渡船来到海洋岛，这是个远离佐治亚海岸的伊甸园般的小岛，人们口中的“黄金群岛”之一。他们在时尚度假区克罗伊斯特斯住了几天之后，联系了海洋岛公司的房地产经纪人乔治·波尔。他们很快就在海边买了一栋面积很大的别墅，别墅在小岛的另外一端，因为当时正值经济大萧条，他们以12600美元的抄底价购得。在交易完成的几周之后，股市再次下跌，他们的新邻居损失惨重，奥尼尔和蒙特雷又以5000美元的价格购得旁边的一块地。波尔为他们介绍了佐治亚州的建筑师弗朗西斯·路易斯·阿布鲁，他们请他建造一座当时所流行的地中海式风格的别墅，希望它宏大而有品位。

乔治·金恩·内森觉得非常好笑。无论奥尼尔在旅行时遇上什么样的浪漫居所，他总是会在邮件中对其大加赞叹：这地方“很理想”，“正适合我”，“是有史以来最好的”。普罗温斯敦：“很理想，安静，我唯一能工作的地方。”百慕大：“我在这儿一季的产量要比以前在北方高得多。”贝尔格莱德湖区：“思考和工作之地，如果这世上真有这样一个地方的话！对我来说非常理想。”伦敦：“自从我离开纽约到这里以来，我比以往任何时候都要快乐。”盖塔里：“我在这里感到深层的宁静，真正享受每天的日常生活，我以前从来不知道这样的乐趣。”西贡：“就是这里！世界上没有比这里更美、更有趣的地方。它很伟大！”都兰：“这是为我量身打造的地方！……生活和工作的理想之地！”格拉纳达：“在这里生活和工作，多么好啊！”纽约：“为什么我会离开这里呢，我完全不明白。这里有生机和活力。是产生创意的地方！这地方适合我和我的工作。”这次是佐治亚州的海洋岛——这里也许最没有可能成为他的理想之地，但他还是认为：“这是我找到的生活和工作的最佳地点！”[139]

奥尼尔最新的写作乐园有些特别，至少在于他这次要定制自己的房子；1931 年至 1932 年的那个异常寒冷的冬天，他和蒙特雷住在纽约，当时房子刚刚动工。5 月初，他们又回来查看房子和周围景观工程的收尾情况，以确保它们达到了蒙特雷之前在邮件中所提出的具体要求。他们还雇了两个全职的佣人，一个叫赫伯特·弗里曼，他是佐治亚州本地人，负责家里的各种杂事，平时住在车库上面的房间，另一个叫薇拉·梅西，负责做饭。从正门的角度看，整栋别墅由左右两翼构成，中间被一个院子隔开。奥尼尔和蒙特雷住在分开的套间，都在二楼。蒙特雷套间楼下的“大房间”被设计成中世纪剧院的风格，而奥尼尔所居住的那一边，则模仿 18 世纪的大帆船。他在二楼的办公室是船长室所在的地方。螺旋形的楼梯通向一个瞭望台，就像普罗温斯敦

金诺塔堡的建筑图，1931年。卡洛塔·蒙特雷将其建筑风格称为“伪西班牙农民风格”（图片来自“谢弗尔-奥尼尔藏品系列”，琳达·李尔特藏档案中心，康涅狄格学院，新伦敦）

的山顶吧，可以饱览大西洋的景色。6 月 22 日，他们搬进了新居，五天之后，他们将它正式命名为“金诺塔堡”，以纪念两人的结合：“尤金和卡洛塔的房子。”

《住宅与庭院》杂志刊登了一篇关于金诺塔堡的长篇报道，将其建筑设计描述为“16 世纪西班牙马略卡岛早期农舍与 15 世纪修道院特色的结合，这种风格多见于科尔多瓦山区，比如迈里托侯爵宅邸”。为了便于宾客的理解，蒙特雷用更为简洁的术语对其加以概括：“伪西班牙农民风格”。[140]室内设计非常朴素；但有几件个人的装饰品告诉来宾，这里是奥尼尔和蒙特雷的私人宅邸。宾客一进入正门，就会注意到一个日本能剧面具在盯着他们；一楼客房的门是从一家墨西哥妓院运来的，上面有铁栏杆和一个缺口，可以递钱进去。在蒙特雷看来，客房内部的整体氛围更像是教堂，而不是妓院，因为墙面都装饰着天主教的画像。墙壁上还有挖空的哥特式神龛，用来放置耶稣和圣母的雕像。甚至是蒙特雷盥洗室洗脸池上方的药柜，也被刻成哥特式神龛的形状；柜门是一面镜子，她自己的脸代替了圣母的脸。

1931 年 7 月 1 日去纽约时，奥尼尔和蒙特雷开了很长时间的车绕道新伦敦。奥尼尔把他崭新的卡迪拉克停在皮考克街基督山屋的门前。蒙特雷曾建议他不要回新伦敦，“别这样，亲爱的，”她恳求，“不要试图回到过去。”但他还是回去了，这座房子看上去比他记忆中小了很多。它年久失修，破旧不堪，而且房子的后面已经损毁了。蒙特雷后来说，第一次看到这座房子时，“我非常震惊，它小得像个鸟巢，孤零零地坐落在那儿”。“我不该来的，”奥尼尔说。“没关系的，你现在已经来了，”她回答，“让我们离开这里吧。”“好，”他同意了，“我们走吧。”[141]

但是一年之后，事实证明他们这次伤心的基督山屋之旅并非是在浪费时间。1932 年 9 月 1 日早晨，奥尼尔在金诺塔堡从睡梦中醒来时，心中就有了一出四幕剧的背景（基督山屋）、情节、人物、主题，甚至标题,“非常完整,可以马上一挥而就”。[142]他当时一直在痛苦地构思另外一出寻求替代上帝的戏,而灵感就在那天早晨降临,这是一出喜剧,叫《啊,荒野!》

《啊,荒野!》发生在新伦敦1906年7月4日的独立日庆典期间,那段时间奥尼尔本人正准备启程去普林斯顿大学。该剧略带伤感地描写了米勒一家,这是新伦敦的一个快乐的中产阶级家庭,与奥尼尔自己的家庭形成鲜明的对比,他特别渴望自己能出生在这样的家庭:“我希望在这样的家庭度过我的童年,”他说,“这出戏算是大声宣布了这个愿望。”[143]全剧的核心人物理查德·米勒是一位少年诗人,与创造他的剧作家有很多相似之处,在米勒天真的外表之下暗藏着愤世嫉俗的现实印记。《啊,荒野!》将迫使观众面对20世纪30年代美国社会和经济的现实状况,与剧中所描绘的更为欢乐单纯的梦幻景象形成明显的反差。《啊,荒野!》结束时,一切都得以圆满解决,完全符合“喜剧”的定义——直到你退回到大萧条的绝望之中,用奥尼尔的话说,退回到过去三十年“让人堕落、令人崩溃的影响”之中。[144]

自《榆树下的欲望》以来,没有任何一出戏如此完整又如此毫不费力地从他的想象中涌现出来。他告诉小尤金,这“更多地是抓住一种情绪,唤起一个时代的精神,它所有的理想、方式和准则都已逝去——我青春时代的记忆——不是我个人的青春,而是我这一代人所度过的青春”。[145](奥尼尔把《啊,荒野!》献给乔治·金恩·内森:“他也曾经,穿着松松垮垮的裤子,一路喝酒鬼混,走向毁灭。”)[146]

仅仅三周之后,奥尼尔就完成了初稿——在这三周中,他有时一天工作12个小时以上。“它简直就是从我心中迸发出来的,”他告诉萨克斯·卡明斯,卡明斯当时在霍瑞斯 & 利弗莱特出版社担任奥尼尔的编辑。“显然,我的无意识已经挣扎了很长一段时间,当时我正在创作一部现代的、错综复杂的、扭曲变形的和自我毁灭的心理剧,同时又需要与之相反的简单和平静的表达方式,让悲剧产生困扰但又不至于产生毒害。剧中人物都来自我最没有条件去了解的阶层,但实际上我比其他任何人都更加了解他们——我在新伦敦所度过的童年、少年和青年阶段的经历作为整体的背景——这是我所知道的最接近家的地方。”他为剧本感到骄傲，但对评论界的反应保持谨慎：“我对它非常喜爱，如此喜爱以至于我不知道是否应该将它上演或发表，免得因此而受到羞辱。”[147]

奥尼尔和蒙特雷相对平稳地度过了大萧条最初的几年，在经济上几乎没有什么损失，至少当时的情况还不错，而他们的很多朋友和熟人都倾家荡产。他们收到成堆的来自新伦敦、纽约、普罗温斯敦和加利福尼亚的邮件，请求他们给予现金资助。业内的老朋友写信来要钱，比如乔治·C.泰勒就“很不好意思地”向他求助。奥尼尔安慰泰勒，说自己能理解，但爱莫能助。“简单地说，”他写信给泰勒，“我所经历的就是今天每个人所经历的。”[148]其他一些人收到了奥尼尔的支票，也许他们在奥尼尔看来是更加值得帮助的，同时还附上了歉意，说自己实在无法提供更多的资助。

奥尼尔一家稳定的财务状况在很大程度上得益于《奇异的插曲》的收入；到了法国之后，《悲悼》又帮他们填补了资金的缺口，并支付了海洋岛的房款。但他们较好的财务状况也得益于他和蒙特雷都不过度投资，尽管他们在股票和债券上损失了少量的金额。1929年秋天股市崩盘之后，蒙特雷写信给卡明斯，“所有的麻烦都是由那些聪明人引起的，他们把华尔街作为轮盘赌去赌博，企图一夜暴富”。[149]他的一些老朋友开始通过变卖奥尼尔赠送给他们的物品换钱。伯顿卖了《天边外》的初版，上面有奥尼尔写给他父母的题词（他后来又花了200美元从一位交易商手里把它买了回来），哈罗德·德·波罗则写信问他，自己是否可以出售《毛猿》的剧情概要。[150]

但很快他们就“因为房子而陷入了贫困”。奥尼尔从《悲悼》中所获取的版税都投进了金诺塔堡，他们之前谨慎投资的一些股票和债券也突然变得一文不值。但他们所居住的地理位置还是具有优势：“佐治亚是度过大萧条的好地方——至少,在这个州的后颈部位是如此,”他写信给同仁剧院的公关经理罗伯特·西斯科。“他们所遭遇的唯一萧条是由谢尔曼将军和钩虫将军所引起的①……我很确信,无论发生什么,这里的任何一个人都不会经历饥荒。即使是最懒的人,也能轻松地捕捞大量的鱼、牡蛎、虾、蛤……我来到这里也许是天意,考虑到未来的某个时候,我会变得很懒,不再愿意去费劲地创作戏剧!”[151]

1933年5月初,萨克斯·卡明斯清楚地意识到,他的雇主,奥尼尔的出版商霍瑞斯 & 利弗莱特出版社就要破产了。当出版社还在苟延残喘之际,卡明斯就召集大股东们开了个会,对他们提出最后通牒:必须在24个小时之内将《悲悼》的版税余额全部支付给奥尼尔,否则他就在《纽约时报》的书评版刊登公告,说奥尼尔与其竞争对手签订了合同。这次威胁奏效了;那天下午,一张足额的支票就被送到了卡明斯的办公桌上。他立即乘火车去佐治亚,将支票交给奥尼尔。霍瑞斯 & 利弗莱特出版社就在那个月倒闭,与出版社签约的其他作家每人仅仅被支付了百分之五的版税。[152]卡明斯为奥尼尔所采取的及时行动意味着,剧作家不仅是他最好的朋友和他儿子的教父——卡明斯的儿子也被命名为尤金,同时奥尼尔也多亏了他才得以避免财务上的巨大损失。

因此,当兰登书屋的班尼特·瑟夫来到海洋岛与奥尼尔商谈合同时,尽管奥尼尔立即就信任了他并准备与其签订合同,但他坚持,必须给萨克斯·卡明斯三年的试用期,继续担任自己的编辑。在瑟夫看来,奥尼尔是“我见过的最英俊的人……看着他,连灵魂都觉得满足。他就是伟大的剧作家应该有的那种模样,但实际上从来没有哪位剧作家能有这样的风范”。[153]他很高兴地接受了继续聘用卡明斯的要求。对于兰登书屋而言,这是一桩很不错的交易:在很长一段时间,卡明斯

---

① 谢尔曼将军在南北战争期间率领北方军队攻占了佐治亚州的亚特兰大之后,命令放火烧毁了整个城市。钩虫将军则是指佐治亚州湿热气候中恼人的蚊虫。

在兰登书屋与其他知名作家密切合作，包括威廉·福克纳、西奥多·德莱塞、辛克莱尔·刘易斯、威廉·卡洛斯·威廉斯、W.H.奥登·格特鲁德·斯泰因和西奥多·盖泽尔（笔名为“苏斯博士”）。记者莫瑞·坎普顿说，“所有与他合作过的作家，都不会再去与其他编辑合作”；瑟夫后来很肯定地说，卡明斯“对于我们来说比奥尼尔更加重要”。[154]

1932年秋季学期，小尤金从德国弗莱堡大学毕业归来，尽管他非常崇拜德国文化，到了那年春天，他对纳粹党的崛起感到失望。他想回美国，但担心为他支付学费的父亲认为他把钱都浪费了。然而，与他的担心相反，奥尼尔在回信中说：“你认为家里人都觉得你对未来的打算有些不正常吗？绝对不是！我完全赞同你的决定！……我还曾担心你年轻的激情会陷入希特勒胡言乱语的狂热魔咒。在我看来，在这个充满愚蠢古怪行为的阴郁时代，纳粹运动简直就是头号的跳梁小丑！这次运动的愚蠢程度简直令人难以置信——对于其他民族心理的惊人误解，这种错误最终会让他们自作自受！现在真的是很难再对德国人心平气和了……经过他们理智的领导人多年的努力——再加上法国的可悲贪婪——世界已经形成了支持德国的格局——现在，全完了！”（奥尼尔对于墨索里尼的评价与对希特勒的评价几乎完全一样：“愿沙漠野驴在他祖母的坟上撒尿！”）[155]

蒙特雷持有德国债券，她对于纳粹的真面目看得不是那么清楚。立陶宛犹太作曲家路易斯·格伦伯格曾为纽约大都会歌剧院创作《琼斯皇》歌剧版，他公开宣称，因为自己所付出的努力没有获得应有的肯定而感到失望。对此，蒙特雷非常气愤，“我希望有人能让格伦伯格清醒一下。但他很难缠——他的脸皮太厚了……简直讨厌死了——但愿希特勒把他抓走！”[156]

1933年8月，奥尼尔和蒙特雷为了躲避炎热，去纽约塔珀尔湖区阿迪罗达克镇附近的巨狼湖营地度假一个月，钓鱼、游泳、划船。[157]他们在那儿参加了《啊,荒野!》的排演,然后乘飞机去匹兹堡,观看该剧9月25日在匹兹堡郊外的尼克松剧院的日场演出。《啊,荒野!》于10月2日在纽约的同仁剧院首演,评论界反响热烈,票房也一路走高,连演了289场。

奥尼尔的怀旧式回归让观众陶醉,他们还不太适应这位"黑色魔术师"走出其惯有的悲剧色彩。在幕间休息期间,观众们议论纷纷,这些议论可以用一位观众在全剧落幕后所说的一句话来加以概括,"究竟是什么东西控制了奥尼尔,让他能够写出这样一出戏!"据《美国报》伊丽莎白·乔丹的报道,百老汇有不少议论,怀疑他是受了妻子的影响才在戏剧创作上产生如此的改变;乔丹说,如果真是这样的话,卡洛塔"应该获得普利策奖、诺贝尔奖和美国每一所大学的名誉博士学位"。[158]这些议论倒还有些道理。蒙特雷的确在很大程度上缓解了丈夫痛苦的孤独感——哪怕只是暂时性的缓解,他的戏剧作品也因此产生了相应的改变,体现出这种稍纵即逝的宁静和救赎情绪。

对于奥尼尔的这出"回忆喜剧"——正如这出戏的副标题所示(同仁剧院将其宣传为"一部美国民间戏剧"),大家一致同意让知名演员乔治·M.科恩饰演剧中的纳特·米勒。纳特·米勒是奥尼尔心目中理想的中产阶级家庭一家之主——他为家人提供良好的生活条件,是天生的领导者,体贴周到,在必要的时候能有包容的胸襟,倾尽全力地保护家人。乔治·M.科恩是詹姆斯·奥尼尔的老朋友,也是"一战"期间最受人们喜爱的歌舞剧演员。他在出演《啊,荒野!》之前,主要被看作歌舞喜剧明星。他同时也是有名的作曲家,为美国舞台谱写了不少广为传唱的歌曲,包括《向百老汇致意》、《扬基曲》和《你是一面伟大的旗帜》。甚至连他的生日都是7月4日美国独立日。令人惊讶的是,科恩"扬基·杜德尔式"的爱国主义并没有让奥尼尔觉得不舒服,他宣布这个角色非他莫属:"实际上我之前并未打算将该剧的背景[7月4日]作为一种巧妙的手段,来吸引科恩先生接受我希望他来饰演的角色,"他说,"但我现在意识到,这个日期能与他自己的职业产生联系,他倒觉得挺不错的。”(他后来对科恩进行了更为坦诚的评价,认为他是个“综艺节目演员,尽力把这出戏变成一出独角戏”。)[159]

大部分人都赞同约翰·梅森·布朗在《纽约晚报》上对于《啊,荒野!》简洁的评论:“奥尼尔先生把他的悲剧面具放在一边。他放弃了弗洛伊德、‘意识流’、科学与宗教的冲突、古希腊贵族情节剧、人类多层面的本性和执念,以及他笔下的男人和女人多年以来与无情的神祇所进行的激烈斗争,而是在《啊,荒野!》中写了一出关于‘甜蜜青春’的喜剧,与他以前所写的任何一出戏都完全不同。”[160]好莱坞也注意到了这出戏。首演的两周之后,米高梅影业公司以 75000 美元的价格买下了这出戏的电影版权,米高梅影业公司之前曾拍摄《奇异的插曲》的电影改编版。[161]

是时候回来创作更为严肃的作品了。前一年夏天,也就是 1932 年,乔治·金恩·内森为奥尼尔提供了一个理想的机会,让他总结自己在戏剧中运用面具的想法。内森说服奥尼尔加入新创办的文学期刊《美国观众》的编委会,奥尼尔的名字将出现在期刊扉页,与内森、西奥多·德莱塞、欧内斯特·博伊德和詹姆斯·布朗奇·卡贝尔等人的名字列在一起。奥尼尔同意了,也许并不十分情愿,算是为内森壮壮声势。他的第一个任务是为创刊号写一篇关于现代戏剧的文章。他接受了这一挑战,但是发现写文章还是一如既往的困难。(他甚至一直拖着不回信,直到拖得太久了才不得不简单回几句,然后再拖几天,再拖几周,再拖几个月。)他之前曾经答应为哈特·克雷恩的诗集《白色建筑》(1926)写引言;那还是在克雷恩 1932 年 4 月从一艘蒸汽船上跳入墨西哥湾自杀之前,但后来又打了退堂鼓。1928 年,奥尼尔曾觉得自己可以为辩论家、记者兼诗人本杰明·德·卡塞雷斯的《讨厌!否定的连祷》写前言,但他从一开始就告诉德·卡塞雷斯,他“写这类东西水平很糟”。[162](他们两人自从 1927 年 8 月就成了好朋友,当时德·卡塞雷斯在《戏剧》杂志上发表了一篇关于奥尼尔的文章,在文中对奥尼尔有如下描写,他“差不多让我敬畏,……一张严肃、没有一丝笑容的脸,满是苦难,他似乎在对我说:‘请原谅我这样让人不愉快,我刚刚从地狱回来。’”)[163]

“我似乎就是没法开始写这类文章,”奥尼尔在写作时向内森坦言,“这就如同我请你去写一出戏剧。”[164]围绕面具这个主题来谈谈自己的想法,这个话题本身对他还是有吸引力的——“我有足够兴趣去写的唯一话题”——愿意花上一周的时间,将自己多年以来关于面具的零星记录整合到一起,形成一篇完整的论述,尽管都是些简短的句子。[165]整篇文章分成三部分,发表在期刊的第一期至第三期。[166]《面具备忘录》系列是他对《美国观众》的唯一贡献,这个期刊本身也没延续多长时间。在这篇文章中,奥尼尔将他关于“新的面具剧的信条”凝练为一句话,这句话显示了哲学无政府主义思想的逻辑延续,即塑造我们不真实生活的社会力量必须被作为幽灵或鬼魂来加以祛魅:“一个人的外部生活受他人面具的缠绕,在孤独中度过;一个人的内部生活被自身的各种面具所追逐,在孤寂中消磨。”①[167]

《面具备忘录》也暗示了他的下一出戏,他说,在这出戏中,歌德的《浮士德》将“让靡菲斯特戴上靡菲斯特式的面具,即浮士德的脸型,因为歌德这部作品对我们这个时代所具有的全部意义就在于靡菲斯特和浮士德完全是一回事——就是浮士德?”②[168]

从1931年末到1934年初,奥尼尔一直在努力创作这出浮士德式的面具剧,已经七易其稿。“但作家的生活就是如此,”他向自己的继女辛西娅谈到自己创作的艰难。“总是这样。你气喘吁吁、大汗淋漓、默默呻吟,一会儿喜欢自己,一会儿讨厌自己,过了很久之后,当你差点要去吃蟑螂粉以求快速了断,免除这样的痛苦,这该死的东西竟然

① 引自刘海平翻译的《面具散记》,郭继德编:《奥尼尔文集》(6),人民文学出版社,2006年,第286页。

② 引自刘海平翻译的《面具散记》,郭继德编:《奥尼尔文集》(6),人民文学出版社,2006年,第287页(译者略有修改)。

就完成了,你发现你创作出了好的作品,又开始喜欢自己了。或者你发现作品很糟——你就开始整个推翻重写。”[169]

在一张写给他自己的纸条上有这样一句话,“又一次到了相同的死胡同——每次戏剧到了‘要么戏要有生机,要么我为此而死去’的这个点上,它总是在这个点上死去——一定是在深层次上出了问题”。[170]但他还是完成了这部作品,经过反复的修改——“岁月穷尽”、“岁月无尽头”、“岁月尽头”——终于确定了剧名,《无穷的岁月:现代奇迹剧》。[171]

“得不偿失”

《无穷的岁月》几乎可以算作奥尼尔戏剧生涯中的最为重大的一次失败。同仁剧院于1934年1月8日将这出戏从波士顿移至纽约亨利·米勒剧院上演之后，这出戏受到了相当差的评价，仅仅演了6周就停演了。纽约州前州长艾尔·史密斯说，奥尼尔的这出新戏很棘手，是个“烫手的土豆”。[172]奥尼尔在《啊，荒野!》上演之后获得了公众的热烈肯定，这种急剧膨胀的热度在《无穷的岁月》上演之后一下子就丧失殆尽，评论界认为它“生硬而做作”，“假意布道”，“全是神圣的废话”，并且“反动”。连那些认为奥尼尔是美国最伟大剧作家的剧评人都对该剧笨重的宗教意味感到吃惊。“有时候，奥尼尔先生讲述故事的方式，仿佛他从来没写过戏一样，”布鲁克斯·阿特金森迷惑不已。“考虑到他在戏剧方面公认的成就，他的水平出现如此大幅度的波动，实在是令人震惊。”《无穷的岁月》不仅仅被认为大失水准，剧中所包含的天主教讯息也激怒了他一直以来的观众群；一位剧评人说，恐怕这出戏“对于现代人来说，不够现代”。[173]

《无穷的岁月》最初的构思是三部曲《上帝死了！什么——万岁？》中的第一部。该剧的主人公是一位思想自由的小说家约翰·列文，情节围绕他的精神危机展开。约翰有个戴着面具的另一重自我，名叫洛文，就相当于那个总是与浮士德如影随形的靡菲斯特，洛文与约翰形影不离，总是蔑视约翰对于救赎的渴望。约翰的妻子艾尔莎很快发现他与自己最好的朋友通奸。她最初拒绝原谅他，在自己身患流感的情况下冲进曼哈顿的冰冷雨夜,企图自杀。当她被找回来,在公寓的床上奄奄一息之际,约翰徘徊良久,走进了一座天主教堂。明亮的阳光透过教堂窗户的彩色玻璃倾泻进来,照亮了钉在十字架上的受难耶稣的脸庞。在精神转变的关头,约翰的叔叔告诉他,他垂死的妻子艾尔莎被救过来了。他的另一重自我洛文死在了他的脚下,他兴奋地大喊:"爱将永存!……又有了上帝的爱,生命笑了!生命带着爱笑了!"幕落。(*CP*3,180)①

让奥尼尔感到惊讶的是,因为这出戏具有明显的宗教性,天主教社区总体上对《无穷的岁月》非常尊重;它在天主教占主导的波士顿反响热烈,1933 年 12 月 27 日的首场演出就有 15 次返场谢幕。[174]诺贝尔文学奖得主、诗人威廉·巴特勒·叶芝也于 1934 年 4 月 16 日在都柏林的艾贝剧院成功地上演了这出戏,作为纪念复活节起义的周年活动。(《无穷的岁月》在奉行无神论的苏联自然被禁演。)[175]一位虔诚的崇拜者说,"尤金·奥尼尔,以前是天主教徒,最为极端的愤世嫉俗者……深挖嗜性成瘾的新英格兰人内心黑暗、压抑的秘密……创作了属于这个时代的天主教伟大剧作"。另一位崇拜者把嘲笑奥尼尔的剧评人称为"反基督的小人……伪知识分子,把他们的无知隐藏在误解之下,认为信仰已经过时"。因为奥尼尔对上帝态度的明显转变感到最为惊喜的人,莫过于《美国》杂志的杰拉德·B.德尼里神父。德尼里神父宣布,《无穷的岁月》对于"所有以耶稣之名为荣的人都具有深远的意义"。[176]

萨克斯·卡明斯最初读到剧本时,避重就轻地说自己欣赏奥尼尔对于面具的创造性使用;但蒙特雷确信,他并没有完全表达自己的观点。卡明斯随后承认,最后一个场景中的宗教含义似乎有点过了,这

① 引自汪义群翻译的《无穷的岁月》,郭继德编:《奥尼尔文集》(4),人民文学出版社,2006 年,第 259 页。

《无穷的岁月》的最后一场，斯坦利·里奇斯(左)扮演列文，俄尔·拉里莫扮演约翰，纽约亨利·米勒剧院，1934年(图片来自“耶鲁美国文学藏品系列”，拜内克珍本手稿图书馆，纽黑文)

时蒙特雷轻蔑地反驳:“尤金和我发现你从一个完全错误的角度去看待剧中的最后一个场景,我们几乎要气疯了。它与基督教或者挽救了艾尔莎的祈祷没有任何关系——而是她对丈夫的伟大的、全身心的爱!通过她的爱,她感觉到她的丈夫正处于危险之中,爱给了她力量活过来,为他活下去——估计没人会明白了——因为竟然连你都不明白!”[177]“我想尤金已经忘了,”她在日记中写道,似乎与之前的观点有些自相矛盾:“忘了萨克斯是犹太人,而且非常激进,所以这样一部关于基督教信仰能给人以幸福的剧作,对他来说会显得幼稚、无聊!”1933年夏天,乔治·金恩·内森读过剧本之后,她又在日记中写道,“乔治·金恩不会喜欢《无穷的岁月》,因为他不能忍受任何以宗教为主导的剧作!”[178]她说的当然没错,但卡明斯和内森代表了绝大多数人的观点。

本杰明·德·卡塞雷斯甚至煞费苦心地写了一出犀利的讽刺剧,名叫《无穷的否认》,剧中一个长着翅膀的魔鬼把剧作家带去面对他曾经创造的一群人物:拉撒路、马可·波罗、扬克、布鲁特斯·琼斯、尼娜·利兹、萨姆·埃文斯、查尔斯·马斯登、庞塞·德·莱昂、克里斯·克里斯托弗森、爱碧·普特南和莱维妮亚·孟南,他们每个人轮流取笑他把灵魂送回了教堂,谴责他背叛了自己的原则。奥尼尔的替身在德·卡塞雷斯的讽刺剧中名叫约翰·洛文,洛文老老实实地回答(这一部分真的是直白到残酷),“当我贫困潦倒,没有法国的城堡,没有帕克大街的公寓,一切都没问题。当时我的作品是一流的——你们都是好朋友!——后来我发了财,找到了我的伊索尔达-朱丽叶-布鲁尼儿德[蒙特雷],喝酒的朋友都变成了炫富的朋友。但是现在,我告诉你们,我是个绅士啦!你们那些关于艺术创造和精神追求的喋喋不休,都见鬼去吧。我被拯救了!”德·卡塞雷斯认为这只是个搞笑的东西,就寄了一份给奥尼尔。他始终没有收到回复,两人从此断交。[179]

1933年秋天,天主教作家协会逼迫瑟夫在出版该剧剧本时,将艾尔莎出场时的身份从离婚改成丧偶——如果他想要被列入“白名单”

(“白名单”是指被普通观众组成的委员会所认可的，适合于儿童观看的剧目)。[180]瑟夫对此并没有提出异议，但奥尼尔告诉瑟夫，即使该剧是“关于天主教的……它也是心理学的研究”，不论其宗教色彩有多么浓厚。他威胁说，如果瑟夫在这一点上无视他的意愿，他就不得不“踩下油门，开车冲向你，把你从我们中间踢出去！……它不是天主教的宣传！如果在它上演之后，教堂想要为它盖上审查通过的封印，那是他们的事。但我根本不在乎他们通过不通过——我绝不会为了获得通过而事先做出任何轻微的改动”。[181]

尽管奥尼尔笃信无神论，他却一直被来生的希望、道德与精神的确定性，以及天主教通过忏悔获得救赎的思想所深深吸引。来自华盛顿大学的学者索福斯·凯斯·温瑟尔急于把对《无穷的岁月》的评论收入他 1934 年所撰写的奥尼尔研究专著中，奥尼尔在写给温瑟尔的一封信中，尽可能详细地阐述了这一点：“但是[该剧的]结尾并不意味着我已经回归了天主教教义。我并没有。但有一点我必须承认，否则我就是在说谎——为了灵魂的平静，我经常希望自己能够回归天主教教义。我用的是天主教教义这个词，我指的不是天主教会那种在政治上横加干涉的社会反动势力。那种势力让我厌恶。我指的是天主教教义中所包含的神秘信仰，对我而言，其中的象征似乎比其他象征更为接近对人类生活所隐含的精神意义的理解。”[182]

为了把握这出戏，布鲁克斯·阿特金森引用了亨利·戴维·梭罗的话：当被问及他是否已经与上帝和解，他回答，“我们从未有过争吵”。阿特金森说，与之相反，奥尼尔与上帝的争吵最终征服了他的无神论，因为在剧中没有什么可以替代上帝，除了上帝本身。多萝西·戴伊多年之后在自传《字里行间》中也表达了相似的观点：“尤金与他的上帝之间的关系本身就是一场战争。他和上帝一直斗争到死。他一直在反抗人的命运。他向上帝挥动拳头。[这一句删去]①”奥尼尔

① 在多萝西·戴伊的手稿中写有“他向上帝挥动拳头”这一句，但后来又被她划去了。

其他的朋友认为，蒙特雷对基督教的信仰影响了丈夫。蒙特雷经常性的督促可能让他在《无穷的岁月》中的宗教转向更为明显；但奥尼尔在遇到蒙特雷之前就已经以天主教的方式来看待自己的内在生命——如果不是作为实际的信仰，至少是作为精神上的感知——就像《大神布朗》中那个不戴面具的安东尼·迪昂(圣安东尼)。在他生命中最重要的女性人物身上还可以找到另外一种解释，这个女人和蒙特雷一样，都曾回归教堂去寻求能够提供“灵魂宁静”的“神秘信仰”——她就是埃拉·奥尼尔。[183]

尤金·奥尼尔14岁得知自己的母亲无法摆脱毒品之后，就拒绝再去教堂，这件事让埃拉非常伤心。在《无穷的岁月》中通过宽恕和爱进行救赎的天主教教义，强烈地暗示了他母亲摆脱毒瘾的经历。埃拉通过回归教堂找到心灵的平静，最终战胜了对毒品的依赖。她在布鲁克林修道院隐居并且每周日做弥撒，终于在1914年7月戒掉了困扰她25年之久的毒瘾。即使是在1918年忍受乳房切除术所引起的疼痛和形象损害时，她仍然没有再次对麻醉剂产生长久的依赖。(对于奥尼尔来说，《进入黑夜的漫长旅程》中可怕梦魇的终结似乎是他之前剧作副标题的真实素材——“一个现代奇迹”。)埃拉(Ella)与约翰·列文的妻子艾尔莎(Elsa)的拼写只有一个字母之差。这样看来，奥尼尔是在偿还对于教堂的“旧账”，就像他对蒙特雷所说的那样，因为教堂拯救了他的母亲，而同时他又坚信，“任何能够赋予生命的模式，”不论它有多么陈旧或者多么具有限制性，都应该被看作“适合于戏剧的主题”。[184]

在1935年写给该剧的西班牙语译者、阿根廷翻译家里奥·米雷拉斯的信中，奥尼尔再次阐明约翰·列文通过天主教教义获得救赎：“我选择了天主教教义，因为它是唯一具有真正信仰高度的西方宗教，因为它是古老奇迹剧和浮士德式传说的宗教，而这两者都是我戏剧主题的来源——最后一个原因同时也是最为简单的原因，它碰巧是我[爱尔兰裔……背景、传统]的宗教，并且我从幼年起一直受其影响，因此它是我最为了解的一种宗教。”[185]但是当他在一次采访中被问及是否重新发现了自己的天主教信仰，奥尼尔直截了当地回答，“不幸的是，并没有”。[186]

“我现在在干什么？”1934年2月，从失败中逐渐恢复的奥尼尔回到金诺塔堡之后，在给肯尼斯·麦克戈文的回信中这样回答，“下定决心无所事事。我觉得自己像是剧院里老鼠夹子上的那片放了很久的奶酪。我很长一段时间都不会去创作新的作品。我厌倦了。”奥尼尔的医生曾经命令他“强制休息”6个月，但是另外一场危机又降临了。[187]两年之前，也就是1932年3月18日，奥尼尔遭遇了一场车祸。当时赫伯特·弗里曼驾车带着奥尼尔和蒙特雷沿着温彻斯特郡的哈奇逊河大道行驶，他们的车撞上了布朗克斯电梯维修工路易斯·甘斯的车，车里还坐着他的女儿伊莎贝拉。甘斯一家索赔28000美元。1934年4月，这次事故开庭审理。奥尼尔本人没有出庭，蒙特雷于1934年4月12日出现在布朗克斯法庭的陪审团面前；她在法庭上陈述，奥尼尔“无法工作”，“非常紧张”，身体上和精神上都不允许他离开宾馆的房间。在审判过程中，她精神紧张导致身体不适，在律师的陪同下在一间空的审判室里休息。奥尼尔的律师A.D.多利亚在刊登于《纽约时报》的声明中进一步指出，他的委托人无法参加庭审，因为他当时正处于精神崩溃的边缘。主审法官最终裁定，甘斯一家获得3200美元赔偿金。[188]

那年四月，奥尼尔拒绝了与小说家舍伍德·安德森见面的邀请，他向安德森致歉，因为“我最近处于精神崩溃的边缘——连续工作了太长的时间而没有休息，这是医生告诉我的——我要待在家里无限期地接受严格的休息治疗，直到我能‘回来’为止。医生们告诉我，要么我现在主动休息，要么继续工作直到完全垮掉，接下来几年都卧床不起”。[189]

奥尼尔主动从公众视线中消失了，最初只是打算消失6个月，但这种销声匿迹的沉默状态一直延续了12年。

安全返回她在海洋岛的庇护所之后，蒙特雷倾尽一切所能，极力地保护和照顾自己的丈夫。“我是妻子、情人、管家、秘书、朋友和护士，”她写信给麦克戈文说。“除了不能当他的裁缝之外，我什么都做！”[190]

在离群索居最初的几周，奥尼尔寄出了很多信件，猛烈抨击向他要钱的人，或者抨击跟剧院相关的工作。当他的经纪人理查德·麦登告诉他，他们之间的一部分信件被盗，进入了书商的销售目录，奥尼尔对他也不留情面：“这种不光彩的事我听得越多，就越觉得恼火——我坦白地告诉你，最让我恼火的人就是你。”当沙恩向他索要价值400美元的船尾马达作为礼物，他生气地回答：“我觉得你要这么贵的礼物，胆子实在太大了……总之，你必须在接下来的几年中向我证明，你不是在懒惰地指望平白无故地获得礼物，而是愿意为之奋斗。否则，你就什么也别想得到。我说清楚了吧？相信我，我一定会说到做到！”“不，我一行台词也不会删，”他写信给同仁剧院的李·西蒙森，他们希望对正在上演的《啊，荒野！》进行删减，“这就是终稿”。“我对待戏剧太个人化了，我觉得——，”他又加了一句，“太个人化了，以至于不久以前，我觉得自己会永远地告别演出，将来只创作以书籍形式出版的剧本，仅供读者阅读。演出是得不偿失。”[191]

1935年4月16日，在上次的见面被推迟之后，舍伍德·安德森和他的妻子艾丽诺应邀去金诺塔堡吃午餐。安德森在之后的致谢信中告诉奥尼尔，能结识“自己一直以来所认为的时代伟大人物之一”是多么地高兴。他向一位朋友所透露的情况则没有这么令人愉快：蒙特雷“冷漠、斤斤计较。她显然不是一个能让家庭变得温暖的女人”。尽管他告诉奥尼尔，他“很高兴地看到他恢复了工作，状态良好”，与此相关的另外一封信则更为直白：“尤金是个病人……他是个很好的人，但我在他巨大的豪宅中的确感受到了死亡的气息。他离群索居，住在那个孤零零的地方，几乎一个人也见不到。他需要同伴。我觉得他挺可怜的，他害怕我离开。”[192]

正当奥尼尔努力让自己脱离舞台时，他却成了30年代流行文化的标志。“如果我是尤金·奥尼尔的话，我会告诉你，我对你们俩真实的想法，”格鲁丘·马尔克斯告诉两位想吸引他注意力的女演员，她们在竞争马尔克斯兄弟影业公司1930年的影片《动物饼干》中的角色。“你知道，”他对这两个使出浑身解数想要压倒对方的女士说，“你们真的很幸运，不是同仁剧院上演这部作品，”然后又加上一句，“同仁剧院是这样的。”马尔克斯阴郁地面对着镜头，说要弄个“奇异的插曲”。这两位女士愣在那里，他开腔了，像在念《奇异的插曲》中内心独白部分的台词，“如果她们两人都走开的话，我会是多么开心啊”。[193]

支持奥尼尔的人认为这样的滑稽行为会对他有所伤害，然而剧作家本人倒是很开心。当喜剧演员杰克·班尼1935年1月打算戏仿《啊，荒野！》时，尽管韦恩伯格不赞成，但奥尼尔表示同意：“告诉班尼我同意他的打算。不同意你的意见。我认为班尼是个有趣的家伙，相信时常嘲弄一下我的作品会有积极的效果，有助于人们不再认为正襟危坐、沉闷乏味的老学究就等同于尤金。”[194]综艺演员艾尔·乔尔森以涂黑脸扮黑人著称，他在1934年想要推出电台现场直播版的《琼斯皇》。奥尼尔很高兴地写信给麦登，“我希望布鲁特斯·琼斯不会吓得大声喊‘妈妈’！”[195]

然而，奥尼尔观看《百老汇之歌》时对有声电影的那种热爱已几乎消失殆尽，他从不参与自己作品的电影改编。在罗伯特·西斯科想把《毛猿》卖给好莱坞的时候，他曾想说服西斯科接受他自己1926年所写的电影改编思路：“当然，我对于电影版的想法，是要在扬克和米尔德里德之间建立吸引-厌恶、痛恨-欲望的感觉，要让她看起来更像个坏女人。”[196]他当时还没有看过葛丽泰·嘉宝主演的电影《“安娜·克里斯蒂”》，这是米高梅影业公司所推出的著名的“嘉宝开口说话！”系列影片中的一部。影片的第一个场景是约翰尼神父酒吧的后厅，嘉宝疲惫地在桌前坐下，跟酒保要了一杯酒。电影观众第一次听到了这位影星的声音：“给我来一杯威士忌——还有啤酒。别那么小气，宝贝儿。”“好，我给你上一桶吧？”酒保俏皮地问。“嗯，”她回答，“那倒是对我的胃口。”[197]

“我没法坐在那儿看完，总是感到焦虑不安，总是在想自己究竟为什么要写这出戏，”奥尼尔说，“即使圣女贞德活过来去演‘安娜’，我的感觉也还是一样。”但是当格蕾丝·瑞品告诉他，电影在新伦敦引起了轰动，他说，“看到自己的名字出现在河岸街的灯箱上，这的确会让我骄傲。但是我想，有声影片《“安娜·克里斯蒂”》几乎全部是属于嘉宝的，奥尼尔在其中几乎不剩什么了。”他曾经看过米高梅影业公司1932年上映的《奇异的插曲》电影改编版，但他认为影片“因为刻意的删减和愚蠢的审查制度而显得极其仓促”。他不愿意去观看米高梅影业公司1935年推出的《啊，荒野！》，也没去看保罗·罗伯森在荧屏上扮演的布鲁特斯·琼斯。奥尼尔很尊重为《琼斯皇》撰写电影剧本的杜博思·海沃德和为米高梅公司执导该片的达德利·墨菲；但他也听说他们“拓展”了剧情，将琼斯早年做卧铺车厢服务员的经历加入影片，还为对贫民窟感到好奇的观众们弄出了一些“关于哈勒姆的胡言乱语”。他告诉麦克戈文，“在影片摄制的最后阶段，有传闻说，剧组的所有人都开始互相指责——结果就是低劣的妥协”。奴隶拍卖和贩运奴隶的长途航行都被删去了，取而代之的是美国黑人浸礼会教堂的场景，实在让人无法忍受——这样一来，就生硬地去除了美国白人的罪行，其实琼斯是受了白人的影响才会去背叛他的种族。“但是，”奥尼尔说，“我不会干涉，反正我已经拿了版权费。”他还经常调侃，“他们可以买下版权去翻拍电影，但他们不能逼我去看这些电影！”[198]（唯一的例外是约翰·福特1940年根据“格伦凯恩号”系列剧拍摄的电影《归路迢迢》，奥尼尔认为这是根据他作品改编的最好的一部电影。）

1933年，第18条修正案被废除，由此结束了在美国实行了14年之久的禁酒令。外界都认为奥尼尔自从那次糟糕的远东之旅后就戒了酒，但实际情况并非如此，杰克·伦敦的“白色逻辑”在海洋岛又缠上了他。甚至在禁酒令被废止之前，奥尼尔和房地产经纪人乔治·波尔就在赫伯特·弗里曼车库楼上的公寓里弄了个酿造玉米威士忌的蒸馏器，这在当地人中间早已是个公开的秘密。[199]他还从蒙特雷送给他的一个礼物中找到了喝酒时理想的拍档。

1933年10月16日，在奥尼尔45岁生日那天，蒙特雷从新奥尔良一家已经停业的妓院订购了一架自动钢琴。钢琴上绘制了红玫瑰和裸体女人，简直就是奥尼尔能想象到的最好的生日礼物。他深情地为这架钢琴取名为“柔茜”。柔茜被送来的时候，还附带了一盒老歌单，包括《亚历山大的拉格泰姆乐队》、《那支神秘的拉格泰姆舞曲》、《孤身一人》和《等待那个罗伯特·E.李》。[200]1935年12月，乔治·金恩·内森寄来的圣诞礼物是一大桶布鲁克林香醇啤酒，蒙特雷收到礼物后责怪他：“你和这桶啤酒对我们家的影响实在是惊人，”她说，“金诺塔堡完全被败坏了。”打开了内森送的那桶酒之后，奥尼尔午餐时开始喝啤酒，下午茶时喝啤酒，准备睡觉时喝啤酒。“柔茜在演奏，啤酒在流！”蒙特雷告诉内森。在那个星期，奥尼尔和波尔围坐在柔茜旁边，大口喝酒，跟着钢琴的曲调放声高歌。“尤金很有幽默感，谈兴很浓，”波尔回忆起和剧作家在一起的时光。“我发现他是个很有人情味的普通人，这与很多人的想法相反。”[201]

蒙特雷最初对丈夫喝酒这件事并不十分在意；毕竟他喝的只是啤酒。但是，在圣诞节前夜的“节日盛宴”上，出现了糟糕的逆转。“我们买了一瓶香槟酒庆祝圣诞节！”她写道。“波尔和尤金都特别开心，一起弹奏柔茜，一起又唱又跳！我注意到尤金总是不停地上楼——我终于按捺不住，跟着他上楼去看个究竟，我以为他是身体不舒服——但我发现他在喝一整瓶的威士忌！我差不多要哭了！几周以来我一直心存疑虑！他就不该喝啤酒或者果酒——这只会引得他去喝威士忌，并且一喝威士忌就没完——然后病倒，上帝知道会发生什么！他看到我的时候笑了,带着那瓶酒下了楼。他和波尔喝了一夜。"[202]

奥尼尔一连几周不停地喝威士忌。尽管他一开始是躲着蒙特雷的,只在书房里喝,到了 1935 年 2 月,他开始当着她的面直接拿着酒瓶大口地喝。那年冬天,金诺塔堡的一名女佣听到这对平日里十分疏远的雇主夫妇吵了起来。奥尼尔大声骂出了不堪入耳的脏话,然后说,"会死人的!"在接下来的两天中,伤心绝望的蒙特雷坐在餐厅的饭桌前,"不吃不喝,不停地流眼泪"。[203]

那年冬天,奥尼尔去纽约时,在宾馆的卧室、浴室、储藏室等好几个地方都藏了酒。2 月 21 日,他被乔治·德拉普大夫送进了纽约的一家医院。大夫让他在医院住几天,并且很直接地告诉蒙特雷,"住院是为了让他戒掉威士忌"。"我完全垮了,感觉糟透了,"她在日记中写道,"整天吃不下饭,整夜睡不着觉。天天哭,止不住。"[204](奥尼尔去世之后,蒙特雷很肯定地告诉哈佛医学院的一位精神病学专家——尽管真实情况已经很难去证实:奥尼尔从来就没有停止喝酒;或者用这位阿尔伯特·罗登伯格大夫的话说,他在晚年"一直在周期性地狂饮"。)[205]

1935 年 3 月,奥尼尔在金诺塔堡终于不再喝酒了;但他随后开始出现胃炎、前列腺炎等一系列疾病,并且手抖的症状也日益加重,几乎没法写字了。但他还是下定决心重新开始《诗人的气质》的创作,这是一出四幕剧,关于爱尔兰裔美国移民梅洛迪一家(梅洛迪这个姓是奥尼尔从一位来自波士顿的黑人拳击冠军哈尼·梅洛迪那儿借用的)[206]。在接下来的一年半的时间中,他一直在忙于"占有者自弃的故事"的剧情梗概和草稿——这是一组雄心勃勃的历史剧,其中包括《诗人的气质》,这组剧作描写了来自新英格兰的哈福德一家的兴衰,而梅洛迪家的女儿嫁给了哈福德家的儿子。"占有者自弃的故事"中最核心的主题来自《圣经》中的一句话(马太福音 16:26)奥尼尔用它来概括美国的历史:"如果一个人得到了整个世界却失去了自己的灵魂,那对他又有什么好处呢?”

奥尼尔执着地认为,美国人所谓的“成功”其实就是“占有”。通过这种占有,美国人失去了他们真正的自我,只是在不停地重复“占有-失去”这一过程,以抹去随之而来的痛苦失落。这组历史剧的最后一出是《狗毛》,剧终的台词将获得财富之后的迷醉等同于喝了威士忌之后的酒醉:“没错!以毒攻毒!……它们是一样的,名字叫贪婪,当它袭来时,就像发起了高烧,口干得要命,必须喝好多酒才能缓解,然后就醉了,难受极了,头痛欲裂,懊悔无比——胃里空空的,直犯恶心,不再有贪婪也不再有食欲。但是你再喝一杯,太阳会再次为你升起——食欲和饥渴会回来,你好了伤疤忘了疼——又从头开始走一遭!”[207]

《诗人的气质》是这组历史剧中奥尼尔唯一觉得满意的,这出戏发生在1828年,也就是安德鲁·杰克逊击败在任总统约翰·昆西·亚当斯赢得大选胜利的那一年。这场竞选在文化上具有重要的意义,因为杰克逊是爱尔兰贫民之子,而亚当斯则是马萨诸塞州显赫家族的后代。尽管奥尼尔后来曾说,“理解我的关键,在于我是爱尔兰裔”,但他在另一个场合的表态却似乎正好与之相矛盾:“新英格兰的道德之战是我作为艺术家感触最深之处。”[208]《诗人的气质》比其他作品更多地融合了这两种说法之间的差异。

在该剧情节开始之前,奥尼尔的爱尔兰裔反英雄科恩·梅洛迪已经带着妻子诺拉和女儿萨拉迁入马萨诸塞州。梅洛迪是个酒鬼,他买下了一个小酒馆,因为那块地将来可能会有铁路经过;但铁路没修到那里,酒馆也就一直非常萧条。梅洛迪曾经在半岛战争(1808—1814)中作为英国士兵参战,他总是骄傲地穿着军服并引用诗句,哀叹周围人的背信弃义。他假装出一副贵族的气息——实际上他是潦倒的爱尔兰“地下酒吧”老板的儿子——他总是昂首挺胸地站在镜子前背诵拜伦的《恰尔德·哈罗德》,模仿着诗歌作者的样子,以支撑他受伤的骄傲:

我没有爱过这人世，人世也不爱我；
它的臭恶气息，我从没有赞美过，
也从未曾向它偶像崇拜的教条下跪，
没有强露欢颜去奉承，应声吹捧；
因此世人无法把我当作同类；
我不是他们之中的一个，虽厕身其中。(*CP*3,203)①

他年复一年假扮贵族的表演终于有一天被无情粉碎。当地望族亨利·哈福德家的律师贿赂梅洛迪，让他阻止女儿萨拉·梅洛迪与哈福德的儿子西蒙订婚。梅洛迪愤怒地带着几个爱尔兰朋友冲到哈福德家，要跟哈福德决斗；当斗殴就要开始的时候，警察赶到了，把他铐了起来。西蒙的母亲德博拉从楼上的窗户中目睹了这场争斗。正如《毛猿》中的米尔德里德用一句“肮脏的畜生”摧毁了扬克·史密斯膨胀的自我，德博拉仅仅通过看着他胡闹而瓦解了他的伪装。回到酒馆之后，梅洛迪的伪装被剥去，他又变回了醉醺醺的爱尔兰农民。在最后一场，曾经暗自欣赏父亲骄傲面对困难的萨拉难过地说：“他终于被击败了，而且他想要保持这种被击败的状态。”(*CP*3,279)

1936年3月18日，奥尼尔完成了《诗人的气质》，但没有立即修改，而是将其加入系列剧之中。根据他的最初设想，系列剧将包括五部剧作，《诗人的气质》是其中的第一部，他后来又将系列剧扩充为七部、八部、九部，最终定为十一部。用他自己的话说，他希望通过这些剧作显示“与时代变迁相关的心理特质的演变——铁路以及其他引起惊恐的东西如何改变人们的生活”。[209]系列剧的时间背景是1775年到1930年，涵盖美国从独立战争到经济大萧条的历史，整个系列剧可

① 引自郭继德翻译的《诗人的气质》，郭继德编：《奥尼尔文集》(4)，人民文学出版社，2006年，第409页。

以作为美国式贪婪的寓言。他计划组建一个“特别演出公司”,每个演出季上演两部作品,一共历时五个半演出季。“偶尔尝试写个系列剧,”他在写给劳伦斯·朗格的信中说,“我建议你试试——换句话说,如果我恨你,我就建议你试试!相比较而言,一个怀了五胞胎的女人都比创作系列剧轻松愉快。”[210]

那年6月,小尤金获得耶鲁大学古典文学专业的博士学位,并在该校任教。奥尼尔写信祝贺自己的儿子,但同时向他道歉,说自己不能更多地资助他。他说,“我从投资中得到的收益,都被离婚赡养费耗光了”,并且他知道这个系列剧在几年之内不会为他带来收入。“希望你能理解,”他说,“我精神焦虑,情绪低落,感觉自己衰老而疲惫,不断怀疑自己和自己的工作,我自己也在想,到底是什么促使我去做这样一项地狱一般艰巨的工作。”[211]

到了1936年夏天,奥尼尔和蒙特雷已经厌倦了佐治亚州的气候:“这里的夏天闷热难当,”他在8月中旬这样写道。“卡洛塔和我同时打破了出汗的奥林匹克纪录及世界纪录!我们总在不停地出汗。”[212]就在那个月,索福斯·温瑟尔和他的妻子艾琳到访金诺塔堡。奥尼尔非常欣赏温瑟尔的专著《尤金·奥尼尔批评研究》(1934),他认为这本书在分析他的作品时,比他自己分析得还要好。读完这本书的初稿之后,他告诉温瑟尔,“最打动我的地方,是你如此清晰地显示了剧作与时代心理和精神背景之间的关系,体现出这一背景与剧作不可分割——到目前为止,没有人愿意花工夫去仔细研究这个问题,但如果要真正理解我的创作思路,这个问题至关重要”。[213]

他们在一起刚待了一天,温瑟尔夫妇就说服奥尼尔和蒙特雷从金诺塔堡搬到他们所居住的西雅图去,那里气候凉爽。[214]到了10月,温瑟尔夫妇为他们在西雅图找了一处出租屋,奥尼尔夫妇在纽约短暂停留之后就登上了“二十世纪有限公司”的列车前往西海岸。他们于11月3日抵达西雅图并入住木兰崖的一座房子,木兰崖是西雅图外围的一个住宅区,俯瞰皮吉特湾。他们安顿下来之后不久,11月12日清晨

7点半，温瑟尔打电话通知奥尼尔，他继辛克莱尔·刘易斯之后成为第二位获得诺贝尔文学奖的美国人。他也是获得该奖项的第一位，并且是迄今为止唯一一位美国剧作家。

潘多拉的盒子

“那天早晨简直是一片混乱!”蒙特雷在消息公布那天的日记中写道:“美联社、合众社……《国际新闻》都打电话来要求采访、拍照——瑞典报纸的总编——从纽约打来电话的人——从旧金山打来电话的人——乔治·金恩、克劳斯、麦登、哈里·韦恩伯格、瑟夫、沙恩发来电报——电台的人很生气,因为尤金不愿意通过电台发表讲话!我们两人都累坏了。要想保护尤金,让他不受这些人的烦扰,真的很不容易!”[215]奥尼尔曾考虑拒绝这个奖项,因为他担心这个世界上分量最重的文学奖项有可能导致自满,进而妨碍他的创作。而他内心的那个无政府主义者则担心更为可怕的前景:被贴上“功成名就”作家标签的那副样子。

“别希望诺贝尔奖落在我头上!”早在1934年,当他的律师哈里·韦恩伯格写信告诉他,他在诺贝尔奖的入围名单上,奥尼尔这样回复。“我有强烈的预感,这是厄运(也许只有对老人来说才是件好事),让人为难,我还没得诺贝尔奖,就已经被弄成了一个可敬可畏、西装革履的文学名人。”奥尼尔当然还是客客气气地接受了这个奖项,但他告诉乔治·金恩·内森,他对诺贝尔奖感到焦虑,并且请求他的朋友劝说戏剧评论家协会,不要让他出席相关的仪式,省得他拒绝而引起尴尬。“我觉得自己作为戏剧界领袖出现,在颁奖仪式上说些冠冕堂皇的祝福,这都是些没用的东西。你知道我的意思——那种穿着笔挺衬衣的一本正经的老家伙,因为备受尊重,大家都以为他已经死了,……[我]

还没死呢。”[216]

“我自然很开心，”当时48岁的剧作家对前来采访的一大群记者中的一位说道。“我觉得自己像一匹刚刚被授予了蓝丝带的马。”在写给肯尼斯·麦克戈文的信中，他把关于马的比喻说得更为形象：“我像一匹拉着马车的老马，尾巴上被系上了蓝丝带——我累得没法转身去看看它是否美味，看看它到底是什么。”奥尼尔同时真心实意地认为，这个奖项应该授予西奥多·德莱塞。当他获得诺贝尔奖的消息被宣布时，他告诉《纽约时报》的记者，“我认为这个奖也许应该由德莱塞获得。他应该得这个奖”。[217]他一收到来自德莱塞的贺信，就立即回复，衷心感谢他，并且还有一丝遗憾：“我真心希望收到你的来信……我对你说句完全发自真心的话，如果你在我之前获得这个奖，我会更加高兴。我现在真的感觉暗自愧疚——仿佛自己拿走了原本应该属于你的东西。”[218]

在连续七个月创作系列剧的辛劳之后，奥尼尔已经筋疲力尽，没法参加12月的诺贝尔文学奖颁奖仪式。而且他和蒙特雷刚刚横跨美国搬到西海岸，因此他们拒绝再次经历从西海岸到东海岸的辛苦旅行，而且之后还要跨越整个大西洋。“我在身体上和精神上都无法承受出席颁奖典礼的压力，”他写信给美国驻斯德哥尔摩大使馆，“我会垮掉的。”[219]

在写给诺贝尔奖委员会的信中，奥尼尔欣然接受这一奖项并表示，这个奖并不仅仅是对他本人戏剧创作的肯定，而是对美国戏剧总体发展的肯定。[220]尽管他的确认为欧洲人对美国剧作家的肯定是必要的，这样美国剧作家才能真正“成熟”，但他也告诉剧作家拉塞尔·克劳斯，信的这一部分“充满着华而不实的言辞”。他说，除了很少的几个人，他的美国同行中没有一个人给予他足够的承认，没有人感谢他“[破除了]陈旧的戏剧教条，让他们能够自由地用自己所希望的任何方式进行创作……总的说来，我的美国同行都是蠢货！”[221]实际上，很多顶尖的美国剧作家都写信祝贺奥尼尔获得诺贝尔文学奖,除了克劳斯之外,还有爱德华·谢尔登、S.N.贝尔曼、乔治·米德尔顿和西德尼·霍华德。让奥尼尔耿耿于怀的是普利策戏剧奖得主麦克斯韦尔·安德森,他没有发来贺信,这就证明(至少在奥尼尔看来)"那个家伙只是另外一个充满嫉妒的蠢货……着实可笑",他告诉乔治·金恩·内森。[222]

在这封信的最后,奥尼尔向公认的"大师"、瑞典剧作家奥古斯特·斯特林堡致敬。这是发自内心的致敬,但却让诺贝尔奖委员会感到有些尴尬:他说斯特林堡是"所有现代剧作家中最伟大的天才",而诺贝尔奖委员会却从未将诺贝尔文学奖授予他们自己国家最耀眼的文学明星。[223]除了诺贝尔金质奖章之外,奥尼尔还被授予45000美元奖金;据报道,他所获得的奖金数额是其他获奖者的两倍,因为诺贝尔文学奖在1935年没有颁发。[224]

诺贝尔奖委员会提到了他的好几部戏剧作品,包括《加勒比群岛之月》和《无穷的岁月》等,但真正决定他获奖的是《悲悼》。委员会将这个史诗式的三部曲单列出来,作为"作者最恢宏的作品……情节建构和推进的典范,在现代戏剧中无人能与之媲美"。尽管《悲悼》三部曲五年之前就在美国上演,欧洲观众一直对这出戏记忆犹新,在整个三十年代(甚至在"二战"期间),这出戏一直在欧洲的剧院上演,大获成功。在诺贝尔奖颁奖仪式上,瑞典的剧团还演出了《悲悼》。后来,特蕾莎·赫本没有将《悲悼》列入同仁剧院最佳演出的名单,奥尼尔向她抱怨,"上帝啊,与《悲悼》相比,你名单上的很多作品只能挂在树林的厕所里当手纸"。[225]

奥尼尔和蒙特雷仅仅在西雅图住了大约一个月,就去了旧金山,蒙特雷曾在这里度过青春时代。对他们来说,太平洋西北沿岸尽管比海洋岛凉爽,但雨水实在太多。"西雅图似乎真的是很潮湿,"他写信给内森。"我上周去了一个小镇,那里的年均降雨量是180英寸,挤牛奶的工人经常划着船工作。”[226]

入住旧金山的费尔蒙酒店之后不久，奥尼尔就开始腹痛，12 月 26 日，他被送进了奥克兰的麦瑞特医院。三天之后，他的阑尾被摘除了。“幸运的是，我没去瑞典！”他说。“我在诺贝尔晚宴上发表演讲时，我的阑尾很可能会爆炸，把仪式给搞砸了。”他本来应该很快就能恢复，但没想到他的情况突然恶化，先是前列腺和肾脏感染，然后又脓肿发炎。奥尼尔说，脓肿发炎“程度如此严重，以至于他们不得不为我注射除了 TNT 炸药之外的所有药物，免得我就此长眠”。[227]

蒙特雷住在他病房的隔壁，她自己也患上了流感，还差点染上肺炎。他们在医院养病期间，由护士“凯伊”(凯瑟琳·阿尔伯托尼)和马克辛·艾迪·班尼迪克特照料；奥尼尔夫妇在其后的几年中不定期地雇佣她们俩。“如果我跟他待在一起，”阿尔伯托尼回忆，“我从来也不说，你要做这个或者你要做那个。我总是问他，‘你想做什么啊？’我觉得他喜欢这样。不要强迫他。千万不要强迫他。我们早上一起吃早餐时，如果他不想说话，也没问题。那就不说话。也许他因此而尊重我。我觉得是这样。”[228]

蒙特雷回到海洋岛去处理房屋出售的事宜，而奥尼尔继续留在医院治疗。他充分利用了这段短暂的单身时光，说服阿尔伯托尼让他离开医院的病床一天，陪他一起去杰克·伦敦在奥克兰时经常光顾的海因诺德酒吧。[229]他最终正式出院之后，又在两位护士的照料下休养了两个半月。[230]医生再一次要求他强制休息八个月到一年的时间。系列剧的创作不得不再等上一段时间。

1937 年春季和夏季，奥尼尔夫妇先后在加州湾区租了两处住所，先是在伯克利，后来在拉斐特，让奥尼尔可以安静地康复。到了秋季，他不得不再次入院，接受为期两周的治疗，以防止进一步的感染。在那一年的 5 月，奥尼尔和蒙特雷已经决定定居加利福尼亚，他们买下了丹维尔城郊外 150 多公顷林地。这块地可以俯瞰圣拉蒙山谷草木丰盛、风景秀丽的绿色山坡。他们将在这里一起建造他们的第二个居所。奥尼尔又一次坚信自己找到了天堂，他写信告诉内森，这座新的房子"比金诺塔堡要好——你来看看就知道"。[231]他又写信给巴内特·卡拉克，"这是我最后的家和港湾。我爱加利福尼亚。而且这里的气候适合于我的工作，有益于我的健康"。[232]

"我们这里的气候棒极了，"蒙特雷写信给萨克斯·卡明斯，带着她一贯的直白："没有黑人、苍蝇、钩虫和蚊子。那些我都不喜欢——如果大量出现的话。"[233]金诺塔堡里的大部分家具和装饰都连同房屋一起被卖给了新主人克鲁艾特一家。蒙特雷将丹维尔的房子完全装修成中国风格。她对富兰克林·德拉诺·罗斯福总统非常不满，因为他所推行的政策让他们不得不付给装修工人更高的工资。装修工程规模浩大，需要安置奥尼尔八千册的藏书和她自己的三百双鞋，最终耗资十万美元。[234]（房屋的巨额花费让奥尼尔措手不及，他不得不以三万美元的价格将《毛猿》的电影改编权卖给好莱坞。）[235]事实上，与他之前的住所相比，这座新居的确为奥尼尔的创作提供了最好的环境，他在这里的创作成果甚至比在满是斯芬克斯式沙丘的山顶吧更为丰硕。奥尼尔参照中国道家哲学，将新居命名为"大道别墅"。"道"这个词的大致含义是"正确的途径"，尽管乔治·金恩·内森又要嘲笑他总是说自己找到了最佳的住所，奥尼尔认为他在这里终于找到了"道"。

奥尼尔和蒙特雷在大道别墅安顿下来。到那个时候为止，他一直觉得他和阿格尼斯·伯顿所生的两个孩子"一无是处，一点也不像小尤金那样令人骄傲——除非他们彻底改变，否则我一辈子都不想见到他们"。[236]他给他们寄生日礼物和圣诞节礼物，但抱怨他们几乎从不对他表示感谢。蒙特雷一直对他和孩子们的联系心存芥蒂，经常私自拦截他们之间的信件。实际上，在接下来的几年中，乌娜·奥尼尔多次请求前来拜访自己的父亲，但他说从没收到过这样的请求，蒙特雷是唯一与乌娜直接联系的人。[237]无论她究竟为什么要这么做，她的做

大道别墅（图片来自“海格曼藏品系列”，尤金·奥尼尔基金会，丹维尔，加利福尼亚）

法在一定程度上影响了奥尼尔对待子女的态度:奥尼尔的父爱不是无条件的。他指责沙恩对他获得诺贝尔这件事不闻不问,而实际情况并非如此——蒙特雷在获奖消息公布那天的日记中有明确记录——他还指责沙恩在他住院期间不关心他(可能的确如此),他威胁沙恩,如果他一味索取而不付出,他就跟他脱离父子关系。沙恩当时已经两次从学校辍学,先是劳伦斯威尔学校,后来又是佛罗里达军事学院,现在就读于科罗拉多州的拉尔斯顿·科力克学校。沙恩从科罗拉多寄来一尊海象的牙雕作为父亲四十九岁的生日礼物。奥尼尔表示感谢,并暂时原谅了他,但仍然经常向他炫耀小尤金在学业上的成就,以此来反衬沙恩的失败。

1937 年 5 月,小尤金宣布与贝蒂·格林离婚,迎娶简妮特·亨特·朗雷,她是耶鲁大学数学系教授的女儿。在和父亲谈到自己的新婚妻子和耶鲁大学的工作时,小尤金抱怨他的手经常莫名其妙地颤抖。奥尼尔说这是遗传的疾病,他本人也饱受困扰:“就我自己的经历而言,关于颤抖的病症,医生们似乎也知之甚少。我从记事时起,就经常出现手抖的症状,当时我还没有开始抽烟,更别说什么放荡的生活了,我母亲也有手抖的毛病,她告诉我,她的父亲也有。”奥尼尔唯一能够给出的建议是,“把它看作精神高度紧张的家族的遗产,只有上帝才知道这种病已经传了多少代人,尽力忍受它所带来的尴尬不适”。[238]

他们所患病症的医学名称是“家族性震颤”,奥尼尔的情况不断恶化。他已经开始出现神经组织退化的症状,进一步影响了他的戏剧创作。这种症状带来了可怕的损失,但也带来了一些收获:最终,这种疾病不仅仅决定了奥尼尔自己的职业进程,也在很大程度上决定了美国戏剧史的总体走向。

1938 年 1 月,奥尼尔夫妇搬入大道别墅,希望将这里作为永久的居所。一连几个月,这里到处嘈杂声不断,木工锤子的敲击、瓦工铲子的摩擦、修建泳池的挖掘等各种声音此起彼伏。对于奥尼尔来说,很难在这样的环境中写出多少作品。新居的建造工程、他的牙齿顽疾、剧烈发作的荨麻疹、神经炎(他用来写字的胳膊钻心地疼了好几个月),这些都让他没法写出更多的作品,只是草草完成了《教授的故事》的构思。同仁剧院约这位诺贝尔文学奖得主写一部新戏,奥尼尔拒绝了;那年春天,大道别墅完工了,他的神经炎也趋于稳定(在拔了五颗牙之后有所好转,牙齿疾患显然是引起神经炎症的原因),他说"老家伙现在的感觉比前几年好多了"。[239]在一年期间,他完成了系列剧中四部作品的初稿:《温顺者的贪婪》、《赐我死亡》、《诗人的气质》和《更庄严的大厦》。[240]

1938年春天,他接待了来访的沙恩和小尤金。沙恩打算秋天去科罗拉多大学就读,而小尤金刚刚与惠特尼·J.欧茨合作推出了《古希腊戏剧全集》,由奥尼尔的出版商兰登书屋出版。到了冬季,他得知沙恩(当时他开始吸毒、酗酒)放弃了上大学的计划而要继续在劳伦斯威尔学校待一年,他认为这孩子是个"伯顿式的寄生虫","我对他这个人一点儿也提不起兴趣"。[241]

奥尼尔有八年没有见过女儿乌娜,但他们在1939年8月的见面却是剧作家人生中的一个"亮点"。她在母亲阿格尼斯·伯顿的陪同下乘飞机来到西海岸,奥尼尔管伯顿叫"无脊椎堕落女"。(他把自己支付孩子抚养费的支票称作伯顿的"dole",爱尔兰人用这个词表示救济金。)这是伯顿和奥尼尔十多年以来的首次见面。伯顿对奥尼尔和蒙特雷很客气,但她并未被邀请前往大道别墅,而是独自去了南方旅行。[242]

让大家都感到惊讶的是,乌娜很讨父亲和继母的喜欢。[243]"一个有魅力的姑娘,"他感到非常高兴,"不仅相貌迷人,举止也迷人。"奥尼尔的护士凯瑟琳·阿尔伯托尼在乌娜到访期间负责照料奥尼尔,她回忆起蒙特雷的反应:"她说乌娜很有教养……这对卡洛塔来说很重要,一定要有教养。"乌娜离开大道别墅之后,蒙特雷告诉阿尔伯托尼,不论她对伯顿的印象如何,乌娜"被培养得不错",这让她感到安心。[244](她对自己的女儿辛西娅倒不这么看,她觉得辛西娅不够精致,不像淑

尤金·奥尼尔和乌娜·奥尼尔在大道别墅，1939年8月（图片来自“海格曼藏品系列”，尤金·奥尼尔基金会，丹维尔，加利福尼亚）

女，太像个假小子。）[245]十四岁的乌娜也喜欢跟继母待在一起，尽管她后来承认自己主要是敬畏她。[246]她的大部分时间都花在和蒙特雷一起购物、旅行和晒日光浴上。奥尼尔每天都在楼上的办公室中写作，下午才出来喝茶、游泳。

蒙特雷反复教导乌娜财务自由的重要性，尽管她自己多年以来一直依靠原来的情人詹姆斯·斯贝尔为她设立的巨额信托基金过着奢华的生活。“自己挣钱，不要依靠你的爸爸，”她说。[247]奥尼尔也对沙恩提出了同样的建议：“你必须找到自我，不能由着自己乱来，”他警告误入歧途的儿子。“你必须从自身寻找勇气，掌控你自己的人生。没人能为你做到这一点，没人能帮你。你必须自己完成，在没有外在帮助的情况下自己完成，否则就没有任何意义。”[248]奥尼尔和蒙特雷尽早给孩子们灌输这样的观念，让他们成年之后不要指望父母在经济上的资助。

在战争期间，蒙特雷变成了奥尼尔的“监狱看守，而不是妻子”，瑟夫这样说，尽管瑟夫与蒙特雷的关系还比较好，奥尼尔的朋友中仅有几个人能和蒙特雷保持良好的关系。蒙特雷在大道别墅的入口处设置了两道电动门，她在门背后“监视着庭院，像个封建君主，防止敌人入侵”。“她把［他那些同仁剧院的熟人和老朋友］都赶出了他的生活，”瑟夫说，“她自己完全占有了他。”罗伯特·埃德蒙德·琼斯到访大道别墅，他原本打算在那儿待三周，结果两周之后就回到纽约。他随后约吉米·莱特在哈佛俱乐部吃饭，他平时不喝酒，那天却叫了一杯威士忌。然后又叫了一杯。“我目睹了一桩慢性谋杀，”他说。同样，拉塞尔·克劳斯在拜访了奥尼尔之后也说，“尤金让我想起报纸上刊登的故事，一个人被拴在一个狭小的空间里很多年，每天有人去喂食，很久以后才被放出来。在很长一段时间里，我们每次见面，尤金都像一只警觉的动物一样畏畏缩缩；过了好久才慢慢缓过来，开始摇尾巴”。1939 年 8 月，小尤金带着他的第三任妻子萨莉·海华德来到大道别墅，蒙特雷被他们的突然来访吓坏了。“他娶的姑娘看上去像个明尼苏达州的球队后卫,”她嘲笑道。“他们想在这里待两周。哈哈哈！我四天就把他们赶走。”(奥尼尔自己发现萨莉“还不错——是我熟悉的康涅狄格小城市的那种类型——但是,从我的角度来看,她是个非常令人失望的儿媳妇”。)[249]

奥尼尔创作戏剧的常规程序是,先写出剧情梗概,再写出篇幅很长的初稿,最终再将其删减到合适的长度。对于1939年初步完成的《更庄严的大厦》,他认为“在长度上无法进行太多的删减”。[250]这部戏的演出时间至少需要十个小时,是他现存的所有作品中最长的一部。《更庄严的大厦》是《诗人的气质》的续集,背景是1832年至1841年期间的马萨诸塞州,剧情围绕1837年美国金融大恐慌展开。奥尼尔剧中那个内心充满矛盾又过分依赖母亲的主人公西蒙·哈福德,他的财富和权力在剧情发展过程中不断积累。他的占有欲逐渐让位于由财产所驱动的垄断本能,而正是这种本能让美国金融家们走向毁灭,从1837年的金融大恐慌直至1929年的股市崩盘。奥尼尔并没有为西蒙或者为美国提供解决方案;他只是让他的主人公回到他最初遇见自己妻子萨拉·梅洛迪的地方——树林中田园诗一般的小屋。在这里,被资本主义击毁的西蒙在妻子和孩子的爱中也许可以找到安慰和平静。

在这部作品中,奥尼尔又一次避开了大萧条时代席卷美国戏剧的宣传鼓动:“我想,这糟糕的年代不可避免地让作家陷入社会学宣传的漩涡,”他说。“其可怕的结局似乎在于,当剧作家开始拯救世界,他就开始迷失自我。我知道,我自己就不时地受到这种救赎的影响。”[251]他承认自己嫉妒那些相信“通过社会理想主义进行救赎”的作家,但他不能忍受那些运动,不能忍受对上帝的乞求,或者任何名义的社会改革。他说,“我真正的信念是,唯一值得欢呼的改革是再来一场毁灭世界的大洪水”。[252]

随着革命在世界各地风起云涌,奥尼尔放弃了《更庄严的大厦》,也最终放弃了整个系列剧。阿道夫·希特勒那个“人渣”已经入侵捷克斯洛伐克和波兰，并开始了针对犹太人、吉卜赛人和欧洲其他民族的种族屠杀；英国和法国已经向德国宣战；美国仍然处于大萧条的泥潭之中；奥尼尔喜欢的远东则陷入了旷日持久的内部冲突。[253]美国抵抗性的干预并未带给他任何慰藉。奥尼尔在写给本尼特·瑟夫的一封信中抱怨，“我们政府中可量化智慧的缺失”让他清楚地意识到，美国很快就会直接参与到屠杀之中：“如果有人指望如今的政府能做出大规模自杀式愚蠢行为之外的任何其他事，他在我看来就是个乐观主义的白痴，”他对瑟夫说，“告诉萨克斯，我正在迅速地变回到纯粹的无政府主义。”[254]

奥尼尔的孤立主义立场在德国空袭英国这件事上体现得尤为明显。他写信告诉小尤金，自己内心的那个“奥尼尔”用哲学的方式来看待在英国的战事：“记起几年以前英国人对黑人和有色人种施以暴行……大家差不多可以把那种暴行称为正义了。”他说，如果爱尔兰被侵略，“我可能会立即志愿参军”。有人请他在一封给爱尔兰自由邦总理伊蒙·德·维勒拉的公开信上签名，敦促总理加入盟军以共同对抗德国，奥尼尔断然拒绝。“我坚信，我们爱尔兰裔美国人应该为爱尔兰人民所做的事，就是不要企图通过任何方式影响他们的决定。”“过去的流毒对我没有困扰，”他告诉请愿者们，“尽管我是听着憎恨英国的摇篮曲长大的。这只是个良心的问题。”[255]

法国投降之后，奥尼尔写信给劳伦斯·朗格，说自己已经完全放弃了写作，但他希望在可能的情况下再次投入系列剧的创作。“说实话，”他告诉劳伦斯·朗格，“与任何一个拥有想象力的人一样，我已经完全被这该死的世界混战搞垮了。系列剧被放在了书架上，上帝知道我能否再次动笔去写，因为我在这个国家看不到未来，在任何其他国家也无法为这部戏找到精神上的归属。”[256]“人们现在被战争的悲剧完全占据——他们也理应如此——因而无法面对这样的戏剧，”他写信给特蕾莎·赫本。“我并不是在指责他们。我宁可跟女人跳舞，度过一个逃避主义的夜晚——或者做一个被看成事实的白日梦。”[257]

奥尼尔关于"被看成事实的白日梦"的想法帮助他克服令他寝食难安的战争梦魇,同时也重新点燃了一个过去的想法。1939 年夏天,他完成了具有里程碑式意义的四幕剧《送冰的人来了》。但奥尼尔说,至于这部剧作能否被搬上舞台,是"次要的问题,我并不在意,甚至可以说是非常不重要的问题"。[258]在"二战"初期的那几年,奥尼尔正在拼命地压制自己关于人类毁灭的预感,《送冰的人来了》的主题与潘多拉打开宙斯的魔盒非常相近:世界上所有的邪恶都被释放出来;但最后出现的东西,是希望的精灵,没有希望人类便无法生存下去。[259]

《送冰的人来了》描写了一群每天去哈里·霍普酒馆喝酒的底层人物,这个破旧的酒馆根据雷恩斯法的要求配有客房,基本上是以吉米神父酒吧为原型,同时包含了花园酒店楼下的酒吧和地狱窟的部分元素。剧中的每一个人物都来自奥尼尔 20 世纪头十年那段烂醉如泥的岁月,几乎没有经过什么艺术处理——詹姆斯·比斯、特里·卡林、希波利特·哈维尔、乔·史密斯,等等。(奥尼尔一直资助卡林,直至他 1934 年死于肺炎。)第一幕快要结束时,一个名叫"希基"(西奥多·希克曼)的推销员来到酒馆,为酒馆主人哈里·霍普庆祝生日;但他这次还带来了救世主一般的使命,要将他的朋友们从"白日梦"中唤醒。他相信,这样做可以把他们从妄想的、悲惨的生活中拯救出来。事实上,情况却恰恰相反:白日梦和威士忌才是唯一能让他们活下去的东西。

奥尼尔最初将该剧命名为《明天》,与他 1916 年创作的短篇小说同名。但是第二天,他就想出了《送冰的人来了》这个题目,他写信告诉乔治·金恩·内森,"这个题目我很喜欢,因为它非常贴切地表达了该剧外在与内在的精神"。[260](以前有一种观点认为,该剧的名字是借鉴了瓦尔多·弗兰克的小说《新郎来了》[1939 年],但是奥尼尔至少 1910 年至 1911 年在布宜诺斯艾利斯创作诗歌《新郎哭了!》时,心中就已经有了这个题目的雏形。)这部剧作得名于一个下流的老笑话:一个男人对着楼上卧室里的妻子大喊,"送冰的人来了吗?"他的妻子大声回答,“没有,但他在喘粗气”。[261]奥尼尔说,他所写的对话“与我记忆中 1912 年时的场景完全相同——只是把那些骂人的脏话省略了”。[262]

但该剧题目背后还有另外一重含义:奥尼尔对自己在吉米神父酒吧、花园酒店和地狱窟所度过的早年时光的怀念,在某种程度上就是“白日梦”。他是在表明,过去需要一定程度的篡改,尤其是在人生晚年,当死神——送冰的人——步步逼近的时候。因此奥尼尔告诉一个朋友,《送冰的人来了》是“一出宏大的喜剧,但它引人发笑的时间并不长”。[263]

“我真的喜欢这个作品,”奥尼尔告诉内森。“我想它从整体上来说,在所有方面都差不多是我所有作品中最为成功的。我感觉其中有一些时刻,它深刻而真实地进入人生的荒谬、幽默、怜悯和反讽,就像在现代戏剧中那样。”“悲剧的深度,”他又在写给朗格的信中说,在于剥去自我幻觉的表象,哪怕是暂时剥去,把他从自己的白日梦中唤醒,暴露出“赤裸的隐秘灵魂”。[264]

奥尼尔坚持将演出推迟到战争结束。他预测(结果证明他的预测并不准确),只有到了那时,战后幻灭的后遗症才会完全占主导。只有到了那时,观众才能理解这部剧作的主题——人类需要能够延续生命的白日梦才能忍受现代生活的现实:“不,《送冰的人来了》现在会出问题,”他告诉达德利·尼克尔斯。“纽约的观众无法看出或者听出它的意义。在《大西洋宪章》[丘吉尔和罗斯福对于战后世界秩序的愿景]的背景之下,防御性白日梦的怜悯与悲剧会被认为是非爱国主义的,而且毫无新意,即使观众能抓住那种意义也无济于事。但根据现在的情况,当战争结束之后,我觉得美国观众会很好地理解《送冰的人来了》的大部分内容。”[265]

奥尼尔的创作又一次陷入了停滞,因为希特勒的闪电战让他“越来越深地陷入了悲观性的倦怠”。他完成《送冰的人来了》之后写信给乌娜,“战争新闻已经影响了我专注工作的能力。世界上有那么多的悲剧正在发生,很难静下心来认真写戏”。但是两周之后,他写信告诉朗格,他“又开始写东西了……此前的几个月,整天都在听收音机里的战争新闻。对于一个写戏成瘾的人来说,让他长时间不动笔是不行的!”[266] 1939 年 6 月,他曾在《送冰的人来了》的第一篇工作日记中写下“吉米神父酒馆——地狱窟——花园酒店的想法”。下面有他潦草的字迹,似乎是回忆起了早在 1927 年的一个想法,“新伦敦家庭剧”——这个想法后来成就了《进入黑夜的漫长旅程》。[267]

即使是当奥尼尔完全沉浸在《送冰的人来了》和“新伦敦家庭剧”的怀旧情绪之中时,他却不让他的任何一个孩子在新伦敦家庭剧中占有一席之地。“我是奥尼尔家族纯正爱尔兰血统的最后一人,”他在写给哈里·韦恩伯格的信中说,“就种族而言,我的孩子们是奇异的混合,——当然我宁可死后被扔进下水道,也不愿被埋葬在新伦敦。我希望自己死的时候,家在哪儿,我就被埋在哪儿。”他为家人订购了新的墓碑,家人的名字都被列在上面,自上而下,从詹姆斯到埃拉的母亲布丽吉特·昆兰,按照“戏剧中角色表的格式,对于一个演员家庭来说,再合适不过了”。[268]

令人伤心的是,1940 年 12 月 17 日,奥尼尔不得不订购了另外一块墓碑,因为他们一家所深爱的达尔马提亚犬布莱米去世了,布莱米活了 13 年,陪伴他们从法国到纽约、从佐治亚到西雅图、从旧金山到丹佛,经历漫长的折磨,在大道别墅痛苦地死去。在很长一段时间,奥尼尔和蒙特雷都沉浸在悲痛中无法自拔。

萨克斯·卡明斯回忆,他有一次住在金诺塔堡期间,发现这只狗享受着特别的照顾:“一只品种高贵的达尔马提亚犬,被卡洛塔宠爱着,被奥尼尔保护着。”布莱米的食物都是从纽约运来的,之前还特别咨询了动物饮食专家。他们为它定制了一个特殊的不锈钢装置,为它去除牙垢。布莱米的床也是专门定制的……床单经常更换,为了让它睡得更舒服,还配了一条印有它名字的毯子。“尤金和我无限制地娇惯它,”蒙特雷写信给卡明斯的妻子多萝西,“但我们总说,它是我们的孩子当中唯一一个没有让我们失望的——并且它似乎一直明白(并且感恩)我们为它的舒适幸福所付出的真心努力!!”[269]在大道别墅,布莱米的床被升级成了四柱大床,配有床单和毯子,它的浴缸被安装在地下室里。(管道工说,这是整个房子里最昂贵的东西,因为它需要独立的管道系统。)[270]

1940年12月26日,奥尼尔为这只狗写了一篇悼文,《希尔维丁·安布莱姆·奥尼尔的最后遗愿和遗嘱》,对狗和人的内心世界进行了辛辣的反思。奥尼尔用布莱米的语气写道,和人类不一样,狗不会浪费生命去囤积物质的东西,不会过分地沉迷于拥有;狗不像人那样惧怕死亡,“将其看作毁灭生命的异己而可怕的东西”,狗“接受死亡,将其作为生命的一个部分”。[271]这只达尔马提亚犬的墓在大道别墅后面的小山上,墓碑上写着,“安静地睡吧,忠实的朋友”。布莱米死后不久,奥尼尔说,“一切都乱套了”。[272]

时代暴君

他的狗死了;他手抖的症状更加恶化;他的婚姻出了问题;他对不断升级的世界大战绝望透顶。这所有的危机加在一起,迫使奥尼尔承认,自己所剩的时间不多了。但是,为了有效地写作,他不得不克服创作心理方面旷日持久的问题:“我对戏剧艺术唯一的想法是,去他妈的!”[273]“我无法相信系列剧有任何意义,”他在完全放弃它之前承认,“它在我所能够预见的未来也不会有任何意义。”他说,“现在,哪怕是在这个国家,自由作家所剩下的时间也不多了——似乎唯一明智的做法是关注最为重要的内容,把我能写的尽量写下来。”[274]对他来说,那些“最为重要的内容”显然是一出关于他家人的作品,这出戏从1927年以来就一直在他心中挥之不去,其实它所产生的影响比这更早,因为它早已回荡在奥尼尔所写的一切作品之中。

到了1941年夏天,在专门定做的腰托的帮助下,奥尼尔可以在写作的时候不再抖得那么厉害,他完成了四幕自传剧《进入黑夜的漫长旅程》。“当他开始写《进入黑夜的漫长旅程》时,”蒙特雷回忆起那段痛苦的时光,“我看着他每天被自己的写作所折磨,这真是非常奇怪的经历。他在天黑时走出书房,憔悴不堪,有时甚至在哭泣。他的眼睛红肿,跟他早晨进书房时相比,看起来整整老了十岁。”[275]

《进入黑夜的漫长旅程》的剧情集中于1912年8月的一天,背景是位于新伦敦的基督山屋起居室。剧中的蒂龙一家,以他真实的家人为原型,包括詹姆斯、埃拉、小詹姆斯和他自己,一家人互相指责,恶语相向，尽管他们深爱对方，他在工作日记中写道，在剧情发展过程中，观众们开始意识到“战役中不断变化的联盟”：“父亲、两个儿子对母亲；母亲、两个儿子对父亲；父亲、小儿子对母亲、大儿子；母亲、小儿子对父亲、大儿子；父亲、母亲对两个儿子；哥哥对弟弟；父亲对母亲。”[276]蒂龙一家习惯性地通过谴责别人来压抑自己情感上的痛苦；当这种做法不能奏效时，他们就求助于刺激物——玛丽依赖吗啡，詹姆斯依赖地产，埃德蒙依赖“皮条客和堕落的人”(*CP*3，799)所写的诗，吉米依赖肥胖妓女的安慰，并且三个男人都依赖威士忌。然而后来，他们发现这些刺激物和性行为无法为他们的痛苦提供庇护，他们就又回到起居室互相责骂。

蒂龙家的每个人都显现出爱尔兰人的典型特征——爱尔兰式英语；迅速的情绪转换；身体特征(“闭上你那张脏嘴，不许侮辱爱尔兰！”詹姆斯·蒂龙对吉米吼道。“你还配这样挖苦爱尔兰，你自己的脸上就画着爱尔兰地图！”[*CP*3，732]。)；喝威士忌；对佃户肖内西(以“脏”约翰·杜兰为原型)的同情，肖内西与信奉新教的美孚石油公司巨头哈克(爱德华·S.哈克尼斯)之间有矛盾，由此引发中产阶级爱尔兰裔身份与底层爱尔兰裔身份之间的斗争；詹姆斯认为埃德蒙的“自我毁灭”来自他对“天主教真实信仰”的拒绝(*CP*3，759)；詹姆斯认为肺结核是致命的，所以不值得为了治病而倾家荡产；玛丽居于全剧的中心位置，因此她的指责伤人最深。

《进入黑夜的漫长旅程》中统领全剧的主题是被荒废的过去。詹姆斯和玛丽，连同他们不成器的长子吉米，体现出双重自我——有可能实现潜在可能的自我和注定去忍受的自我。除了肺结核之外，埃德蒙发现自己的悲剧症结在于“生而为人”：“如果我生来是一只海鸥或者一条鱼，我会做得更好。生而为人，我总像个无所适从的陌生人，自己并不需要什么，也不被别人所需要，总也找不到归属，总有想死的念头！”(*CP*3，812)。奥尼尔在剧本完成之后说，“在最后一幕，他们还在那儿，被过去死死纠缠，每个人都充满愧疚，在无辜、嘲讽、相爱、同情之中徘徊，试图相互理解但又完全无法理解，试图相互原谅却又注定永远无法忘却”。[277]

在奥尼尔去世之前，只有他最信任的朋友才被允许去阅读《进入黑夜的漫长旅程》的剧本。索福斯·温瑟尔和他的妻子艾琳1943年去大道别墅时曾经读过。温瑟尔回忆，他被该剧所蕴含的巨大能量和直白的自我暴露所震惊，在他读完之后，奥尼尔从楼上走下来，刚开始一句话也没说。然后他看着窗外的迪亚布罗山，慢慢地背诵玛丽·蒂龙在全剧结束时的台词：“那是在高中最后一年的冬天。接着到了春天，发生了一件事。是的，我记得的。我爱上了詹姆斯·蒂龙，那段时间是多么幸福啊。”念完之后奥尼尔又沉默了好久，然后他说：“我想这是我写过的最好的一场戏。”[278]

1941年秋季，在《“安娜·克里斯蒂”》旧金山演出中担任女主角的26岁瑞典女演员应邀来到大道别墅，拜访她所扮演人物的创造者。蒙特雷曾经在那年8月看过她的表演，并对她大加赞赏：“她很棒，下功夫对角色进行了深入的挖掘。在演出过程中，我一直觉得她是个女人，而不是个女演员！……丝毫没有那种愚蠢的矫揉造作！”[279]

这位女演员是英格丽·褒曼，她后来被电影观众奉为世界上最美的女人。她一直记得自己第一次见到奥尼尔时的情景：“他向我走来，他身上有一种强烈的沉默气息。正是这种沉默深深打动了我。我几乎不敢跟他说话。然后，当他走近的时候，我看到了那双眼睛。那是我一生中见过的最美的眼睛。它们像深井；你坠入其中。你有一种感觉，他一下子就把你看穿了。”[280]

在蒙特雷严密的注视之下，奥尼尔领着褒曼上了楼，给她看垒成几摞的系列剧剧本。他告诉褒曼，他希望她能加入剧团，出演所有这些作品。褒曼当时的心思都在电影上，因此她拒绝了。（1942年春天，褒曼与亨弗莱·鲍嘉一起开始电影《卡萨布兰卡》的拍摄。）“你在抛弃我，”在她拒绝的时候，他说。“不是这样的，”她回答，“也许是其他时

尤金·奥尼尔在大道别墅(图片来自“谢弗尔—奥尼尔藏品系列”,琳达·李尔特藏档案中心,康涅狄格学院,新伦敦)

段。可能是在以后。”[281]

一年半之后,也就是在 1943 年 2 月 21 日,奥尼尔销毁了《更庄严的大厦》的两份手稿以及系列剧其他剧目的草稿。《更庄严的大厦》的打印稿得以幸存,上面还有一张字条:“未完成的作品。万一我死了,这份打印稿必须被销毁! [签名]尤金·奥尼尔。”但事实上,这份剧本后来被发现并且上演,而褒曼接受了该剧 1967 年美国首演中的德博拉·哈福德一角。

1951 年,奥尼尔和蒙特雷无意之中将《更庄严的大厦》的打印稿连同奥尼尔其他的文稿一起赠送给了耶鲁大学。1957 年,也就是在奥尼尔去世四年之后,斯德哥尔摩皇家剧团的瑞典导演卡尔·拉格纳·吉尔罗读到了这个剧本,蒙特雷允许他将演出时长从十个小时删减到四个小时。吉尔罗于 1962 年 11 月 9 日在斯德哥尔摩上演了《更庄严的大厦》,这也是该剧的全球首演。这场演出获得了相当高的评价。该剧在美国的首演时间是 1967 年 10 月 31 日,在布罗德赫斯特剧场演出之后又移至洛杉矶上演,由荷西·昆泰罗执导,褒曼饰演德博拉,科琳·杜赫斯特饰演萨拉,昆泰罗后来成为专门导演奥尼尔剧作的大师。但美国的首演却受到了严厉的批评:“这出戏尚处于未完成的粗糙纠结状态,”《纽约时报》的克莱夫·巴恩斯写道,“在我看来,它有损公众对于奥尼尔的记忆。拥有像昆泰罗先生这样的朋友,奥尼尔的在天之灵可能在想,他不需要敌人,他就是他自己最大的敌人,这是奥尼尔一直以来为自己所保留的特权。”[282]当时已经五十二岁的英格丽·褒曼支持昆泰罗坚持将这部作品搬上舞台的决定:“我认为重要的是,这出戏被发现并且我们将其上演。毕竟奥尼尔是美国最伟大的剧作家之一。即使《更庄严的大厦》不是他最好的作品,它也是由一位伟大的剧作家所创作的,这位剧作家将作为美国最伟大的剧作家而名垂青史。”[283]

“就像是尖刻的情绪一直在我的头脑中燃烧,”1942 年 6 月,对战争愤怒不已的奥尼尔写信给小尤金,“上一次战争的愚蠢杀戮并未给人们留下任何的教训，他们重又陷入死人堆温热的腐朽中慵懒睡去，漠然地将对未来、对命运的掌控交给国家机构，国家机构的成员都被培养成了合谋者、作弊者、骗子和本国人民的秘密背叛者；交给了贪婪的资产阶级统治阶层，他们如此愚蠢以至于不知道自己的贪婪已经开始吞噬自身；交给了最卑鄙的皮条客、政治家，还有最懦弱的笨蛋、只为保住工作的蠢货、官僚……我可以一直滔滔不绝地说下去，给你一篇反对国家的无政府主义檄文，它一旦发表，就会让我在莱文沃思监狱坐五十年牢——或者把我遣返回爱尔兰！”[284]

在感到极端无助的情况下，奥尼尔构思了几出宣传剧，也许只是为了发泄自己对正在全世界发生的暴行所感到的挫败和沮丧。[285]他请萨克斯·卡明斯给他寄一本施蒂纳的《唯一者及其所有物》，以重温哲学无政府主义思想，哲学无政府主义思想确认了他的信念，即任何国家，包括他自己所在的国家，都有可能重演希特勒当时对人类所犯下的残暴行径。因为战争还在继续，他把这些剧本的构思暂时搁置在一边。“我对自己进行戏剧审查，”他说。1941 年 4 月，他用三周的时间就写完了《休伊》，一出“更适合于阅读的”戏剧。[286]

《休伊》是奥尼尔所创作的最后一出独幕剧，同时也是自二十多年前的《驱魔》以来所写的第一部独幕剧。这出戏是关于一个输得精光的赌徒对曼哈顿剧院区一家肮脏不堪的四流旅馆前台伙计的感情，这位伙计刚刚离世。根据奥尼尔的舞台提示，剧情发生在 1928 年，“二十年代空洞的大景气”(*CP*3，831)。《休伊》细致地解析了旅馆夜班伙计查理(倾听者)和埃利·史密斯(说话者)的内在和外在生活。埃利在赌博和酒精中找到少得可怜的一点点慰藉，用短暂的解脱去面对孤独、疏离和幻灭等长期的问题。“夜班伙计这个角色，”他告诉乔治·金恩·内森，“凝聚了我在破烂旅馆认识的所有夜班伙计的核心特点，我真的认识不少呢！‘埃利’是我和我哥哥很早以前所认识的那群百老汇混混。在该剧发生的 1928 年，我倒并不认识多少夜班伙计，但他们从未改变。只是他们说的黑话有所改变”。[287]

奥尼尔本来打算写一组名为“以讣告的方式”的系列独幕剧,《休伊》是其中唯一留存下来的作品。他告诉内森,“在每一出独幕剧中,主角都在谈论一个已经死去的人,而另一个角色几乎什么也不做,只是在听”。[288](奥尼尔曾经完成了“以讣告方式”系列中的另外一出独幕剧,主人公是打扫客房的爱尔兰裔女服务员,但他在 1944 年 2 月 2 日将其销毁,一同被销毁的还有另外几出戏的剧情梗概。)

在他的下一部作品,又一出四幕悲剧《月照不幸人》中,奥尼尔回到了他过去经历中的另外一个篇章,以永远祛除他死去的哥哥吉姆那挥之不去的阴影。他最初想把这个故事写成一出关于詹姆斯·奥尼尔家的佃农约翰·杜兰的多幕剧。而吉姆·奥尼尔在该剧所发生的 1923 年 10 月期间正是杜兰的雇主,一个月之后吉姆就因酗酒过度而在新泽西的疗养院去世。但吉姆·蒂龙这个人物似乎在没有得到其作者允许的情况下,早就偷走了这个爱尔兰裔贫苦农民和他的女儿乔茜·霍根的大部分台词。

奥尼尔当时为这出戏所定的题目是《不幸人之月》,他觉得“这是个好题目”;但后来他将其改成了《月照不幸人》,“更加切中主题”。[289]奥尼尔说,“即使是戏剧的题目,我也尽量使之具有双重的含义——这也就是为什么很多人会觉得这些题目能够打动人心,即使他们并没有意识到其中的深意。这些题目击中了潜意识和意识两个层面”。[290]对于希腊人而言,月亮象征代表贞洁的月神狄安娜,而对于基督教徒来说,月亮则象征圣母玛利亚。因此,剧中的月亮代表乔茜·霍根,这个人物在很大程度上是以吉姆·奥尼尔的情人克里斯汀·艾尔为原型,她预言不幸人吉姆·蒂龙最终会得到宽恕和精神上的安宁。奥尼尔所使用的“不幸人”这个词,是指那些悲剧性的灵魂,他们的人生饱受折磨,只得如同行尸走肉一般生活,吉姆就是如此,渴望着死亡所带来的安宁,同时希望自己从来就没有来到这个世上。在第三幕情节的高潮处,醉酒的吉姆在乔茜的怀抱中昏睡过去,让人想起圣母玛利亚怀抱耶稣尸体的形象。吉姆背叛了母亲之后,他整整一年都在憎恨自己,他渴望那种只有母亲才能给予的宁静、安全和归属感,这种渴望终于获得了满足。

1941年12月7日,日军偷袭珍珠港,当时奥尼尔正在创作《月照不幸人》的第二幕。“因为珍珠港事件,我不得不从这部剧作中抽身,”他几个月之后说,“它需要大改——内容太过松散。”[291] 1942年元旦,他完成了该剧的初稿;第二年,他尽力克服手抖的症状,完成了剧本。这是奥尼尔所创作的最后一部剧作。

和上百万美国人一样,奥尼尔和蒙特雷每天长时间地坐在收音机前,面无表情,心情沮丧,广播中残酷的“二战”新闻让起居室气氛凝重。“你每天在广播中听到,或者在报纸上读到,正在世界上演的这出戏,”他写信给乔治·金恩·内森,“它是当下最重要的戏剧,对此谁也没法写出任何有分量的作品,因为它离得太近了,人们能写出的最好作品,其效力也不及前线战争记者报道的一半。”[292]

1942年12月,沙恩·奥尼尔正式成为一艘商船上的水手,来往于英国和北美之间,在遭受德军潜艇袭击的大西洋海域航行。他无数次目睹了盟军的船只被鱼雷击中而沉没,他自己的船也多次被击中,船上的人被烧焦了,沉入海中,这些惨烈的记忆让他大受刺激,航行结束后不得不接受心理治疗。但奥尼尔对儿子的经历知之甚少,因为所有的信件都由蒙特雷经手。“她觉得自己是谁啊——掌管开门和关门的圣彼得吗?”沙恩的女友玛格丽特·斯达克抱怨,她的一封关于沙恩近况的信被蒙特雷退了回来。“为什么你爸爸会允许这样的事情发生呢?你是他儿子。他对你就没有任何的责任感吗?他所有的邮件都是她打开的吗?”[293]

小尤金越来越讨厌当一个名人的儿子。1948年,他为《柯利埃》杂志写了一篇文章,题目是《名字不是小尤金》,这篇文章并未公开发表。他在文章中所描述的不公平的矛盾处境,他的父亲早就深有体会,因为奥尼尔也曾生活在詹姆斯·奥尼尔的阴影之中:“那个自负的傻瓜以为自己是谁啊?”小尤金在聚会时经常听到别人议论他。“即使你有机会给出显而易见的答案,‘那也只能是人们尽力让我认为我自己是什么样’,”他说,“他们总是充耳不闻……大家已经知道了你的来龙去脉。”至于奥尼尔的小儿子沙恩(尽管小尤金在文中没有指出他的名字),“他已经逃离,成为真正的悲剧人物。他看起来像个被追踪的猎物,行为方式也是如此。他所从事的工作远远低于他实际的能力。他的朋友们都是混得很差的人。他喝很多酒,你有理由相信,他还时常干一些违法的事。他的整个人生漫无目标,完全荒废了。那些认识他的人说,‘一个好人,但是……’‘但是’这个词包含了很多的悲伤”。[294]

与此同时,根据通俗小报的报道,他们的妹妹乌娜正在战争期间欢度青春年华。乌娜似乎能够充分利用她父亲闻名世界的姓氏,这显然是得到了她母亲的支持,乌娜同时也在营造属于自己的公众身份。在弗吉尼亚州的华伦顿中学学习了两年之后,1940 年至 1942 年期间乌娜进入曼哈顿名流荟萃的布雷尔利学校。她在那里结识了与她同龄的社交名媛格劳丽亚・范德比尔特和卡洛尔・马尔克斯。她们三个人组成了美少女三人组,追求者众多。乌娜与曼哈顿的很多青年男子约会,其中包括青年作家 J.D.塞林格,他的小说《麦田的守望者》(1951 年)当时刚刚开始构思。他说,他对乌娜“非常着迷”,“只要她同意,我明天就娶她”。在他参战之后,他对这位名媛的爱愈加浓烈;他从海外的战火纷飞中寄来很多精心书写的情书,有些甚至长达十几页。尽管他曾调侃说“小乌娜的追求者无望地爱着小乌娜”,乌娜不再给他回信之后,塞林格再也没有从心碎中完全恢复。[295]

1942 年 4 月,16 岁的乌娜被评为纽约最为时尚的斯托克俱乐部头号名媛。《纽约邮报》的头版头条上写着,“尤金・奥尼尔现在应该看看自己的女儿”,还配发了一张照片,刚刚当选的魅力女孩怀抱一束玫瑰,光彩照人,头戴一顶宽檐帽,露出饱满的额头,乌黑的秀发倾泻而下。照片下是这样一行字,“把我归为草根爱尔兰裔”——当一位记者问她是把自己看作草根爱尔兰裔还是中产阶级爱尔兰裔时,她这样回答。记者又问,你父亲对此会作何感想?“我想他不会因此而生气的。”当被问及她如何看待当前的世界局势,她带着小女孩式的天真拒绝回答,“我觉得自己坐在斯托克俱乐部去谈世界局势,这会显得很滑稽”。这两个问题她都答对了。[296]奥尼尔认为她的行为很可耻:“她是在利用我的名声!”他气愤不已。[297]“如果她去好莱坞演戏”,她当时正打算这样做,他写信给韦恩伯格,“我完全反对。坚决反对,如果她去演戏,我这辈子再也不会给她写信,也再也不会跟她见面!……好莱坞来了,我就走——永不回头!”[298]

那年11月,奥尼尔收到乌娜从内布拉斯加州奥马哈写来的信。乌娜当时正和卡洛尔·马尔克斯一起乘火车去西海岸,旅费是马尔克斯支付的。她们打算一起去萨卡拉门托见见马尔克斯的未婚夫,三十五岁的剧作家威廉·萨洛扬,他当时正在那儿接受新兵基础训练。乌娜希望能顺道来大道别墅拜访父亲,但她在信中并没有提供回信的地址,而是在到达萨卡拉门托之后直接打来了电话。蒙特雷接到电话之后,先是假装和奥尼尔商量乌娜来访的事,然后告诉乌娜,自己的丈夫说不想见她。乌娜还是和卡洛尔·马尔克斯一起开车来到大道别墅,但蒙特雷拒绝让她进门。[299]她特别想让父亲来评评理,因此又写来了一封信。奥尼尔在回信中说,“自从你在夜总会大红大紫以来,我对你所有的了解都来自报纸上关于你的采访。从那些采访中可以看出,你似乎已经变成了一个虚荣的十七岁傻瓜,没有礼貌,没有品位,没有自尊,也没有骄傲——你丝毫没有意识到,你所生活的世界正在经历巨大的混乱,这种混乱影响到每一个人的生活、工作、梦想和未来,包括你——也包括我”。[300]

奥尼尔在信中对女儿大发雷霆,小报新闻描写了一个毫无头脑的女孩,她执意要过“庸俗二流女演员”的生活——“她们的照片先是出现在各种报纸上,几年之后便销声匿迹,回归到原本愚蠢、平庸的生活之中……去采访一个在飞机制造厂工作的姑娘或者一个受训成为红十字会护士的女孩,都比采访那些当红的明星好上几百万倍”。(1941

年夏天乌娜来访时,蒙特雷曾建议她学习护理,以后去当护士。)除了表达怒气之外,奥尼尔还给出了其他的原因,让她不要来访:奥尼尔忠实的帮工赫伯特·弗里曼加入了海军,司机和仆人们或是参军,或是参与战争服务,因此"没人伺候你"。他手抖的症状日益严重,就算他想考驾照也没有可能通过,而蒙特雷也不会开车。"所以说,我们困陷在这里,考虑到以上所有的因素,我们对想来拜访的客人都说不。"他告诉乌娜,他希望她"脱离幼稚,成熟起来",信的末尾态度冷淡:"Au revoir。"(再会)[301]尽管他对她的态度在其后的几年中有所缓和,但这是乌娜从父亲那里收到的最后一封信。

好莱坞并不在乎奥尼尔的想法,奥尼尔越是反对,好莱坞就越是大张旗鼓地欢迎他充满魅力的女儿的到来。虽然乌娜当时只有十七岁,她已经开始和各界名流约会,频繁地出入于好莱坞浮华的晚宴和夜总会。其中一位是二十六岁的奥逊·威尔斯,他是位才华横溢的电影制片人兼演员。两人在夜总会约会时,威尔斯提出要帮她看手相。这个聪明的男孩看了她掌心的纹路之后,就放弃了进一步勾引她的念头。她会嫁一个比她年长很多的男人,他用出了名的浑厚男中音对她说,并且很快。令人惊讶的是,他竟然预测出了那位德高望重的新郎是谁:查理·卓别林。[302]

为了让卓别林注意到乌娜,乌娜的经纪人米娜·沃利斯安排两人见面,希望乌娜迷人的微笑和性感的爱尔兰面孔能够吸引卓别林,进而同意让乌娜出演他的下一部影片,根据保罗·文森特·卡罗尔的戏剧改编的《阴影与物质》(1937)。卓别林并没有被她的家庭背景所打动,而是问沃利斯,"她会演戏吗?"沃利斯建议他们俩一起去她家吃晚饭,这样他就可以亲眼看看这位年轻的女明星是否具有演戏的潜力。卓别林后来写道,一见到她,"我就觉得她是一位流光溢彩的美人,文静又温和,非常吸引人"。这次见面之后,乌娜在写给卡洛尔·马尔克斯的字条上加了一句兴奋的附言:"我刚才见到查理·卓别林了!"[303]

1943年6月16日,乌娜过完十八岁生日之后刚刚一个月,她就与

乌娜和查理·卓别林婚后首次公开露面，1943年（图片来自卡尔沃图片库）

这位五十四岁的电影明星私奔了。她是他的第四任妻子(他娶的第三位年仅十几岁的小妻子)，也是他最后一个妻子。1952年卓别林因同情共产主义运动而被美国驱逐出境，之后这对名人夫妇在瑞士尽情享受温馨的家庭生活。他们在瑞士抚养八个孩子；其中有四个孩子是在洛杉矶的比弗利山庄出生的，当时卓别林还没有被驱逐，但奥尼尔从未见过任何一个孩子。[304]乌娜给他写了好几十封信，告诉他外孙们的情况，但蒙特雷把信件都拦下了。"我从来不提这件事，"奥尼尔的护士凯瑟琳·阿尔伯托尼回忆起乌娜的婚事，"没人提这件事。他与乌娜完全断绝了联系。"外界都认为，是因为乌娜嫁了一个几乎与他同龄的男人，奥尼尔才跟她脱离了父女关系，但奥尼尔告诉萨克斯·卡明斯，"我在此之前就不认她这个女儿了，有很多其他的原因"。"她走了，"他对阿尔伯托尼说，"她走了。"[305]

三位医生都将奥尼尔严重的手抖症状诊断为帕金森氏症；而另外三位医生则承认他们不知道奥尼尔到底得的是什么病。奥尼尔自己认为，这种病是家族的遗传，再加上常年的过量饮酒，但后来证明这一观点并不准确。[306]劳伦斯·朗格给奥尼尔一个"语音识别器"，让他试着通过口述来进行创作；但经过认真的尝试，奥尼尔意识到自己根本没办法通过这种方式写作。[307]手抖并不是他写作的唯一障碍；事实上，这都不是最主要的问题。最主要的问题在于一种挥之不去、无法摆脱的冷漠情绪，几乎已经演变为存在主义式的自我憎恨。"我的创作能量畏缩不前，"他告诉伊丽莎白·瑟尔金特："'一切皆为浮华，包括你的戏剧，过去和现在，我对你和你的悲伤感到厌倦，再见，请把我的骨灰就近撒在下水道里。'然后它就死了。"[308]

蒙特雷在凯瑟琳·阿尔伯托尼的帮助下，用永不退缩的辛劳来对抗丈夫日益加重的病情；她监控他按时服用一大堆令人眼花缭乱的药物，包括镇静剂、巴比妥酸盐、抗生素、利尿剂、鸦片栓剂、去充血剂和顺势疗法；她每天记录他的健康详情，比如颤抖状况、睡眠模式、沮丧时段、情绪波动、头痛频率、咳嗽间隔；她还每天测量他的尿液量，为他准备特别的餐饮，在他午夜醒来时陪着他。（“他的妻子光彩照人，她的才能让我惊讶，”一位医生这样写道，“一个漂亮又有头脑的姑娘。”）[309]

“帕金森氏症无药可治，”灰心丧气的蒙特雷写信给特蕾莎·赫本，“病情越来越严重。我已经垮了，我没有足够的勇气去面对它！有时候我心痛极了，几乎没办法面对奥尼尔——这对他来说当然是最糟糕的事。但从总体上说来，我还是能够坚持把一切安排得尽可能愉快。因为战争，因为战争所引起的一切以及战争将意味着的一切，我真的不知道该如何才能为尤金营造一个未来的家，这种担心在我人生中还是第一次。他应该拥有温暖、大海和沙滩（！），有医生和良好的营养。”[310]

奥尼尔也确信自己正在面临又一次精神崩溃。每天下午三点钟左右，他经常会“感觉崩溃——可怕地颤抖——哭泣”。他以前那张英俊的面孔已经僵化成了“面具”，医生在诊断帕金森氏症的时候会用到这个词。到了 1943 年 8 月，蒙特雷痛苦地发现，她丈夫黑色的爱尔兰式双眸已经失去了“光彩”。[311]

在“二战”期间，丹维尔物资供应匮乏，奥尼尔和蒙特雷不得不于 1944 年 2 月卖掉了大道别墅。他们之后搬进了位于旧金山市时尚地段诺布山的亨廷顿旅馆，蒙特雷每天到广场对面的格蕾斯教堂做弥撒。奥尼尔自然拒绝跟她一起去。“伟大而简单的真理已经被组织强大的机构弄成了世俗的势力，”他说，“教堂是骗人的。”与此同时，他反复地被一个噩梦所困扰，他漂在波涛起伏的海面上，在每一个噩梦中，第七个浪，每次总是第七个浪，高过他的头顶，然后变幻成一座巨大的教堂，在他头顶轰然倒下。[312]（根据数字命理学，奥尼尔曾多次遭遇的“七”这个数字象征寻求艺术真理的人。）那年夏天，当他们乘车经过金门大桥时，奥尼尔说了一句话，把蒙特雷吓坏了，“上帝啊，我真想喝一瓶‘老泰勒’”。[313]

在亨廷顿旅馆蛰居了一年多之后,奥尼尔想换个环境;似乎哪儿都比亨廷顿旅馆要好。“我讨厌这个套间,我希望他们让我去阿尔卡特拉斯岛住一段时间,就想吹吹海风,换换景致,找些有趣的同伴,”他向乔治·金恩·内森抱怨。[314]那个时候,他的神经疾患几乎已经变得无法忍受。他写信给伊丽莎白·瑟尔金特,“最糟的部分,是随之而来的一阵阵极度忧郁。上帝知道在我成长过程中已经有了足够的‘凯尔特的薄暮’①,不需要更多同样的东西了。这次不一样。不是伤心。是一种筋疲力尽的可怕的漠然”。[315]但这对夫妇还是在诺布山的套间里一直捱到1945年夏天,奥尼尔和蒙特雷都备感孤独和虚弱。那年夏天,奥尼尔非常清楚地意识到,尽管身体状况日益恶化,他已经坠入情网,爱上了一个名叫简·卡德维尔的年轻女人。

简·卡德维尔是蒙特雷教会学校同学莫尔托·卡德维尔的女儿,莫尔托·卡德维尔是奥尼尔夫妇住在加利福尼亚州时最亲密的朋友之一。简·卡德维尔比奥尼尔的女儿乌娜大不了多少。“我想是她在挑逗他,”凯瑟琳·阿尔伯托尼很肯定地说。“她又漂亮又年轻。当然他喜欢给她弹钢琴[柔丝]。哦,他们还一起跳舞。”最让护士反感的是,卡德维尔因为受到了世界知名、年老体弱的剧作家的关注而忘乎所以,奥尼尔和这位充满崇拜的卡德维尔会一起走进他的办公室,然后肆无忌惮地关上门。她生日时,奥尼尔送给她一面玉石把手的镜子,还附了一张字条:“我必须警告你,这是一面永远无法摆脱的魔镜,因为无论何时你盯着它看,你都会在其秘密的深处看到有人盯着你——或者可以这样说,他看你时的情感深度与镜子表面所反射的可爱程度相一致。”[316]

一天,奥尼尔和卡德维尔一起在海滩上长时间地漫步,奥尼尔为她写了一首情诗,就像他1925年在百慕大时与爱丽丝·卡斯伯特在

① “凯尔特的薄暮”是爱尔兰诗人叶芝所整理的爱尔兰神话传说集的书名,通常指爱尔兰人所特有的忧郁。

一起时那样。诗的题目是“致一个被偷走的时刻”。最后两个诗节读起来很简单，却令人怦然心动：

爱的魔力在那里
对于我
和你
站在那里。

蓝衣服，衣领紧扣，
在那里那么美，
大海和天空在你的眼中，
阳光和微风在你的发梢。[317]

除了写给蒙特雷的一些表达爱意的字条，奥尼尔献给卡德维尔的诗有可能就是奥尼尔所写的最后的文学作品（它是奥尼尔所发表的最后作品）。

当蒙特雷发现了奥尼尔对年轻的简·卡德维尔的感情，她先是威胁要自杀，然后又要杀人。“再也不许把她带到这里来，”蒙特雷警告卡德维尔的母亲。[318]那年九月，她跟丈夫对质的时候，发生了可怕的一幕：奥尼尔被惹恼了，他用一把装了子弹的手枪对准她的脑袋。她抓起一把切肉的刀。他丢下手枪，紧紧攥住她的脖子，她用指甲拼命掐他的手；他最终松开手，一拳打在她的下巴上。[319]

1945年10月中旬，奥尼尔夫妇竟然又一次暂时休战了，两人一起动身前往纽约，为同仁剧院《送冰的人来了》的演出做准备。也许他还想做一件自己一直想做的事，和乔治·金恩·内森一起在长岛开个酒馆。他们对这个设想已经讨论了好多年。内森和H.L.门肯负责上酒，奥尼尔负责点单。他们甚至已经定下了酒馆的名字：高处坠落。[320]

沉默的结尾

萨克斯·卡明斯和妻子多萝西到曼哈顿巴克雷旅馆跟奥尼尔夫妇共进晚餐时，他们发现奥尼尔显得特别焦虑。奥尼尔告诉他们，系列剧125000字的手稿都不见了，其中包括《诗人的气质》的完整剧本。他确信，自己那天上午去参加排演时，手稿还在这个旅馆套间里。蒙特雷说自己没看见手稿；她声称自己不记得手稿被从旧金山打包带到纽约，还埋怨奥尼尔老糊涂了。卡明斯建议，他和奥尼尔在套间里仔细找找，他们于是开始寻找，把奥尼尔堆积如山的爵士乐唱片、书架、过道隔间、卧室和卫生间都翻了个遍，甚至还在得到蒙特雷的允许之后，把她放内衣的抽屉也翻了一遍。手稿就是没找到。两天之后，奥尼尔跟卡明斯说算了不找了。卡明斯说，是蒙特雷把手稿藏起来了，为了惩罚奥尼尔，“奥尼尔一直蒙在鼓里”。[321]

那个时候，虽然奥尼尔和蒙特雷的婚姻裂痕清晰可见，但丈夫文学遗产的所有权已经成了蒙特雷所担忧的最大问题。1945年12月5日，为了安抚她，奥尼尔签署了一份遗嘱，将所有的“信件、日记、记录、未完成的剧本或片段，或者这些作品的初稿，连同我所有的私人文稿”都留给蒙特雷；如果蒙特雷在他之前去世，就留给小尤金。蒙特雷不想要的任何手稿都捐赠给普林斯顿大学，除了一部作品：“我进一步要求我的执行人、信托人、继承人和所有其他人，不要上演我的作品《进入黑夜的漫长旅程》，也不要让其在电影、广播、电视或任何其他的戏剧形式中出现。我已经将出版该剧剧本的权力授予兰登书屋，必须在我去世25年之后才能出版。"奥尼尔给小尤金和沙恩都留了一些钱。乌娜已经嫁给了有钱人,所以奥尼尔什么也没有留给她,"因为她已经从我付给她母亲[伯顿]的生活费和仍在我名下的百慕大房产中获得了很多好处"。[322]

1946年9月2日,奥尼尔为推介《送冰的人来了》召开媒体发布会,这是自1931年以来他的首次公开露面。《送冰的人来了》也是他十二年以来的第一场演出,一大批记者和评论家来到位于第五十三街的同仁剧院总部。他们聚集在劳伦斯·朗格庄严的镶嵌着橡木板的办公室,心不在焉地聊着,漫不经心地翻看同仁剧院的宣传材料,期盼着奥尼尔的到来。

当这位久未谋面的剧坛巨匠终于走进房间时,所有的媒体记者都站了起来,现场一片寂静。奥尼尔状态很差。双手颤抖到几乎什么也干不了,脸庞憔悴蜡黄,尽管衣服剪裁得很讲究,但因为身体消瘦,穿在身上显得空荡荡的。他仍然拥有爱尔兰式的英俊相貌,但看上去差不多有七十岁,而当时他的实际年龄只有五十八岁。奥尼尔的发言和举止也让记者们感觉到一种奇怪的不和谐——一半是维多利亚绅士,一半是曼哈顿博尔雷街区的流浪汉。[323]

奥尼尔一开始就请大家原谅他吐字不清,"甚至我自己的家人都抱怨这一点,"然后他就准备回答大家的提问。[324]但记者们都坐在那儿呆呆地望着他,胆怯得不敢开口。在十二年的沉寂之后,奥尼尔在这群记者看来像是查尔斯·狄更斯《圣诞颂歌》中的鬼魂,从昔日百老汇走出来的鬼魂。奥尼尔随后自言自语地低声说,回到这座城市是多么地好,戏剧在这座城市对人们还有些意义。之后又是令人尴尬的沉默。《戏剧艺术月刊》的罗莎蒙德·吉尔德终于开口了,说大家都很高兴他又回来了。然后另外一个记者提了一个莫名其妙的问题,问奥尼尔是否出生在纽约。"我不在的时候,他们拆了我出生的老卡迪拉克旅馆,"他简短地回答,"真是卑鄙的勾当。"[325]

接下来是更为频繁的挪动座椅和摩擦稿纸的声音,直到终于有一个人问及他计划中的系列剧“占有者自弃的故事”的创作意图,这位记者不知道《送冰的人来了》并不包含在系列剧之中。奥尼尔倒是没有在意这个错误,他突然来了兴致:在战后美国高涨的爱国情绪中,他的话震惊了在场的每一个人,“我认为,美国并不是什么世界上最成功的国家,而是世界上最大的失败。说它是最大的失败,因为上帝赋予它一切,它的条件比任何国家都好。尽管发展很快,但它没有扎下真正的根基。主要想法还是那老一套,即企图通过占有身外之物来占有自己的灵魂,结果是既失去了自己的灵魂,又失去了身外之物。美国是这方面最主要的例子,因为它发展变化快,资源特别丰富。这在《圣经》里早有更好的叙述:‘如果一个人得到了整个世界却失去了自己的灵魂,那对他又有什么好处呢?’”[326]①

“我希望能够尽快重新开始写作,”奥尼尔接着说,“但是战争已经让我的生活完全乱了套,我必须再次回到原来的状态。我必须重新相信写作是有意义的。实际上,我不得不假装相信。”媒体发布会持续了大约九十分钟,发布会结束之后,一位记者承认,“我本来想提问的……但我太害怕了”。[327] 作家詹姆斯·艾吉也参加了这次发布会,他在观看了《送冰的人来了》的首演之后认为,与庄严的戏剧家本人面对面的经历要比“这出他作为艺术家打破长期沉寂状态的戏更加动人,也更能说明问题”。[328]

1946年春天,美国剧作家爱德华·谢尔登去世之后,奥尼尔和蒙特雷从原来的旅馆搬出来,住进了谢尔登的顶层公寓,这个豪华的公寓位于东八十四街35号,俯瞰中央公园。这个六居室的公寓对他们十分合适:谢尔登在晚年也遭受各种疾病的折磨,公寓里有较为舒适

---

① 引自刘海平翻译的《美国是世界上最大的失败》,郭继德编:《奥尼尔文集》(6),人民文学出版社,2006年,第304页(译者略有修改)。

的生活设施，而且奥尼尔也很尊重谢尔登，将其视为最具天赋的美国戏剧前辈。“你的《救世军内尔》，”奥尼尔二十年前曾经写信给谢尔登，谈到这部 1908 年的作品，“它与爱尔兰剧团首次赴美演出的作品一起，第一次让我看到了真正戏剧的存在，而不是那种惯常的戏剧——对当时的我来说，讨厌的戏剧——我父亲的那种戏剧，我是在那种戏剧的氛围中长大的。”[329]

奥尼尔对纽约一直以来的爱恨交加已经有所改变，他非常高兴自己能够重新回到这个美国的文化中心。蒙特雷却担心丈夫的那些“老朋友”，坚决反对住在这里。（她想回海洋岛，他们曾经有一段时间计划回到那儿居住。）[330]她的丈夫开始在晚上出去消遣，通常去位于第五大道和第六大道之间第 52 街路口的黑人酒吧，他在那里听最新的爵士乐——蒙特雷认为那种音乐“很野……是黑鬼的音乐”。[331]在拉塞尔·克劳斯举办的一次聚会上，厄尔文·博林弹钢琴一直弹到凌晨三点，奥尼尔则一直开心地大声唱着《亚历山大的拉格泰姆乐队》。他甚至记得博林过去的那些曲子，有些连作曲家自己都忘了；但是当奥尼尔尖声唱出他喜欢的某一首老歌，博林就跟着一起弹奏。另一天晚上，在贝内特和菲丽丝·瑟夫家，奥尼尔唱着粗话连篇的水手歌，民谣歌手波尔·艾福斯用吉他伴奏。“我不想待在这儿了，”蒙特雷不高兴了，“我们现在就回去，尤金。”“我一点也不想回去，”他回答，“你自己回去。”瑟夫说，“她离开之后，尤金像是被从监狱里放出来了一样……卡洛塔不让他开心；她想要霸占他。他们互相爱着对方——但她爱他的方式让人受不了！当尤金的爱尔兰式坏脾气上来的时候，他会拿东西砸卡洛塔。有一次他把墙上的一面镜子砸向她，如果砸中了，她会死的。两人各执一词——一直是这样的”。[332]

奥尼尔最初希望亲自执导《送冰的人来了》，但他当时身体状况太差。不过他觉得自己的作品由同仁剧院的艾迪·道林导演，会是不错的选择。艾迪·道林在 1944 年刚刚导演并主演了田纳西·威廉斯的成名作《玻璃动物园》,还曾出演威廉·萨洛扬1939年获得普利策戏剧奖的剧作《终身难忘的时光》。道林总是陪着奥尼尔一起到即将上演该剧的马丁·贝克剧场,这两个放弃了爱尔兰天主教信仰的人经常在路上谈论宗教。当导演把奥尼尔介绍给演员们时,演员们很害羞,奥尼尔也一样。但是道林说,他们"过了十分钟就跟他热络起来;他们知道他属于剧院"。实际上,演员们在排演时越来越离不开奥尼尔,他的在场让他们觉得安心,他不来剧场的日子,演员们都很想念他。[333]

奥尼尔几乎参与了演出的每一个环节,一天早晨在面试遴选演员时,在两位美国戏剧传奇人物之间发生了有趣的一幕,这件事以前从来没有被报道过:艾迪·道林和同仁剧院的联合制作人玛格丽特·韦伯斯特在面试一个崭露头角的年轻演员时,奥尼尔藏在屏风后面。他们正在为唐·帕里特物色演员,这个人物是无政府主义运动的叛徒,在最后一场中自杀。

"你对扮演帕里特有什么想法?"道林首先提问。

"我没想法,"演员回答,他漠然的态度让导演很不舒服。道林又问他对这出戏有什么想法。"你对它有什么想法呢?"演员张狂地反问道,"告诉我它的优点。"演员其实是在虚张声势。前一天晚上他没读剧本就睡着了,完全不知道这出戏是讲什么的。

道林谈了一会儿这出戏的优点,但显然是在对牛弹琴。"这可是世界上最伟大的剧作家,"道林生气地说,"如果我有机会扮演这个角色,我一定会努力争取的。"

"哦,是吗?"他不屑地回答。"这家伙是个疯子。"

"你喜欢这出戏吗?"道林简直不敢相信自己听到的话。

"不喜欢,"演员回答,他显然已经感到无聊了。

"我想我是在浪费你的时间,你也在浪费我的时间,"道林说完,就把当时年仅21岁的马龙·白兰度打发走了。[334]

白兰度没精打采地离开之后,道林气坏了,一把拉开了奥尼尔面前的屏风。"艾迪,"奥尼尔笑着说,"他倒是挺不错的。"[335]

“[奥尼尔]是个非常好的人,”在《送冰的人来了》中扮演妓女科拉的玛尔瑟拉·马克汉姆回忆。“[他]特别帅,特别温和。他喜欢演员,简直就是热爱演员。我发现,现在[20 世纪 80 年代]大家都说他是个严肃、沉默的人——其实他不是。”[336]扮演另一个妓女珀尔(也曾在《啊,荒野!》中扮演穆里尔·麦科伯姆)的露丝·吉尔伯特赞同马克汉姆的观点:“他温和善良——是我见过的最温和善良的人;这是奥尼尔先生最突出的品质。”[337]

但是,道林在面试和排演之前并没有体会到奥尼尔的这种魅力,他们第一次在加利福尼亚州见面时,让他印象最深的是,这位剧作家几乎完全被战争所占据。“杀戮,杀戮,杀戮,”奥尼尔不停地重复着,“杀戮或者被杀戮。”[338]这种情绪在他创作《送冰的人来了》时仍然没有缓解。在奥尼尔看来,对人类历史虚假承诺的绝望,正是他这出悲剧的主题。

当被《纽约时报》的记者问及哈里·霍普酒馆的这群醉汉对当代美国的意义时,奥尼尔回答,《送冰的人来了》“是一出关于白日梦的戏。该剧的哲学是,总有一个梦被留下,最后一个梦,不管你是多么卑微,哪怕是卑微到不能再卑微。我知道,因为我见过”。“人得花上一百万年才能成长并获得灵魂,”他总结道;同时,我们所拥有的一切都是白日梦。[339]以特里·卡林为原型的无政府主义者拉里·斯莱德在开场时就这样说道:“让事实见鬼去吧!世界的历史证明,事实对任何事情都毫无意义。正如律师们所说,事实不相干,而且也不重要。只有白日美梦才把生命赐给了咱们这伙不走运的疯子,不管是喝醉了的还是清醒的,全都一样。”(*CP*3,569-570)

一天下午排练时,奥尼尔坐在舞台上吧台边的凳子上,把记者克罗斯威尔·鲍温招呼到身边。他把玩着作为道具的威士忌酒杯,开始重复他对当下美国傲慢之风的厌恶:“当然,”他提出警告,“美国注定要受到惩罚。在美国的历史课本里应该有一章,关于美国政府犯下和批准的所有毫无理由、极不公正的罪行,从美国历史初期开始——甚至在美国历史开始之前。""美国梦这东西让我痛苦,"他接着说,情绪越来越激动。"把我们的美国梦告诉全世界！我不知道他们为什么要这么做。如果美国梦真的存在,就如同我们告诉全世界的那样,我们为什么不让它在美国的小棚屋里实现呢？……如果我们讲授历史,陈述事实,那我们就应该告诉学校里的孩子们,美国所走过的道路与任何其他国家一样贪婪。我们会告诉孩子们谁是罪人。罪人的名单将包括一些我们国家最伟大的英雄。他们的肖像应该被摘下来,扔进火里。"他接着表达了对美国印第安人的崇敬,他们在小比格洪恩之战中获得了胜利。然后,他重重地把拳头砸到吧台上。"这个国家的商业巨头们！我们为什么会产生如此可怕的极端利己主义者？他们继续干着最邪恶的事,却总在寻找借口,说如果我们不做,别人也会去做。讥讽他们也没用,哪怕你想要去讥讽他们。"[340]

鲍温在与奥尼尔的这次交谈之后认为,在美国文化界的"黑爱尔兰人"中——包括F.斯科特·菲兹杰拉德、詹姆斯·T.法雷尔、约翰·奥哈拉——奥尼尔是"所有这些人中最黑的"。鲍温之后又采访了汤姆·多尔塞船长,多尔塞船长早在新伦敦时就认识奥尼尔了,他把"黑爱尔兰人"(尽管这至多只是个不太可靠的说法)定义为"一个失去了信仰的爱尔兰人,他毕生都在找寻生活的意义,找寻一种他可以再次热切相信的哲学,就像他曾经相信天主教教义手册所提供的简单答案那样。黑爱尔兰人是个沉默、孤单的人——也经常是个喝酒的人——一喝酒就胡言乱语"。难怪《送冰的人来了》是关于白日梦的,鲍温在撰写关于奥尼尔的著作之前就意识到:白人梦是"黑爱尔兰人为信仰所准备的名字"。[341]两次世界大战实际上已经抵消了奥尼尔想要去找寻替代信仰的残存愿望。"《送冰的人来了》,"他告诉鲍温,"是我的作品中对任何其他信仰经历的否认。在写这出戏的时候,我感到我已经把自己锁在了自己的记忆之中。"[342]

* * *

《送冰的人来了》在马丁·贝克剧院的首次上演引起了巨大的关

注，仅在一月份的票房收入就达到 60 万美元，创下了百老汇的纪录。来自澳大利亚、南非、意大利、希腊、英国、挪威、瑞典和丹麦的戏剧评论家都前来观看，因为剧场座位有限，有人甚至站着看完了四个多小时的演出。该剧在百老汇首演的盛况看起来更像是好莱坞的新片首映。纽约各界的名流都来了，甚至包括棒球界的传奇人物“圣婴鲁斯”（乔治·赫曼·鲁斯）。奥尼尔自然还是待在家里。当被问及他在首演那天晚上会做什么，他回答，“如果我没兴致，我就去喝酒”。[343]

其实他并没有去喝酒，为该剧设计酒吧场景的鲍比·琼斯整晚都在陪他聊天，奥尼尔还非常严肃地要求同仁剧院，不许在第二天拿那些剧评来烦他。[344]他在首演时待在家里并不奇怪；但拒绝阅读剧评却很少见，这种情况只在 1925 年《泉》遭遇失败时出现过一次。和《泉》那次一样，奥尼尔的拒绝或许是明智的选择。

《送冰的人来了》演出的时机不好，当时整个美国还处于战后的爱国狂热情绪之中，全国上下的过分自信达到了历史的极致。该剧让大多数观众都感到沮丧和枯燥，所获得的评论充满敬意却很平淡，其中也有一些假装内行的严厉批评和极力褒奖。“《送冰的人来了》尽管冗长，却具有力度和张力，”沃德·莫尔豪斯在《纽约太阳报》上承认，他的观点体现了大家对这出戏的普遍反映：“如果这不是奥尼尔最好的作品，那它一定是具有重要地位的作品。同仁剧院将其搬上舞台并让他回归剧坛，是为大众做了一件好事。”大部分人都认为它太长了，但是戏剧评论家们不像年轻的马龙·白兰度那样可以在看戏的时候睡觉。“真的应该有人为他去买一块手表，”约翰·梅森·布朗在《星期六文学评论》上抱怨。[345]

奥尼尔在《送冰的人来了》中对重复手法的尝试，观众根本没法理解。该剧 1956 年重演时的导演荷西·昆泰罗才让这种尝试获得了成功；相对于第一次演出的失败，重演成功的原因一定程度上在于他理解了奥尼尔的对话节奏。“[该剧]类似于一种复杂的音乐形式，”昆泰

同仁剧院1946年上演《送冰的人来了》时的剧照，奥尼尔将这一场称为“全剧的高潮，[希基]的长篇忏悔”（图片来自“谢弗尔–奥尼尔藏品系列”，琳达·李尔特藏档案中心，康涅狄格学院，新伦敦）

罗说，“主题不断重复，每次重复只有很小的变化，就像是交响乐中的旋律。”昆泰罗发现，执导这出戏倒是恰恰教会了他“‘精确’一词在戏剧中的含义”。[346]“希基”（西奥多·希克曼）在第四幕最后的一段话，是奥尼尔所有作品中最长的一段独白，也是他为全剧所设定的高潮。早在同仁剧院排演《发电机》时，奥尼尔也曾谈到过其作品的音乐性，“罗伯特·琼斯曾经说过，我的剧本跟其他当代戏剧作品的区别在于，我主要凭耳朵进行创作。写出的作品也主要得靠耳朵去理解、欣赏，我的大部分剧本，甚至在对白的节奏方面，都有着明显的音乐作品的特色。他的这番话讲到了点子上。倒并不是我有意在追求这种效果，而是这些作品不管我愿意与否都自然地形成了这种风格”。[347]①

在《送冰的人来了》首演之后，奥尼尔总是因为剧中的重复手法而受到指责，有一次他实在是不胜其烦，给出了一个更为简洁的回答：“你有过醉酒的经历吗？”他问。剧评人承认自己从来没有喝醉过。“如果你曾经有过醉酒的经历，”奥尼尔说，“你就会知道，醉汉总是一遍又一遍地说同样的话。”[348]

毫无疑问，《送冰的人来了》所受到的最为尖锐的批判，来自小说家兼评论家玛丽·麦卡锡的人身攻击。她把这出四个半小时的作品比作“某种严厉的粗笨家伙……丑陋、冗长、故弄玄虚的功利主义”，麦卡锡认为《送冰的人来了》非常肯定地证明了奥尼尔就是个糟糕的作家：“剧作家归来——说白了——是一位不会写作的剧作家归来，这是个庄严而伤感的事件。”她接着又将奥尼尔与德莱塞、刘易斯、詹姆斯·T.法雷尔等其他美国作家相比较，“他们的职业选择是胜利的灾难……在他们创作的最后阶段，他们所到达的不是绝望，而是一种奇怪而苍白的虚无主义”。这种在战后美国不受欢迎的虚无主义，按照约瑟夫·伍德·克拉奇在《国家》杂志上对该剧的评论，“在二十年前

① 引自刘海平翻译的《音乐特色》，郭继德编：《奥尼尔文集》(6)，人民文学出版社，2006 年，第 266 页。

要比现在更流行”。[349]

在接下来的1947年,奥尼尔所创作的最后一部作品《月照不幸人》成为他在世时上演的最后一出新戏。蒙特雷毫不掩饰地表示自己讨厌这出戏。她坚持认为,这出关于吉姆的四幕剧,放在《进入黑夜的漫长旅程》之后毫无意义,并且该剧对于吉姆醉酒之后种种举动的重述,尤其是他在离开加州的火车上跟妓女鬼混,而他母亲的棺材就在前一节车厢,这一切都让她在阅读剧本时感到十分不舒服。[350]奥尼尔后来承认,他也“开始讨厌”这部作品。[351]但在多次恳求之后,同仁剧院终于得到他的同意,允许这出戏在中西部试演,1947年2月20日,该剧在俄亥俄州的哥伦布市首演。

为乔茜·霍根这个角色物色女演员并非易事。劳伦斯·朗格知道,乔茜这个角色需要这种类型的女人:当她询问自己是否可以尝试演戏时——你会觉得尴尬,然后回答,“嗯,恐怕你块头太大了——我们怎样才能找到一个足够高的男演员来和你配戏呢?”[352]奥尼尔在面试玛丽·威尔士时,他立刻就发觉她不是他想象中克里斯汀·艾尔那样的女巨人,但他最后得出结论,她具有足够的爱尔兰特色(百分之一百),可以胜任这个角色。哥伦布市首演的当晚,奥尼尔送给她十二朵玫瑰,还附了一张字条:“再次表达我绝对的信心,尤金·奥尼尔。”威尔士一直记着这份礼物,“这是在首演当晚对女演员最好的鼓励”。[353]

“就戏剧而言,”一个俄亥俄当地人在首演当晚调侃道,“美国在今晚发现了哥伦布。”[354]“这对哥伦布市来说是个重大的事件,”《哥伦布公民》杂志也这样说。“它是我们自战前以来在正规剧场的首次高规格的正式活动,观众们都盛装出席……但这一次,一群从没念错台词或者忽视舞台提示的有才能的演员,浪费了大量的时间去‘记台词’,而这出戏并非奥尼尔的重要作品,尽管他在今天仍然被认为是美国最伟大的剧作家。”[355]一位评论家嘲笑说,“这出戏包含四幕。有三幕都是多余的”。“让我们管它叫《将被遗忘的月亮》,”另一位评论家说。[356]也有几位评论家肯定该剧，认为剧中的现实主义比厄斯金·考德威尔的《烟草路》更胜一筹；但该剧将喝威士忌与基督教象征主义、草根爱尔兰性与反资本主义、强奸企图与有污点的母亲形象并置，这挑战了几乎所有人的底线：《哥伦布记录报》认为，该剧“粗鄙、不敬、恶俗、堕落、淫秽……演出中让人讨厌的地方包括讥讽天主教教义、暗示性的场景、不道德的表达以及粗俗和淫秽的大量使用”。[357]《匹兹堡报》的剧评人抱怨，“我羞于让我母亲的耳朵受到剧中淫秽和粗俗的攻击”。[358]

在哥伦布和克利夫兰演出之后的第三站底特律，该剧仅仅演了两个晚上就被警方审查官禁演了。同仁剧院的制作人阿米娜·马歇尔对此提出抗议，说奥尼尔曾获得过普利策戏剧奖，对此审查官的回答是：“夫人，我不管他得过什么奖，他就是不能在我们这个城市上演一出肮脏的戏剧。”他指控《月照不幸人》在同一句台词中使用了“妓女”和“母亲”这两个词。[359]他说这是“对美国母亲形象的侮辱”。[360]（这一指控颇有讽刺性，其实剧中的主人公吉姆·蒂龙每次将这两个词联系在一起时，都觉得无比厌恶。在一份修改稿中，奥尼尔甚至让吉姆感谢乔茜，因为她没有“像火车上的那个金发妓女一样”说他母亲的名字。）[361]审查官要求，如果该剧想继续上演，奥尼尔必须把其中的几个句子以及所有淫秽的词都删去——杂种、混蛋、妓女、流氓，等等。奥尼尔非常勉强地同意了。

回想“疯狂的二十年代”，像《榆树下的欲望》和《奇异的插曲》这样的剧作中，违规的素材让大量想去猎奇的观众蜂拥而至，再加上能够理解现代戏剧的知识分子阶层观众群，因此每次上演都能引起轰动。但四十年代的情况不再如此。《月照不幸人》在圣路易斯演完之后，在接下来的十多年中都没能再次上演。（这部作品现在是他最常重演的剧目之一。）这位正处于思想巅峰的作家，一直致力于用他的艺术来尝试反高潮，讽刺命运的难以预料，他最终却不得不面对自己反高潮的落幕，这场演出是他戏剧生涯的落幕，他的人生仍将继续上演。

“关于死亡，一言难尽”

1948 年 1 月 17 日晚上，奥尼尔和蒙特雷在家里发生了争执，这让萨克斯·卡明斯又一次惊讶地目睹了蒙特雷日益恶化的精神状态。那天晚上他在他们家做客，电话响了，照旧是由蒙特雷接的，但接听之后，她的身体突然僵住了。“是你的一个朋友，”她把电话交给丈夫，“我不跟她说话。”来电话的是奥尼尔在普罗温斯敦时的老朋友菲兹·菲兹杰拉德，她想跟他们借钱。奥尼尔不顾蒙特雷责备的眼神，答应借给菲兹杰拉德 100 美元。“有我呢，别担心，”他安慰她，然后挂断了电话。他转过身来看着怒气冲冲的蒙特雷，努力跟她解释，他的老朋友要看病，她可能得了癌症。菲兹杰拉德过去经常帮助他，现在回报她也在情理之中。“那个女人，完全不顾斯文了，”卡明斯回忆道，“大骂尤金事业起步阶段的那些熟人；完全瞧不起他们，说他们是罪犯、吸血鬼、小偷、杂种、人渣——都是些波西米亚人。”（她说这最后一个词的时候语气特别恶毒。）[362]

这时卡明斯知趣地告辞了。电梯的门一关上，蒙特雷就大发雷霆。她先是砸碎了奥尼尔柜子上的玻璃；然后，从玻璃碎片中拿起一张已经被损坏的照片，是婴儿时期的奥尼尔被埃拉·奥尼尔抱在怀里，她把照片撕得粉碎，尖叫着说，“你妈妈是个妓女！”奥尼尔狠狠地抽了她一记耳光，她立刻就陷入歇斯底里的状态，冲进自己的房间收拾行李，然后跑出了公寓，发誓再也不要见到他。

第二天早晨，奥尼尔给卡明斯打了个电话，向他讲述了前一天晚上所发生的事。他感到非常后悔,承认是他的错;他本来应该更加耐心、克制一点。[363]实际上,奥尼尔在此之前又开始喝酒了,至少已经喝了好几个星期了;刚开始只是喝葡萄酒,但蒙特雷在她1月2日的日记里写道,他"似乎完全糊涂了——而且他恨我!"——她担心这会"像过去那样导致严重的酗酒"。[364]

蒙特雷走了以后,奥尼尔需要一个人来照料他的生活,因此他和卡明斯联系了他们在新伦敦时的老朋友"艾斯"(沃尔特·卡瑟)。卡瑟跟奥尼尔作品《休伊》中的人物查理·史密斯一样,是一家破旧的曼哈顿旅馆的前台服务员,他非常乐意照料奥尼尔。卡瑟到奥尼尔家之后的第二天,他和卡明斯看见两个私人侦探在大楼外面监视,还挥动手帕作为暗号。奥尼尔于是也雇了一名私人侦探,侦探很快告诉奥尼尔,蒙特雷已经用化名住进了城里的一家旅馆。"看在上帝的份上,原谅我,回来吧,"他写信给她,用《梦孩子》中桑德斯奶奶对孙子的威胁来乞求她:"你是我生命中的一切。我病了,没有你我会死的。你不想让我死去,我知道的,如果我死了,诅咒将伴随你的余生。"[365]

在奥尼尔家的这次不愉快事件之后,1948年1月29日早晨6点,卡明斯接到卡瑟打来的电话。他和奥尼尔前一天晚上一直在喝酒,卡瑟上床睡觉之后,奥尼尔因为酒精和镇静剂的共同作用而站立不稳,在浴室被一张凳子绊倒,摔断了胳膊。卡瑟当时处于昏睡状态,奥尼尔只好敲击浴室地面并大声呼救,希望楼下的邻居能听到,但始终没人上来救他。他最终陷入昏迷。[366]几个小时之后,卡瑟清醒过来,吓得赶紧给奥尼尔的主治医生谢利·C.菲斯克大夫打电话。当奥尼尔被送到医院时,菲斯克大夫告诉卡瑟:"酒精会跟奥尼尔为了控制抖动而每天服用的镇静剂以及其他药物产生严重反应,哪怕只是微量的酒精也很危险。"[367]

蒙特雷也来到了医院,待的时间不长却让人心烦意乱。她说自己有关节炎,也要住院,并住进了奥尼尔楼下的一间病房。一连好几天,她都在赫伯特・弗里曼的帮助下监视丈夫，严密注意前来探望他的人。[368]不知道他们两人之间是否说过话；但很快奥尼尔就在病床上向卡明斯提出了一个紧急的要求，请他立刻把自己的手稿从他们租住的套房里拿出来，锁进兰登书屋的保险柜。如果蒙特雷会去撕毁他唯一一张婴儿时期被妈妈抱着的照片，他的两箱手稿估计也难免遭此厄运。卡明斯立即通知卡瑟，卡瑟把装着手稿的箱子送到了卡明斯的办公室，卡明斯随后仔细地根据手稿的内容贴上标签，并存放在保险柜里。2月26日，卡明斯的电话响了。是蒙特雷打来的："你把那些手稿给了普林斯顿大学的那个叫道兹还是叫什么的人了吗？"

"什么手稿？"

"尤金一直瞒着我的那些手稿。你知道他是个骗子，他太过分了。"

"我不想听这些，卡洛塔。尤金不是骗子；他从来没有撒谎，你知道的。"

"他一直是个骗子。你把那些手稿从书桌里拿出来了吗？"

"你不能这样跟我说话。我没有从书桌里拿任何手稿。"

"就凭你说我的那些坏话，就足够能把你送进监狱。"

"卡洛塔，我从来没有在任何人面前提过你的名字。这你应该知道的。我总是很尊重你，我也希望你能尊重我。"

"尊重，见鬼去吧。我会让你好看的。我会把你送进监狱，你早就该进监狱了。"

卡明斯后来回忆，"接下来的，是一大串诅咒。淑女的面具都被扯掉了，庸俗女演员的内心和语言暴露无遗。激烈的咒骂逐渐演变成令人头晕目眩的脏话连篇"。她用了好多侮辱性的词语，叫他"犹太混蛋"，还说希特勒本该杀掉更多"他这类的人"。[369]说完她就狠狠地挂了电话，卡明斯这时已经被她骂哭了，他拿起一张纸，把刚才的对话都记下来，那天晚上带给奥尼尔看。"尽量去理解她吧，"奥尼尔对他说，"她病了，病得很重。你千万不要也离开我。"卡明斯这会儿情绪稍稍有所平复,他向奥尼尔保证不会丢下他不管。[370]

那年四月,奥尼尔和蒙特雷终于和好了,他们决定离开纽约以及之前一年的噩梦,搬到马萨诸塞州海岸靠近波士顿的某个地方常住。这样他们既可以靠近大海,也可以享受波士顿良好的医疗条件。在丽思·卡尔顿酒店的一个套房里,他们商量着要购买马布尔黑德的一座海边小屋,距离波士顿大约二十英里。这座房子经过装修之后的总价达到八万五千美元,主要由蒙特雷的信托基金支付。这座房子位于马布尔黑德内克岛的边缘,建于1880年,俯瞰海边的岩石角公路。房子低调的灰色墙面和狭长的屋檐坡面总是引发奥尼尔关于“粉红屋”的美好回忆,奥尼尔一家在搬入“基督山屋”之前就住在“粉红屋”。“这在某种意义上说,就像是回家,”他刚刚安顿下来就写信给肯尼斯·麦克戈文,“我在这里感觉比以前很多年都要开心。”[371]

在之前的1947年,奥尼尔又签了几份新的遗嘱,仍然把他的文学资料都留给蒙特雷,如果蒙特雷去世,则留给小尤金。但他把其他财产的一半赠与小尤金、蒙特雷的女儿辛西娅·斯特拉姆和为阿格尼斯·伯顿继续提供生活费的信托基金。另外一半留给蒙特雷。(如果她去世,财产由小尤金和辛西娅继承,并委托耶鲁大学戏剧学院设立一年一度的“尤金·奥尼尔奖”。)这次的遗嘱没有给乌娜甚至沙恩留任何财产,“因为他们已经从付给他们母亲的钱中获得了很多,”包括生活费和斯皮特黑德的房产。他要求在自己的墓碑上刻下这样一句话:“关于死亡,一言难尽。”

1947年夏天,奥尼尔和蒙特雷一起商量遗嘱的细节。她只做了几处小的修改;特别值得注意的一点是,奥尼尔遗嘱中有一条保持不变:《进入黑夜的漫长旅程》不能以任何形式上演,包括广播、电视、电影或戏剧,剧本只能在他去世二十五年之后由兰登书屋出版。但是到了1948年6月28日,他们在纽约因为蒙特雷的信托基金发生争执,之后奥尼尔又一次修改了遗嘱,这次把财产的五分之一留给小尤金,其他财产留给蒙特雷。关于《进入黑夜的漫长旅程》的安排,他之前的每份遗嘱都有所提及,但这份遗嘱中却只字未提。[372]

那年秋天在马布尔黑德内克岛崭新的办公室中,病中的奥尼尔(他已经在那年加入了美国安乐死协会)写信给几位朋友,说他打算只要能动笔写字,就重新开始写作。(他带着乐观情绪联系的那些朋友,包括萨克斯·卡明斯、达德利·尼克尔斯和查尔斯·肯尼迪,他们都被蒙特雷禁止来电或者来访。)但是到了1949年初,他再次丧失希望,接受了自己再也没法创作下一部作品的现实;他一直赖以生存的无望的希望沉入了深渊。“关于再写一部新戏,”他向乔治·金恩·内森承认,“那个白日梦似乎与背诵《大不列颠百科全书》一样遥不可及……不仅仅是手的问题,也是心的问题——我就是觉得没什么可说的了。”[373]

奥尼尔现在已经没有了未来的收入来源,他的两个儿子似乎也没法养活自己,两人都跟他要钱。沙恩·奥尼尔当时已经染上毒瘾和酒瘾,并且好几次试图自杀。他1944年娶了一个名叫凯瑟琳·吉文斯的女人,一年之后生下了尤金·奥尼尔三世。这个婴儿是奥尼尔的第一个孙子,并且与奥尼尔以及他的长子同名,可惜出生刚三个月就去世了,很有可能是死于突发性的新生儿死亡综合征。不到三年之后,沙恩因为私藏海洛因被判缓刑两年。沙恩告诉一个朋友,他听任自己去追随海洛因所提供的通向死亡的清晰路径。他说,毒品“给你为之生存的东西。你的生活有了一个目标——有了那么个东西,然后挣钱去买它。我认识一些人,他们一年挣一万五千美元、两万美元、两万五千美元,就是为了能有足够的钱去继续吸食海洛因”。[374]

奥尼尔最信赖的律师哈里·韦恩伯格于1944年初去世,这对奥尼尔是个沉重的打击,他不得不向他的新律师维因福德·E.阿隆伯格说明沙恩的情况,说沙恩总是惹麻烦总是缺钱:“他别想指望从我这儿拿到钱。斯皮特黑德的房子有他的份,他必须想办法去求他妈妈。他

沙恩·奥尼尔,1957 年(图片来自“谢弗尔-奥尼尔藏品系列”,琳达·李尔特藏档案中心,康涅狄格学院,新伦敦)

也可以出去工作。或者他的妻子也可以出去工作。”[375]沙恩和凯瑟琳·吉文斯六十年代初离婚,一共生育了四个孩子。[376]尽管沙恩以好脾气著称,几乎被看作耶稣基督那样的善人,也深得孩子们的喜爱,他却一直无法摆脱可怕的毒瘾和家族的魔咒——小尤金在赞扬自己的弟弟时,最后总要加上“但是”。1977 年,沙恩从他朋友位于布鲁克林的公寓四楼窗户跳下,结束了自己的生命。

小尤金现在也和父亲一样酗酒。他很久之前就辞去了在耶鲁大学教授古典文学的工作,之后辗转了好几个临时教职——包括普林斯顿大学、菲尔莱狄更斯大学和社会研究新学院。他最终找到的工作是在广播和电视节目中担任文学嘉宾,被标榜为“具有惊人学识的古典学者,对耶稣诞生以来的任何文学都不感兴趣”。但是有一天晚上,小尤金要在电视上露面,和以衣着讲究而著称的电影明星阿道夫·门吉欧对谈,门吉欧被认为是美国“最佳着装男士”。小尤金去演播室的时候,故意穿成“最差着装男士”的样子;他显然还喝醉了,因此电视台从此以后再也没有让他出镜。[377]

1950 年夏天,小尤金需要一笔钱去支付他在纽约伍德斯托克山顶住宅的按揭贷款;但父亲拒绝提供任何经济上的帮助。奥尼尔告诉阿隆伯格,小尤金必须和沙恩一样,“下定决心不跟我要钱,必须去找一份工作,然后一直干下去,为将来做好打算”。当然,奥尼尔从未对自己的长子像对沙恩那样失去信心;是小尤金自己对自己失去了信心。小尤金所有的刻薄言辞并非指向他的父亲,而是指向蒙特雷。“他对卡洛塔的恨近乎疯狂,”卡明斯回忆起 1950 年 9 月 21 日和他的会面。“他坚持认为,是她引起了他的绝望。”(这种感觉是相互的:每次小尤金到访马布尔黑德之后,蒙特雷都会把他睡过的床单烧掉。)[378]

1950 年 9 月 25 日,也就是与卡明斯见面的四天之后,小尤金脱光了衣服,像古罗马人那样,割破手腕和脚腕,将身体浸泡在温水中,以防流血凝固。他的遗体倒在房门边,是被他好友弗兰克·迈尔的妻子发现的。警方的证据还原了他生命最后时刻的痛苦细节:电话上的血

小尤金·奥尼尔坐在他父亲的旧书桌前(奥尼尔曾在这张书桌上完成了包括《琼斯皇》和《毛猿》在内的很多作品),1950 年夏。这有可能是小尤金自杀前留下的最后一张照片(由哈里·泰克劳特拍摄。图片来自“谢弗尔-奥尼尔藏品系列”,琳达·李尔特藏档案中心,康涅狄格学院,新伦敦)

迹显示他改变了主意想要求救;但是他电话欠费,因此电话公司切断了他的电话线。在楼上的卧室里,一张自杀前写的字条被压在一个空的威士忌酒瓶下面:“永远也别说,奥尼尔家的人干不掉一整瓶威士忌。Ave atque vale [(拉丁语)嗨,再见]!”[379]

维因福德·阿隆伯格不得不将这件事打电话通知自己的客户。“你好,卡洛塔,”她一拿起电话他就开口说道,“我是阿隆伯格。我有个很不好的消息要告诉你。你要坚强一点,慢慢地跟尤金说这件事。小尤金自杀了。”“你竟敢侵犯我们的隐私!”她大叫着挂断了电话。[380]凯瑟琳·简金斯是出席葬礼的唯一亲人,葬礼的费用由小尤金在耶鲁大学精英秘密社团“骷髅会”的好友们支付。奥尼尔送了一个白色菊花花环,放置在棺材上;花环的卡片上只是简单地写着“父亲”。[381]

1951年3月4日,曾在加利福尼亚照顾奥尼尔的家庭护士凯瑟琳·阿尔伯托尼接到了一个吓人的电话,是从波士顿的麦克林恩医院打来的。“奥尼尔爸爸需要你,”蒙特雷上气不接下气地恳求,“你能来吗?”[382]阿尔伯托尼乘坐最快的航班赶到波士顿。“哦,凯瑟琳,”蒙特雷迎接她时说,“你不知道这对我有多重要。他恨我!”[383]真相很快就清楚了,蒙特雷叫她来并不是因为“爸爸”需要她。阿尔伯托尼的到场是为了验证蒙特雷精神到底是否正常。她已经被关进了麦克林恩医院精神病科的病房,被诊断为“镇静剂过量型神志不清”。蒙特雷极力否认自己疯了,她说自己是被丈夫陷害,奥尼尔本人则住进了萨勒姆医院,他的大腿骨折了。

两人之间的矛盾开始于一个月之前,2月5日晚上9点左右,他们在马布尔黑德发生了激烈的争吵。愤怒的奥尼尔冒着大雪冲出了家门;但他意识到自己应该穿一件外套,于是又往回走。他被路上的一块石头绊倒,摔断了腿。他躺在雪地里,大声呼救,但蒙特雷却拒绝扶他起来,她经常抱怨“他总是跌倒,因为他不听话”。奥尼尔绝望地叫喊了一个多小时,想让邻居来帮他。他当时没穿外套又受了重伤,一直在雪地里待着会死的。蒙特雷一直站在门口奚落他："我听见一个小人儿在风中呼喊，我听见一个小人儿在风中呼喊，我听见一个小人儿在风中呼喊，"她一遍又一遍地重复。这些话在他脑海中回响，直到他昏厥过去。[384]

大约一个小时之后，终于有人来救他了，弗雷德里克·B.梅约大夫晚上出诊时正好路过。他简单地查看了奥尼尔的情况，然后跑进屋里打电话叫救护车。他想让蒙特雷也跟着救护车一起去医院，但她处于歇斯底里的状态，坚决不肯去；因此梅约大夫一个人陪着奥尼尔去了附近的萨勒姆医院。第二天晚上，一个名叫约翰·斯诺的当地警察在马布尔黑德内克街区附近巡逻时，发现蒙特雷穿着一件裘皮大衣在寒冷的街道上徘徊。斯诺上前询问是否可以送她回家，她回答，"我不回那个家，我永远不回那儿。空气里全是人"。斯诺打电话求援并试图劝说她回家，他安慰她说："人都走了，空气里没有人了。"但她还是不肯回去，斯诺于是打电话叫来梅约大夫，两人一起把她送到医院。当得知蒙特雷刚刚入院，奥尼尔一言不发。但几周之后，当他被告知妻子转到麦克林恩医院之后想要前来探望，他吓得大叫："噢，不要让她靠近我，不要让她来这儿！"[385]

1951年2月12日，奥尼尔让维因福德·阿隆伯格再次修改他的遗嘱；三天之后，律师来到医院起草新的文件，奥尼尔于3月5日在文件上签了字。这次他希望被安葬在纽约。他所有的文学资料赠与普林斯顿大学，除了未发表的《进入黑夜的漫长旅程》，因为"我已经授权兰登书屋把该剧作为书籍出版"。他的房产将完全由律师管理，蒙特雷每年获取五千美元。尽管他仍然没有给沙恩留下任何财产，但在这一版遗嘱中，他把斯皮特黑德留给了乌娜·奥尼尔·卓别林，之前他和伯顿为了避免法律程序上的麻烦，这座房子一直保留在他的名下。[386]当时奥尼尔其实已经得出了结论，乌娜是他孩子当中唯一一个理智的人，至少她嫁给了有钱人。[387]（在他活着的时候出生的最后一

尤金·奥尼尔在马布尔黑德，大约在1948年(图片来自“耶鲁美国文学藏品系列”，拜内克珍本手稿图书馆，纽黑文)

个孙子，是乌娜和卓别林的第五个孩子，乌娜为这个孩子取名为“尤金”。）

奥尼尔随后签署了一份正式的申请，请求将蒙特雷送进精神病院，说他妻子是“一个疯子……没办法自理”。[388]同时，蒙特雷指责奥尼尔在言语和行动上虐待折磨她：她说他曾用一根金属棍威胁她，还曾在夜里进入她的卧室，手里拿着橡木棒，她当时只是假装自己睡着了。她说他总是对着她吼叫，“我要打烂她的头盖骨，让她血流满面”。[389]这一切到底是否发生过，已经无从知晓，但有一件事非常肯定：在所有这些场景中，奥尼尔和蒙特雷都在大剂量地服用镇静剂。[390]大剂量的镇静剂会引起妄想、幻觉和偏执，那个可怕的冬天，这些症状在两个人身上都非常明显。

奥尼尔在马萨诸塞州的律师詹姆斯·E.法尔雷于3月28日向萨勒姆遗嘱认证法庭提交了一份申请，请求将蒙特雷送进精神病院，听证会定于4月23日举行。蒙特雷的银行账户被冻结了，她的女儿辛西娅·斯特拉姆也没法在经济上帮助她；她不愿意到东部来照看母亲，因为母亲早已狠心地抛弃了她。当凯瑟琳·阿尔伯托尼以为“爸爸”需要她而来到波士顿以后，麦克林恩医院的神经学家哈里·考佐尔大夫非常直接地问她，是否觉得蒙特雷精神不正常。“不，”这位护士回答，“她只是把自己逼得太紧了。”考佐尔大夫又问，“她专横恶毒吗？”阿尔伯托尼有意回避这个问题，只是把刚才的回答又重复了一遍，“她把自己逼得太紧了”。[391]与此同时，麦里尔·摩尔大夫也想把奥尼尔送进精神病院，他是波士顿的一名精神病学家，也是蒙特雷前夫拉尔夫·巴顿的表弟，但奥尼尔的主治医生并没有采纳他的诊断。摩尔去找蒙特雷，告诉她再也不要和奥尼尔见面了，他们结婚二十三年，待在一起的时间已经够长了。（根据蒙特雷的说法，他建议她哪儿也别去，就待在病房里接受麦克林恩医院另外一位精神病学家威廉·H.霍洛维茨大夫的治疗。）[392]

就在同一天，蒙特雷为奥尼尔送去一束玫瑰，他同意她3月29日出院。根据阿尔伯托尼的回忆,当蒙特雷来到奥尼尔的病房时,奥尼尔一开始“极度紧张”,但她扑进奥尼尔的怀里,靠在他的肩膀上大哭起来。他的眼睛也湿润了,尽管他显然因为有护士在场才感到稍微放松一点。[393]

4月4日,蒙特雷给肯尼斯·麦克戈文写了一封很长的信,告诉他关于自己和奥尼尔的情况。她说自己在麦克林恩医院获得了精神正常的证明,但她丈夫得知这一消息之后“并没有觉得高兴,反而显得很失望!他就希望我精神不正常!”不管到底发生了什么,她觉得自己被这个诊断害惨了:“就算证明我精神没毛病,那个阴影还是一直会伴我左右!尤金发誓他要毁了我,他已经差不多做到了。优秀的剧作家、爱尔兰人、老糊涂,这三者组合在一起,真是很糟糕!”[394]

萨克斯·卡明斯、班尼特·瑟夫、劳伦斯·朗格和拉塞尔·克劳斯都坚持让奥尼尔搬回纽约居住,远离蒙特雷——这一次,他们希望他永远离开她。他同意去纽约,他们帮他在卡莱尔旅馆找了一个临时的房间,而他则在纽约的医院先休养一个月。即使是在腿部牵引治疗期间,他们还是担心这位病重剧作家的自杀倾向,他们让护士把窗户全都锁上,防止他从窗口跳下去。[395]

几个老朋友去探望他,其中包括吉米·莱特,自从那次法国见面之后奥尼尔再也没有见过他。“给我一根香烟,好吗?”莱特走进来时奥尼尔对他说。莱特给了他香烟和火柴,但奥尼尔的手抖得非常厉害;莱特拿过火柴盒,想要帮他点烟,但奥尼尔一把夺回了火柴盒。“不用麻烦你,”他说着自己点燃了香烟。“谁能压倒他呢?”莱特后来说道。“多么坚强的人!他划了好几根火柴,但最终还是自己把香烟点着了。”[396]瑟夫安排了一位男护士在卡莱尔旅馆照料奥尼尔,但这位男护士来到医院时却发现奥尼尔不见了。蒙特雷找到了他,并说服他一起回波士顿。

瑟夫和朗格对奥尼尔回到蒙特雷身边这件事非常恼火,但卡明斯能理解奥尼尔与蒙特雷彼此之间的依赖。“毕竟,”他说,“卡洛塔已经跟他以及他的疾病共同生活了几乎四分之一个世纪，当她情绪相对稳定时，她很能干，很投入，甚至具有奉献精神——以她那种居高临下、指派一切的方式。她的日子也不好过，他让自己相信，也让我相信这一点。她放弃了漂亮女人的那种安逸生活，这么多年里一直陪伴在他身边，不管生活是美好还是糟糕。”[397]

1951年5月17日，奥尼尔乘火车回到波士顿，住进了蒙特雷在喜来登酒店租的套房，酒店就在考佐尔大夫的办公室对面。他在火车上一直处于昏睡状态，因此错过了最后再看一眼新伦敦的机会，新伦敦是他唯一可以真正称之为家的地方。“你怎么能这样对待我？”他一回到波士顿，蒙特雷就这样质问他。奥尼尔的脸色阴沉下来，然后又露出了微笑，“嗯，”他说，“这是最精彩的第四幕。”[398]

5月23日，蒙特雷翻看了他在医院写下的所有遗嘱，气得差点拂袖而去：“让上帝惩罚这些骗子、叛徒加流氓！”她在那天的日记中写道，“我没力气再去忍受尤金更多的不忠实和不诚实——不管他是疯了还是没疯，他总是攻击我！[399]”那一周，奥尼尔通知他的法律代理人，1948年6月28日的那个版本是他的“真遗嘱”。[400]

蒙特雷再次成为他的唯一继承人，这显然是她重新接纳他的条件。这是当时唯一一份不包含关于《进入黑夜的漫长旅程》条款的遗嘱。1951年6月3日，奥尼尔费力地在一份《月照不幸人》的剧本上写下了这样一段话：“献给卡洛塔，我深爱的妻子，我不能没有她的爱，无比谦卑地感激她的爱原谅了我最近对她的可耻行为。”[401]但是，他与蒙特雷的和解以及重新修订的遗嘱并没有改变他的愿望：他仍然不想让公众看到《进入黑夜的漫长旅程》。在他为蒙特雷写下这段话之后的第十天，奥尼尔要求从兰登书屋拿回所有的手稿，除了一部剧作：“不，我不想拿走《进入黑夜的漫长旅程》，”他告诉班尼特·瑟夫。“你知道的，那部剧作将在我死后二十五年出版——但是永远不上演。”[402]

1952年冬天，奥尼尔担心某个胆大妄为的导演有可能想在他死后上演已经完成的系列剧，这让他觉得非常不安，他采取了绝望的行动：他和蒙特雷必须销毁系列剧的手稿。根据蒙特雷的回忆，一连几个小时，他们一起把手稿撕成碎片，然后由她把碎纸片扔进火里。“太可怕了，”她回忆，“就像是撕碎自己的孩子。”从此，奥尼尔完全丧失了活下去的愿望。“当他不能继续工作，他就死了，”蒙特雷说。“他在精神上死去了。只是把一具可怜的病体再拖几年，直到身体也死去。”[403]奥尼尔一直拒绝任何来自上帝或者关于来生的安慰。“我死的时候，”他坚持，“不要让神父或新教牧师或基督教救世军队长靠近我。让我在尊严中死去。尽可能保持简单和简洁。不要没事找事，不要神职人员。如果真有上帝，我会自己去见他，我们会好好聊聊。”[404]

1953年11月27日下午4点37分，六十五岁的奥尼尔在喜来登酒店套间里去世，蒙特雷和考佐尔大夫陪伴在他的床边。四天前他肺炎发作，病症因为当时还没有被诊断出来的神经系统疾病而不断恶化，最终致命。“我早就知道！我早就知道！”他在昏迷间歇期间大喊，“出生在他妈的旅馆，死在旅馆！”“不要为他难过，”蒙特雷在他死后说，“他不是个总去找妈妈的乖孩子，也不是个彬彬有礼的年轻人……他是个黑爱尔兰人，一个粗暴强硬的黑爱尔兰人……他拥有那种让他显得年轻的微笑；但大部分时候他像个东方人那样苍老……他是个简单的人。大家编造出很多关于他的故事和谜团。他只对写戏感兴趣。”[405]

后记：驶入光明

过去就是现在，不是吗？它也是未来。我们都在假装否认这一点，但生活不允许我们这样做。

——玛丽·蒂龙《进入黑夜的漫长旅程》

奥尼尔的尸检于第二天早晨在马萨诸塞总医院进行，那天是1953年11月28日。“我想知道，”蒙特雷说，“这个我照料了这么长时间的人，身体到底出了什么问题？”[1]不幸的是，由于受当时的医学条件所限，尸检的结果让人失望，没有发现明显的帕金森氏症，尽管在奥尼尔的死亡证明上所列出的死因是支气管肺炎和一种“帕金森氏型的病症”。尸检显示，奥尼尔患好几种与肺部相关的疾病，包括由抽烟所引起的肺气肿和由1912年至1913年患肺结核所引起的纤维粘黏。[2]值得一提的是，尽管他在长达二十五年的时间里大量饮酒，之后也间断性地酗酒，但他的肝脏和心脏状况相对于六十五岁的男性来说倒是正常的。

大约五十年之后，在世纪之交时，医生又用显微成像技术对这位剧作家的大脑组织进行了检查。这个项目由两位医生牵头，一位是神经科专家E.P.理查森大夫，他参与了1953年的第一次尸检，另一位医生是年轻的布鲁斯·H.普莱斯大夫，他对奥尼尔和奥尼尔的作品特别着迷。普莱斯在2010年回忆当时的情况，第一次透过多头显微镜观察这位传奇剧作家的大脑细胞,“这是超现实的、充满虔诚崇拜的时刻,通过大脑的解剖去观察和捕捉天才,这是要去完成几乎不可能完成的任务”。理查森和普莱斯的检查还是没有发现帕金森氏症的踪迹(实际上也没有找到天才的痕迹),但是神经科学的发展的确让他们精确地诊断出蒙特雷的丈夫“到底出了什么问题”。让奥尼尔在他人生最后十五年中饱受折磨的“凯尔特的薄暮”,病因是一种罕见的神经组织退化疾病:迟发性小脑萎缩。奥尼尔所患的疾病是“先天性的”,也就是说,与大家的猜测相反,这种病和酗酒并没有多大关系。[3]

奥尼尔的遗体于1953年12月2日被安葬在波士顿森林山公墓,在他墓碑的旁边为蒙特雷预留了墓地。奥尼尔黑色的棺木上盖着一块白布,运送灵柩的车上坐着三个人:蒙特雷、考佐尔大夫和一名护士。蒙特雷之前已经将原来那块刻着“关于死亡,一言难尽”的墓碑换成了一块简朴的花岗岩,上面刻的字是墓碑上最为常见的“安息吧”。安葬仪式没有通知任何朋友、亲人和媒体。“他对于葬礼和安葬的所有要求,都完全做到了。”[4]蒙特雷尊重奥尼尔生前的希望,没有安排神职人员参与葬礼。但她自己还是忍不住低下头,默默向上帝祈祷。[5]

“在我认识的人当中,你是唯一一个从没对我撒过谎的人,”奥尼尔临死前一个月写信给蒙特雷。“你是唯一一个没有从我身上获得任何好处的人……你是唯一一个真正爱我的人!”[6]几天之后,蒙特雷意识到丈夫剩下的日子已经不多了,她发誓自己“只有一个继续活下去的理由,那就是执行尤金的遗愿……那个‘二十五年宝盒’是其中最有意思的部分——所有的遗愿都是私人的,除了《进入黑夜的漫长旅程》——这个盒子不希望被打开,直到尤金去世二十五年之后”。[7]1954年2月,她还在日记中明确表示,自己理解奥尼尔的遗愿:“那个‘二十五年宝盒’直到1978年才能被打开!”[8]但是几个月之后,一场戏剧背后的戏剧拉开了序幕。

* * *

1954年6月，蒙特雷与兰登书屋的贝内特·瑟夫联系，要求他出版《进入黑夜的漫长旅程》。瑟夫咨询了萨克斯·卡明斯的意见，他们两人都表示拒绝。卡明斯回忆，当瑟夫告诉蒙特雷他们的决定时，“她暴跳如雷，把怒气一股脑地撒在我身上，指责我搞阴谋诡计来对付她，指责我通过和奥尼尔合作，毁了他所有的作品，她把刑法典里几乎所有的罪行都强加在我身上”。[9]瑟夫写道，他和卡明斯起初非常坚定，但很快就“感到恐慌，因为他们得知，从法律上来说，所有的底牌都在她的手上；作者自己的愿望，作者请求我们去做的事，只要她反对，都是无效的——她真的就反对了”。[10]

蒙特雷从兰登书屋手中夺回《进入黑夜的漫长旅程》之后，她把剧本交给耶鲁大学出版社出版，通过美国和加拿大保护书籍版权的法律程序，在耶鲁大学斯特灵图书馆和戏剧学院设立尤金·奥尼尔馆藏系列。她随后又将这部自传性悲剧的演出权交给瑞典皇家剧院，这个剧院所上演的奥尼尔作品比世界上其他任何剧院都要多。之后，她告知媒体，奥尼尔“临死前躺在病床上要求”，瑞典皇家剧院用瑞典语上演《进入黑夜的漫长旅程》。[11]

蒙特雷声称，丈夫决定不发表剧本，是为了保护他的儿子小尤金，但儿子去世后他改变了主意。这并非实情。1941年8月4日，奥尼尔在自己的工作笔记中写道，小尤金那天读了剧本，并且“非常感动，这让我很欣慰”。他并没有提到小尤金不想让这出戏上演。而且，奥尼尔写信给瑟夫，提到他1951年6月15日的那份遗嘱时，小尤金自杀已经快要一年了。[12]1952年3月3日，他的神经系统疾病恶化，他所居住的喜来登酒店几乎成了临终关怀医院，奥尼尔签了一份信托协议，将剧作的所有权转给蒙特雷，但这份遗嘱并没有将《进入黑夜的漫长旅程》列在剧作的完整名单中，这也许是因为奥尼尔之前已有明确的书面要求，让兰登书屋保留这出戏的出版权。但是，奥尼尔又在条款不确定的情况下，将“我的版权和文学财产的权益”都留给了卡洛塔·蒙特雷。[13]

1956年,这出戏上演后不久,乔治·金恩·内森对于奥尼尔为什么不想公开这部剧作进行了一些解释:“奥尼尔曾经私下里向我透露,考虑到他家人的感受——主要是他哥哥和他母亲的感受——他坚持要求这出戏延后出版。”[14]萨克斯·卡明斯补充说,奥尼尔告诉他,这出戏“不应该公开发表,直到其中所牵涉的每一个人,尤其是他的家庭成员,去世了或者衰老到不再会受到这出戏的伤害或困扰”。[15]“对于外部世界,我们是没人能够拆散的一家人,而我们相互之间却一直在撒谎、撒谎,”奥尼尔向小尤金谈到他的家庭。“一个典型的纯粹爱尔兰家庭。当然,同样的忠诚在所有家庭中都有,但是我觉得,在亲近爱尔兰或是出生在爱尔兰的爱尔兰裔家庭中,有一种斗争、痛恨与宽恕的奇怪交织,在世人面前有一种家族的骄傲,这是我们所特有的。”[16]尽管隐藏家庭的问题是典型的爱尔兰特征,奥尼尔在《月照不幸人》中实际上已经将他哥哥的故事公之于众;既然他已经让小尤金读过《进入黑夜的漫长旅程》,他就更不可能顾及乌娜和沙恩对该剧的反应。如果这出戏能够对他们产生影响的话,它倒是可以让他们了解父亲的种种举动背后的原因。

更加重要的是,奥尼尔曾经告诉媒体,《进入黑夜的漫长旅程》中有一个角色仍然在世,他是出于对这个人的尊重而决定延期出版剧本。当被问及这个人是否指的就是他自己时,他没有说话,但是实际上,他就是那个唯一在世的人。[17]但卡明斯说,奥尼尔从来没有说明这个人物,即他家庭中的一个成员,是台上的人物还是台下的人物,或者在剧中有没有被直接提及。(在《进入黑夜的漫长旅程》的舞台上有另外一个人物,蒂龙家的爱尔兰裔女佣凯瑟琳;但她可以被排除在外,因为她不是家庭成员之一。)有一种可能性,他指的是凯瑟琳·简金斯,他对她一直很尊重——他曾告诉蒙特雷,她是“那样一个女人,我给她的麻烦最多,而她给我的麻烦最少”。[18](实际上,他之前想要销毁《驱魔》,在很大程度上显然是为了尊重简金斯的隐私。)其实,阿格尼斯·

伯顿和简金斯都曾说过,奥尼尔在《进入黑夜的漫长旅程》中竟然没有提及简金斯和小尤金,这实在有些奇怪。“尤金对此一直是讳莫如深,”伯顿说。“在看完《进入黑夜的漫长旅程》之后,谁会想到剧中的小儿子埃德蒙,在1912年8月的那个晚上,已经结过婚、离过婚,而且有了个三岁的儿子呢?”[19]

《驱魔》唯一存留的剧本一直在伯顿手中,尽管她接受了记者和传记作家的无数次采访,她始终尊重奥尼尔的隐私,直到她1968年去世;哪怕是自己早年生活的回忆录,她也只是提到了奥尼尔的自杀企图,但没有提及这个剧本。她从来没有对外界透露,这份很多人想看的剧本还被她保留着。简金斯告诉《纽约时报》,她“非常高兴”自己和儿子没有被提及。“这出戏完全没有涉及我们之间所发生的任何事情,”简金斯说,“在那之后,我们两人都经历了很多事。它似乎是非常久远的黑暗岁月。”[20]

但是当我们仔细考虑奥尼尔所说到的“家人的感受”时,还存在另外一个更大的可能性,也许可以解释他拒绝出版该剧的原因:他的表姐阿格尼斯·布瑞南,用蒙特雷的话说,她是“他见过的唯一一个亲戚”,也是家族中知道埃拉毒瘾的少数几个人之一。1954年5月29日,就在蒙特雷决定与兰登书屋联系剧本的出版事宜时,布瑞南前来拜访。“我尽力向她解释《进入黑夜的漫长旅程》的剧情,”蒙特雷在日记中写道。“这让她打开了话匣子,告诉我关于尤金在婴儿期、童年和少年时期的所有经历——没人需要他,没有爱和温存,没人照料,没人管教,没人保护!……要是我之前了解这一切就好了——而不只是只言片语!”第二天早晨,那是一个星期天,布瑞南去教堂做礼拜,然后读了《进入黑夜的漫长旅程》:“剧本让她非常难受。但是,当她平静下来之后——她告诉我,这出戏还只是轻描淡写——她哭了好几个小时,一边哭一边告诉我关于奥尼尔家的故事。……让人痛苦却原本也许可以避免的混乱!这是怎样的一家人啊!”[21]布瑞南在剧中并未被提及,但是她被暗含在玛丽·蒂龙对新伦敦这座城市和它所有居民的痛恨之中。奥尼尔为《进入黑夜的漫长旅程》所写的最早的工作笔记中，将他母亲这个角色描述为“M”，她认为布瑞南一家是“她社交上的障碍，让她没法在新伦敦生活下去”，[22]在最后完成的剧本中，玛丽・蒂隆恶毒地宣布，“我一直痛恨这个小镇和镇上的每一个人”。（*CP*3，738）

布瑞南家的姐妹们以前就曾被奥尼尔令人讨厌的自传冲动所“激怒”。她们认为，《救命草》中的爱尔兰女佣麦琪・布瑞南这个人物是对她们母亲约瑟芬的不公正影射。约瑟芬本人不喜欢奥尼尔。她在1913年读了《渴》之后，将剧本扔进了火堆，大声说，“应该有人告诉尤金，别在阴沟里待着了！”[23]阿格尼斯・布瑞南和她妹妹莉莲在看完《救命草》之后清楚地表明了她们的态度：“你可以写戏，但不要把家人牵扯进去。”奥尼尔对于“中产阶级爱尔兰裔”布瑞南一家爱恨交加，但一直与他们保持联系。1931年从法国回来之前，奥尼尔给阿格尼斯・布瑞南写了一封信，祝她母亲九十一岁生日快乐。“我一直记着她，带着深深的感激之情，我小时候她对我那么好，我曾经多么盼望她到皮考克街来……我多希望我的母亲还活着啊！我的父亲、母亲和哥哥都走了，我太孤单了。”[24]几年之后，在金诺塔堡，他向导演菲利普・穆勒承认，他对于《无穷的岁月》的结尾所做出的灾难性决定，即让约翰・列文在十字架前祈祷并拥抱上帝的爱，“无疑是要满足他的一个愿望”，去实现布瑞南家的那种天主教影响下的“简单确信的幸福”，而他与蒙特雷的婚姻没能给他这种幸福。[25]最终，在他的最后一份手写遗嘱中，奥尼尔将一部分财产分给了除了妻子之外的其他三个人：他的继女辛西娅，他在新伦敦的朋友艾斯・卡瑟和阿格尼斯・布瑞南。阿格尼斯于1956年去世，正好是《进入黑夜的漫长旅程》上演的那一年，或许她因此不必去面对奥尼尔在这出闻名世界的戏剧中对她家庭的骇人描述。奥尼尔认为，出版那些包含真实人物的作品会对那些当事人产生伤害，“这样的家丑会被记住、被传播，最终出现在八卦的戏剧专栏中，某些人的感情会受到伤害，哪怕是关于二十多年以前的事”。[26]

但究竟是什么让剧作家完全禁止该剧以任何形式上演呢？这对他来说也不是什么新鲜事。“我对戏剧上演的兴趣不断减少，”奥尼尔在1929年《发电机》上演之后哀叹，“而对以剧本形式呈现的戏剧越来越感兴趣。戏剧演出——除了你所知道的那几次例外——总是远远低于我的预想，以至于我对布景、演员和秀场的一切都有些厌倦和失望……事实上，我想我最终会在出版剧本时，在第一页用红字标上‘禁止上演’……我正在创作和将要创作的作品对我来说都太过珍贵，我花了太多的心血，我不愿意让它们接受不公平的测试。我宁愿让它们从我的想象直接进入读者的想象。”[27]

当然，在他写了这段话之后，他又看到了另外五部作品的上演；但随着时间的推移，他越来越喜欢面对读者，而不是现场的观众。在《无穷的岁月》的惨淡失败之后，他对同仁剧院的舞台设计师李·西蒙森重申了这个想法：“我想，我的作品太过个人化了——因此我觉得，不久以后我会永远退出所有的演出，让我以后的作品都以书籍的形式出现，仅供读者阅读。”[28]到了1940年，在蒙特雷还没有完成《进入黑夜的漫长旅程》草稿的打字任务时，奥尼尔就对美国戏剧完全失去了信心：“我感觉自己已在剧院之外，”他告诉肯尼斯·麦克戈文。“我害怕上演的念头，因为我知道，作品会被那些仅仅只有一个标准的人搬上舞台，那个标准就是百老汇的成功。”[29]他一定在想，怎么能让将来的某个导演去糟蹋他这部最神圣、最私人的作品呢？

蒙特雷提前将《进入黑夜的漫长旅程》公之于众的原因一直以来都是个谜。很多人认为，她这样做是为了钱。但是蒙特雷对于这出戏在世界各地的演出收入从未挥霍，她甚至将这出戏在瑞典首演的版税捐给了瑞典皇家剧院的演职人员。[30]还有人猜测，她这样做是为了吸引公众的注意力，但她一直都讨厌（用她自己的话说）任何形式的宣传，也很少同意接受采访，并且经常拒绝回应关于她丈夫的询问。也许她将其公开是为了延续奥尼尔的传奇;但就算这出戏是在二十五年之后出版,它也一定会让奥尼尔再次声名鹊起。

我们也许永远也没法确切了解蒙特雷这样做的原因。但是,当奥尼尔殚精竭虑地创作"占有者自弃的故事"系列剧时,她却将自己的生命完全投入一个目标之中:她要占有丈夫的文学传奇。"感谢上帝,我为他做了我所做的一切!"她在1954年5月的日记(已经为了供大众阅读而进行了修改)中总结道,之前她刚刚决定出版《进入黑夜的漫长旅程》;差不多一年之后,当她在跟耶鲁大学出版社安排剧本的出版事宜时,她又写道:"除了我之外,没有人能够做到我所做的一切——没有任何人能做到,除了我!"[31]奥尼尔经常为蒙特雷写下充满爱意的题词;但是他给她的最为珍贵的礼物,是他1948年最后的遗愿和遗嘱。奥尼尔去世之后不到一个月,这份遗嘱就在波士顿的法庭上被认证,蒙特雷最终拥有了他的遗产,完全受到法律的保护。蒙特雷随后坚持要求耶鲁大学出版社将奥尼尔1941年7月22日写给她的题词跟《进入黑夜的漫长旅程》一起出版,并以此作为剧本的序言:

> 献给卡洛塔,纪念我们结婚十二周年
>
> 最亲爱的:我把这部用血泪写成,关于旧日辛酸的剧本的原稿献给你。对于一个喜庆幸福的日子,这似乎是个极其不当的礼物。但你是会理解的。我把它当作你的爱和温柔的赞词。正是你的爱和温柔,才使我对爱有了信心,使我能最后正视我的死者,写出这部剧本——对所有被这四个鬼魂缠身的蒂龙家人怀着深切的怜悯、理解和宽恕而写出了这个剧本。
>
> 亲爱的,这十二年是一个走向光明——走向爱的旅程。你理解我的感激心情,还有我的爱!(*CP*3,714)

一个之前不为人所知的事件似乎也可以帮助我们理解她的动机：奥尼尔在加利福尼亚时的护士凯瑟琳·阿尔伯托尼与丈夫阿尔伯特一起到纽约来观看《进入黑夜的漫长旅程》的首场演出。（毕竟奥尼尔在创作这部作品时，阿尔伯托尼就住在他办公室旁边的房间里，随时照料。）蒙特雷给了他们两张免费的戏票，并邀请他们在她所居住的麦迪逊大街卡尔登饭店套房内一起吃饭。阿尔伯托尼的丈夫是奥尼尔在丹佛时的朋友，长相和嗓音都酷似演员亨弗莱·鲍嘉，他质问蒙特雷为什么让这部作品公之于众。"你为什么要这样做？"他在饭桌上气愤地说，"这不是奥尼尔先生所希望的。"蒙特雷毫不客气地回答，因为"每个妓女都会说，他写这出戏时和她上过床"。阿尔伯托尼夫妇按照字面意思理解这句话，认为她的意思是，奥尼尔年轻时招惹过的某些妓女可能还活着，也许会跳出来勒索蒙特雷。"因此她才改写了遗嘱，她不喜欢这部戏的写作手法。我不怪她。"阿尔伯托尼在2010年时这样说道，三年之后她就去世了。[32]

但是还有另外一种方法去解读蒙特雷的回答。她和奥尼尔都经常使用"妓女"这个词，在她把他一个人扔在马布尔黑德之后，他反复用这个词咒骂她。（"'妓女'这个词一直在我的耳畔回荡，"她那年4月抱怨道。）[33]丈夫死后，蒙特雷心中还惦记着几个"妓女"，其中包括简·卡德维尔。但在蒙特雷口中被骂得最多的"妓女"是阿格尼斯·伯顿。"她的骄傲和自尊在哪儿呢？"蒙特雷曾因为支付给伯顿的生活费而大发雷霆。"妓女才用身体换钱——妻子可不这样！"[34]如果伯顿提出要获得《进入黑夜的漫长旅程》的一部分收益，蒙特雷早就对此有所防备。在二十多年的时间里，她一直强烈反对伯顿对奥尼尔作品的留置权。这里补充一点，早在1927年春天，奥尼尔最初开始构思《进入黑夜的漫长旅程》时，伯顿其实是在场的——如果需要证明的话，在伯顿死后留下的遗物中发现了该剧最初的手稿。通过提前公布该剧，蒙特雷无疑是想先发制人，向传记作家、媒体和法庭表明自己对奥尼尔作品的所有权，防止伯顿插手——一部分是出于钱的原因，但也许对蒙特雷来说更重要的是这部作品的监护权。作为奥尼尔最珍视的孩子的助产士，这一荣耀将是她一个人的，也一直是她一个人的。

《进入黑夜的漫长旅程》再次引起公众的兴趣之后，出版商阿尔弗雷德·A.诺普夫询问卡尔·范·韦克滕，出版奥尼尔传记的前景如何。韦克滕是奥尼尔和蒙特雷的朋友。韦克滕对此表示严重的怀疑："我觉得不可能有任何一个人能了解奥尼尔的真实生活，除非以一种秘密的方式，否则不可能如实地写出奥尼尔的一生。卡洛塔无疑会准备好她的版本，她早已改写了她的日记……并且，我觉得她哪怕是在死后仍能保护奥尼尔的名声，保护一两个世纪。"（实际上，在表面上销毁日记的原始版本之前，蒙特雷已经煞费苦心地转写了其中的大部分内容，然后将改写过的转写稿整理好，交给耶鲁大学拜内克图书馆收藏。）范·韦克滕建议，从了解奥尼尔的人那儿收集可靠的书面陈述，以便"在非常久远的未来将其整理和出版，这样才能避免被起诉的风险"。[35]

两年之后，也就是在1958年，伯顿真的出版了一个"如实的奥尼尔故事"，这是一部关于他们早年生活的回忆录《漫长故事的片段：恋爱中的年轻人尤金·奥尼尔》。她本来打算在有生之年再写两本续集，但她严重酗酒，因此一直没能完成，伯顿于1968年11月25日在医院去世（尽管她已经再婚，但入院时的签名仍是"尤金·奥尼尔夫人"）。[36]在接下来的十年中，她的女儿乌娜在照料卓别林期间也开始大量饮酒，卓别林1977年去世之后，她更是完全不加控制地喝酒。乌娜于1991年死于胰腺癌，终年67岁。卡洛塔·蒙特雷在伯顿去世的那个月经历了一次严重的精神崩溃，被送进了曼哈顿的圣卢克医院。她再也没能恢复健康。蒙特雷之前就认为，自己很可能在她丈夫去世不到25年的时候就死去，她的预测没错。她于1970年11月18日去世，距离奥尼尔允许公布《进入黑夜的漫长旅程》的日子还差八年。

1956年2月10日，位于斯德哥尔摩的瑞典皇家剧院迎来了国王

由荷西·昆泰罗执导的《进入黑夜的漫长旅程》,海伦·海丝剧院,1956 年。后排从左到右,由布拉德福特·迪尔曼扮演的埃德蒙·蒂龙,由杰森·洛巴兹扮演的吉米·蒂龙,由弗雷德里克·马尔奇扮演的詹姆斯·蒂龙。前排,由弗洛伦斯·艾尔瑞奇扮演的玛丽·蒂龙(由琼恩·米利拍摄。图片来自“耶鲁美国文学藏品系列”,拜内克珍本手稿图书馆,纽黑文)

古斯塔夫·阿道夫六世和他的妻子路易莎王后,还有很多盛装出席的瑞典贵族、社会名流、艺术家和外交官,他们前来观看《进入黑夜的漫长旅程》的世界首演。剧终落幕时,观众纷纷站起来,鼓掌欢呼长达半个小时之久,演员们不得不十几次返场谢幕。[37]瑞典剧评家认为奥尼尔是"世界上能与埃斯库罗斯和莎士比亚比肩的最后一位剧作家",这场演出也被誉为20世纪最伟大的戏剧事件。[38]

蒙特雷并没有出席瑞典的首演,她随后请来了荷西·昆泰罗,他曾指导广场圆形剧场在格林威治村复演《送冰的人来了》——这次演出连演了565场,创下了奥尼尔所有作品演出的最高纪录,也促使评论家们将《送冰的人来了》视为一部杰作。她将《进入黑夜的漫长旅程》在百老汇的演出权交给昆泰罗和他的团队,包括雷·康奈尔和西奥多·曼。《送冰的人来了》的演出让小杰森·洛巴兹成为明星,他在剧中扮演希基·希克曼,后来又在《进入黑夜的漫长旅程》中扮演吉米·蒂龙,1964年在《休伊》中扮演"埃利"·史密斯、在《月照不幸人》1973年的传奇重演中扮演吉姆(考琳·杜赫斯特扮演乔茜·霍根)。这一系列的角色让洛巴兹成为奥尼尔作品最杰出的舞台诠释者。

1956年11月7日,纽约海伦·海丝剧院,当大幕落下之后,有好几分钟的时间,剧场里竟然一片寂静,尽管这出戏在波士顿和纽黑文试演时反响很好。然后观众站起身来,零星的掌声很快汇成震耳欲聋的狂潮;在无数次的谢幕之后,很多观众涌向舞台,夸赞舞台上筋疲力尽的演员们。观众们被该剧精湛的技巧惊呆了,同时他们也被剧本直白的自传性所震惊。有谁知道,美国唯一一位获得诺贝尔文学奖的剧作家,他的母亲曾被吗啡毒瘾折磨了二十多年?有谁知道,奥尼尔的哥哥曾对他施加了靡菲斯特式的影响?有谁知道,他那个名气很大的父亲一直生活在懊悔和爱尔兰裔对贫困的恐惧之中,只能通过酒精和疯狂购买地产才能稍稍缓解痛苦?不了解奥尼尔的人自然不知道,甚至很多了解奥尼尔的人也不知道。剧作家的幽灵那天晚上站在舞台的入口处,触手可及。在这场戏中,已经去世的剧作家就是主人公。

《进入黑夜的漫长旅程》被誉为奥尼尔的代表作,昆泰罗导演的这场演出精彩绝伦。《每日新闻》赞叹,该剧“如同一支令人眼花缭乱的火箭,在死气沉沉的百老汇上空爆炸”。布鲁克斯·阿特金森在《纽约时报》上写道,“有了《进入黑夜的漫长旅程》的演出,美国剧场在体量和地位上都有所提高”。阿特金森解释,他使用“体量”这个词并非是指该剧的长度(超过三个小时),而是指奥尼尔“将戏剧作为史诗文学的构想”。[39]百老汇一地的演出就连演了65周,总共390场,为已经去世的奥尼尔赢得了戏剧评论界奖、外围戏剧奖、托尼奖和他的第四个普利策戏剧奖。很少有艺术家,不论其地位如何,能凭借一部作品获得这样的肯定。令人难以置信的是,奥尼尔做到了,而且是在他已经获得了诺贝尔文学奖之后。

“《进入黑夜的漫长旅程》不是一出戏,”瓦尔特·科尔在《纽约先驱论坛》上写道:

> 它让人感觉痛苦,从相互指责,到自欺欺人,到骗不了任何人的谎言,再到无法赎罪的忏悔,无止无尽地循环往复。在蒂龙一家(应该念成“奥尼尔一家”)破败的房子里,到处是威士忌酒瓶,皮革椅子很破旧,灯光晃动,一屋子鬼魂坐在那儿,四个人在一起却无限孤独,双脚踏着死亡的舞步走向地狱,最终将他们自己放置在不允许使用麻药的手术台上。当灯光熄灭时,他们静静地待着——但是没有被拯救……奥尼尔是如何将自怜、庸俗和廉价的虚张声势排除在这冗长而可怕的炼狱之外的呢?一部分是通过让他成为伟大剧作家的坚毅决心:那种能够通过摩擦他自己的双手而构建出的熊熊火焰,是真理的火焰。你可以不相信,但是你不能否认他的热度、他绝对的热情。[40]

有很多人批评卡洛塔·蒙特雷,同时也有很多人支持她;但是不论她的动机如何,将《进入黑夜的漫长旅程》公之于众都被证明是一件极其正确的事情。奥尼尔的戏剧接班人托尼·库什纳提醒我们,蒙特雷“违背他的遗愿,必须被看作是一件好事……他陷入沉默,与世隔绝,枯萎,死去。又再次绽放,几乎是突然绽放!”[41]实际上,随着《月照不幸人》(1957 年)、《诗人的气质》(1958 年)、《休伊》(1964 年)和《更庄严的大厦》(1967 年)先后在百老汇首演,尤金·奥尼尔的全面复兴持续了十多年。1958 年,伦敦的《星期日泰晤士报》赞叹,“纽约最高的摩天大厦,是尤金·奥尼尔的声望”。[42]

正如尤金·奥尼尔自己一直所怀疑的那样,尽管他一生历经磨难,但是关于死亡,一言难尽。奥尼尔去世之后,他又在 20 世纪 50 年代、60 年代和 70 年代再次引起热潮,同时也为新一代美国剧作家的戏剧创新搭建了舞台——洛兰·汉斯贝丽、爱德华·阿尔比、尼尔·西蒙、奥古斯塔·威尔逊、威廉·英奇、山姆·谢泼德、温迪·瓦瑟斯坦、戴维·马梅特、宝拉·沃格尔、约翰·帕特里克·尚利、托尼·库什纳、黄哲伦,等等。尽管时光荏苒,奥尼尔仍然存在于他们之中,仿佛舞台入口的幽灵。

附录：书中涉及的奥尼尔作品
（附完成时间）

1913

《热爱生活的妻子》

《网》

《渴》

《不顾一切》

《警报》

1914

《面包与黄油》

《苦役》

《雾》

《东航卡迪夫》

《堕胎》

《拍电影的人》

1915

《狙击手》

《个人公式》

1916

《早餐之前》

《我且问你》

《明天》（小说）

《战争新闻》（小说）

1917

《鲸油》

《归路迢迢》

《加勒比群岛之月》

《在交战区》

《S.O.S.》

1918

《弹震症》

《绳索》

《天边外》

《梦孩子》

《画十字的地方》

1919

《克里斯·克里斯托弗森》

《救命草》

《驱魔》

1920

《黄金》

《“安娜·克里斯蒂”》

《琼斯皇》

《与众不同》

1921

《最初的人》

《毛猿》

1922

《泉》

1923

《难舍难分》

《上帝的儿女都有翅膀》

1924

《榆树下的欲望》

1925

《马可百万》

《大神布朗》

1926

《拉撒路笑了》

1927

《奇异的插曲》

1928

《发电机》

1931

《悲悼》

1932

《啊,荒野!》

1933

《无穷的岁月》

1939

《更庄严的大厦》

《送冰的人来了》

1941

《进入黑夜的漫长旅程》

《休伊》

1942

《诗人的气质》

1943

《月照不幸人》

注　释

序　幕

1. Dorothy Day, "Told in Context," ca. 1958, Dorothy Day Papers, series D - 3, box 7, file 2, Special Collections and University Archives, Raynor Memorial Libraries, Marquette University, Milwaukee, Wis.

2. James Light, interview by Louis Sheaffer, n. d., Sheaffer-O'Neill Collection, Linda Lear Center for Special Collections and Archives, Connecticut College, New London.

3. Anna Alice Chapin, *Greenwich Village* (New York: Dodd, Mead, 1920), 237.

4. Croswell Bowen, "The Black Irishman" (1946), in *O'Neill and His Plays: Four Decades of Criticism*, ed. Oscar Cargill, N. Bryllion Fagin, and William J. Fisher (New York: New York University Press, 1961), 82.

5. Susan Glaspell, undated entry in notebook dated October 16, 1915, p. 20, Susan Glaspell Collection, Clifton Waller Barrett Library of American Literature, Albert and Shirley Small Special Collections Library, University of Virginia, Charlottesville.

6. A. J. Philpot, "Biggest Art Colony in the World at Provincetown," *Boston Globe*, August 27, 1916, SM9.

7. Quoted in Pierre Loving, "Eugene O'Neill," *Bookman*, August

1921, 516.

8. Hutchins Hapgood, *A Victorian in the Modern World* (New York: Harcourt, Brace, 1939), 396.

9. Harry Kemp, "O'Neill of Provincetown," *Brentano's Book Chat*, May-June 1929, 45-47.

10. Mary Heaton Vorse, *Time and the Town: A Provincetown Chronicle* (1942), ed. Adele Heller (New Brunswick, N.J.: Rutgers University Press, 1991), 120-121; Hutchins Hapgood to Mabel Dodge, July 1, 1916, Hapgood Family Papers, Beinecke Library, Yale University, New Haven.

11. Harry Kemp, "Out of Provincetown: A Memoir of Eugene O'Neill" (1930), in *Conversations with Eugene O'Neill*, ed. Mark W. Estrin (Jackson: University Press of Mississippi, 1990), 96.

12. 奥尼尔使用了"视觉方言",改变拼写方法去体现方言的发音,比如把"happy"拼写为"happee",把"crazy"拼写为"crazee",把"angry"拼写为"angree"。

13. Frederick P. Latimer, "Eugene Is beyond Us," *The Day* (New London), February 15, 1928, 6.

14. Kemp, "Out of Provincetown," 96.

15. Vorse, *Time and the Town*, 121.

16. Kemp, "Out of Provincetown," 96.

引　言

1. Thomas Flanagan, "Master of the Misbegotten," in *There You Are: Writings on Irish and American Literature and History*, ed. Christopher Cahill (New York: New York Review of Books, 2004), 41—61; Rohan Preston, "The Dean of Dysfunction," *Minneapolis Star Tribune*, January 18, 2013, http://www.startribune.com/entertainment/stageandarts/187324901.html; Alan Dale, "O'Neill Play of Nine Acts and Six Hours

Reviewed by Dale," *New York American*, January 31, 1928, 9.

2. Eugene O'Neill to Mary Clark, August 5, 1923, Sheaffer-O'Neill Collection, in The Straw file, Linda Lear Center for Special Collections and Archives, Connecticut College, New London.

3. Eugene O'Neill to Mrs. Hills, March 21, 1925, Sheaffer-O'Neill Collection, in *Desire Under the Elms* file; Alta May Coleman, "Personality Portraits No. 3: Eugene O'Neill," *Theatre Magazine*, April 1920, 264, 302. 奥尼尔使用这个感叹号作为具有讽刺意义的祷文,以此来度过艰难岁月。

4. Quoted in Croswell Bowen, *The Curse of the Misbegotten: A Tale of the House of O'Neill* (New York: McGraw-Hill, 1959), 310 - 311.

5. Quoted in Louis Sheaffer, *Son and Playwright* (Boston: Little, Brown, 1968), 419; Eugene O'Neill, *Complete Plays*, 1913 - 1920, ed. Travis Bogard (New York: Library of America, 1988), 1:647. 自此,除非另行标注,奥尼尔所有的剧作均引自这部三卷本的戏剧全集(第一卷为 1913 年至 1920 年的剧作,第二卷为 1920 年至 1931 年的剧作,第三卷为 1932 年至 1943 年的剧作),在文中标注卷号和页码;例如,*CP*1,647。每部剧作完成的时间不在括号中标注,而是在附录中列出。

6. Eugene O'Neill Theater Festival, October 17, 2009, Eugene O'Neill Theater Center, Waterford, Conn.

7. Laurie Metcalf and Nathan Lane, "Two Journeys into O'Neill, via E-Mail,"*New York Times*, June 14, 2012, AR7.

8. Helen Mirren, interview by Liane Hansen, "Helen Mirren, Acting Out as Tolstoy's Wild Sofya,"*Weekend Edition Sunday*, January 17, 2010, NPR, http://www. npr. org/ templates/story/story. php? storyId =122613323.

9. "Cornel West Commentary: The Plays of Eugene O'Neill," *The Tavis Smiley Show*, November 26, 2003, NPR, http://www. npr. org/ templates/story/story. php? storyId = 1522880; T. C. Boyle, "Celtic

Twilight: 21st-Century Irish Americans on Eugene O'Neill," *Drunken Boat* *#12*, *http://www.drunkenboat.com/db*12/04one/boyle/ index.php.

10. Sinclair Lewis, "Nobel Prize Lecture: The American Fear of Literature," December 12, 1930, Nobelprize. org, http://www. nobelprize. org/nobel_prizes/literature/laureates/1930/lewis-lecture.html.

11. "Eugene O'Neill Talks of His Own and the Plays of Others," *New York Herald Tribune*, November 16, 1924, sec. 7–8, 14;引自联邦调查局1924年4月22日的备忘录(由作者通过《信息自由法案》获取)。联邦调查局也证实,奥尼尔有可能在1919年期间担任诗人哈特·克雷恩所创办的《异教徒》杂志的编辑,这份杂志宣扬个人幸福对社会有益。(在当时,追求幸福被看作一种激进的哲学。)"E. O'Neill"在杂志上被列为副编辑;具有讽刺意义的是,奥尼尔所发表的唯一作品(题为"Post-Lude",发表在第4卷第一期)只有几行字,署名为"异教徒骑士",他在文中指责一家纽约剧院鼓动"宣传"。

12. 引自联邦调查局1924年4月22日的备忘录。奥尼尔的名字出现在联邦调查局的名单上已经不是第一次了。据《新伦敦日报》报道,直至1996年,美国的生态恐怖分子"泰德"(西奥多·卡辛斯基),即"炸弹客",曾把一张面值1美元的奥尼尔纪念邮票贴在寄送炸弹的包裹上。在这次事件之后,联邦调查局专门为"尤金·奥尼尔"建档,还为尤金·奥尼尔协会建档,这个协会1979年至1992年的所有会员都被包含在内。在卡辛斯基多年的恐怖活动中,在5个案发现场都发现了奥尼尔邮票的残骸,包括卡辛斯基1978年在西北大学的第一次炸弹袭击。但是,联邦调查局其实是在追踪一条虚假的线索:我曾就此事写信询问卡辛斯基,在他的亲笔回信(2013年5月20日)中,他说联邦调查局将他和尤金·奥尼尔联系起来实在是"糗得像牛粪":"我对尤金·奥尼尔一点兴趣都没有,我从未读过他写的任何东西,除了我在高中英语课上被要求去读的那些东西,那些东西我读过就立刻忘光了。"

13. Arthur Miller, *Timebends* (New York: Grove, 1987), 228–229.

14. Carol Bird, "Eugene O'Neill—The Inner Man" (1924), in *Conversations with Eugene O'Neill*, ed. Mark W. Estrin (Jackson: University Press of Mississippi, 1990), 52. Bird在她的作品中暗示,引文是转述,因为奥

尼尔对她问题的回答都很简洁。

15. Eugene O'Neill, *Selected Letters of Eugene O'Neill*, ed. Travis Bogard and Jackson R. Bryer (New Haven: Yale University Press, 1988), 206.

16. Committee for Racial Democracy in the Nation's Capital, "Eugene O'Neill Pledges No More of His Plays at National Theater unless Color Bar Is Dropped," March 24, 1947, Rev. Wilfred Parsons, SJ, Papers, box 8, file 9, Georgetown University Library, Washington, D.C.

17. O'Neill, *Selected Letters*, 515.

18. Quoted in Croswell Bowen, *The Curse of the Misbegotten: A Tale of the House of O'Neill* (New York: McGraw-Hill, 1959), 313.

19. William Faulkner, "American Drama: Eugene O'Neill," in *William Faulkner: Early Prose and Poetry* (New York: Little, Brown, 1962), 87.

20. Stella Adler, *On America's Master Playwrights* (New York: Knopf, 2012), 8.

21. James Light, "The Parade of Masks," T-Mss 2001 - 2050, Billy Rose Theatre Division, New York Public Library.

22. Tony Kushner, "The Genius of O'Neill," *Eugene O'Neill Review* 26 (2004): 248.

23. O'Neill, *Selected Letters*, 26.

24. Ibid., 545.

25. Ibid., 203.

第一幕 舞台入口的幽灵

前言部分："that you write for the stupid" (Brenda Murphy, *American Realism and American Drama*, 1880 - 1940 [New York: Cambridge University Press, 1987], 58); "What the American public always wants" (quoted in R. W. B. Lewis, *Edith Wharton: A Biography* [New York:

Harper and Row, 1975], 172); "This highest of distinctions" (Eugene O'Neill, "The Nobel Prize Acceptance Letter," in *The Unknown O'Neill: Unpublished and Unfamiliar Writings of Eugene O'Neill*, ed. Travis Bogard [New Haven: Yale University Press, 1988], 427).

1. Arthur Gelb and Barbara Gelb, *O'Neill: Life with Monte Cristo* (New York: Applause, 2000), 42.

2. "Talks with Actors: James O'Neill Relates Something of His Career—An Ambition to Get into the Legitimate: A Buffalo Boy Who Has Risen," *Buffalo Express*, September 28, 1885, 5. 这件轶事广为流传,在很多资料中都能找到。詹姆斯·奥尼尔自己曾引用内尔森的这句话,将她称为"演员皇后",*Famous Actors of the Day in America* (Boston: L. C. Page, 1899), 144.原话为:"在所有和我演过对手戏的罗密欧中,在芝加哥担任主演的那个叫奥尼尔的爱尔兰年轻人是最棒的。"

3. Quoted in Hamilton Basso, "The Tragic Sense—I," *New Yorker*, February 28, 1948, 34.

4. J. B. Russak, introduction to "*Monte Cristo*" *by Charles Fechter and Other Plays*, ed. J. B. Russak (Princeton, N.J.: Princeton University Press, 1941), 4.

5. Charles Webster, interview by Louis Sheaffer, October 28, 1960, Sheaffer-O'Neill Collection, Linda Lear Center for Special Collections and Archives, Connecticut College, New London.

6. 詹姆斯·奥尼尔认为自己出演《基督山伯爵》共计 6000 场;尽管 Louis Sheaffer 在 *O'Neill: Son and Playwright* (Boston: Little, Brown, 1968, 42)中认为,可能总数接近 4000 场,但詹姆斯告诉一名记者,截至 1901 年,他已经出演了 4000 场。(Frederic Edward McKay, "O'Neill as Monte Cristo to the Bitter End," *New York Morning Telegraph*, April 1901, 2.)

7. Charles Fechter, *Monte Cristo* (1870), in "*Monte Cristo*" *by Charles Fechter and Other Plays*, 38.

8. “Talks with Actors: James O’Neill.”

9. Fechter,*Monte Cristo*, 42.

10. Quoted in Basso, “Tragic Sense—I,” 34 - 35.

11. Sheaffer, *Son and Playwright*, 44; McKay, “O’Neill as Monte Cristo to the Bitter End,” 2.

12. [No first name] Cheney, “Footlight Favorites... The Early Promise of James O’Neill, of ‘Monte Cristo’ Fame—a Promise Not Entirely Fulfilled,”*St. Paul Sunday Globe*, March 22, 1885, 9. 这位记者也暗示,詹姆斯承认,他与女演员路易斯·霍桑之间狂热的爱情于1876年以悲剧收场,这给他带来了心理上极为沉重的打击,也许可以解释他为何放弃了对伟大表演事业的追求。霍桑当时已经结婚了,她跟着詹姆斯来到芝加哥,住在特莱蒙旅馆。她去看了詹姆斯出演的法国情节剧《两个孤儿》,之后詹姆斯来到她的房间,提出和她分手。有传闻说,“两人之间的会面肯定发生了激烈的争执,言辞伤人。詹姆斯离开霍桑小姐五分钟之后,她就从五楼的窗口跳了下去,摔在人行道上当场死亡”。“有一些事会抹杀一个男人的抱负,”记者总结道,“那个可怕的悲剧有可能改变了抱负的整个方向。他一个人的例子就足以证明这一点。”

13. Quoted in Basso, “Tragic Sense—I,” 34 - 35.

14. 埃德蒙德这个名字当然是来自爱尔兰政治家埃德蒙德·博尔克(这孩子的中间名就是博尔克),但事实仍然成立:埃德蒙德·博尔克被叫作埃德蒙德,因此詹姆斯·奥尼尔显然是将这个名字与他的舞台人物联系在一起。他也习惯于用舞台人物的名字来命名自己在新伦敦的地产,比如皮考克街的“基督山屋”和联合大街的“基督山汽车修理店”,“基督山”这几个字至今仍然镶嵌在门口的红色砖墙中。

15. Gelb and Gelb,*O’Neill*, 100.

16. Quoted in *Sedalia Weekly Bazoo*, March 31, 1885, 8.

17. “Autograph Manuscript, 1 page,” Hammerman Collection, http://Eugene O’Neilleill.com/manuscripts/27200.htm.

18. Sheaffer,*Son and Playwright*, 24.

19. George C. Tyler, *Whatever Goes Up*: *The Hazardous Fortunes of a Natural Born Gambler* (Brooklyn: Braunworth, 1934), 92 - 93.

20. Gelb and Gelb, *Life with Monte Cristo*, 671, note "Of the Indian"; Elizabeth Shepley Sergeant, "Casual Notes on O'Neill, the Writer," TS with handwritten corrections and notes, 1946, p. 2, Elizabeth Shepley Sergeant Papers, Beinecke Library, Yale University, New Haven.

21. "Buffalo Bill's Wild West Routes," February 2013, a list compiled at the Buffalo Bill Center of the West, Cody, Wyo.感谢编辑助理 Linda S. Clark 在 2013 年 7 月 8 日的邮件中帮我确认詹姆斯·奥尼尔和威廉·F.考迪在芝加哥的相遇。

22. "In Many Theatres," *New York Dramatic Mirror*, March 13, 1893, 9; "Side-Tracked," *New York Dramatic Mirror*, April 1, 1893, 9.

23. "Well Rid of a Nuisance: Buffalo Bill Soon to Sail to Europe with the Hostile Ghost Dancers," *Pittsburgh Dispatch*, March 14, 1891, 1.

24. Quoted in Gelb and Gelb, *Life with Monte Cristo*, 124.

25. Sergeant, "Casual Notes on O'Neill," 1.

26. Basso, "Tragic Sense—I," 34.

27. Ann-Louise S. Silver, "American Psychoanalysts Who Influenced Eugene O'Neill's Long Day's Journey Into Night," *Journal of the American Academy of Psychoanalysis* 29, no. 2 (2001): 315.

28. David Karsner, "Eugene O'Neill at Close Range in Maine," *New York Herald Tribune*, August 8, 1926, sec. 8, 5.

29. 完整的图表参见 Sheaffer 的 *Son and Playwright* 一书的第 506 页。

30. Gelb and Gelb, *Life with Monte Cristo*, 164 - 165. 盖尔伯夫妇是在采访卡洛塔·蒙特雷时得知这件事的。参见该书第 675 页的注释"Nearly fifteen"。

31. Eugene O'Neill, *Selected Letters of Eugene O'Neill*, ed. Travis Bogard and Jackson R. Bryer (New Haven: Yale University Press, 1988), 210.

32. Croswell Bowen, "The Black Irishman" (1946), in *O'Neill and His Plays: Four Decades of Criticism*, ed. Oscar Cargill, N. Bryllion Fagin, and William J. Fisher (New York: New York University Press, 1961), 67.

33. Sheaffer, *Son and Playwright*, 101.

34. Carlotta Monterey, interview by Louis Sheaffer, July 29, 1962, Sheaffer-O'Neill Collection; Dorothy Day, "Told in Context," ca. 1958, Dorothy Day Papers, series D-3, box 7, file 2, Special Collections and University Archives, Raynor Memorial Libraries, Marquette University, Milwaukee, Wis. 这段回忆写于多萝西·戴伊出版了她的自传《长久的孤独》(1952)之后。它显然是对阿格尼斯·伯顿的回忆录《漫长故事的一部分》的一个补充说明,伯顿的回忆录中有不少关于戴伊和奥尼尔之间关系的细节("Told in Context")。

35. O'Neill, *Selected Letters*, 11, 14.

36. Ibid., 14, 17.

37. Eugene O'Neill, "*As Ever, Gene*": *The Letters of Eugene O'Neill to George Jean Nathan*, ed. Nancy L. Roberts and Arthur W. Roberts (Rutherford, N.J.: Farleigh Dickinson University Press, 1987), 116; Warren H. Hastings and Richard F. Weeks, "Episodes of Eugene O'Neill's Undergraduate Days at Princeton," *Princeton University Library Chronicle* 29, no. 3 (1968): 208-215.

38. Sheaffer, *Son and Playwright*, 116; Hastings and Weeks, "Episodes"; Croswell Bowen, *The Curse of the Misbegotten: A Tale of the House of O'Neill* (New York: McGraw-Hill, 1959), 21; doggerel quoted in Hastings and Weeks, "Episodes."

39. Hastings and Weeks, "Episodes"; Jordan Y. Miller and Winifred Frazer, *American Drama between the Wars: A Critical History* (Boston: Twayne, 1991), 32; James T. Farrell, "Some Observations on Naturalism, So-called, in Fiction" (1950), in *Documents of American Realism and Naturalism*, ed. Donald Pizer (Carbondale: Southern Illinois

University Press, 1998), 253.

40. See Robert M. Dowling, "Sad Endings and Negative Heroes: The Naturalist Tradition in American Drama," in *The Oxford Handbook to American Literary Naturalism*, ed. Keith Newlin (New York: Oxford University Press, 2011), 427 - 444.

41. O'Neill, *Selected Letters*, 477.

42. Hastings and Weeks, "Episodes."

43. Ibid.; George Jean Nathan, "The Bright Face of Tragedy," *Cosmopolitan*, August 1957, 66 - 69; Hastings and Weeks, "Episodes."

44. Bowen, *Curse of the Misbegotten*, 67.

45. Sheaffer, *Son and Playwright*, 114; Karsner, "Eugene O'Neill at Close Range in Maine."

46. O'Neill, *Selected Letters*, 170.

47. Quoted in Basso, "Tragic Sense—I," 35. 当时习惯于将"MacDougal Street"中的大写字母"D"拼为小写的"d",我在这里沿用了这种拼写方法。

48. Quoted in Sheaffer, *Son and Playwright*, 104.

49. See Robert M. Dowling, "On Eugene O'Neill's 'Philosophical Anarchism,'" *Eugene O'Neill Review* 29 (Spring 2007): 50 - 72.

50. Charles A. Madison, *Critics and Crusaders* (New York: Holt, 1947 - 1948), 200; Sheaffer, *Son and Playwright*, 102, 103.

51. Quoted in Dorothy Commins, ed., "*Love and Admiration and Respect*": *The O'Neill-Commins Correspondence* (Durham, N. C.: Duke University Press, 1986), 1, 13.

52. Gelb and Gelb, *Life with Monte Cristo*, 243.

53. O'Neill, *Selected Letters*, 499.

54. Drew Eisenhauer, "'A Lot of Crazy Socialists and Anarchists': O'Neill and the Artist Social Problem Play," in *Eugene O'Neill and His Early Contemporaries: Bohemians, Radicals, Progressives, and the Avant*

Garde, ed. Eileen Herrmann and Robert M. Dowling (Jefferson, N. C.: McFarland, 2011), 130, 113.

55. Manuel Komroff, "Manuel Komroff," in*Anarchist Voices*: *An Oral History of Anarchism in America*, ed. Paul Avrich (Oakland, Calif.: AK, 2005), 203; Peter Schjeldahl, "Young and Gifted," New Yorker, June 25, 2012, 78 - 79.

56. Quoted in Sheaffer,*Son and Playwright*, 144.

57. 新泽西医院的数据记录中的日期是 10 月 2 日(参见 Gelb 夫妇的 *Life with Monte Cristo* 一书的第 255 页和第 683 页),但凯瑟琳·奥尼尔和尤金·G.奥尼尔的离婚文件中的日期是 7 月 26 日。10 月 2 日是准确的;凯瑟琳用 7 月 26 日这个日期可能是为了让她怀上小尤金的时间在结婚之后。

58. Agnes Boulton,*Part of a Long Story*: "*Eugene O'Neill as a Young Man in Love*," ed. William Davies King (Jefferson, N.C.: McFarland, 2011), 166; Sheaffer, *Son and Playwright*, 149.

59. O'Neill,*Selected Letters*, 18.

60. Ibid., 18 - 19, 173.

61. Ibid., 19 - 20. 奥尼尔在 1918 年夏天对他的第二任妻子阿格尼斯·伯顿说,这是"热带的西伯利亚"(参见 Boulton 的 *Part of a Long Story* 一书中的第 163 页)。

62. O'Neill,*Selected Letters*, 20, 170.

63. Gelb and Gelb,*Life with Monte Cristo*, 337; Sheaffer, *Son and Playwright*, 158, 159.

64. Sheaffer,*Son and Playwright*, 161.

65. O'Neill,*Selected Letters*, 170.

66. Quoted in Sheaffer,*Son and Playwright*, 164.

67. Eugene O'Neill, "Free" (1912), in *Poems*, 1912 - 1944, ed. Donald Gallup (New Haven, Conn.: Ticknor and Fields, 1980), 1.

68. 关于奥尼尔在海上生活的描写,参见 Robert A. Richter 的 *Eugene O'Neill and Dat Ole Davil Sea*: *Maritime Influences in the Life and Works*

of Eugene O'Neill (Mystic, Conn.: Mystic Seaport, 2004).

69. Quoted in Joel Pfister, *Staging Depth: Eugene O'Neill and the Politics of Psychological Discourse* (Chapel Hill: University of North Carolina Press, 1995), 110.

70. Quoted in Sheaffer, *Son and Playwright*, 169; quoted in Louis Sheaffer, *O'Neill: Son and Artist* (Boston: Little, Brown, 1973), 553.

71. Richter, *Eugene O'Neill and Dat Ole Davil Sea*, 48, 50; O'Neill, *Selected Letters*, 503.

72. Richter, *O'Neill and Dat Ole Davil Sea*, 52; Jason Wilson, *Buenos Aires: A Cultural and Literary History*, Cities of the Imagination Series (Oxford: Signal, 2000), 157.

73. C. J. Ballantine, "Smitty—of S. S. Glencairn," *New York World*, January 6, 1929; Sheaffer, *Son and Playwright*, 175; Karsner, "Eugene O'Neill at Close Range in Maine."

74. Sheaffer, *Son and Playwright*, 177; Barrett H. Clark, *Eugene O'Neill: The Man and His Plays*, rev. ed. (New York: Dover, 1947), 10; Sheaffer, *Son and Playwright*, 184.

75. Basso, "Tragic Sense—I," 36; Olin Downes, "Playwright Finds His Inspiration on Lonely Sand Dunes by the Sea" (1920), in *Conversations with Eugene O'Neill*, ed. Mark W. Estrin (Jackson: University Press of Mississippi, 1990), 9. 奥尼尔后来好几次提到,他签约登上了一艘运送骡子去南非德班的蒸汽船。他说自己在非洲被禁止上岸,因为他交不起100英镑的入境费。关于这次航行没有记录,当他签约登上那艘带他返回美国的"伊卡拉号"轮船,他将其称为他的"第一艘"船——也就是他第一次在船上作为水手(Sheaffer, *Son and Playwright*, 184).

76. Quoted in Sheaffer, *Son and Playwright*, 182-183.

77. Gelb and Gelb, *Life with Monte Cristo*, 526.

78.《新郎哭了!》这首诗的手写稿署名为"E. G. O'Neill",未标注日期,收藏于纽约公共图书馆 Henry W. & Albert A. Berg 英美文学馆藏系列。标题被奥尼尔加了下划线。手稿于1974年3月27日被收入馆藏,由奥尼尔在普罗温斯敦时的朋友艾琳·弗里曼证实,她是一位艺术家,在1917年夏天曾与奥尼尔有长时间的交往。弗里曼也捐赠了一些物品,其中包含一封奥尼尔1917年9月17日从普罗温斯敦写给她的信。尽管在这两份相隔多年的手稿中,奥尼尔的笔迹有了一些变化,但还是能够辨认,两者都是用铅笔写的。2011年,这首诗后来的一个版本出现了,被发表在eoneill.com网站上,由奥尼尔的第二任妻子阿格尼斯·伯顿手写。根据手稿底部的标注,阿格尼斯写于新泽西州的西坡因特,时间是在1918年至1919年的那个冬天。

79. " 'Smitty the Duke' Was a Real Man O'Neill Met," *New York Herald*, November 16, 1924.

80. Ballantine, "Smitty—of S. S. *Glencairn*."

81. Ibid.

82. Quoted in Sheaffer, *Son and Playwright*, 445.

83. Eugene O'Neill, "Inscrutable Forces," a letter to Barrett Clark (1919), in Cargill, Fagin, and Fisher, *O'Neill and His Plays*, 99.

84. Quoted in Pfister, *Staging Depth*, 109.

85. Quoted in Hamilton Basso, "The Tragic Sense—III," *New Yorker*, March 13, 1948, 38.

86. Sheaffer, *Son and Playwright*, 145, 188.

87. " 'Whisky' Kills Twelve More Men in East," *New York Tribune*, December 31, 1919, 7; "Two Men Dead, Two Ill from Bad Booze," *Brooklyn Standard Union*, December 28, 1919, 4.

88. John H Raleigh, introduction to *Twentieth Century Interpretations of "The Iceman Cometh": A Collection of Critical Essays* (Englewood Cliffs, N.J.: Prentice-Hall, 1968), 4–5.

89. Quoted in Sheaffer, *Son and Playwright*, 190; Eugene O'Neill, *Exorcism: A Play in One Act* (1919) (New Haven: Yale University Press, 2012), 1; Herbert Corey, "Manhattan Days and Nights," *Binghamton Press and Leader*, November 14, 1924.

90.《送冰的人来了》的背景哈里·霍普酒吧结合了奥尼尔在曼哈顿最喜欢的三个酒吧：吉米神父酒吧；花园旅馆，在麦迪逊大街和第 27 街路口的西北角，麦迪逊广场花园对面；地狱窟，或者也叫金天鹅咖啡馆，在第 4 街和第六大道的交汇处。但奥尼尔创作《送冰的人来了》时，想到最多的是吉米神父酒吧——在剧中，酒吧的客人罗基两次提到午餐时“穿过马路的市场上的人和码头工人”，指的就是在吉米神父酒吧对面的华盛顿市场附近工作的人（*CP*3，584，652）。他还特别指出，地点是位于“纽约西区市中心”的一家符合雷恩斯法案要求的旅馆（*CP*3，563）。O'Neill，*Poems*，37.

91. Gelb and Gelb，*Life with Monte Cristo*，311；George Jean Nathan，“The Bright Face of Tragedy，” *Cosmopolitan*，August 1957，66 - 69；Sheaffer，*Son and Playwright*，192；Agnes Boulton，interview by Louis Sheaffer，October 1962，Sheaffer-O'Neill Collection.

92. Steffens is quoted in Winifred Frazer's article “A Lost Poem by Eugene O'Neill，” *Eugene O'Neill Newsletter* 3，no. 1 (1979). In the late 1970s，Frazer first identified “American Sovereign” as the first O'Neill poem ever published.

93. Quoted in Sheaffer，*Son and Playwright*，194.

94. Quoted in Doris Alexander，“Eugene O'Neill as Social Critic，” in Cargill，Fagin，and Fisher，*O'Neill and His Plays*，393.

95. 奥尼尔当水手的那段时间出自 Louis Sheaffer 的推测（William Davies King，*Another Part of a Long Story：Literary Traces of Eugene O'Neill and Agnes Boulton* [Ann Arbor：University of Michigan Press，2010]，254n5）；Leonard Lyons，“Lyons Den，” *New York Post*，November 13，1936，Doris Alexander Papers，Linda Lear Center for Special Collections and Archives. 这个证书现在挂在加利福尼亚丹维尔大道别墅书房的墙上。如果想进一步了解奥尼尔在海上的生活，参见 Richter，*O'Neill and Dat Ole Davil Sea*，Patrick Chura，“‘Vital Contact’：Eugene O'Neill and the Working Class” (2003)，in Herrmann and Dowling，*Eugene O'Neill and His Early Contemporaries*，9 - 30.

96. Mary B. Mullett, "The Extraordinary Story of Eugene O'Neill" (1922), in Estrin, *Conversations with Eugene O'Neill*, 31.

97. Louis Kalonyme [Louis Kantor], "O'Neill Lifts Curtain on His Early Days" (1924), in Estrin, *Conversations with Eugene O'Neill*, 67.

98. General Register and Record Office of Shipping and Seamen, Cardiff, to Louis Sheaffer, March 1965 (no day given), Sheaffer-O'Neill Collection.

99. http://www. ellisisland. org; and http://freepages. genealogy. rootsweb. ancestry. com/~ colin/DriscollOfCork/Emigration/ EllisByResidence. htm.

100. Quoted in Clark, *Eugene O'Neill*, 85.

101. *Chicago Eagle*, July 16, 1904, 2; [James F. Byth], "Boer War Spectacle—Coney Island's Newest Show," *New York Times*, May 21, 1905. 因为比斯是 A. W. Lewis 的媒体经纪人,发表在他朋友詹姆斯·奥尼尔的访谈"Mistakes of Shakespeare"之前的那篇关于波尔演出和参与者的新闻通讯应该是他写的, *Elmira* (*N. Y.*) *Summary*, May 27, 1905, 2; O'Neill, *Selected Letters*, 306.

102. William Johnston, "To-Day's the Time," *Pleiades Club Year Book* (New York: Pleiades Club, 1912), 58.

103. Madison Cawein, "Beside the Road," *Pleiades Club Year Book*, 129.

104. See Robert M. Dowling, "Jimmy Tomorrow Revisited: New Sources for *The Iceman Cometh*," *Eugene O'Neill Review* 34, no. 3 (2013): 94 - 106.

105. O'Neill, *Exorcism*, 2.

106. Gelb and Gelb, *Life with Monte Cristo*, 295.

107. Kathleen O'Neill v. Eugene G. O'Neill, County Clerk's Index # 1673, Supreme Court, Westchester County, Westchester County Clerk's Office, White Plains, N.Y., 1912.

108. *Washington Times*, April 11, 1912, 11; *Variety*, n.d., 1913, 10.

109. O'Neill, *Selected Letters*, 128n2; Nelson O'Ceallaigh Ritschel, "J. M. Synge and the Abbey Theatre's Leftist Influence on O'Neill," in Herrmann and Dowling, *Eugene O'Neill and His Early Contemporaries*, 79.

110. "Staid Columbia University Shelters Radicals," *New York Times*, January 15, 1911.

111. "Sees Artist's Hope in Anarchic Ideas," *New York Times*, March 18, 1912, 8.

112. Interview with Moritz Jagendorf, February 23, 1978, in Avrich, *Anarchist Voices*, 221, 220; Komroff, "Manuel Komroff," 202; Christine Stansell, *American Moderns: BohemianNew York and the Creation of a New Century* (New York: Metropolitan, 2000), 133.

113. Robert M. Dowling, ed. "Kathleen O'Neill v. Eugene O'Neill: Proceedings of the New York Supreme Court at White Plains, June 10, 1912," *Eugene O'Neill Review* 34, no. 1 (2013): 24.奥尼尔的第二任妻子阿格尼斯·伯顿在其回忆录中暗示,他并没有与这个妓女发生性关系,他们只是在一起聊天、抽烟,最终他觉得"对不起她也对不起自己"(*Part of a Long Story*, 168)。但是我们应该考虑到,他是在向自己的新婚妻子描述这件事。

114. See Robert M. Dowling, "Eugene O'Neill's Exorcism: The Lost Prequel to Long Day's Journey Into Night," *Eugene O'Neill Review* 34, no. 1 (2013): 1-12.

115. O'Neill, *Exorcism*, 3, 29.

116. Ibid., 31-32.

117. Ibid., 32, 34, 55.奥尼尔一生都有一种执念,将舞台作为表达情绪的唯一可能的方式,因此我同意 Louis Sheaffer 的观点,《驱魔》的剧本可以被看作"奥尼尔自杀企图之后最为可靠的心态记录"(Sheaffer, *Son and Playwright*, 214)。

118. O'Neill, *Exorcism*, 32.

119. 我在这里的形象塑造指涉奥尼尔对《救命草》中的自传性主人公斯蒂芬·莫雷的描写:“他留给人的印象是,他对自己多少有些不满意,但不至于因此痛苦到去向别人发泄。”(*CP*1,732)

120. Gelb and Gelb,*Life with Monte Cristo*, 330; Boulton, *Part of a Long Story*, 168.

121. Boulton,*Part of a Long Story*, 169.

122. Ibid.

123. Quoted in Gelb and Gelb,*Life with Monte Cristo*, 337.

124. O'Neill,*Exorcism*, 26-29, 47.

125. See Dowling, "Exorcism: The Lost Prequel."

126. O'Neill,*Selected Letters*, 378.

127. 引自 Sheaffer 的 *Son and Playwright* 一书,第 215 页。20 世纪 20 年代,奥尼尔曾否认自己写了这份电报,但后来表示它可以被印出来,因为它是一件非常不错的轶事(Charles Webster, interview by Louis Sheaffer, December 18, 1962, Sheaffer-O'Neill Collection)。

128. O'Neill,*Selected Letters*, 378.

129. "The New Bills," *Goodwin's Weekly* [Salt Lake City, Utah], February 3, 1912, 13; "Plays and Players at Salt Lake Theaters," *Salt Lake Tribune*, February 4, 1912, magazine section, 6; Karsner, "Eugene O'Neill at Close Range in Maine."

130. Sheaffer, *Son and Playwright*, 215; Webster, interview by Sheaffer, December 18, 1962; O'Neill, *Selected Letters*, 378; Basso, "Tragic Sense—I," 37; Sheaffer, *Son and Playwright*, 216.

131. "Orpheum,"*Goodwin's Weekly*, February 10, 1912, 12; William Davies King, ed., "*A Wind Is Rising*": *The Correspondence of Agnes Boulton and Eugene O'Neill* (Madison, N.J.: Fairleigh Dickinson University Press, 2000), 159.

132. "Mr. James O'Neill Reaches This City After a Long Trip from New Orleans,"*Ogden (Utah) Evening Standard*, February 2, 1912, 5.

133. Webster, interviews by Sheaffer, May 8, 1962, and December 18, 1962.

134. "Plays and Players at Salt Lake Theaters," 6. 这张照片参见 Robert M. Dowling, "Return to Monte Cristo: An Uncovered Photograph of the O'Neills on Tour, 1912"。*The Eugene O'Neill Review* 35: 3 (2014): 80 - 85"。奥尼尔父子在接下来的那个周六(2 月 3 日)也参加了日场和晚场的演出,但《盐湖城论坛报》没来得及在周日的报纸上刊登照片("No Vaudeville Thursday Night," Ogden (Utah) Evening Standard, January 31, 1912, 5; see also "News, Notes and Queries," Eugene O'Neill Newsletter 8, no. 2 [Summer-Fall, 1984], http://www. Eugene O'Neilleill. com/library/newsletter/viii_2/viii-2n.htm)。

135. Webster, interview by Sheaffer, October 28, 1960.

136. Fechter, *Monte Cristo*, 68; Webster, interviews by Sheaffer, May 8, 1962, and December 18, 1962.

137. Webster, interview by Sheaffer, December 18, 1962; Gelb and Gelb, *Life with Monte Cristo*, 322. 这件事奥尼尔本人很喜欢提起。

138. "O'Neill Failed His Dad," *New York World*, October 19, 1929, 14 (reprinted from *St. Louis Dispatch*, 1929).

139. Ibid.

140. Fechter, *Monte Cristo*, 39.

141. Webster, interview by Sheaffer, May 8, 1962.在采访中,韦伯斯特说奥尼尔念出了"Is he...?"但这句台词在剧本中并未出现。有可能是他们为综艺版缩减剧本时删去了这一句。

142. James Light, interview by Louis Sheaffer, November 5, 1961, Sheaffer-O'Neill Collection.

143. O'Neill, *Selected Letters*, 498; quoted in Sheaffer, *Son and Playwright*, 215. Gelb 夫妇和 Sheaffer 对于奥尼尔的酗酒程度意见不一。Gelb 夫妇认为奥尼尔严重酗酒,用他自己的话说就是"从不清醒",而 Sheaffer 相信韦伯斯特的话,认为他每天只喝一点酒。我同意 Gelb 夫妇的观点。奥尼尔很善于掩藏自己的醉态，而且我不相信他愿意去惹他父母不高兴，或者韦伯斯特会暗中帮助奥尼尔隐瞒他实际的饮酒习惯。

144. O'Neill, *Selected Letters*, 498.

145. "People of the Stage," *Cincinnati Commercial Tribune*, March 8, 1908, Sheaffer-O'Neill Collection; Sheaffer, *Son and Playwright*, 216. 其中之一是 Henry L. Brittain 公司，尤金曾经受雇于此。

146. Webster, interviews by Sheaffer, May 8, 1962, and December 18, 1962; Fechter, *Monte Cristo*, 65; Sheaffer, *Son and Playwright*, 220.

147. Dowling, "*Kathleen O'Neill v. Eugene O'Neill*," 16.

148. *Kathleen O'Neill v. Eugene G. O'Neill*, Westchester County Clerk's Office.

149. Sheaffer, *Son and Playwright*, 224; Gelb and Gelb, *Life with Monte Cristo*, 349; Morgan McGinley, "An Actor's Visit Stirs Memories of O'Neill's Day," *New London Day*, March 1, 1998, D1.

150. Basso, "Tragic Sense—Ⅰ," 37; McGinley, "An Actor's Visit," D1; Sheaffer, *Son and Playwright*, 227.

151. Quoted in Clark, *Eugene O'Neill*, 19.

152. O'Neill, [untitled poem] (1912), in *Poems*, 9.

153. Frederick P. Latimer, "Eugene Is beyond Us," *The Day* (New London), February 15, 1928, 6; J. F. O'Neill, "What a Sanatorium Did for Eugene O'Neill," *Journal of the Outdoor Life* 20, no. 6 (1923): 192; Donald Gallup, introduction to O'Neill, *Poems*, vi; Sheaffer, *Son and Playwright*, 225.

154. Sheaffer, *Son and Playwright*, 233.

155. Ibid., 289. Maibelle Scott 的祖父 T. A. Scott 船长也将在《天边外》中以迪克·斯科特船长的形象出现。

156. Ibid., 233, 234.

157. Ibid., 235.

158. Bowen, "Black Irishman," 65.

159. 这句台词被写进了 Maibelle 的朋友 Mildred Culver 的亲笔书稿。Quoted in Gelb and Gelb, Life with Monte Cristo, 434.

160. See Madeline C. Smith, "Harkness, Edward Stephen, and Hammond, Edward Crowninshield," in Dowling, *Critical Companion to Eugene O'Neill*, 2:616 - 617.

161. See Richard Eaton, "Dolan, John 'Dirty,'" in Dowling, *Critical Companion to Eugene O'Neill*, 2:573 - 575. 这个储冰池其实是在哈蒙德家的院子里，但奥尼尔在标准石油公司的指涉中将他和哈克尼斯两个形象合二为一。

162. Heyer 医生在《进入黑夜的漫长旅程》中以哈迪医生的形象出现，但 Heyer 医生并非奥尼尔在剧中所塑造的那种庸医（Sheaffer, Son and Playwright, 242）。

163. Ibid., 236 - 237.

164. Ibid, 237.

165. Ibid., 238, 240, 241.

166. Ibid., 240.

167. Ibid., 224.

168. J. F. O'Neill, "What a Sanatorium Did for Eugene O'Neill," 192.

169. O'Neill, *Selected Letters*, 25.

170. J. F. O'Neill, "What a Sanatorium Did for Eugene O'Neill," 192.

171. Gelb and Gelb, *Life with Monte Cristo*, 387；如果想了解奥尼尔在盖洛德疗养院时的完整阅读书单，参见 Jean Chothia, *Forging a Language: A Study of the Plays of Eugene O'Neill* (New York: Cambridge University Press, 1979), 199.

172. Sheaffer, *Son and Playwright*, 257.

173. O'Neill, "Ye Disconsolate Poet to His 'Kitten' Anent Ye Better Farm Where Love Reigneth: Ballade" (1914), in *Poems*, 42.

174. J. F. O'Neill, "What a Sanatorium Did for Eugene O'Neill," 192.

175. O'Neill, *Selected Letters*, 533.

176. William Saroyan, *The Time of Your Life* (1939) (London: Methuen Drama, 2008), 43.

177. "Human Defects," *Lockport* (*N. Y.*) *Union-Sun and Journal*, March 18, 1940, 6.

178. Quoted in Sheaffer, *Son and Playwright*, 155.

179. Notes on James F. Byth, "The Search for Jimmy Tomorrow," Sheaffer-O'Neill Collection. Sheaffer 写道,纽约医疗部门的记录将比思的死定为自杀。

180. Quoted in Charles F. Sweeney, "Back to the Source of Plays Written by Eugene O'Neill," *New York World*, November 9, 1924, cited in Doris Alexander, *Eugene O'Neill's Last Plays: Separating Art from Autobiography* (Athens: University of Georgia Press, 2005), 23.

181. Clayton Meeker Hamilton, *Seen on the Stage* (New York: Holt, 1920), 187; Clayton [Meeker] Hamilton, "Eugene O'Neill," Ninth Lecture at Columbia University, April 7, 1924, in *Conversations on Contemporary Drama* (New York: Macmillan, 1925), 199 - 200, 203 - 206, 208 - 209.

182. Boulton, *Part of a Long Story*, 222.

183. Hamilton, *Seen*, 187 - 188.

184. Richter, *O'Neill and Dat Ole Davil Sea*, 138, 142.

185. O'Neill, *Selected Letters*, 22.

186. Bowen, *Curse of the Misbegotten*, 114.

187. O'Neill, "Speaking, to the Shade of Dante, of Beatrices" (1915), in *Poems*, 65.

188. Beatrice Ashe, interview by Louis Sheaffer, September 1962, Sheaffer-O'Neill Collection; O'Neill, *Selected Letters*, 30.

189. Ashe, interview by Sheaffer, September 1962.(奥尼尔写给 Ashe 的信收藏于纽约公共图书馆)

190. Clayton [Meeker] Hamilton, "O'Neill's First Book: A Review of '*Thirst*,' *and Other One-Act Plays*" (1915), in Cargill, Fagin, and Fisher,

O'Neill and His Plays, 229; Sheaffer, *Son and Playwright*, 291.

191. O'Neill, *Selected Letters*, 125.

192. Ibid.

193. Gladys Hamilton, "Untold Tales of Eugene O'Neill," *Theatre Arts* 40, no. 8 (1956): 88.

194. O'Neill, *Selected Letters*, 125.

195. Tyler, *Whatever Goes Up*, 91.

196. Gladys Hamilton, "Untold Tales," 88.《面包与黄油》直到1998年才首次上演。奥尼尔后来说他销毁了《苦役》,但他将这个剧本的版权给了国会图书馆,因此该剧于1960年在纽约国际机场(今天的J.F.肯尼迪机场)上演。(《苦役》一剧对话生硬,剧中关于爱情和婚姻的观点又具有性别歧视性,有人认为它还不如就烂在泰勒的文件柜里。)

197. O'Neill, *Selected Letters*, 125; Gladys Hamilton, "Untold Tales," 88.

198. Hamilton, *Seen*, 188; Hamilton, "Eugene O'Neill." 除了奥尼尔之外,这个传奇训练班的毕业生包括剧作家菲利普·巴里、西德尼·霍华德和爱德华·谢尔顿;小说家托马斯·伍尔夫;著名记者和评论家罗伯特·本奇里、海伍德·布劳森和范·维克·布鲁克斯;奥尼尔后来的制作人特蕾莎·赫本和肯尼斯·麦克戈文;舞台设计师罗伯特·埃德蒙德·琼斯和李·西蒙森,还有很多其他的文学名人(Madeline Smith, "George Pierce Baker," in Dowling, Critical Companion to Eugene O'Neill, 2:529)。

199. O'Neill, *Selected Letters*, 26.

200. Ibid.

201. Ebel家的房子位于马萨诸塞大街1105号。

202. O'Neill, *Selected Letters*, 28, 33.

203. Ibid., 52.

204. Paul D. Voelker, "Eugene O'Neill and George Pierce Baker: A Reconsideration," *American Literature* 49, no. 2 (1977): 214; O'Neill, *Selected Letters*, 36; Pfister, *Staging Depth*, 107.

205. O'Neill, *Selected Letters*, 60－61.

206. Ibid., 60.

207. Ibid., 68, 402.

208. John V. A. Weaver, "I knew Him When—," *New York Sunday World*, February 26, 1926.

209. O'Neill, *Selected Letters*, 28, 54, 47.

210. Ibid., 42; Weaver, "I knew Him When—."

211. Sheaffer, *Son and Playwright*, 297.

212. O'Neill, *Selected Letters*, 51.

213. Gelb and Gelb, *Life with Monte Cristo*, 482; O'Neill, *Selected Letters*, 51; Voelker, "Eugene O'Neill and George Pierce Baker," 218.

214. Webster, interview by Sheaffer, May 8, 1962; Sheaffer, *Son and Playwright*, 309－310.

215. Clark, *Eugene O'Neill*, 28; Sheaffer, *Son and Playwright*, 317.

216. 这个地址从未被正式报道，但广东丝绸坊 1919 年 12 月租下这座房子时，《纽约先驱报》报道，"M. & L. Hess and Holten 和 Leverich 将位于第 27 街西北角麦迪逊大街 63 号的花园酒店租给 Welibrock 和 Thomforde 的广东丝绸坊"（1919 年 12 月 17 日，23）。

217. Boulton, *Part of a Long Story*, 109.

218. "A Eugene O'Neill Miscellany," *New York Sun*, January 12, 1928, 31.

219. " 'Sixty' Is Dead; Long Live Polly's! Greenwich Villagers Preparing to Give New Year Hot Welcome Dance," *New York Tribune*, December 30, 1915, 3.

220. Djuna Barnes, "The Days of Jig Cook: Recollections of Ancient Theatre History But Ten Years Old," *Theatre Guild Magazine*, January 1929, 32.

221. O'Neill, *Selected Letters*, 59, 65.

222. Mary Heaton Vorse, "Eugene O'Neill's Pet Saloon Is Gone," *New*

York World, May 4, 1930, M7; Luther S. Harris, *Around Washington Square: An Illustrated History of Greenwich Village* (Baltimore: Johns Hopkins University Press, 2003), 194.

223. Vorse, "Eugene O'Neill's Pet Saloon," M7.

224. Mary Heaton Vorse, *Time and the Town: A Provincetown Chronicle* (1942), ed. Adele Heller (New Brunswick, N. J.: Rutgers University Press, 1991), 122; Boulton, *Part of a Long Story*, 115; "Solemn Sightseers Stroll in Waldorf," *New York Times*, March 30, 1929.

225. "Sight of Revolver, Held by Policeman, Halts Gang Killing," *New York Evening World*, June 15, 1915, 5; "Gangster Outwitted by Two Detectives," *New York Evening World*, January 15, 1915, 4; Boulton, *Part of a Long Story*, 217.

226. Harry Golden, "Only in America," *Amsterdam Recorder*, June 13, 1969, 4; Vorse, "Eugene O'Neill's Pet Saloon."

227. Gelb and Gelb, *Life with Monte Cristo*, 523 - 524; O'Neill, *Selected Letters*, 547.

228. Quoted in Sheaffer, *Son and Playwright*, 214; Hutchins Hapgood, "Memories of a Determined Drinker; or, Forty Years of Drink" (1932), MS, Hapgood Family Papers, Beinecke Library; Boulton, *Part of a Long Story*, 254.

229. O'Neill, *Selected Letters*, 73.

230. Hutchins Hapgood, "The Case of Terry," *Revolt*, February 19, 1916, 6.

231. 关于 Marie Latter 的更多信息，参见 Beth Gates Warren, *Artful Lives: Edward Weston, Margrethe Mather, and the Bohemians of Los Angeles* (Los Angeles: The J. Paul Getty Museum, 2011). O'Neill, Selected Letters, 100。

232. Hapgood, "The Case of Terry," 6.

233. Oliver M. Sayler, "From Play at Provincetown to Work in New

York and All for Native Drama Past, Present, and Future of a Brave and Fruitful Adventure" (1921), in Edna Kenton, *The Provincetown Players and the Playwrights' Theatre*, 1915 - 1922, ed. Travis Bogard and Jackson R. Bryer (Jefferson, N.C.: McFarland, 2004), 192.

第二幕 "要么成为艺术家,要么什么也不是"

前言部分:"strange human strays" (Eugene O'Neill, The Personal Equation (1915), in *Complete Plays*, 1913 - 1920, ed. Travis Bogard [New York: Library of America, 1988], 1:373);"the closed-shop, star-system, amusement racket" (Eugene O'Neill, "An Open Letter on the Death of George Pierce Baker" (January 7, 1935), in *The Unknown O'Neill: Unpublished and Unfamiliar Writings of Eugene O'Neill*, ed. Travis Bogard [New Haven: Yale University Press, 1988], 420); "aimed at and almost succeeded... their henchmen" (quoted in Candace Barrington, *American Chaucers* [New York: Palgrave Macmillan, 2007], 47); "to establish a stage where" (Edna Kenton, *The Provincetown Players and the Playwrights' Theatre*, 1915 - 1922, ed. Travis Bogard and Jackson R. Bryer [Jefferson, N.C.: McFarland, 2004], 72).

1. Leona Rust Egan, *Provincetown as a Stage* (Orleans, Mass.: Parnassus, 1994), 151.

2. Wainwright J. Wainwright, *Provincetown in Picture and Story* (Cotiut, Mass.: Picture Book, 1953), 4; Mary Heaton Vorse, *Time and the Town: A Provincetown Chronicle* (1942), ed. Adele Heller (New Brunswick, N.J.: Rutgers University Press, 1991), 127.

3. 奥尼尔和卡林住在弗朗西斯公寓隔壁的阁楼,这件事是女演员 Kyra Markham 在 1962 年 9 月 6 日写给 Louis Sheaffer 的信中提到的(复印件, Jackson R. Bryer 的私人收藏)。奥尼尔和博伊森与普罗温斯敦之间的联系目前没有人关注，也许因为博伊森更多的是一个政治人物，而非戏剧界人士。

4. Quoted in George Monteiro, "John Francis, Go-between for Provincetown and the Players," *Laconics* 1 (2006), http://www.eoneill.com/library/laconics/1/1f.htm.

5. Ernest L. Meyer, "The First Patron of Eugene O'Neill," *Column Review* 5, no. 2 (1937): 2.

6. Ibid., 2 - 3.

7. Quoted in Monteiro, "John Francis."

8. Quoted in ibid.

9. 尼斯·博伊斯在创建剧团过程中的重要作用，参见 Jeff Kennedy, "Probing Legends in Bohemia: The Symbiotic Dance between O'Neill and the Provincetown Players," in *Eugene O'Neill and His Early Contemporaries: Bohemians, Radicals, Progressives, and the Avant Garde*, ed. Eileen Herrmann and Robert M. Dowling (Jefferson, N.C.: McFarland, 2011), 163 - 164, as well as *The Modern World of Neith Boyce: Autobiography and Diaries*, ed. Carol DeBoer-Langworthy (Albuquerque: University of New Mexico Press, 2003).

10. Egan, *Provincetown as a Stage*, 14; Linda Ben-Zvi, *Susan Glaspell: Her Life and Times* (New York: Oxford University Press, 2005), 162; 玛丽·希登·沃斯在关于剧团的记录中大大高估了这个码头房屋的尺寸。我在这里所使用的数据是来自 Robert Karoly Sarlós 在 *Jig Cook and the Provincetown Players* 一书中的仔细测算 (Boston: University of Massachusetts Press, 1982), 201; Vorse, *Time and the Town*, 118; Sarlós, *Jig Cook and the Provincetown Players*, 67.

11. Susan Glaspell, *The Road to the Temple* (New York: Frederick A. Stokes, 1927), 253.在格拉斯佩尔对这次见面的记录中，她说是她邀请奥尼尔和卡林那天晚上来她家，由演员 Frederick Burt 为大家朗读《东航卡迪夫》。这个记录并不准确，事实情况是，最先被朗读的剧本是《拍电影的人》，而且是在里德和布莱恩特家，并不是在格拉斯佩尔和库克家。不管是否有意为之，这个不准确的故事更加强调了库克和格拉斯佩尔在发现奥尼尔的传奇故事中的核心作用。当格拉斯佩尔的书于 1927 年出版时，奥尼尔一定很高兴，因为他在剧团糟糕的首次亮相被（也许只是暂时性地）抹去了。

12. George Frame Brown, interview by Louis Sheaffer, undated, Sheaffer-O'Neill Collection, Linda Lear Center for Special Collections and Archives, Connecticut College, New London. 奥尼尔带来了《渴》的剧本这件事被记录在 Harry Kemp 的 "George Cram Cook and the Provincetown Players" *Lorelei* 1 (August 1924)：29 - 30。

13. Hutchins Hapgood to Mabel Dodge, July 1, 1916, Yale Collection of American Literature, Beinecke Library, Yale University, New Haven.

14. Bernard Holm[illegible], "Irish Players Rebel and May Quit Abbey," *New York Review*, July 1, 1916, 1. 他们最终并没有"垮台"，矛盾以厄尔文辞职收场。纽约公共图书馆英美文学系列藏品中一封叶芝的信，谈到厄尔文的辞职。争端源于一位名叫玛丽·奥尼尔的女主角，她觉得自己需要更多的时间进行排练。厄尔文要求大家一天排练两次。剧团不愿意，就把他赶走了。

15. Egan, *Provincetown as a Stage*, xi. See Linda Ben-Zvi, "The Provincetown Players: The Success That Failed," *Eugene O'Neill Review* 27 (2005)：15; Cheryl Black, "Pioneering Theatre Managers: Edna Kenton and Eleanor Fitzgerald of the Provincetown Players," *Journal of American Drama and Theatre* 9 (Fall 1997)：58; George Cram Cook, "The Way of the Group," *Little Theatre Review*, November 18, 1920. See also George Cram Cook, [*The Emperor Jones*, by Eugene O'Neill], [1920], p. 3, unsigned MS, Henry W. and Albert A. Berg Collection of English and American Literature, New York Public Library, New York; Doris Alexander, *Eugene O'Neill's Last Plays: Separating Art from Autobiography* (Athens: University of Georgia Press, 2005), 119.

16. Vorse, *Time and the Town*, 122; Max Eastman, *Enjoyment of Living* (New York: Harper, 1948), 564 - 565.

17. Marsden Hartley, "The Great Provincetown Summer," MS, Yale

Collection of American Literature.

18. Eastman, *Enjoyment of Living*, 565; Louise Bryant, "Christmas in Petrograd 1917," corrected TS, n.d., p. 7, Granville Hicks Papers, Special Collections Research Center, Syracuse University Libraries, Syracuse, N.Y.

19. Bryant, "Christmas in Petrograd 1917."

20. 这是基于苏珊·格拉斯佩尔、玛丽·希登·沃斯、哈里·坎普、马斯登·哈特利以及其他普罗温斯敦剧团成员的回忆。

21. Egan, *Provincetown as a Stage*, 203; Marsden Hartley, "Farewell, Charles," in *The New Caravan*, ed. Alfred Kreymborg, Lewis Mumford, and Paul Rosenfeld (New York: Norton, 1936), 556; Mary V. Dearborn, *Queen of Bohemia*: *The Life of Louise Bryant* (Boston: Houghton Miffl in, 1996), 53.

22. Agnes Boulton, *Part of a Long Story*: "*Eugene O'Neill as a Young Man in Love*," ed. William Davies King (Jefferson, N.C.: McFarland, 2011), 162; Louis Sheaffer, *Son and Playwright* (Boston: Little, Brown, 1968), 338; Susan Glaspell, undated entry in notebook dated October 16, 1915, p. 20, Susan Glaspell Collection, Clifton Waller Barrett Library of American Literature, Albert and Shirley Small Special Collections Library, University of Virginia, Charlottesville.

23. See Robert M. Dowling, "'The Screenews of War': A Previously Unpublished Short Story by Eugene O'Neill," *Resources for American Literary Study* 31 (Fall 2007): 174.

24. 这个奇异的事件被写成一出戏,名为 *And Starring Pancho Villa as Himself* (2003),由 Antonio Banderas 扮演 Villa ,Matt Day 扮演 Reed。

25. Quoted in Friedrich Katz, *The Life and Times of Pancho Villa* (Stanford, Calif.: Stanford University Press, 1998), 324.

26. Gary Jay Williams 认为日期有可能是 7 月 17 日(Gary Jay Williams, "Turned Down in Provincetown: O'Neill's Debut Re-Examined," *Theatre Journal* 37, no. 2 [1985]: 158)。

27. Brenda Murphy, *The Provincetown Players and the Culture of Modernity* (Cambridge: Cambridge University Press, 2005), 95; Glaspell, *Road to the Temple*, 254.

28. Adele Nathan, " 'Eugene G. O'Neill': 1916," *New York Times*, October 6, 1946, SM18; Williams, "Turned Down in Provincetown," 161.

29. Vorse, *Time and the Town*, 116 - 117.

30. Eastman, *Enjoyment of Living*, 566.

31. Ibid.

32. Harry Kemp, "O'Neill of Provincetown," *Brentano's Book Chat*, May - June 1929, 45 - 47.

33. Harry Kemp, "Out of Provincetown: A Memoir of Eugene O'Neill" (1930), in *Conversations with Eugene O'Neill*, ed. Mark W. Estrin (Jackson: University Press of Mississippi, 1990), 97.

34. Edmund Wilson, *The Twenties: From Notebooks and Diaries of the Period*, ed. Leon Edel (New York: Farrar, Straus and Giroux, 1975), 110 - 112, 400.

35. Hutchins Hapgood, "Memories of a Determined Drinker; or, Forty Years of Drink" (1932), MS, Hapgood Family Papers, Beinecke Library.

36. Quoted in Barrett H. Clark, *Eugene O'Neill: The Man and His Plays*, rev. ed. (New York: Dover, 1947), 31.

37. Hutchins Hapgood, *A Victorian in the Modern World* (New York: Harcourt, Brace, 1939), 397.

38. Ben-Zvi, *Susan Glaspell*, 169.

39. Boulton, *Part of a Long Story*, 133; Kemp, "Out of Provincetown," 96 - 97.

40. Mabel Dodge Luhan, *Intimate Memories: Movers and Shakers* (New York: Harcourt, Brace and Company, 1936), 484.

41. Hapgood, "Memories."

42. Ibid., 69.

43. Vorse, *Time and the Town*, 122.

44. Quoted in Sheaffer, *Son and Playwright*, 388.

45. Quoted in "The Provincetown Players: A Theatrical Workshop for Acting Playwrights and Play-Writing Actors," *Current Opinion* 61 (July—December 1916): 323.

46. Paul Roazen, "O'Neill and Louise Bryant: New Documents," *Eugene O'Neill Review* 27 (2005): 39n1; and Stephen A. Black, *Eugene O'Neill: Beyond Mourning and Tragedy* (New Haven: Yale University Press, 1999), 202-203.

47. Brenda Murphy 认为,《永恒的四边形》并不是关于奥尼尔和布莱恩特的爱情故事,而是更加直接地对应里德和梅波·道奇之间的炽热情感,这出戏显然是她有钱的丈夫艾德文·道奇资助的。参见 Murphy, *Provincetown Players*, 61-64。

48.奥尼尔穿着同样的汗衫,前额上同样有一缕头发。他的膝盖也在同一个位置。

49. 感谢 Jackson R. Bryer 教授和 Patrick Chura 对这张照片的贡献。感谢艺术家 Michael J. Peery 在认证的最初阶段为面部识别软件提供造型替代。我是在 2013 年 1 月 18 日意识到这张照片上的人其实是奥尼尔和布莱恩特,而以前一直被错误地认为是奥尼尔和艾琳·弗里曼。

50. Dearborn, *Queen of Bohemia*, 53.

51. 诗歌全文参见 Roazen, "O'Neill and Louise Bryant," 31.

52. Quoted in Murphy, *Provincetown Players*, 95.

53. Quoted in Dearborn, *Queen of Bohemia*, 53.

54. Quoted in Murphy, *Provincetown Players*, 95.

55. Quoted in Dearborn, *Queen of Bohemia*, 53.

56. Quoted ibid., 54.

57. Arthur Gelb and Barbara Gelb, *O'Neill: Life with Monte Cristo* (New York: Applause, 2000), 573.

58. Quoted in ibid., 562.

59. Quoted in "Provincetown Players," 323.

60. Quoted in Kenton, *Provincetown Players*, 25.

61. 奥尼尔销毁了《拍电影的人》的修改版，但是我找到了其短篇小说的存留版，并于 2007 年将其出版。参见 Dowling，" 'The Screenews of War' "。

62. Louis Sheaffer 说这次访问仅仅持续了"几天"(*Son and Playwright*, 360)。这个时间的计算是否准确，仍不清楚；但无论是否准确，他和布莱恩特来访的时间足够长，Jessica Rippin 能够记住这次来访，他也能够写出一个故事，其情节已经由戏剧形式展现；Dearborn, *Queen of Bohemia*, 65。

63. Sheaffer, *Son and Playwright*, 360.

64. Kenton, *Provincetown Players*, 59.

65. Barney Gallant to Louis Sheaffer, November 13, 1957 (photocopy), private collection of Jackson R. Bryer.

66. Quoted in Sheaffer, *Son and Playwright*, 371.

67. Clayton [Meeker] Hamilton, "Eugene O'Neill," Ninth Lecture at Columbia University, April 7, 1924, in*Conversations on Contemporary Drama* (New York: Macmillan, 1925), 199 - 200, 203 -206, 208 - 209.

68. James Light, interview by Louis Sheaffer, October 17, 1960, Sheaffer-O'Neill Collection.

69. Kenton, *Provincetown Players*, 41; Anna Alice Chapin, *Greenwich Village* (New York: Dodd, Mead, 1920), 226. "二战"期间，Nani Bailey 去海外担任护士，茶壶咖啡馆就此关门；她后来在法国去世(Kenton, *Provincetown Players*, 42)。

70. Mary Heaton Vorse, "Eugene O'Neill's Pet Saloon Is Gone," *New York World*, May 4, 1930, M7.

71. Sarlós, *Jig Cook and the Provincetown Players*, 80; George Cram Cook to Susan Glaspell, December 23, 1916, copy, Sheaffer-O'Neill Collection.

72. Quoted in Sheaffer, *Son and Playwright*, 240.

73. Travis Bogard, *Contour in Time: The Plays of Eugene O'Neill*,

rev. ed. (New York: Oxford University Press, 1988), 79; Gelb and Gelb, *Life with Monte Cristo*, 589; "O'Neill as an Actor is Recalled by One Who Saw Him in '17," *New York Herald Tribune*, March 17, 1929, sec. 7, 5.

74. Quoted in Gelbe and Gelb, *Life with Monte Cristo*, 588.

75. William Carlos Williams to Louis Sheaffer, n. d., Sheaffer-O'Neill Collection.

76. Hapgood, *Victorian*, 399.

77. Dearborn, *Queen of Bohemia*, 65; see Alexander, *Eugene O'Neill's Last Plays*, 122, 127.艾拉接受乳房切除手术的确切日期，参见 Sheaffer, *Son and Playwright*, 502n。

78. Patrick Chura, "Bryant, Louise," in *Critical Companion to Eugene O'Neill: A Literary Reference to His Life and Work*, ed. Robert M. Dowling (New York: Facts on File, 2009), 2:540; Dearborn, *Queen of Bohemia*, 60 - 61.

79. Gelb and Gelb, *Life with Monte Cristo*, 598 - 599; Kenton, *Provincetown Players*, 51.

80. Nina Moise, "A Note to Edna Kenton about the Provincetown Players," in Kenton, *Provincetown Players*, 181.

81. William Davies King, *Another Part of a Long Story: Literary Traces of Eugene O'Neill and Agnes Boulton* (Ann Arbor: University of Michigan Press, 2010), 120.（哈罗德·德·波罗签名时使用两个单词和一个小写的"d"，但在以前的论文中，他的名字通常被拼写为"De Polo"）

82. Sheaffer, *Son and Playwright*, 380; Charles A. Merrill, "Eugene O'Neill, World-Famous Dramatist, and Family Live in Abandoned Coast Guard Station on Cape Cod" (1923), in Estrin, *Conversations with Eugene O'Neill*, 43; [untitled], *Provincetown Advocate*, March 28, 1917; Boulton, *Part of a Long Story*, 154.

83. Vorse, *Time and the Town*, 131.

84. Sheaffer, *Son and Playwright*, 381.

85. Virginia Floyd, ed., *Eugene O'Neill at Work: Newly Released Ideas for His Plays* (New York: Frederick Ungar, 1981), 305.

86. Quoted in Sheaffer, *Son and Playwright*, 395.

87. Bryant, "Christmas in Petrograd 1917"; Dearborn, *Queen of Bohemia*, 65, 67.

88. Eugene O'Neill, *Selected Letters of Eugene O'Neill*, ed. Travis Bogard and Jackson R. Bryer (New Haven: Yale University Press, 1988), 80.

89. Sheaffer, *Son and Playwright*, 392; O'Neill, *Selected Letters*, 79; Bryant, "Christmas in Petrograd 1917"; O'Neill, *Selected Letters*, 78.

90. Eugene O'Neill to Elaine Freeman, September 1917, Henry W. and Albert A. Berg Collection of English and American Literature; Boulton, *Part of a Long Story*, 128.

91. Mabel Collins, *Light on the Path* (1885) (Pasadena, Calif.: Theosophical University Press Online, n.d.), http://www.theosociety.org/pasadena/lightpat/lightpat.htm. See also J. Shantz, "Carlin, Terry," in Dowling, *Critical Companion to Eugene O'Neill*, 2:543 - 544. 奥尼尔经常把"it's"误拼为"its",这让我想到,他就是写下这些单词的那个人。

92. Eugene O'Neill to Elaine Freeman, September 19, 1917, and September [no day], 1917, Henry W. and Albert A. Berg Collection of English and American Literature.

93. Charles Demuth, *Letters of Charles Demuth, American Artist, 1883 - 1935*, ed. Bruce Kellner (Philadelphia: Temple University Press, 2000), 26; Eugene O'Neill to Elaine Freeman, September [no day], 1917; Sheaffer, *Son and Playwright*, 410; Roazen, "O'Neill and Louise Bryant," 34.

94. Dearborn, *Queen of Bohemia*, 74; Roazen, "O'Neill and Louise Bryant," 38.

95. 她和奥尼尔之间的关系到底发展到了什么程度仍然是一个谜,但据她晚年的一位天主教朋友、小说家 Joseph Dever 说(他们当时还有联系),"大家都知道,作为一名冉冉升起的年轻剧作家,尤金·奥尼尔是多萝西·戴伊的情人,她当时是波西米亚式的不羁,而现在是苦行僧式的神圣"(Joseph Dever, *Cushing of Boston*: *A Candid Portrait* [Boston: Bruce Humphries, 1965], 282)。

96. Dorothy Day, "Told in Context," ca. 1958, Dorothy Day Papers, series D-3, box 7, file 2, Special Collections and University Archives, Raynor Memorial Libraries, Marquette University, Milwaukee, Wis.; Dorothy Day, interview by Louis Sheaffer, n.d., Sheaffer-O'Neill Collection.

97. Dorothy Day, *The Long Loneliness*: *The Autobiography of Dorothy Day* (New York: Harper, 1952), 84. See also Eileen J. Herrmann, "Saints and Hounds: Modernism's Pursuit of Dorothy Day and O'Neill," in Herrmann and Dowling, *Eugene O'Neill and His Early Contemporaries*, 210-233.

98. Dorothy Day, interview by Sheaffer.

99. Day, *Long Loneliness*, 84.

100. Ibid., 84; Day, "Told in Context."

101. Day, "Told in Context"; Dorothy Day, interview by Sheaffer.

102. Dorothy Day, interview by Sheaffer.

103. Day, "Told in Context"; Maxwell Bodenheim, "Eugene O'Neill: Portrayed in Bold Relief," *Lorelei* 1 (August 1924): 14.

104. Kenton, *Provincetown Players*, 73.

105. "Who Is Eugene O'Neill?" *New York Times*, November 4, 1917, 7; Lewis Sherwin, "The Theatre: The Washington Square Players at the Comedy," *New York Globe and Commercial Advertiser*, November 1, 1917, 14.

106. O'Neill, *Selected Letters*, 89.

107. Black, *Eugene O'Neill*, 201.

108. "James Light Dies; O'Neill Associate," *New York Times*, February

12, 1964; "Who's Who," *New York Times*, February 8, 1925, sec. X, 2.

109. Ralph Block, "The Provincetown Players Reopen in Macdougal Street,"*New York Tribune*, November 3, 1917, 13; "New Plays in New York: Eugene O'Neill, Notable Young Playwright,"*Boston Evening Transcript*, November 8, 1917, 16; Kenton, *Provincetown Players*, 63; "Village Players Present Best Bill," *Journal of Commerce and Commercial Bulletin*, April 22, 1918, 9.

110. Eugene O'Neill to Maxwell Bodenheim, July 5, 1923, Sheaffer-O'Neill Collection.

111. Roazen, "O'Neill and Louise Bryant," 35, 37, 38.有可能是"romance"这个词,但是被 Roazen 在括号中加了问号(35)。

112. King,*Another Part of a Long Story*, 6.

113. Ibid., 67; Boulton,*Part of a Long Story*, 16.

114. Boulton, *Part of a Long Story*, 19; King, *Another Part of a Long Story*, 67.

115. Boulton,*Part of a Long Story*, 29, 21.

116. Ibid., 27, 31, 67.

117. Ibid., 76.这部分在原文中使用斜体,表达伯顿的想法。

118. Virginia Gardner,*"Friend and Lover": The Life of Louise Bryant* (New York: Horizon, 1982), 129.

119. Roazen, "O'Neill and Louise Bryant," 36.

120. Boulton,*Part of a Long Story*, 60, 61, 57.

121. Sheaffer,*Son and Playwright*, 408.

122. Boulton,*Part of a Long Story*, 76.

123. Ibid., 77.

124. Ibid., 78, 38.

125.有一系列不同的叙述,参见 Sheaffer, *Son and Playwright*, 410。多萝西·戴伊说是侍者,我认为她的叙述最可信。

126. Boulton,*Part of a Long Story*, 79.

127. Carlotta Monterey Diary, September 24, 1944, O'Neill Papers, Beinecke Library, Yale University, New Haven.

128. Ibid., 80.

129. Ibid., 81.

130. Roazen, "O'Neill and Louise Bryant," 38, 37.奥尼尔最后写给布莱恩特好几封信,布莱恩特的第二任丈夫威廉·C.普利特说,布莱恩特把这些信都烧了。但是在普利特的文件被他和布莱恩特的女儿 Anne 捐赠给耶鲁大学之后,学者 Paul Roazen 于 2004 年公开了这些信件(30)。

131. Quoted in Patrick Chura, "O'Neill's Strange Interlude and the 'Strange Marriage' of Louise Bryant," *Eugene O'Neill Review* 30 (2008): 8-9.

132. Roazen, "O'Neill and Louise Bryant," 38.

133. Boulton, *Part of a Long Story*, 85.

134. Sheaffer, *Son and Playwright*, 375.

135. Ibid.奥尼尔的《绳索》来自一个名为《推算》的故事梗概。1924 年,伯顿和奥尼尔将这个想法扩充为一部四幕剧《愧疚的人》,这出戏从未出版或上演。

136. O'Neill, *Selected Letters*, 81.

137. Ibid., 82.

138. Boulton, *Part of a Long Story*, 91, 96n12.

139. Kathleen O'Neill v. Eugene G. O'Neill, County Clerk's Index # 1673, Supreme Court, Westchester County, Westchester County Clerk's Office, White Plains, N.Y., 1912.之前的"仲裁判决"7 月 5 日由约瑟夫·莫斯乔瑟法官签署,规定奥尼尔可以再婚,但必须"得到法庭的允许"。

140. 一份不完整的文件,其中包含法官的命令,收藏在拜内克图书馆。

141. Boulton, *Part of a Long Story*, 167; Sheaffer, *Son and Playwright*, 145; Louis Sheaffer, *O'Neill: Son and Artist* (Boston: Little, Brown, 1973), 66; Sheaffer, *Son and Playwright*, 145.

142.奥尼尔有可能从这个男孩身上获得了另外一个灵感:《送冰的人来

了》中拉里·斯莱德这个人物的名字。

143. Croswell Bowen, "The Black Irishman" (1946), in *O'Neill and His Plays: Four Decades of Criticism*, ed. Oscar Cargill, N. Bryllion Fagin, and William J. Fisher (New York: New York University Press, 1961), 74.

144. Quoted in Clark, *Eugene O'Neill*, 66.

145. Quoted in "A Letter from O'Neill," *New York Times*, April 11, 1920.

146. Quoted in Sheaffer, *Son and Playwright*, 422.

147. Boulton, *Part of a Long Story*, 111, 96.

148. Ibid., 113.

149. Ibid., 116.

150. 阿格尼斯·伯顿在其回忆录《漫长故事的一部分》的第118页误引了《道路之光》中的句子,她不记得这些句子的出处了。

151. Ibid., 149.

152. Quoted in Ben-Zvi, *Susan Glaspell*, 205.

153. Quoted in Virginia Floyd, *The Plays of Eugene O'Neill: A New Assessment* (New York: Frederick Ungar, 1985), 154.

154. Roazen, "O'Neill and Louise Bryan," 36.

155. King, *Another Part of a Long Story*, 252n24.

156. Harold de Polo to Henry W. Wenning, February 2, 1960, p. 1, Clifton Waller Barrett Library of American Literature.

157. Ibid.

158. Eugene O'Neill to Sidney Howard, September 27, 1936, and November 26, 1936, Sidney Coe Howard Papers, Bancroft Library, University of California, Berkeley.

159. Harold de Polo, MS, "The Screenews of War," January 30, 1960, Clifton Waller Barrett Library of American Literature.

160. Boulton, *Part of a Long Story*, 163, 191, 161n.

161. Ibid., 153.

162.*A Theatre for America*: *Concerning the Provincetown Playhouse*, *That Famous Little Theatre*, *Which Has Given Americans the Best of American Drama and Many Noted Stage Personalities* (New York: Provincetown Playhouse Guild Association, ca. 1934), 1 (ten-page pamphlet at the Clifton Waller Barrett Library of American Literature); Eleanor M. Fitzgerald, "Valedictory of an Art Theatre," *New York Times*, December 22, 1929, in Kenton, Provincetown Players, 198; Jeff Kennedy, "Provincetown Playhouse, (The Playwrights' Theatre)," in Dowling, *Critical Companion to Eugene O'Neill*, 2:715.

163. Quoted by Gilbert Seldes, "Radio and Television in the Courtroom," September 7, 1954, *The Lively Arts*, WNYC, WNYC archives id.: 71485, New York City Municipal archives id.: LT3109, http://www.wnyc.org/shows/lively-arts-the/1954/sep/.

164. Kenton, *Provincetown Players*, 81.

165. W. Livingston Larned, "Below Washington Square," *New York Review*, November 25, 1916, 4. 在这篇文章中,拉恩德在格林威治村认识的一个熟人是"为大型出版社画背景图案的"年轻人;这个人很有可能是普罗温斯敦剧团的成员唐纳德·科尔雷,他曾绘制了剧团的座右铭"这里拴着带双翼的飞马",并且也从事过图案设计的工作。科尔雷在"一战"期间为士兵设计迷彩服;拉恩德因为一篇关于教育孩子的短文《父亲忘了》而小有名气,这篇文章广为流传并被翻译成多种语言,最后被收入戴尔·卡耐基1936年的畅销书《如何赢取友谊与影响他人》。

166. Boulton, *Part of a Long Story*, 198; Kennedy, "Provincetown Playhouse," 2: 715.

167. Boulton, *Part of a Long Story*, 186 - 188.

168. Kenton, *Provincetown Players*, 82.

169. Ibid., 83, 82.

170. Quoted in Bogard, *Contour in Time*, 103.

171. Heywood Broun, "Drama," *New York Tribune*, November 25,

1918, 9.

172. Quoted in Clark, *Eugene O'Neill*, 63.

173.接下来的 1919 年春天,这出戏出现在奥尼尔第二本书《"加勒比群岛之月"及其他六部海洋剧作》中。

174. Quoted in Nancy Milford, *Savage Beauty: The Life of Edna St. Vincent Millay* (New York: Random House, 2002), 176. Kyra Markham1962 年 9 月 6 日写给 Louis Sheaffer 的信(复印件)中也曾提到此事,这封信是 Jackson R. Bryer 的私人藏品。

175. Sheaffer, *Son and Playwright*, 395; "Greenwich Village Sees New Dramas a la Provincetown," *New York Herald*, December 21, 1918, 8; David Karsner, "Eugene O'Neill at Close Range in Maine," *New York Herald Tribune*, August 8, 1926, sec. 8, 6.

176. Boulton, *Part of a Long Story*, 237n31, 229.

177. Ibid., 232.

178. Ibid., 224.

179. Stark Young, interview by Louis Sheaffer, n. d., Sheaffer-O'Neill Collection.

180. Quoted in King, *Another Part of a Long Story*, 102.

181. O'Neill, *Selected Letters*, 90, 137.

182. Pierre Loving, "Eugene O'Neill," *Bookman*, August 1921, 511.

183. 奥尼尔一开始将人物的名字拼写为"Christophersen",这是丹麦的拼写习惯,后来他按照瑞典的拼写习惯将最后的"sen"修改为"son"。

184. Quoted in Hamilton Basso, "The Tragic Sense—Ⅱ," *New Yorker*, March 6, 1948, 38.

185. Alexander, *Eugene O'Neill's Last Plays*, 21.

186. Boulton, *Part of a Long Story*, 254 - 257.

187.奥尼尔的工作笔记显示,该剧创作于 1919 年底,在"普罗温斯敦的一个出租屋里"(Floyd, *Eugene O'Neill at Work*, 390)。

188. Eugene O'Neill, *Exorcism: A Play in One Act* (1919) (New

Haven：Yale University Press，2012)，55.

189. Quoted in Sheaffer，*Son and Playwright*，4.

190. Kenneth Macgowan，"The New Plays：The Provincetown Players，Reopening，Present One Real Oddity in Their New Bill，"*New York Globe and Commercial Advertiser*，November 3，1919，12.

191. O'Neill，*Selected Letters*，97.

192. William Davies King，ed.，"*A Wind Is Rising*"：*The Correspondence of Agnes Boulton and Eugene O'Neill*（Madison，N. J.：Fairleigh Dickinson University Press，2000），115；O'Neill，*Selected Letters*，151.

193. O'Neill，*Selected Letters*，103.

194. Ibid.，98，205.

195. Ibid.，99，98.

196. "Three Are Held in the Fake Rum Sale，"*New York Sun*，December 29，1919，4；"61 Are Dead from Poison Whiskey Made in New York，" *Brooklyn Daily Eagle*，December 28，1919，1.

197. O'Neill，*Selected Letters*，105；King，"*A Wind Is Rising*，" 78；O'Neill，*Selected Letters*，106.

198. O'Neill，*Selected Letters*，99，100.

199. Ibid.，105.

200. Eugene O'Neill，[untitled poem]（1919），in*Poems*，1912－1944，ed. Donald Gallup（New Haven：Ticknor and Fields，1980），92. 在《奥尼尔书信选集》为这首诗所加的注释中，Bogard 和 Bryer 认为这首诗写于 1920 年 1 月 17 日早晨。在 Gallup 编辑的版本中，日期为"1919 年 9 月"，但用铅笔写着"笔迹未确认"。实际上，阿格尼斯·伯顿在其回忆录中引用过这首诗（《漫长故事的一部分》，第 260—261 页），她说奥尼尔 9 月份把这首诗送给她，当时她正怀着沙恩，在欢乐之家待产。我认为 Bogard 和 Bryer 是对的，是阿格尼斯或者其他某个人加上了日期，让其与她的回忆录相一致，也许是为了保护奥尼尔，不让他牵扯到以上的故事或是《驱魔》中，《驱魔》的剧本有可能是奥尼尔送给她的礼物,但在她的回忆录中没有提及。

201. O'Neill,*Selected Letters*, 109, 108.

202. King,"*A Wind Is Rising*," 91.

203. O'Neill,*Selected Letters*, 111.

204. *Yonkers Statesman*, January 27, 1920, 3; "*Beyond the Horizon*," *Yonkers Statesman*, February 3, 1920, 5.

205. O'Neill,*Selected Letters*, 112; Sheaffer, *Son and Artist*, 477.

206. King,"*A Wind Is Rising*," 96(当然,这封电报都是用大写字母写的,没有使用斜体,也没有标点符号), 95, 96, 128.

207. O'Neill, *Selected Letters*, 112; Alexander Woollcott, "The Play: Eugene O'Neill's Tragedy," New York Times, February 4, 1920, 12; O'Neill, *Selected Letters*, 119.

208. Philip Mindil, "Behind the Scenes" (1920), in Estrin,*Conversations with Eugene O'Neill*, 5; O'Neill, *Selected Letters*, 129n1, 130.

209. King, "*A Wind Is Rising*," 95, 90n2; O'Neill, *Selected Letters*, 108.

210. King,"*A Wind Is Rising*," 120; Basso, "The Tragic Sense—Ⅱ," 35; O'Neill, *Selected Letters*, 137.

211. St. John Ervine to Eugene O'Neill, February 18, 1920, Eugene O'Neill Papers, Beinecke Library.奥尼尔在一封写给伯顿的信中误引了厄尔文的话; see King, "*A Wind Is Rising*," 123. 多年以后,圣约翰·厄尔文于1948年在英国匿名发表了一篇痛批《送冰的人来了》的评论,题为《绝望的顾问们》,他认为"奥尼尔所有的作品都在蔑视人类,责难人类的存在"。[St. John Ervine] (1948), in Cargill, Fagin, and Fisher, *O'Neill and His Plays*, 369.

212. King,"*A Wind Is Rising*," 123.

213. Alta May Coleman, "Personality Portraits: No. 3, Eugene O'Neill," *Theatre Magazine*, April 1920, 264, 302.

214. King, "*A Wind Is Rising*," 116, 118; O'Neill, *Selected*

Letters, 118.

215. O'Neill, *Selected Letters*, 143.

216. Ibid., 128, 120, 121.

217. Ibid., 103.奥尼尔12月初写信给伯顿，说他要去麦克杜戈大街“提交剧本”。这个没有指出名字的剧本就是《驱魔》。

218. Kenton, *Provincetown Players*, 117. 这个副标题在留存下来的手稿中并没有出现。

219. Jeff Kennedy, “Exorcism: The Context, the Critics, the Creation, and Rediscovery,” *Eugene O'Neill Review* 34, no. 1 (2013): 28 - 38.

220. Jasper Deeter, interview by Louis Sheaffer, November 10, 1962, Sheaffer-O'Neill Collection. See also Robert M. Dowling, “Eugene O'Neill's Exorcism: The Lost Prequel to Long Day's Journey Into Night,” *Eugene O'Neill Review* 34, no. 1 (2013): 1 - 12.

221.在为 *Eugene O'Neill: The Contemporary Reviews* (New York: Cambridge University Press, 2014)收集现存的当代评论时，编辑 Jackson R. Bryer 和我一共找到了5篇关于《驱魔》的评论，出处分别是 *New York Clipper*, *Quill*, *New York Tribune*, *Variety* 和 *New York Times*。

222. Quoted in Sheaffer, *Son and Artist*, 12.

223. King, “*A Wind Is Rising*,” 118, 103, 113.

224. O'Neill, *Selected Letters*, 555.

225. Hamlin Garland, *Selected Letters of Hamlin Garland*, ed. Keith Newlin and Joseph B. McCullough (Lincoln: University of Nebraska Press, 1998), 349, 277, 278.

226. Light, interview by Sheaffer, March 26, 1959.

227. Hamilton, “Eugene O'Neill,” 199 - 200, 203 - 206, 208 -209.

228. O'Neill, *Selected Letters*, 131, 132, 143.

229. Sheaffer, *Son and Artist*, 23 - 24.

230. King, “*A Wind Is Rising*,” 117.

231. Boulton, *Part of a Long Story*, 132, 131.

232. Hazel Hawthorne Werner, "Recollections," n. d., TS, Sheaffer-O'Neill Collection.

233. Clark, *Eugene O'Neill*, 72; Gelb and Gelb, *Life with Monte Cristo*, 532.

234. "Cornel West Commentary: The Plays of Eugene O'Neill," *The Tavis Smiley Show*, November 26, 2003, NPR, http://www.npr.org/templates/story/story.php?storyId=1522880.

235.《琼斯皇》是美国表现主义的第一部成功之作。学者 Keith Newlin 认为西奥多·德莱塞 1914 年创作的《笑气》是在美国上演的第一部表现主义戏剧作品。参见 Keith Newlin, "Expressionism Takes the Stage: Dreiser's 'Laughing Gas,'" *Journal of American Drama* 4 (Winter 1992): 5-22.

236. James Light, "The Parade of Masks," T-Mss 2001-2050, Billy Rose Theatre Division, New York Public Library, New York.

237. See Robert M. Dowling, "On Eugene O'Neill's 'Philosophical Anarchism,'" *Eugene O'Neill Review* 29 (Spring 2007): 50-72.

238. Max Stirner, *The Ego and His Own: The Case of the Individual Against Authority* (1844), trans. Steven T. Byington (New York: Benjamin R. Tucker, 1907), 65, 153; emphasis added.

239. Eugene O'Neill, "The Silver Bullet," MS, Eugene O'Neill Collection, Manuscripts Division, Department of Rare Books and Special Collection, Princeton University Library, Princeton, N.J.

240. King, "*A Wind Is Rising*," 73, 117, 124, 127.

241. O'Neill, *Selected Letters*, 206; "Eugene O'Neill Talks of His Own and the Plays of Others," *New York Herald Tribune*, November 16, 1924, sec. 7-8, 14.

242. 电影版的编剧 Dudley Murphy 将该剧的地点定为"在海地岛上"("*The Emperor Jones*" by Eugene O'Neill, Film Treatment, by Dudley Murphy, ca. 1929, p. 4, Clifton Waller Barrett Library of American Literature)。需要进一步说明的是,在当时的政治环境中,将这个岛定为海地

对他的职业生涯会造成毁灭性的影响,也许还会让他处于更加危险的境地。杜博思·海沃德写完1933年电影版剧本之后告诉奥尼尔,“我们尽可能大胆地上演了该剧”。(DuBose Heyward to Eugene O'Neill, July 29, 1933 [photocopy], private collection of Jackson R. Bryer)在几十年之后的1964年,当年在影片中扮演布鲁特斯·琼斯的James Earl Jones指出,如果奥尼尔攻击的是资本主义而不是帝国主义,那就会安全得多,即使是在20世纪20年代红色恐怖最为严重的时期也是如此:“如果奥尼尔写一部直白的作品,关于加勒比岛上的一个被推翻的独裁者,比如海地,那倒有可能上演……布鲁特斯·琼斯是终极的资本家,终极的剥削者。”这位演员又补充说,“那不是黑人,那就是美国。”(quoted in Donald P. Gagnon, “‘You Needn't Be Scared of Me!’ Joe Mott and the Politics of Isolation and Interdependence in The Iceman Cometh,” in Herrmann and Dowling, *Eugene O'Neill and His Early Contemporaries*, 156.)

243. Kenton, *Provincetown Players*, 124-125.

244. Kennedy, “Provincetown Playhouse,” 715.

245.非常具有悲剧性的是,这个传奇的穹顶在麦克杜戈大街剧院最近的翻新工程中没有被保留下来。库克的穹顶有可能被扔到了史坦顿岛或者新泽西的垃圾填埋场。感谢Jeff Kennedy向我提起这个穹顶的下落。吉米·莱特在穹顶完成时发表了一篇文章,这篇文章是现存的关于穹顶设计、建造和最终用途的最为生动的描述。

246. Light, “Parade of Masks,” 3.

247. James Light, “Lighting Effects: Secured by Use of ‘Dome’ Explained by James Light,” *Billboard*, December 4, 1920, 20. 詹姆斯·莱特描述的一部分曾在Helen Deutsch和Stella Hanau的*The Provincetown: A Story of the Theatre*一书中被误引(New York: Farrar and Rinehart, 1931), 61-62。

248. Quoted in Clark, *Eugene O'Neill*, 72. 但是,这种鼓声的运用手法并不是独一无二的。美国剧作家Austin Strong曾在他1915年的剧作*The Drums of Oude*中用过几乎同样的手法(ibid.)。

249. Kyra Markham to Louis Sheaffer, September 6, 1962 (photocopy), private collection of Jackson R. Bryer.

250. Quoted in Michael A. Morrison, "Emperors Before Gilpin: Opal Cooper and Paul Robeson," *Eugene O'Neill Review* 33, no. 2 (2012): 171n7. Morrison对于扮演布鲁特斯·琼斯的演员的记录是最新的和最完整的。

251. "Paul Robeson,"*New York Amsterdam News*, January 8, 1930, 9.

252. Morrison, "Emperors Before Gilpin," 165, 166.

253. James Light, interview by Louis Sheaffer, May 21, 1960, Sheaffer-O'Neill Collection.

254. Light, interview by Sheaffer, October 17, 1960.

255. "Paul Robeson," 9; "How Negro Actor Got His Chance in Emperor Jones,"*New York Tribune*, November 28, 1920, 2.

256. O'Neill, *Selected Letters*, 144; Kenton, *Provincetown Players*, 126; Light, interview by Sheaffer, October 17, 1960.

257. Teddy Ballantine, interview by Louis Sheaffer, n. d., Sheaffer-O'Neill Collection; O'Neill, *Selected Letters*, 170; S. J. Woolf, "Eugene O'Neill Returns After Twelve Years" (1946), in Estrin, *Conversations with Eugene O'Neill*, 172.

258. George Cram Cook, [*The Emperor Jones*, by Eugene O'Neill], 1, 2; O'Neill, *Selected Letters*, 142.

259. Quoted in Basso, "The Tragic Sense—II," 37; Cook, "The Way of the Group." See also Cook, [*The Emperor Jones*, by Eugene O'Neill], p. 4; Kenneth Macgowan, "Curtain Calls," *New York Globe and Commercial Advertiser*, March 16, 1922; "To Close the Sunday Theatre: Directors of the Provincetown Players Charged with Violating the Law," *New York Times*, December 10, 1920.

260. James Weldon Johnson,*Black Manhattan* (1930) (New York: Da Capo, 1991), 183–185.

261. Mary Welch, "Softer Tones for Mr. O'Neill's Portrait," *Theatre Arts* 41, no. 5 (1957): 67-68.

262. Number of performances in Basso, "The Tragic Sense—II," 37. List of New York theaters in "Charles Gilpin in the Bronx," *New York Amsterdam News*, October 27, 1926, 10; also see O'Neill, *Selected Letters*, 170.

263. Hermione Lee, *Edith Wharton* (New York: Knopf, 2007), 640; R. W. B. Lewis, *Edith Wharton: A Biography* (New York: Harper and Row, 1975), 487.

264. "Charles Gilpin in the Bronx," 10; "Ku Klux Bars Charles Gilpin from the South," *Chicago Broad Ax*, January 28, 1922, 2.

265. Quoted in Hubert H. Harrison, "With the Contributing Editor: The Emperor Jones," *Negro World*, June 4, 1921, 6.

266. "Provincetown Players Stage Remarkable Play," *Brooklyn Daily Eagle*, November 9, 1920, sec. 2, 5.

267. Quoted in Boulton, *Part of a Long Story*, 151. 伯顿回忆录最新版的编辑 William Davies King 注意到,这一部分被出版社去除了。在他所编辑的新版本中,他首次在括号中复原了这个文本(150—151)。

268. Eugene O'Neill, [untitled poem], in *Poems*, 1912-1944, 77."哈勒姆复兴"诗人兰斯顿·休斯年仅18岁时就发表了他的代表作之一《黑人谈河流》,发表时间正好是在《琼斯皇》上演之后的那一年。这首诗回应了奥尼尔剧中所表达的原始意义,同时也指涉河岸——刚果河的河岸——从隐喻意义上说,布鲁特斯·琼斯在河岸上被杀死。普罗温斯敦剧团承认两者之间的联系,他们将休斯的诗印在《琼斯皇》1924年复演(由保罗·罗伯森主演)的节目单上。

269. Harrison, "With the Contributing Editor."

270. Note on the text by Jeffrey B. Perry in Hubert Harrison, *A Hubert Harrison Reader*, ed. Jeffrey B. Perry (Watertown, Conn.: Wesleyan University Press, 2001), 194.

271. Hubert H. Harrison, "Marcus Garvey at the Bar of United States

Justice," (1923), in Perry, *A Hubert Harrison Reader*, 199.

272. Eugene O'Neill to Hubert H. Harrison, June 9, 1921, p. 1, Hubert H. Harrison Papers, 1893 - 1927, Rare Book and Manuscript Library, Columbia University, New York.

273. Ibid., 2.值得注意的是,奥尼尔会将"我接下来要去哪里?"这句话用在他的下一部表现主义剧作《毛猿》中的危机时刻,但他有可能在那篇遗失的同名短篇小说中就已经用过了这句话。

274. Ibid., 1; Floyd, *Eugene O'Neill at Work*, 38.

275. Eugene O'Neill to Hubert H. Harrison, June 9, 1921, 1; quoted in Joel Pfister, *Staging Depth: Eugene O'Neill and the Politics of Psychological Discourse* (Chapel Hill: University of North Carolina Press, 1995), 121.

276. Johnson, *Black Manhattan*, 184.

277. Quoted in Sheaffer, *Son and Artist*, 36.

278. Johnson, *Black Manhattan*, 185n1; O'Neill, *Selected Letters*, 165; Paul Robeson, "Reflections on O'Neill's Plays," in *The "Opportunity" Reader: Stories, Poems, and Essays from the Urban League's "Opportunity" Magazine*, ed. Sondra Kathryn Wilson (New York: Modern Library, 1999), 352; James Light, interview by Louis Sheaffer, June 26, 1960, Sheaffer-O'Neill Collection; O'Neill, *Selected Letters*, 177.

279. "Three Deaths," *New York Amsterdam News*, May 14, 1930, 20.

280. Murphy, *Provincetown Players*, 178; Kenton, *Provincetown Players*, 155. 布莱恩特于 1936 年 1 月 6 日在巴黎去世,享年 51 岁。她与威廉·C.普利特离婚之后,整日喝酒吸毒并患上了德尔肯氏病,这种疾病导致身体变形,极度痛苦。

281. Djuna Barnes, "The Days of Jig Cook: Recollections of Ancient Theatre History But Ten Years Old," *Theatre Guild Magazine* 6 (January 1929): 32.

282. Kenneth Macgowan, review of *Diff'rent*, in Cargill, Fagin, and

Fisher, *O'Neill and His Plays*, 148; Clark, *Eugene O'Neill*, 79.

283. Heywood Broun, "Grey Gods and Green Goddesses," *Vanity Fair*, April 1921, 98.

284. O'Neill, *Selected Letters*, 146.

285. Eugene O'Neill, "Damn the Optimists!" in Cargill, Fagin, and Fisher, *O'Neill and His Plays*, 104 – 106. 奥尼尔这份很能说明问题的早期陈述发表于 1921 年 2 月 13 日的《纽约论坛报》,标题为"尤金·奥尼尔的信条以及信仰的理由"。

286. Stephen Rathbun, "O'Neill's Latest Play Presented by the Provincetown Players," *New York Sun*, December 31, 1920, 5.

287. O'Neill, *Selected Letters*, 146.

288. Heywood Broun, "*Diff'rent* Comes to Broadway at the Selwyn," *New York Tribune*, February 1, 1921, 6.

289. Quoted in Egil Törnqvist, "Philosophical and Literary Paragons," in *The Cambridge Companion to Eugene O'Neill*, ed. Michael Manheim (New York: Cambridge University Press, 1998), 22.

290. Quoted in Sheaffer, *Son and Artist*, 245.

291. Doris Alexander, *Eugene O'Neill's Creative Struggle: The Decisive Decade*, 1924 – 1933 (University Park: Pennsylvania State University Press, 1992), 225, notes for p. 38.

292. O'Neill, "Scribbling Diary," January 20, 1925, Eugene O'Neill Papers.

293. Törnqvist, "Philosophical and Literary Paragons," 22.

294. Quoted in Alexander, *Eugene O'Neill's Creative Struggle*, 38. 奥尼尔在这里就他后来的作品《榆树下的欲望》对评论家进行回应。

295. O'Neill, "Damn the Optimists!"

296. Dorothy Commins, ed., "*Love and Admiration and Respect*": *The O'Neill-Commins Correspondence* (Durham, N.C.: Duke University Press, 1986), 15; O'Neill, *Selected Letters*, 151.

297. George Jean Nathan, "The Bright Face of Tragedy," *Cosmopolitan*, August 1957, 66.

298. King, "*A Wind Is Rising*," 171.

299. Ibid., 199.

300. Commins, "*Love and Admiration and Respect*," 17; O'Neill, *Selected Letters*, 156.

301. Quoted in Ronald H. Wainscott, *Staging O'Neill: The Experimental Years*, 1920 - 1934 (New Haven: Yale University Press, 1988), 67.

302. Ibid., 69.

303. Ludwig Lewisohn, "*Gold*" (1921), in *The Critical Response to Eugene O'Neill*, ed. John H. Houchin, *Critical Responses in Arts and Letters*, no. 5 (Westport, Conn.: Greenwood, 1993), 26.

304. Quoted in George Jean Nathan, "Eugene O'Neill After Twelve Years" (1946), in Estrin, *Conversations with Eugene O'Neill*, 177.

305. [Heywood Broun], "Animadversion on the Great-Great-Grandchildren of Oph-elia—Also Shaw's Summary on Theater," *New York Tribune*, June 5, 1921, part 3, 1; Heywood Broun, "Gold at Frazee Shows O'Neill Below His Best," *New York Tribune*, June 2, 1921, 6.

306. Eugene O'Neill to Robert Sisk, March 11, 1929, Sheaffer-O'Neill Collection.

307. Light, "Parade of Masks."

308. Susan Glaspell, *The Verge* (1921), in *Plays by Susan Glaspell*, ed. C. W. E. Bigsby (New York: Cambridge University Press, 1987), 65, 78, 82.

309. Quoted in King, *Another Part of a Long Story*, 252n17.

310. Quoted in Sheaffer, *Son and Artist*, 48.

311. Quoted in Boulton, *Part of a Long Story*, 61.

312. Quoted in Sheaffer, *Son and Artist*, 48.

313. King,"*A Wind Is Rising*," 195 - 196.

314. Heywood Broun, "It Seems to Me," *New York World*, November 11, 1921, 15.

315. James Whittaker, "O'Neill Has First Concrete Heroine," *New York Sunday News*, November 13, 1921, 21.

316. Eugene G. O'Neill, "The Mail Bag," *New York Times*, December 18, 1921, sec. Music-Drama, 72.

317. O'Neill, *Selected Letters*, 148.

318. Burns Mantle, "The New Plays: 'Anna Christie' Vivid Drama," *New York Evening Mail*, November 3, 1921, 13; George Jean Nathan, "The Press and the Drama," *Smart Set* 67 (January 1922): 132; Alexander Woollcott, "Second Thoughts on First Nights" (1921), in Houchin, *The Critical Response to Eugene O'Neill*, 30.

319. See Katie N. Johnson, *Sisters in Sin*: *Brothel Drama in America*, 1900 - 1920, Cambridge Studies in American Theatre and Drama (New York: Cambridge University Press, 2006).

320. Kenneth Macgowan, "The New Play: Eugene O'Neill's 'Anna Christie' a Notable Drama Notably Acted at the Vanderbilt Theatre," *New York Globe and Commercial Advertiser*, November 3, 1921, 16.

321.关于戏剧中的自然主义更为全面的理解,参见我的论文"Sad Endings and Negative Heroes: The Naturalist Tradition in American Drama" in *The Oxford Handbook to American Literary Naturalism*, ed. Keith Newlin (New York: Oxford University Press, 2011), 427 -444。

322. Quoted in Louis Kantor, "O'Neill Defends His Play of the Negro" (1924), in Estrin, *Conversations with Eugene O'Neill*, 48.

323. O'Neill, *Selected Letters*, 121; Wainscott, *Staging O'Neill*, 92; Playgoer, "Eugene O'Neill's *The Straw* Is Gruesome Clinical Tale" (1921), in Houchin, *The Critical Response to Eugene O'Neill*, 38; Alan Dale, "Tuberculosis Dramatized in the Latest Play by Eugene O'Neill," *New York*

American, November 11, 1921; Light, interview by Sheaffer, May 21, 1960.

324. Clark, *Eugene O'Neill*, 102.

325. O'Neill, *Selected Letters*, 156.

326. 尤金·奥尼尔与凯瑟琳·简金斯关于小尤金·奥尼尔协议的备忘录，1921 年 8 月 15 日，尤金·奥尼尔的文件资料；Sheaffer, *Son and Artist*, 65 - 67。

327. Charles Kennedy, "Several Sides of Mr. O'Neill," *Call Board* (Official Organ of the Catholic Actors' Guild of America), June 1948, 7.

328. 索斯比拍卖行销售目录，1977 年 1 月 26 日(8 页，手写，签名信件，1977 年 1 月 26 日成交)。这一页目录的复印件是 Jackson R. Bryer 的私人藏品。这封信有可能是奥尼尔写的最长的信之一，也许就是最长的一封。希望这封信有朝一日能够现身。

329. O'Neill, *Selected Letters*, 157; Commins, "*Love and Admiration and Respect*," 20.

330. Quoted in Sheaffer, *Son and Playwright*, 383.

331. Quoted in Malcolm Mollan, "Making Plays with a Tragic End: An Intimate Interview with Eugene O'Neill, Who Tells Why He Does It" (1922), in Estrin, *Conversations with Eugene O'Neill*, 15.

332. O'Neill, *Selected Letters*, 157, and quoted in Mollan, "Making Plays with a Tragic End," 17.

333. Stirner, *The Ego and His Own*, 30; August Strindberg, "On Modern Drama and Modern Theatre" (1889), in August Strindberg: *Selected Essays*, ed. Michael Robinson (Cambridge: Cambridge University Press, 1996) 57, 59.

334. Quoted in Sheaffer, *Son and Playwright*, 239.

335. Sophus Keith Winther, *Eugene O'Neill: A Critical Study* (New York: Random House, 1934) 123.

336. Tennessee Williams, "The World I Live In" (1957), in *A Streetcar*

Named Desire (New York: New Directions, 1947), 184; quoted in Sheaffer, *Son and Artist*, 44.

337. Commins, "Love and Admiration and Respect," 20.

338. Oliver M. Sayler, "The Hairy Ape a Study in the Evolution of a Play: How O'Neill's First Expressionistic Drama Took Form from the Experiment of The Emperor Jones,"*New York Globe*, May 6, 1922, 9.

339. O'Neill, *Selected Letters*, 161; Clark, *Eugene O'Neill*, 128; O'Neill, *Selected Letters*, 161.

340. George Jean Nathan. "Eugene O'Neill Is at Worst in His New Play, First Man,"*Spokane Spokesman-Review*, March 26, 1922, part 5, 2.

341. Quoted in Nathan, "Eugene O'Neill After Twelve Years," 177.

342. Peter Egri, "'Belonging' Lost: Alienation and Dramatic Form in Eugene O'Neill's The Hairy Ape," in*Critical Essays on Eugene O'Neill*, ed. James J. Martine (Boston: G. K. Hall, 1984), 77; Kenneth Macgowan, "The New Play: Eugene O'Neill Sets a New Mark in The Hairy Ape," *New York Globe and Commercial Advertiser*, March 10, 1922, 12.

第三幕 "百老汇秀场"

前言部分："The greatest day of the Provincetown Players" (Mary Heaton Vorse, *Time and the Town: A Provincetown Chronicle* [1942], ed. Adele Heller [New Brunswick, N.J.: Rutgers University Press, 1991], 125; "the throb of the drum" (John Dos Passos, "Is the 'Realistic' Theatre Obsolete? Many Theatrical Conventions Have Been Shattered by Lawson's 'Processional'" [1925], in *Travel Books and Other Writings*, 1916－1941, ed. Townsend Ludington [New York: Library of America, 2003], 593).

1. James Light, interview by Louis Sheaffer, October 17, 1960, Sheaffer-O'Neill Collection, Linda Lear Center for Special Collections and

Archives, Connecticut College, New London; Oliver M. Sayler, "The Hairy Ape a Study in the Evolution of a Play: How O'Neill's First Expressionistic Drama Took Form from the Experiment of The Emperor Jones," *New York Globe*, May 6, 1922, 9; *Eugene O'Neill*, *Selected Letters of Eugene O'Neill*, ed. Travis Bogard and Jackson R. Bryer (New Haven: Yale University Press, 1988), 167.

2. William Davies King, ed., "*A Wind Is Rising*": *The Correspondence of Agnes Boulton and Eugene O'Neill* (Madison, N.J.: Fairleigh Dickinson University Press, 2000), 182.

3. Cheryl Black, "Pioneering Theatre Managers: Edna Kenton and Eleanor Fitzgerald of the Provincetown Players," *Journal of American Drama and Theatre* 9, no. 3 (1997): 46 - 47; Edna Kenton, *The Provincetown Players and the Playwrights' Theatre*, 1915 - 1922, ed. Travis Bogard and Jackson R. Bryer (Jefferson, N.C.: McFarland, 2004), 156.

4. Arthur Pollock, "About the Theater," *Brooklyn Daily Eagle*, March 12, 1922, C7.

5. Eugene O'Neill to Robert Fisk, March 15, 1935, Sheaffer-O'Neill Collection; Keith Newlin and Frederic E. Rusch, introduction to *The Collected Plays of Theodore Dreiser*, ed. Newlin and Rusch (Albany, N.Y.: Whitston, 2000), xxvi. 德莱塞的多幕剧《制陶匠的手》用同情的笔调讲述了猥亵杀害儿童者 Isadore Berchansky 的故事,情节来源于真实生活中的 Nathan Swartz 案件。这出戏于前一年 12 月在普罗温斯敦剧院上演,情节吓坏了观众。一贯以维护艺术自由著称的 H.L.门肯责怪他的朋友德莱塞"仅仅为了震惊那些傻瓜而震惊他们"(xxvii)。

6. O'Neill, *Selected Letters*, 87.

7. Ibid., 161; Alexander Woollcott, "The Play: Eugene O'Neill at Full Tilt," *New York Times*, March 10, 1922, 18. 伍斯特剧团 20 世纪 90 年代初的演出强调奥尼尔所构思的工业梦魇,他们在舞台上搭建了巨大的、牢笼一般的脚手架,让 Willem Dafoe 所扮演的扬克带着愤怒的张力爬上爬下,他黑

乎乎的脸庞和奥尼尔想象中的原始祖先一模一样;Robert C. Benchley,"Drama," *Life*, March 30, 1922, 18.

8. Yvonne Shaffer, *Performing O'Neill: Conversations with Actors and Directors* (New York: Palgrave Macmillan, 2000), 25.

9. James Light, interview by Louis Sheaffer, May 21, 1960, Sheaffer-O'Neill Collection.

10. Oliver M. Sayler, "The Yarn-Spinning Provincetown," ca. 1929, TS, Provincetown Players' Scrapbook, 1923 - 1929, Billy Rose Theatre Division, New York Public Library.

11. Louis Wolheim, "A Prometheus of Modern Drama," *Cincinnati Commercial Tribune*, September 24, 1922.

12. Ibid.

13. Quoted in Egil Törnqvist, *A Drama of Souls: Studies in O'Neill's Super-Naturalistic Technique* (New Haven: Yale University Press, 1969), 14. 本杰明·德·卡塞雷斯在他的戏仿之作《无穷的否认》中所指的是奥尼尔良知和想象力的劫掠者(*Eugene O'Neill Review* 30 [2008]: 150 - 155)。

14. O'Neill, *Selected Letters*, 161.

15. Ibid., 165.

16. Weather described in Alexander Woollcott, "The Play: The New O'Neill Play," *New York Times*, March 6, 1922, 9; "ten bottles" from Louis Sheaffer, *O'Neill: Son and Artist* (Boston: Little, Brown, 1973), 85.

17. Sheaffer, *Son and Artist*, 86; Dorothy Commins, ed., "*Love and Admiration and Respect*": *The O'Neill-Commins Correspondence* (Durham, N.C.: Duke University Press, 1986), 22n29.

18. Commins, "*Love and Admiration and Respect*," 22.

19. Ibid., 23.

20. Ibid.

21. Ibid., 24, 25.

22. Ibid., 25.

23. Sheaffer, *Son and Artist*, 87.

24. David Karsner, "Here and There and Everywhere," *New York Call*, May 20, 1922, 10.

25. James Light, interview by Louis Sheaffer, November 5, 1961, Sheaffer-O'Neill Collection.

26. Carl Hovey to Eugene O'Neill, August 13, 1918, Sheaffer-O'Neill Collection.

27. Heywood Broun, "It Seems to Me," *New York World*, April 25, 1922. 戈尔德的话在这个专栏中被引用。

28. L. E. Levick, "The Hairy Ape and the I. W. W.—Marine Transport Workers Turn Dramatic Critics and Praise O'Neill," *Freeman*, May 1922.

29. "O'Neill, Hopkins and Hairy Ape Demand Amnesty," *New York Call*, July 1, 1922, 1, 5.

30. Kenneth Macgowan, "Curtain Calls," *New York Globe and Commercial Advertiser*, March 16, 1922.

31. "Court Has Case of Provincetown Players Dropped," March 1922, Clippings Scrapbook, Eugene O'Neill Papers, Beinecke Library, Yale University, New Haven.

32. "Censorship at Its Worst," *Brooklyn Daily Eagle*, May 19, 1922; "Censors to Take up Hairy Ape," *New York Call*, May 20, 1922, 1; Lawrence Reamer, "Mr. O'Neill at Home," *New York Herald*, June 4, 1922. "Calls Hairy Ape's Foes 'Poor Dolts,'" *New York World*, [May] 1922.

33. Reamer, "Mr. O'Neill at Home"; Karsner, "Here and There and Everywhere," May 20, 1922, 10.

34. FBI memorandum, April 22, 1924; David Karsner, "Here and There and Everywhere," *New York Call*, June 2, 1922.

35. Patterson James, "Off the Record," *Billboard*, June 10, 1922, 18.

36. O'Neill, *Selected Letters*, 167.

37. Eleanor M. Fitzgerald, "Valedictory of an Art Theatre," *New York Times*, December 22, 1929, in Kenton, *Provincetown Players*, 199.

38. Commins, "*Love and Admiration and Respect*," 21; Kenneth Macgowan, "Seen on the Stage," *Vogue*, May 1, 1922, 108. For Hopkins's role, see Woollcott, "The Play: Eugene O'Neill at Full Tilt," 18; "The Highbrow: At the Play; *The Hairy Ape*, at the Provincetown Playhouse," *Town Topics*, March 16, 1922, 13.

39. Kenton, *Provincetown Players*, 156; O'Neill, *Selected Letters*, 168.

40. George Cram Cook to Edna Kenton, July 8, 1922, Clifton Waller Barrett Library of American Literature, Albert and Shirley Small Special Collections Library, University of Virginia, Charlottesville.

41. Quoted in Kenton, *Provincetown Players*, 156.

42. O'Neill, *Selected Letters*, 172; Commins, "Love and Admiration and Respect," 26; Sheaffer, *Son and Artist*, 66 - 67.

43. Quoted in Sheaffer, *Son and Artist*, 97.

44. Kyra Markham to Louis Sheaffer, September 6, 1962 (photocopy), private collection of Jackson R. Bryer.

45. See Brian Rogers, "Brook Farm," in*Critical Companion to Eugene O'Neill: A Literary Reference to His Life and Work*, ed. Robert M. Dowling (New York: Facts on File, 2009), 2:538.

46. Hamilton Basso, "The Tragic Sense—II," *New Yorker*, March 6, 1948, 38; quoted in Sheaffer, *Son and Artist*, 282.

47. Quoted in William Davies King, *Another Part of a Long Story: Literary Traces of Eugene O'Neill and Agnes Boulton* (Ann Arbor: University of Michigan Press, 2010), 145, 126. 这部小说仅剩下两张烧焦的纸片和一页转写的内容,小说和《难舍难分》一样,是关于他们婚姻的虚构作品,但却带有深深的个人烙印。

48. Sheaffer对泰迪·巴伦泰恩的一次采访(日期不详)中记载,这件事发生在布鲁克农场,但他认为画像是阿格尼斯的,而并非她父亲的。伯顿也告诉Sheaffer,这件事发生在布鲁克农场(*Son and Artist*, 107)。

49. Quoted in King, *Another Part of a Long Story*, 110 - 111.

50. See ibid., 125, 259n54.

51. Sheaffer, *Son and Artist*, 107.

52. Lloyd Goodrich, notes supplied to the author by Kathleen A. Foster, the Robert L. McNeil, Jr., Senior Curator and Director of American Art, Center for American Art, Philadelphia Museum of Fine Art.

53. Quoted in King, *Another Part of a Long Story*, 259n54.

54. 为伊肯斯写传记的Gordon Hendricks曾看过泰德·伯顿的另外一幅画像,但那幅画像也遗失了(Kathleen A. Foster, *Thomas Eakins Rediscovered: Charles Bregler's Thomas Eakins Collection at the Pennsylvania Academy of Fine Arts* [New Haven: Yale University Press, 1997], 278n18)。这个作品最初于1987年卖给了Hirschl & Adler画廊,后来又于1997年由索斯比拍卖行拍给了一位私人买家。感谢Hirschl & Adler画廊美国绘画与雕塑部资深副主管助理Genevieve Hulley和Kathleen A. Foster。

55. 西三一大学的Geoff Thompson在他的临床心理学专业硕士论文"A Touch of the Poet: A Psychobiography of Eugene O'Neill's Recovery from Alcoholism"(2004)中,非常明智地将重点由奥尼尔的写作转向了酗酒。

56. Sheaffer, *Son and Artist*, 107; Barrett H. Clark, *Eugene O'Neill: The Man and His Plays*, rev. ed. (New York: Dover, 1947), 42; Croswell Bowen, "The Black Irishman," (1946), in *O'Neill and His Plays: Four Decades of Criticism*, ed. Oscar Cargill, N. Bryllion Fagin, and William J. Fisher (New York: New York University Press, 1961), 73; Sheaffer, *Son and Artist*, 102.

57. Louis Kantor, "O'Neill Defends His Play of the Negro" (1924), in *Conversations with Eugene O'Neill*, ed. Mark W. Estrin (Jackson: University

Press of Mississippi, 1990), 49.

58. 第二年，伯顿发表自己的婚姻剧《愧疚的人》时甚至使用了“埃莉诺”这个笔名，这出戏的构思来自奥尼尔 1917 年 *The Reckoning* 的剧情梗概。

59. Agnes Boulton, *Part of a Long Story*: "*Eugene O'Neill as a Young Man in Love*," ed. William Davies King (Jefferson, N. C.: McFarland, 2011), 56.

60. Friedrich Wilhelm Nietzsche, *Thus Spake Zarathustra* (1883 - 1885), trans. Thomas Common, Project Gutenberg, Release #1988, http://onlinebooks.library.upenn.edu/ webbin/gutbook/lookup? num=1998.

61. Ibid.

62. O'Neill, *Selected Letters*, 271; Virginia Floyd, *The Plays of Eugene O'Neill*: *A New Assessment* (New York: Frederick Ungar, 1985), 133.

63. Sheaffer, *Son and Artist*, 106, 107.

64. Ibid., 107.

65. Ibid., 116; Commins, "*Love and Admiration and Respect*," 27.

66. Quoted in Sheaffer, *Son and Artist*, 105.

67. Ibid., 117.

68. Malcolm Cowley, "A Weekend with Eugene O'Neill," in Cargill, Fagin, and Fisher, *O'Neill and His Plays*, 41.

69. Hart Crane, *The Letters of Hart Crane*, 1916 - 1932, ed. Brom Weber (Berkeley: University of California Press, 1965).

70. Cowley, "A Weekend with Eugene O'Neill," 45.

71. Ibid., 47, 49.

72. O'Neill, *Selected Letters*, 378; Sheaffer, *Son and Artist*, 117.

73. 菲兹杰拉德长期担任剧团的秘书和财务总管，她为麦克杜戈大街剧院所募集的运营资金可能比剧团所有其他人募集的总和还要多。“她接触的所有人对她的能力都毫不怀疑，”e. e. cummings 写道，菲兹杰拉德曾帮助他的作品于 1928 年在麦克杜戈大街剧院上演(quoted in Black, "Pioneering Theatre Managers,"52 - 53)。

74. Helen Deutsch and Stella Hanau, *The Provincetown: A Story of the Theatre* (New York: Farrar and Rinehart, 1931), 97.

75. O'Neill, *Selected Letters*, 182.

76. George Cram Cook to Edna Kenton, July 10 - 23, 1922, Clifton Waller Barrett Library of American Literature.

77. Quoted in Paul Roazen, "O'Neill and Louise Bryant: New Documents," *Eugene O'Neill Review* 27 (2005): 35.

78. O'Neill, *Selected Letters*, 186; Eugene O'Neill to Susan Glaspell, June 3, 1924, Susan Glaspell Collection, Clifton Waller Barrett Library of American Literature.

79. Quoted in Black, "Pioneering Theatre Managers," 49.

80. Quoted in Clark, *Eugene O'Neill*, 31.

81. Deutsch and Hanau, *The Provincetown*, 101; Eugene O'Neill, "Strindberg and Our Theatre" (1924), in Cargill, Fagin, and Fisher, *O'Neill and His Plays*, 109; Deutsch and Hanau, *The Provincetown*, 102.

82. Agnes Boulton, "An Experimental Theatre: The Provincetown Playhouse," *Theatre Arts* 8 (March 1924): 188; Alexander Woollcott, "The Stage: The New O'Neill Work," *New York World*, December 11, 1925, 15.

83. O'Neill, "Strindberg and Our Theatre," 108; Ronald H. Wainscott, *Staging O'Neill: The Experimental Years*, 1920 - 1934 (New Haven: Yale University Press, 1988), 117; James Light, "The Parade of Masks," T-Mss 2001 - 2050, Billy Rose Theatre Division, New York Public Library.

84. Light, "Parade of Masks."

85. Ibid.

86. Eugene O'Neill, "Memoranda on Masks," in *The Unknown O'Neill: Unpublished and Unfamiliar Writings of Eugene O'Neill*, ed. Travis Bogard (New Haven: Yale University Press, 1988), 407, 410.

87. Heywood Broun, "The New Play: At the Provincetown Playhouse," *New York World*, April 7, 1924, 9; Robert Gilbert Welsh, "Classics and Provincetown," *New York Telegram and Evening Mail*, April 7, 1924, 13.

88. E. W. Osborn, "The New Plays: Welded," *New York Evening World*, March 18, 1924, 10; Arthur Pollock, "The New Plays: Welded," *Brooklyn Daily Eagle*, March 18, 1924, 9.

89. Sheaffer, *Son and Artist*, 132; Gordon Whyte, "The New Plays on Broadway," *Billboard*, March 29, 1924, 34; Edna Kenton to Carl Van Vechten, April 4, 1924 (incomplete TS) Sheaffer-O'Neill Collection.

90. Stark Young, "Eugene O'Neill: Notes from a Critic's Diary," *Harper's Magazine*, June 1957, 66 – 71, 74; Macgowan, "Seen on the Stage," 92; Kantor, "O'Neill Defends," 49.

91. Deutsch and Hanau, *The Provincetown*, 108; Kenneth Macgowan, "O'Neill's Play Again," *New York Times*, August 31, 1924, X2.

92. Publicity Committee, "The Fifteen Year Record of the Class of 1910 of Princeton University," 1925, TS, Sheaffer-O'Neill Collection.

93. Kevin J. Mumford, *Interzones: Black/White Sex Districts in Chicago and New York in the Early Twentieth Century* (New York: Columbia University Press, 1997), 126 – 127.

94. "James Light Dies; O'Neill Associate," *New York Times*, February 12, 1964; Edmund Wilson, *The Twenties: From Notebooks and Diaries of the Period*, ed. Leon Edel (New York: Farrar, Straus and Giroux, 1975), 112; Karl Decker, "Chillun Roasted by 100, 000 Women," *New York Morning Telegraph*, March 20, 1924.

95. Virginia Floyd, ed., *Eugene O'Neill at Work: Newly Released Ideas for His Plays* (New York: Frederick Ungar, 1981), 53 (emphasis added); "Village Man Who Helped Famous Playwright Dies," *New York Amsterdam News*, November 27, 1929, 3.

96. Floyd, *Eugene O'Neill at Work*, 176.

97. Sheaffer-O'Neill Collection.

98. Gene Fowler, "God's Chillun Is Staged at Provincetown,"*New York American*, May 16, 1924, 10.

99. Macgowan, "O'Neill's Play Again."

100. Agnes Boulton to Harold de Polo, October 20, 1923, Clifton Waller Barrett Library of American Literature.

101. Quoted in Sheaffer, *Son and Artist*, 135.

102. Kantor, "O'Neill Defends," 46; Carol Bird, "Eugene O'Neill—The Inner Man" (1924), in Estrin, *Conversations with Eugene O'Neill*, 54.

103. TS of O'Neill's statement, March 19, 1924, is in Sheaffer-O'Neill Collection.

104. Quoted in Deutsch and Hanau, *The Provincetown*, 109.

105. Ibid., 111.

106. Sheaffer notes on *All God's Chillun*: refers to an unnamed article in the *New York American*. Sheaffer-O'Neill Collection.

107. Quoted in Sheaffer, *Son and Artist*, 140.

108. Light, interview by Sheaffer, November 5, 1961.

109. George Jean Nathan, "The Theatre," *American Mercury*, May 1924, 113; "Shieks [sic], Art and Uplift," *Fiery Cross*, February 29, 1924, 4.

110. Glenda Frank, "Tempest in Black and White: The 1924 Premiere of Eugene O'Neill's *All God's Chillun Got Wings*," Resources for American Literary Study 26, no. 1 (2000): 79.

111. T. S. Eliot, "*All God's Chillun Got Wings*," in Cargill, Fagin, and Fisher, *O'Neill and His Plays*, 169; Edmund Wilson, "All God's Chillun and Others," *New Republic*, May 28, 1924, 22.

112. Alain Locke, "The Negro and the American Stage," in *The Works of Alain Locke*, ed. Charles Molesworth (New York: Oxford University Press, 2012), 118; Sheaffer, *Son and Artist*, 138.

113. Quoted in Jordan Y. Miller, *Playwright's Progress: O'Neill and the Critics* (Chicago: Scott, Foresman, 1965), 39.

114. "Negroes Protest New O'Neill Play: Boston Will Ban *All God's Chillun Got Wings* as Insulting Colored Race," *Morning Telegraph*, February 24, 1924; Macgowan, "O'Neill's Play Again"; "Negro Clergy Bitter at Play," *New York American*, March 15, 1924, 24.

115. Paul Robeson, "Reflections on O'Neill's Plays," in *The "Opportunity" Reader: Stories, Poems, and Essays from the Urban League's "Opportunity" Magazine*, ed. Sondra Kathryn Wilson (New York: Modern Library, 1999), 353, 352.

116. 2009—2010演出季在爱尔兰保留剧目剧场扮演琼斯的非洲裔美国演员John Douglas Thompson说,能够让他接受这个角色的唯一方法,就是完全"碾压"白人角色斯密泽斯("O'Neill in Bohemia," Eugene O'Neill International Conference, New York City, June 22-26, 2011)。1992年伍斯特剧团对该剧进行后现代式的重新上演,大胆地启用白人女演员Kate Valk扮演布鲁特斯·琼斯,获得了巨大成功。

117. T. B. Poston, "Harlem Dislikes 'Nigger' in Emperor Jones but Flocks to See Picture at Uptown House," *New York Amsterdam News*, September 27, 1933, 9.

118. Macgowan, "O'Neill's Play Again."

119. Sheaffer, *Son and Artist*, 140.

120. Quoted in Michael A. Morrison, "Emperors Before Gilpin: Opal Cooper and Paul Robeson," *Eugene O'Neill Review* 33, no. 2 (2012): 167.

121. Light, interview by Sheaffer, November 5, 1961; for the location of Barney Gallant's speakeasies, see Emily Kies Folpe, *It Happened on Washington Square* (Baltimore: Johns Hopkins University Press, 2002), 220, 271.

122. Heywood Broun, "Seeing Things at Night," *New York World*, June 22, 1924; Crane, Letters.

123. Sheaffer, *Son and Artist*, 143; Sheila Evans, "Paul Robeson, the Actor," performed by Sheila Evans and Paul Robeson Jr., Mustard Seed, 2003, CD; "*Chillun* Barred as Too Youthful, Mayor Explains," *New York Evening World*, May 16, 1924, 9.

124. Deutsch and Hanau, *The Provincetown*, 111; Percy Hammond, "The Theaters," *New York Herald Tribune*, May 16, 1924, 10; Macgowan, "O'Neill's Play Again."

125. "Hylan Stands Pat against*Chillun*: Provincetown Attorney's Plea for Reconsideration of Action Barring Children Fails," *New York Morning Telegraph*, May 17, 1924, 1; "Wings Are Folded by *God's Chillun*," *New York Morning Telegraph*, May 19, 1924, 1.

126. Publicity Committee, "The Fifteen Year Record of the Class of 1910"; Burns Mantle, "*All God's Chillun* with One Scene Cut," *New York Daily News*, May 16, 1924, 24.

127. Kelcey Allen, "*All God's Chillun Got Wings* Proves a Poignant Drama," *Women's Wear Daily*, May 16, 1924, 30. 相反地,目前担任《纽约客》剧评人的非洲裔美国人 Hilton Als 认为,《上帝的儿女都有翅膀》和《渴》"完全错了,但具有历史吸引力",奥尼尔在剧中"着手处理种族问题——却把它搞砸了"(Hilton Als, "The Theatre, The Red and the Black," *New Yorker*, June 24, 2013, 82)。有趣的是,Als 并没有提及《梦孩子》和《琼斯皇》。兰斯顿·休斯的诗歌《黑人谈河流》被印在《琼斯皇》复演的节目单上,隔日表演。兰斯顿·休斯不可能是诗人凯尔西·艾伦所指的诗人,因为该剧上演期间他在巴黎。

128. Karl Decker, "*All God's Chillun* Crippled at the Birth," *New York Morning Telegraph*, May 17, 1922, 2. 这位女性剧评人很有可能是罗利《北卡罗来纳新闻与观察报》的 Ann Bridgers,她认为该剧是"松松垮垮的感伤主义",只会在"黑的黑人"中取得成功(Ann Bridgers, "Impressions along Broadway," *Raleigh News and Observer*, July 6, 1924, sec. 10, 8)。

129. Macgowan, "O'Neill's Play Again"; "*Chillun* Barred as Too

Youthful, Mayor Explains," 9; Macgowan, "O'Neill's Play Again."

130. Arthur Pollock, "The New Plays: *All God's Chillun*," *Brooklyn Daily Eagle*, May 16, 1924, 5; "Prologue of *All God's Chillun* Is Read, as Child Actors Are Barred," *New York World*, May 16, 1924, 13; Robert C. Benchley, "Drama," *Life*, June 5, 1924, 22.

131.罗伯森也将在《毛猿》1931 年的复演中扮演扬克。

132. Robeson, "Reflections on O'Neill's Plays," 353.

133. Quoted in Deutsch and Hanau, *The Provincetown*, 110.

134. O'Neill, *Selected Letters*, 190, 189.

135. Ibid., 189, 190.

136. Ibid, 191, 188.

137.这些作品的上演顺序一直是大家觉得迷惑的问题,从剧评中我们可以梳理出演出的顺序:《加勒比群岛之月》、《归路迢迢》、《在交战区》、《东航卡迪夫》。12 月 16 日,"格伦凯恩号"系列剧移至纽约上城的庞奇-朱迪剧院上演,1 月 12 日又转到公主剧院。1940 年,约翰·福特执导了基于系列剧的影片《归途迢迢》,由奥尼尔的朋友达德利·尼克尔斯编剧,约翰·韦恩扮演瑞典水手奥尔森。在根据奥尼尔作品改编的众多电影中,奥尼尔生前最喜欢这一部。

138. George Jean Nathan, "The Kahn-Game," *Judge*, December 6, 1924, 17.

139. O'Neill, *Selected Letters*, 188.

140. 演出结束之后,奥尼尔仍在批评琼斯,认为他没能"按照我写的方式"上演该剧,尽管琼斯已经用了很多前卫的手法(ibid., 213)。

141. Quoted in Eugene O'Neill, "*The Theatre We Worked For*": *The Letters of Eugene O'Neill to Kenneth Macgowan*, ed. Travis Bogard and Jackson R. Bryer (New Haven: Yale University Press, 1982), 70.

142. Euphemia Van Rensselaer Wyatt, "The Drama: Eugene O'Neill on Plymouth Rock," *Catholic World*, January 1925, 520.

143. Doris Alexander, *Eugene O'Neill's Creative Struggle*: *The Decisive*

Decade, 1924 - 1933 (University Park: Pennsylvania State University Press, 1992), 36; Arthur Gelb, "Film Version of Play Recalls Complexity of Its Origins," *New York Times*, March 2, 1958; Eugene O'Neill, "*As Ever, Gene*": *The Letters of Eugene O'Neill to George Jean Nathan*, ed. Nancy L. Roberts and Arthur W. Roberts (Rutherford, N.J.: Fairleigh Dickinson University Press, 1987), 54.

144. Malcolm Mollan, "Making Plays with a Tragic End: An Intimate Interview with Eugene O'Neill, Who Tells Why He Does It" (1922), in Estrin, *Conversations with Eugene O'Neill*, 15; Alexander, *Eugene O'Neill's Creative Struggle*, 34.

145. Gilbert W. Gabriel, "*Desire Under the Elms*: Eugene O'Neill's New Tragedy of an Old Soil Staged at the Greenwich Village," *New York Telegram and Evening Mail*, November 12, 1924, 26; Alexander, *Eugene O'Neill's Creative Struggle*, 38.

146. Agnes Boulton to Harold de Polo, October 6, 1924, Clifton Waller Barrett Library of American Literature; Agnes Boulton, "Eugene's Drinking," n.d., TS (carbon copy), Beinecke Library. "尤金的酒瘾"是用铅笔写的,写于吉尔伯特·范·塔斯尔·汉密尔顿医生的办公室,日期是1926年1月。

147. Boulton, "Eugene's Drinking."

148. Quoted in Alexander, *Eugene O'Neill's Creative Struggle*, 33.

149. King, "*A Wind Is Rising*," 136.

150. Juliet Throckmorton, "As I Remember Eugene O'Neill," *Yankee Magazine*, August 1968, 85, 93 - 95.

151. Eugene O'Neill to Harold de Polo, February 6, [probably 1925], Clifton Waller Barrett Library of American Literature.

152. 奥尼尔一家住在百慕大期间的更多照片,参见 Joy Bluck Waters, *Eugene O'Neill and Family*: *The Bermuda Interlude* (Warwick, Bermuda: Granaway), 1992.

153. O'Neill, "Scribbling Diary," January 1 and 4, 1925, Eugene O'Neill

Papers.

154. Eugene O'Neill, *Eugene O'Neill Work Diary*, 1924 - 1943 (preliminary edition), vol. 1, transcribed by Donald Gallup (New Haven: Yale University Library, 1981), January 5, 1925.

155.伯顿在"尤金的酒瘾"中说,他1月6日就戒酒了,但他的工作笔记清晰地显示,他当时刚刚开始"逐渐减少喝酒的量"。从1924年开始,奥尼尔一直写日记,他管它叫"潦草日记"。1931年,他的第三任妻子卡洛塔·蒙特雷给了他一本5年期的日记本,他把跟工作有关的信息誊写在上面。他后来销毁了包含更多私人信息的最初几卷。阿格尼斯保留了其中的一本1925年的日记,奥尼尔为此很恼火,但这本日记为了解剧作家这一阶段的生活提供了宝贵的信息,尤其是他和酗酒之间的斗争。

156. O'Neill, "Scribbling Diary," January 27, 22, and 31, 1925.

157. Sheaffer, *Son and Artist*, 163.

158. O'Neill, "Scribbling Diary," January 9, 1925.

159. King, *Another Part of a Long Story*, 137.

160. O'Neill, "Scribbling Diary," February 8, 1925; Eugene O'Neill, "To Alice," in*Poems*, 1912 - 1944, ed. Donald Gallup (New Haven, Conn.: Ticknor and Fields, 1980), 95; Sheaffer, *Son and Artist*, 164.

161. O'Neill, "Scribbling Diary," February 21, 24, 25, and 27, 1925.

162. Percy Hammond, "The Theaters: Mr. O'Neill's *Desire Under the Elms* Is the Best of His Pleasing Tortures," *New York Herald Tribune*, November 12, 1924, 14; Basso, "Tragic Sense—II," 43; Louis Sheaffer, TS, n.d., in *Desire Under the Elms* folder, Sheaffer-O'Neill Collection.

163. O'Neill, "Scribbling Diary," February 10 and 16 and March 9, 1925.

164. O'Neill, "*As Ever, Gene*," 54; Eugene O'Neill to J. O. Lief, March 28, 1925, Sheaffer-O'Neill Collection.

165. Quoted in Alexander, *Eugene O'Neill's Creative Struggle*, 38.

166. "Laughs Mark Trial of O'Neill Actors," *New York Times*, April

13, 1926.

167. Ibid.

168. Louis Sheaffer, TS, n. d., in *Desire Under the Elms* folder, Sheaffer-O'Neill Collection.

169. Sheaffer, *Son and Artist*, 315.

170. O'Neill, *Selected Letters*, 187; Travis Bogard, *Contour in Time: The Plays of Eugene O'Neill*, rev. ed. (New York: Oxford University Press, 1988), 202; Cowley, "A Weekend with Eugene O'Neill," 46; Sheaffer, *Son and Artist*, 126.

171. O'Neill, "*As Ever, Gene*," 54; O'Neill, "Scribbling Diary," March 22 and 25, 1925.

172. Quoted in Waters, *Eugene O'Neill and Family*, 27.

173. Light, "Parade of Masks."肯尼斯·麦克戈文在《大神布朗》的演出单中也对奥尼尔的面具使用进行了思考。Kenneth Macgowan, "The Mask in Drama," Greenwich Playbill, season 1925 - 1926, no. 4: 1, 6, Albert and Shirley Small Special Collections Library.

174. Quoted in Clark, *Eugene O'Neill*, 104.

175. Sergeant, Elizabeth Shepley, "O'Neill: The Man with a Mask," *New Republic*, March 16, 1927, 94.

176. Quoted in Clark, *Eugene O'Neill*, 160.

177. Quoted in Waters, *Eugene O'Neill and Family*, 28. 乌娜出生的那个星期,她未来的丈夫、时年36岁的巨星查理·卓别林的轰动之作《淘金记》即将杀青。

178. O'Neill, "Scribbling Diary," June 6, 1925.(最下面的注脚写着:"应该是周四",那么相应的日期就应该是6月4日。)

179. Ibid., June 15, 1925.奥尼尔曾考虑将《奇异的插曲》命名为"祟";"祟"后来成为他1931年的三部曲《悲悼》中第三部戏剧的标题(O'Neill, "*As Ever, Gene*," 58)。

180. Agnes Boulton to Harold de Polo, June 18, 1925, Clifton Waller

Barrett Library of American Literature.

181. O'Neill, "Scribbling Diary," July 17 and 18, 1925.

182. Ibid., September 11, 1925.《归途迢迢》和《琼斯皇》于 1925 年 9 月 10 日在伦敦的大使剧院上演。

183. Boulton, "Eugene's Drinking"; O'Neill, "Scribbling Diary," August 2 and 6, 1925.

184. Sheaffer, *Son and Artist*, 183.

185. O'Neill, "Scribbling Diary," October 5, 1925.

186. O'Neill to Art McGinley, April 9, 1927, 1 [page 2 missing], Clifton Waller Barrett Library of American Literature.在这封信中,奥尼尔说这是他最后一次喝酒,但实际上,他 1925 年的"潦草日记"中显示,他一直喝到那年秋天。

187. Quoted in Arthur Gelb and Barbara Gelb, *O'Neill: Life with Monte Cristo* (New York: Applause, 2000), 209.

188. Quoted in Lewis M. Dabney, *Edmund Wilson: A Life in Letters* (New York: Macmillan, 2005), 99.

189. O'Neill, "Scribbling Diary," November 23, 1925.奥尼尔写道,"和巴尼一起喝酒……和巴尼、玛丽聊了一夜"。Dabney, *Edmund Wilson*, 99; Wilson, *The Twenties*, 110 - 12, 400; Sheaffer, *Son and Artist*, 267.

190. O'Neill, "Scribbling Diary," November 24, 1925.

191. Light, "Parade of Masks."

192. Ibid.

193. James Light, interview by Sheaffer, May 21, 1960.

194. Mary McCarthy, "Eugene O'Neill—Dry Ice" (1959), in *Twentieth Century Interpretations of "The Iceman Cometh": A Collection of Critical Essays*, ed. John H. Raleigh (Englewood Cliffs, N.J.: Prentice-Hall, 1968), 50.这篇文章是她原来那篇《送冰的人来了》剧评的扩展版(Partisan Review, November - December 1946, 577 - 579)。原来那篇剧评中不包含大象的隐喻。

195. O'Neill, *Selected Letters*, 122; "A Letter from O'Neill," *New York*

Times, April 11, 1920; O'Neill, *Selected Letters*, 122. 在1933年的作品《无穷的岁月》中,奥尼尔通过将副标题定为"一部小说的情节"和"一部小说的情节续",更为清晰地显示出他长期以来的挫败感(这种挫败感至少可以追溯到《与众不同》)。

196. 詹姆斯·莱特的回忆没有确定日期,但他清楚地指出,这次见面是在奥尼尔创作《大神布朗》和《奇异的插曲》之间,莱特知道奥尼尔于1925年春天开始创作《奇异的插曲》,但当时他还没有开始写剧中的对话。在奥尼尔"潦草的日记"中,他于11月24日说自己写《泉》写得"烦死了",于是那天晚上就去了吉米·莱特家。

197. 奥尼尔的类比是借用了珀西·比希·雪莱的《诗之辩护》(1821):"诗人也不能说这样的话;因为,在创作时,心境宛若一团行将熄灭的炭火,有些不可见的势力,像变化无常的风,煽起它一瞬间的光焰;这种势力是内在的,有如花朵的颜色随着花开花谢而逐渐褪去,逐渐变化,并且我们天生的感觉能力也不能预测它的来去。假如这种势力能保持它原来的纯真和力量,谁也不能预言其结果将是如何伟大;然而,当创作开始时,灵感已在衰退了;因此,流传世间的最灿烂的诗也恐怕不过是诗人原来构思的一个微弱的影子而已。"

198. Light, "Parade of Masks."

199. Ibid.

200. Eugene O'Neill to Alexander King, January 29, 1932, in the author's possession.

201. 自1925年11月12日完成《拉撒路笑了》第三幕第一场以来,除了有两天在检查《大神布朗》剧本的勘误表,工作笔记中没有列出任何创作进展,直到1926年3月6日才有一条记录,"开始关于《拉撒路笑了》的实质性工作——尽管不喜欢"(O'Neill, *Work Diary*, 23)。

202. O'Neill, "Scribbling Diary," December 9, 10, and 11, 1925.

203. Gilbert W. Gabriel, "De Leon O'Neill in Search of His Spring," *New York Sun*, December 11, 1925, 34; Bogard, *Contour in Time*, 238.

204. O'Neill, "Scribbling Diary," December 27 and 31, 1925, and January 1, 1926.

205. King,*Another Part of a Long Story*, 143; Dr. G. V. Hamilton, *A Research in Marriage* (New York: Lear, 1929), 240.

206. Quoted in King,*Another Part of a Long Story*, 142–143. See also James Light, interview by Louis Sheaffer, March 26, 1959, Sheaffer-O'Neill Collection.

207. O'Neill, "Scribbling Diary," October 16, 1925.

208. Quoted in King,*Another Part of a Long Story*, 140.

209. Quoted in Edward L. Shaughnessy,*Eugene O'Neill in Ireland: The Critical Reception* (Westport, Conn.: Greenwood, 1988), 13.

210. Quoted in King,*Another Part of a Long Story*, 144.

211. Harry Kemp, "Out of Provincetown: A Memoir of Eugene O'Neill" (1930), in Estrin,*Conversations with Eugene O'Neill*, 102.

212. Quoted in Sheaffer,*Son and Artist*, 192.

213. Eugene O'Neill, "Eugene O'Neill Writes about His Latest Play,*The Great God Brown*," *New York Evening Post*, February 13, 1926.

214. Ibid.; John Anderson, "The Play: O'Neill's Newest Play Opens at the Greenwich Village," *New York Evening Post*, January 25, 1926, 6; J. Brooks Atkinson, "The Play: Symbolism in an O'Neill Tragedy," *New York Times*, January 25, 1926, 26.

215. William Harrigan [扮演威廉·布朗的演员], interview by Louis Sheaffer, December 13, 1960, Sheaffer-O'Neill Collection; O'Neill, *Selected Letters*, 549.

216. Clark,*Eugene O'Neill*, 106.

217. Sheaffer,*Son and Artist*, 211.

218. Waters,*Eugene O'Neill and Family*, 49, 59.

219. O'Neill,*Selected Letters*, 204.

220. Ibid., 203.

221. Ibid., 205, 213.

222. Commins,"*Love and Admiration and Respect*," 29.

223. 奥尼尔戏剧作品中小说特色的理论分析，参见 Kurt Eisen, *The Inner Strength of Opposites: O'Neill's Novelistic Drama and the Melodramatic Imagination* (Athens: University of Georgia Press, 1994)。

224. 酒对奥尼尔后期作品的影响参见 Stephen F Bloom, "The Role of Drinking and Alcoholism in O'Neill's Late Plays," *Eugene O'Neill Newsletter* 8, no. 1 (1984), http://eoneill.com/library/newsletter/viii_1/viii- 1e.htm。

225. Quoted in Sheaffer, *Son and Artist*, 205.

226. Ibid., 232; George Jean Nathan, "The Cosmopolite of the Month," *Cosmopolitan*, February 1937, 8, 11.

227. Quoted in David Karsner, "Eugene O'Neill at Close Range in Maine," *New York Herald Tribune*, August 8, 1926, sec. 8, 4.

228. Quoted in Madeline Smith, "George Pierce Baker," in Dowling, *Critical Companion to Eugene O'Neill*, 2:530.

229. Karsner, "Eugene O'Neill at Close Range in Maine," 6.

230. Quoted in Sheaffer, *Son and Artist*, 208.

231. Quoted in ibid., 209.

232. Quoted in ibid., 211.海滩上康尼岛式的步道和旅游商店将被1939年的飓风全部吹到海里，奥尼尔也许会因此而感到些许安慰，尽管新伦敦人并不这么认为。

233.David E. Philips, "Eugene O'Neill's Fateful Maine Interlude," *Down East* 28, no. 1 (1981): 106, 87.

234. O'Neill, *Selected Letters*, 206; quoted in Sheaffer, *Son and Artist*, 211.

235. O'Neill, *Selected Letters*, 210.

236. Karsner, "Eugene O'Neill at Close Range in Maine," 5.

237. Sergeant, "O'Neill," 96, 91.

238. Quoted in Sheaffer, *Son and Artist*, 213.

239. Ibid., 216; King, *Another Part of a Long Story*, 149.

240. Sheaffer, *Son and Artist*, 230; King, *Another Part of a*

Long Story, 149.

241. Sheaffer, *Son and Artist*, 221-222, 223.

242. Quoted in King, *Another Part of a Long Story*, 150.

243. Philips, "Eugene O'Neill's Fateful Maine Interlude," 104; Sheaffer, *Son and Artist*, 217; O'Neill, *Work Diary*, 29.

244. Quoted in Sheaffer, *Son and Artist*, 229.

245. Quoted in Philips, "Eugene O'Neill's Fateful Maine Interlude," 106.

246. Quoted in Sheaffer, *Son and Artist*, 217.

247. O'Neill, *Selected Letters*, 207; Sheaffer, *Son and Artist*, 211.

248. Quoted in Sheaffer, *Son and Artist*, 211, 212.

249. O'Neill, *Selected Letters*, 210.

250. Philips, "Eugene O'Neill's Fateful Maine Interlude," 99.

251. Harold De Polo, "Meet Eugene O'Neill—Fisherman," *Outdoor America*, May 1928, 5-8.

252. Harold de Polo, TS, explanation for inscribed copy of *The Great God Brown*, January 16, 1960, Clifton Waller Barrett Library of American Literature.

253. Signed copy of *The Great God Brown*, from the five-volume set "*The Great God Brown*," "*The Fountain*," "*The Moon of the Caribbees" and Other Plays* (New York: Boni and Liveright, 1926), inscribed to Harold de Polo, Clifton Waller Barrett Library of American Literature.

254. O'Neill, "*As Ever, Gene*," 72.

255. O'Neill, *Selected Letters*, 210, 201, 209; O'Neill, "*As Ever, Gene*," 73. 1926 年的分歧之后,实验剧院在没有奥尼尔的情况下又运营了三个半演出季,由麦克戈文和琼斯管理。

256. King, "*A Wind Is Rising*," 215, 253, 269.

257. Quoted in Sheaffer, *Son and Artist*, 233.

258. O'Neill, *Work Diary*, July through September, 1926.

259. Ibid., October through November, 1926.

260. King, "*A Wind Is Rising*," 238.

261. Waters, *Eugene O'Neill and Family*, 53 - 54, 59, 60; King, "*A Wind Is Rising*," 217.

262. O'Neill, *Selected Letters*, 226, 231.

263. Ibid., 229.

264. O'Neill, "*The Theatre We Worked For*," 128.

265. O'Neill, *Selected Letters*, 238.

266. Richard Watts Jr., "Realism Doomed, O'Neill Believes," *New York Herald Tribune*, February 5, 1928, sec. 7, 2; O'Neill, "*As Ever, Gene*," 75; Light, "Parade of Masks."

267. See Floyd, *Eugene O'Neill at Work*, 181; and Harley Hammerman, introductory note to "Autograph Manuscript, Ipage," Hammerman Collection, http://Eugene O'Neilleill.com/manuscripts/27200.htm.

268. Eugene O'Neill to Kenneth Macgowan, April 27, 1928 (incomplete), Sheaffer-O'Neill Collection.

269. O'Neill, *Selected Letters*, 312.

270. Eugene O'Neill, "Autograph Manuscript, I page," Hammerman Collection, http://Eugene O'Neilleill.com/manuscripts/27200.htm.

271. Quoted in Floyd, *Eugene O'Neill at Work*, 181.

272. O'Neill, *Selected Letters*, 239, 240.

273. Ibid., 164.

274. Ibid.

275. Ibid., 244.

276. Lawrence Langner, *The Magic Curtain: The Story of a Life in Two Fields, Theatre and Invention, by the Founder of the Theatre Guild* (New York: E. P. Dutton, 1951).

277. Ibid.

278. Quoted in Sheaffer, *Son and Artist*, 253.

279. Quoted in King, *Another Part of a Long Story*, 155.

280. O'Neill, *Selected Letters*, 249, 251-252.

281. King, "*A Wind Is Rising*," 244.

282. Ibid., 255, 261, 259.

283. O'Neill, *Selected Letters*, 229. 这是奥尼尔向她转述的信的内容。

284. King, "*A Wind Is Rising*," 294.

285. 12月和1月她不在家期间,芬·麦克·酷因为经常进犯邻居家的鸡窝而被邻居开枪打死了。这只狗是"沙恩最好的朋友",沙恩的女儿希拉2008年写道。"7岁的沙恩一个人面对他的狗的死亡。我现在知道为什么沙恩总是那么抑郁了"(Sheila O'Neill, afterword to *More of a Long Story*, http://www.Eugene O'Neilleill.com/ library/more/afterword.htm)。

286. Quoted in King, *Another Part of a Long Story*, 266n4.

287. Quoted in Sheaffer, *Son and Artist*, 280.

288. O'Neill, "*The Theatre We Worked For*," 34, 51; Alexander, *Eugene O'Neill's Creative Struggle*, 42.

289. Kelcey Allen, "Marco Millions Is Poignant O'Neill Satire," *Women's Wear Daily*, January 10, 1928, sec. 1, 4, quoted in Clark, *Eugene O'Neill*, 109; Floyd, *Plays of Eugene O'Neill*, 167; Bruce Gould, "At the Playhouses: O'Neill Takes a Crack at Babbitt," *Wall Street News*, January 12, 1928, 4.

290. Quoted in Bennett Cerf, *At Random: The Reminiscences of Bennett Cerf* (New York: Random House, 1977), 83.

291. J. Brooks Atkinson, "*Strange Interlude* Plays Five Hours," *New York Times*, January 31, 1928, 28.

292. Quoted in Sheaffer, *Son and Artist*, 287.

293. 在1925年的工作笔记中,奥尼尔清楚地写着,"他是双性"(Floyd, Eugene O'Neill at Work, 71)。内德·达雷尔将他描述为"可怜的魔鬼,搭上一辈子,就是不想发现自己是属于哪种性别!"(*CP*2, 662)。这个角色的名字是他两个朋友名字的组合:艺术家查尔斯·德穆斯和马斯登·哈特利。

294. 这场争论详见 Brenda Murphy, "O'Neill's America: The Strange Interlude between the Wars," in *The Cambridge Companion to Eugene O'Neill*, ed. Michael Manheim (New York: Cambridge University Press, 1998), 135-147. "男生理想"这个术语是 Murphy 提出的。

295. Eugene O'Neill, "Memoranda on Masks," in *The Unknown O'Neill*, 426.

296. George Jean Nathan, "Eugene O'Neill as a Character in Fiction" (1929), in*The Magic Mirror: Selected Writings on the Theatre by George Jean Nathan*, ed. Thomas Quinn Curtiss (New York: Knopf, 1960), 107.

297. Wainscott,*Staging O'Neill*, 234.

298. O'Neill,*Selected Letters*, 247.

299. Quoted in Bogard,*Contour in Time*, 307n.(关于这本书的引文,只有这一条来自 1972 年的版本;所有其他引文均来自 1988 年的修订版。)

300. Wainscott,*Staging O'Neill*, 235.

301. Sheaffer,*Son and Artist*, 287, 288; Thomas Van Dycke, "9-Act O'Neill Drama Opens," *New York Morning Telegraph*, January 31, 1928, 5; Dudley Nichols, "The New Play," *New York World*, January 31, 1928, 11.

302. George Jean Nathan, "Ervine Encore," *American Mercury*, February 1929, 246; Arthur H. Nethercot, "The Psychoanalyzing of Eugene O'Neill," *Modern Drama* 1, no. 3 (1960): 244; Alan Dale, "O'Neill Play of Nine Acts and Six Hours Reviewed by Dale," *New York American*, January 31, 1928, 9; Heywood Broun, "It Seems to Me," *New York World*, March 4, 1928; O'Neill, *Selected Letters*, 189.

303.这些剪贴簿收藏于拜内克图书馆。

304. Richard Watts Jr., "Realism Doomed, O'Neill Believes,"*New York Herald Tribune*, February 5, 1928, sec. 7, 2.

305. George Jean Nathan, "Eugene O'Neill" (1932), in Estrin, *Conversations with Eugene O'Neill*, 132.

306. R. A. Parker, "An American Dramatist Developing" (1921), in J. Y. Miller, ed., *Playwright's Progress*: *O'Neill and the Critics* (Chicago: Scott, Foresman, 1965), 28-29.

307. Joseph Wood Krutch, "Drama: Strange Interlude," *Nation*, February 15, 1928, 192.

308. Quoted in Arthur Gelb, "Onstage He Played the Novelist," *New York Times*, August 30, 1964, book review sec, 1.

309. O'Neill, *Selected Letters*, 247.

310. Claudia Wilsch Case, "What They Really Saw: Using Archives to Reconstruct the Censored Performance of Eugene O'Neill's *Strange Interlude*," *Laconics* 5 (2010), http://www.eoneill.com/library/laconics/5/5c.htm.

311. Alexander, *Eugene O'Neill's Creative Struggle*, 126; Case, "What They Really Saw"; "Rejects Revision of O'Neill Play: Boston Mayor Says Strange Interlude 'Glorifies an Abject Code of Morals,'" *New York Times*, September 24, 1929; Case, "What They Really Saw."

312. Quoted in John H. Houchin, *Censorship of the American Theatre in the Twentieth Century* (Cambridge: Cambridge University Press, 1997), 115.

313. Quoted in Edward Doherty, "Boston Bans*Strange Interlude*: A Look at a Problem of Puritanism," *Liberty*, November 16, 1929.

314. Case, "What They Really Saw."尽管公众对波士顿的戏剧审查制度一直很反感,但它一直执行到20世纪70年代。参见Houchin, *Censorship*, 115。

315. "Providence Bans O'Neill Play," *New York Herald Tribune*, April 20, 1930.

316. Quoted in Alexander, *Eugene O'Neill's Creative Struggle*, 125.

317. Basso, "Tragic Sense—II," 44; O'Neill, *Selected Letters*, 297.

318. King, "*A Wind Is Rising*," 304.

319. Ibid., 305.

第四幕 五英寻深处

前言部分：retreat from reality（Eleanor Flexner, *American Playwrights*, 1918 - 1938：*The Theatre Retreats from Reality*（New York：Simon and Schuster, 1938）；"blind alleys"（Eugene O'Neill, *Selected Letters of Eugene O'Neill*, ed. Travis Bogard and Jackson R. Bryer（New Haven：Yale University Press, 1988）, 559）；"There is something to be said for the Mad Twenties"（O'Neill, *Selected Letters*, 524）；"O'Neill gave birth to American theatre"（Gore Vidal, "Tennessee Williams：Someone to Laugh at the Squares With," in *United States*：*Essays*, 1952 - 1992 [New York：Random House, 1993], 449）.

1. Quoted in Louis Sheaffer, *O'Neill*：*Son and Artist*（Boston：Little, Brown, 1973）, 292.

2. O'Neill, *Selected Letters*, 278, 277.

3. Quoted in William Davies King, *Another Part of a Long Story*：*Literary Traces of Eugene O'Neill and Agnes Boulton*（Ann Arbor：University of Michigan Press, 2010）, 263n21.

4. "*The Theatre We Worked For*"：*The Letters of Eugene O'Neill to Kenneth Macgowan*, ed. Travis Bogard and Jackson R. Bryer（New Haven：Yale University Press, 1982）, 174；O'Neill, *Selected Letters*, 305.

5. William Davies King, ed., "*A Wind Is Rising*"：*The Correspondence of Agnes Boulton and Eugene O'Neill*（Madison, N.J.：Fairleigh Dickinson University Press, 2000）, 307；O'Neill, *Selected Letters*, 278.

6. Barrett H. Clark, *Eugene O'Neill*：*The Man and His Plays*, rev. ed.（New York：Dover, 1947）, 117.

7. "The Art of Making Masks Revealed," *Pasadena Evening Post*, May

10，1928，2.

8. Kenneth Macgowan，"New Line for O'Neill in *Lazarus Laughed*，" *New York Telegram*，January 14，1927.

9. O'Neill，*Selected Letters*，257，365.

10. George C. Warren，"*Lazarus Laughed* Produced on Coast，" *New York Times*，April 10，1928，33；Katherine T. Von Blon，"*Lazarus* Written Not from Imagination，but from Life，" *Los Angeles Times*，April 29，1928，C17.

11. O'Neill，*Selected Letters*，365；"Premiere of *Lazarus Laughed* This Evening to Mark Climax of Preparation at Playhouse，" *Pasadena Star-News*，April 9，1928，9；George C. Warren，"Play at Pasadena Received with Rousing Acclaim，" *San Francisco Chronicle*，April 15，1928，1D.

12. King，*Another Part of a Long Story*，313；King，"*A Wind Is Rising*，" 313.

13. King，"A Wind Is Rising，" 170；King，Another Part of a Long Story，170.

14. Quoted in Sally Cline，*Zelda Fitzgerald：Her Voice in Paradise*（New York：Arcade，2004），125.

15. King，*Another Part of a Long Story*，169；King，"*A Wind Is Rising*，" 310，312.

16. King，"*A Wind Is Rising*，" 314；O'Neill，*Selected Letters*，298，319.

17. Dorothy Commins，ed.，"*Love and Admiration and Respect*"：*The O'Neill-Commins Correspondence*（Durham，N.C.：Duke University Press，1986），32，34；O'Neill，"*The Theatre We Worked For*，" 182.

18. O'Neill，*Selected Letters*，296.

19. Ibid.，295.

20. See ibid.，302，315. William Davies King 认为，孩子的父亲是伯顿的"清风"系列故事的编辑 Courtland Young，因为韦恩伯格在其调查中发现，

Courtland Young 将康涅狄格州科恩沃尔桥的农场转让给了伯顿(*Another Part of a Long Story*, 189)。

21. Quoted in "Eugene O'Neill's Wife Sues for Divorce in Reno," *New York Herald Tribune*, July 2, 1929.

22. Kathleen O'Neill v. Eugene G. O'Neill, County Clerk's Index # 1673, Supreme Court, Westchester County, Westchester County Clerk's Office, White Plains, N.Y., 1912.

23. O'Neill, *Selected Letters*, 299.

24. Sheaffer, *Son and Artist*, 301.

25. Quoted in William Davies King, ed., "The Port Saïd Incident: O'Neill and Carlotta Monterey at Sea," *Eugene O'Neill Review* 33, no. 2 (2012): 235.

26. O'Neill, *Selected Letters*, 307 - 308.

27. Quoted in King, "*A Wind Is Rising*," 282.

28. Daniel Aaron, *Writers on the Left: Episodes in American Literary Communism* (New York: Harcourt, Brace and World, 1961), 99 - 102. "我认为《新民众》与商业媒体的关系,就如同实验剧场与百老汇的关系,"奥尼尔为这份杂志写道,"献上我的祝福和最高亢的欢呼!"(Quoted in ibid., 410)

29. Quoted in Virginia Floyd, ed., *Eugene O'Neill at Work: Newly Released Ideas for His Plays* (New York: Frederick Ungar, 1981), 125. 评论家也看出了《发电机》和亨利·亚当斯的作品《亨利·亚当斯的教育》中的"发电机与处女"一章之间在主题和标题方面都存在对应关系; see Joseph Wood Krutch, "The Virgin and the Dynamo," *Nation*, February 27, 1929, 264, 266; and see Euphemia Van Rennselaer Wyatt, "Plays of Some Importance," *Catholic World*, April 1929, 80 - 82. 奥尼尔有好几年都不读亚当斯的书了,在他创作该剧时,这本书在他心中并不占主导地位(see O'Neill, *Selected Letters*, 332)。

30. Quoted in Floyd, *Eugene O'Neill at Work*, 126.

31. O'Neill, *Selected Letters*, 308. 在同一封信中,奥尼尔建议戈尔德写

短篇小说,写写"东区生活中的精彩……尽可能不要有任何掩饰"。戈尔德听从了他的建议,立即开始创作一部从未有人涉足的关于曼哈顿下东区犹太人生活的纪实小说《没有钱的犹太人》(1930)。

32. Eugene O'Neill, "Suggestions, Instructions, Advice, along with Sundry Snooty Remarks and Animadversions as to the Modern Theatre," September 10, 1928, Sheaffer-O'Neill Collection, Linda Lear Center for Special Collections and Archives, Connecticut College, New London.

33. O'Neill, *Selected Letters*, 301.

34. Ibid., 311.

35. Quoted in Sheaffer, *Son and Artist*, 217.

36. Quoted in Commins, "*Love and Admiration and Respect*," 40.

37. Ibid., 33.

38. Quoted in King, "*A Wind Is Rising*," 320.

39. Commins, "*Love and Admiration and Respect*," 41.

40. Quoted in Floyd, *Eugene O'Neill at Work*, 170.

41. King, "Port Saïd Incident," 242; O'Neill, *Selected Letters*, 336; King, "Port Saïd Incident," 242.

42. 尽管报纸上说瑞纳是奥地利人,但蒙特雷和奥尼尔都说瑞纳夫妇是匈牙利人(King, "Port Saïd Incident," 244; O'Neill, *Selected Letters*, 405)。

43. William Weer, "Eugene O'Neill, Fleeing Prying Public Eye, Appears to Be Reverting to Old Days When He Trod the Roads of the World to Romance," *Brooklyn Daily Eagle*, December 23, 1928, A7.

44. Quoted in Sheaffer, *Son and Artist*, 314.

45. O'Neill, *Selected Letters*, 337.

46. King, "Port Saïd Incident," 247, 242.卡洛塔·蒙特雷的日记不完全可靠。蒙特雷经常会为了美化自己或者奥尼尔而改写过去所发生的事;因此,作为信息的来源,这些日记需要经过进一步的证实或者更为严格的考证。

47. Quoted in Sheaffer, *Son and Artist*, 314.

48. Ibid., 315 - 316.

49. King, "Port Saïd Incident," 247; Sheaffer, *Son and Artist*, 316 - 317; King, "Port Saïd Incident," 247, 248.

50. "O'Neill Still in Shanghai, 'Disappearance Act' Hoax," *New York Evening Post*, December 18, 1928, 8; " Eugene O'Neill Admits Identity: Shows Passport at Manila Before Sailing," *New York Sun*, December 19, 1928, 41; "O'Neill in Manila, Fails to Find Rest," *New York Evening Post*, December 19, 1928, 2.

51. Quoted in Sheaffer, *Son and Artist*, 316 - 318. See also "O'Neill Still in Shanghai."

52. O'Neill, *Selected Letters*, 324; "O'Neill in Manila"; "Eugene O'Neill Admits Identity."

53. Quoted in Sheaffer, *Son and Artist*, 319.

54. King, "Port Saïd Incident," 252 - 253.

55. Quoted in Sheaffer, *Son and Artist*, 322.

56. O'Neill, *Selected Letters*, 323 - 324.

57. Ibid., 323.

58. Quoted in Floyd, *Eugene O'Neill at Work*, 210.

59. King, "Port Saïd Incident," 249.

60. Sheaffer, *Son and Artist*, 317, 319 - 321, 326.

61. Ibid., 278.

62. King, "Port Saïd Incident," 257, 258.

63. Quoted in Sheaffer, *Son and Artist*, 322.

64. Edna Kenton to Carl Van Vechten, n.d., Sheaffer-O'Neill Collection.

65. Eugene O'Neill, "*As Ever, Gene*": *The Letters of Eugene O'Neill to George Jean Nathan*, ed. Nancy L. Roberts and Arthur W. Roberts (Rutherford, N.J.: Fairleigh Dickinson University Press, 1987), 90.

66. Quoted in Doris Alexander, *Eugene O'Neill's Creative Struggle: The Decisive Decade*, 1924 - 1933 (University Park: Pennsylvania State

University Press, 1992), 147.

67. O'Neill, *Selected Letters*, 325; George Jean Nathan, "Judging the Shows," *Judge*, March 9, 1929, 18.

68. Heywood Broun, "It Seems to Me," *New York Telegram*, February 14, 1929, 2nd ed., 13.

69. Nathan, "Judging the Shows," 18.

70. O'Neill, *Selected Letters*, 330.

71. Ibid., 350.

72. Ibid., 323.

73. O'Neill, "*As Ever, Gene*," 88; King, "*A Wind Is Rising*," 227 - 228.

74. Agnes Boulton to Harold de Polo, May 31, 1929, Clifton Waller Barrett Library of American Literature, Albert and Shirley Small Special Collections Library, University of Virginia, Charlottesville.

75. O'Neill, *Selected Letters*, 336, 338, 333.

76. Sheaffer, *Son and Artist*, 330; O'Neill, "*The Theatre We Worked For*," 188.

77. O'Neill, "*The Theatre We Worked For*," 165; George Jean Nathan, "The Bright Face of Tragedy," *Cosmopolitan*, August 1957, 66 - 69; "O'Neill Gets Chateau for 13 Years for Bride," *New York Times*, July 28, 1929.

78. 房子的这个名字在学者中引起了关于城堡真实名称的误解;但我在这一章中对其的处理方法与卡洛塔·蒙特雷一致,她 1955 年的日记中包含一张当时的卡片,卡片上把这座城堡称为"du Plessis"。

79. Commins, "*Love and Admiration and Respect*," 55.

80. Quoted in King, *Another Part of a Long Story*, 113.

81. Commins, "*Love and Admiration and Respect*," 61.

82. Kenneth Macgowan, "Talk of the Town: About O'Neill," *New Yorker*, September 28, 1929, 21.

83. Commins,"*Love and Admiration and Respect*," 73.

84. O'Neill,"*The Theatre We Worked For*," 195－197. 在纽约的这篇文章出现之后,蒙特雷曾给麦克戈文写过一张类似的字条,但这张字条遗失了。

85. Ibid., 196, 210.

86. "Eugene O'Neill's Wife Sues for Divorce in Reno"; "Eugene O'Neill Wed to Miss Monterey,"*New York Times*, July 24, 1929.

87. Commins,"*Love and Admiration and Respect*," 69.

88. Ibid., 66, 82.

89. James and Patricia Light, interview by Louis Sheaffer, November 16, 1960, Sheaffer-O'Neill Collection.

90. O'Neill,"*The Theatre We Worked For*," 196－197.

91. James Light, interview by Louis Sheaffer, November 16, 1960, Sheaffer-O'Neill Collection.

92. O'Neill,"*The Theatre We Worked For*," 192. 格拉蒂丝·刘易斯将在1931年3月13日开庭时败诉。但奥尼尔还是不得不支付上千美元的诉讼费,米高梅公司本来想要将《奇异的插曲》拍成电影,作为莉莲·吉许的第一部有声影片,但因为这场诉讼而作罢。

93. George Jean Nathan, "The Bright Face of Tragedy,"*Cosmopolitan*, August 1957, 66－69.

94. O'Neill,*Selected Letters*, 341.

95. Commins,"*Love and Admiration and Respect*," 130.

96. O'Neill,*Selected Letters*, 395.

97. Ibid., 401.

98. Commins,"*Love and Admiration and Respect*," 77.

99. O'Neill,"*As Ever, Gene*," 102.

100. "Eugene O'Neill, A Playwright Not without Honor,"*New York Evening Post*, January 7, 1928, 8.

101. Shivaun O'Casey, "Sean and O'Neill," in "Celtic Twilight: 21st-Century Irish-Americans on Eugene O'Neill," Drunken Boat ＃12, http://

www.drunkenboat.com/db12/04one/ocasey/ocasey2.php.

102. Quoted in "Shaw Says He's out of Date; Pokes Fun at U.S. Authors," *New York Evening Post*, September 27, 1924, 6.

103. Quoted in Louis Sheaffer, *Son and Playwright* (Boston: Little, Brown, 1968), 434.

104. *Selected Letters*, 407.

105. "O'Neill, A Playwright Not without Honor."

106. O'Neill, "*As Ever, Gene*," 102.

107. O'Neill, *Selected Letters*, 335, 339.

108. Floyd, *Eugene O'Neill at Work*, 185–186; O'Neill, "*The Theatre We Worked For*," 168.

109. O'Neill, "*As Ever, Gene*," 118; "O'Neill Back in France: American Worked on Next Play during Sojourn in the Canaries," *New York Times*, April 15, 1931.

110. Sheaffer, *Son and Artist*, 357; O'Neill, *Selected Letters*, 351.

111. O'Neill, "*As Ever, Gene*," 102.

112. Quoted in Tom Cerasulo, "Film Adaptations," in *Critical Companion to Eugene O'Neill: A Literary Reference to His Life and Work*, ed. Robert M. Dowling (New York: Facts on File, 2009), 2:592.

113. O'Neill, "*The Theatre We Worked For*," 191; Sheaffer, *Son and Artist*, 363.

114. 以前,研究奥尼尔的学者(包括我自己)都认为鲸油湾沿岸的房子是《悲悼》中孟南家房子的建筑原型,因为这座房子应该是建于19世纪30年代。肖尔家的宅邸建于18世纪50年代中期,尽管它不是像鲸油湾的房子那样建于19世纪30年代或40年代,但这座房子的正面是石头建造的,并有白色的柱子,更接近奥尼尔在舞台提示中的描述。

115. O'Neill, *Selected Letters*, 386.

116. O'Neill, "*As Ever, Gene*," 120.

117. O'Neill, *Selected Letters*, 390.

118. O'Neill, "*As Ever, Gene*," 118.

119. Quoted in O'Neill, "*The Theatre We Worked For*," 166-167.

120. "Ralph Barton Ends His Life with Pistol: Artist in Note Mourns Loss of Third Wife, Carlotta Monterey, Now Wed to Eugene O'Neill," *New York Times*, May 21, 1931.

121. Ibid.

122. Bennett Cerf, *At Random: The Reminiscences of Bennett Cerf* (New York: Random House, 1977), 83.

123. Quoted in Sheaffer, *Son and Artist*, 374, 375.

124. Ibid., 375.

125. Quoted in Ernest K. Lindley, "Exile Made Him Appreciate U.S., O'Neill Admits" (1931), in *Conversations with Eugene O'Neill*, ed. Mark W. Estrin (Jackson: University Press of Mississippi, 1990), 109.

126. Ibid., 111.

127. Quoted in Sheaffer, *Son and Artist*, 376.

128.《悲悼》的剧本于 1931 年 11 月 2 日出版。

129. O'Neill, *Selected Letters*, 363.

130. Thomas Chalmers(在《悲悼》中扮演亚当姆・卜兰特), interview by Louis Sheaffer, n.d., Sheaffer-O'Neill Collection.

131. Quoted in Paul Sifton, "A Whale of a Play," *McCall's*, May 1932, 116.

132. Sheaffer, *Son and Artist*, 384; Hamilton Basso, "The Tragic Sense—III," *New Yorker*, March 13, 1948, 44.

133. John Anderson, "O'Neill's Trilogy: Playwright's Latest Work Acclaimed as His 'Masterpiece,'" *New York Evening Journal*, October 27, 1931, 26.

134. Ibid.

135. John Mason Brown. "The Play: *Mourning Becomes Electra*, Eugene O'Neill's Exciting Trilogy, Is Given an Excellent Production at the Guild,"

New York Evening Post, October 27, 1931, 12; George Jean Nathan, "The Theatre of George Jean Nathan," *Judge*, November 21, 1931, 16.

136. Elizabeth Jordan, "Dramatics: Mr. O'Neill and Others," *America*, November 28, 1931, 187; Theresa Helburn, *A Wayward Quest: The Autobiography of Theresa Helburn* (Boston: Little, Brown, 1960), 263; Brooks Atkinson, "Tragedy Becomes Electra," *New York Times*, November 1, 1931, in *The Critical Response to Eugene O'Neill*, ed. John H. Houchin, Critical Responses in Arts and Letters, no. 5 (Westport, Conn.: Greenwood, 1993), 126.

137. Quoted in Sheaffer, *Son and Artist*, 391.

138. O'Neill, *Selected Letters*, 403 - 404.

139. Quoted in George Jean Nathan, "Eugene O'Neill" (1932), in Estrin, *Conversations with Eugene O'Neill*, 127 - 128.

140. "O'Neill Goes Mildly Pirate," *House & Garden*, January 1934, 19 - 21; Helburn, *Wayward Quest*, 264.

141. Quoted in Sheaffer, *Son and Artist*, 377.

142. Quoted in Alexander, *Eugene O'Neill's Creative Struggle*, 172.

143. Quoted in Hamilton Basso, "The Tragic Sense—II," *New Yorker*, March 6, 1948, 46.

144. Commins, "*Love and Admiration and Respect*," 139.

145. O'Neill, *Selected Letters*, 408.

146. Quoted in Alexander, *Eugene O'Neill's Creative Struggle*, 181.

147. Commins, "*Love and Admiration and Respect*," 136.

148. O'Neill, *Selected Letters*, 404.

149. Commins, "*Love and Admiration and Respect*," 75.

150. Carlotta Monterey Diary, December 27, 1933, O'Neill Papers, Beinecke Library, Yale University, New Haven.

151. Eugene O'Neill to Robert Sisk, December 27, 1932, Clifton Waller Barrett Library of American Literature.

152. Commins, "*Love and Admiration and Respect*," 104, 149.

153. Cerf, *At Random*, 81.

154. Quoted in Sheaffer, *Son and Artist*, 303, 417.

155. O'Neill, *Selected Letters*, 410, 506.

156. Commins, "*Love and Admiration and Respect*," 164.

157. 奥尼尔把信的地址写成"浮士德,纽约",但那其实是塔珀尔湖区一个小邮局的名字,并不是小镇的名字。这个邮局名为浮士德,是为了与塔珀尔湖区的邮政总局区分开。巨狼湖营地的主人是《住宅与庭院》杂志的商业经理F. L. Wurzburg。

158. Whitney Bolton, "George M. Cohan is the thing in O'Neill's *Ah, Wilderness!*" *New York Morning Telegraph*, October 4, 1933, 3; Elizabeth Jordan, "Mr. O'Neill Soft-Pedaled," *America*, October 28, 1933, 90.

159. O'Neill, "*As Ever, Gene*," 153; Richard Watts Jr., "O'Neill Is Eager to See Cohan in *Ah, Wilderness!*" (1933), in Estrin, Conversations with Eugene O'Neill, 134; Sheaffer, *Son and Artist*, 422.

160. John Mason Brown, "The Play: Mr. Cohan Gives a Magnificent Performance in Mr. O'Neill's Mellow Comedy, *Ah, Wilderness!* at the Guild," *New York Evening Post*, October 3, 1933, 26.

161. 自从1933年首演以来,《啊,荒野!》共有两个电影改编版,一个名为《暑假》的音乐剧版(1948),这个音乐剧后来又被改编成名为《带我走》的百老汇音乐剧(1959),还有一个微型电视连续剧版。

162. Quoted in *The Unknown O'Neill: Unpublished and Unfamiliar Writings of Eugene O'Neill*, ed. Travis Bogard (New Haven: Yale University Press, 1988), 381.

163. Quoted in Sheaffer, *Son and Artist*, 256.

164. O'Neill, "*As Ever, Gene*," 133.

165. Ibid.

166. "Memoranda on Masks" (November 1932), "Second Thoughts" (December 1932), and "A Dramatist's Notebook" (January 1933).

167. Eugene O'Neill, "Memoranda on Masks," in Bogard, *Unknown O'Neill*, 407.

168. Ibid., 408.奥尼尔在写给乔治·金恩·内森的一封信中确认了这一点（O'Neill, *"As Ever, Gene,"* 148）。

169. O'Neill, *Selected Letters*, 403.

170. Quoted in Alexander, *Eugene O'Neill's Creative Struggle*, 202.

171. Travis Bogard 认为，"真正的戏剧是奥尼尔写作戏剧的企图"（*Contour in Time: The Plays of Eugene O'Neill*, rev. ed. [New York: Oxford University Press, 1988], 328），Stephen A. Black 在他的心理分析式传记中完整地呈现了这部戏剧（*Eugene O'Neill: Beyond Mourning and Tragedy* [New Haven: Yale University Press, 1999], 377 - 387）。

172. Quoted in John Mason Brown, "Two on the Aisle: Mr. O'Neill and His Champions—Days Without End Finds Some Tolerant but Sturdy Defenders," *New York Evening Post*, January 22, 1934.

173. John Mason Brown, "The Play: The Theatre Guild Presents Earle Larimore and Stanley Ridges in Mr. O'Neill's *Days Without End*," *New York Evening Post*, January 9, 1934, 17; Alexander, *Eugene O'Neill's Creative Struggle*, 207; Brooks Atkinson, "The Play: *Days Without End*," *New York Times*, January 9, 1934, 19; Bernard Sobel, "Eugene O'Neill's New Play Opens at Henry Miller," *New York Daily Mirror*, January 10, 1934, 24.

174. Monterey Diary, September 18, 1933.

175. Oscar Cargill, introduction to *O'Neill and His Plays: Four Decades of Criticism*, ed. Oscar Cargill, N. Bryllion Fagin, and William J. Fisher (New York: New York University Press, 1961), 10.

176. "O'Neill Produces the Great Catholic Play of the Age," *Queen's Work*, January 1934; Brown, "Two on the Aisle: Mr. O'Neill and His Champions"; Gerard B. Donnelly, "O'Neill's New Catholic Play," *America*, January 13, 1934, 346 - 347.

177. Quoted in Edward L. Shaughnessy, *Down the Nights and Down the Days*: *Eugene O'Neill's Catholic Sensibility* (Notre Dame: University of Notre Dame Press, 2000), 133.

178. Monterey Diary, April 30, 1933, June 28, 1933.

179. Benjamin De Casseres, "'Denial Without End': Benjamin De Casseres's Parody of Eugene O'Neill's 'God Play' *Days Without End*," ed. Robert M. Dowling, *Eugene O'Neill Review* 30 (2008): 145 - 159.

180. Croswell Bowen, "The Black Irishman" (1946), in Cargill, Fagin, and Fisher, *O'Neill and His Plays*, 80.

181. O'Neill, *Selected Letters*, 425, 426.

182. Ibid., 433.

183. Brooks Atkinson, "On *Days Without End*," *New York Times*. January 14, 1934; Dorothy Day, "Told in Context," ca. 1958, Dorothy Day Papers, series D-3, box 7, file 2, Special Collections and University Archives, Raynor Memorial Libraries, Marquette University, Milwaukee, Wis.

184. O'Neill, *Selected Letters*, 424.

185. Quoted in *Floyd*, *Eugene O'Neill at Work*, 162 - 163. 这封信上带有括号,显示出奥尼尔的删改,但我在这里去除了一些容易引起混乱的标记格式。

186. Quoted in Cargill, introduction to *O'Neill and His Plays*, 10. 参见 Shaughnessy 的 *Down the Nights and Down the Days*(Notre Dame, Ind.: University of Notre Dame Press, 1996),了解关于《无穷的岁月》以及奥尼尔与天主教之间关系的更为深入和全面的分析。

187. O'Neill, "*The Theatre We Worked For*," 208; Floyd, *Eugene O'Neill at Work*, 393.

188. "Eugene O'Neill Ill, Unable to Testify," *New York Times*, April 13, 1934; "O'Neill Loses Auto Suit," *New York Times*, April 17, 1934.

189. Eugene O'Neill to Sherwood Anderson, April 23, 1934, Contempo Records, 1930 - 1934, University of North Carolina Library, Chapel Hill.

190. O'Neill,"*The Theatre We Worked For*," 209, 211.

191. O'Neill, *Selected Letters*, 435-437.

192. Arthur Gelb and Barbara Gelb, *O'Neill* (1962; rev. ed., New York: Harper and Row, 1973), 439-440.

193. 这句关于马尔克斯兄弟的台词具有双重指涉;其中"旁白"的手法来自奥尼尔的《奇异的插曲》,但这句台词本身来自 John Gay1728 年的《乞丐的歌剧》:"如果你们中的一个离开,我跟剩下的那一个会多么得开心啊!"

194. O'Neill, *Selected Letters*, 443. Jack Benny 的节目于 1937 年 5 月播出。

195. Ibid., 431.

196. Ibid., 446.

197. "Anna Christie," videocassette, produced and directed by Clarence Brown (coproduced by Paul Bern and Irving Thalberg) (MGM, 1930).《"安娜·克里斯蒂"》最终在 1957 年被改编为一部百老汇歌舞剧《镇上新来的姑娘》。

198. Virginia Floyd, *The Plays of Eugene O'Neill: A New Assessment* (New York: Frederick Ungar, 1985), 201n; O'Neill, *Selected Letters*, 364; Alexander, *Eugene O'Neill's Creative Struggle*, 127; O'Neill, "*The Theatre We Worked For*," 207.

199. Zoe Jones, M.D. (金诺塔堡现在的主人), interview by the author, May 24, 2013. See also Nathan, "The Bright Face of Tragedy," 66-69.

200. Basso, "The Tragic Sense—Ⅲ," 42.

201. Commins, "*Love and Admiration and Respect*," 144; O'Neill, "*As Ever, Gene*," 127; Sheaffer, *Son and Artist*, 400.

202. Monterey Diary, December 24, 1935.

203. Quoted in Sheaffer, *Son and Artist*, 448. Sheaffer 没有提到奥尼尔的疏忽。

204. Monterey Diary, February 21 and 22, 1936.

205. Albert Rothenberg, M.D., "Correspondence," *New England School*

of Medicine 343, no. 10 (2000): 741.

206. Commins, "*Love and Admiration and Respect*," 218.

207. P. K. Brask, "*A Tale of Possessors Self-Dispossessed*," in Dowling, *Critical Companion to Eugene O'Neill*, 2:748. 关于系列剧更为明确的解读，参见 Donald C. Gallup, *Eugene O'Neill and His Eleven-Play Cycle*, "*A Tale of Possessors Self-Dispossessed*" (New Haven: Yale University Press, 1998)。

208. Quoted in Floyd, *The Plays of Eugene O'Neill*, 537.

209. Quoted in Joel Pfister, *Staging Depth*: *Eugene O'Neill and the Politics of Psychological Discourse* (Chapel Hill: University of North Carolina Press, 1995), 182.

210. O'Neill, *Selected Letters*, 452.

211. Ibid., 451.

212. Ibid., 452.

213. Ibid., 416.

214. Monterey Diary, August 26 and 27, 1936.

215. Ibid., November 12, 1936.

216. O'Neill, *Selected Letters*, 439; O'Neill, "*As Ever, Gene*," 179, 180.

217. "Eugene O'Neill Receives Nobel Prize for Literature," *New York Evening Post*, November 12, 1936, 1; O'Neill, *Selected Letters*, 454; "Nobel Prize Awarded to O'Neill," *New York Times*, November 13, 1936.

218. O'Neill, *Selected Letters*, 458.

219. Ibid., 455.

220. Eugene O'Neill, "The Nobel Prize Acceptance Letter," in Bogard, *Unknown O'Neill*, 427 - 428.

221. O'Neill, *Selected Letters*, 456.

222. O'Neill, "*As Ever, Gene*," 164.

223. Brenda Murphy, "Nobel Prize in Literature," in Dowling, *Critical*

Companion to Eugene O'Neill, 2:680.

224. "Nobel Prize Awarded to O'Neill."奥尼尔否认他因为两年的奖金叠加而获得相当于其他获奖者两倍的奖金（O'Neill, *Selected Letters*, 554）。

225. Per Hallström, "Award Ceremony Speech," December 10, 1936, Nobel Prize Award Ceremony, *Nobel Prizes and Laureates*, http://www.nobelprize.org/nobel_prizes/ literature/laureates/1936/press.html; Helburn, *Wayward Quest*, 279.

226. O'Neill, "*As Ever, Gene*," 164.

227. O'Neill, "*The Theatre We Worked For*," 228; Helburn, *Wayward Quest*, 268; O'Neill, *Selected Letters*, 465.

228. Kathryne Albertoni, interview by the author, October 6, 2010.

229. Kathryne Albertoni, *Remembering Eugene O'Neill: A Memoir by Kathryne Albertoni, RN* (privately printed, 2006), 6, in the author's possession. 杰克·伦敦好几部作品中的场景和人物的灵感均来自海因诺德酒吧,包括《海狼》、《野性的呼唤》,影响最为明显的一部作品是关于他喝酒生涯的回忆录《大麦约翰》。

230. O'Neill, "*The Theatre We Worked For*," 234.

231. O'Neill, "*As Ever, Gene*," 187.

232. O'Neill, *Selected Letters*, 467.

233. Commins, "*Love and Admiration and Respect*," 181.

234. Sheaffer, *Son and Artist*, 471, 472.

235. Helburn, *Wayward Quest*, 277.

236. O'Neill, *Selected Letters*, 469.

237. Jane Scovell, *Oona: Living in the Shadows* (New York: Warner, 1998), 77.

238. O'Neill, *Selected Letters*, 465.

239. O'Neill, "*As Ever, Gene*," 190.

240. 奥尼尔反复调整系列剧,最终确定为 11 个剧本,可以总体演出也可以分开演出(在总体首演之后)。经过长时间的思考和修改,最终将这些剧本依次定名为:《给我自由和——》、《卑微者的反叛》、《温顺者的贪婪》、《赐我死亡》、《诗人的气质》、《更庄严的大厦》、《摩羯座的平静》、《地球为限》、《丢掉的只是荣誉》、《铁马背上的人》和《狗毛》。

241. O'Neill, *Selected Letters*, 483.

242. Albertoni, interview.

243. O'Neill, *Selected Letters*, 493.

244. Albertoni, interview.

245. Albertoni, *Remembering Eugene O'Neill*, 11.

246. Scovell, *Oona*, 79.

247. Ibid.

248. Quoted in Croswell Bowen, *The Curse of the Misbegotten: A Tale of the House of O'Neill* (New York: McGraw-Hill, 1959), 267.

249. Cerf, *At Random*, 86; James Light, interview by Louis Sheaffer, ca. 1959, Sheaffer-O'Neill Collection; Sheaffer, *Son and Artist*, 419–420; Cerf, *At Random*, 87; O'Neill, "*The Theatre We Worked For*," 250.

250. Quoted in Sheaffer, *Son and Artist*, 480.

251. O'Neill, *Selected Letters*, 486. 他是在评论肖恩·奥凯西的反法西斯剧 *The Star Turns Red* (1940)。

252. Ibid., 507, 486.

253. Ibid., 534.

254. Quoted in Floyd, *Eugene O'Neill at Work*, xix–xx.

255. O'Neill, *Selected Letters*, 509, 515.

256. Ibid., 508, 510.

257. Quoted in Helburn, *Wayward Quest*, 275.

258. O'Neill, "*The Theatre We Worked For*," 256, 257.

259. 感谢诗人(也是朋友)Dan Donaghy,他2010年6月27日在康涅狄格州哈特福德的哈丽叶特·比切·斯托中心的朗诵启发了我的思考,将《送冰的人来了》以及奥尼尔写作该剧时的心态与古希腊神话"潘多拉的盒子"联系起来。

260. O'Neill, *Selected Letters*, 501.

261. Normand Berlin, "Endings," in*Modern Critical Interpretations*: *Eugene O'Neill's "The Iceman Cometh,"* ed. Harold Bloom (New York: Chelsea House, 1987), 99.

262. O'Neill,*Selected Letters*, 502.

263. Quoted in John H. Raleigh, introduction to *Twentieth Century Interpretations of "The Iceman Cometh": A Collection of Critical Essays*, ed. John H. Raleigh (Englewood Cliffs, N.J.: Prentice- Hall, 1968), 11.

264. O'Neill,*Selected Letters*, 501, 511.

265. Ibid., 537.

266. Ibid., 508 - 510.

267. Quoted in Floyd,*Eugene O'Neill at Work*, 260.

268. O'Neill,*Selected Letters*, 475, 476.

269. Commins,"*Love and Admiration and Respect*," 150, 189.

270. Travis Bogard, foreword to "The Last Will and Testament of Silverdene Emblem O'Neill," by Eugene O'Neill (1940), in *Bogard*, *Unknown O'Neill*, 432.

271. O'Neill, "The Last Will and Testament of Silverdene," 433.

272. Bogard, foreword to "The Last Will and Testament of Silverdene."

273. Commins,"*Love and Admiration and Respect*," 192.

274. O'Neill, *Selected Letters*, 507, 519.

275. Quoted in Normand Berlin, *Eugene O'Neill* (New York: Grove, 1982), 88.

276. Quoted in Floyd,*Plays of Eugene O'Neill*, 549n.

277. O'Neill,*Selected Letters*, 506 - 507.

278. Quoted in Sheaffer,*Son and Artist*, 517.

279. Quoted in Virginia Floyd, ed., *Eugene O'Neill: A World View* (New York: Fredrick Ungar, 1979), 296.

280. Ingrid Bergman, "A Meeting with Eugene O'Neill," in Floyd,

Eugene O'Neill: *A World View*, 294.

281. Ibid., 295.

282. Clive Barnes, "Theater: O'Neill's*More Stately Mansions* Opens," *New York Times*, November 1, 1967, 40.

283. Bergman, "A Meeting with Eugene O'Neill," 295.耶鲁大学出版社1964 年出版了该剧的 Gierow 缩减版。牛津大学出版社 1988 年 9 月首次出版了该剧完整的未删节版,由 Martha Gilman Bower 担任编辑并撰写引言。

284. O'Neill,*Selected Letters*, 528 - 529.

285. "The Visit of Malatesta" and "The Last Conquest."

286. Commins, "*Love and Admiration and Respect*," 204; O'Neill, *Selected Letters*, 538, 531.

287. O'Neill,*Selected Letters*, 531 - 532.

288. Ibid., 531.

289. Quoted in Judith Barlow,*Final Acts*: *The Creation of Three Late O'Neill Plays* (Athens: University of Georgia Press, 1985), 114.

290. O'Neill,*Selected Letters*, 532.

291. Quoted in Barlow,*Final Acts*, 116.

292. O'Neill,"*As Ever*, *Gene*," 220.

293. Quoted in Sheaffer, *Son and Artist*, 538.

294. Eugene O'Neill Jr., "The Last Name Is Not Junior," TS carbon, corrected, 1948, pp. 2, 7, Eugene O'Neill, Jr. Collection, Beinecke Library.

295. Quoted in Scovell, *Oona*, 87; David Shields and Shane Salerno, eds. *Salinger* (New York: Simon and Schuster, 2013), 74; quoted in Scovell, *Oona*, 87.

296. Earl Wilson, "Gene O'Neill Should See Daughter Now,"*New York Post*, April 13, 1942.

297. Eugene O'Neill to Oona O'Neill, November 19, 1942, Sheaffer-O'Neill Collection.

298. O'Neill,*Selected Letters*, 529.

299. Scovell, *Oona*, 100.

300. Eugene O'Neill to Oona O'Neill, November 19, 1942.

301. Ibid.

302. Scovell, *Oona*, 102.

303. Quoted in ibid., 105, 106.

304. 乌娜和卓别林的八个孩子分别名为杰拉尔丁、迈克尔、约瑟芬、维多利亚、尤金、简、安妮特和克里斯托弗。

305. Albertoni, interview; Commins, "*Love and Admiration and Respect*," 212.

306. Basso, "Tragic Sense—III," 42.

307. O'Neill, "*The Theatre We Worked For*," 264.

308. O'Neill, *Selected Letters*, 566.

309. Quoted in O'Neill, "*The Theatre We Worked For*," 219.

310. Quoted in Helburn, *Wayward Quest*, 276.

311. O'Neill, "*The Theatre We Worked For*," 217.

312. Sheaffer, *Son and Artist*, 552, 550.

313. Monterey Diary, August 6, 1944.

314. O'Neill, "*As Ever, Gene*," 230.

315. O'Neill, *Selected Letters*, 566.

316. Quoted in Sheaffer, *Son and Artist*, 555.

317. Eugene O'Neill, "To a Stolen Moment" (June 29, 1945), in Bogard, *Unknown O'Neill*, 376-377.

318. Albertoni, interview.

319. Sheaffer, *Son and Artist*, 558.

320. Herbert J. Stoeckel, "Memories of Eugene O'Neill," *Hartford Courant*, December 6, 1953, 3, 16.

321. Commins, "*Love and Admiration and Respect*," 219.

322. Eugene O'Neill, "Last Will and Testament of Eugene O'Neill," December 5, 1945, Eugene O'Neill Papers, Beinecke Library.

323. James Agee, "The Ordeal of Eugene O'Neill" (1946), in Estrin, *Conversations with Eugene O'Neill*, 186; Bowen, "Black Irishman," 82.

324. John S. Wilson, "O'Neill on the World and*The Iceman*" (1946), in Estrin, *Conversations with Eugene O'Neill*, 164.

325. Ibid.

326. Ibid., 164 - 165.

327. Ibid., 166.

328. Agee, "The Ordeal of Eugene O'Neill," 185.

329. O'Neill,*Selected Letters*, 199.

330. Albertoni,*Remembering Eugene O'Neill*, 12.

331. Sheaffer,*Son and Artist*, 565.

332. Cerf,*At Random*, 87 - 88.

333. Quoted in Agee, "The Ordeal of Eugene O'Neill," 185.

334. Eddie Dowling, interview by Sheaffer.

335. Ibid.; Quoted in Marlon Brando,*Brando*: *Songs My Mother Taught Me* (New York: Random House, 1994), 105 - 106.

336. Quoted in Paul Ryan, "Eugene O'Neill: A Hundred Years On," *Drama*: *The Quarterly Theatre Review* 4 (1988), 27.

337. Quoted in Mary Braggiotti, "Little Girl with a Big Ideal,"*New York Post*, December 20, 1946, daily magazine and comic section, 1.

338. Eddie Dowling, interview by Sheaffer.

339. Karl Schriftgiesser, "*The Iceman Cometh*," *New York Times*, October 6, 1946, 3.

340. Bowen, " Black Irishman," 83 - 84.

341. Ibid., 65.

342. Ibid., 84.

343. Ibid., 82.

344. Robert Sylvester, "O'Neill Won't Attend Debut,"*New York Daily News*, October 10, 1946, 58.

345. Ward Morehouse, "The New Play: *The Iceman Cometh* Is Powerful Theater, Superbly Played at the Martin Beck," *New York Sun*, October 10, 1946, 18; John Mason Brown, "Seeing Things: All O'Neilling," *Saturday Review of Literature*, October 19, 1946, 26.

346. Quoted in Berlin, "Endings," 103.

347. O'Neill, "Suggestions, Instructions, Advice."

348. Robert Sylvester, "O'Neill Has a New Best Seller as Well as Another Hit Play," *New York Sunday News*, October [day unknown] 1946.

349. Mary McCarthy, "Eugene O'Neill: Dry Ice," *Partisan Review*, November - December 1946, 577; Joseph Wood Krutch, "Drama," *Nation*, October 26, 1946, 481.

350. Carlotta Monterey, interview by Louis Sheaffer, July 29, 1962, Sheaffer-O'Neill Collection.

351. O'Neill, *Selected Letters*, 589.

352. Quoted in Bogard, *Contour in Time*, 446.

353. Mary Welch, "Softer Tones for Mr. O'Neill's Portrait," *Theatre Arts*, May 1957, 67 - 68.

354. Elliot Norton, "O'Neill's New Drama," *Boston Post*, February 21, 1947, 3.

355. Bud Kissel, "Show Shop: Too Much Conversation in *A Moon for the Misbegotten*," *Columbus Citizen*, February 21, 1947, 5.

356. Quoted in ibid.

357. "O'Neill Drama Is Vile Sample of Playwriting," *Columbus Register*, February 28, 1947, 2.

358. Quoted in Barlow, *Final Acts*, 119.

359. Quoted in Bogard, *Contour in Time*, 452, 452n.

360. Welch, "Softer Tones for Mr. O'Neill's Portrait," 67 - 68.

361. Quoted in Barlow, *Final Acts*, 119.

362. Commins, "*Love and Admiration and Respect*," 222.

363. Ibid.

364. Monterey Diary，January 2，1948.

365. O'Neill，*Selected Letters*，579.

366. Sheaffer，*Son and Artist*，606. See also Russel Crouse，"Extracts from the Diaries of Russel Crouse：Eugene O'Neill，" TS，Eugene O'Neill Collection，Beinecke Library. Sheaffer说奥尼尔的肩部骨折了，但克劳斯、蒙特雷和其他人总是说他摔断了胳膊。

367. Quoted in Sheaffer，*Son and Artist*，606.

368. Ibid.，608.

369. Ibid.，609.卡明斯显然将这一部分从他的回忆录中删去了。

370. Commins，"*Love and Admiration and Respect*，" 225 – 226.

371. O'Neill，"*The Theatre We Worked For*，" 265；Commins，"*Love and Admiration and Respect*，" 227，228.

372. O'Neill，"Last Will and Testament of Eugene O'Neill，" October 31，1947，and June 28，1948，Eugene O'Neill Papers，Beinecke Library.墓碑上刻的字也被包含在 1947 年 2 月 26 日和 1947 年 7 月 28 日的遗嘱中。奥尼尔的灵感来自 Edward Clerihew Bentley 所编纂的 *Biography for Beginners* (London：T. Werner Laurie，1905)，15。完整的引文为，"我羡慕克莱夫/因为他已经死了。/关于死亡/一言难尽"。

373. O'Neill，"*As Ever，Gene*"，234，236.

374. Quoted in Bowen，*Curse of the Misbegotten*，335.

375. O'Neill，*Selected Letters*，581.

376. 沙恩和吉文斯的 4 个孩子分别名为凯瑟琳、莫拉、西奥多和希拉。

377. Sheaffer，*Son and Artist*，627.

378. O'Neill，*Selected Letters*，585；Commins，"*Love and Admiration and Respect*，" 230；Michael Burlingame，"O'Neill Recalled Warmly，" (New London) *Day*，July 21，1988，E1.

379. Commins，"*Love and Admiration and Respect*，" 231.

380. Ibid.

381. Bowen,*Curse of the Misbegotten*, 349. Kathleen Jenkins, interview by Louis Sheaffer, November 30, [no year but in the 1950 file], Sheaffer-O'Neill Collection.

382. Albertoni,*Remembering Eugene O'Neill*, 13.

383. Sheaffer,*Son and Artist*, 643.

384. Quoted in Albertoni,*Remembering Eugene O'Neill*, 13;奥尼尔在住进纽约的医院之后,对他的护士 Sally Coughlin 详细叙述了蒙特雷对着他大叫"我听见一个小人儿在风中呼喊"(Coughlin, interview by Louis Sheaffer, nd., Sheaffer-O'Neill Collection)。

385. Quoted in Sheaffer,*Son and Artist*, 639, 642.

386. Eugene O'Neill, "Last Will and Testament of Eugene O'Neill," March 5, 1951, O'Neill Papers, Beinecke Library.奥尼尔后来说自己"几乎不记得曾经签过这个"(Eugene O'Neill to Albert B. Carey, June [?] 1951 [photocopy], private collection of Jackson R. Bryer)。

387. Burlingame, "O'Neill Recalled Warmly," E3.

388. Quoted in Sheaffer,*Son and Artist*, 644.

389. Ibid., 646.

390. Thalia Brewer(尤金·奥尼尔基金会、大道别墅的驻馆历史学家), notes from interview by Maxine Edie Benedict, October 18, 1977, Sheaffer-O'Neill Collection.

391. Sheaffer,*Son and Artist*, 644, 646.

392. Ibid., 643, 644.

393. Albertoni,*Remembering Eugene O'Neill*, 14.

394. Carlotta Monterey O'Neill to Kenneth Macgowan, April 4, 1951, Sheaffer-O'Neill Collection.

395. Sally Coughlin, interview by Louis Sheaffer, n.d., Sheaffer-O'Neill Collection.

396. Quoted in Sheaffer,*Son and Artist*, 654.

397. Commins,"*Love and Admiration and Respect*," 235.

398. Quoted in Sheaffer, *Son and Artist*, 659.

399. Monterey Diary, May 23, 1951.

400. Eugene O'Neill, "Last Will and Testament of Eugene O'Neill," June 28, 1948, O'Neill Papers, Beinecke Library; Eugene O'Neill to Albert B. Carey, May 1951 [photocopy], private collection of Jackson R. Bryer.最下面有蒙特雷添加的注脚:"这是我们1951年5月回到波士顿之后由尤金所写(口述)。"

401. Book of inscriptions by Eugene O'Neill to Carlotta Monterey O'Neill (in Carlotta's handwriting), Billy Rose Theatre Division, New York Public Library.

402. Eugene O'Neill to Bennett Cerf, June 13, 1951, Sheaffer-O'Neill Collection.

403. Seymour Peck, "Talk with Mrs. O'Neill: Playwright's Widow Traces Long Path Journey Travelled to the Stage," November 4, 1956, *New York Times*, 3, 1.

404. Quoted in Sheaffer, *Son and Artist*, 668.

405. Ibid., 670; quoted in ibid., 78.

后 记

1. Quoted in Bruce H. Price and E. P. Richardson, "The Neurologic Illness of Eugene O'Neill: A Clinicopathologic Report," *New England Journal of Medicine* 342, no. 15 (2000): 1126.

2. "Transcribed Massachusetts Death Record," Eugene O'Neill, Mass Document Retrieval, 2013; Price and Richardson, "The Neurologic Illness," 1129.

3. Bruce H. Price, "The Eugene O'Neill Autopsy Project," in "Celtic Twilight: 21st-Century Irish-Americans on Eugene O'Neill," *Drunken Boat* #12, http://www.drunkenboat.com/db12/04one/price/price.php. Price and Richardson describe it as "cerebellar cortical atrophy" ("The Neurologic

Illness").

4. Book of inscriptions by Eugene O'Neill to Carlotta Monterey O'Neill (in Carlotta's handwriting), April 11, 1954, Billy Rose Theatre Division, New York Public Library.(蒙特雷记录下了这些关于埋葬的细节)

5. That she bowed her head, see Louis Sheaffer, *O'Neill: Son and Artist* (Boston: Little, Brown, 1973), 67; that she said the Lord's Prayer, see Michael Burlingame, "O'Neill Recalled Warmly," *New London Day*, July 21, 1988, E3. 后一份报道中说她跪下了,但 Sheaffer 的说法是亲眼所见。

6. Book of inscriptions, October 20, 1953.

7. Quoted in Brenda Murphy, *O'Neill: Long Day's Journey Into Night* (New York: Cambridge University Press, 2001), 4.

8. Carlotta Monterey Diary, February 25, 1954, O'Neill Papers, Beinecke Library, Yale University, New Haven.感谢 William Davies King 提醒我注意到这一条记录。

9. Dorothy Commins, ed., "*Love and Admiration and Respect*": *The O'Neill-Commins Correspondence* (Durham, N.C.: Duke University Press, 1986), 239.

10. Bennett Cerf, *At Random: The Reminiscences of Bennett Cerf* (New York: Random House, 1977), 89.

11. "The Theatre: O'Neill's Last Play," *Time*, February 20, 1956, 89.

12. Eugene O'Neill, "Agreement: Carlotta Monterey O'Neill and Yale University, Long day's Journey Into Night," May 27, 1955, Eugene O'Neill Papers, Beinecke Library.

13. Eugene O'Neill to Carlotta Monterey O'Neill, trust agreement, March 3, 1952, Eugene O'Neill Papers, Beinecke Library.(我写信给萨福克郡遗嘱认证法庭,请求调阅奥尼尔遗嘱的最终版本,法庭回复,"很遗憾,也许是因为他的重要身份,他在萨福克郡遗嘱认证法庭的遗嘱认证文件被封存,不向大众开放"[2013 年 10 月 10 日给作者的邮件]。)

14. Quoted in Doris Alexander, *Eugene O'Neill's Last Plays: Separating*

Art from Autobiography（Athens：University of Georgia Press，2005），152.

15. Commins，“Love and Admiration and Respect，” 199.

16. Eugene O'Neill，*Selected Letters of Eugene O'Neill*，ed. Travis Bogard and Jackson R. Bryer（New Haven：Yale University Press，1988），569.

17. “O'Neill's ‘Self-Portrait’ Play Hailed at Swedish Premiere，” *Boston Daily Globe*，February 11，1956. 他也将其告诉了 Croswell Bowen（Croswell Bowen，“The Black Irishman”［1946］，in *O'Neill and His Plays*：*Four Decades of Criticism*，ed. Oscar Cargill，N. Bryllion Fagin，and William J. Fisher［New York：New York University Press，1961］，70）。

18. Quoted in Arthur Gelb and Barbara Gelb，*O'Neill*：*Life with Monte Cristo*（New York：Applause，2000），337.

19. Agnes Boulton，*Part of a Long Story*：*“Eugene O'Neill as a Young Man in Love，”* ed. William Davies King（Jefferson，N. C.：McFarland，2011），172.

20. Jim Cook，“A Long Tragic Journey，” *New York Post*，December 2，1956.

21. Monterey Diary，May 29，30，1954.

22. Eugene O'Neill，“Autograph Manuscript，1 page，” Hammerman Collection，http：// Eugene O'Neilleill.com/manuscripts/27200.htm.

23. Louis Sheaffer，*Son and Playwright*（Boston：Little，Brown，1968），142.

24. O'Neill，*Selected Letters*，381.

25. Quoted in Sheaffer，*Son and Artist*，429.

26. Ibid.，540.

27. O'Neill，*Selected Letters*，338.

28. Ibid.，435.

29. Eugene O'Neill，“*The Theatre We Worked For*”：*The Letters of Eugene O'Neill to Kenneth Macgowan*，ed. Travis Bogard and Jackson R.

Bryer (New Haven: Yale University Press, 1982), 253.

30. "The Theater: O'Neill's Last Play."

31. Monterey Diary, May 29, 30, April 21, 1954.

32. Kathryne Albertoni, *Remembering Eugene O'Neill: A Memoir by Kathryne Albertoni, RN* (privately printed, 2006), 14, in the author's possession; Kathryne Albertoni, interview by the author, October 6, 2010.

33. Quoted in Sheaffer, *Son and Artist*, 644.

34. Quoted in William Davies King, *Another Part of a Long Story: Literary Traces of Eugene O'Neill and Agnes Boulton* (Ann Arbor: University of Michigan Press, 2010), 179.

35. Carl Van Vechten to Alfred A. Knopf, October 30, 1956, in Letters of Carl Van Vechten, ed. Bruce Kellner (New Haven: Yale University Press, 1987).

36. King, Another Part of a Long Story, 231.伯顿回忆录的第二卷是关于奥尼尔父母和哥哥去世的那三年,第三卷是关于他们婚姻的最后几年直至1928年离婚。

37. "The Theater: O'Neill's Last Play."

38. George Williamson, "Plaudits for O'Neill: Swedish Press Hails Long Day's Journey Into Night," *New York Times*, February 15, 1956.

39. John Chapman, "Long Day's Journey Into Night a Drama of Sheer Magnifi cence," *New York Daily News*, November 8, 1956, 86; Brooks Atkinson, "Theatre: Tragic Journey," *New York Times*, November 8, 1956, 47.

40. Walter Kerr, "Theater: Long Day's Journey Into Night," *New York Herald Tribune*, November 8, 1956, sec. 1, 20.

41. Tony Kushner, "The Genius of O'Neill," *Eugene O'Neill Review* 26 (2004): 249, 253.

42. Kenneth Pearson, "Plays and Players: The Last Touch of O'Neill," *Sunday Times* (London), October 12, 1958, 21.

中英文译名对照

A

Abreu，Francis Louis 弗朗西斯·路易斯·阿布鲁
Adler，Stella 斯黛拉·阿德勒
Akins，Zoë 佐伊·阿金斯
Albertoni，Kathryne 凯瑟琳·阿尔伯托尼
Anderson，John 约翰·安德森
Archibold，Frank 弗兰克·阿奇博德
Arnold，Benedict 本尼迪克特·阿诺德
Aronberg，Winfield E.维因福德·E.阿隆伯格
Ashe，Beatrice 比娅特里奇·艾希
Ashleigh，Charles 查尔斯·阿什雷
Aspell，John 约翰·阿斯佩尔
Aitken，Harry E.哈里·E.艾特肯
Atkinson，Brooks 布鲁克斯·阿特金森
Austin，Mary 玛丽·奥斯汀

B

Bowen，Croswell 克罗斯威尔·鲍温
Baird，Peggy 佩吉·拜尔德

Ballantine, Stella 斯黛拉·巴伦泰恩
Ballantine, Teddy 泰德·巴伦泰恩
Barnes, Clive 克莱夫·巴恩斯
Barnes, Djuna 杜娜·巴恩斯
Barrymore, John 约翰·巴利莫
Barrymore, Lionel 莱昂内尔·巴利莫
Batson, Alfred 阿尔弗雷德·贝森
Beatty, Warren 沃伦·比蒂
Beck, Martin 马丁·贝克
Bedini, Vincent 文森特·贝蒂尼
Bellows, George 乔治·贝罗斯
Ben-Ami, Jacob 雅各布·本-阿米
Benchley, Robert 罗伯特·本奇里
Benedict, Maxine Edie 马克辛·艾迪·班尼迪克特
Bennett, Richard 理查德·贝内特
Benny, Jack 杰克·班尼
Berlin, Irving 厄尔文·柏林
Bernard, Claude 克劳德·贝尔纳
Bisch, Louis E.路易斯·E.比奇
Bodenheim, Maxwell 麦克斯韦尔·博登海姆
Boll, George 乔治·波尔
Booth, Edwin 埃德文·布斯
Boulton, Agnes 阿格尼斯·伯顿
Boulton, Babara 芭芭拉·伯顿
Boulton, James 詹姆斯·伯顿
Boyce, Neith 尼丝·博伊斯
Boyd, Ernest 欧内斯特·博伊德
Boyesen, Bayard 拜亚德·博伊森

Boyle，T. Coraghessan T.克拉海森 · 波伊勒

Brennan，Agnes 阿格尼斯 · 布瑞南

Broun，Heywood 海伍德 · 布劳恩

Brown，John Mason 约翰 · 梅森 · 布朗

Brown，Robert Carlton 罗伯特 · 卡尔顿 · 布朗

Bresci，Gaetano 盖塔诺 · 布雷西

Brown，John Mason 约翰 · 梅森 · 布朗

Brown，Susan Jenkins 苏珊 · 简金斯 · 布朗

Bryant，Louise 路易斯 · 布莱恩特

Bullitt，William C.威廉 · C.普利特

Byth，James Findlater 詹姆斯 · 方德雷特 · 比斯

C

Cabanne，Christy 克里斯蒂 · 卡巴恩

Cabell，James Branch 詹姆斯 · 布朗奇 · 卡贝尔

Caldwell，Jane 简 · 卡德维尔

Carlin，Terry 特里 · 卡林

Casey,Walter 沃尔特 · 卡瑟

Casseres，Benjamin De 本杰明 · 德 · 卡塞雷斯

Cerf，Bennet 班尼特 · 瑟夫

Chaplin，Charlie 查理 · 卓别林

Chapman，John 约翰 · 查普曼

Chapma，Cynthia n 辛西娅 · 查普曼

Christophersen，Osmund 奥斯蒙德 · 克里斯托弗森

Clark，Barrett 巴内特 · 克拉克

Clark，Fifine 菲费恩 · 克拉克

Clark，Mary 玛丽 · 克拉克

Clurman，Harold 哈罗德 · 科勒曼

Cody，William 威廉·考迪
Cohan，George M. 乔治·M.科恩
Coleman，Alta M.奥塔·M.科曼
Collins，Hutch 哈奇·柯林斯
Collins，Mabel 梅波·科林斯
Commins，Saxe 塞克斯·卡明斯
Condon，James J.詹姆斯·J.康顿
Connell，Leigh 雷·康奈尔
Connolly，James 詹姆斯·康诺利
Connolly，Sean 西恩·康诺利
Conner，William 威廉·考纳尔
Coolidge，Calvin 卡尔文·柯立芝
Cook，George Cram 乔治·克莱姆·库克
Crane，Hart 哈特·克雷恩
Cooper，Opal 澳珀·库波尔
Corelli，Marie 玛丽·科雷利
Corley，Donald 唐纳德·科尔雷
Cowley，Malcolm 马尔科姆·考利
Crane，Hart 哈特·克莱恩
Croak，Jack 杰克·科罗克
Crothers，Rachel 瑞秋·克罗瑟斯
Crouse，Russel 拉塞尔·克劳斯
Cuthbert，Alice 爱丽丝·卡斯伯特

D

D'Auria，A.D. A. D. 多利亚
Day，Dorothy 多萝西·戴伊
Deeter，Jasper 贾思伯·狄特尔

Demuth, Charles 查尔斯・德穆斯
Dennehy, Brian 布莱恩・德尼希
Dolan, Johan 约翰・杜兰
Dodge, Mabel 梅波・道奇
Dorsey, Tom 汤姆・多尔塞
Douglass, Frederick 弗雷德里克・道格拉斯
Dowling, Eddie 艾迪・道林
Draper, George 乔治・特拉普
Dreiser, Theodore 西奥多・德莱赛
Drew, Tuva 蒂娃・德露
Drinkwater, John 约翰・德林克瓦特
Driscoll, John 约翰・德里斯科尔
Dumas, Alexandre 大仲马

E

Eakins, Thomas 托马斯・伊肯斯
Ell, Christine 克里斯汀・艾尔
Ellis, Chuck 查克・艾里斯
Ervine, St. John 圣约翰・厄尔文
Evans, Olive 奥莉弗・埃文斯

F

Farley, James E. 詹姆斯・E.法尔雷
Farrell, James T. 詹姆斯・T.法雷尔
Faulkner, William 威廉・福克纳
Fechter, Charles 查尔斯・费彻
Fisk, Edward 爱德华・菲斯克
Fisk, Shirley C.谢利・C.菲斯克

Fitch，Clyde William 克莱德·威廉·费奇

Fitzgerald，Mary Eleanor 玛丽·艾莉诺·菲兹杰拉德

Ford，John 约翰·福特

Francis，John 约翰·弗朗西斯

Frank，Waldo 瓦尔多·弗兰克

Freeman，Elaine 艾琳·弗里曼

Freeman，Herbert 赫伯特·弗里曼

Frohman，Charles 查尔斯·弗罗曼

G

Gallant，Barney 巴尼·加兰特

Gans，Louis 路易斯·甘斯

Garney，Joseph 约瑟夫·卡尼

Garland，Hamlin 汉姆林·加兰德

Garvey，Marcus 马库斯·加维

Gierow，Karl Ragnar 卡尔·拉格纳·吉尔罗

Gilbert，Ruth 露丝·吉尔伯特

Gilder，Rosamond 罗莎蒙德·吉尔德

Gilpin，Charles 查尔斯·吉尔品

Gish，Lillian 丽莲·吉许

Glaspell，Susan 苏珊·格拉斯佩尔

Gold，Mike 迈克·戈尔德

Goldman，Emma 艾玛·戈德曼

Green，Anna 安娜·格林

Green，Betty 贝蒂·格林

H

Hamilton，Clayton 克莱顿·汉密尔顿

Hamilton, Gilbert V. 吉尔伯特・V.汉密尔顿
Hammond, Edward C.爱德华・C.哈蒙德
Hanau, Stella 斯黛拉・哈诺
Hapgood, Hutchins 哈钦斯・哈普古德
Harding, Warren 沃伦・哈定
Harkness, Edward S.爱德华・S.哈克尼斯
Harrison, Hubert Henry 休伯特・亨利・哈里森
Harte, Bret 布雷特・哈特
Havel, Hippolyte 希波利特・哈维尔
Hays, Blanche 布兰奇・海斯
Hayward, Sally 萨莉・海华德
Haywood, Bill 比尔・海沃德
Hawthorne, Hazel 黑塞尔・霍桑
Helburn, Theresa 特蕾莎・赫本
Hellman, Lillian 莉莲・海尔曼
Herne, James A.詹姆斯・A.赫恩
Heyer, Harold 哈罗德・黑尔
Heyward, DuBose 杜博思・海沃德
Holladay, Louis 路易斯・豪勒迪
Hopkins, Arthur 阿瑟・霍普金斯
Hopper, Edward 爱德华・胡博
Hoover, J. Edgar J. 埃德加・胡佛
Hornsby, Rick 里克・霍恩斯比
Horowitz, William H. 威廉・H.霍洛维茨
Howard, Sydney 西德尼・霍华德
Howells, William Dean 威廉・迪安・豪威尔斯
Hull, C. Hadley C.哈德利・哈尔
Huston, Walter 瓦尔特・休斯顿

I

Ibsen, Henrik 亨利克·易卜生
Ireland, Edward 爱德华·埃尔兰德
Ives, Burl 波尔·艾福斯

J

James, Henry 亨利·詹姆斯
James, Patterson 帕特森·詹姆斯
Jefferson, Mary 玛丽·杰斐逊
Jenkins, Kathleen 凯瑟琳·简金斯
Jolson, Al 艾尔·乔尔森
Jones, Robert Edmond 罗伯特·埃德蒙德·琼斯
Johnson, James Weldon 詹姆斯·威尔顿·约翰逊
Jordan, Elizabeth 伊丽莎白·乔丹

K

Karsner, David 戴维·卡斯纳
Kaufman, Morris 莫里斯·考夫曼
Keane, Doris 多丽丝·凯恩
Keaton, Diane 戴安娜·齐顿
Keefe, Ed 艾德·吉夫
Kelly, Reuben R.鲁本·R.凯里
Kemp, Harry 哈里·坎普
Kempton, Murray 莫瑞·坎普顿
Kenton, Edna 艾德娜·坎顿
Kerr, Walter 瓦尔特·科尔
Knopf, Alfred A.阿尔弗雷德·A.诺普夫

Komroff, Manuel 曼努埃尔·科姆洛夫
Kozol, Harry 哈里·考佐尔
Krutch, Joseph Wood 约瑟夫·伍德·克拉奇

L

Lane, Nathan 内森·雷恩
Langer, Lawrence 劳伦斯·朗格
Larned, W. Livingston W.列文斯通·拉恩德
Latimer, Frederick P.弗雷德里克·P.拉蒂摩尔
Lawson, John Howard 约翰·霍华德·劳森
Lee, William 威廉·李
Leed, Jack 杰克·里德
León, Juan Ponce de 胡安·庞塞·德·莱昂
Lewis, Gladys 格拉蒂丝·刘易斯
Lewisohn, Sam 萨姆·刘伊森
Light, Jimmy 吉米·莱特
Light, Patti 帕蒂·莱特
Longley, Janet Hunter 简妮特·亨特·朗雷
Lyman, David Russell 戴维·拉塞尔·莱曼

M

Macgowan, Kenneth 肯尼斯·麦克戈文
Mack, Willard 威拉德·麦克
Mackay, Catherine 凯瑟琳·麦克凯
Mackaye, Percy 珀西·麦凯伊
Madden, Richard J.理查德·J.麦登
Mann, Theodore 西奥多·曼
Mantle, Burns 伯恩斯·曼特尔

Mullen，Edward 爱德华・穆伦
Murphy，Dudley 达德利・墨菲

N

Nathan，Adele 阿黛尔・内森
Nathan，George Jean 乔治・金恩・内森
Neilson，Adelaide 阿德莱德・内尔森
Nichols，Dudley 达德利・尼克尔斯
Nicholson，Jack 杰克・尼克尔森
Nolan，William 威廉・诺兰
Norton，Louise 路易斯・诺顿

O

Oates，Whitney J.惠特尼・J.欧茨
O'Brien，Joe 乔・奥布莱恩
O'Carolan，Terence 特伦斯・奥卡罗兰
Odets，Clifford 克利福德・奥德茨
O'Neill，Edward 爱德华・奥尼尔
O'Neill，Eugene Gladstone 尤金・格拉德斯通・奥尼尔
O'Neill，James 詹姆斯・奥尼尔
O'Neill，Mary Ellen Quinlan 玛丽・艾伦・昆兰・奥尼尔
O'Neill，Mary 玛丽・奥尼尔
Oppenheimer，James 詹姆斯・奥本海默
O'Rahilly，Michael 迈克尔・奥拉西里
O'Rahilly，Aodogán 奥多甘・奥拉西里
Osborn，E.W. E. W.奥斯博恩

P

Q

R

Ross，Harold 哈罗德 · 罗斯

S

Salsbury，Nate 内特 · 萨尔斯伯里

Sam Vilbrun，Guillaume 维尔布兰 · 吉罗姆 · 萨姆

Sayler，Oliver M.奥利弗 · M.斯恩乐

Scott，Maibelle 梅贝尔 · 斯科特

Sergeant，Elizabeth Shepley 伊丽莎白 · 沙普雷 · 瑟尔金特

Sharkey，Jack 杰克 · 沙基

Shay，Frank 弗兰克 · 沙伊

Short，Pat 帕特 · 肖特

Shubert，Jack 杰克 · 舒波尔特

Shubert，Lee 李 · 舒波尔特

Simonson，Lee 李 · 西蒙森

Sisk，Robert 罗伯特 · 西斯科

Slade，Howard 霍华德 · 斯雷德

Smith，Al 艾尔 · 史密斯

Snow，John 约翰 · 斯诺

Speyer，James 詹姆斯 · 斯贝尔

Stark，Margaret 玛格丽特 · 斯达克

Steffens，Lincoln 林肯 · 斯德芬斯

Sterne，Maurice 莫里斯 · 斯特恩

Stirner，Max 麦克斯 · 施蒂纳

Strasburg，Lee 李 · 斯特拉斯伯格

Synge，John Millington 约翰 · 米灵顿 · 辛奇

T

Thayer，Frank N.弗兰克 · N.泰尔

West，Cornel 科奈尔·韦斯特
Westley，Helen 海伦·韦斯特利
Weyand，Fred 弗瑞德·维扬德
Wharton，Edith 伊迪丝·华顿
Whittaker，James 詹姆斯·维特克
Wilde，Oscar 奥斯卡·王尔德
Wilder，Frank 弗兰克·怀尔德
Williams，John D.约翰·D.威廉姆斯
Williams，Maude 茉迪·威廉姆斯
Williams，William Carlos 威廉·卡洛斯·威廉斯
Winther，Sophus Keith 索弗斯·凯斯·温瑟尔
Wolheim，Louis 路易斯·沃尔海姆
Woollcott，Alexander 亚历山大·乌尔考特
Wylie，Max 麦克斯·威利

Y

Yordan，Philip 菲利普·约尔丹
Young，Stark 斯达克·扬

Z

Ziegler，Francis J.弗朗西斯·J.齐格勒
Zola，Émile 埃米尔·左拉
Zorach，Marguerite 玛格丽特·佐拉奇
Zorach，William 威廉·佐拉奇